中国社会科学年鉴

中国管理学

年鉴

2016

CHINESE MANAGEMENT YEARBOOK

黄群慧　黄速建　主编

中国社会科学出版社

图书在版编目（CIP）数据

中国管理学年鉴.2016／黄群慧，黄速建主编.—北京：中国社会
科学出版社，2017.7
ISBN 978 – 7 – 5203 – 0435 – 1

Ⅰ.①中…　Ⅱ.①黄…②黄…　Ⅲ.①管理学—中国—2016—年鉴
Ⅳ.①C93 – 54

中国版本图书馆 CIP 数据核字(2017)第 115514 号

出 版 人　赵剑英
责任编辑　彭莎莉
责任校对　林福国
责任印制　张雪娇

出　　　版　中国社会科学出版社
社　　　址　北京鼓楼西大街甲 158 号
邮　　　编　100720
网　　　址　http://www.csspw.cn
发 行 部　010 – 84083685
门 市 部　010 – 84029450
经　　　销　新华书店及其他书店

印刷装订　三河市东方印刷有限公司
版　　　次　2017 年 7 月第 1 版
印　　　次　2017 年 7 月第 1 次印刷

开　　　本　787×1092　1/16
印　　　张　24.75
插　　　页　2
字　　　数　630 千字
定　　　价　158.00 元

编　委　会

编　辑　部

编写说明

《中国管理学年鉴》是《中国社会科学年鉴》系列的学科年鉴之一。为了全面、及时反映中国管理学的发展，中国社会科学院工业经济研究所、中国企业管理研究会决定自2016年起启动编撰出版《中国管理学年鉴》的工作。

《中国管理学年鉴》由中国社会科学院工业经济研究所所长黄群慧、中国企业管理研究会会长黄速建任主编，中国社会科学出版社负责出版发行。它是面向全国、反映国内管理学研究最新进展的大型文献性、资料性学术年刊，以学术性、前沿性、权威性和代表性为基本编撰宗旨，涵盖学科包括工商管理（会计学、企业管理、技术经济及管理）、管理科学与工程、农林经济管理、公共管理以及旅游管理五大一级学科。

《中国管理学年鉴·2016》共设置七大栏目："重要文献""专题论述""学科综述""论文荟萃""著作选介""研究课题"和"学界动态"。

——"重要文献"栏目收录了2015年对我国经济发展和管理环境产生重要影响的中央文件，由编辑部摘编。

——"专题论述"栏目紧扣"管理学百年与中国管理学发展"这一主题，收录了4篇代表性文章。作为《中国管理学年鉴》的首卷，本栏目希望通过回溯和总结管理学的发展历程，启发中国特色管理理论的探讨。本栏目内容由编辑部选编。

——"学科综述"栏目介绍了国内管理学部分领域的研究动态，本卷主要涉及企业管理、国有企业改革、创新创业和会计学方面的理论前沿。

——"论文荟萃"栏目集中介绍了2015年164篇经典管理学论文的主要观点。稿件主要来源于两部分：编委院校推荐和编辑部从重点期刊遴选编辑。

——"著作选介"栏目介绍了2015年出版的管理学（含公共管理）著作31部，稿件来源于编委院校推荐和编辑部人员选编。

——"研究课题"栏目集中汇集了2015年度国家社科基金项目、国家自然科学基金项目的立项情况。

——"学界动态"栏目综述了2015年管理学方面的学术会议情况。稿件来源于编委单位供稿和各报刊刊载的会议综述。

《中国管理学年鉴·2016》的编辑出版得到中国社会科学院"登峰计划"的资助，编撰过程得到了国内管理学界的大力支持，我们在这里向本卷所引用的各类文献的作者、资料的提供者、学界同仁、有关协助单位和部门表示诚挚的谢意。中国企业管理研究会为本年鉴的出版提供了大力支持。各编委单位的联络人为本年鉴的组织工作付出了辛勤的劳动，在此，向他们表示由衷的感谢！

2016年11月

目　录

第五篇　著作选介

第六篇　研究课题

第七篇　学界动态

第一篇

重要文献

国务院关于印发《中国制造2025》的通知[*]

国发〔2015〕28号

各省、自治区、直辖市人民政府，国务院各部委、各直属机构：

现将《中国制造2025》印发给你们，请认真贯彻执行。

国务院

2015年5月8日

（本文有删减）

中国制造2025

制造业是国民经济的主体，是立国之本、兴国之器、强国之基。十八世纪中叶开启工业文明以来，世界强国的兴衰史和中华民族的奋斗史一再证明，没有强大的制造业，就没有国家和民族的强盛。打造具有国际竞争力的制造业，是我国提升综合国力、保障国家安全、建设世界强国的必由之路。

新中国成立尤其是改革开放以来，我国制造业持续快速发展，建成了门类齐全、独立完整的产业体系，有力推动工业化和现代化进程，显著增强综合国力，支撑我世界大国地位。然而，与世界先进水平相比，我国制造业仍然大而不强，在自主创新能力、资源利用效率、产业结构水平、信息化程度、质量效益等方面差距明显，转型升级和跨越发展的任务紧迫而艰巨。

当前，新一轮科技革命和产业变革与我国加快转变经济发展方式形成历史性交汇，国际产业分工格局正在重塑。必须紧紧抓住这一重大历史机遇，按照"四个全面"战略布局要求，实施制造强国战略，加强统筹规划和前瞻部署，力争通过三个十年的努力，到新中国成立一百年时，把我国建设成为引领世界制造业发展的制造强国，为实现中华民族伟大复兴的中国梦打下坚实基础。

《中国制造2025》，是我国实施制造强国战略第一个十年的行动纲领。

＊ 资料来源：中国政府网，http://www.gov.cn/zhengce/content/2015−05/19/content_9784.htm。

一 发展形势和环境

（一）全球制造业格局面临重大调整。

新一代信息技术与制造业深度融合，正在引发影响深远的产业变革，形成新的生产方式、产业形态、商业模式和经济增长点。各国都在加大科技创新力度，推动三维打印、移动互联网、云计算、大数据、生物工程、新能源、新材料等领域取得新突破。基于信息物理系统的智能装备、智能工厂等智能制造正在引领制造方式变革；网络众包、协同设计、大规模个性化定制、精准供应链管理、全生命周期管理、电子商务等正在重塑产业价值链体系；可穿戴智能产品、智能家电、智能汽车等智能终端产品不断拓展制造业新领域。我国制造业转型升级、创新发展迎来重大机遇。

全球产业竞争格局正在发生重大调整，我国在新一轮发展中面临巨大挑战。国际金融危机发生后，发达国家纷纷实施"再工业化"战略，重塑制造业竞争新优势，加速推进新一轮全球贸易投资新格局。一些发展中国家也在加快谋划和布局，积极参与全球产业再分工，承接产业及资本转移，拓展国际市场空间。我国制造业面临发达国家和其他发展中国家"双向挤压"的严峻挑战，必须放眼全球，加紧战略部署，着眼建设制造强国，固本培元，化挑战为机遇，抢占制造业新一轮竞争制高点。

（二）我国经济发展环境发生重大变化。

随着新型工业化、信息化、城镇化、农业现代化同步推进，超大规模内需潜力不断释放，为我国制造业发展提供了广阔空间。各行业新的装备需求、人民群众新的消费需求、社会管理和公共服务新的民生需求、国防建设新的安全需求，都要求制造业在重大技术装备创新、消费品质量和安全、公共服务设施设备供给和国防装备保障等方面迅速提升水平和能力。全面深化改革和进一步扩大开放，将不断激发制造业发展活力和创造力，促进制造业转型升级。

我国经济发展进入新常态，制造业发展面临新挑战。资源和环境约束不断强化，劳动力等生产要素成本不断上升，投资和出口增速明显放缓，主要依靠资源要素投入、规模扩张的粗放发展模式难以为继，调整结构、转型升级、提质增效刻不容缓。形成经济增长新动力，塑造国际竞争新优势，重点在制造业，难点在制造业，出路也在制造业。

（三）建设制造强国任务艰巨而紧迫。

经过几十年的快速发展，我国制造业规模跃居世界第一位，建立起门类齐全、独立完整的制造体系，成为支撑我国经济社会发展的重要基石和促进世界经济发展的重要力量。持续的技术创新，大大提高了我国制造业的综合竞争力。载人航天、载人深潜、大型飞机、北斗卫星导航、超级计算机、高铁装备、百万千瓦级发电装备、万米深海石油钻探设备等一批重大技术装备取得突破，形成了若干具有国际竞争力的优势产业和骨干企业，我国已具备了建设工业强国的基础和条件。

但我国仍处于工业化进程中，与先进国家相比还有较大差距。制造业大而不强，自主创新能力弱，关键核心技术与高端装备对外依存度高，以企业为主体的制造业创新体系不完善；产品档次不高，缺乏世界知名品牌；资源能源利用效率低，环境污染问题较为突出；产业结构不合理，高端装备制造业和生产性服务业发展滞后；信息化水平不高，与工业化融合深度不够；产业国际化程度不高，企业全球化经营能力不足。推进制造强国建设，必须着力解决以上问题。

建设制造强国，必须紧紧抓住当前难得的战略机遇，积极应对挑战，加强统筹规划，突出创新驱动，制定特殊政策，发挥制度优势，动员全社会力量奋力拼搏，更多依靠中国装备、依托中国品牌，实现中国制造向中国创造的转变，中国速度向中国质量的转变，中国产品向中国品牌的转变，完成中国制造由大变强的战略任务。

二　战略方针和目标

（一）指导思想。

全面贯彻党的十八大和十八届二中、三中、四中全会精神，坚持走中国特色新型工业化道路，以促进制造业创新发展为主题，以提质增效为中心，以加快新一代信息技术与制造业深度融合为主线，以推进智能制造为主攻方向，以满足经济社会发展和国防建设对重大技术装备的需求为目标，强化工业基础能力，提高综合集成水平，完善多层次多类型人才培养体系，促进产业转型升级，培育有中国特色的制造文化，实现制造业由大变强的历史跨越。基本方针是：

——创新驱动。坚持把创新摆在制造业发展全局的核心位置，完善有利于创新的制度环境，推动跨领域跨行业协同创新，突破一批重点领域关键共性技术，促进制造业数字化网络化智能化，走创新驱动的发展道路。

——质量为先。坚持把质量作为建设制造强国的生命线，强化企业质量主体责任，加强质量技术攻关、自主品牌培育。建设法规标准体系、质量监管体系、先进质量文化，营造诚信经营的市场环境，走以质取胜的发展道路。

——绿色发展。坚持把可持续发展作为建设制造强国的重要着力点，加强节能环保技术、工艺、装备推广应用，全面推行清洁生产。发展循环经济，提高资源回收利用效率，构建绿色制造体系，走生态文明的发展道路。

——结构优化。坚持把结构调整作为建设制造强国的关键环节，大力发展先进制造业，改造提升传统产业，推动生产型制造向服务型制造转变。优化产业空间布局，培育一批具有核心竞争力的产业集群和企业群体，走提质增效的发展道路。

——人才为本。坚持把人才作为建设制造强国的根本，建立健全科学合理的选人、用人、育人机制，加快培养制造业发展急需的专业技术人才、经营管理人才、技能人才。营造大众创业、万众创新的氛围，建设一支素质优良、结构合理的制造业人才队伍，走人才引领的发展道路。

（二）基本原则。

市场主导，政府引导。全面深化改革，充分发挥市场在资源配置中的决定性作用，强化企业主体地位，激发企业活力和创造力。积极转变政府职能，加强战略研究和规划引导，完善相关支持政策，为企业发展创造良好环境。

立足当前，着眼长远。针对制约制造业发展的瓶颈和薄弱环节，加快转型升级和提质增效，切实提高制造业的核心竞争力和可持续发展能力。准确把握新一轮科技革命和产业变革趋势，加强战略谋划和前瞻部署，扎扎实实打基础，在未来竞争中占据制高点。

整体推进，重点突破。坚持制造业发展全国一盘棋和分类指导相结合，统筹规划，合理布局，明确创新发展方向，促进军民融合深度发展，加快推动制造业整体水平提升。围绕经济社会发展和国家安全重大需求，整合资源，突出重点，实施若干重大工程，实现率先突破。

自主发展，开放合作。在关系国计民生和产业安全的基础性、战略性、全局性领域，着力掌握关键核心技术，完善产业链条，形成自主发展能力。继续扩大开放，积极利用全球资源和市场，加强产业全球布局和国际交流合作，形成新的比较优势，提升制造业开放发展水平。

（三）战略目标。

立足国情，立足现实，力争通过"三步走"实现制造强国的战略目标。

第一步：力争用十年时间，迈入制造强国行列。

到2020年，基本实现工业化，制造业大国地位进一步巩固，制造业信息化水平大幅提升。掌握一批重点领域关键核心技术，优势领域竞争力进一步增强，产品质量有较大提高。制造业数字化、网络化、智能化取得明显进展。重点行业单位工业增加值能耗、物耗及污染物排放明显下降。

到2025年，制造业整体素质大幅提升，创新能力显著增强，全员劳动生产率明显提高，两化融合迈上新台阶。重点行业单位工业增加值能耗、物耗及污染物排放达到世界先进水平。形成一批具有较强国际竞争力的跨国公司和产业集群，在全球产业分工和价值链中的地位明显提升。

第二步：到2035年，我国制造业整体达到世界制造强国阵营中等水平。创新能力大幅提升，重点领域发展取得重大突破，整体竞争力明显增强，优势行业形成全球创新引领能力，全面实现工业化。

第三步：新中国成立一百年时，制造业大国地位更加巩固，综合实力进入世界制造强国前列。制造业主要领域具有创新引领能力和明显竞争优势，建成全球领先的技术体系和产业体系。

2020年和2025年制造业主要指标

类别	指标	2013年	2015年	2020年	2025年
创新能力	规模以上制造业研发经费内部支出占主营业务收入比重（%）	0.88	0.95	1.26	1.68
	规模以上制造业每亿元主营业务收入有效发明专利数[1]（件）	0.36	0.44	0.70	1.10

续表

类别	指标	2013 年	2015 年	2020 年	2025 年
质量效益	制造业质量竞争力指数[2]	83.1	83.5	84.5	85.5
	制造业增加值率提高	—	—	比 2015 年提高 2 个百分点	比 2015 年提高 4 个百分点
	制造业全员劳动生产率增速（%）	—	—	7.5 左右（"十三五"期间年均增速）	6.5 左右（"十四五"期间年均增速）
两化融合	宽带普及率[3]（%）	37	50	70	82
	数字化研发设计工具普及率[4]（%）	52	58	72	84
	关键工序数控化率[5]（%）	27	33	50	64
绿色发展	规模以上单位工业增加值能耗下降幅度	—	—	比 2015 年下降 18%	比 2015 年下降 34%
	单位工业增加值二氧化碳排放量下降幅度	—	—	比 2015 年下降 22%	比 2015 年下降 40%
	单位工业增加值用水量下降幅度	—	—	比 2015 年下降 23%	比 2015 年下降 41%
	工业固体废物综合利用率（%）	62	65	73	79

1. 规模以上制造业每亿元主营业务收入有效发明专利数＝规模以上制造企业有效发明专利数/规模以上制造企业主营业务收入。

2. 制造业质量竞争力指数是反映我国制造业质量整体水平的经济技术综合指标，由质量水平和发展能力两个方面共计 12 项具体指标计算得出。

3. 宽带普及率用固定宽带家庭普及率代表，固定宽带家庭普及率＝固定宽带家庭用户数/家庭户数。

4. 数字化研发设计工具普及率＝应用数字化研发设计工具的规模以上企业数量/规模以上企业总数量。

5. 关键工序数控化率为规模以上工业企业关键工序数控化率的平均值。

三　战略任务和重点

实现制造强国的战略目标，必须坚持问题导向，统筹谋划，突出重点；必须凝聚全社会共识，加快制造业转型升级，全面提高发展质量和核心竞争力。

（一）提高国家制造业创新能力。

完善以企业为主体、市场为导向、政产学研用相结合的制造业创新体系。围绕产业链部署创新链，围绕创新链配置资源链，加强关键核心技术攻关，加速科技成果产业化，提高关键环节和重点领域的创新能力。

加强关键核心技术研发。强化企业技术创新主体地位，支持企业提升创新能力，推进国家技术创新示范企业和企业技术中心建设，充分吸纳企业参与国家科技计划的决策和实施。瞄准国家重大战略需求和未来产业发展制高点，定期研究制定发布制造业重点领域技术创新路线图。继续抓紧实施国家科技重大专项，通过国家科技计划支持关键核心技术研发。发挥行业骨干企业的主导作用和高等院校、科研院所的基础作用，建立一批产业创新联盟，开展政产学研用协同创新，攻克一批对产业竞争力整体提升具有全局性影响、带动性强的关键共性技术，加快成果转化。

提高创新设计能力。在传统制造业、战略性新兴产业、现代服务业等重点领域开展创新设计示范，全面推广应用以绿色、智能、协同为特征的先进设计技术。加强设计领域共性关键技术研发，攻克信息化设计、过程集成设计、复杂过程和系统设计等共性技术，开发一批具有自主知识产权的关键设计工具软件，建设完善创新设计生态系统。建设若干具有世界影响力的创新设计集群，培育一批专业化、开放型的工业设计企业，鼓励代工企业建立研究设计中心，向代设计和出口自主品牌产品转变。发展各类创新设计教育，设立国家工业设计奖，激发全社会创新设计的积极性和主动性。

推进科技成果产业化。完善科技成果转化运行机制，研究制定促进科技成果转化和产业化的指导意见，建立完善科技成果信息发布和共享平台，健全以技术交易市场为核心的技术转移和产业化服务体系。完善科技成果转化激励机制，推动事业单位科技成果使用、处置和收益管理改革，健全科技成果科学评估和市场定价机制。完善科技成果转化协同推进机制，引导政产学研用按照市场规律和创新规律加强合作，鼓励企业和社会资本建立一批从事技术集成、熟化和工程化的中试基地。加快国防科技成果转化和产业化进程，推进军民技术双向转移转化。

完善国家制造业创新体系。加强顶层设计，加快建立以创新中心为核心载体、以公共服务平台和工程数据中心为重要支撑的制造业创新网络，建立市场化的创新方向选择机制和鼓励创新的风险分担、利益共享机制。充分利用现有科技资源，围绕制造业重大共性需求，采取政府与社会合作、政产学研用产业创新战略联盟等新机制新模式，形成一批制造业创新中心，开展关键共性重大技术研究和产业化应用示范。建设一批促进制造业协同创新的公共服务平台，规范服务标准，开展技术研发、检验检测、技术评价、技术交易、质量认证、人才培训等专业化服务，促进科技成果转化和推广应用。建设重点领域制造业工程数据中心，为企业提供创新知识和工程数据的开放共享服务。面向制造业关键共性技术，建设一批重大科学研究和实验设施，提高核心企业系统集成能力，促进向价值链高端延伸。

专栏1　制造业创新中心（工业技术研究基地）建设工程

　　围绕重点行业转型升级和新一代信息技术、智能制造、增材制造、新材料、生物医药等领域创新发展的重大共性需求，形成一批制造业创新中心（工业技术研究基地），重点开展行业基础和共性关键技术研发、成果产业化、人才培训等工作。制定完善制造业创新中心遴选、考核、管理的标准和程序。

　　到2020年，重点形成15家左右制造业创新中心（工业技术研究基地），力争到2025年形成40家左右制造业创新中心（工业技术研究基地）。

加强标准体系建设。改革标准体系和标准化管理体制，组织实施制造业标准化提升计划，在智能制造等重点领域开展综合标准化工作。发挥企业在标准制定中的重要作用，支持组建重点领域标准推进联盟，建设标准创新研究基地，协同推进产品研发与标准制定。制定满足市场和创新需要的团体标准，建立企业产品和服务标准自我声明公开和监督制度。鼓励和支持企业、科研院所、行业组织等参与国际标准制定，加快我国标准国际化进程。大力推动国防装备采用先进的民用标准，推动军用技术标准向民用领域的转化和应用。做好标准的宣传贯彻，大力推动标准实施。

强化知识产权运用。加强制造业重点领域关键核心技术知识产权储备，构建产业化导向的专利组合和战略布局。鼓励和支持企业运用知识产权参与市场竞争，培育一批具备知识产权综合实力的优势企业，支持组建知识产权联盟，推动市场主体开展知识产权协同运用。稳妥推进国防知识产权解密和市场化应用。建立健全知识产权评议机制，鼓励和支持行业骨干企业与专业机构在重点领域合作开展专利评估、收购、运营、风险预警与应对。构建知识产权综合运用公共服务平台。鼓励开展跨国知识产权许可。研究制定降低中小企业知识产权申请、保护及维权成本的政策措施。

（二）推进信息化与工业化深度融合。

加快推动新一代信息技术与制造技术融合发展，把智能制造作为两化深度融合的主攻方向；着力发展智能装备和智能产品，推进生产过程智能化，培育新型生产方式，全面提升企业研发、生产、管理和服务的智能化水平。

研究制定智能制造发展战略。编制智能制造发展规划，明确发展目标、重点任务和重大布局。加快制定智能制造技术标准，建立完善智能制造和两化融合管理标准体系。强化应用牵引，建立智能制造产业联盟，协同推动智能装备和产品研发、系统集成创新与产业化。促进工业互联网、云计算、大数据在企业研发设计、生产制造、经营管理、销售服务等全流程和全产业链的综合集成应用。加强智能制造工业控制系统网络安全保障能力建设，健全综合保障体系。

加快发展智能制造装备和产品。组织研发具有深度感知、智慧决策、自动执行功能的高档数控机床、工业机器人、增材制造装备等智能制造装备以及智能化生产线，突破新型传感器、智能测量仪表、工业控制系统、伺服电机及驱动器和减速器等智能核心装置，推进工程化和产业化。加快机械、航空、船舶、汽车、轻工、纺织、食品、电子等行业生产设备的智能化改造，提高精准制造、敏捷制造能力。统筹布局和推动智能交通工具、智能工程机械、服务机器人、智能家电、智能照明电器、可穿戴设备等产品研发和产业化。

推进制造过程智能化。在重点领域试点建设智能工厂/数字化车间，加快人机智能交互、工业机器人、智能物流管理、增材制造等技术和装备在生产过程中的应用，促进制造工艺的仿真优化、数字化控制、状态信息实时监测和自适应控制。加快产品全生命周期管理、客户关系管理、供应链管理系统的推广应用，促进集团管控、设计与制造、产供销一体、业务和财务衔接等关键环节集成，实现智能管控。加快民用爆炸物品、危险化学品、食品、印染、稀土、农药等重点行业智能检测监管体系建设，提高智能化水平。

深化互联网在制造领域的应用。制定互联网与制造业融合发展的路线图，明确发展方向、目标和路径。发展基于互联网的个性化定制、众包设计、云制造等新型制造模式，推动形成基于消费需求动态感知的研发、制造和产业组织方式。建立优势互补、合作共赢的开放型产业生态体系。加快开展物联网技术研发和应用示范，培育智能监测、远程诊断管理、全产业链追溯等工业互联网新应用。实施工业云及工业大数据创新应用试点，建设一批高质量的工业云服务和工业大数据平台，推动软件与服务、设计与制造资源、关键技术与标准的开放共享。

加强互联网基础设施建设。加强工业互联网基础设施建设规划与布局，建设低时延、高可靠、广覆盖的工业互联网。加快制造业集聚区光纤网、移动通信网和无线局域网的部署和建设，实现信息网络宽带升级，提高企业宽带接入能力。针对信息物理系统网络研发及应用需求，组织开发智能控制系统、工业应用软件、故障诊断软件和相关工具、传感和通信系统协议，实现人、设备与产品的实时联通、精确识别、有效交互与智能控制。

专栏2 智能制造工程

紧密围绕重点制造领域关键环节，开展新一代信息技术与制造装备融合的集成创新和工程应用。支持政产学研用联合攻关，开发智能产品和自主可控的智能装置并实现产业化。依托优势企业，紧扣关键工序智能化、关键岗位机器人替代、生产过程智能优化控制、供应链优化，建设重点领域智能工厂/数字化车间。在基础条件好、需求迫切的重点地区、行业和企业中，分类实施流程制造、离散制造、智能装备和产品、新业态新模式、智能化管理、智能化服务等试点示范及应用推广。建立智能制造标准体系和信息安全保障系统，搭建智能制造网络系统平台。

到2020年，制造业重点领域智能化水平显著提升，试点示范项目运营成本降低30%，产品生产周期缩短30%，不良品率降低30%。到2025年，制造业重点领域全面实现智能化，试点示范项目运营成本降低50%，产品生产周期缩短50%，不良品率降低50%。

（三）强化工业基础能力。

核心基础零部件、先进基础工艺、关键基础材料和产业技术基础等工业基础能力薄弱，是制约我国制造业创新发展和质量提升的症结所在。要坚持问题导向、产需结合、协同创新、重点突破的原则，着力破解制约重点产业发展的瓶颈。

统筹推进"四基"发展。制定工业强基实施方案，明确重点方向、主要目标和实施路径。制定工业"四基"发展指导目录，发布工业强基发展报告，组织实施工业强基工程。统筹军民两方面资源，开展军民两用技术联合攻关，支持军民技术相互有效利用，促进基础领域融合发展。强化基础领域标准、计量体系建设，加快实施对标达标，提升基础产品的质量、可靠性和寿命。建立多部门协调推进机制，引导各类要素向基础领域集聚。

加强"四基"创新能力建设。强化前瞻性基础研究，着力解决影响核心基础零部件产品性能和稳定性的关键共性技术。建立基础工艺创新体系，利用现有资源建立关键共性基础工艺研究机构，开展先进成型、加工等关键制造工艺联合攻关；支持企业开展工艺创新，培养工艺专业人才。加大基础专用材料研发力度，提高专用材料自给保障能力和制备技术水平。建立国家工业基础数据库，加强企业试验检测数据和计量数据的采集、管理、应用和积累。加大对"四基"领域技术研发的支持力度，引导产业投资基金和创业投资基金投向"四基"领域重点项目。

推动整机企业和"四基"企业协同发展。注重需求侧激励，产用结合，协同攻关。

依托国家科技计划和相关工程等，在数控机床、轨道交通装备、航空航天、发电设备等重点领域，引导整机企业和"四基"企业、高校、科研院所产需对接，建立产业联盟，形成协同创新、产用结合、以市场促基础产业发展的新模式，提升重大装备自主可控水平。开展工业强基示范应用，完善首台、首批次政策，支持核心基础零部件、先进基础工艺、关键基础材料推广应用。

专栏3　工业强基工程

开展示范应用，建立奖励和风险补偿机制，支持核心基础零部件、先进基础工艺、关键基础材料的首批次或跨领域应用。组织重点突破，针对重大工程和重点装备的关键技术和产品急需，支持优势企业开展政产学研用联合攻关，突破关键基础材料、核心基础零部件的工程化、产业化瓶颈。强化平台支撑，布局和组建一批"四基"研究中心，创建一批公共服务平台，完善重点产业技术基础体系。

到2020年，40%的核心基础零部件、关键基础材料实现自主保障，受制于人的局面逐步缓解，航天装备、通信装备、发电与输变电设备、工程机械、轨道交通装备、家用电器等产业急需的核心基础零部件和关键基础材料的先进制造工艺得到推广应用。到2025年，70%的核心基础零部件、关键基础材料实现自主保障，80种标志性先进工艺得到推广应用，部分达到国际领先水平，建成较为完善的产业技术基础服务体系，逐步形成整机牵引和基础支撑协调互动的产业创新发展格局。

（四）加强质量品牌建设。

提升质量控制技术，完善质量管理机制，夯实质量发展基础，优化质量发展环境，努力实现制造业质量大幅提升。鼓励企业追求卓越品质，形成具有自主知识产权的名牌产品，不断提升企业品牌价值和中国制造整体形象。

推广先进质量管理技术和方法。建设重点产品标准符合性认定平台，推动重点产品技术、安全标准全面达到国际先进水平。开展质量标杆和领先企业示范活动，普及卓越绩效、六西格玛、精益生产、质量诊断、质量持续改进等先进生产管理模式和方法。支持企业提高质量在线监测、在线控制和产品全生命周期质量追溯能力。组织开展重点行业工艺优化行动，提升关键工艺过程控制水平。开展质量管理小组、现场改进等群众性质量管理活动示范推广。加强中小企业质量管理，开展质量安全培训、诊断和辅导活动。

加快提升产品质量。实施工业产品质量提升行动计划，针对汽车、高档数控机床、轨道交通装备、大型成套技术装备、工程机械、特种设备、关键原材料、基础零部件、电子元器件等重点行业，组织攻克一批长期困扰产品质量提升的关键共性质量技术，加强可靠性设计、试验与验证技术开发应用，推广采用先进成型和加工方法、在线检测装置、智能化生产和物流系统及检测设备等，使重点实物产品的性能稳定性、质量可靠性、环境适应性、使用寿命等指标达到国际同类产品先进水平。在食品、药品、婴童用品、家电等领域实施覆盖产品全生命周期的质量管理、质量自我声明和质量追溯制度，保障重点消费品质量安全。大力提高国防装备质量可靠性，增强国防装备实战能力。

完善质量监管体系。健全产品质量标准体系、政策规划体系和质量管理法律法规。加强关系民生和安全等重点领域的行业准入与市场退出管理。建立消费品生产经营企业产品事故强制报告制度，健全质量信用信息收集和发布制度，强化企业质量主体责任。将质量违法违规记录作为企业诚信评级的重要内容，建立质量黑名单制度，加大对质量违法和假冒品牌行为的打击和惩处力度。建立区域和行业质量安全预警制度，防范化解产品质量安全风险。严格实施产品"三包"、产品召回等制度。强化监管检查和责任追究，切实保护消费者权益。

夯实质量发展基础。制定和实施与国际先进水平接轨的制造业质量、安全、卫生、环保及节能标准。加强计量科技基础及前沿技术研究，建立一批制造业发展急需的高准确度、高稳定性计量基标准，提升与制造业相关的国家量传溯源能力。加强国家产业计量测试中心建设，构建国家计量科技创新体系。完善检验检测技术保障体系，建设一批高水平的工业产品质量控制和技术评价实验室、产品质量监督检验中心，鼓励建立专业检测技术联盟。完善认证认可管理模式，提高强制性产品认证的有效性，推动自愿性产品认证健康发展，提升管理体系认证水平，稳步推进国际互认。支持行业组织发布自律规范或公约，开展质量信誉承诺活动。

推进制造业品牌建设。引导企业制定品牌管理体系，围绕研发创新、生产制造、质量管理和营销服务全过程，提升内在素质，夯实品牌发展基础。扶持一批品牌培育和运营专业服务机构，开展品牌管理咨询、市场推广等服务。健全集体商标、证明商标注册管理制度。打造一批特色鲜明、竞争力强、市场信誉好的产业集群区域品牌。建设品牌文化，引导企业增强以质量和信誉为核心的品牌意识，树立品牌消费理念，提升品牌附加值和软实力。加速我国品牌价值评价国际化进程，充分发挥各类媒体作用，加大中国品牌宣传推广力度，树立中国制造品牌良好形象。

（五）全面推行绿色制造。

加大先进节能环保技术、工艺和装备的研发力度，加快制造业绿色改造升级；积极推行低碳化、循环化和集约化，提高制造业资源利用效率；强化产品全生命周期绿色管理，努力构建高效、清洁、低碳、循环的绿色制造体系。

加快制造业绿色改造升级。全面推进钢铁、有色、化工、建材、轻工、印染等传统制造业绿色改造，大力研发推广余热余压回收、水循环利用、重金属污染减量化、有毒有害原料替代、废渣资源化、脱硫脱硝除尘等绿色工艺技术装备，加快应用清洁高效铸造、锻压、焊接、表面处理、切削等加工工艺，实现绿色生产。加强绿色产品研发应用，推广轻量化、低功耗、易回收等技术工艺，持续提升电机、锅炉、内燃机及电器等终端用能产品能效水平，加快淘汰落后机电产品和技术。积极引领新兴产业高起点绿色发展，大幅降低电子信息产品生产、使用能耗及限用物质含量，建设绿色数据中心和绿色基站，大力促进新材料、新能源、高端装备、生物产业绿色低碳发展。

推进资源高效循环利用。支持企业强化技术创新和管理，增强绿色精益制造能力，大幅降低能耗、物耗和水耗水平。持续提高绿色低碳能源使用比率，开展工业园区和企业分布式绿色智能微电网建设，控制和削减化石能源消费量。全面推行循环生产方式，促进企业、园区、行业间链接共生、原料互供、资源共享。推进资源再生利用产业规范化、规模化发展，强化技术装备支撑，提高大宗工业固体废弃物、废旧金属、废弃电器电子产品等综合利用水平。大力发展再制造产业，实施高端再制造、智能再制造、在役再制造，推进产品认定，促进再制造产业持续健康发展。

积极构建绿色制造体系。支持企业开发绿色产品，推行生态设计，显著提升产品节能环保低碳水平，引导绿色生产和绿色消费。建设绿色工厂，实现厂房集约化、原料无害化、生产洁净化、废物资源化、能源低碳化。发展绿色园区，推进工业园区产业耦合，实现近零排放。打造绿色供应链，加快建立以资源节约、环境友好为导向的采购、生产、营销、回收及物流体系，落实生产者责任延伸制度。壮大绿色企业，支持企业实施绿色战略、绿色标准、绿色管理和绿色生产。强化绿色监管，健全节能环保法规、标准体系，加强节能环保监察，推行企业社会责任报告制度，开展绿色评价。

专栏4　绿色制造工程

　　组织实施传统制造业能效提升、清洁生产、节水治污、循环利用等专项技术改造。开展重大节能环保、资源综合利用、再制造、低碳技术产业化示范。实施重点区域、流域、行业清洁生产水平提升计划，扎实推进大气、水、土壤污染源头防治专项。制定绿色产品、绿色工厂、绿色园区、绿色企业标准体系，开展绿色评价。

　　到2020年，建成千家绿色示范工厂和百家绿色示范园区，部分重化工行业能源资源消耗出现拐点，重点行业主要污染物排放强度下降20%。到2025年，制造业绿色发展和主要产品单耗达到世界先进水平，绿色制造体系基本建立。

（六）大力推动重点领域突破发展。

瞄准新一代信息技术、高端装备、新材料、生物医药等战略重点，引导社会各类资源集聚，推动优势和战略产业快速发展。

1. 新一代信息技术产业。

集成电路及专用装备。着力提升集成电路设计水平，不断丰富知识产权（IP）核和设计工具，突破关系国家信息与网络安全及电子整机产业发展的核心通用芯片，提升国产芯片的应用适配能力。掌握高密度封装及三维微组装技术，提升封装产业和测试的自主发展能力。形成关键制造装备供货能力。

信息通信设备。掌握新型计算、高速互联、先进存储、体系化安全保障等核心技术，全面突破第五代移动通信技术、核心路由交换技术、超高速大容量智能光传输技术、"未来网络"核心技术和体系架构，积极推动量子计算、神经网络等发展。研发高端服务器、大容量存储、新型路由交换、新型智能终端、新一代基站、网络安全等设备，推动核心信息通信设备体系化发展与规模化应用。

操作系统及工业软件。开发安全领域操作系统等工业基础软件。突破智能设计与仿真及其工具、制造物联与服务、工业大数据处理等高端工业软件核心技术，开发自主可控的高端工业平台软件和重点领域应用软件，建立完善工业软件集成标准与安全测评体系。推进自主工业软件体系化发展和产业化应用。

2. 高档数控机床和机器人。

高档数控机床。开发一批精密、高速、高效、柔性数控机床与基础制造装备及集成制造系统。加快高档数控机床、增材制造等前沿技术和装备的研发。以提升可靠性、精度保持性为重点，开发高档数控系统、伺服电机、轴承、光栅等主要功能部件及关键应用软件，加快实现产业化。加强用户工艺验证能力建设。

机器人。围绕汽车、机械、电子、危险品制造、国防军工、化工、轻工等工业机器人、特种机器人，以及医疗健康、家庭服务、教育娱乐等服务机器人应用需求，积极研发新产品，促进机器人标准化、模块化发展，扩大市场应用。突破机器人本体、减速器、伺服电机、控制器、传感器与驱动器等关键零部件及系统集成设计制造等技术瓶颈。

3. 航空航天装备。

航空装备。加快大型飞机研制，适时启动宽体客机研制，鼓励国际合作研制重型直升机；推进干支线飞机、直升机、无人机和通用飞机产业化。突破高推重比、先进涡桨发动机及大涵道比涡扇发动机技术，建立发动机自主发展工业体系。开发先进机载设备及系统，形成自主完整的航空产业链。

航天装备。发展新一代运载火箭、重型运载器，提升进入空间能力。加快推进国家民用空间基础设施建设，发展新型卫星等空间平台与有效载荷、空天地宽带互联网系统，形成长期持续稳定的卫星遥感、通信、导航等空间信息服务能力。推动载人航天、月球探测工程，适度发展深空探测。推进航天技术转化与空间技术应用。

4. 海洋工程装备及高技术船舶。大力发展深海探测、资源开发利用、海上作业保障装备及其关键系统和专用设备。推动深海空间站、大型浮式结构物的开发和工程化。形成海洋工程装备综合试验、检测与鉴定能力，提高海洋开发利用水平。突破豪华邮轮设计建造技术，全面提升液化天然气船等高技术船舶国际竞争力，掌握重点配套设备集成化、智能化、模块化设计制造核心技术。

5. 先进轨道交通装备。加快新材料、新技术和新工艺的应用，重点突破体系化安全保障、节能环保、数字化智能化网络化技术，研制先进可靠适用的产品和轻量化、模块化、谱系化产品。研发新一代绿色智能、高速重载轨道交通装备系统，围绕系统全寿命周期，向用户提供整体解决方案，建立世界领先的现代轨道交通产业体系。

6. 节能与新能源汽车。继续支持电动汽车、燃料电池汽车发展，掌握汽车低碳化、信息化、智能化核心技术，提升动力电池、驱动电机、高效内燃机、先进变速器、轻量化材料、智能控制等核心技术的工程化和产业化能力，形成从关键零部件到整车的完整工业体系和创新体系，推动自主品牌节能与新能源汽车同国际先进水平接轨。

7. 电力装备。推动大型高效超净排放煤电机组产业化和示范应用，进一步提高超大容量水电机组、核电机组、重型燃气轮机制造水平。推进新能源和可再生能源装备、先进储能装置、智能电网用输变电及用户端设备发展。突破大功率电力电子器件、高温超导材料等关键元器件和材料的制造及应用技术，形成产业化能力。

8. 农机装备。重点发展粮、棉、油、糖等大宗粮食和战略性经济作物育、耕、种、管、收、运、贮等主要生产过程使用的先进农机装备，加快发展大型拖拉机及其复式作业机具、大型高效联合收割机等高端农业装备及关键核心零部件。提高农机装备信息收集、智能决策和精准作业能力，推进形成面向农业生产的信息化整体解决方案。

9. 新材料。以特种金属功能材料、高性能结构材料、功能性高分子材料、特种无机非金属材料和先进复合材料为发展重点，加快研发先进熔炼、凝固成型、气相沉积、型材加工、高效合成等新材料制备关键技术和装备，加强基础研究和体系建设，突破产业化制备瓶颈。积极发展军民共用特种新材料，加快技术双向转移转化，促进新材料产业军民融合发展。高度关注颠覆性新材料对传统材料的影响，做好超导材料、纳米材料、石墨烯、生物基材料等战略前沿材料提前布局和研制。加快基础材料升级换代。

10. 生物医药及高性能医疗器械。发展针对重大疾病的化学药、中药、生物技术药物新产品，重点包括新机制和新靶点化学药、抗体药物、抗体偶联药物、全新结构蛋白及多肽药物、新型疫苗、临床优势突出的创新中药及个性化治疗药物。提高医疗器械的创新能力和产业化水平，重点发展影像设备、医用机器人等高性能诊疗设备，全降解血管支架等高值医用耗材，可穿戴、远程诊疗等移动医疗产品。实现生物3D打印、诱导多能干细胞等新技术的突破和应用。

专栏5　高端装备创新工程

　　组织实施大型飞机、航空发动机及燃气轮机、民用航天、智能绿色列车、节能与新能源汽车、海洋工程装备及高技术船舶、智能电网成套装备、高档数控机床、核电装备、高端诊疗设备等一批创新和产业化专项、重大工程。开发一批标志性、带动性强的重点产品和重大装备，提升自主设计水平和系统集成能力，突破共性关键技术与工程化、产业化瓶颈，组织开展应用试点和示范，提高创新发展能力和国际竞争力，抢占竞争制高点。

　　到2020年，上述领域实现自主研制及应用。到2025年，自主知识产权高端装备市场占有率大幅提升，核心技术对外依存度明显下降，基础配套能力显著增强，重要领域装备达到国际领先水平。

（七）深入推进制造业结构调整。

推动传统产业向中高端迈进，逐步化解过剩产能，促进大企业与中小企业协调发展，进一步优化制造业布局。

持续推进企业技术改造。明确支持战略性重大项目和高端装备实施技术改造的政策方向，稳定中央技术改造引导资金规模，通过贴息等方式，建立支持企业技术改造的长效机制。推动技术改造相关立法，强化激励约束机制，完善促进企业技术改造的政策体系。支持重点行业、高端产品、关键环节进行技术改造，引导企业采用先进适用技术，优化产品结构，全面提升设计、制造、工艺、管理水平，促进钢铁、石化、工程机械、轻工、纺织等产业向价值链高端发展。研究制定重点产业技术改造投资指南和重点项目导向计划，吸引社会资金参与，优化工业投资结构。围绕两化融合、节能降耗、质量提升、安全生产等传统领域改造，推广应用新技术、新工艺、新装备、新材料，提高企业生产技术水平和效益。

稳步化解产能过剩矛盾。加强和改善宏观调控，按照"消化一批、转移一批、整合一批、淘汰一批"的原则，分业分类施策，有效化解产能过剩矛盾。加强行业规范和准入管理，推动企业提升技术装备水平，优化存量产能。加强对产能严重过剩行业的动态监测分析，建立完善预警机制，引导企业主动退出过剩行业。切实发挥市场机制作用，综合运用法律、经济、技术及必要的行政手段，加快淘汰落后产能。

促进大中小企业协调发展。强化企业市场主体地位，支持企业间战略合作和跨行业、跨区域兼并重组，提高规模化、集约化经营水平，培育一批核心竞争力强的企业集团。激发中小企业创业创新活力，发展一批主营业务突出、竞争力强、成长性好、专注于细分市场的专业化"小巨人"企业。发挥中外中小企业合作园区示范作用，利用双边、多边中小企业合作机制，支持中小企业走出去和引进来。引导大企业与中小企业通过专业分工、服务外包、订单生产等多种方式，建立协同创新、合作共赢的协作关系。推动建设一批高水平的中小企业集群。

优化制造业发展布局。落实国家区域发展总体战略和主体功能区规划，综合考虑资源能源、环境容量、市场空间等因素，制定和实施重点行业布局规划，调整优化重大生产力布局。完善产业转移指导目录，建设国家产业转移信息服务平台，创建一批承接产业转移示范园区，引导产业合理有序转移，推动东中西部制造业协调发展。积极推动京津冀和长江经济带产业协同发展。按照新型工业化的要求，改造提升现有制造业集聚区，推动产业集聚向产业集群转型升级。建设一批特色和优势突出、产业链协同高效、核心竞争力强、公共服务体系健全的新型工业化示范基地。

（八）积极发展服务型制造和生产性服务业。

加快制造与服务的协同发展，推动商业模式创新和业态创新，促进生产型制造向服务型制造转变。大力发展与制造业紧密相关的生产性服务业，推动服务功能区和服务平台建设。

推动发展服务型制造。研究制定促进服务型制造发展的指导意见，实施服务型制造行动计划。开展试点示范，引导和支持制造业企业延伸服务链条，从主要提供产品制造向提供产品和服务转变。鼓励制造业企业增加服务环节投入，发展个性化定制服务、全生命周期管理、网络精准营销和在线支持服务等。支持有条件的企业由提供设备向提供系统集成总承包服务转变，由提供产品向提供整体解决方案转变。鼓励优势制造业企业"裂变"专业优势，通过业务流程再造，面向行业提供社会化、专业化服务。支持符合条件的制造业企业建立企业财务公司、金融租赁公司等金融机构，推广大型制造设备、生产线等融资租赁服务。

加快生产性服务业发展。大力发展面向制造业的信息技术服务，提高重点行业信息应用系统的方案设计、开发、综合集成能力。鼓励互联网等企业发展移动电子商务、在线定制、线上到线下等创新模式，积极发展对产品、市场的动态监控和预测预警等业务，实现与制造业企业的无缝对接，创新业务协作流程和价值创造模式。加快发展研发设计、技术转移、创业孵化、知识产权、科技咨询等科技服务业，发展壮大第三方物流、节能环保、检验检测认证、电子商务、服务外包、融资租赁、人力资源服务、售后服务、品牌建设等生产性服务业，提高对制造业转型升级的支撑能力。

强化服务功能区和公共服务平台建设。建设和提升生产性服务业功能区，重点发展研发设计、信息、物流、商务、金融等现代服务业，增强辐射能力。依托制造业集聚区，建设一批生产性服务业公共服务平台。鼓励东部地区企业加快制造业服务化转型，建立生产服务基地。支持中西部地区发展具有特色和竞争力的生产性服务业，加快产业转移承接地服务配套设施和能力建设，实现制造业和服务业协同发展。

（九）提高制造业国际化发展水平。

统筹利用两种资源、两个市场，实行更加积极的开放战略，将引进来与走出去更好结合，拓展新的开放领域和空间，提升国际合作的水平和层次，推动重点产业国际化布局，引导企业提高国际竞争力。

提高利用外资与国际合作水平。进一步放开一般制造业，优化开放结构，提高开放水平。引导外资投向新一代信息技术、高端装备、新材料、生物医药等高端制造领域，鼓励境外企业和科研机构在我国设立全球研发机构。支持符合条件的企业在境外发行股票、债券，鼓励与境外企业开展多种形式的技术合作。

提升跨国经营能力和国际竞争力。支持发展一批跨国公司，通过全球资源利用、业务流程再造、产业链整合、资本市场运作等方式，加快提升核心竞争力。支持企业在境外开展并购和股权投资、创业投资，建立研发中心、实验基地和全球营销及服务体系；依托互联网开展网络协同设计、精准营销、增值服务创新、媒体品牌推广等，建立全球产业链体系，提高国际化经营能力和服务水平。鼓励优势企业加快发展国际总承包、总集成。引导企业融入当地文化，增强社会责任意识，加强投资和经营风险管理，提高企业境外本土化能力。

深化产业国际合作，加快企业走出去。加强顶层设计，制定制造业走出去发展总体战略，建立完善统筹协调机制。积极参与和推动国际产业合作，贯彻落实丝绸之路经济带和21世纪海上丝绸之路等重大战略部署，加快推进与周边国家互联互通基础设施建设，深化产业合作。发挥沿边开放优势，在有条件的国家和地区建设一批境外制造业合作园区。坚持政府推动、企业主导，创新商业模式，鼓励高端装备、先进技术、优势产能向境外转移。加强政策引导，推动产业合作由加工制造环节为主向合作研发、联合设计、市场营销、品牌培育等高端环节延伸，提高国际合作水平。创新加工贸易模式，延长加工贸易国内增值链条，推动加工贸易转型升级。

四　战略支撑与保障

建设制造强国，必须发挥制度优势，动员各方面力量，进一步深化改革，完善政策措施，建立灵活高效的实施机制，营造良好环境；必须培育创新文化和中国特色制造文化，推动制造业由大变强。

（一）深化体制机制改革。

全面推进依法行政，加快转变政府职能，创新政府管理方式，加强制造业发展战略、规划、政策、标准等制定和实施，强化行业自律和公共服务能力建设，提高产业治理水平。简政放权，深化行政审批制度改革，规范审批事项，简化程序，明确时限；适时修订政府核准的投资项目目录，落实企业投资主体地位。完善政产学研用协同创新机制，改革技术创新管理体制机制和项目经费分配、成果评价和转化机制，促进科技成果资本化、产业化，激发制造业创新活力。加快生产要素价格市场化改革，完善主要由市场决定价格的机制，合理配置公共资源；推行节能量、碳排放权、排污权、水权交易制度改革，加快资源税从价计征，推动环境保护费改税。深化国有企业改革，完善公司治理结构，有序发展混合所有制经济，进一步破除各种形式的行业垄断，取消对非公有制经济的不合理限制。稳步推进国防科技工业改革，推动军民融合深度发展。健全产业安全审查机制和法规体系，加强关系国民经济命脉和国家安全的制造业重要领域投融资、并购重组、招标采购等方面的安全审查。

（二）营造公平竞争市场环境。

深化市场准入制度改革，实施负面清单管理，加强事中事后监管，全面清理和废止不利于全国统一市场建设的政策措施。实施科学规范的行业准入制度，制定和完善制造业节能节地节水、环保、技术、安全等准入标准，加强对国家强制性标准实施的监督检查，统一执法，以市场化手段引导企业进行结构调整和转型升级。切实加强监管，打击制售假冒伪劣行为，严厉惩处市场垄断和不正当竞争行为，为企业创造良好生产经营环境。加快发展技术市场，健全知识产权创造、运用、管理、保护机制。完善淘汰落后产能工作涉及的职工安置、债务清偿、企业转产等政策措施，健全市场退出机制。进一步减轻企业负担，实施涉企收费清单制度，建立全国涉企收费项目库，取缔各种不合理收费和摊派，加强监督检查和问责。推进制造业企业信用体系建设，建设中国制造信用数据库，建立健全企业信用动态评价、守信激励和失信惩戒机制。强化企业社会责任建设，推行企业产品标准、质量、安全自我声明和监督制度。

（三）完善金融扶持政策。

深化金融领域改革，拓宽制造业融资渠道，降低融资成本。积极发挥政策性金融、开发性金融和商业金融的优势，加大对新一代信息技术、高端装备、新材料等重点领域的支持力度。支持中国进出口银行在业务范围内加大对制造业走出去的服务力度，鼓励国家开发银行增加对制造业企业的贷款投放，引导金融机构创新符合制造业企业特点的产品和业务。健全多层次资本市场，推动区域性股权市场规范发展，支持符合条件的制造业企业在境内外上市融资、发行各类债务融资工具。引导风险投资、私募股权投资等支持制造业企业创新发展。鼓励符合条件的制造业贷款和租赁资产开展证券化试点。支持重点领域大型制造业企业集团开展产融结合试点，通过融资租赁方式促进制造业转型升级。探索开发适合制造业发展的保险产品和服务，鼓励发展贷款保证保险和信用保险业务。在风险可控和商业可持续的前提下，通过内保外贷、外汇及人民币贷款、债权融资、股权融资等方式，加大对制造业企业在境外开展资源勘探开发、设立研发中心和高技术企业以及收购兼并等的支持力度。

（四）加大财税政策支持力度。

充分利用现有渠道，加强财政资金对制造业的支持，重点投向智能制造、"四基"发展、高端装备等制造业转型升级的关键领域，为制造业发展创造良好政策环境。运用政府和社会资本合作模式，引导社会资本参与制造业重大项目建设、企业技术改造和关键基础设施建设。创新财政资金支持方式，逐步从"补建设"向"补运营"转变，提高财政资金使用效益。深化科技计划管理改革，支持制造业重点领域科技研发和示范应用，促进制造业技术创新、转型升级和结构布局调整。完善和落实支持创新的政府采购政策，推动制造业创新产品的研发和规模化应用。落实和完善使用首台重大技术装备等鼓励政策，健全研制、使用单位在产品创新、增值服务和示范应用等环节的激励约束机制。实施有利于制造业转型升级的税收政策，推进增值税改革，完善企业研发费用计核方法，切实减轻制造业企业税收负担。

（五）健全多层次人才培养体系。

加强制造业人才发展统筹规划和分类指导，组织实施制造业人才培养计划，加大专业技术人才、经营管理人才和技能人才的培养力度，完善从研发、转化、生产到管理的人才培养体系。以提高现代经营管理水平和企业竞争力为核心，实施企业经营管理人才素质提升工程和国家中小企业银河培训工程，培养造就一批优秀企业家和高水平经营管理人才。以高层次、急需紧缺专业技术人才和创新型人才为重点，实施专业技术人才知识更新工程和先进制造卓越工程师培养计划，在高等学校建设一批工程创新训练中心，打造高素质专业技术人才队伍。强化职业教育和技能培训，引导一批普通本科高等学校向应用技术类高等学校转型，建立一批实训基地，开展现代学徒制试点示范，形成一支门类齐全、技艺精湛的技术技能人才队伍。鼓励企业与学校合作，培养制造业急需的科研人员、技术技能人才与复合型人才，深化相关领域工程博士、硕士专业学位研究生招生和培养模式改革，积极推进产学研结合。加强产业人才需求预测，完善各类人才信息库，构建产业人才水平评价制度和信息发布平台。建立人才激励机制，加大对优秀人才的表彰和奖励力度。建立完善制造业人才服务机构，健全人才流动和使用的体制机制。采取多种形式选拔各类优秀人才重点是专业技术人才到国外学习培训，探索建立国际培训基地。加大制造业引智力度，引进领军人才和紧缺人才。

（六）完善中小微企业政策。

落实和完善支持小微企业发展的财税优惠政策，优化中小企业发展专项资金使用重点和方式。发挥财政资金杠杆撬动作用，吸引社会资本，加快设立国家中小企业发展基金。支持符合条件的民营资本依法设立中小型银行等金融机构，鼓励商业银行加大小微企业金融服务专营机构建设力度，建立完善小微企业融资担保体系，创新产品和服务。加快构建中小微企业征信体系，积极发展面向小微企业的融资租赁、知识产权质押贷款、信用保险保单质押贷款等。建设完善中小企业创业基地，引导各类创业投资基金投资小微企业。鼓励大学、科研院所、工程中心等对中小企业开放共享各种实验设施。加强中小微企业综合服务体系建设，完善中小微企业公共服务平台网络，建立信息互联互通机制，为中小微企业提供创业、创新、融资、咨询、培训、人才等专业化服务。

（七）进一步扩大制造业对外开放。

深化外商投资管理体制改革，建立外商投资准入前国民待遇加负面清单管理机制，落实备案为主、核准为辅的管理模式，营造稳定、透明、可预期的营商环境。全面深化外汇管理、海关监管、检验检疫管理改革，提高贸易投资便利化水平。进一步放宽市场准入，修订钢铁、化工、船舶等产业政策，支持制造业企业通过委托开发、专利授权、众包众创等方式引进先进技术和高端人才，推动利用外资由重点引进技术、资金、设备向合资合作开发、对外并购及引进领军人才转变。加强对外投资立法，强化制造业企业走出去法律保障，规范企业境外经营行为，维护企业合法权益。探索利用产业基金、国有资本收益等渠道支持高铁、电力装备、汽车、工程施工等装备和优势产能走出去，实施海外投资并购。加快制造业走出去支撑服务机构建设和水平提升，建立制造业对外投资公共服务平台和出口产品技术性贸易服务平台，完善应对贸易摩擦和境外投资重大事项预警协调机制。

（八）健全组织实施机制。

成立国家制造强国建设领导小组，由国务院领导同志担任组长，成员由国务院相关部门和单位负责同志担任。领导小组主要职责是：统筹协调制造强国建设全局性工作，审议重大规划、重大政策、重大工程专项、重大问题和重要工作安排，加强战略谋划，指导部门、地方开展工作。领导小组办公室设在工业和信息化部，承担领导小组日常工作。设立制造强国建设战略咨询委员会，研究制造业发展的前瞻性、战略性重大问题，对制造业重大决策提供咨询评估。支持包括社会智库、企业智库在内的多层次、多领域、多形态的中国特色新型智库建设，为制造强国建设提供强大智力支持。建立《中国制造2025》任务落实情况督促检查和第三方评价机制，完善统计监测、绩效评估、动态调整和监督考核机制。建立《中国制造2025》中期评估机制，适时对目标任务进行必要调整。

各地区、各部门要充分认识建设制造强国的重大意义，加强组织领导，健全工作机制，强化部门协同和上下联动。各地区要结合当地实际，研究制定具体实施方案，细化政策措施，确保各项任务落实到位。工业和信息化部要会同相关部门加强跟踪分析和督促指导，重大事项及时向国务院报告。

国务院关于积极推进"互联网+"行动的指导意见[*]

国发〔2015〕40 号

各省、自治区、直辖市人民政府，国务院各部委、各直属机构：

"互联网+"是把互联网的创新成果与经济社会各领域深度融合，推动技术进步、效率提升和组织变革，提升实体经济创新力和生产力，形成更广泛的以互联网为基础设施和创新要素的经济社会发展新形态。在全球新一轮科技革命和产业变革中，互联网与各领域的融合发展具有广阔前景和无限潜力，已成为不可阻挡的时代潮流，正对各国经济社会发展产生着战略性和全局性的影响。积极发挥我国互联网已经形成的比较优势，把握机遇，增强信心，加快推进"互联网+"发展，有利于重塑创新体系、激发创新活力、培育新兴业态和创新公共服务模式，对打造大众创业、万众创新和增加公共产品、公共服务"双引擎"，主动适应和引领经济发展新常态，形成经济发展新动能，实现中国经济提质增效升级具有重要意义。

近年来，我国在互联网技术、产业、应用以及跨界融合等方面取得了积极进展，已具备加快推进"互联网+"发展的坚实基础，但也存在传统企业运用互联网的意识和能力不足、互联网企业对传统产业理解不够深入、新业态发展面临体制机制障碍、跨界融合型人才严重匮乏等问题，亟待加以解决。为加快推动互联网与各领域深入融合和创新发展，充分发挥"互联网+"对稳增长、促改革、调结构、惠民生、防风险的重要作用，现就积极推进"互联网+"行动提出以下意见。

一 行动要求

（一）总体思路。

顺应世界"互联网+"发展趋势，充分发挥我国互联网的规模优势和应用优势，推动互联网由消费领域向生产领域拓展，加速提升产业发展水平，增强各行业创新能力，构筑经济社会发展新优势和新动能。坚持改革创新和市场需求导向，突出企业的主体作用，大力拓展互联网与经济社会各领域融合的广度和深度。着力深化体制机制改革，释放发展潜力和活力；着力做优存量，推动经济提质增效和转型升级；着力做大增量，培育新兴业态，打造新的增长点；着力创新政府服务模式，夯实网络发展基础，营造安全网络环境，提升公共服务水平。

[*] 资料来源：中国政府网，http://www.gov.cn/zhengce/content/2015-07/04/content_10002.htm。

（二）基本原则。

坚持开放共享。营造开放包容的发展环境，将互联网作为生产生活要素共享的重要平台，最大限度优化资源配置，加快形成以开放、共享为特征的经济社会运行新模式。

坚持融合创新。鼓励传统产业树立互联网思维，积极与"互联网＋"相结合。推动互联网向经济社会各领域加速渗透，以融合促创新，最大程度汇聚各类市场要素的创新力量，推动融合性新兴产业成为经济发展新动力和新支柱。

坚持变革转型。充分发挥互联网在促进产业升级以及信息化和工业化深度融合中的平台作用，引导要素资源向实体经济集聚，推动生产方式和发展模式变革。创新网络化公共服务模式，大幅提升公共服务能力。

坚持引领跨越。巩固提升我国互联网发展优势，加强重点领域前瞻性布局，以互联网融合创新为突破口，培育壮大新兴产业，引领新一轮科技革命和产业变革，实现跨越式发展。

坚持安全有序。完善互联网融合标准规范和法律法规，增强安全意识，强化安全管理和防护，保障网络安全。建立科学有效的市场监管方式，促进市场有序发展，保护公平竞争，防止形成行业垄断和市场壁垒。

（三）发展目标。

到2018年，互联网与经济社会各领域的融合发展进一步深化，基于互联网的新业态成为新的经济增长动力，互联网支撑大众创业、万众创新的作用进一步增强，互联网成为提供公共服务的重要手段，网络经济与实体经济协同互动的发展格局基本形成。

——经济发展进一步提质增效。互联网在促进制造业、农业、能源、环保等产业转型升级方面取得积极成效，劳动生产率进一步提高。基于互联网的新兴业态不断涌现，电子商务、互联网金融快速发展，对经济提质增效的促进作用更加凸显。

——社会服务进一步便捷普惠。健康医疗、教育、交通等民生领域互联网应用更加丰富，公共服务更加多元，线上线下结合更加紧密。社会服务资源配置不断优化，公众享受到更加公平、高效、优质、便捷的服务。

——基础支撑进一步夯实提升。网络设施和产业基础得到有效巩固加强，应用支撑和安全保障能力明显增强。固定宽带网络、新一代移动通信网和下一代互联网加快发展，物联网、云计算等新型基础设施更加完备。人工智能等技术及其产业化能力显著增强。

——发展环境进一步开放包容。全社会对互联网融合创新的认识不断深入，互联网融合发展面临的体制机制障碍有效破除，公共数据资源开放取得实质性进展，相关标准规范、信用体系和法律法规逐步完善。

到2025年，网络化、智能化、服务化、协同化的"互联网＋"产业生态体系基本完善，"互联网＋"新经济形态初步形成，"互联网＋"成为经济社会创新发展的重要驱动力量。

二　重点行动

（一）"互联网＋"创业创新。

充分发挥互联网的创新驱动作用，以促进创业创新为重点，推动各类要素资源聚集、开放和共享，大力发展众创空间、开放式创新等，引导和推动全社会形成大众创业、万众创新的浓厚氛围，打造经济发展新引擎。（发展改革委、科技部、工业和信息化部、人力资源社会保障部、商务部等负责，列第一位者为牵头部门，下同）

1. 强化创业创新支撑。鼓励大型互联网企业和基础电信企业利用技术优势和产业整合能力，向小微企业和创业团队开放平台入口、数据信息、计算能力等资源，提供研发工具、经营管理和市场营销等方面的支持和服务，提高小微企业信息化应用水平，培育和孵化具有良好商业模式的创业企业。充分利用互联网基础条件，完善小微企业公共服务平台网络，集聚创业创新资源，为小微企业提供找得着、用得起、有保障的服务。

2. 积极发展众创空间。充分发挥互联网开放创新优势，调动全社会力量，支持创新工场、创客空间、社会实验室、智慧小企业创业基地等新型众创空间发展。充分利用国家自主创新示范区、科技企业孵化器、大学科技园、商贸企业集聚区、小微企业创业示范基地等现有条件，通过市场化方式构建一批创新与创业相结合、线上与线下相结合、孵化与投资相结合的众创空间，为创业者提供低成本、便利化、全要素的工作空间、网络空间、社交空间和资源共享空间。实施新兴产业"双创"行动，建立一批新兴产业"双创"示范基地，加快发展"互联网＋"创业网络体系。

3. 发展开放式创新。鼓励各类创新主体充分利用互联网，把握市场需求导向，加强创新资源共享与合作，促进前沿技术和创新成果及时转化，构建开放式创新体系。推动各类创业创新扶持政策与互联网开放平台联动协作，为创业团队和个人开发者提供绿色通道服务。加快发展创业服务业，积极推广众包、用户参与设计、云设计等新型研发组织模式，引导建立社会各界交流合作的平台，推动跨区域、跨领域的技术成果转移和协同创新。

（二）"互联网＋"协同制造。

推动互联网与制造业融合，提升制造业数字化、网络化、智能化水平，加强产业链协作，发展基于互联网的协同制造新模式。在重点领域推进智能制造、大规模个性化定制、网络化协同制造和服务型制造，打造一批网络化协同制造公共服务平台，加快形成制造业网络化产业生态体系。（工业和信息化部、发展改革委、科技部共同牵头）

1. 大力发展智能制造。以智能工厂为发展方向，开展智能制造试点示范，加快推动云计算、物联网、智能工业机器人、增材制造等技术在生产过程中的应用，推进生产装备智能化升级、工艺流程改造和基础数据共享。着力在工控系统、智能感知元器件、工业云平台、操作系统和工业软件等核心环节取得突破，加强工业大数据的开发与利用，有效支撑制造业智能化转型，构建开放、共享、协作的智能制造产业生态。

2. 发展大规模个性化定制。支持企业利用互联网采集并对接用户个性化需求，推进设计研发、生产制造和供应链管理等关键环节的柔性化改造，开展基于个性化产品的服务模式和商业模式创新。鼓励互联网企业整合市场信息，挖掘细分市场需求与发展趋势，为制造企业开展个性化定制提供决策支撑。

3. 提升网络化协同制造水平。鼓励制造业骨干企业通过互联网与产业链各环节紧密协同，促进生产、质量控制和运营管理系统全面互联，推行众包设计研发和网络化制造等新模式。鼓励有实力的互联网企业构建网络化协同制造公共服务平台，面向细分行业提供云制造服务，促进创新资源、生产能力、市场需求的集聚与对接，提升服务中小微企业能力，加快全社会多元化制造资源的有效协同，提高产业链资源整合能力。

4. 加速制造业服务化转型。鼓励制造企业利用物联网、云计算、大数据等技术，整合产品全生命周期数据，形成面向生产组织全过程的决策服务信息，为产品优化升级提供数据支撑。鼓励企业基于互联网开展故障预警、远程维护、质量诊断、远程过程优化等在线增值服务，拓展产品价值空间，实现从制造向"制造＋服务"的转型升级。

（三）"互联网＋"现代农业。

利用互联网提升农业生产、经营、管理和服务水平，培育一批网络化、智能化、精细化的现代"种养加"生态农业新模式，形成示范带动效应，加快完善新型农业生产经营体系，培育多样化农业互联网管理服务模式，逐步建立农副产品、农资质量安全追溯体系，促进农业现代化水平明显提升。（农业部、发展改革委、科技部、商务部、质检总局、食品药品监管总局、林业局等负责）

1. 构建新型农业生产经营体系。鼓励互联网企业建立农业服务平台，支撑专业大户、家庭农场、农民合作社、农业产业化龙头企业等新型农业生产经营主体，加强产销衔接，实现农业生产由生产导向向消费导向转变。提高农业生产经营的科技化、组织化和精细化水平，推进农业生产流通销售方式变革和农业发展方式转变，提升农业生产效率和增值空间。规范用好农村土地流转公共服务平台，提升土地流转透明度，保障农民权益。

2. 发展精准化生产方式。推广成熟可复制的农业物联网应用模式。在基础较好的领域和地区，普及基于环境感知、实时监测、自动控制的网络化农业环境监测系统。在大宗农产品规模生产区域，构建天地一体的农业物联网测控体系，实施智能节水灌溉、测土配方施肥、农机定位耕种等精准化作业。在畜禽标准化规模养殖基地和水产健康养殖示范基地，推动饲料精准投放、疾病自动诊断、废弃物自动回收等智能设备的应用普及和互联互通。

3. 提升网络化服务水平。深入推进信息进村入户试点，鼓励通过移动互联网为农民提供政策、市场、科技、保险等生产生活信息服务。支持互联网企业与农业生产经营主体合作，综合利用大数据、云计算等技术，建立农业信息监测体系，为灾害预警、耕地质量监测、重大动植物疫情防控、市场波动预测、经营科学决策等提供服务。

4. 完善农副产品质量安全追溯体系。充分利用现有互联网资源，构建农副产品质量安全追溯公共服务平台，推进制度标准建设，建立产地准出与市场准入衔接机制。支持新型农业生产经营主体利用互联网技术，对生产经营过程进行精细化信息化管理，加快推动移动互联网、物联网、二维码、无线射频识别等信息技术在生产加工和流通销售各环节的推广应用，强化上下游追溯体系对接和信息互通共享，不断扩大追溯体系覆盖面，实现农副产品"从农田到餐桌"全过程可追溯，保障"舌尖上的安全"。

（四）"互联网＋"智慧能源。

通过互联网促进能源系统扁平化，推进能源生产与消费模式革命，提高能源利用效率，推动节能减排。加强分布式能源网络建设，提高可再生能源占比，促进能源利用结构优化。加快发电设施、用电设施和电网智能化改造，提高电力系统的安全性、稳定性和可靠性。（能源局、发展改革委、工业和信息化部等负责）

1. 推进能源生产智能化。建立能源生产运行的监测、管理和调度信息公共服务网络，加强能源产业链上下游企业的信息对接和生产消费智能化，支撑电厂和电网协调运行，促进非化石能源与化石能源协同发电。鼓励能源企业运用大数据技术对设备状态、电能负载等数据进行分析挖掘与预测，开展精准调度、故障判断和预测性维护，提高能源利用效率和安全稳定运行水平。

2. 建设分布式能源网络。建设以太阳能、风能等可再生能源为主体的多能源协调互补的能源互联网。突破分布式发电、储能、智能微网、主动配电网等关键技术，构建智能化电力运行监测、管理技术平台，使电力设备和用电终端基于互联网进行双向通信和智能调控，实现分布式电源的及时有效接入，逐步建成开放共享的能源网络。

3. 探索能源消费新模式。开展绿色电力交易服务区域试点，推进以智能电网为配送平台，以电子商务为交易平台，融合储能设施、物联网、智能用电设施等硬件以及碳交易、互联网金融等衍生服务于一体的绿色能源网络发展，实现绿色电力的点到点交易及实时配送和补贴结算。进一步加强能源生产和消费协调匹配，推进电动汽车、港口岸电等电能替代技术的应用，推广电力需求侧管理，提高能源利用效率。基于分布式能源网络，发展用户端智能化用能、能源共享经济和能源自由交易，促进能源消费生态体系建设。

4. 发展基于电网的通信设施和新型业务。推进电力光纤到户工程，完善能源互联网信息通信系统。统筹部署电网和通信网深度融合的网络基础设施，实现同缆传输、共建共享，避免重复建设。鼓励依托智能电网发展家庭能效管理等新型业务。

（五）"互联网＋"普惠金融。

促进互联网金融健康发展，全面提升互联网金融服务能力和普惠水平，鼓励互联网与银行、证券、保险、基金的融合创新，为大众提供丰富、安全、便捷的金融产品和服务，更好满足不同层次实体经济的投融资需求，培育一批具有行业影响力的互联网金融创新型企业。（人民银行、银监会、证监会、保监会、发展改革委、工业和信息化部、网信办等负责）

1. 探索推进互联网金融云服务平台建设。探索互联网企业构建互联网金融云服务平台。在保证技术成熟和业务安全的基础上，支持金融企业与云计算技术提供商合作开展金融公共云服务，提供多样化、个性化、精准化的金融产品。支持银行、证券、保险企业稳妥实施系统架构转型，鼓励探索利用云服务平台开展金融核心业务，提供基于金融云服务平台的信用、认证、接口等公共服务。

2. 鼓励金融机构利用互联网拓宽服务覆盖面。鼓励各金融机构利用云计算、移动互联网、大数据等技术手段，加快金融产品和服务创新，在更广泛地区提供便利的存贷款、支付结算、信用中介平台等金融服务，拓宽普惠金融服务范围，为实体经济发展提供有效支撑。支持金融机构和互联网企业依法合规开展网络借贷、网络证券、网络保险、互联网基金销售等业务。扩大专业互联网保险公司试点，充分发挥保险业在防范互联网金融风险中的作用。推动金融集成电路卡（IC卡）全面应用，提升电子现金的使用率和便捷性。发挥移动金融安全可信公共服务平台（MTPS）的作用，积极推动商业银行开展移动金融创新应用，促进移动金融在电子商务、公共服务等领域的规模应用。支持银行业金融机构借助互联网技术发展消费信贷业务，支持金融租赁公司利用互联网技术开展金融租赁业务。

3. 积极拓展互联网金融服务创新的深度和广度。鼓励互联网企业依法合规提供创新金融产品和服务，更好满足中小微企业、创新型企业和个人的投融资需求。规范发展网络借贷和互联网消费信贷业务，探索互联网金融服务创新。积极引导风险投资基金、私募股权投资基金和产业投资基金投资于互联网金融企业。利用大数据发展市场化个人征信业务，加快网络征信和信用评价体系建设。加强互联网金融消费权益保护和投资者保护，建立多元化金融消费纠纷解决机制。改进和完善互联网金融监管，提高金融服务安全性，有效防范互联网金融风险及其外溢效应。

（六）"互联网＋"益民服务。

充分发挥互联网的高效、便捷优势，提高资源利用效率，降低服务消费成本。大力发展以互联网为载体、线上线下互动的新兴消费，加快发展基于互联网的医疗、健康、养老、教育、旅游、社会保障等新兴服务，创新政府服务模式，提升政府科学决策能力和管理水平。（发展改革委、教育部、工业和信息化部、民政部、人力资源社会保障部、商务部、卫生计生委、质检总局、食品药品监管总局、林业局、旅游局、网信办、信访局等负责）

1. 创新政府网络化管理和服务。加快互联网与政府公共服务体系的深度融合，推动公共数据资源开放，促进公共服务创新供给和服务资源整合，构建面向公众的一体化在线公共服务体系。积极探索公众参与的网络化社会管理服务新模式，充分利用互联网、移动互联网应用平台等，加快推进政务新媒体发展建设，加强政府与公众的沟通交流，提高政府公共管理、公共服务和公共政策制定的响应速度，提升政府科学决策能力和社会治理水平，促进政府职能转变和简政放权。深入推进网上信访，提高信访工作质量、效率和公信力。鼓励政府和互联网企业合作建立信用信息共享平台，探索开展一批社会治理互联网应用试点，打通政府部门、企事业单位之间的数据壁垒，利用大数据分析手段，提升各级政府的社会治理能力。加强对"互联网＋"行动的宣传，提高公众参与度。

2. 发展便民服务新业态。发展体验经济，支持实体零售商综合利用网上商店、移动支付、智能试衣等新技术，打造体验式购物模式。发展社区经济，在餐饮、娱乐、家政等领域培育线上线下结合的社区服务新模式。发展共享经济，规范发展网络约租车，积极推广在线租房等新业态，着力破除准入门槛高、服务规范难、个人征信缺失等瓶颈制约。发展基于互联网的文化、媒体和旅游等服务，培育形式多样的新型业态。积极推广基于移动互联网入口的城市服务，开展网上社保办理、个人社保权益查询、跨地区医保结算等互联网应用，让老百姓足不出户享受便捷高效的服务。

3. 推广在线医疗卫生新模式。发展基于互联网的医疗卫生服务，支持第三方机构构建医学影像、健康档案、检验报告、电子病历等医疗信息共享服务平台，逐步建立跨医院的医疗数据共享交换标准体系。积极利用移动互联网提供在线预约诊疗、候诊提醒、划价缴费、诊疗报告查询、药品配送等便捷服务。引导医疗机构面向中小城市和农村地区开展基层检查、上级诊断等远程医疗服务。鼓励互联网企业与医疗机构合作建立医疗网络信息平台，加强区域医疗卫生服务资源整合，充分利用互联网、大数据等手段，提高重大疾病和突发公共卫生事件防控能力。积极探索互联网延伸医嘱、电子处方等网络医疗健康服务应用。鼓励有资质的医学检验机构、医疗服务机构联合互联网企业，发展基因检测、疾病预防等健康服务模式。

4. 促进智慧健康养老产业发展。支持智能健康产品创新和应用，推广全面量化健康生活新方式。鼓励健康服务机构利用云计算、大数据等技术搭建公共信息平台，提供长期跟踪、预测预警的个性化健康管理服务。发展第三方在线健康市场调查、咨询评价、预防管理等应用服务，提升规范化和专业化运营水平。依托现有互联网资源和社会力量，以社区为基础，搭建养老信息服务网络平台，提供护理看护、健康管理、康复照料等居家养老服务。鼓励养老服务机构应用基于移动互联网的便携式体检、紧急呼叫监控等设备，提高养老服务水平。

5. 探索新型教育服务供给方式。鼓励互联网企业与社会教育机构根据市场需求开发数字教育资源，提供网络化教育服务。鼓励学校利用数字教育资源及教育服务平台，逐步探索网络化教育新模式，扩大优质教育资源覆盖面，促进教育公平。鼓励学校通过与互联网企业合作等方式，对接线上线下教育资源，探索基础教育、职业教育等教育公共服务提供新方式。推动开展学历教育在线课程资源共享，推广大规模在线开放课程等网络学习模式，探索建立网络学习学分认定与学分转换等制度，加快推动高等教育服务模式变革。

（七）"互联网＋"高效物流。

加快建设跨行业、跨区域的物流信息服务平台，提高物流供需信息对接和使用效率。鼓励大数据、云计算在物流领域的应用，建设智能仓储体系，优化物流运作流程，提升物流仓储的自动化、智能化水平和运转效率，降低物流成本。（发展改革委、商务部、交通运输部、网信办等负责）

1. 构建物流信息共享互通体系。发挥互联网信息集聚优势，聚合各类物流信息资源，鼓励骨干物流企业和第三方机构搭建面向社会的物流信息服务平台，整合仓储、运输和配送信息，开展物流全程监测、预警，提高物流安全、环保和诚信水平，统筹优化社会物流资源配置。构建互通省际、下达市县、兼顾乡村的物流信息互联网络，建立各类可开放数据的对接机制，加快完善物流信息交换开放标准体系，在更广范围促进物流信息充分共享与互联互通。

2. 建设深度感知智能仓储系统。在各级仓储单元积极推广应用二维码、无线射频识别等物联网感知技术和大数据技术，实现仓储设施与货物的实时跟踪、网络化管理以及库存信息的高度共享，提高货物调度效率。鼓励应用智能化物流装备提升仓储、运输、分拣、包装等作业效率，提高各类复杂订单的出货处理能力，缓解货物囤积停滞瓶颈制约，提升仓储运管水平和效率。

3. 完善智能物流配送调配体系。加快推进货运车联网与物流园区、仓储设施、配送网点等信息互联，促进人员、货源、车源等信息高效匹配，有效降低货车空驶率，提高配送效率。鼓励发展社区自提柜、冷链储藏柜、代收服务点等新型社区化配送模式，结合构建物流信息互联网络，加快推进县到村的物流配送网络和村级配送网点建设，解决物流配送"最后一公里"问题。

（八）"互联网＋"电子商务。

巩固和增强我国电子商务发展领先优势，大力发展农村电商、行业电商和跨境电商，进一步扩大电子商务发展空间。电子商务与其他产业的融合不断深化，网络化生产、流通、消费更加普及，标准规范、公共服务等支撑环境基本完善。（发展改革委、商务部、工业和信息化部、交通运输部、农业部、海关总署、税务总局、质检总局、网信办等负责）

1. 积极发展农村电子商务。开展电子商务进农村综合示范，支持新型农业经营主体和农产品、农资批发市场对接电商平台，积极发展以销定产模式。完善农村电子商务配送及综合服务网络，着力解决农副产品标准化、物流标准化、冷链仓储建设等关键问题，发展农产品个性化定制服务。开展生鲜农产品和农业生产资料电子商务试点，促进农业大宗商品电子商务发展。

2. 大力发展行业电子商务。鼓励能源、化工、钢铁、电子、轻纺、医药等行业企业，积极利用电子商务平台优化采购、分销体系，提升企业经营效率。推动各类专业市场线上转型，引导传统商贸流通企业与电子商务企业整合资源，积极向供应链协同平台转型。鼓励生产制造企业面向个性化、定制化消费需求深化电子商务应用，支持设备制造企业利用电子商务平台开展融资租赁服务，鼓励中小微企业扩大电子商务应用。按照市场化、专业化方向，大力推广电子招标投标。

3. 推动电子商务应用创新。鼓励企业利用电子商务平台的大数据资源，提升企业精准营销能力，激发市场消费需求。建立电子商务产品质量追溯机制，建设电子商务售后服务质量检测云平台，完善互联网质量信息公共服务体系，解决消费者维权难、退货难、产品责任追溯难等问题。加强互联网食品药品市场监测监管体系建设，积极探索处方药电子商务销售和监管模式创新。鼓励企业利用移动社交、新媒体等新渠道，发展社交电商、"粉丝"经济等网络营销新模式。

4. 加强电子商务国际合作。鼓励各类跨境电子商务服务商发展，完善跨境物流体系，拓展全球经贸合作。推进跨境电子商务通关、检验检疫、结汇等关键环节单一窗口综合服务体系建设。创新跨境权益保障机制，利用合格评定手段，推进国际互认。创新跨境电子商务管理，促进信息网络畅通、跨境物流便捷、支付及结汇无障碍、税收规范便利、市场及贸易规则互认互通。

（九）"互联网＋"便捷交通。

加快互联网与交通运输领域的深度融合，通过基础设施、运输工具、运行信息等互联网化，推进基于互联网平台的便捷化交通运输服务发展，显著提高交通运输资源利用效率和管理精细化水平，全面提升交通运输行业服务品质和科学治理能力。（发展改革委、交通运输部共同牵头）

1. 提升交通运输服务品质。推动交通运输主管部门和企业将服务性数据资源向社会开放，鼓励互联网平台为社会公众提供实时交通运行状态查询、出行路线规划、网上购票、智能停车等服务，推进基于互联网平台的多种出行方式信息服务对接和一站式服务。加快完善汽车健康档案、维修诊断和服务质量信息服务平台建设。

2. 推进交通运输资源在线集成。利用物联网、移动互联网等技术，进一步加强对公路、铁路、民航、港口等交通运输网络关键设施运行状态与通行信息的采集。推动跨地域、跨类型交通运输信息互联互通，推广船联网、车联网等智能化技术应用，形成更加完善的交通运输感知体系，提高基础设施、运输工具、运行信息等要素资源的在线化水平，全面支撑故障预警、运行维护以及调度智能化。

3. 增强交通运输科学治理能力。强化交通运输信息共享，利用大数据平台挖掘分析人口迁徙规律、公众出行需求、枢纽客流规模、车辆船舶行驶特征等，为优化交通运输设施规划与建设、安全运行控制、交通运输管理决策提供支撑。利用互联网加强对交通运输违章违规行为的智能化监管，不断提高交通运输治理能力。

（十）"互联网＋"绿色生态。

推动互联网与生态文明建设深度融合，完善污染物监测及信息发布系统，形成覆盖主要生态要素的资源环境承载能力动态监测网络，实现生态环境数据互联互通和开放共享。充分发挥互联网在逆向物流回收体系中的平台作用，促进再生资源交易利用便捷化、互动化、透明化，促进生产生活方式绿色化（发展改革委、环境保护部、商务部、林业局等负责）

1. 加强资源环境动态监测。针对能源、矿产资源、水、大气、森林、草原、湿地、海洋等各类生态要素，充分利用多维地理信息系统、智慧地图等技术，结合互联网大数据分析，优化监测站点布局，扩大动态监控范围，构建资源环境承载能力立体监控系统。依托现有互联网、云计算平台，逐步实现各级政府资源环境动态监测信息互联共享。加强重点用能单位能耗在线监测和大数据分析。

2. 大力发展智慧环保。利用智能监测设备和移动互联网，完善污染物排放在线监测系统，增加监测污染物种类，扩大监测范围，形成全天候、多层次的智能多源感知体系。建立环境信息数据共享机制，统一数据交换标准，推进区域污染物排放、空气环境质量、水环境质量等信息公开，通过互联网实现面向公众的在线查询和定制推送。加强对企业环保信用数据的采集整理，将企业环保信用记录纳入全国统一的信用信息共享交换平台。完善环境预警和风险监测信息网络，提升重金属、危险废物、危险化学品等重点风险防范水平和应急处理能力。

3. 完善废旧资源回收利用体系。利用物联网、大数据开展信息采集、数据分析、流向监测，优化逆向物流网点布局。支持利用电子标签、二维码等物联网技术跟踪电子废物流向，鼓励互联网企业参与搭建城市废弃物回收平台，创新再生资源回收模式。加快推进汽车保险信息系统、"以旧换再"管理系统和报废车管理系统的标准化、规范化和互联互通，加强废旧汽车及零部件的回收利用信息管理，为互联网企业开展业务创新和便民服务提供数据支撑。

4. 建立废弃物在线交易系统。鼓励互联网企业积极参与各类产业园区废弃物信息平台建设，推动现有骨干再生资源交易市场向线上线下结合转型升级，逐步形成行业性、区域性、全国性的产业废弃物和再生资源在线交易系统，完善线上信用评价和供应链融资体系，开展在线竞价，发布价格交易指数，提高稳定供给能力，增强主要再生资源品种的定价权。

（十一）"互联网＋"人工智能。

依托互联网平台提供人工智能公共创新服务，加快人工智能核心技术突破，促进人工智能在智能家居、智能终端、智能汽车、机器人等领域的推广应用，培育若干引领全球人工智能发展的骨干企业和创新团队，形成创新活跃、开放合作、协同发展的产业生态。（发展改革委、科技部、工业和信息化部、网信办等负责）

1. 培育发展人工智能新兴产业。建设支撑超大规模深度学习的新型计算集群，构建包括语音、图像、视频、地图等数据的海量训练资源库，加强人工智能基础资源和公共服务等创新平台建设。进一步推进计算机视觉、智能语音处理、生物特征识别、自然语言理解、智能决策控制以及新型人机交互等关键技术的研发和产业化，推动人工智能在智能产品、工业制造等领域规模商用，为产业智能化升级夯实基础。

2. 推进重点领域智能产品创新。鼓励传统家居企业与互联网企业开展集成创新，不断提升家居产品的智能化水平和服务能力，创造新的消费市场空间。推动汽车企业与互联网企业设立跨界交叉的创新平台，加快智能辅助驾驶、复杂环境感知、车载智能设备等技术产品的研发与应用。支持安防企业与互联网企业开展合作，发展和推广图像精准识别等大数据分析技术，提升安防产品的智能化服务水平。

3. 提升终端产品智能化水平。着力做大高端移动智能终端产品和服务的市场规模，提高移动智能终端核心技术研发及产业化能力。鼓励企业积极开展差异化细分市场需求分析，大力丰富可穿戴设备的应用服务，提升用户体验。推动互联网技术以及智能感知、模式识别、智能分析、智能控制等智能技术在机器人领域的深入应用，大力提升机器人产品在传感、交互、控制等方面的性能和智能化水平，提高核心竞争力。

三　保障支撑

（一）夯实发展基础。

1. 巩固网络基础。加快实施"宽带中国"战略，组织实施国家新一代信息基础设施建设工程，推进宽带网络光纤化改造，加快提升移动通信网络服务能力，促进网间互联互通，大幅提高网络访问速率，有效降低网络资费，完善电信普遍服务补偿机制，支持农村及偏远地区宽带建设和运行维护，使互联网下沉为各行业、各领域、各区域都能使用，人、机、物泛在互联的基础设施。增强北斗卫星全球服务能力，构建天地一体化互联网络。加快下一代互联网商用部署，加强互联网协议第6版（IPv6）地址管理、标识管理与解析，构建未来网络创新试验平台。研究工业互联网网络架构体系，构建开放式国家创新试验验证平台。（发展改革委、工业和信息化部、财政部、国资委、网信办等负责）

2. 强化应用基础。适应重点行业融合创新发展需求，完善无线传感网、行业云及大数据平台等新型应用基础设施。实施云计算工程，大力提升公共云服务能力，引导行业信息化应用向云计算平台迁移，加快内容分发网络建设，优化数据中心布局。加强物联网网络架构研究，组织开展国家物联网重大应用示范，鼓励具备条件的企业建设跨行业物联网运营和支撑平台。（发展改革委、工业和信息化部等负责）

3. 做实产业基础。着力突破核心芯片、高端服务器、高端存储设备、数据库和中间件等产业薄弱环节的技术瓶颈，加快推进云操作系统、工业控制实时操作系统、智能终端操作系统的研发和应用。大力发展云计算、大数据等解决方案以及高端传感器、工控系统、人机交互等软硬件基础产品。运用互联网理念，构建以骨干企业为核心、产学研用高效整合的技术产业集群，打造国际先进、自主可控的产业体系。（工业和信息化部、发展改革委、科技部、网信办等负责）

4. 保障安全基础。制定国家信息领域核心技术设备发展时间表和路线图，提升互联网安全管理、态势感知和风险防范能力，加强信息网络基础设施安全防护和用户个人信息保护。实施国家信息安全专项，开展网络安全应用示范，提高"互联网＋"安全核心技术和产品水平。按照信息安全等级保护等制度和网络安全国家标准的要求，加强"互联网＋"关键领域重要信息系统的安全保障。建设完善网络安全监测评估、监督管理、标准认证和创新能力体系。重视融合带来的安全风险，完善网络数据共享、利用等的安全管理和技术措施，探索建立以行政评议和第三方评估为基础的数据安全流动认证体系，完善数据跨境流动管理制度，确保数据安全。（网信办、发展改革委、科技部、工业和信息化部、公安部、安全部、质检总局等负责）

（二）强化创新驱动。

1. 加强创新能力建设。鼓励构建以企业为主导，产学研用合作的"互联网＋"产业创新网络或产业技术创新联盟。支持以龙头企业为主体，建设跨界交叉领域的创新平台，并逐步形成创新网络。鼓励国家创新平台向企业特别是中小企业在线开放，加大国家重大科研基础设施和大型科研仪器等网络化开放力度。（发展改革委、科技部、工业和信息化部、网信办等负责）

2. 加快制定融合标准。按照共性先立、急用先行的原则，引导工业互联网、智能电网、智慧城市等领域基础共性标准、关键技术标准的研制及推广。加快与互联网融合应用的工控系统、智能专用装备、智能仪表、智能家居、车联网等细分领域的标准化工作。不断完善"互联网＋"融合标准体系，同步推进国际国内标准化工作，增强在国际标准化组织（ISO）、国际电工委员会（IEC）和国际电信联盟（ITU）等国际组织中的话语权。（质检总局、工业和信息化部、网信办、能源局等负责）

3. 强化知识产权战略。加强融合领域关键环节专利导航，引导企业加强知识产权战略储备与布局。加快推进专利基础信息资源开放共享，支持在线知识产权服务平台建设，鼓励服务模式创新，提升知识产权服务附加值，支持中小微企业知识产权创造和运用。加强网络知识产权和专利执法维权工作，严厉打击各种网络侵权假冒行为。增强全社会对网络知识产权的保护意识，推动建立"互联网＋"知识产权保护联盟，加大对新业态、新模式等创新成果的保护力度。（知识产权局牵头）

4. 大力发展开源社区。鼓励企业自主研发和国家科技计划（专项、基金等）支持形成的软件成果通过互联网向社会开源。引导教育机构、社会团体、企业或个人发起开源项目，积极参加国际开源项目，支持组建开源社区和开源基金会。鼓励企业依托互联网开源模式构建新型生态，促进互联网开源社区与标准规范、知识产权等机构的对接与合作。（科技部、工业和信息化部、质检总局、知识产权局等负责）

（三）营造宽松环境。

1. 构建开放包容环境。贯彻落实《中共中央国务院关于深化体制机制改革加快实施创新驱动发展战略的若干意见》，放宽融合性产品和服务的市场准入限制，制定实施各行业互联网准入负面清单，允许各类主体依法平等进入未纳入负面清单管理的领域。破除行业壁垒，推动各行业、各领域在技术、标准、监管等方面充分对接，最大限度减少事前准入限制，加强事中事后监管。继续深化电信体制改革，有序开放电信市场，加快民营资本进入基础电信业务。加快深化商事制度改革，推进投资贸易便利化。（发展改革委、网信办、教育部、科技部、工业和信息化部、民政部、商务部、卫生计生委、工商总局、质检总局等负责）

2. 完善信用支撑体系。加快社会征信体系建设，推进各类信用信息平台无缝对接，打破信息孤岛。加强信用记录、风险预警、违法失信行为等信息资源在线披露和共享，为经营者提供信用信息查询、企业网上身份认证等服务。充分利用互联网积累的信用数据，对现有征信体系和评测体系进行补充和完善，为经济调节、市场监管、社会管理和公共服务提供有力支撑。（发展改革委、人民银行、工商总局、质检总局、网信办等负责）

3. 推动数据资源开放。研究出台国家大数据战略，显著提升国家大数据掌控能力。建立国家政府信息开放统一平台和基础数据资源库，开展公共数据开放利用改革试点，出台政府机构数据开放管理规定。按照重要性和敏感程度分级分类，推进政府和公共信息资源开放共享，支持公众和小微企业充分挖掘信息资源的商业价值，促进互联网应用创新。（发展改革委、工业和信息化部、国务院办公厅、网信办等负责）

4. 加强法律法规建设。针对互联网与各行业融合发展的新特点，加快"互联网＋"相关立法工作，研究调整完善不适应"互联网＋"发展和管理的现行法规及政策规定。落实加强网络信息保护和信息公开有关规定，加快推动制定网络安全、电子商务、个人信息保护、互联网信息服务管理等法律法规。完善反垄断法配套规则，进一步加大反垄断法执行力度，严格查处信息领域企业垄断行为，营造互联网公平竞争环境。（法制办、网信办、发展改革委、工业和信息化部、公安部、安全部、商务部、工商总局等负责）

（四）拓展海外合作。

1. 鼓励企业抱团出海。结合"一带一路"等国家重大战略，支持和鼓励具有竞争优势的互联网企业联合制造、金融、信息通信等领域企业率先走出去，通过海外并购、联合经营、设立分支机构等方式，相互借力，共同开拓国际市场，推进国际产能合作，构建跨境产业链体系，增强全球竞争力。（发展改革委、外交部、工业和信息化部、商务部、网信办等负责）

2. 发展全球市场应用。鼓励"互联网＋"企业整合国内外资源，面向全球提供工业云、供应链管理、大数据分析等网络服务，培育具有全球影响力的"互联网＋"应用平台。鼓励互联网企业积极拓展海外用户，推出适合不同市场文化的产品和服务。（商务部、发展改革委、工业和信息化部、网信办等负责）

3. 增强走出去服务能力。充分发挥政府、产业联盟、行业协会及相关中介机构作用，形成支持"互联网＋"企业走出去的合力。鼓励中介机构为企业拓展海外市场提供信息咨询、法律援助、税务中介等服务。支持行业协会、产业联盟与企业共同推广中国技术和中国标准，以技术标准走出去带动产品和服务在海外推广应用。（商务部、外交部、发展改革委、工业和信息化部、税务总局、质检总局、网信办等负责）

（五）加强智力建设。

1. 加强应用能力培训。鼓励地方各级政府采用购买服务的方式，向社会提供互联网知识技能培训，支持相关研究机构和专家开展"互联网＋"基础知识和应用培训。鼓励传统企业与互联网企业建立信息咨询、人才交流等合作机制，促进双方深入交流合作。加强制造业、农业等领域人才特别是企业高层管理人员的互联网技能培训，鼓励互联网人才与传统行业人才双向流动。（科技部、工业和信息化部、人力资源社会保障部、网信办等负责）

2. 加快复合型人才培养。面向"互联网＋"融合发展需求，鼓励高校根据发展需要和学校办学能力设置相关专业，注重将国内外前沿研究成果尽快引入相关专业教学中。鼓励各类学校聘请互联网领域高级人才作为兼职教师，加强"互联网＋"领域实验教学。（教育部、发展改革委、科技部、工业和信息化部、人力资源社会保障部、网信办等负责）

3. 鼓励联合培养培训。实施产学合作专业综合改革项目，鼓励校企、院企合作办学，推进"互联网＋"专业技术人才培训。深化互联网领域产教融合，依托高校、科研机构、企业的智力资源和研究平台，建立一批联合实训基地。建立企业技术中心和院校对接机制，鼓励企业在院校建立"互联网＋"研发机构和实验中心。（教育部、发展改革委、科技部、工业和信息化部、人力资源社会保障部、网信办等负责）

4. 利用全球智力资源。充分利用现有人才引进计划和鼓励企业设立海外研发中心等多种方式，引进和培养一批"互联网＋"领域高端人才。完善移民、签证等制度，形成有利于吸引人才的分配、激励和保障机制，为引进海外人才提供有利条件。支持通过任务外包、产业合作、学术交流等方式，充分利用全球互联网人才资源。吸引互联网领域领军人才、特殊人才、紧缺人才在我国创业创新和从事教学科研等活动。（人力资源社会保障部、发展改革委、教育部、科技部、网信办等负责）

（六）加强引导支持。

1. 实施重大工程包。选择重点领域，加大中央预算内资金投入力度，引导更多社会资本进入，分步骤组织实施"互联网＋"重大工程，重点促进以移动互联网、云计算、大数据、物联网为代表的新一代信息技术与制造、能源、服务、农业等领域的融合创新，发展壮大新兴业态，打造新的产业增长点。（发展改革委牵头）

2. 加大财税支持。充分发挥国家科技计划作用，积极投向符合条件的"互联网＋"融合创新关键技术研发及应用示范。统筹利用现有财政专项资金，支持"互联网＋"相关平台建设和应用示范等。加大政府部门采购云计算服务的力度，探索基于云计算的政务信息化建设运营新机制。鼓励地方政府创新风险补偿机制，探索"互联网＋"发展的新模式。（财政部、税务总局、发展改革委、科技部、网信办等负责）

3. 完善融资服务。积极发挥天使投资、风险投资基金等对"互联网＋"的投资引领作用。开展股权众筹等互联网金融创新试点，支持小微企业发展。支持国家出资设立的有关基金投向"互联网＋"，鼓励社会资本加大对相关创新型企业的投资。积极发展知识产权质押融资、信用保险保单融资增信等服务，鼓励通过债券融资方式支持"互联网+"发展，支持符合条件的"互联网+"企业发行公司债券。开展产融结合创新试点，探索股权和债权相结合的融资服务。降低创新型、成长型互联网企业的上市准入门槛，结合证券法修订和股票发行注册制改革，支持处于特定成长阶段、发展前景好但尚未盈利的互联网企业在创业板上市。推动银行业金融机构创新信贷产品与金融服务，加大贷款投放力度。鼓励开发性金融机构为"互联网+"重点项目建设提供有效融资支持。（人民银行、发展改革委、银监会、证监会、保监会、网信办、开发银行等负责）

（七）做好组织实施。

1. 加强组织领导。建立"互联网+"行动实施部际联席会议制度，统筹协调解决重大问题，切实推动行动的贯彻落实。联席会议设办公室，负责具体工作的组织推进。建立跨领域、跨行业的"互联网+"行动专家咨询委员会，为政府决策提供重要支撑。（发展改革委牵头）

2. 开展试点示范。鼓励开展"互联网+"试点示范，推进"互联网+"区域化、链条化发展。支持全面创新改革试验区、中关村等国家自主创新示范区、国家现代农业示范区先行先试，积极开展"互联网+"创新政策试点，破除新兴产业行业准入、数据开放、市场监管等方面政策障碍，研究适应新兴业态特点的税收、保险政策，打造"互联网+"生态体系。（各部门、各地方政府负责）

3. 有序推进实施。各地区、各部门要主动作为，完善服务，加强引导，以动态发展的眼光看待"互联网+"，在实践中大胆探索拓展，相互借鉴"互联网+"融合应用成功经验，促进"互联网+"新业态、新经济发展。有关部门要加强统筹规划，提高服务和管理能力。各地区要结合实际，研究制定适合本地的"互联网+"行动落实方案，因地制宜，合理定位，科学组织实施，杜绝盲目建设和重复投资，务实有序推进"互联网+"行动。（各部门、各地方政府负责）

国务院
2015 年 7 月 1 日

（此件公开发布）

第二篇
专题论述

管理学百年与中国管理学创新发展

陈佳贵

1911 年，以泰勒制为代表的古典科学管理理论的出现具有划时代的意义，从此理性开始代替经验，管理学作为一门科学开始登上历史舞台。此后，管理科学不断随着时代而发展，新观点、新方法、新工具不断出现，逐渐形成了"管理理论丛林"，管理思想和管理理论在不断演变中逐渐得以丰富和发展。

管理学经过百年发展形成了巨大的知识积累，这些管理知识如何能够为中国管理学创新提供有效的经验和借鉴，中国管理学又如何结合中国文化和社会情景进行创新发展，这些问题是我们中国管理学者所关注的焦点。

一 "持续创新"是管理学百年发展的主要特征

回顾管理学百年发展历程，有研究者认为整个管理学的百年发展史可以分为四个阶段：第一阶段是科学管理阶段；第二阶段是人际关系与行为科学理论阶段；第三阶段是"管理丛林"阶段；第四阶段是以企业文化理论等为标志的"软管理阶段"。这四个阶段的划分虽可商榷，但基本反映了百年管理学从"以物为本"到"以人为本"的基本路径，反映了人类根据社会环境的变化，在"控制"和"自由"之间寻求平衡的过程，是一个"持续创新"的发展过程。在"科学管理阶段"，管理理论的着重点主要就放在通过对工人动作、行为的规范，以科学的工具和科学的方法来提高劳动效率，科学管理最重要的成果就是发现并界定了"管理工作"，明确了"管理工作"的中心任务就是"提升效率"，目标、指令与控制成为管理工作的主要内容。责任、意识成为科学管理阶段人们观念变革的起点。泰勒（1911）曾指出，"除非工人们从思想上对自己和雇主的责任问题发生了完全的革命，除非雇主们对自己工作和工人们的责任认识发生了完全的思想革命，否则，科学管理不能存在，科学管理也不可能存在"。可以说，福特制是这一阶段最为典型的管理实践基础。

在"人际关系和行为科学理论"阶段，更偏重于对管理行为本质的思考，并将工作场所视为一个社会系统。管理者为追求效率使用的管理方法，都与组织中对人的关心相联系，将员工放在"社会系统"中去思考，更加重视对于"人"的研究，成为这一阶段管理学发展的一个特征。这一时期的代表人物梅奥，就是 1926 年洛克菲勒基金会为哈佛大学工业心理委员会提供资助项目中的一个成员，这个项目的中心议题，就是要回答，"人们工作为了什么？如何激励人进行工作？影响人们心理和工作效率的因素是什么？"这样一系列问题（克雷纳，2003）。霍桑试验就是这个项目中的一项内容。虽然，在这个时期，人类依然在享受着科学管理的成果，"控制"依然是管理的重要职能，但是对于"人"的研究，以及"人类自由"的追求，已经进入的管理学研究的视野。马斯洛、赫茨伯格和麦格雷戈等学者都在探索着关于"人"的认识，对人的需求、人的激励因素和人的基本假设成为他们关注的焦点。

随后的"管理丛林"阶段，各种管理理论纷呈。管理过程学派、管理决策学派、经验主义学派、行为主义学派、社会系统学派、管理科学学派、权变主义学派、经理角色学派，等等，这些理论纷纷登上了管理学舞台，对管理行为从不同视角下进行探索和研究。虽然，对于管理学派之前的分歧的讨论，以及是否存在"管理丛林"的争论，从来没有停止。但是，对于"人性"的研究、对于组织系统的范围研究，以及组织内外部环境适应性的研究都成为这一阶段关注的焦点。研究者基本上都是以科层组织作为管理行为发生的基本组织背景。在这一阶段，通用公司的事业部制、丰田生产系统，都是管理学发展实践基础。

20世纪80年代，以"企业文化理论""学习型组织"理论等为代表的"软管理阶段"，则是与技术和社会变化密切相关的。随着互联网兴起和知识经济的产生，人力资本在企业竞争中的作用日益凸显，管理学的发展趋势转向更注重于无形的组织文化氛围、组织框架内的成员学习、组织能力建设，以及更深层次的价值观塑造。对于如何激发员工内心的追求，如何使员工成为创新者，如何提升组织适应能力等这些问题，都成为管理学研究的重点。在这一阶段，可以说是一个管理实践百花齐放的时代，崭新的、优秀的企业快速涌现。在快速变化、不确定性明显增强的环境下，明天会是怎样呢？同样，给管理学研究带来了极大的挑战，管理实践者也在进行着持续的创新。因此，概括来讲，管理学百年发展的主要特征就是"现实不断发展，理论持续创新"。

二　中国管理学百年发展的三个阶段

根据中国近现代企业的发展历程，笔者大致把中国管理学分为三个阶段：

第一阶段：1949年前的"管理学萌芽"阶段。在这一阶段，随着国内民族企业发展，开始引入西方企业管理的思想，但是还保留了一些东方传统。例如，民国时期的棉纺专家穆藕初，曾几次拜访过被后人尊称为"科学管理之父"的泰勒，1916年中华书局出版了由穆藕初翻译的泰勒著作《科学管理原理》。此外，还有张謇在南通、荣氏兄弟在无锡创建民族企业，卢作孚创办民生公司，侯德榜等人创建纯碱厂，等等。这些人大都抱有"实业救国"的思想，强调"洋为中用""中学为体，西学为用"。在这一阶段，中国企业管理除了在提升企业效率方面做了大量的努力之外，在处理劳资双方关系、企业和社会关系方面都做出了很多创新。

第二阶段：1949—1978年的"管理学初步形成"阶段。在这一阶段，我国社会主义企业管理学初步形成，并建成了独立的、比较完整的社会主义工业体系和国民经济体系。20世纪50年代，我国企业管理以学习借鉴苏联模式为主，在全国范围内系统引进了苏联的整套企业管理制度和方法，强调集中统一领导，推行苏联的"一长制"模式和"马钢宪法"，在计划管理、技术管理、经济核算制等方面奠定了生产导向型管理的基础。20世纪60年代初开始，为克服照抄照搬苏联管理方法的缺点，针对管理学存在的问题，结合国情，我国开始探索与建立社会主义企业管理模式，"鞍钢宪法""工业七十条"就是当时具有代表性的成果。可以说，借鉴苏联模式，从管理实践出发，创新发展本土模式成为这一阶段管理学发展的重要特征。同时，需要指出的是，在这一阶段，企业并不是一个市场主体，属于生产型管理模式。因此，中国管理学语境更多是具有"计划经济"的特色，更多涉及的是生产计划管理、班组建设、安全管理等方面的内容。

第三阶段：1979 年至今的"融合发展与创新"阶段。1979—1992 年，我国企业管理模式开始从生产型转向生产经营型，学习国外管理学知识的重点从苏联转向美、日、欧等发达国家，管理学在学科建设、学术研究、教育培训等方面都有很大发展，我国管理学进入全面"恢复转型"阶段。1983 年，袁宝华提出我国企业管理理论发展的 16 字方针："以我为主，博采众长，融合提炼，自成一家"，为建立有中国特色的管理理论和管理模式指明了方向。在 1992 年之前，是以引进和学习国外先进经验和方法为主。1992 年以后，在社会主义市场经济条件下，中国管理学发展更加强调"两个注重"，即注重对先进理论的引进，注重中国经济体制改革的特殊国情。在管理学研究方面，我国学者开始追踪国外管理学研究前沿，国际管理学权威期刊逐渐为国内学者所熟悉。中国管理学研究的规范性得以增强，实证研究方法受到重视，越来越多的管理学研究成果发表于国外顶级学术期刊。中国管理学发展同样离不开管理实践的发展，一些中国企业的优秀管理实践也逐步走进了一流国际商学院的案例库。例如，海尔的"休克鱼""人单合一双赢管理模式""自主经营体"等案例。可以说，中国企业实践也越来越多地吸引了国外学者的关注。总体上，这个阶段是一个管理学学科体系不断完善、研究水平不断提高、研究成果不断创新的阶段。

三 未来中国管理学创新发展面临的挑战

在人类工业化进程中经历了两次工业革命。第一次工业革命的标志是英国"纺织机"的出现，"纺织机"的使用使工业生产组织实现从手工作坊向工厂的转变。这次转变的背后是以煤炭为能源基础，以蒸汽机为动力基础。第二次工业革命的标志是"福特流水线"的出现，"福特制"促使工业的大规模生产组织方式得到迅速普及。它的背后是石油为能源基础，以内燃机作为动力基础。目前，新技术范式正在加速形成。大数据、智能制造、3D 打印机等新技术正在加速应用，使"第三次工业革命"的轮廓更加清晰。数字化、智能化和定制化的制造成为"第三次工业革命"的一个重要特征，大规模定制将成为未来主要的生产组织的方式。"第三次工业革命"将带来一场颠覆性的变化。对"第三次工业革命"的理解不应局限在技术基础、生产组织方式和生活方式变革方面，更深层次的是制度和管理方式的变革，是资源配置机制的变革。前两次工业革命出现了工厂制和现代公司制，未来是否会有新的企业制度出现？大型企业是当下经济生活的领导者，今后我们又需要什么样的商业组织？金字塔的科层组织还能够适应未来的发展吗？企业和消费者之间还仅仅是生产者和购买者的关系吗？未来员工与企业之间关系又会是怎样？以大数据、智能制造和无线网络为代表的新技术范式正在激发企业组织！制造模式和商业生态等一系列管理变革（王钦，2013）。企业组织将从扁平化真正走向网络化。进入大数据时代，海量数据搜索、存储和处理变得轻而易举。企业能够迅速发现、合并、管理多种数据源，这将使管理预测准确性进一步提高，内部组织协调成本大大降低，为企业组织网络化发展创造条件，"层级组织"正在被"节点网状组织"所替代。智能制造正在加速深入推进。除了供应链管理领域自动化技术和信息系统正在广泛应用外，计算机建模、模拟技术和全新的工业设计软件等数字制造技术正在加速推广，工业设计理念和流程都在加速变化。人工智能在工业领域快速应用，新的工业制造系统具备了自决策、自维护、自学习甚至自组织的能力，商业生态正在发生重构。企业将处于一个全新的商业生态之中。消费者具有了更大的选择权和更强的影响力，对价值体现的要求更高；企业与企业之间交易成本的降低以及客户对响应速度的要求提高，促使企业从追求内在一体化转向合作制造、社会制造；企业内部对透明度的要求越来越高，对部门或团队间协同的即时性要求更高，节点、节点连接和动态组网成为必需；员工对公平性和价值观的追求更高，雇佣关系已经不是企业和员工间关系的全部。

四　中国管理学创新发展需要正确处理的三个关系

一是正确处理理论引进和本土现实的关系。西方的管理学思想和方法为中国管理学提供了研究基础，中国的企业家和管理研究学者从中学习了很多。但是，单纯的理论引进还不能够满足本土现实的需要。中国是制造业大国，但是我国制造业面临着产业创新不足、劳动力成本提高等问题，传统制造业发展模式已越来越难以支持制造业的发展。现实呼唤具有中国本土特征的管理理论和实践创新，从而提升中国企业的创造力和竞争力。在中国管理学未来的发展中，既要立足区域特征和制度特点，也要辅以严谨的方法论支撑和大规模的经验研究，使中国管理学研究既在国际上受到认可，又具有强有力的解释问题和解决问题的能力。

二是正确处理基础理论研究和现实热点研究的关系。在管理学研究领域，新概念层出不穷，概念快速引入，但是基础理论研究重视不够。其中一个典型现象是，在商学院的教学、研究中，战略、组织、文化一类课程较受重视，而对于生产运营、技术创新等课程的关注程度就没有那么高。一些新的管理概念，例如蓝海战略、长尾战略、基业长青等迅速受到业界和学者的关注，但是人们在关注这些热点的同时，还需要重视基础理论层面的研究，还应该进一步强调加强企业基础管理工作。

三是正确处理学院型教育和实践型教育的关系。1990年，MBA教育获得国务院学位委员会批准，我国九所大学开始试办MBA，经过20多年的发展，MBA教育有了长足发展，为经济发展做出了贡献。但在实际发展中，"学院型"教育的色彩较为浓厚，"实践型"教育的特色还显不足。专业学位教育，强调的是如何以解决实际问题为中心开展教育。MBA教育如何做到真正面向企业、贴近实践将是未来必须思考和回答的一个问题。

总之，中国经济快速发展的背后是中国企业丰富的实践，丰富的企业实践为管理学理论研究提供了广袤和肥沃的土壤，为国际学术话语体系中"中国元素"的丰富提供了历史机遇。可以预见，未来的中国管理学研究将会更加丰富多彩，也将会更加国际化。

参考文献

［1］陈佳贵等：《中国管理学60年》，中国财政经济出版社2009年版。

［2］陈佳贵：《把握世界发展趋势，加快中国管理学创新》，在"管理学百年与中国管理学创新"学术研讨会暨中国企业管理研究会2012年年会（9月15日，中国开封，河南大学）上的讲话，2012年。

［3］斯图尔特·克雷纳：《管理百年：20 世纪管理思想与实践的批判性回顾》，海南出版社 2003 年版。

［4］王钦：《第三次工业革命引发管理变革》，《人民日报》（理论版）2013 年 1 月 7 日。

（陈佳贵，中国社会科学院）

原载《经济管理》2013 年第 3 期

管理学百年发展回顾与未来研究展望

——暨纪念泰罗制诞生 100 周年

李晋　　刘洪

　　100 年前的 1911 年，泰罗（Taylor）发表了著名的《科学管理原理》；100 年后的今天，他赢得了"科学管理之父"的美名。泰罗的科学管理应时代的呼唤横空出世，在社会需要与学科发展的交汇处应运而生。科学管理理论的创立，标志着一个与斯密的经济活动研究范式截然不同的全新的"管理活动研究范式"的诞生。我们可以这么说，管理学作为一门独立学科，正是以科学管理理论的问世为起点发展起来的。

　　站在管理学发展的世纪之交，我们不禁要问：管理学的发展该向何处去？而在回答这个问题之前，我们又不得不重新审视管理学从何而来。

一　管理学的奠基——科学管理的形成与发展

　　工业革命时期，机器大生产取代了手工作坊生产，社会生产力得到了空前的发展，一种新的组织形式——工厂——得以问世。随着生产组织规模的不断扩大、结构的日益复杂，那种建立在个人直觉观察与主观判断基础上的传统经验管理方法遇到了挑战。管理成本空前增加，导致管理问题成为工业革命时期制约企业发展的最大瓶颈。为突破这一瓶颈，管理研究从片面的经验研究发展成为比较系统的理论研究。斯图亚特（Stuart）、斯密（Smith）和李嘉图（Ricardo）关于劳动分工和人性解释的阐述，为管理学的发展奠定了坚实的理论基础；而阿克赖特（Arkwright）、小瓦特（Watt）和欧文（Owen）对各种管理方式的实践，为管理学的形成提供了丰富的经验来源。随着工业革命的深入，管理思想的发展开始紧密地联系企业的管理实践，尤其是巴比奇（Babbage）的研究，与科学管理有着极其相似的思想（Urwick，1956）。杰文斯（Jevons，1871）也提出了应该向管理要效益、效率、利润的思想，要把管理发展为推动生产力发展的第四要素。这说明当时学者们已经开始重视管理学科的独立发展，但研究重点仍然停留在技术层面；由于缺少变革与创新的条件，管理学并没有真正成为一种理论学科。美国铁路公司作为当时的第一个大型企业（Chandler，1987），成了美国"管理运动"的开路先锋，为管理学的发展提供了肥沃的土壤，尤其是麦卡勒姆（McCallum）与普尔（Poor）等人系统论述了关于铁路企业管理的观点，为管理学的发展奠定了更广泛的思想基础。1886 年，新成立的美国机械工程师协会召开了以改进管理为主题的年会，这标志着管理活动向日趋成熟的理论化方向发展，而管理问题成为一种独立的问题，引起了社会的广泛重视。同年，泰罗加入了美国机械工程师协会，并于 1895 年在协会大会上宣读了《差别计件工资制》。

说起科学管理，我们自然会想到泰罗分别在 1903 年和 1911 年发表的《车间管理》和《科学管理原理》两部著作。历史的发展往往是在必然性中带有一定的偶然性，由车间管理转变为科学管理的过程本身就孕育着科学管理所蕴含的寓意。1910 年，美国东部铁路公司要求提高运费，托运商提起诉讼。泰罗的追随者，也是当时有"人民律师"之称的布兰代斯（Brandeis）接受了托运商的委托，并与甘特（Gantt）、吉尔布雷斯（Gilbreth）等人商议决定把泰罗所倡导的管理方式命名为科学管理。布兰代斯以铁路公司效率不高为由，主张铁路公司应该采用科学管理来降低运费，从而赢得了诉讼。从此，科学管理就与提高效率紧密地联系在了一起。但是，科学管理不止是一种关注效率的技术管理方式，其真正意义体现在它是一种转变人性的管理，把传统的小农意识转变为现代的社会化大生产的思想意识（郭咸纲，2002）。科学管理是一种关于工人和工作系统的哲学，是美国对西方思想做出的最特殊的贡献。其实，泰罗还想通过科学管理来倡导心理革命，有关心理革命的主张体现了泰罗关于人性的思考。泰罗试图采用强制性合作和标准化方法让工人通过工作来获得报酬，从而使劳资双方把注意力从分配剩余转移到增加剩余上来（Taylor，1911）。但是，在这一强制过程中，泰罗把工人看成了经济人，同时把管理者看作是一些充满热情、乐于合作的人。正是由于泰罗对人性的矛盾认识，引发了 1912 年的国会调查，也直接导致了人们对科学管理的误解（Wagner-Tsukamoto，2007）。泰罗的科学管理主张对工人进行标准化控制，但却把对管理者的监控排除在科学管理范畴之外，这又增强了管理者利用科学管理来追求效率的欲望。

不过，科学管理反映了当时的时代精神，并为日后管理学的发展铺就了康庄大道。虽然泰罗一直是人本主义者们批判的对象，但毕竟是泰罗把人性研究引入了管理研究；也正是从科学管理开始，管理学沿着效率和人性两个方向不断发展。效率问题是任何时代的管理必须要解决的重要问题，低效率没有任何藏身之处，科学管理为提高效率所做出的贡献是其他任何一种管理理论都无法比拟的。不仅美、英等西方国家得益于科学管理的效率原则，就连战后的日本、韩国等国家也把它们的经济腾飞归功于科学管理（Sheldarke，1996）。在人性方面，科学管理所强调的政策力图教育和引导工人（Gantt，1916），以使每个工人成为快乐的劳动者。只是对科学管理的片面理解把工人当作了经济人，并把控制工人看成了提高效率的主要手段，这是当时那个时代的误解，并不是科学管理的本意。在科学管理研究中，对人性的理解从来都没有停止过。在新泰罗主义思想中，人本主义与科学主义得到了融合（Bartlett 和 Ghoshal，1997）：除了要更加科学化以外，管理还必须更加人性化，并且把科学管理中引导工人而不是控制工人的思想真正落到实处。可见，从科学管理诞生伊始，管理学就沿着效率和人性两个方向不断发展，从而形成了管理学发展的两个不同范式，即科学主义范式和人本主义范式。

二 管理学的发展历程

从有组织化活动开始，便就有了管理活动，但管理学的形成和发展，对管理知识进行了系统化的综合。管理学作为一个独立的知识体系，其发展过程也是一个在系统观上不断深化的过程。先是在经验管理中，根据实践对具体的知识加以抽象，进行整合，从而形成了系统的科学管理理论。随后，根据客观的实践需要，在具体运用科学管理理论这一知识体系的过程中，从孤立地研究工人个体发展为研究组织整体，从而形成了组织管理理论的知识体系。又随着社会分工的不断扩大，基于核心能力的既合作又竞争（即所谓的竞合）成了社会生产的主要形式，管理学研究也便向着组织间管理方向发展。可见，管理学的发展经历了工厂管理、组织管理和组织间管理三个阶段，而且在管理学的发展过程中，各阶段的理论之间并不是简单的代替，而是相互补充与系统整合。

在管理学的发展过程中，泰罗的科学管理始终是管理理论赖以形成的基础，并且在某种程度上为管理理论的发展和管理学的成熟提供了平台，孕育了其后管理思想的全部矛盾发展（李福成，2005）。管理理论从工厂管理发展为组织管理，又进一步扩展到组织间管理，在每一阶段，管理学研究始终围绕着效率和人性展开。只不过由于受不同时代特征或情境的影响，管理学在不同阶段的发展可能偏向某一方面，但不可能完全否定另一方面。管理的对象是人，对人性的理解先于管理理论的问世，是构建管理学的逻辑起点；而提高效率作为管理的主要目的则要受包括人性在内的许多因素的影响（周建，2002）。可以说，管理学研究的起点是对人性的理解，而目的就是提高效率。

1. 工厂管理。工厂管理理论基于科学管理，以生产管理为主，旨在提高工厂的生产效率。科学管理以经济人为对象，遵循效率至上的原则，强调工厂应该以制度管理来代替传统的经验管理，而工人则应当以科学的方法取代过去已经习惯了的工作方式（Taylor，1911）。这种效率观被巴思（Bass，1912）、吉尔布雷斯（1912）、甘特（1919）等人推向了极致，被爱默森（Emerson，1911）提升为以组织手段来提高效率，又被库克（Cooke，1918）进一步推广，在非工业组织中传播效率主义。随着统计方法、数量模型以及计算机的应用或普及，以生产为核心的管理理论开始向着管理科学的方向发展，产生了决策理论、运营管理、系统理论和控制理论。这些理论的形成，为管理学的发展打下了坚实的基础。决策理论与过程理论之间存在很多重合的观点（Newman 和 Summer，1961），两者的结合又为组织决策提供了理论依据（Simon，1945）；运营管理把管理的内容从生产管理扩展到商业管理（Fetter，1957）；而系统论与控制论作为分析工具促进了管理学的整体发展（Beer，1959；Young，1966）。

在把工人的个人效率转化为组织效率的过程中，法约尔（Fayol，1916）的组织管理理论和韦伯（Weber，1922）的行政集权组织理论对科学管理理论进行了补充，从而形成了古典组织理论。安德森和宪汶宁（Anderson and Schwenning，1938）提出了生产组织管理理论，虽然主张把企业作为组织来进行管理，但仍把管理活动局限在生产活动上。因此，他们俩提出的生产组织管理理论并不是严格意义上的组织理论。法约尔关于管理原则的观点被厄威克（Urwick，1938）归纳为八项原则，关于管理职能的原则被古利克（Gulick，1937）进一步发展为"POSDCORB"（计划、组织、人事、指挥、协调、报告、预算）七职能论。韦伯提出的科层制也一直被认为是一种必不可少的组织形式（Jaque，1989）。综观这一阶段的管理学发展，我们可以发现，工厂管理理论虽然是针对经验管理提出的，但其主要思想依然来源于经验管理，研究方法也仍旧是一种基于经验观察的归纳法，只在乎结果，而忽视过程，对主体的重视被客体所取代，把人当作机器的附属物，并且进行了"去人性化"，因而把人看作是经济人。虽然由工厂管理发展而来的工业心理学已经强调重视员工的心理因素，但研究目的依然是找到心理素质最适合要从事的工作的工人（Mumsterberg，1913），在于挑选工人从而达到最优的人机匹配。闵斯特伯格（Mumsterberg）把工业心理学的研究范围局限于考察人与机器之间的关系，而忽视了人与人之间的关系、个人与社会之间的关系，把人看作是脱离社会关系的独立个体。即使是旨在提高组织效率的行政组织理论，也只是把职位而不是人看作是组织的构成要素（Weber, 1922）。

2. 组织管理。梅奥（Mayo）的霍桑实验可以说是管理史上的一个分水岭，而梅奥对人性的认识则是管理史上发生的第一次革新。梅奥在社会人假设的基础上认为，对金钱的需要只是工人想要满足的需要的一部分，工人的大部分需要是情感慰藉、安全、和谐、归属（Mayo, 1933）。既然人是一种社会人，并且在正式组织内部还存在着非正式组织，那么，管理就必须着眼于社会和人的技能，在正式群体的经济需要与非正式群体的社会需要之间达成平衡，而且应该关注人际关系。于是，人际关系学说应运而生。但是，人际关系学说只是一种管理思维方式的变革（罗珉，2008），与其说它创建了一种新的管理理论，倒还不如说是它扩展了管理职能，即把管理职能扩展到了对员工关系的管理（Scott, 1959）。但是，人际关系学说产生于西方经济萧条与企业效率低下的年代，本质上是为了解决"产量极限"问题，也就是说，人际关系学说仍然旨在从生产出发来提高效率。从这个意义上讲，人际关系学说只是为创建组织理论做好了铺垫。何况，人际关系学说还出现了一种极端的观点，即把人际关系看成是目的，而不是手段（Fucs, 1966）。根据这种观点，只要建立和维持良好的人际关系，生产率的提高便是自然而然的事。可见，这种极端的人际关系观混淆了管理的起点与目的。

为了还原管理学的逻辑起点，由人际关系学说发展而来的行为科学理论沿着个体和群体两个层次对人性进行了深入探讨。马斯洛（Maslow, 1945）把人看成是心智成熟的自我实现人，麦格雷戈（McGregor, 1960）的超 Y 理论对经济人和社会人的观点进行了初步的融合，赫兹伯格（Herzberg, 1959）的双因素理论、斯金纳（Skinner, 1969）的强化理论、弗鲁姆（Vroom, 1964）的期望理论等对人的心理活动过程进行了剖析。在群体层次，卢因（Lewin, 1951）的群体动力学理论对非正式组织的团体行为进行了分析。除此以外，坦南鲍姆（Tannenbaum, 1958）的领导行为连续体理论、利克特（Likert, 1967）的领导四系统模型等对领导行为及领导类型进行了探讨。在行为科学管理思想中，人被赋予社会性，团体的安全和稳定是个体安全和稳定的基本保证（Mayo, 1964）。但是，行为科学理论过分强调人的作用，但却忽略了经济技术等因素的影响。另外，该理论虽然研究了团体行为和领导行为，但把太多的注意力放在了非正式组织上，而忽视了正式组织提高效率的直接作用。

在人际关系学说、行为科学理论的发展过程中，有关组织、群体和个体间冲突的研究也获得了快速发展。冲突研究和行为研究的融合促成了现代组织管理理论的雏形，在此基础上建立起来的组织理论又把人际关系学说涵盖其中。福列特（Follett）关于冲突的建设性论述把组织看作是一种协作系统，并据此认为组织管理不应该只重视人际关系的构建，更应该注重员工间"协商一致"的合作状态（Follett, 1926）；而且，这种协作应该是一个连续的过程。在此基础上，福列特又提出了参与式管理（Follett, 1941）。受梅奥、福列特等人的影响，巴纳德（Barnard, 1938）将社会系统观点引入了正式组织研究，并且对权力和权威进行了全新的诠释，把组织看作一种社会系统，而不是韦伯所说的科层制。在组织管理的具体方式上，阿吉里斯（Argris, 1957）的个性管理、麦格雷戈（1960）的人性管理、利克特（1961）的群体交互及适应行为研究、汤普森（Thompsom, 1967）针对组织的系统研究方法都对传统的过程理论进行了补充和扩展，而德鲁克（Drucker）注重实践的管理思想尤其是在如何整体提高组织效率的问题上做出了巨大的贡献。德鲁克的《管理的实践》一书的出版标志着管理学正式进入了现代管理理论发展阶段，特别是德鲁克所提出的目标管理理论已经包含了后现代管理思想的参与式管理和自我控制（罗珉，2009）。为了弥补人际关系学说和行为科学理论忽视技术因素的缺陷，组织理论在其发展过程中引入了效率分析。尤其是"二战"以后，战前为准备战争而集中的技术力量被充分运用在了经济发展方面，人类社会得到了飞速发展。为了适应生产力发展的需要，古典管理强调效率的理性主义又一次受到了重视。工人的素质在这个时期普遍得到了提高，工人可以自主地完成工作任务，此时效率原则和人本主义在管理思想中有效地结合在了一起。这一结合的思想首先来自于福列特。福列特曾不无先见之明地指出人际关系研究和生产技术研究之间的关系密不可分（Follett, 1941）。因此，有人把福列特视为"连接经济人时代和社会人时代的桥梁"。在社会系统学派的基础上产生了社会技术系统学派，后者十分关注科学技术对个人和群体行为以及组织和管理方式的影响。组织管理理论不同于工厂管理理论，不再以人机系统为核心，而是主张从人与人之间的关系出发建立协作系统，机器只是工作的工具，是为员工服务的；也不再把员工看作是机器的附属物，而是认为员工在组织中通过与他人的协作，科学地使用机器设备来创造价值。

3. 组织间管理。在组织管理理论日趋成熟之时，学者们注意到了这样一个事实：虽然管理学已经建立在社会人的人性假设之上，但员工却被局限在单个组织中，并被作为组织人来看待。随着知识经济的不断发展，人已成为知识的载体，知识管理变得尤为重要，知识和技能成了管理的核心问题。在后现代哲学的影响下，管理学也向着后现代发展，企业员工不只是简单的被管理者，更应该是自我管理者。面对复杂的组织情境，任何一种管理模式都不具有所谓的普遍适用性，这就要求管理学运用不同的社会历史因子来考察在不同语境下比较有效的管理方式。人被看成是符号动物（Cassirer, 1944），管理学也开始强调人的非理性，否认人的理性，从而形成了后现代管理理论（Drucker, 1959）。企业文化理论把人视为文化人。这一阶段的管理理论抛弃了传统人性的理性观，主张通过充分发挥人的主观能动性来提高组织效率。因而，人性得到了充分的解放，每个人都应该成为自己的主宰，并且谋求自身的全面发展。在后现代社会中，知识的地位大幅提高，社会流动性不断加强，促使组织由"他组织"向"自组织"发展，管理也从控制走向混沌。在后现代时期，单一组织研究正逐渐被商业生态系统研究所取代，网络打破了原有组织的空间范畴，迫使我们重新界定组织的边界（Senge, 1990）。于是，网络理论成为解释组织间关系的一种代表性理论（Daft, 2001），一些复杂的组织也相应地被称为网络组织（Drucker, 1988）。

在新的竞争环境下，企业本身就是多元关系的集合（Nohria, 1992），并且又嵌入在庞大的网络之中。组织间关系能够帮助企业突破自身疆界的束缚，不断与外部组织和环境进行互动，并且从外部获取自己所缺乏的资源，相对低成本地构建自己的竞争优势。学术界和企业界也越来越重视组织间关系管理问题。摩根和亨特（Morgan 和 Hunt, 1999）曾提出过网络组织管理的五个基本条件，它们分别是选择合适的战略合作伙伴并维持良好的伙伴关系、建立合作伙伴间的科学的信用管理体系、建立有效的冲突管理系统、培育企业的核心竞争力以及形成统一的价值观和共同目标。而甘拉迪（Gulati, 1995）则认为，企业在选择合作伙伴以及建立长期合作关系时，应该遵循兼容性（compatibility）、能力（capability）和承诺（commitment）三个原则，即所谓的3C原则。

在具体探讨组织间关系的研究中，学者们从资源基础观、知识基础观、社会逻辑观和学习理论四个视角对组织间关系进行了探讨。资源基础观认为，组织在组织间关系网络中获得的关键资源可以帮助组织保持甚至扩大竞争优势（Gulati、Nohria 和 Zaheer，2000）；知识基础观认为，企业可以通过组织间合作、学习与知识转移来创造和运用新的知识（Zahra 和 George，2002）；社会逻辑观把组织间关系看作是一种不可模仿的资源，是组织获得多元知识的重要途径（Gulati，1999）；而学习理论则认为，在组织间关系网络中，组织学习是组织获取竞争优势的关键因素（Dyer 和 Nobeoka，2000）。这四种视角都对组织边界进行了扩展，在组织间关系中探究组织的竞争优势来源，强调组织间互动的重要意义。此外，学者们还总结了基于市场的管理控制模式、科层制管理控制模式和以信任为基础的控制模式（Meer-Kooistra 等，2000），分别从市场交易、合同条款和社会关系三个方面来建构组织间管理控制系统。

三 管理学研究的内在规律

管理学的发展与社会、文化、历史、经济、技术等因素息息相关。从人类从事有组织的活动开始，就有了管理活动。人的行为便是历史文化沉淀的结果，因此，作为协调人的行为的管理活动自然与历史、文化因素密不可分。管理学的发展不是一个独立的过程，而是一个受到各种因素影响的历史发展过程，也是文化环境的产物。管理学能够发展到今天这个水平，必然有一些基本因素推动着它的发展。下面从研究方法、研究性质、研究内容和研究层次四个方面来考察这些基本因素。

1. 研究方法：唯物主义经验论。被马克思誉为"英国唯物主义和实验自然科学始祖"的培根（Bacon）首先论述了唯物主义经验论的基本原理，认为认识起源于感觉，主张以观察和实验为基础，通过分析来得出正确的结论，并且强调感性与理性的统一，结合的关键是实验，真理的标准在于检验（Bacon，1620）。管理学的研究方法与这些基本原理是一脉相承的：管理理论来源于对实践的总结，而最终又要回归到实践中去，接受实践的检验。新的管理理论之所以会出现，都是因为原有的管理理论无法解决实践中存在的问题或出现的新问题。那么，管理理论的唯一权威性就是具有实践效果，管理学的使命便是对实践经验进行总结，进而创建符合实践需要的理论体系。检验管理理论在新形势下是否有效，就是把已有理论放在新的历史环境中重新进行考察。这与唯物主义经验论所强调的感性与理性的统一是相一致的，理论不能脱离实践而存在，实践也必须依托理论的指导。没有什么比好的理论更加注重实践，也没有什么比好的实践更加依托理论。

管理学的发展是一个实践与文化相结合的过程，也就是通过实践来总结文化的过程。任何一种管理理论都是为了解决现实问题，都是从实践总结而来。在实践过程中，首先出现了用个人文化来解释历史文化的过程，也就是基于个人经验来观察管理活动并对管理知识进行归纳的过程。可以这样认为，管理学的发展受到了历史文化发展必然性的影响，也受到了个人文化偶然性的影响。泰罗作为一名工程师，从效率的角度适应了工业社会的文化；梅奥作为一名社会学家，从人性的角度分析了工业时代的人类和社会问题；而巴纳德、明兹伯格和德鲁克这样的管理实践家则通过经验分析来归纳、总结管理现象。

2. 研究性质：科学与艺术的结合。管理学是一门应用理论学科。正是由于这个缘故，长期以来，学者们就管理到底是科学还是艺术这个问题争论不休（Gribbins 和 Hunt，

1978；Boyes，1994）。一门学科的科学性在于有明确的概念和系统的知识体系，可以在相当长的时期内解释现实并预测未来（Braithwait，1955）。管理理论就是这样一种可用来解释现实、规范行为、动态分析并应用于实践的知识体系，因此，管理也被认为是一门科学。但是，管理远不止是掌握一些分析工具或统计技术，更需要在实践中创造性地寻求思维突破。就这一点而言，管理更多地表现为艺术性应用（Boettinger，1975）。

　　虽然学者们对管理的科学性和艺术性分别做出了精辟的论述，但是管理学研究从来没有把科学性与艺术性截然分割开来。管理学的应用性质，决定了管理学必须是科学与艺术的结合。管理学的发展无非就是为了让管理更加科学，并且更加富有人性。德鲁克把管理看作是一种综合的艺术，并且对此进行了专门的论述：所谓"综合"，是因为管理涉及许多基本原理、自我认知、智慧和领导力；所谓"艺术"，是因为管理是实践和应用（Drucker，1989）。在德鲁克那里，"综合"的概念正是科学性的表现，管理是一种实践，其本质不在于知而在于行，但这里的"行"却是建立在"知"这个基础上的"行"。因此，在我们看来，与其把管理看作是一种"综合的艺术"，倒不如称它为"科学的艺术"。

　　科学管理的问世标志着管理成为一门独立的学科，尽管管理作为科学是粗糙的，但毕竟有了自己不同于其他学科的独立知识体系（Koontz，1955）。从科学管理理论的诞生到管理理论丛林的形成，管理学派由6个发展到了11个，看似发生了管理学理论分流，但却是历代管理学者从不同的视角开展管理学研究并不断完善管理学的过程。管理理论丛林中的不同观点交互影响、相互补充，正是有了这么多不同观点的发展，才使得建构更具统一性的管理学理论体系成为可能。在管理理论从分化到统一发展的过程中，管理在科学性方面也变得日趋成熟，同时又体现了艺术性方面的提升。即使是那些学术化实证研究的膜拜者，也不能忽视眼光敏锐的实践者从经验中总结出来的基本管理原理。管理从实践中来，又在实践中遭遇不同的问题，然后采用非逻辑思维方式艺术性地分析问题、解决问题并总结经验（Barnard，1938），对原有理论进行补充或修正。可见，正是由于管理的艺术性推动了管理的科学性的发展。同时，管理的艺术性是以科学性为前提的，失去了科学性的艺术性，必将使管理学发展陷入唯心主义的深渊。管理的科学性与艺术性之间的关系，就是从实践中提炼理论，以理论来指导实践，并依靠经验合理运用理论原理的关系（Fayol，1916）。

　　3. 研究内容：效率与人性的综合。管理学自产生之初就一直围绕着效率和人性演进。效率问题一直是管理学试图解决的首要问题。科学管理以效率为中心，人际关系学说最初是为了解决产量极限问题，行为科学理论以充分激发员工的潜能为目的，组织理论研究如何提高组织的效能，即使是后现代管理理论也仍然是探讨如何适应新的技术进步。所以，从本质上讲，管理学发展的不同阶段在效率问题上并不存在根本的矛盾，泰罗关于效率的思想在任何时代都发挥着不可替代的作用，正如其本人所认为的那样，科学管理的具体措施作为科学管理的有用附件，也将是其他管理制度的有用附件（Talyor，1912）。提高效率是任何管理理论和研究的主要目的，不同的管理理论只是在逻辑起点上，也就是在人性解释上有所差别。但是，不同管理理论对人性的解释，却源自于对时代特征的不同认识。管理学是顺应时代需要的产物，并且随着社会进步而不断发展，因此，管理学的发展必然也带有一定的时代特征。后现代管理理论把人看成是符号动物（Cassirer，1944），试图还原人的本质，充分解放人性。虽然早期的管理学家对人的认识可能不是那么充分，但是，经济人、社会人、自我复杂人等也正是当时那些时代赋予人的符号。后现代管理思想把人看成了社会结构的附属品，而科学管理时期的社会结构就是一种工业结构，而把人看作附属于机器的经济人也正是那个时代对人的认识。

管理学的发展是对立统一的矛盾发展过程。管理学从诞生伊始就要面对效率和人性这对矛盾，也是在这两种逻辑下形成了管理学的两大范式，即科学主义范式和人本主义范式。从范式的"硬核"来看，科学主义范式以效率为硬核，而人本主义范式则以人性为硬核。从这个角度看，两大范式之间并不存在相互替代的关系，而只是沿着管理学的两大主线向前演进。由于两者之间不存在连续性的思维，因此，两大范式之间也就不存在兼容性的问题（Kuhn，1981）。但两大范式各自的重点不同，这也就使得各自带有一定的片面性与局限性，两者之争并不是关于"硬核"的，而是关于各自的"普适性"的。后来形成的文化主义范式反对这种"非此即彼"的单一范式观。因此，文化主义范式也没有否定科学主义范式或人本主义范式，而是用综合观来对它们进行整合。

4. 研究层次：系统与元素的统一。管理是伴随着组织活动而出现的，旨在解决组织活动方面的实际问题。因此，管理研究应该从组织层次入手，对组织进行系统分析，从而整体提高组织效能。组织首先是作为协作系统诞生的，是由两个以上的个人所组成的协作系统（Barnard，1938），而系统则是由处于彼此相关并与环境相互联系的元素所组成的集合（Bertalanffy，1972）。如果把组织看作是协作系统，那么组织中的人便是这一系统的最基本元素。组织是依赖于环境而生存的一种开放式、有生命力的系统，而组织成员则是组织赖以有效运作的零部件（Goodstein 和 Burke，1991），组织成员的个体效率会直接影响组织的整体效率。所以，管理研究是以组织系统的整体性为出发点，注重内部成员的平衡发展，力求系统与元素的统一，以达到整体大于部分之和的效果。

泰罗创立科学管理理论的主要目的是解决机器大生产时代企业效率低下的问题，其本质虽然是要提高企业组织的整体效率，却把研究局限在了个体层次上，把工人看成是孤立的经济人，忽视了系统构成元素之间的相关性。在社会人时代，人际关系成为管理研究的重点，但人际关系学说片面地强调元素之间的联系，而忽视了系统的目的性，即企业效率的提高。在人际关系学说和行为科学理论的基础上建立起来的组织理论，开始真正以系统论的观点来推进管理学的发展。组织理论试图寻找组织存在的最佳结构，而结构是系统存在的基础。Bertalanffy（1968）认为，没有无结构的系统，也没有非系统的结构。组织理论所强调的结构不是机械科层制，而是结合科学管理的目的性和社会人理念的相关性形成的与系统存在相符的结构。在这种结构中个体与组织达到了统一，形成了系统的整体性。除了整体性、目的性与相关性外，系统还具有动态性与环境适应性的特征，组织不是一个孤立的系统，而是网络组织中的一个结点（Provan，2007）。系统论的观点在把组织作为系统的同时还拓宽了组织的疆界，并且认为必须在动态的环境中关注组织与环境的互动关系，管理学研究也相应地从研究单一组织拓展到了研究组织间关系。

四 管理学研究未来展望

在管理学发展过程中，有不少学者（如 Frederick，1963；Greenwood，1974；Koontz，1980）呼吁对管理理论进行整合。当管理学发展进入后现代时期以后，学者们逐渐认识到在不同的语境下应该结合不同的社会历史因子开展管理学研究，并且否认管理理论的可逆性、普遍性和确定性（Peters，1988）。因此，不可能存在任何普遍适用于复杂多变的环境的统一管理理论，统一的管理理论只是一种可望而不可即的"海市蜃楼"。根据逻辑学的观点，我们从外延方面确实无法创建一种具有普适性的统一的管理理论。任何管理理论都是管理学家认识和解释现实问题的产物（Bailey，1994），它们的适用范围都是有限的。如果不顾内涵，试图在外延的基础上对管理理论进行整合，即整合不同管理理论的适用范围，那么结果必然会由于各种理论适用范围之间的冲突导致各种理论之间的冲突。如此看来，我们无法从外延上对管理理论进行统一，只能从内涵逻辑出发，对管理学研究的一些基本原理进行提炼，以扩大其外延。下面，我们对管理学研究的未来发展方向进行粗略的展望。

1. 对人性的重新认识。管理学研究首先是对人性的思考，任何一种管理理论都建立在一定的人性假设基础上。要认识人，必须承认人的差异性，并尊重这种差异。已有关于人性假设的理论，诸如"经济人"假设、"社会人"假设等，都忽略了人的差异性，试图从形式出发归纳人的共性。但是，归纳人的共性应该注重本质，挖掘人深层的心理因素。管理学的发展应该从人的需求表现形式中挖掘人的本质性需求，从行为模式中探究人的终极目标。由此可以认识到，人的共性是内心深处对幸福的追求，而人的行为都是追求幸福的过程（James，1902）。由于个人看待幸福的方式不同，在不同幸福观的引导下，人们的具体目标也就不尽相同，这正是产生人的差异性的根本原因。这样，就可以在差异性的基础上来认识人的共性或人性。

2. 二元论常态分析。有关二元论，最根本的问题是存在界的来源（Kant，1781）。二元论的最简单界就是把存在界约减为两个同样古老并且互相对立的原则（Olson，2002）。二元论强调不能单靠纯粹的思辨，避免过分简单的单一性。管理学一直就是一种二元对立的理论综合：效率和人性的对立，科学和艺术的对立，集权和分权的对立，等等。当有两种力量相互牵引时，均衡就成了追求的目标。管理学研究就应在对立中寻求均衡，注重两极的融合。这种分析方法被一些后现代主义者（如 Daft，1995；House，1995）称为常态分析法。管理学研究常态分析所强调的均衡不同于经济学中的帕累托最优均衡，这里的常态更多是指一种分布——常态分布，主导思想就是要避免把研究重点局限在概率分布很小的两端。

3. 建构性解构。后现代哲学思想并不是注重问题的答案，而是要质疑既有答案。在这种思想的影响下，管理学家开始反思各种既有的管理理论，并且在深入剖析后发现各种理论观点都带有一定的自我解构性（Johnson，1987）。但是，纯粹的解构会使人觉得这种对既有理论的批评是把某种整体的东西分解为互不相干的碎片或零件的活动（Miller，1987）。所以，我们应该在建构的基础上进行解构。建构主义与经验主义相似，两者都是通过内部认知来了解外部世界，获得并利用经验，进而发展知识；所不同的是经验主义强调对知识的辩护，而建构主义强调的是创造知识。知识是在特定环境下产生的，如果不分析知识的建构，也就无法理解知识本身。在不同的语境中，所适用的管理理论是被重新建构的。为了掌握基本原理，我们应该在拆毁知识大厦的过程中努力去理解知识，而不是一味地注重拆毁过程（Shapin，1994）。正如熊彼特（1911）所说的创造性毁灭一样，管理学研究也应该是一种建构性解构。

4. 复杂性分析。"变化"是现代社会的一个显著特点（Toffler，1980），经济全球化、信息网络化、资源知识化已经成为整个社会发展的代名词。面对快速变化的环境，复杂性成为任何一门学科都无法回避的问题，复杂性问题已经引起了心理学、物理学、管理学、生物学、信息学等学科的重视（Rodriguez 等，2004）。复杂性分析自然也会成为管理学研究的一个重点。从个人层次分析，复杂性可分为心理复杂性和行为复杂性；心理复杂性又可称为自我复杂性，指自我是一个有组织的多维认知结构（Campbell、Assanand 和 Di-Paula，2000），自我由包括工作在内的多个维度构成（Linville，1987）。据此，管理学研究应该注意工作与非工作之间的关系。对行为复杂性的认识可从后现代理论把人看成是文化人这一命题切入，文化人观否认人是社会的附庸（Cassirer，1944），强调人性的发展。因此，人不应被看作是手段，而应被作为目的。从组织层次分析，复杂性可分为组织内复杂性和组织间复杂性：组织内复杂性是指组织中不再存在简单的线性关系，而是一种从混沌到有序的涌现性体现，组织结构也不再是机械的科层制，而是分布式网络结构；组织也不再是他组织，而是一种自组织。组织间复杂性意味着组织边界的模糊，组织间不存在单一的关系界定。根据当今经济是一种网络经济的观点，效率观也应该由传统的组织效率向网络效率发展。

5. 复杂性管理研究。自复杂性理论引入管理学研究以来，组织被认为是一个动态、复杂的系统，并且应该用系统的观点来进行分析和思考（成思危，1999）。但迄今为止，复杂性管理研究仍停留在如何适应复杂性这个问题上，而没有真正去研究如何管理复杂性的问题。自从霍兰德（Holand，2000）教授提出适应性本身造就复杂性的观点以来，建立复杂适应系统就成了复杂性管理的代名词。这样的复杂性管理研究必然会导致相关管理活动沦落为被动适应外界和组织自身复杂性的过程，忽视对复杂性的主动管理。复杂性这一概念非常抽象，而且是特定的，对复杂性的认识必须结合具体的研究对象（Edmonds，2000）。目前，管理学研究也只是局限在商业活动的范围内定义商业复杂性[①]。认识和定义复杂性难度较大，导致复杂性管理研究无从下手，只能把注意力放在如何构建复杂适应系统上，把复杂适应过程看作是一种自组织现象，并且认为由这个过程产生的组织结构和最终状态涌现于系统行为主体之间的互动（Olson 和 Eoyang，2001）。但是，涌现的本质并不是基于时间动态建构的，系统的整体性事先就已经设定。根据路径依赖理论（David，1985），自组织中的行为具有一些组织形成之初就业已存在的惯性。因此，复杂性管理研究应该把研究的切入点放在如何管理组织形成之初的混沌状态上，而后研究如何使组织从混沌走向有序。

参考文献

[1] Drucker, P. F., *The Practice of Management*, New York：Harper & Row, 1954.

[2] Wagner-Tsukamoto, S. A., "An Institutional Economic Reconstruction of Scientific Management：On the Lost Theoretical Logic of Taylorism", *Academy of Management Review*, 2008, 2（1）：105 – 117.

[3] Wren, D., *The Evolution of Management Thought*, New York：Ronald, 1972.

[4] Hamel, G., "Revolution vs Evolution：You Need Both", *Harvard Business Review*,

---

① 例如，Saksena（2007）认为，在企业通常通过提升自身业务无用的复杂性来应对竞争压力的背景下，复杂性就是产品、流程、零部件、组织实体、顾客或市场的过度泛滥，可能还包括企业向消费者和市场提供的得不到回报的多余活动和功能。管理复杂性的关键在于设法从产品、运营业务中和顾客那里发掘潜在的价值。

2001, 79 (5): 150 – 153.

[5] Drucker, P. F., *Management Challenges for the 21st Century*, New York: Harper-Collins, 1999.

[6] Koontz, H., "The Management Theory Jungle", *Academy of Management*, 1961, 4 (3): 174 – 188.

[7] Greenwood, W. T., "Future Management Theory: A Comparative Evolution to a General Theory", *Academy of Management Journal*, 1974, 17 (3): 503 – 513.

[8] Presthus, R., "Toward a Theory of Organizational Behavior", *Administrative Science Quarterly*, 1958, 3 (1): 48 – 72.

[9] Mir, R., and Watson, A., "Strategic Management and Philosophy of Science: The Cases for Aconst Ructivist Methodology", *Strategic Management Journal*, 2000, 21 (9): 941 – 953.

[10] Perry, P., "Management: Tom Peters Invites Chaos for Survival", *Industry Week*, 1987, 235 (2): 48 – 53.

[11] Ireland, R. D., Hitt, M. A., and Vaidyanath, D., "Alliance Management as a Source of Competitive Advantage", *Journal of Management*, 2002, 28 (3): 413 – 446.

[12] Drucker, P. F. *Management: Tasks, Responsibilities, Practices*, New York: Harper & Row, 1973.

[13] Luther, G., "Management is a Science", *Academy of Management Journal*, 1965, 8 (1): 7 – 13.

[14] Koontz, H., "The Management Theory Jungle Revisited", *Academy of Management Review*, 1980, 5 (2): 175 – 187.

[15] Kuhn, T. S., *The Structure of Scientific Revolutions*, Chicago: University of Chicago Press, 1970.

[16] Capper, C. A., *Educational Administration in a Pluralistic Society: A Multi-paradigm Approach*, London: Routledge, 1993.

[17] Schumpeter, J. A., *The Theory of Economic Development*, Bost on MA: Harvard University Press, 1934.

[18] Cooper, R., and Burrell, G. "Modernism, Postmodernism and Organizational Analysis: An Introduction", *Organization Studies*, 1988, 9 (1): 91 – 112.

[19] Delanty, G., *Social Science: Beyond Constructivism and Realism*, Minneapolis: University of Minnesota Press, 1997.

[20] Goldstein, J., "Emergence as a Construct: History and Issues", *Emergence*, 1999, 1 (1): 49 – 72.

（李晋，刘洪　南京大学商学院）
原载《外国经济与管理》2011 年第 4 期

管理学百年演进与创新:组织间关系的视角

任浩　甄杰

一　问题提出

自 1911 年 Frederick W. Taylor 以其著作《科学管理原理》开创现代管理学以来，已过百年，管理学的研究亦历经由关注组织内部活动的科学性、标准化到关注个体、群体、组织各层面行为的阶段式发展。其中，行为主义学派（Watson，1913）把管理看作是对组织行为的领导和协调，坚持认为对人的管理是企业成功的关键，但只对人进行研究的管理是不完善的，人际行为领域并不包括管理学的全部内容；以 Fayol（1916）为代表的管理过程学派明确了管理职能和管理原则，但事实上，管理者各项活动之间的关系却很难完全用若干管理职能进行概括；以 Barnard（1938）为创始人的系统管理学派认为组织是一个开放的社会技术系统，企业组织是由人、物资、机器和其他资源在一定目标下组成的一体化系统，但其试图用系统的一般原理和模式来解决复杂现实问题的做法往往难以奏效；经验主义学派（Drucker，1954）的研究重点则是各个企业组织的实际管理经验，是个别事例的具体解决办法，然而对经验的重视会令初学者无所适从，并且，过去所依赖的经验未必能运用到将来的管理中；而权变理论（Luthans，1978）重点是通过大量事例的研究和概括，把各种各样的情况归纳为几个基本类型，为每一类型找出一种模型，并确定对当时当地最有效的管理方法，但该理论缺乏统一的概念和标准，实际从事管理的人员感到缺乏解决管理问题的能力。可见，在管理学领域，对于"如何管理"的探索与思考从未停止过。然而，对于"管理是什么"这一根本性问题的研究却有所忽略，这也是管理学各学派在做出重要理论贡献的同时亦存在诸多不足的主要原因。

实际上，管理与人类社会相伴而生，中西方对于管理的研究可以追溯至奴隶制社会的家庭管理，并延及各流派的社会管理思想。这些研究无论持有何种见解，基本都是以协调人与人、人与物、人与社会的关系为其核心内容，研究的对象主要涉及个人、家庭、国家、社会。中世纪前后，伴随着分工与交换思想的深化，交易双方利益关系的协调得到重视。生产方式从简单协作演变成工场手工业，封建农奴转变为城市工人。大量的私人工场开始涌现，并诞生了现代意义上的大工厂，以新的生产组织方式对各阶层之间的关系进行协调。之后，亚当·斯密（Adam Smith）以分工理论奠定了市场配置资源和工厂制度的基础，以师徒关系、手工劳动为特征的手工业时代转变到以雇佣劳动和解决劳资纠纷为特征的资本主义工厂制时代，于是，经济管理的关注点也更多地投向对企业中人的管理。那么，能否认为管理即是对人或人之利益关系的调整呢？另外，自从企业组织诞生的那一刻起，企业竞争就成为推动企业内部管理研究与实践的主要动力。然而，伴随着分工的进一步深化，以及由此引起的新兴科技变革的纵深发展，中间性组织、模块化组织、跨组织大规模协作等新的组织模式与生产协作方式开始作为组织重要的资源配置机制而广泛盛行，组织间关系尤其是组织间合作关系成为理论界与实业界的关注点。那么，跨越组织边界的组织间关系的研究是否属于管理之范畴？因此，本文试图通过梳理管理学百年演进历程并展望其未来创新，以组织间关系为研究视角，对上述问题进行解答，其实质是在"管理是什么"这一根本性问题上提出见解。

二 组织间关系管理的演进与创新

总体上说，管理学基本是以人为研究对象，并在研究中不断提升对人的认识，从"经济人"到"社会人"，再到"自我实现人"和"复杂人"等。但同时，仅对一般意义上的人进行研究是抽象和不完全的。事实上，管理学对人的活动进行研究是以其依存的岗位、部门和组织等不同层面为载体的，从这一角度出发进行认识，更能结构化地把握管理学的本质问题。因此，管理学中的研究对象与其说是"人"，不如说是具体到组织结构中各层面的人；对人或人之利益关系进行协调，实质上可以概括为是对组织各层面之间的关系进行协调。只不过，"人"所依附的组织层面已经由组织内部的岗位、部门向组织外部跨越和外溢了。

1. 组织间关系管理对象的外溢性

Frederick W. Taylor（1911）认为，管理就是"确切地知道你要别人去干什么，并使他用最好的方法去干"，将研究的重点放在科学化、标准化的管理方法方面，这实际上是针对具体工作岗位的研究，不仅涉及工人岗位之间的横向关系协调问题，而且包括了管理者与工人之间的纵向岗位关系协调问题。岗位间关系是由工作任务和技能要求在不同岗位间的分配而产生的，并以职务说明书、规章制度等方式加以明确和约定，岗位工资等则是对处于不同岗位的人的关系所进行的协调。Taylor（1911）指出，管理工作就是衡量任务，通过衡量建立工作的流程和系统。其实，这正是以任务为中心或者说是以人的技能为中心对企业内部各岗位间以及岗位与部门间的关系进行协调的一种方式。

现代的企业再造理论（James Champy & Michael Hammer，1993）则是以流程的逻辑方法为基础，对企业内部各种关系所进行的根本性的重新思考和设计。并且，就岗位与企业间的关系以及部门与企业间的关系来说，在私营企业中，这两种关系反映的其实是员工与企业主的关系，在公有制企业中反映的则是个人与组织整体的关系。这方面的关系协调早已受到关注，如 Taylor 利用规则和效率协调工人和雇主之间的利益关系；Henry Fayol（1916）提出"个人利益服从总体利益"的一般管理原则以及 Max Weber"组织利益高于个人利益"的论述等。此外，Alfred P. Sloan Jr. 通过分权将公司划分为事业部，并更倾向于对企业内部各部门之间以及部门与企业之间的关系进行协调。可见，长期以来，无论是实业界还是学术界，其关注点在很长一段时间内都停留在企业内部，即对企业内部的涉及岗位、部门以及企业整体层面的关系进行探讨。从手工作坊到工场手工业以至于机器大工业，从 Adam Smith 的分工理论到 Taylor 的科学管理理论以至于管理理论丛林的出现，大都在企业内部范围中探索管理问题。

但实际上，企业与企业之间的关系自企业诞生之日起就已经存在了，并伴随 Henry Fort 流水线的成功及其自给自足式的垂直一体化运作而浮出水面，但福特公司与供应商企业的协调工作却"像噩梦一样令人难以忍受"，当然，这主要是由于 Henry Fort 无法协调好自身与其他企业主之间的关系所致。此外，Henry Mintzberg（1973）也指出，计划者完全忽视了"关系网络、与顾客/供应商和雇员的交谈、直觉和秘密消息的运用等软资料"。而 Charles Handy（1989）提出的"三叶草组织"结构，即是"以基本的管理者和员工为核心，以外部合同工人和兼职工人为补充的一种组织形式"，通常用来解释企业把非核心的职能转包给其他独立企业的原因。因此，在企业实践中，关系的触角已经延伸到企业之外，只是一直以来并未受到足够的重视。

把关系的视野拓展到企业外部，在学术上以企业间关系为研究对象，从竞争与合作两个方面来理解企业间关系，基本上始于 20 世纪 50 年代。并且，只是到了 20 世纪末，由于熟练工人的可获得性和流动性越来越强、风险资本市场的发展、被搁置的研究成果面临更多的外部选择机会以及外部供应商的生产能力不断提高等破坏性因素的存在，企业的发展才不再完全依靠其内部的计划、想法，从而强调了外部知识资源对于创新过程的重要性。在此背景下，虚拟组织、模块化组织、网络组织以及中间组织等新的组织形态开始兴起，关系协调的关注点也因此更加聚焦于组织间关系方面。

此时，关系是指一个组织与其环境中的多个组织之间建立的相对长久的交易、交流和联系（Oliver，1990）。然而，这种关系是半透性的（Semipermeable），并不能据此厘清关系的内容和本质。并且，脱胎于竞争的组织间合作关系与短期的、即时的交易或交换关系是有区别的，即组织间关系可以看作是一种利益交换（Wong，2003），也可以理解为要素的互补（Su Chenting，2002），抑或是一种相互依赖（Holmlund，1997）。在稳定的组织间关系框架内，会形成交错的物质流、知识流和信息流。这种半透性关系下的要素流动实际上依托于来自各不同组织的部门甚至岗位，对这些多组织范围内不同岗位、部门以及组织层面关系的管理决定着组织间合作的成效。可见，管理所考虑的本质问题是组织间关系的协调问题，其管理的对象是岗位、部门和组织层面，并且，这些层面并不局限于独立组织的内部，而是可以外溢于组织之间（见图 1）。

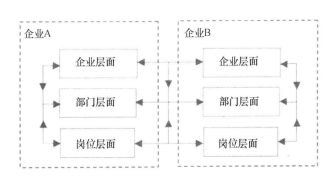

图1　组织间关系管理对象外溢示意

资料来源：笔者整理。

实质上，岗位、部门以及组织层面管理对象的外溢更多地源自企业组织的网络形态，这种新型的组织形态既不同于市场也不同于一体化企业（见图 2）。就市场而言，交易由价格变化指导，并且由于市场不确定性而导致的风险成本以及违约行为带来的违约成本，致使交易成本很高；就企业而言，生产在某些权力或权威的作用下进行，交易成本降低。

因此，企业组织的本质特征是对市场价格机制的替代（Coase，1937）。但同时，企业所带来的成本降低又是相对的，当企业发展到一定阶段后，其运作成本会在彭罗斯管理约束效应下变得很高。从而，对市场的替代可以是一体化企业的完全替代，也可能是企业间网络的不完全替代。此时，面对兼具市场与一体化企业特征的混合组织，企业组织之间的地位可能是平等的，也可能形成差异性，即在企业间生成核心企业，并主要由核心企业协调其与成员企业间的关系或由其协调成员企业间的关系。无论形成何种类型的企业组织间关系，管理协调的具体对象都是各企业的部门、岗位，只是这里的部门、岗位已经不再局限于单个独立企业的内部，而是跨越了独立组织的边界，向组织外部溢出了。现有组织间关系的研究也主要以所外溢的对象围绕关系价值（Fred，1998）、关系模式及其演化（Golicic，2005；Ring et al.，1994）、关系中的知识互动（March，1991；Daniel，2004；罗珉等，2008）等而展开。

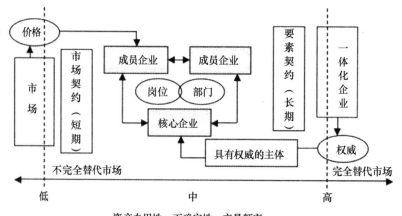

图2 组织间关系管理的网络形态

资料来源：笔者整理。

2. 组织间关系管理形式的跨层次性

组织间关系管理对象在由组织内部向组织外部延伸发展的过程中，形成了虽然明晰但却由简单到复杂的层次性，即单个独立企业之间以及独立企业与供应链、网络组织之间的多层次关系。以独立企业组织为视角，并将之作为结点，则这些关系涉及点—点、点—链、点—网等多种类型，并在这些层面间形成更为复杂的多层次网络关系。

（1）点—点关系。知识扩张和信息时代的来临以及分工的不断深化，使得组织中初始委托人和终端代理人之间的信息不对称问题更加严重（李海舰、聂辉华，2004）。同时，信息技术的广泛使用、市场机制的逐渐完善却使得交易成本不断下降。在两股力量的共同作用下，企业开始跨越实体边界进行能力与资源整合，企业的运作从有边界趋于无边界（李海舰、原磊，2005）。本质上说，无边界企业运作的核心不在于企业的市场化，而在于企业与市场的相互融合，企业之间基于信任与承诺的依赖关系成为企业价值的重要源泉。在企业能力边界的两边，知识流、信息流、物质流的双向流动构成了两企业之间的点—点关系。从实体资产的跨边界流动来看，资产专用性引起的锁定会强化点—点关系中的契约与非契约协调，从而在具体经营模式上更加倾向于规则协调机制。从知识、信息等隐性资产的流动来看，跨组织的知识融合能够强化产品设计信息的复杂性，进而催生组织间深度协作的需求，因此也会加速关系的固化。

（2）点—链关系。供应链的提出，从根本上改变了企业的战略思维，将企业的能力重心从内部生产转移到与供应链上下游企业的链条整合上来。以丰田、沃尔玛为代表的大型企业纷纷发展与供应商的长期合作伙伴关系，以赢得低成本与差异化优势。直观地说，企业与供应商、顾客之间的协作关系外显为点—链关系，以该企业为基点，与整条供应链同时开展着物质与知识的交换。点—链关系中的企业之间保持着相对稳定的竞合与交易秩序，每个生态位上都聚集着少数几个相互竞争的企业，相应维持着生态链（供应链）的平衡。可以说，点链之间是一种客体对主体的寄生关系，作为结点的企业需要依附于特定的生态链，并对链条内的协作方式、交易文化、集体默会知识等具有较强的认知。一旦脱离链条，将使得企业交易成本急剧上升，同时还存在交易受阻的风险。因此，点—链关系对生态链中的企业具有锁定效应，进而确保了生态链企业的长期利益。

（3）点—网关系。模块化生产网络的出现，使企业的运营模式从链条向网络进化。在模块化生产网络内，单个或少数几个核心企业作为模块化系统集成商与规则设计者，占据着"微笑曲线"的价值高端。众多的非核心企业在主导规则的协调下，通过集群式竞争赢得核心企业的合作契约。大量跨企业边界的知识流动强化了模块化生产网络的集群效应，单个企业能够通过集成化平台吸收网络内其他任何企业的知识养分，点—网关系因此而形成。实际上，点—网关系的产生需要经历识别、建立与治理三个阶段。企业根据自身资源与能力，与多个相关企业达成共识，集体打造一个模块化生产网络。网络建构过程同时也是企业与网络关系确立的过程，核心企业掌控网络，拥有核心技术的非核心企业同样对网络具有一定话语权，而合同外包企业则只能是跟随者。模块化生产网络是一个开放的系统，外部企业可以通过竞争赢得"入场券"，并成为网络成员，因此会涉及企业对网络的识别，即判断哪个网络能够与自身能力相匹配。对于在位企业来说，需要面对的一个更重要、更长远的课题是如何管理模块化生产网络，即共同治理问题。

（4）多层次网络关系。20世纪80年代，组织间关系开始从单一层面的分析转向将组织视作复杂与相互联系的社会系统，并由于包括Kozlowski与Klein（2000）等众多学者的工作，使得多层次理论开始应用于组织情境与企业分析。就企业组织来看，管理的复杂系统已经从管理对象的外溢以及点、链、网的层次区分得以部分诠释。但是，这两个方面的理解不应是割裂的。也即，百年前学者们开始深入研究企业组织内部管理问题，从而打开了企业的黑箱；而目前，管理对象由企业组织内部外溢到组织外部、独立企业组织之间的关系日益受到重视，管理研究却又基本只关注了以独立企业组织为单位的点、链、网的关系，企业组织的箱体似乎又被我们关闭了。因此，多层次网络关系管理是在组织间形成的复杂系统下，以岗位、部门为基本管理对象，对组织层面的点、链、网形成的组织间关系进行的深度分析与协调（见图3）。其中，每个圆代表一个独立的企业组织，圆内灰色圈代表组织内的某一个部门，而黑色点则表示隶属于该部门的具体岗位。A、A_1、A_2、A_3代表一条供应链，不同供应链上企业之间的连线则表明企业间的网络关系。这里的分析不仅需要澄清网络系统内的理论构念，而且需要对跨层次的结构、效应、条件等进行分析（Moliterno和Mahony，2011）。

3. 组织间关系管理手段的系统性

在组织内部，管理通过制定规章、制度、计划等有形方式以及文化、人际关系等无形

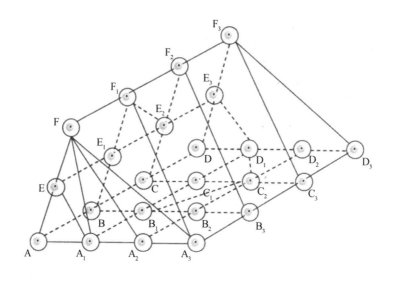

图3　组织间关系管理跨层次示意

资料来源：笔者整理。

方式对岗位、部门及组织层面的关系进行协调管理；当组织间关系管理跨越独立组织边界后，合同契约与关系契约成为管理的主要方式。从内容上来分析，能合法达成缔约各方一致性意见并可以记录下来的合约条款可以称为合同契约，合同契约以手续、证明、协议、条款等为表现形式，借助法律赋予的强制力对合作过程中的各种关系进行规制与协调。关系契约涉及组织间的目标、声誉、信任、结构、文化等要素（任浩、甄杰，2009），关系契约在合同契约协调不完全的空间里，对合同契约发挥补充协调的作用，并有助于合同条款的履行。之所以认为关系契约协调机制对合同契约协调机制发挥着重要的互补作用，不仅是因为关系契约协调有助于合同契约的执行，而且在一些情况下关系契约协调甚至可以以某种程度代替合同契约协调。在合同契约协调不完全的空间里，关系契约协调起到了补充作用，因而合同契约协调与关系契约协调是一种互补关系（周新德，2008）。同时，关系契约作用的发挥并不排斥立法或司法程序在履行合同契约中的强制作用，因为虽然在履约中有可能不通过法院来强制执行，但法律的威慑作用还是很重要的（Macaulay，1963）。可见，在管理协调由组织内向组织外部延伸的背景下，组织间关系管理手段也形成包括合同契约与关系契约的协调系统。根据组织间关系的内涵与特征，关系契约管理可以划分为组织自身的关系契约系统与组织间的关系契约系统（见图4）。其中，目标涉及组织的价值取向和组织各自目标的相合程度，声誉是组织各种经验、印象、信仰、感情和知识相互作用的综合结果，是一个社会的、集合的、关系的概念（Barnett，2000），这两者属于组织自身的关系契约系统。信任不仅包含组织 A 依赖组织 B 的良好意愿（Baier，1986）以及组织 A 表现脆弱性和承担风险的意愿（Whitener et al.，1998），而且包含组织 A 对组织 B 在合作中将会表现出诚实和善行的期望（Kumar et al.，1995）；结构可以视为不同社会位置所组成的多维空间，各组织正是由其所嵌入的切实的关系结构来驱动的（Bearman，1993），关系类型以及占据不同位置的企业形成的网络构型会对传递合作信息、调试不确定性情境产生作用，即产生基于结构的关系效应；文化作为组织间关系的"促进剂"已经得到重视，组织间产生的人员、知识、技术、货币等各种主体和客体的流动，也形成了以各组织文化为基础的合作文化。上述三个方面属于组织间关系契约系统的范畴。

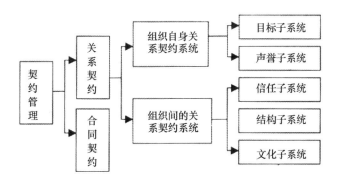

图4 组织间关系契约管理

资料来源：笔者整理。

按照传统的对管理手段的理解，合同契约属于有形的管理方式，关系契约属于无形的管理方式。从关系契约概念的提出及其在组织间关系研究中的应用来看，关系契约主要表现出长期性、缄默性以及动态性等特性（林仲豪，2008）。具体来说，长期性是指基于组织间分工与协作的关系契约的相对稳定性；缄默性是指在不完全性引致下关系契约不能由第三方执行而形成的自我执行性；动态性则是指关系契约在企业间合作内容等方面的不断完善性。然而，从关系契约机制协调作用的实现过程来考虑，关系契约机制的特性是通过其构成要素的相应特性得以具体展示和实现的，并由此避免了关系契约的宽泛和抽象。

可见，当组织间关系管理由组织内部延展至组织外部以后，管理手段也形成了合同契约与关系契约互为补充的系统化方式。兼顾组织内外所需协调的具体关系，这种管理手段的系统性可以进一步做一般性理解。实际上，基于组织间关系的视角，在协调岗位、部门以及组织层面的关系时，面对复杂多样的关系类型，首先需要对各种关系进行识别。即必须明晰各管理对象之间存在何种关系，以及与组织现状较为匹配的关系类型，在此基础上，才能针对性地提出有形与无形的管理措施，建立起相应的组织结构或者形成组织间合作关系。就组织间合作关系来看，此时，相互信任成为合作的关键性组织原则。在信任关系的构建中，原来松散联结着的独立企业，逐渐产生出致力于提高效率和增加竞争力的合作力量，并形成相互合作的信念。进一步地，组织间趋于形成一致的目标，并至少涉及以合作为途径的经营目标和以信任为核心的声誉目标两个方面。其中，声誉作为合作中的有效激励，可以消减企业间的机会主义、"搭便车"行为以及猜疑与欺骗行为等，维护合作关系的稳定与良好运行。声誉通过组织间合作活动以及关系中继网络中的信息传递得以扩散，并在网络中嵌入和沉淀。可见，通过关系维护能够使组织间关系得以稳定。但是，组织生存环境的变化会产生一系列问题，使得组织不得不对岗位、部门之间的关系进行重新调整，或者就组织外部来说，合作组织在关系结构中的具体位置需要得到进一步变更与优化，以更好地寻求各自的生态位，从而使各组织间能够共同发展、协同演进，形成共生局面。不良的或者依然有提升空间的组织是优化的对象，通过优化以更好地整合内外部资源，拓展生存和发展空间，并实现各组织的共同进化。

因此，组织间关系管理的手段实际上是基于岗位、部门和组织三个层面之上包括了四个关系环节的系统过程，即关系识别、关系构建、关系维护以及关系优化，如图5所示。其中，虚线表示组织内外部的界面，组织内部与外部的具体管理方式虽有差异，但在多层次网络环境下，其实质都是通过关系管理的四种手段而发生作用。而且，这四种手段具有逻辑递进关系，分别代表着组织间关系的不同发展阶段。在每一个发展阶段，管理手段在具体表现方式与内容方面都各有侧重。

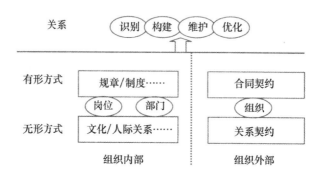

图5 组织间关系管理手段的系统框架

资料来源：笔者整理。

4. 组织间关系管理内容的知识性

早在1975年，John R. Schermerhorn, Jr. 在整理相关文献时就指出，影响企业组织间合作的动力条件来自于与合作活动具有潜在联系的利益，并且，随着企业经营边界由传统的有形边界向无形边界延伸（李海舰等，2011），外部知识网络逐渐成为企业创新的重要构成要素和驱动创新的一种组织方式（Huggins et al.，2009），知识的分布性特征逐渐增强，封闭式学习将阻碍企业及时获取新的异质性知识（江诗松等，2011）。为了配置分散的知识，企业不得不在创新的各个阶段寻求外部合作，将各类外部知识源纳入创新生态群落（Escribano et al.，2009；Pedersen et al.，2011），并通过跨地域、时区或组织的项目团队为载体的分布式创新，以各种知识共享为连接纽带，积累全球范围的技术知识以获取竞争优势。

从组织间关系产生动因的研究角度，可以比较清晰地看出组织间管理内容向知识性转变的趋势。总体来看，20世纪90年代以前，有关企业组织间关系产生的动因大致有六种解释，涉及交易成本经济学、资源依赖理论、战略选择理论、利益相关者理论、组织学习理论和新制度理论等（邵兵家等，2005）。而此后，基于关系理论的研究，对于企业组织间关系的产生，主要集中于四个方面的理解，即资源基础观、知识基础观、社会逻辑观和组织学习理论（Duane Ireland，2002）。其中，组织间关系的资源基础观认为，组织间关系的产生是由于跨组织资源的互依性。资源已经超出了企业的边界（Gulati，1999），企业所在的网络为其中的企业提供了关键的资源，如信息、渠道、资本、服务以及其他可以保持或提升竞争优势的资源。与此对应的知识基础观则认为，组织间关系的建立能够加强组织之间的知识互动，并相应拓展组织所拥有的知识深度与宽度。企业为实现组织间创新性合作的绩效，必须有效地"杠杆化利用"组织与合作伙伴的组织间关系（罗珉，2007），通过知识无形性及社会系统复杂性的嵌入来把自己所积累的知识变成其竞争优势的重要元素（Kogut、Zander，1992）。无论是知识的互动性还是资源的互依性，其实质都在于组织能力边界的扩张，组织能够跨越实体边界对其他组织的资源或知识进行整合。社会逻辑观重点关注组织间关系成员之间的互动关系、知识转移、吸收潜力与组织间合作能力，并着重探讨知识在组织间关系网络中的转移机制问题（Powell et al.，1996）。而组织学习理论则由强调通过汲取更好的知识，并加深理解，从而提高行动的过程拓展到跨越组织边界的组织间学习（于海波等，2007）。此时，组织间关系管理立足于提高学习能力，一方面，对独立组织自身的学习能力进行动态的管理，通过采用各种不同的培训模式，提升独立组织自身学习新技术和知识的能力，进而，有效提升独立组织进行技术创新和知识创新的能力；另一方面，加强组织间的相互学习，互派技术人员、管理人员进行交流，特别是在共同项目开发中，注意结合彼此的优势，从实践中提高彼此的学习能力。通过跨越组织边界的组织间关系网络、战略联盟或合作研发的方式取得外部来源的知识、信息、技术等资源，是近年来企业建立竞争优势的重要一环（罗珉、赵亚蕊，2012）。

可见，组织间关系管理的发展越来越重视资源尤其是其中的知识资源互动问题，并且，以信息、知识为主要内容的组织间关系管理为创新提供了不竭的动力。依据组织间位置结构的差异性，这种知识互动可以归为两种类型（见图6），第一类是组织主从关系中知识与信息的单向流动，比如模块化组织中，核心企业向成员企业传递以主导规则为内容的信息与知识，成员企业则直接向核心企业输送模块产品；第二类是对等关系中知识与信息的交叉互流，比如研发联盟中组织之间知识、信息的对流。组织之间要素的相互流动是一个相对长久的、反复进行的活动或过程，这一过程涉及目标的相互匹配、利益的相互协调与文化的相互融合，其实质是一个基于信息与知识的价值整合过程。

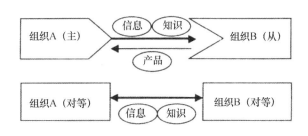

图6 组织间知识互动类型

资料来源：笔者整理。

特别是在创新复杂性与不确定性增加的背景下，企业不得不在创新的各个阶段寻求合作（Escribano et al.，2009），企业技术创新模式也从基于企业内部的线性范式向基于企业间的网络范式转变。未来企业的盈利能力取决于企业从外部获取创新资源并将其转化为商业价值的能力，也就是获取知识、利用知识、实现知识增值的能力（H. Chesbrough，2006）。

并且，企业会在优化外部知识网络、权变设置组织机制、主动重构内外网络的过程中，实现其持续创新，从而使得组织间关系管理的知识性特征也更为突出。组织为了利用外部力量发展自身核心能力，需要从组织间关系中获取互补性知识（Kogut、Zander，1992）。由此，组织间关系管理在内容方面主要应关注三个方面：首先，如何更好地发挥各独立组织的知识优势，并进行跨组织的知识互动与创新；其次，如何对跨组织协作的知识产权进行主体界定；最后，如何区分隐性知识与显性知识，并保障独立组织的知识产权不受侵犯。

三 组织间关系管理的理论模型

在组织间关系管理演进与创新的过程中，组织间关系管理作为一种资源配置机制，使得组织尤其是企业组织在传统的以利益最大化为目标的背景下，更加突出了关系管理与协调的重要性，组织内外部各层面之间可以更方便地得到信息、知识、渠道、资本、服务等，以保持或提升其竞争优势。而且，这种资源整合的途径与资源创造的手段通常是难以模仿的。同时，组织间各层面通过关系界面进行相互作用，并使得各层面之间能够透过关系界面而嵌入彼此所拥有的优势要素，以完成要素的互补与共用。根据嵌入的内容，我们把组织间关系分为信息嵌入关系、知识嵌入关系和结构嵌入关系。在信任与合作不断演化的过程中，嵌入的内容将由信息过渡到知识，并最终形成结构嵌入，组织间关系也得以不断稳固和深化。关系嵌入强调关系在产生信任和消减机会主义中的角色和结构（Da-yasindhu，2002），并通过促进组织之间的协调，推动关系管理的有效运行。组织间关系的嵌入伴随着一定的关系作用方式，这些不同的作用方式在降低交易中的机会主义风险、减少未来的不确定性、增加专有资产的投入以及加强相互间的信任和承诺等方面，会产生不同程度的效果。同时，作用方式也代表了组织之间知识结合的基本模式，进而在不同层面上为组织赢得知识互动的效率优势与创新优势。组织之间的相互作用减少了组织实体边界扩张的必要性，也降低了组织内部管理的复杂性，但同时也带来了关系治理的需求。通过对组织间关系的治理，才能更好地维持关系机制的正常运转。从根本上说，组织间关系治理是一种多边的共同治理，关系各方都需要参与到治理中来，共同致力于关系的维护与优化。

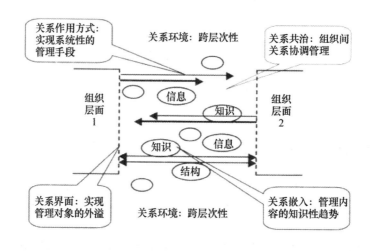

图7 组织间关系管理的理论模型

资料来源：笔者整理。

基于此，我们提出并构建了组织间关系的理论模型，该模型主要包括五个方面的内容，即组织间关系管理的网络环境、关系界面、关系嵌入、关系作用方式和关系共治（见图7）。网络环境是组织间关系管理的现实和长期背景，体现了组织间关系管理的跨层次性。在网络环境下，组织之间经由关系界面发生相互作用，关系界面成为组织间关系管理的平台。在这个平台之上，组织间关系实现了管理对象的外溢。同时，组织间进行信息、知识和结构等内容的关系嵌入，伴随着嵌入活动的则是组织间不同的关系作用方式以及此方式下管理手段的系统性实现。网络中各组织层面共同参与组织间关系的治理，表现为一种关系共治的形态，并在关系共治机制的作用下，使组织间关系管理不断深化和创新。根据组织间关系的理论模型，组织间关系管理由五个方面的重要内容构成，这五方面内容由外入内、由表及里地构成组织间关系理论模型的结构体系。

1. 关系环境：跨层次网络

组织间关系管理既关注独立组织内部的岗位层面、部门层面以及组织层面，也关注独立组织之间所形成的点—点、点—链、点—网等多种关系类型，诸多层面与结点形成更为复杂的跨层次网络关系，同时也构成了区别于传统的组织管理网络环境。可见，从宏观层面看，网络环境中涉及产业内的组织，以与本组织建立横向协作或纵向联合关系；也涉及产业外的组织，以开展彼此之间的知识互动与创新。从微观层面看，网络环境中各组织间关系的管理是由各组织内相应的岗位、部门来实现的。换言之，网络环境代表了任何可能的组织间关系的层面与结点集合。网络环境依附于组织间关系而产生，同时也是组织间关系得以滋生的土壤，能够提高关系中的组织应对市场动荡的能力。组织以网络环境作为生存与发展的背景，在关系中获取各种资源，并利用组织间高度的信任，降低交易成本和监督成本，同时谋求长远发展。

就组织与其所处的网络环境之间的关系来看，网络环境会对其中的组织从行为模式等方面产生影响，并进一步影响组织间关系；组织则应对此网络环境进行识别，使得环境与自身发展相匹配，或者在明确自身网络位置与角色的基础上，选择合适的关系对象与协作策略，从而更有效地对知识与能力进行整合，形成在组织间关系中的独特影响力，并建立较为持久的组织间关系。

2. 关系界面：管理对象外溢

关系界面是组织间关系管理过程中组织相互作用的通道或介质，是组织间关系形成与演化的重要途径和方法，也是网络环境下组织各层面相互作用的平台。换言之，关系界面是组织内部岗位、部门各层面之间以及这些层面外溢到网络中后形成更为复杂的相互作用的通道或介质。在该平台上，岗位、部门、组织层面及附载在各层面上的人员、制度等成为关系界面的有形要素；相互间转移或创造的信息、知识以及所形成的声誉、信任、文化等成为关系界面的无形要素。

组织间关系管理的对象在关系界面上展开信任、委托、协作与互惠的相互作用，实现信息、知识的传递与位置结构的调整，从而对网络环境内的资源进行整合，提高组织运行的效率。同时，关系界面在网络环境中发挥着关系联结、信息沟通、资源整合与网络维持等功能。关系界面在不同类型的组织间关系中具有不同的表现形式，呈现出动态变化的特征，因此，需要依据不同的关系类型通过规则改进、动态制衡等手段对关系界面进行优化。并且，由于组织间目标、声誉、信任、结构、文化等关系契约要素的存在，组织间相互作用与管理的方式使得关系界面的表现较为隐晦，但同时也更具有粘滞性，由此网络环境下的关系资源也难以被模仿利用。但是，在这一进程中，需要处理由于信息不对称逐渐消减所增加的知识产权风险问题。

3. 关系嵌入：知识化趋势

在识别网络环境和构建关系界面的基础上，组织间关系管理需要关注提高竞争优势所要求的要素，即关系管理的内容。从各层面主体参与组织间关系的动机来看，关系嵌入不再局限于对即时经济利益的狭隘追求，而是转向以信任和互惠来丰富组织间的关系（Powell，1990）。而且，关系嵌入由于信息、知识等内容的不同而区分为不同的嵌入形式，其中，当组织间关系尚不稳定时，关系各方参与其中的主要目的是获取所需要的信息；随着关系的稳定及其深入，组织间更倾向于知识的共享与转移，这也有利于组织间的协同与网络价值的获取。在稳定的组织间关系框架内，依据各组织所处的网络位置的差异，会形成两类交错的物质流、信息流和知识流，即主从关系中物质、信息、知识的单向对流，以及对等关系中物质、信息、知识的交叉互流。此时，知识的转移、利用，以及知识的创新生产成为稳定的组织间活动的重要内容，并以此为主体形成组织间要素相互流动的长久与反复的活动或过程。知识经常且深入的共享在组织间形成一套良性的共享机制，即组织间的合作机制、沟通机制、学习机制、转移机制和信任机制，从而有助于形成组织间浓厚的知识共享文化，并完成价值整合。

伴随着信息与知识交流过程中形成的信任与合作关系的不断演进，组织间可以采取较高程度的结构嵌入模式，从而推动组织间关系耦合程度不断加深。结构嵌入是组织间较高层次的要素嵌入，指组织间相互重合的程度，其性质和程度为多数相互作用的发生提供了背景（Granovetter，1985），而且与其他类型的嵌入相比，结构嵌入更趋向于稳定（Feld，1997）。这里的结构也即特定时刻所有组织间关系参与者的关系总和，关系结构可以视为不同网络位置所组成的多维空间，各组织正是由其所嵌入的切实的关系结构来组织和驱动的（Bearman，1993）。组织间的合作关系也属于生产中的一种网络类型，网络所具有的不同格局体现了一种发生趋势的强度和力量，组织由于处在不同网络位置而对网络结构形成不同的知觉。通过把复杂多样的关系形态表征为一定的结构类型，并基于这些结构类型及其变动，可以阐述其对组织间关系管理的意义。关系类型以及占据不同位置的组织形成的网络构型会对传递信息、知识以及调试不确定性情境产生作用，即产生基于结构的关系效应（李林艳，2004）。

4. 关系作用方式：系统化管理手段

组织在网络环境中根据自身情况与其他组织进行信息、知识、结构等要素的嵌入，这种嵌入伴随着具体的关系作用方式。我们分别以关系程度（松散与紧密）和关系方向性（单向和双向）为维度，把组织间关系的作用方式分为扩散、对偶、渗透和融合四种类型（见图8）。其中，扩散关系表示组织之间的关系仅单方面存在，组织间基本不存在双向互动关系，而且这一关系具有明显的偶得性和松散性，稳定性较低；随着联系程度的加深，扩散关系中的依赖因素不断增加，信任与稳定性增强，从而在组织间演化为渗透关系。对偶关系是指组织间存在双向互动或互惠的关系，并且随着信任与合作的加深，这一关系最终演化为融合关系状态。扩散和对偶关系用来说明松散的组织间关系，信任与合作程度较低，而随着作用关系的深化，信任与合作得以演进，最终形成渗透或融合关系。

需要指出的是，不同的要素嵌入所要求的关系作用方式也有区别，松散的尤其是单向的组织间关系，往往对应于较低程度的要素嵌入，而紧密的尤其是双向的组织间关系，则可以包含多种要素嵌入模式。

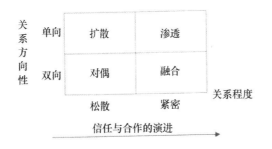

图8 组织间关系作用方式

资料来源：笔者整理。

5. 关系治理

在跨层次网络环境下，组织内部各层面以及独立组织之间的依赖性不断增强，组织能否通过网络不断强化自身竞争力的关键在于能否对网络中其他组织的关系进行有效治理。这种组织间关系的治理并不是某个独立组织的单向治理，而是网络中各独立组织共同参与的一种多边的复合治理，表现为一种共治形态。

组织间关系共治具有多主体性特征，涉及不同组织之间的利益、资源等的协调，单个组织难以完成关系治理，关系各方的共同参与成为必然。以企业组织为例，这一治理模式既不同于以产权边界为基础的企业科层治理，也不同于以交易边界为基础的市场价格治理。传统实体企业治理强调权力制衡，试图通过合理的治理架构设计和权力安排来解决企业内部的道德风险、逆向选择等委托代理问题。市场机制则注重价格治理，试图利用价格机制这只"看不见的手"有效配置资源、提高交易效率。随着企业与市场相互融合趋势的显性化、明朗化，组织间关系优化问题开始取代企业内部委托代理问题和外部市场交易效率问题，成为关系中的组织需要着力解决的核心问题，企业科层治理和市场价格治理也开始让位于组织间关系共治。我们认为，组织间关系共治的实质在于企业科层治理与市场价格治理的融合。组织间关系共治这一产生于企业与市场中间地带的治理机制，同时具有企业科层治理和市场价格治理的特征，表现在：在治理目标上，追求组织间在交易与协作中实现资源的最优配置；在治理机制上，合同契约机制和关系契约机制共同维持组织间关系的运行；在治理内容上，组织间关系各方从战略目标到组织资源等各个层面，都追求协调一致。

四 结论与展望

探讨管理本质即管理的根本问题，不仅有利于明确管理的根本任务与工作重点，发现、分析和解决管理中的问题，而且可以更好地运用管理理论和方法，实现管理的本质要求，从而达成组织的目标。从历史发展的角度对管理实践与管理理论进行梳理，我们认为，组织间关系管理贯穿管理学发展的百年历程，经历了由组织内部到组织外部以及岗位、部门、组织三个层面的阶段式发展，展现出独立组织之间以及独立组织与供应链、网络组织之间较为复杂的关系层次，并从关系识别、建立、维护与优化四个方面体现了组织间关系管理的系统性。进一步地，在这一过程中，组织间关系管理的内涵不断深化，以信息传递与知识共享为核心内容的管理问题成为研究的重点。其中，信息是指市场信息、行业信息、关系网络信息、组织信息等；知识则包括了技术知识、管理知识、界面知识等。因此，以组织间关系为核心内容，可以构建管理学演进与创新的理论模型，该模型涉及关系环境、关系界面、关系嵌入、关系作用方式以及关系治理等要素。对于更深层次的相关问题，比如关系界面的作用机理、关系嵌入的价值效应、合同契约与关系型契约的协调与结构性调整等，还有待在以后的研究中不断深入与完善。

参考文献

［1］Frederick W. Taylor，*The Principles of Scientific Management*，Published in Norton Library，1967.

［2］Watson，J. B.，"Psychology as the Behaviorist Views it"，*Psychological Review*，1913（20）.

［3］Fayol H.，*Administration industrielle et générale，prévoyance，organisation，commandement，coordination，controle*，Paris，H. Dunod et E. Pinat，1916.

［4］Barnard，Chester I.，*The Functions of the Executive*，Cambridge，MA：Harvard University Press，1938.

［5］Peter F. Drucker.，*The Practice of Management*，New York：Harper & Brothers，1954.

［6］Luthans，Fred，and Todd I. Stewart.，"The Reality or Illusion of a General Contingency Theory of Management：A Response to the Longenecker and Pringle Critique"，*The Academy of Management Review*（*Academy of Management*），1978，3（3）.

［7］James Champy & Michael Hammer.，*Reengineering the Corporation：A Manifesto for Business Revolution*，Gale Group，1993.

［8］Mintzberg，H.，*The Nature of Managerial Work*，Harpercollins College Div.，1973

［9］Charles Handy.，*The Age of Unreason*，London：Century Hutchinson，1989.

［10］Oliver，C.，"Determinants of Interorganizational Relationships：Integration and Future Directions"，*Academy of Management Review*，1990，15.

［11］Wong，C.，Tinsley，C.，Law，K.，Mobley，W. H.，"Development and Validation of a Multidimensional Measure of Guanxi"，*Journal of Psychology Chinese Societies*，2003（4）.

［12］Su Chenting，Joe Sirgy，and James E. Littlefield.，"Is Guanxi Orientation Bad，Ethically Speaking? A Study of Chinese Enterprises"，*Jouranl of Business Ethics*，2003，44（4）.

［13］Maria Holmlund，Jan – Åke Törnroos.，"What are Relationships in Business Networks?"，*Management Decision*，1997.

［14］Fred Selnes.，"Antecedents and Consequences of Trust and Satisfaction in Buyer-Seller Relationships"，*European Journal of Marketing*，1998，32（3/4）.

［15］Susan L. Golicic.，*An Examination of Inter-Organizational Relationship Magnitude and Its Role in Determining Relationship Value*，The University of Tennessee，2003，8.

［16］Peter S. Ring，Van de Ven，Andrew H.，"Developmental Processes of Cooperative Inter-Organizational Relationships", *The Academy of Management Review*, 1994, 19 (1).

[17] James March. , "Exploitation and Exploration in Organizational Learning", *Organization Science*, 1991, 2 (1).

[18] Daniel Z. Levin, Rob Cross. , "The Strength of Weak Ties You Can Trust: The Mediating Role of Trust in Effective Knowledge Transfer", *Management Science*, 2004, 50 (11).

[19] Katherine J. Klein, Steve W. J. Kozlowski. , *Multilevel Theory, Research, and Methods in Organizations: Foundations, Extensions, and New Directions*, Wiley, 2000.

[20] Moliterno, T. P. , Mahony, D. M. , "Network Theory of Organization: A Multilevel Approach", *Journal of Management*, 2011, 37 (2).

[21] Macaulay, S. , "Non-contractual Relation in Business: A Preliminary Study", *American Sociological Review*, 1963, 28 (1).

[22] Barnett M. L. , Boyle, E. and Gardberg N. A. , "Towards One Vision, One Voice: A review Essay of the Third International Conference on Corporate Reputation, Image and Competitiveness", *Corporate Reputation Review*, 2000, 3 (2).

[23] Baier, A. , "Trust and Antitrust", *Ethics*, 1986 (96).

[24] Ellen M. , "Whitener. Managers as Initiators of Trust: An Exchange Relationship Framework for Understanding Managerial Trustworthy Behavior", *The Academy of Management Review*, 1998, 23 (3).

[25] Bearman, P. S. , *Relations into Rhetorics: Local Elite Social Structure in Norfolk, England, New Brunswick, N. J.* , Rutgers University Press, 1993.

[26] Huggins, R. , A. Johnston. , "Knowledge Networks in an Uncompetitive Region: SME Innovation and Growth", *Growth and Change*, 2009, 40 (2).

[27] Escribano, A. , A. Fosfuri, and J. Trib. , "Managing External Knowledge Flows: The Moderating Role of Absorptive Capacity", *Research Policy*, 2009, 38 (1).

[28] Pedersen, T. , K. Laursen. , "Linking Customer Interaction and Innovation: The Mediating Role of New Organizational Practices", *Organization Science*, 2011, 22 (4).

[29] R. Duane Ireland, Michael A. Hitt, and Deepa Vaidyanath. , "Alliance Management as a Source of Competitive Advantage", *Journal of Management*, 2002, 28 (3).

[30] Ranjay Gulati, and Martin Gargiulo. , "Where Do Interorganizational Networks Come from?", *American Journal of Sociology*, 1999, 104 (5).

[31] Bruce Kogut, Udo Zander. , "Knowledge of the Firm, Combinative Capabilities, and the Replication of Technology", *Organization Science*, 1992, 3 (3).

[32] Powell, W. W. , K. Koput and L. , "Smith-Doerr, Inter-Organizational Collaboration and the Locus of Innovation: Networks of Learning in Biotechnology", *Administrative Science Quarterly*, 1996, 41.

[33] Chesbrough H. , Vanhaverbeke W. , West J. , *Open Innovation: Researching a New Paradigm*, Oxford: Oxford University Press, 2006.

[34] N. Dayasindhu. , "Embeddedness, Knowledge Transfer, Industry Clusters and Global Competitiveness: A Case Study of the Indian Software Industry", *Technovation*, 2002 (9).

[35] M Granovetter. , "Economic Action and Social Structure: The Problem of Embed-

dedness", *American Journal of Sociology*, 1985, 91 (11).

[36] Scott L. Feld., "Structural Embeddedness and Stability of Interpersonal Relations", *Social Networks*, 1997, 19.

[37] 罗珉、王雎：《组织间关系的拓展与演进：基于组织间知识互动的研究》，《中国工业经济》2008 年第 1 期。

[38] 李海舰、原磊：《论无边界企业》，《中国工业经济》2005 年第 4 期。

[39] 任浩、甄杰：《创新型中小企业间研发合作的非契约机制研究》，《科学学与科学技术管理》2009 年第 12 期。

[40] 周新德：《契约治理、关系治理和家族企业治理模式选择》，《求索》2008 年第 6 期。

[41] 林仲豪：《关系型契约的特征、内容及履约机制》，《改革与战略》2008 年第 5 期。

[42] 李海舰、陈小勇：《企业无边界发展研究——基于案例的视角》，《中国工业经济》2011 年第 6 期。

[43] 江诗松、龚利敏、魏江：《转型经济中后发企业的创新能力追赶路径：国有企业和民营企业的双城故事》，《管理世界》2011 年第 2 期。

[44] 邵兵家、邓之宏、李黎明：《组织间关系形成的动因分析》，《中国科技论坛》2005 年第 3 期。

[45] 罗珉：《组织间关系理论最新研究视角探析》，《外国经济与管理》2007 年第 1 期。

[46] 于海波、方俐洛、凌文辁：《组织学习及其作用机制的实证研究》，《管理科学学报》2007 年第 5 期。

[47] 罗珉、赵亚蕊：《组织间关系形成的内在动因：基于帕累托改进的视角》，《中国工业经济》2012 年第 4 期。

[48] 李林艳：《社会空间的另一种想象——社会网络分析的结构视野》，《社会学研究》2004 年第 3 期。

（任浩，同济大学经济与管理学院；甄杰，华东政法大学商学院）

原载《中国工业经济》2012 年第 12 期

比较管理学与中国特色企业管理理论创新

黄速建　刘建丽　傅咏梅

比较管理学是运用比较研究的方法，探讨世界各国企业管理理论与实践的异同、联系和相互影响，揭示企业管理发展的一般规律和特殊规律的一门管理学分支。通常认为，1959年，哈宾森（F. Harbinson）与迈耶斯（A. Myers）合著的《工业世界中的管理：国际分析》一书面世，标志着比较管理学的诞生。半个世纪以来，比较管理学的研究经历了从现象描述到规律探索，从宏观要素归纳到微观因素分析，从单学科研究到多学科交叉融合的发展历程。在当前环境下，再次强调比较管理学及比较管理研究的重要意义，有利于我国在学习、借鉴的基础上，形成符合中国实际、有中国特色的企业管理理论。

一　比较管理学的发展及其学科意义

1. 20世纪60年代—80年代：以历史经验主义为主的比较研究

与管理学基础理论以及其他管理学分支一样，比较管理学从诞生的那天起就处于理论纷争的丛林之中。汉斯·斯科哈莫尔（Hans Schollhammer，1969）将比较管理理论分为四大流派：社会—经济方法派、生态学方法派、行为方法派、折中—经验方法派。实际上，从具体的研究方法来看，早期的比较管理研究基本上属于归纳方法基础上的经验描述。

考克斯（Cox，1965）、巴特尔斯（Bartels，1963，1968）以及鲍德温（Boddewyn，1969，1981）等人分析了营销管理的不同维度在不同国家的差异及其影响因素，他们的研究为企业海外市场拓展提供了有益的启示，但对比较管理概念及研究框架的推进贡献不大。

在这一时期，对后来的研究起到重大推动作用的当属霍夫斯泰德（Hofstede，1980）的文化四维理论。该理论模型成为后来跨文化研究的重要理论工具。不过，在比较管理的制度分析文献中，文化也仅仅是制度的一个因素而已。

应该说，在这一时期，对外国管理模式和管理经验的介绍是比较管理学的主要使命。普拉萨德（Prasad，1989）主编的《国际比较管理的发展》一书，比较了中日战略管理的差异，介绍了日本管理模式的经验，分析了阿拉伯国家企业管理理念的差异。20世纪70—80年代是日本经济崛起的时期，也是日本对外投资迅速兴起的时期，日本企业的跨国经营经验受到了理论界的关注。随着日本一跃而为世界第二经济大国，在世界范围内掀起了对日本管理方式的研究浪潮，在美国更掀起了美日比较管理热潮。这一时期美国管理理论界代表新潮流的所谓"四重奏"——《日本的管理艺术》《理论》《寻求优势》《企业文化》这四大畅销书，都是比较管理学著作，这充分反映了比较管理学的蓬勃发展

（拓向阳，1985）。

虽然我们将这一时期界定为经验主义占主流的时期，但经验主义研究是一直都存在的，而且，这类研究能够为人们提供很好的借鉴意义。例如，M. 提嘉顿等人（Mary B. Teagarden, et al.，1995）通过案例研究对跨国人力资源管理进行的比较研究，就具有较强的现实意义。

比较管理研究在这一时期逐渐发展、升温，但研究方法还没有得到发展，大部分研究仍停留于经验性对比和描述，科学的理论体系远未形成。尽管如此，比较管理学的发展成为管理理论和管理模式迅速传播的重要动力，相互学习、相互借鉴成为各国管理实践和管理理论发展的主要推动力量，一些经验获得了普遍性的推广，这使得管理学在实践创新过程中也获得了理论提升。从管理学的早期发展来看，相互借鉴、相互学习、相互融合是比较管理学研究的目标之一，可以说，管理理论移植是比较管理研究的初衷。

2. 20 世纪 90 年代以来：历史制度主义分析方法是主流

历史制度主义作为新制度主义的主要流派之一，在比较管理学研究中得到了充分的应用。这类研究的主要区别就在于作者选取的制度因素不同。

科迪亚等人（Ben L. Kedia et al.，1992）应用霍夫斯泰德（1980）的文化四维理论，实证检验了文化因素对奥地利、比利时、芬兰和瑞典这四个北欧国家研发效率的影响。

20 世纪 90 年代，随着东欧国家体制转轨的实施，一些企业产生了将研发机构转移到匈牙利、波兰等国家的意愿。大量高素质的科学家及工程师的存在以及较低的工资水平是吸引这些企业的主要因素。然而，对于这些国家其他方面存在的管理风险却较少有人研究，凯勒等人（Keller et al.，1995）的经验研究旨在考察体制因素是否影响研发团队的生产效率。通过对专利、论文、专著的产出效率等指标的比较，他们发现东欧国家的研发效率并不比西欧国家低。他们认为，考虑到较高的劳动生产率、较低的劳动力成本和靠近当地市场三方面因素的存在，西欧国家将研发组织搬迁到东欧国家是一个不错的选择。

卡洛里等人（Roland Calori et al.，1997）遵循权变的逻辑思路和历史制度主义的分析方法，建构了一个造成英、法两国管理方式差异的影响因素模型。在该模型中，教育体系被选为主要变量。作者认为，管理理念和管理方式对教育体系存在路径依赖。

阿恩特（Arndt，1981）和艾耶（Gopalkrishnan R. Iye，1997）利用比较制度分析的方法，研究了跨国公司的营销管理战略在不同国家的适应性问题。G. 杰克逊和 R. 狄戈（Gregory Jackson & Richard Deeg，2008）运用案例研究方法，比较了制度因素对企业商务活动的影响，其研究是比较制度方法的延伸。

在文化和体制上有渊源关系的两个国家是否存在管理方面的差异，是比较管理学关注的一个重要内容。巴鲁赤和布德瓦（Baruch & Budhwar，2005）对英国和印度的员工职业生涯管理进行了比较研究。他们通过问卷调查，实证检验了两国在员工职业生涯管理方面存在差异性的假设。研究认为，印度在人力资源的职业生涯管理方面是英国的追随者，在政策和手段运用方面，两国有许多相似之处，但由于文化和社会环境的差异，仍然有一些方面表现出不同。

从学科意义来看，90 年代以来，世界经济形势迅速变化、跨国公司快速发展的时期，为适应国际经营环境的变化，跨国公司必须作出战略和职能管理的调整，可以看出，这些研究为企业国际化提供经验借鉴和理论支撑的同时，也为管理学的发展开拓了更为广阔的研究领域，那就是制度性的权变因素如何影响管理方式。不过，这一时期以制度分析为主的研究，基本上属于比较管理中的应用性研究，理论框架的拓展收效甚微。正如高登·瑞丁（S. Gordon Redding, 1994）所言，这一时期比较管理研究囿于大量的无甚意义的报告式重复，理论研究匮乏，缺乏明确的研究方向。

3. 2005 年以来：研究视角的多元化与微观化

虽然，早在 1994 年，彼彻勒和杨（Schon Beechler & John Zhuang Yang）已经将资源依赖观应用到日本跨国公司如何将人力资源管理经验移植到美国的子公司的研究中，但在此后相当长的时期内，宏观的制度分析仍然是比较管理的主流方法。这种状况在 2005 年以后才有了根本的改变。

随着一些新的研究范式在社会科学领域的兴起，比较管理研究的视角也开始走向多元化和微观化。例如，维拉和斯伽普（Eugenia Roldán Vera & Thomas Schupp, 2005）将社会网络分析方法拓展到比较社会科学研究中，他们认为这种方法在经济领域同样适用。阿圭莱拉等人（Ruth V. Aguilera et al., 2008）从开放的系统观出发，运用组织方法比较研究了各种公司治理模式的成本、可能的伴随事件和互补性，指出公司治理原则应随环境变化而调整的规律。

在研究内容方面，比较管理不断拓展到更多实际应用领域。泰德·贝克尔等人（Ted Baker et al., 2005）建立了一个针对创新过程的比较研究框架，他们运用了组织行为学的领导特质理论和社会学中的社会分层理论，研究了为何不同国家的企业家在发现、评估和利用市场机会方面存在差异。在他们的文章里，宏观和微观的视角得到了很好的结合。罗门·比奥米等人（Romain Beaume et al., 2009）通过建立企业创新生命周期的概念模型，比较了欧洲、美国和日本汽车外包企业在创新生命周期各个阶段的特征，对比了各国家汽车企业的创新绩效，以得出关于创新过程管理的结论。他们的研究，已经深入到了企业生产经营的具体组织过程的差异。

可以看出，近年来，比较管理学的研究已经从宏观的历史制度视角逐渐延伸到更为微观的组织视角，研究的内容也从单一的职能管理扩展到具体的创新和治理问题。虽然其基本的变量仍然是国际环境因素，但通过引入"组织"这一中间变量，比较研究的结论对企业的指导性更强，对于企业而言，这样的研究不仅能够如制度分析方法那样帮助企业适应不同的环境，而且能够指导企业参照自己的组织特征或通过改变组织因素来寻求最优的管理方式和治理方式。反观企业管理实践，受到企业国际化浪潮的影响，避免"管理僵化"和"移植失效"成为近几年比较管理研究的重要目标，尤其是国际金融危机爆发以后，一些以美国模式为标杆的企业治理及管理方式受到挑战，探索与环境相适应的"和谐管理方式"成为许多研究的直接目标。

二　比较管理学研究方法论

作为一个独立的学科分支，必须具备相对独立的"研究王国"，也就是要具备相对明确的研究范畴和研究方法。比较管理学之所以能够发展成为一个管理学分支，在于其特定的认识论基础、研究范畴以及在此基础上发展起来的研究方法。

1. 比较管理学的认识论基础

与传统管理理论相比，比较管理学是预设了"非普适性"和"差异性"的管理理论。这就引出一个问题：所有的被称为"科学"的学科，必定能够形成在某一领域具有一般性规律的理论。那么，承认"差异性"是否就将管理学置于"非科学性"的境地呢？虽然，之前已经有许多关于管理学"科学性"与"艺术性"二重性的解释，但从管理学的研究对象来看，在一定限制变量范围内寻求相对普适性的规律，正是管理学科学性的反映，"艺术性"是从属于"科学性"的。管理学的使命，就是要在尊重基本事实的前提下，寻求可适用于现实世界的基本规律。管理学不能忽视现实世界的"不确定性"，而经济学的前提假设恰恰是要消除这些"不确定性"，这也是管理学与经济学的根本差异所在。这种差异的集中体现就是，经济学中的"人"都是同质的，而管理学要面对的是"千差万别的人"，这些人受到特定历史文化的影响，因此，比较研究就是在不断检验和调适"特殊"与"一般"的对立统一关系。在此意义上，比较管理学是在传统管理理论基础上，进一步强化现实因素在实践中作用的科学，是与现实应用更加贴近的管理学分支。

2. 比较管理学的研究范畴与研究模式

从比较管理学的发展历程来看，比较管理研究并没有突破管理学基本原理和管理过程的基本原则，例如关于"社会人"的假设，关于管理的效率原则，关于计划、组织、领导、控制的管理过程，比较管理学仍然是在管理学的理论框架内讨论问题。但比较管理的突出特点在于"比较"，而且这种比较的对象是跨国、跨文化的比较。"权变"是比较管理学的基本思想，主要的权变变量是制度与文化。按照这样一种逻辑思维，管理学的基本原则是可以移植的，但受到价值观、文化习俗、社会结构等因素的影响，这些原则在不同国家和民族中的应用应该视具体情况而予以调整。同时，企业在跨国经营中，存在不同的战略目标，例如获得市场、获得人力资源、获得关键知识等，管理过程和管理手段必须从属于这些战略目标。因此，比较管理研究的主要范畴是处于不同的经济、社会和文化系统中的管理哲学、管理方式和企业制度。

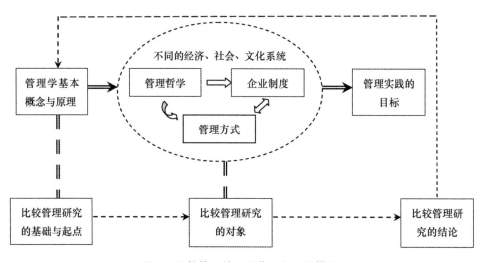

图1　比较管理的研究范畴与研究模式

在特定的研究范畴内，比较管理研究遵循的基本模式是，以管理学基本概念和原理为逻辑基础与起点，对所选定的比较对象进行实证研究或规范研究，其结论大致有两类，一类是经验性的描述或检验的结果，它的主要意义在于为管理实践提供借鉴或为管理方式提供调适的依据；另一类是通过规范或实证性研究进行理论建构，回归到原理学的基本内核，为特定领域的比较管理提供进一步研究的基础。从文献回顾来看，第一类的研究占多数，比较管理学的理论构建仍有待发展。

3. 比较管理学的研究方法及其内容分类

在逻辑推理层面，比较研究是认识研究对象间的相同点、相异点及其相互联系的一种推理手段和方法，可与归纳和演绎相并列，当然，比较方法也可以与归纳和演绎相融合；而在具体的研究过程层面，比较研究可以是实证性的，也可以是规范性的。

实际上，我们过去在学习、借鉴外国企业管理理论与实践时，已经根据某些需要自发地、随机地将外国企业管理进行了比较，但都是属于"非自觉意识"的（杨海涛，1985）。这种"非自觉"的比较，在方法上通常是欠缺的。从比较管理学的研究对象来看，实证研究和规范研究都是适用的。实证研究主要回答"是什么"的问题，具体比较管理领域，主要回答企业管理方式与外部制度因素之间存在什么样的关系。一些案例研究经常应用于实证研究过程中。规范研究解决"应该是什么，应当怎么样"的问题，在管理效率原则之下，各国企业管理人员如何进行公司制度安排，如何进行组织结构重构，如何进行管理风格选择，这些都可以作为规范研究的对象。此外，在逻辑推理的基础上进行理论框架的建立也属于规范研究的范畴。

从比较对象来划分，比较研究可以分为对比研究和类比研究。前者是从具有根本差异或相反属性的某一类因素来考察不同国家之间的管理实践，例如，对比资本主义体制和社会主义体制下的企业管理，对比发达国家和欠发达国家的企业管理；或者是从相异的管理属性出发，探求导致这种差异的影响因素，是一种归因的研究。后者是从具有相近属性的某一因素出发来考察不同国家之间的管理实践，以期总结、归纳出具有相对一般性的管理学规律，例如，对中国、日本、韩国受儒家思想影响明显的东方国家的企业管理进行类比，总结一般性规律；对经济体制、发展水平、生活习惯相近的北欧国家的企业管理进行类比，以得出符合特定环境约束的企业管理规律。

从比较的内容来划分，比较研究可以分为综合比较和专题比较。综合比较是从世界各国管理理论与实践的整体角度出发，探索管理学的发展现状、未来趋势及其规律等根本问题。专题比较，是就企业管理的某个要素或某个理论进行单项比较研究。如人力资源管理的比较，营销管理的比较，企业文化的比较，等等。

4. 比较管理学的研究过程

不管比较管理采取哪种具体的研究方法，其研究过程都可以划分为四个步骤。一是确定要研究的问题。即便没有一般性的假设，也需要有相对具体的理论问题。例如，发达市场经济国家公司治理的一般原则在体制转轨国家的适用问题。二是选定比较研究的对象，包括选择国家和具体的企业，对研究对象进行定性的描述。三是确定研究的维度，比较管理研究不可能穷尽所有的变量和管理因素，因此，抽象出确定性的研究变量，清晰地界定研究范畴就显得非常重要。四是进行实证研究或规范性推理。若是实证研究，通常需要提出研究假说，运用一定的定量研究方法，通过计量结果检验假说的真伪，从而得出"是什么"的确定性结论。若是规范研究，则需要通过归纳或演绎的方式，推理出一定的结论。

三　比较管理与中国特色企业管理理论的形成

从文献搜索来看，进入20世纪90年代以来，我国比较管理学的研究和运用很明显地归于沉寂。研究方法的无意识化表明了一种异化的心态。在市场经济转轨过程中，我国现代企业管理创新的过程首先是学习、吸收、借鉴的过程。同时，我们对国外管理学理论的借鉴从来没有停止过，从公司治理理论到组织重构理论，从人力资源管理理论到生产管理理论，"理论移植"在我国不断发生。可以说，中国的管理学研究就是比较管理研究的过程。在这一背景下，有人认为，强调"比较"似乎就没有意义了。这只能说明，我国比较管理研究不是中断了，而是逐渐滑向了一个极端。举例而言，当把美国的公司治理模式作为标杆研究我国公司治理问题时，就已经失去了比较管理学的逻辑基础，但目前有大量关于管理学的文章却是"照葫芦画瓢"的结果。忽视我国特殊的国情和社会经济系统，将国外的理论照搬照抄，奉行"拿来主义"，实际上已经脱离了比较管理学的研究模式。当前，我们强调"比较管理"的重要性，就是要突出在学习、借鉴的基础上，通过融合创新形成具有中国特色的企业管理理论的重要性。

现代企业管理以及管理学在中国的发展过程其实是一个广泛研究、学习、借鉴国外企业管理与管理学理论，并与中国企业管理及管理学理论相结合，与中国的国情相结合，形成本国企业管理与管理学理论特色的过程，也是一个不同企业之间在企业管理方法、经验上互相比较、学习的过程。现代企业管理与管理学在中国的发展过程本身就是一个比较管理研究的过程。改革开放以前，我们全面学习苏联的企业管理与管理学理论，同时，也积累了自己的企业管理经验，形成了一定的企业管理理论，比如，提出了"两参一改三结合"。改革开放以后，在如何对待、如何认识国外企业管理及管理学理论、方法、经验等问题上，曾经出现过怀疑、全盘否定和不顾中国国情照抄照搬、拿来主义的现象，在企业管理与管理学领域，当时也存在着到底是"中学为体、西学为用"，还是"西学为体，中学为用"的疑惑。1983年1月7日，在原中国企业管理协会召开的一次借鉴外国企业管理经验座谈会上，袁宝华同志提出了建立中国企业管理理论和模式"以我为主，博采众长，融合提炼，自成一家"的十六字方针。这一方针的提出，确定了建立、研究具有中国特色的企业管理和管理学理论的正确方向，也是我们进行比较管理研究的任务和目的之一。我们在比较管理研究中，要以开放的眼光，立足于中国的国情，广泛学习、借鉴外国企业管理的经验和管理学理论，要集百家之长，为我所用，并形成具有中国特色的、符合中国国情的管理学与企业管理理论。

比较管理研究的过程是学习的过程，是融合提炼的过程，更是一个创新的过程。

首先，比较管理研究的过程是一个学习的过程。进行比较管理研究，首先要充分了解、学习其他国家的管理学与企业管理或其他方面管理的理论、经验与方法，也要充分了解我们自己的管理学、企业管理及其他方面管理的理论、经验与方法，这是比较管理研究的基础，是"博采众长"的基础。改革开放初期，我们积极学习、引进了国外的先进管理理论、方法和经验，比如，早在改革开放初期，为学习和借鉴发达国家的管理理论、方法与经验，我们就选派了大量的工程技术人员和管理人员出国对口培训学习。1980年与美国合作举办的中国工业科技管理大连培训中心MBA班，为中国培训了不少管理人员与企业管理的教师。改革开放以来我们大力引进、学习国际上的先进管理理论、方法，缩短了我们在企业管理上与国际先进水平的差距，为中国经济的持续、稳定发展作出了重要贡献。同时，随着改革开放的进程，我们的管理学与企业管理的研究、教学也取得了飞速的进步与发展，这为我们开展比较管理的研究提供了良好的学术基础。

其次，比较管理研究过程是一个熔合提炼的过程。管理学与企业管理的理论、方法与经验不同于自然科学和技术科学学科，不能采取"拿来主义"，因为它具有鲜明的所谓社会属性，与一个国家的文化、历史、体制等密切相关，也与国情、民情密切相关。管理学与企业管理理论、方法与经验的应用，也与一个企业的不同历史、文化、员工结构等密切相关，照抄照搬必然会失败。管理学与企业管理的理论、方法及经验随着时间、空间的变化，其运用也要根据时间与空间的变化而有所变化。《晏子春秋》说："橘生淮南则为橘，生于淮北则为枳。叶徒相似，其实味不同。所以然者何？水土异也。"这是我们在比较管理研究过程中要充分注意的一个问题。所以，根据中国的国情、民情，在管理学与企业管理理论、方法、经验上博采众长，分析哪些是可以为我们所用的，进行融合提炼，是比较管理研究领域的重要内容与重要任务。

最后，比较管理的研究过程是一个创新的过程。无论是博采众长，还是融合提炼，自成一家是研究的最终目的，是比较管理研究的最终目的之一，也就是要形成具有中国特色、中国气派的管理理论。每个国家都有不同的文化、历史、传统、体制等。各个国家的企业管理都会自觉或不自觉地受这种文化、历史、传统、体制等的影响，从而在管理学与企业管理的理论、实践上表现出来。从这个意义上说，每个国家的企业管理及管理模式都是具有该国特色的企业管理及管理模式。相应地，当然也存在着中国式管理，中国式企业管理模式。比较管理研究的重大任务之一就是要运用一定的方法，分析比较各个国家或不同企业之间在管理理论、方法、经验等方面的特点，相同或不同之处，分析这种理论、方法与经验的应用条件，在博采众长、融合提炼的基础上，为管理学界研究和形成具有中国特色的自成一家的管理学理论、方法创造条件。

目前，管理学界照抄照搬国外的管理理论、思想、方法、经验的风气盛行，论文写作中的八股风、为写论文而写论文、非问题导向、以方法定问题、脱离现实等现象比比皆是。毛泽东（1930）在《反对本本主义》中提出，"没有调查，就没有发言权"，提出"从实际出发"的思想，认为"中国革命的胜利要靠中国同志了解中国情况"，同理，中国式管理模式的提炼和总结要靠中国的学者了解中国企业管理的实际。毛泽东在延安整风时针对当时党内照抄照搬马克思列宁主义的现象，提出了"要改造我们的学习"。现在，针对管理学界照抄照搬、有方法无问题、以方法定问题、脱离实际等问题，应该提出"改造我们的研究"。这个问题在比较管理研究中也同样要引起重视。唯有如此，我们企业管理理论研究才不会成为无源之水、无本之木。

参考文献

[1] Ben L. Kedia, Robert T. Keller, Scott D. Julian, "Dimensions of National Culture and the Productivity of R&D Units", *High Technology Management Research*, Volume 3, No. 1, 1992, pp. 1 – 18.

[2] Eugenia Roldán Vera & Thomas Schupp, "Network Analysis in Comparative Social Sciences", *Comparative Education*, Vol. 42, No. 3, Special Issue (32), 2006: 405 – 429.

[3] Gregory Jackson and Richard Deeg, "Comparing Capitalisms: Understanding Institu-

tional Diversity and Its Implications for International Business", *Journal of International Business Studies*, Vol. 39, No. 4, Institutions and International Business (Jun., 2008), pp. 540 – 561.

[4] Hans Schollhammer, "The comparative Management Theory Jungle", *The Academy of Management Journal*, Vol. 12, No. 1, 1969: 81 – 97.

[5] Jean J. Boddewyn, "Comparative Marketing: The First Twenty – Five Years", *Journal of International Business Studies*, Vol. 12, No. 1, Tenth Anniversary Special Issue (Spring – Summer, 1981): 61 – 79.

[6] Mary B. Teagarden, Mary Ann Von Glinow, et al., "Toward a Theory of Comparative Management Research: An Idiographic Case Study of the Best International Human Resources Management Project", *The Academy of Management Journal*, Vol. 38, No. 5 (Oct., 1995), pp. 1261 – 1287.

[7] Robert Keller, Ben Kedia & Scott Julian, "R&D Team Productivity in Eastern and Western European Countries", *European Management Journal*, Vol. 13, No. 3, 1995: 316 – 321.

[8] Romain Beaume, Remi Maniak, Christophe Midler, "Crossing Innovation and Product Projects Management: Acomparative Analysis in the Automotive Industry", *International Journal of Project Management*, 27, 2009: 166 – 174.

[9] Ruth V. Aguilera, Igor Filatotchev, Howard Gospel and Gregory Jackson, "An Organizational Approach to Comparative Corporate Governance: Costs, Contingencies, and Complementarities", *Organization Science*, Vol. 19, No. 3, Corporate Governance (May – Jun., 2008), pp. 475 – 492.

[10] S. Benjamin Prasad (ed.), *Advances in International Comparative Management*, Volume 4, JAI Press, 1989.

[11] S. Gordon Redding, "Comparative Management Theory: Jungle, Zoo or Fossil Bed?" *Organization Studies*, Vol. 15, 1994: 323 – 359.

[12] Ted Baker, Eric Gedajlovic, Michael Lubatkin, "A Framework for Comparing Entrepreneurship Processes across Nations", *Journal of International Business Studies*, Vol. 36, No. 5, 2005: 492 – 504.

[13] Yehuda Baruch & Pawan S. Budhwar, "A Comparative Study of Career Practices for Management Staff in Britain and India", *International Business Review*, 15, 2006: 84 – 101.

[14] 毛泽东：《反对本本主义》，载《毛泽东选集》第1卷，人民出版社1991年版。

[15] 拓向阳：《国外比较管理学的发展与流派》，《外国经济与管理》1985年第7期。

[16] 杨海涛：《比较管理学方法论初探》，《贵州社会科学》1985年第4期。

（黄速建、刘建丽、傅咏梅，中国社会科学院工业经济研究所）

原载《比较管理》2010年第2期

第三篇

学科综述

企业管理理论研究前沿

王钦　肖红军　刘湘丽　张小宁　赵剑波

随着新技术革命的悄然兴起，企业的组织形式、生产方式、商业生态和管理模式也正在经历着前所未有的变革，由此对企业管理学的研究也产生着重大而深远的影响。基于此，企业管理学的研究也正在经历着从旧工业革命时期的传统研究模式向新工业革命时代的后现代研究模式转变，更加注重打破旧管理思维的樊篱，探索以全新的视野重新塑造企业管理学。然而，这将是一项旷日持久的系统性工程，未来的方向具有极大的不确定性。正因如此，人们在着眼长期探索全新的企业管理学的同时，把当前的关注重点放在了传统管理学在新形势下所面临的挑战和应该作出的变革上，这使得企业管理学的各个分支也需要适应这一变化，研究重点也相应地发生了转移，既包括战略管理、人力资源、社会责任等传统管理学分支的研究重点有了新变化，也包括对创新管理、平台战略等企业管理新方式的高度关注。

一　战略管理的研究前沿

在战略管理和组织理论研究领域，变革是十分重要的研究主题。从目前的研究看，根据研究目标的不同，有战略变革（strategic change）、组织变革（organizational change）、管理变革（managerial change）等不同的研究概念。当前，企业正处于"大爆炸式"的颠覆时代，突破性创新问题已经成为每一个企业必须面对的挑战（Downes & Nunes，2013）。特定的情境决定了对于变革的思考，更需从战略层面展开。因为变革不单单是指组织结构的变化，变革还涉及企业或者组织层面的内容，组织结构、管理模式等都是企业战略变革的组成部分。

战略变革的发生受到企业内外部环境变化的影响。由于环境的变迁以及自身资源与能力的变化，企业有必要对原有战略进行重大调整和变革。战略变革是企业为了获得可持续竞争优势，根据所处的内外部环境变化，秉承环境、战略、组织三者之间的动态协调性原则，为改变企业战略而发起和实施的系统性过程。

（一）战略变革、价值观和意义建构

战略变革首先从价值观变革开始。价值观作为一种无形的力量，影响组织活动、管理活动，并最终体现在员工的思考方法和行为方式之中。企业领导者的价值判断和战略导向决定了企业的成功和失败，它是决定组织发展方向正确性和有效性的基因。以往的研究显示，战略变革激发了组织内部员工和经理人的大范围意义建构过程（Gioia & Chittipeddi，

1991）。意义建构（sensemaking）是进行价值观管理的一种重要途径。正如 Weick（1995）所解释的那样，意义建构的目标在于建立组织内部有秩序的、统一的思维方式，而这种思维方式能够促进变革。

Rajagopal 和 Spreitzer（1996）认为对于环境的管理认知促使了战略内容的变化。By（2005）指出对战略变革的研究缺乏一个有效的框架，而变革又面临着组织和能力两类挑战。所以，战略变革涉及环境、结构、能力三方面内容，而管理认知在推动变革过程中起着重要的作用。企业领导者设计和发动了变革计划，中层经理人是关键的执行角色，因此必须保证中层经理人的理念与企业领导者一致（Balogun & Johnson，2004）。Huy（2002）认为中层经理人是战略变革的关键，其协调高管团队和一线员工之间的关系。所以，领导者关于变革的价值观由上而下进行传递，并逐步进行意义建构，避免因为变革而引起员工焦虑和抵制行为。意义建构指的是对价值观的解释过程，以及创造出一种有序的状态（Weick，1995）。因为战略变革有可能在组织中培育认知的无序状态（McKinley & Scherer，2000），这种状态可能激发员工的困惑和压力，从而使得变革决策难以得到有效执行。意义建构的目的在于通过努力影响员工对于变革状态的理解和解释（Maitlis，2005）。Huy（2002）认为变革的成功取决于组织内部意义建构的过程，其改变了整个组织的期望，使得组织成员能够改变他们对外部环境的认知和行为互动。

外部环境的动态性变化主要体现在复杂性（complexity）、模糊性（ambiguity）和多义性（equivocality）。复杂性是因为职位需求的变化、重叠以及潜在冲突引起的（Hatch & Ehrlich，1993）。模糊性产生了新需求的不确定性，以及对此的错误理解（Warglien & Masuch，1996）。多义性容易引起员工的困惑，尤其当工作需求变得多变甚至矛盾时（Putnam，1986）。所以，员工需要努力适应变革过程中角色、流程和关系的转变。在此过程中，如果没有一个明确的意义建构和价值观理解，很容易导致变革决策和变革行动无法执行（Davis，Maranville & Obloj，1997）。

现有的价值观研究多采用组织文化的视角，强调价值观的导向作用，认为正确的价值观和战略导向易于加强组织成员的责任心和明辨是非的能力，从而增加企业对内外风险的认知和应对，保证企业处于健康的运行状态。现有研究对于微观层面的价值观培育或者意义建构过程的理解存在明显不足，并有宽泛化的趋势（Maitlis，2005）。例如到底如何解释战略变革，如何培育和改变针对战略变革的解释框架和理念（Balogun & Johnson，2004），尤其对于中国文化和情境下意义建构过程的理解（韩玉兰，2010）。这些问题需要研究者给出明确的解释。

同时，战略变革情境下的价值观培育和意义建构过程研究虽然十分关键，但又非常困难。价值观管理和意义建构研究要求研究者采用更多的实时、实地、长期性的案例企业观察和比较研究。首先，企业采用的价值观培育和意义建构方法会随着应用过程中的持续的互动调整和情境变化而发生变化（Maitlis，2005）。其次，处于变革过程中的管理者和员工有时并不愿意或者不能清楚地表述他们自己对于变革的理解（Argyris，1993）。因此，对于企业内部变革过程中意义建构的研究和观察需要一种高度互动的方式（Balogun & Johnson，2004；Lüscher & Lewis，2008）。

（二）战略变革与资源承诺

战略管理研究强调组织结构和模式的稳定性，因为稳定性意味着资源的长期承诺

（Ghemawat，1991）。在资源承诺的基础上，企业才能够基于进入壁垒、隔离机制等因素形成竞争优势。组织理论的基本逻辑和范式也在于通过建立组织结构和流程，从而寻求稳定（stability seeking），避免不确定性（uncertainty avoidance）（Rindova & Kotha，2001）。战略变革则意味着组织结构的改变，以及不确定性的增长，乃至长期资源承诺的变化。

战略变革的源起在于企业领导者对于外部环境的认知，确定环境风险，并发动变革计划。在实施战略变革的过程中，尤其在互联网和信息时代，企业的内外部关系将发生颠覆性改变，例如组织结构、资源分配方式等。对于战略变革的研究不但需要明确企业如何通过变革追求新的竞争优势，而且还需要理解产品战略、服务战略等组织功能的改变，以及组织形式、结构、能力、资源的变化（Rindova & Fombrun，1999）。

资源组合的边界和方式。以 Barney 为代表的资源基础观学者更多是从"供给侧"的角度来思考，以此作为企业战略的边界，并将资源范围界定在企业内部和相关的上游企业[13]。对于资源边界的理解，直接决定了"价值创造"的范围和方式，无疑"需求侧资源"在上述理论中没有得到重视。Adner 和 Kapoor（2010）提出战略研究总是将"知识创造"问题放在一边，过多考虑既有资源，静态思考"价值创造"，忽视了更广阔范围的资源，包括来自用户的资源，并提出商业生态视角下的战略观。因此，需要打破现有企业战略研究的边界，将"需求侧"资源纳入进来，形成新的战略统合研究视角（Priem，2013）。如何跨越传统企业战略边界，将"供给侧"和"需求侧"资源有效统合就成为本文研究所要分析的。企业边界与结构也在随环境动态变化，企业仅仅依靠内部资源和既有资源，已经很难再创造价值。在变革条件下，组织能够在利用既有资源的同时，并不断探索新资源，所以战略变革就涉及组织资源在不同主体间的再组合过程，具体包括用户资源、组织内资源和组织间资源的再组合（王钦，2014）。

（三）战略变革与组织能力

战略变革的目标在于形成新的组织能力和竞争优势，企业可以借此战略工具支撑战略内容的快速变化，并在动态的外部环境中开展竞争。战略变革激发了核心能力的重新塑造过程，每个员工都需要厘清自己的预期和新现实之间的差别，并通过不断努力弥补此差距（Balogun & Johnson，2004）。组织能力的重构使得组织假设、规则、边界等问题不断结构化，并指导意义建构的过程，最终形成自然而然的组织惯例（Rerup & Feldman，2011）。

因此，随着对超竞争或迅速变化的环境的认知程度增加，研究者也开始关注在此环境下组织能力，尤其动态能力的构建，以及如何和环境相匹配。例如，Eisenhardt 和 Martin（2000）认为，为满足组织结构优化这一目标所带来的挑战，不仅需要对外部环境的适应，也需要内部组织能力的提升。

组织在持续应对内外部环境问题的过程中形成了组织能力。根据 Kanter、Stein 和 Jick（1992）的研究，对于变革的管理是企业的终极管理责任，因为企业总是在进行着不同形式和不同程度的变革，例如组织边界的游移、组织结构的改变、决策流程的优化等。但是，绝大部分的战略变革计划难言"获得巨大成功"（Huy，2002）。Teece（2010）则用"动态能力"的概念来定义企业对外部环境的持续适应，并进一步将动态能力细分为感知、获取和转化三种能力。

（四）战略变革研究评价及未来研究展望

综上所述，我们可以发现战略变革是价值观变革、资源重新组合以及新组织能力形成三种条件下的环境与组织动态匹配的过程。战略变革是由于外部竞争环境的变化引起的，但是最主要的因素还是来自组织内部的价值观引领，尤其是企业领导者对于企业经营风险的认知以及对于变革的追求。另外，战略变革体现了资源在组织与用户之间、组织不同层级之间以及不同组织之间的再组合过程。在变革过程中通过意义建构形成了新的价值观判断，组织也采用新的方法论，并在应用过程中形成了新的组织能力。通过战略变革的成功实施，企业又进入了一个相对稳定的状态。

但是从战略变革的微观基础出发，对于意义建构对战略变革的微观作用机理，以及对于是"立足现有资源"寻找变革优势，还是"立足用户资源"从外向内寻找优势，这些问题在研究中还没有深入回答。同时，对于资源再组合过程中，用户资源、组织内资源和组织间资源三者之间的相互关系也还没有深入展开研究。这些问题在今后的研究中还有待进一步深入。

二　创新管理的研究前沿

信息化时代，企业创造、传递和获取价值的方式在发生变化。创新的壁垒和封闭性被进一步打破，信息的流动在数量和速度等环节实现交融，创新呈现出开放式的特征。

持续的研发投入促进企业创新。然而，企业必须能够意识到当前的能力正在下降，并增加探索性研发投入，在合适的时间开发新的核心能力。创新理论认为，技术存在"蛙跳"。行业技术曲线会在某一时刻突然发生跳跃，从渐进式创新向突破性创新演变。但是，许多企业依旧在技术转型和跳跃过程中失败的主要原因是技术动态性和组织惰性的影响（Mudambi & Swift，2014）。由于技术路线的动态性，企业很难在众多的竞争性技术方案中作出抉择。在许多技术中，企业很难判断哪个技术会胜出，并形成"主导设计"。此外，组织惰性和互补性资产又限制了企业自由地在不同技术路线之间切换。例如组织的流程、惯例等，都是围绕原有的旧技术开展的，还有互补性资产也是围绕原有技术设置的，这些都限制了企业采用新技术的意愿。

企业必须保持创新活动的开放性。在知识经济时代，企业仅仅依靠内部的资源进行高成本的创新活动，已经难以适应快速发展的市场需求以及日益激烈的企业竞争。在这种背景下，"开放式创新"正在逐渐成为企业创新的主导模式。

（一）开放式创新研究

Chesbrough（2003）提出了"开放式创新"的概念，以区别于传统的"封闭式创新"。新工业革命背景下，尤其是云计算等 IT 技术和社交新媒体的广泛应用，企业创新范式从封闭式创新向开放式创新转换的趋势越来越强烈（Chesbrough，2006）。

开放式创新是指，企业有目的地应用内流和外流的知识来加速内部创新或者拓展知识在外部市场开发的创新范式（Chesbrough，2006）。开放式创新涉及技术管理领域的跨界与开放、创新管理领域的创新网络与开放、组织学习领域的开放、联盟网络与联盟学习四个方面（江积海，2014）。可以从组织渗透和信息共性两个视角来理解开放式创新的内涵。组织渗透视角将"开放"视作组织边界的向外渗透，形式上是企业关系的拓展，本质上是企业知识库的延伸（Laursen & Salter，2006）。信息共性视角将"开放"视作知识产权约束下的免费信息共享（Baldwin & Von Hippel，2010）。

有关开放式创新动因与机理研究认为，开放式创新的绩效主要包括两个方面，即开放度和资源特性（江积海，2014）。开放度是指开放后企业间关系数量或关系质量，如开放广度和开放深度；资源特性是指企业获取创新资源的数量和质量，以及创新企业与合作伙伴间资源异质性。

开放度对创新绩效的影响引起学者的大量关注。开放式创新本质上是企业边界的渗透和延伸，Laursen 和 Salter（2006）提出了"开放度"的概念，综合表示企业开放创新活动后的关系数量和质量，即开放广度和深度。他们以英国制造业企业为样本，以创新活动中创新资源的外部来源或者搜索渠道的数量测量开放广度，以企业从外部知识源或者搜索渠道中获取知识的范围测量开放深度，以新产品销售收入占总收入的比例测量创新绩效。研究发现，开放广度和开放深度显著影响创新绩效，并且呈倒 U 型曲线关系。

有关资源特性的研究主要关注开放创新活动的直接动机，即获取或出售创新资源的数量和质量。有些文献关注合作伙伴间资源异质性，它们主要应用企业的类型，即顾客、供应商、竞争者、互补者来测量创新资源的差异性。例如 Chesbrough（2006）认为丰富多样的外部资源能够促进创新。Von Hippel 和 Von Krogh（2006）关注顾客、供应商、竞争者选择性地共享知识并提升创新的可能性。还有些文献不是关注资源间的异质性，而是关注伙伴间的异质性对于创新绩效的影响。例如 Nooteboom（2007）提出"认知距离"的概念来表示伙伴间认知的异质性，并发现认知距离和创新绩效之间呈现倒 U 型关系。

（二）用户基础观的整合研究

从现有的开放式创新研究文献来看，所谓的"开放"更关注企业侧行为，例如，一些学者认为开放式创新本质上是企业边界的渗透和延伸（Chesbrough，2006），创新合作、网络、联盟都是具体的组织形式的体现。Priem、Li 和 Carr（2012）提出了基于"需求侧"研究的用户基础观，认为应该转向下游的产品市场、消费者，寻求增加价值创造过程的决策（Priem，Li & Carr，2012）。传统的资源基础观认为，应该在"企业的边界"之内，或者"上游要素市场"寻找能够维持企业竞争优势的原因（Wernerfelt，1984）。用户基础观则同时考虑上游的资源供应商和下游的消费者，通过资源的再平衡过程满足现有的用户需求，并寻找潜在资源能够提供的新用户价值。即准确发现用户需求，并快速整合资源予以满足（Priem & Harrison，1994）。

通过整合资源基础观和用户基础观，新的商业模式得到明确。商业模式主要阐述用户价值、目标市场，以及价值如何创造和传递，期望的成本和收益（Chesbrough，2006）。商业模式是一种建立在多种构成要素及其关系之上、用来说明特定企业商业逻辑的概念性工具，商业模式阐述了企业如何通过创造顾客价值、建立内部结构以及与伙伴形成网络关系来开拓市场、传递价值、创造关系资本、获得利润并维持现金流（奥斯特瓦德等，2011）。开放式创新对企业层面商业模式创新主要表现为：价值主张创新、价值创造和传递模式创新（关键业务和流程创新）、收益模式创新，以及外部关系网络和价值网络重构。

在开放式创新背景下，企业价值创造过程的网络化不断促使商业模式创新。金帆

（2014）认为，经济环境出现的新特点促使产业组织不断变革，价值创造活动的核心环节正在由制造过程向顾客的使用过程转变。传统产业组织正在被中枢企业构建的价值生态系统所取代，价值生态系统是云经济环境下形成的具有生态系统特征的新型产业组织，没有明确的产业边界和企业边界，进驻并栖息于价值生态系统的顾客，可以直接参与或主导价值创造流程。王树祥（2014）认为，知识经济时代，企业的价值创造源泉、价值创造方式和价值创造空间都发生重要变化：知识要素与其他生产要素相结合的复合生产要素成为企业价值创造的重要源泉；无形价值链与有形价值链相结合的价值链条成为企业价值创造的重要方式；虚拟运营与实体经营相结合的价值网络成为企业价值创造的重要空间。所以，在开放创新时代，企业必须重新思考自己的价值创造过程和价值创造方式。

开放式创新影响了企业的资源获取、能力延伸和利用方式。新的商业生态系统正在形成，并聚集了一群相互联结、共同创造价值与分享价值的企业。它们是以相互作用的组织和个体为基础的经济群落，随着时间的推移，它们共同发展自身能力和作用，并倾向于按一个或多个中心企业指引的方向发展自己（Adner，2012）。资源基础观认为有价值的"资源"有利于企业的市场进入（Barney，1991）。如果用户基础可以作为一种有价值的资源，那么管理商业生态圈的过程则可以被看作一种动态能力。动态能力可以整合资源，以产生新的价值创造（Eisenhardt，Martin，2000）。企业可以充分利用用户资源，建立合作伙伴关系，不断搜索新的创意，并实现创新，以提高运营效率和持续竞争优势。

图1　两种创新观点的整合

（三）用户创新研究

当用户侧创新成为一种趋势的时候，企业必须将用户创新纳入自己的创新体系，采用用户生态圈的管理方式不断吸纳用户对于企业创新的意见。

创新呈现出"民主化"的趋势。越来越多的用户参与到企业创新过程中来，用户对于产品的塑造越来越居主导地位，创新呈现出"民主化"的趋势。一般认为，产品创新是由制造商完成的。Von Hippel（2005）提出了创新源的概念，认为不同产业的创新发生在不同的地方。随着网络的发展，用户创新作为重要的创新源，在很多领域中都具有举足轻重的作用。互联网时代满足了用户创新的条件。只有在移动互联时代用户创新的实施条件才被满足。在三种条件下，用户创新对制造商具有很大的经济吸引力：第一，用户的需求高度个性化；第二，制造商对用户要求的反应滞后，给用户带来的巨大时间成本；第三，表现在用户不知道如何表达，以及用户在亲自尝试之前不可能知道自己确切的需求。

用户创新的表现有两种范式，一种是单用户创新（individual users），另一种是开放的协作创新（open collaborative innovation）①。虽然每种用户创新方式中所表现出的设计成本和架构、沟通成本不尽相同，却都体现出了对于制造商创新的部分替代。按照参与程度的不同，有用户主导、合作、自主创新等不同的形式。

用户创新的难点在于生态圈的管理（Klerkx & Aarts，2013；Makadok & Ross，2013）。移动互联时代，用户创新管理的难度增加。因为社交化媒体的广泛应用，企业将面对更加多样化的用户群体，只有将用户关系链形成强大的用户生态圈，平台才能坚不可摧。

在用户创新模式下，让客户成为创新主体改变了企业和客户的地位，改变了价值创造及转移的途径。企业必须在提供创新的空间和平台，调整经营管理模式，才能在用户创新的潮流中获得持续的竞争优势。把用户分散的创新整合起来，商业生态圈的创造价值会被无限放大，这种超越了企业自身能力/资源的共生模式，让企业利用圈内其他成员的能力或资源获得持续增长，必将对企业重新塑造品牌和未来产业格局产生巨大的推动作用。

（四）开放式创新的发展趋势

开放式创新呈现出协同创新与网络化的趋势。协同创新成为技术创新的主要方式，包括与用户的合作、企业双方合作以及跨部门协调。在实现协同创新的过程中，创新组织呈现出网络化特征，围绕着核心企业形成了多主体构成的创新生态圈。

结合未来的演化趋势，企业的决策机制将越来越以用户需求为中心，资源配置强调社会化资源的利用与平衡，组织结构呈现出开放性的特征，知识管理必须能够让创新和学习快速地发生。

1. 企业的决策重心向用户侧转移

在互联网时代，企业生存和发展的权利不取决于企业本身，而取决于用户。如何把创新与市场及用户紧密联系在一起，使得员工在为用户创造价值中实现自身价值，从而建立起一套由市场需求驱动的经营管理模式，这才是企业未来创新的核心。例如，华为强调"让听得见炮火的人进行决策"，就是对这种趋势的反映。小米手机发动数百万网友一起做手机，提出"向海底捞学习，和用户交朋友"。海尔的自主经营体制度正是对其"用户重心"创新体系的有效支撑。

2. 企业的资源配置逐渐趋于社会化

企业边界与结构也在随环境动态变化，仅依靠内部资源或既有资源已经很难再创造价值。这就要求企业从社会化的角度认识外部资源，去认识企业的价值创造、传递以及获取过程。从创新资源配置上看，企业创新将是一种处理内部层级之间、企业与用户之间、企业与企业之间资源平衡与协调的过程。

3. 企业的组织结构越来越具有开放性

企业创新活动具有开放性和合作性的特征。创新资源分散在各个企业，而这些企业通过合作实现了突破性的技术创新。例如安卓与塞班系统的竞争，安卓已经突破了原有技术轨道，体现出移动互联的概念。这种情况下，单纯的企业研发支撑体系已经无法满足行业和企业发展的要求，对于一个创新生态系统而言，行业技术标准和规则的制定才是最重要

---

① "The Sharing Economy—All Eyes on the Sharing Economy"，*The Economist*，*Technology Quarterly*：Q1，2013

的支撑体系。

4. 企业的知识管理需要提升针对性

知识管理变得越来越重要，必须能够对于创新随时随地作出贡献。有效的知识管理系统能够让企业在竞争环境中生存下来并保持竞争优势。创新型企业要求让学习快速有效地发生，促进创新的涌现。例如，一些企业提出了"专利池"的概念，通过企业之间的专利技术合作，储备创新知识，并在创新过程中随时储存和抽取这些知识。

三 平台战略的研究前沿

平台正在成为一种普遍的市场或行业组织形式，其功能是不同用户群体创造和交换价值的界面。越来越多的企业采用平台战略，并有效促进了创新绩效。按照市值排序，在世界100家最大的企业中，至少有60%的企业一多半的收益来自于平台市场（Eisenmann，2007）。尽管互联网企业更容易采用平台型模式的企业战略，但在当今的移动互联时代，传统制造业企业也开始思考平台和商业生态对于企业转型升级的影响。无论是延续性创新，还是突破性创新，采用平台型战略的企业都取得了卓越的创新绩效。

（一）平台的形成和发展

随着技术的发展，近年来双边网络平台市场发展迅速。不仅一些全新的平台创建出来，而且一些传统的业务被改造成了平台。前者如把广告主与网络搜索用户联结起来的谷歌；后者如传统的输配电业务正在演变为把消费者与特定发电厂商匹配的电力零售市场平台，能让消费者选择不同电价的发电厂/选择使用价格较低的火电或是价格较高的可再生电力。

1. 平台的定义

双边市场里联结不同用户群的产品和服务称为"平台"（platform），平台是把双边市场不同的用户群体联系起来，形成一个完整的网络，并建立了有助于促进双方交易的基础架构和规则。大量的行业通过涉及多边行为契约的平台形式来实现有效组织（Iansiti & Levien，2004；Eisenmann，Parker & Alstyne，2006；Boudreau，2010）。在平台市场中，用户之间的互动会受到网络效应的约束（Gawer & Cusumano，2002；Rochet & Tirole，2003；Eisenmann，Parker & Van Alstyne，2006；Evans & Schmalensee，2007）。

徐晋和张祥建（2006）对平台的基本概念和种类作出了详细的总结。平台的概念被应用于不同的情境，如产品平台、供应链平台、产业平台和多边市场平台。McGrath（1995）把产品平台定义为，由一组亚系统和界面组成的，可以有效地开发和生产出相关产品的共有结构。产业平台，是指一家或者几家企业所开发的产品、服务或者技术，能够作为其他企业构建互补产品、互补服务和互补技术的基础。多边市场平台是指产品、企业或者机构能够利用网络外部性，以协调多边市场之间的交易。产业平台和多边市场平台的主要区别是，产业平台能够促进创新，而多边市场平台，尤其那些单纯的交易或贸易平台，仅仅能够促进交易的便利性。

2. 平台的特征和价值

平台市场最主要的特征是其网络效应，这种网络效应产生自平台的消费者需求和服务提供者需求之间的相互依赖。平台的服务提供范围越广，越会激发更多的消费者需求，反之亦然。一些学者认为，因为网络效应的存在，平台能够通过吸引越来越多的消费者和服务提供者，即使最初平台的质量弱于竞争对手，它也能够随着时间的积累而完全占领市场（例如 Wade，1995；Schilling，1999，2003；Shapiro，1999）。

网络效应是平台优势的重要来源。在平台战略模式下，两个用户群体（即网络的"双边"）通过一个或多个被称为"平台提供者"（platform provider）的中介进行互动。例如信用卡，打通了消费者和商家两个群体之间的联系。除此之外，报纸、电脑操作系统也是如此，它们的服务对象，被经济学家称为双边市场（two - sided market）或者双边网络（two - sided network）。在双边网络效应的作用下，平台对于任何一个用户群体的价值，在很大程度上取决于网络另一边用户的数量。平台对网络两边的用户需求匹配得越好，平台的价值就越大。

（二）进入平台市场与实施平台战略

因为网络效应和转换成本，平台市场的新进入者必须提供革命性的功能创新才能够获得较大的市场份额。为了克服进入壁垒，功能的创新和平台的质量是平台进入战略实施成功的必要条件。

1. 平台进入战略

在平台市场中，强网络效应和高转换成本使得平台服务提供者能够避免潜在进入者的威胁和竞争（Farrell & Saloner，1985；Katz & Shapiro，1985；Klemperer，1987）。为了克服进入壁垒，新平台提供者必须能够提供革命性的服务和功能（Henderson & Clark，1990；Bresnahan，1999）。基于这些原因，Evans 和 Schmalensee（2001）认为平台市场经常呈现出"胜者全得"（winner - take - all）的竞争方式，总是更加优越的新平台代替老平台。Zhu 和 Iansiti（2012）认为平台的质量、网络效应和消费者的预期是影响新进入者能否取得成功的关键因素，并采用微软公司 Xbox 的市场进入案例说明了这三个因素的作用。一些学者认为平台市场的质量是非常重要的，正如传统市场那样，更具创新性的后进入者能够胜出（Liebowitz & Margolis，1994，1999；Rangan & Adner，2001；Suárez & Lanzolla，2007；Tellis，Yin & Niraj，2009）。Evans（2003）发现许多平台市场的早期进入者并不能够保持他们的领先地位。最后，还有学者认为消费者对于新进者未来市场份额的预期也决定了新进入者能否获得成功。新进入者成功的关键主要在于两个因素：网络效应的强度和消费者预期（Zhu & Iansiti，2012）。当这两种因素低于一定的阈值，具备质量优势的新进入者则占据竞争优势。

2. 平台构建战略

平台的构建必须形成双边网络，并同时发挥同边和跨边两种网络效应。平台表现出两种类型的网络效应：一种是同边效应，即网络一方用户数的增加导致这个网络对于同一方用户的价值升高或降低，并进而有更多的用户加入。另一种是跨边效应，即网络一方用户数的增加导致这个网络对于另一方用户的价值升高或降低。

一些经济学研究学者认为，在设计平台的商业模式时关键的因素是考虑如何定价。定价方法的关键在于创造"跨边"（cross - side）网络效应。Eisemann 等（2006）认为，平台的定价必须仔细思考以下几个因素：一是获得跨边网络效应的能力。如果你的补贴方能够与竞争对手的赚钱方进行交易，那么你提供的"免费午餐"就会得不偿失。二是用户的价格敏感度。对平台提供者而言，通常的合理做法是对价格敏感度高的一方提供补贴，同时对需求会随另一方增长而更快增长的一方收费。三是用户的质量敏感度。网络用户的哪一方对质量更加敏感，通常你就应该给这一方提供补贴。四是产出成本。如果补贴方每增加一个新用户，给平台提供者增加的成本微乎其微，那么定价决策就会简单得多。五是用户的品牌价值。双边网络中的用户并不都是生而平等的。"华盖用户"（marquee users）的加入对于吸引网络另一边的用户尤其重要。

3. 平台包围战略

Eisenmann 等（2011）认为除了依靠平台创新，平台包围（platform envelopment）也是一种有效的平台市场进入路径和策略。平台包围战略是假设现在平台领导企业具有衰落的风险（Cusumano，2011）。平台在不断进化，平台领导企业也在不断更新换代，前一代会被新一代平台超越。所以，成功的平台仍然会面临巨大危险。如果相邻市场的平台提供者进入原有的平台市场，原有的平台就有可能会被包围。Eisenmann 等（2011）对于包围策略进行了分类，描述了包围策略的战略动机，通过基于两个平台是否互补、弱替代或者功能不相关，分析何种条件下进攻者能够获得成功。Eisenmann 等（2011）列举了微软公司对于 Real Networks 公司的平台包围来说明如何实施这种战略。

4. 平台创新战略

有关平台创新战略的研究主要包括"产品平台创新"和"创新生态系统"两个方面。

首先，产业技术创新范式呈现出以"平台"为中心的特征，系统的成员可以利用技术平台、工具平台或服务平台提升自身的绩效水平。模块化创新是产品平台创新的主要方式。Baldwin 和 Clark（1997）定义了产品平台的三个特征，即模块化结构、界面（模块相互作用和交流的接口）、标准（模块遵循的设计原则）。Gawer 和 Cusumano（2002）把产品平台的主要战略行动准则分为四方面：（1）公司业务范围界定；（2）产品技术决策；（3）处理与外部互补企业的关系；（4）管理公司内部组织。国内一些学者从产品创新视角研究平台战略的实施。王毅和范保群（2004）认为企业在新产品开发中采用平台战略能以低成本快速满足多样化的市场需求，而平台战略具有动态性，即基于产品族、产品平台和企业能力的动态更迭。吴义爽和徐梦周（2011）认为，制造企业通过实施服务平台战略与生产性服务业发展之间的跨层面协同模式，不仅获取了源于服务产业的新利润增长点和竞争优势为自身产业间升级奠定了坚实基础，也在产业层面上催化了生产性服务业的集聚与分工深化。此外，陈斯琴（2008）则提出了基于创新平台的产业技术创新系统模型，其结构由核心层、开发应用层及创新平台构成。关于平台创新的效益，王毅和袁宇航（2002）认为平台战略对于产品创新的效益体现在三个方面：第一是市场空间扩大与市场占有率提高；第二是开发成本降低；第三是制造成本降低。

其次，创新生态系统研究则要求创新领袖思考全面的价值创造系统，设计出一个多方的联合行动计划，为系统中的每一方创造不同的价值。Christoph 等（2009）认为，服务创新系统是由多个主体围绕创新空间开展的协作活动。英特尔和微软都是各自创新生态系统的核心企业和领导者（Moore，1993）。Iansiti 和 Richards（2006）认为在创新生态系统中，平台提供者扮演着关键角色，加强了创新成果。以平台为中心的创新系统强调网络价值，而不是产品价值（Hearn & Pace，2006）。

Robertson 和 Ulrich（1998）进一步拓展了产品平台概念，认为产品平台是一个产品系列共享资产的集合，这些资产可以分为四类，即零部件、工艺、知识、人员与联系。平台战略要具有比较好的操作性，就要求产品平台既具有广泛的适应性，又不囊括过多因素。

Meyer（1998）提出采用平台方法对核心能力和市场进行整合。平台战略成功的关键在于产品平台能否整合企业能力与市场需求。

（三）平台战略研究评价及未来研究展望

从现有研究来看，多数研究都将平台应用局限在企业内部，而技术平台在企业外部产生开放式创新的影响力早已经改变了技术创新格局，并带来了一系列技术平台商业化问题的研究和探讨。所以，平台战略应该作为企业层面的成长和竞争战略，而不是简单的产品开发平台的概念。

1. 平台战略研究评价

首先，平台战略是企业的成长战略。平台战略不是简单的技术和产品创新平台这一狭窄的内涵。在技术管理领域，平台的研究最早可以追溯到福特公司研究汽车平台并应用平台战略开发一系列车型，随后 IBM 公司的开放式结构设计又把产品平台引入到 IT 产业。

随着产业和技术的发展，平台战略研究所面对的情境又有所不同。平台战略的概念和内涵已经被拓展，平台型企业概念体现了企业的成长过程。库斯玛诺（2010）认为平台应该具备三个特征：首先要有被众多公司应用的基础技术或者产品；其次要将众多参与方（市场参与者）汇聚于一个共同目的；最后通过更多用户、更多补充的产品和服务使其价值呈几何级增长。当企业提供某种产品或服务，其使用者越来越多时，每一位用户所得到的消费价值都会呈跳跃式增加，这种商业模式被称为平台战略。

其次，平台战略还可作为传统企业的竞争战略。目前，学者多采用经济学的分析方法对于平台市场和平台战略展开研究（如 Zhu & Iansiti，2012），而研究情境多选择平台市场发展较为成熟的 IT 行业。平台企业不仅相互之间渗透，还在深入和颠覆传统产业。既然平台型企业能够实现"赢者通吃"，传统制造业企业如果不甘心被平台型企业生态系统所整合，就需要引入平台战略。

2. 平台战略研究展望

第一，平台市场与战略管理研究的联系。平台代表了一个基本的价值创造形式（Stabell & Fjeldstad，1998）。在战略管理研究领域，资源基础观作为一个主导的研究范式（Wernerfelt，1984；Barney，1991；Amit & Schoemaker，1993；Peteraf，1993），更加注重在传统制造领域中那些与技术或者资源相关的价值创造方式，例如价值链的整合等。但是，战略管理研究很少考虑如何把资源基础观的相关概念应用到平台市场研究中。实际上，平台也是一种资源：平台可以积累大量的用户基础，并创造和传递更大的价值。如果平台可以作为一种有价值的资源，那么管理平台以及实施平台战略的过程则可以被看作一种动态能力。动态能力可以结合资源，以产生新的价值创造战略（Eisenhardt & Martin，2000）。

第二，用户端对于平台创新的贡献研究。现有的平台战略理论研究认为，用户是产生网络效应的基础，用户群的增加促进了平台的成长。创新作为保证平台质量的一个重要条件，其实施的主体主要是平台提供者以及服务提供者。但反过来，用户对于创新的贡献和作用也越来越重要。在未来的研究中，平台战略需要考虑用户对于平台创新的贡献。

在未来的平台战略研究中，可以侧重考虑以下几方面内容。首先，不同产业平台的对比研究。现有文献都集中于某一产业的平台研究，但产业之间的差异可能会影响甚至颠覆某些研究结果，所以未来可以尝试对不同产业的平台竞争等方面进行对比研究。其次，从供应商角度论述平台与供应商的关系。现有文献都主要从平台领导企业的角度论述，例如以平台企业为主体和核心，讨论如何促进供应商之间的竞争，抑或是通过信任或权力维系平台关系等。最后，普通企业向平台型企业转化过程中的权衡取舍问题。例如 IBM、索尼、微软、谷歌等企业都经历了向平台企业转化的过程，都放弃过曾经成功的产品或商业模式，所以这些企业在转化过程中面对的权衡取舍问题、转变的时机和模式等问题都非常值得研究。

四　人力资源管理的研究前沿

随着消费多元化和全球化、技术日新月异、产品陈腐化加快和新竞争对手频频出现，市场环境呈现出前所未有的动态性和不确定性。企业需要在环境变化时能以及时、有效率和效果的方式对人力资源的数量、质量、雇用形式、报酬等作出调整和改变，使之契合劳动市场的新态势。在管理学研究中，企业所具有的这种能力被称作人力资源弹性（HR flexibility）（Atkinson，1984；Milliman，Glinow & Nathan，1991；Wright & Snell，1998；Bhattacharya，Gibson & Doty，2005）。从 20 世纪 80 年代到现在，人力资源弹性一直是管理学研究的一个重点领域，围绕人力资源弹性的内涵、表现形式、相互关系以及与组织绩效的关系进行了研究，形成了一系列成果。人力资源弹性研究主要回答三方面的问题，一是人力资源弹性是什么？二是企业基于什么标准作出人力资源弹性决策？三是人力资源弹性对组织绩效有什么影响？早期研究的重点是探讨人力资源弹性的内涵及表现形式，后来逐渐将领域拓展到人力资源弹性决策的影响因素、人力资源弹性与组织绩效的关系方面。本节在回顾主要研究脉络的基础上，着重对近年的研究进行简要分析。

（一）人力资源弹性的内涵及表现形式

人力资源弹性是企业调整和改变人力资源状态，以适应由环境或组织因素所造成的变化的能力（Atkinson，1984；Milliman，Glinow & Nathan，1991；Wright & Snell，1998；Bhattacharya，Gibson & Doty，2005）。具体来讲，它表现在人力资源的数量、质量、雇用形式和报酬等方面。例如，企业根据需求的日常、季节和周期性变化改变招聘、雇用方式以及雇用人数；根据技术变化改变员工的技能结构；根据市场及组织变化改变薪酬福利制度（Atkinson，1984；Theodore & Peck，2002）。从根本上讲，人力资源弹性是企业调整劳动投入以应对产品和需求变化的能力，因此，它体现在两方面：调整员工人数和劳动时间的能力以及调整工资以适应劳动供给和劳动需求的变化（Christopherson，2002）。

从战略人力资源管理的视角看，人力资源弹性还体现在人力资源对战略目标的支持，以及人力资源管理制度对人力资源弹性的支持两个层面（Wright & Snell，1998）。其一，员工的技能结构及适用范围、企业重新配置不同技能员工的速度、员工改变行为方式和适应新的行为方式的程度，要能够支持企业战略目标的实现。其二，人力资源管理制度对不同情况、不同地点和不同部门的包容程度，以及人力资源制度从被制定、实施到被适应的速度，要能够促使员工快速形成新技能和新行为方式，从而支持战略目标的实现。因此，人力资源弹性要具体落实到员工的技能、行为以及人力资源管理制度上。下面是 Bhatta-charya、Gibson 和 Doty（2005）总结的人力资源弹性形式。

技能弹性：企业能够在需要时把员工配置到不同岗位；员工能够在短期内适应企业的

新业务；员工有能力在短期内掌握新技能；企业有能力通过再培训或重新配置现有员工满足新技能的需要；员工的技能领域较宽泛；多数员工拥有适应不同岗位的多种技能。

行为弹性：员工工作习惯的灵活性有助于企业适应市场需求变化；员工能够为适应竞争环境变化而改变工作习惯；员工有能力在短期内适应环境变化；员工能够在工作环境变化时快速改变工作习惯；多数员工能够非常灵活地根据环境变化调整工作习惯；员工能够在短期内调整工作习惯以适应新的工作要求；员工能够对工作性质变化作出应对从而使企业保持竞争优势；员工能够改变行为以适应客户要求。

人力资源管理制度弹性：人力资源管理制度的灵活性能够使企业适应环境变化；企业能够根据竞争环境变化改变人力资源系统；企业能够重新设计人力资源管理制度的各部分以适应商业条件的变化；企业能够根据工作要求变化频繁改变人力资源管理制度；人力资源管理制度的变化能够使企业保持竞争优势；企业能够有目的地改变人力资源管理制度以适应环境变化；人力资源管理制度作为整体具有灵活性。

（二）人力资源弹性决策的影响因素

当企业面临环境变化时，将如何作出人力资源弹性决策？弹性雇用是其中重要的研究内容。弹性雇用，是指企业根据不同环境与组织因素采取不同雇用方式或雇用不同特征的劳动力。早期的研究认为业务因素影响企业决策。这些研究经常提到的业务因素有战略价值、知识与技能的价值、知识与技能的独特性、技术与人员的相互依存性等。

例如，企业为了节约成本和增加灵活性，可能会对战略价值不同、技术与人员相互依存性不同的业务采取不同的雇用方式。对战略价值高且业务间技术与人员依存性也高的业务，采取雇用长期工的方式；对战略价值低且业务间技术与人员依存性也低的业务，采取外包出去的方式，不直接雇用员工；对战略价值低但与核心业务有较高相互依存性的业务，采取正式工与兼职工相结合的灵活形式（Baron & Kreps，1999）。

当员工间存在知识与技能差异时，企业对不同员工适用不同的雇用条件和期限，提供有差别的工作任务、培训和薪酬福利，可以提高员工忠诚度，增加灵活性（Atkinson，1984）。

Lepak 和 Snell（1999，2002）分析了人力资本价值与独特性对雇用方式的影响。他们认为，企业在决策时不仅会考虑人力资本在竞争优势方面带给企业的收益，而且还会考虑获取人力资本所需要付出的成本，经过对收益和成本权衡，将会有四种雇用方式。对人力资本价值高独特性也高的员工，采取内部开发、长期雇用、促进员工长期参与的雇用方式；对人力资本价值高但独特性低的员工，采取市场购买、维护雇佣关系、重视利用和配置的雇用方式；对人力资本价值和独特性都低的员工，采取劳务承包、市场雇用、重视合同执行的雇用方式；对人力资本价值低但独特性高的员工，采取以长期雇用为前提，但不内部开发、建立联盟关系、发展伙伴关系的雇用方式。

近期有研究认为业务的不确定性也会影响到雇用方式。业务的不确定性越高，越需要有较高的管控能力、应对能力。对这样的业务，企业通常采取特殊的管理办法。例如，对人力资本独特性和不确定性都高的业务，采取长期、全职工的雇用方式；对人力资本独特性和不确定性都低的业务，采取小时工、劳务派遣工、劳务承包工等雇用方式；对人力资本独特性高但不确定性低，或者人力资本独特性低但不确定性高的业务，采取雇用合同工的方式（平野，2009）。

业务所涉及的权限也是影响弹性雇用决策的重要因素（木村，2009）。现实中企业的雇用边界很模糊，很多非正式工（如派遣工）的雇用期并不短，也接受企业培训，也掌握企业特殊技能。他们与正式工的区别，不是人力资本的独特性和业务相互依存性的不同，而是职务权限重要性的不同。企业把重要的业务留在企业内部，这些业务中涉及重要权限的交给正式工做，不涉及重要权限的则交给非正式工做。如何界定权限的重要性？主要看权限的影响范围。对那些工作地点设在企业内部、在上司可控范围的业务，只要员工能够独立完成、其所做出的决策又只影响自己的业务或自己所在业务部门，就可以雇用非正式员工来做。

另外，金字塔形组织结构所带来的职业成长机会的制约也会影响雇用边界（木村，2009）。企业制定中长期人才规划，一方面要考虑中长期业务变动的可能性，因此倾向于采用正式员工和其他临时及劳务派遣用工组合的用工方式；另一方面还要考虑组织所能提供的职业成长机会的可能性。即使业务在中长期不发生变化，但只要组织规模不以一定速度扩大，企业就不会雇用较多的正式员工。因为组织结构是金字塔型的，员工最初处在金字塔的底层，但随着能力的提升，他可能晋升到金字塔的中层或高层，但是能够晋升的人数是有限的，有的员工虽然达到了较高层级的能力水平，但较高层次已经没有空位了。因此，在每个职务层级就会出现员工"能力过剩"状况，职务结构与员工执行能力结构之间就会失去平衡。一些能力过剩的员工做着不需要较高能力的工作，得不到职业成长机会，就会丧失工作积极性。为了维持职务结构与员工执行能力结构间的平衡，企业就必须以一定速度和数量向外释放员工。因此，对这些得不到职业成长机会保障的员工，就不得不采用短期及劳务派遣等用工形式。

前浦和野村（2011，2012）指出，当企业把人工成本总额作为管理对象时，就会增加弹性雇用的必要性和合理性。因为人工成本总额受到限制，为了弥补正式员工人数的不足，下属部门就会增加非正式工。因此，人工成本总额是促进企业选择弹性用工组合的一个主要原因。

（三）人力资源弹性对组织绩效的影响

近年采取实证方法对人力资源弹性与组织绩效的关系进行研究的较多。这些研究通过问卷调查获取有关人力资源弹性指标、组织绩效指标的数据，然后使用这些数据，对人力资源弹性与组织绩效之间的关系进行检验。由于每个研究所设定的人力资源弹性指标、组织绩效指标以及研究对象企业不同，所得出的结果也有所不同。

Bhattacharya、Gibson 和 Doty（2005）认为，人力资源弹性包括技能弹性、行为弹性和人力资源实践弹性。他们开发了相关指标，并且验证了技能弹性、行为弹性和人力资源实践弹性对企业财务绩效和成本效率的影响。企业财务绩效指标指人均营业利润、人均销售额和销售收益率。成本效率指标指销售成本占销售额比例。他们发现，三个弹性对企业财务绩效有正向影响，技能弹性对成本效率有负向影响，但其他两个弹性对成本效率没有明显影响。这意味着对弹性技能、弹性行为方式进行投资能够使企业获得更高的财务绩效，对弹性技能投资可降低成本。因此，企业不仅要重视预测哪种技能是适应战略、技术、市场变化所需要的，而且要重视让员工拥有更多技能和行为方式，以便应对不可预测的环境变化。

Ngo、Hang-Yue、Loi、Raymond（2008）分析了人力资源弹性、组织文化和组织绩效之间的关系。他们假设，人力资源弹性的三个子维度（员工技能弹性、员工行为弹性和人力资源实践弹性）影响适用性文化，而适应性文化又对与人力资源相关的绩效和与市场相关的绩效产生作用。他们从香港跨国公司人力资源总监或经理问卷调查中获得数据，并验证了上述假设。结果显示，员工行为弹性、人力资源实践弹性对适应性文化有正向影响，但员工技能弹性没有影响。另外，适应性文化对与人力资源相关的绩效和与市场相关的绩效有正向影响。

Ketkar、Sumita 和 Sett P. K.（2010）使用印度的 98 个制造业企业和 103 个非制造业企业的数据，开发和验证了多维变量模型，试图打开环境动态性、人力资源弹性和企业人力资源、运营和财务绩效之间关系的黑箱子。结果显示，人力资源弹性在环境动态性对企业绩效的影响方面起着调节作用，不论产业性质、环境变化程度如何，只要企业的人力资源弹性满足环境对人力资源弹性的要求，企业就会取得优良绩效。他们指出，人力资源实践作为一个系统对企业层面的人力资源绩效有直接和间接的影响（以行为弹性为媒介），相当程度的直接影响的存在，意味着人力资源实践在实现企业优良绩效中发挥着作为结构性机制的重要作用。

Zolin、Kuckertz 和 Teemu（2011）指出，人力资源弹性对于创业型企业非常重要，但人力资源弹性会受到成员关系的影响。他们调查了一些由德国人创立的技术型企业，发现强纽带关系一方面能够提高管理者改变成员工作规则的能力，但另一方面使管理者难以进行解雇决策。因此，强纽带关系既提高人力资源弹性（功能弹性），也减少人力资源弹性（数量弹性）。

聂会平（2012）使用 420 个中国企业的数据，验证了人力资源弹性和企业财务绩效、人力资源绩效的关系，以及环境变量的调节作用。研究显示，人力资源柔性的两个层面（人力资本柔性和人力资源系统柔性）对企业财务绩效和人力资源绩效均具有正向积极作用，说明提升人力资本弹性和人力资源关系水平可提升企业绩效。研究还显示，环境变量在人力资源弹性对企业绩效影响上的调节作用不明显，说明人力资源弹性能够保持与环境变化的匹配性。

（四）人力资源弹性研究评价

人力资源弹性研究从不同角度回答了人力资源弹性是什么、企业基于什么标准作出人力资源弹性决策，以及人力资源弹性对组织绩效有何影响。人力资源弹性研究揭示了灵活运用人力资源对企业在动态环境下构建竞争优势的重要意义，指出了在技能、行为和制度三个层面调整和改变人力资源状态的多种可能性及其合理性。当前企业采取劳务派遣、短期工等用工形式，对核心员工与非核心员工实施差异培训、报酬制度等弹性做法非常普遍。人力资源弹性研究在一定程度上有助于分析企业的这些做法。

从人力资源弹性研究中可以得到如下启示。多数研究显示，人力资源的技能弹性、行为弹性对组织的财务绩效有积极作用。因此，企业不仅要重视培养员工的技能和行为方式，而且还应该重视增加员工技能、行为方式的包容性、多样性，从而更有效率和有效果地应对环境变化。多数研究还指出，人力资源管理制度弹性对人力资源的技能弹性、行为弹性具有调节作用。员工技能、行为方式的形成在很大程度上取决于人力资源管理制度，人力资源管理制度本身具有弹性，就可以为员工发挥技能弹性、行为弹性提供空间。因此，企业在增加员工的技能弹性、行为弹性的过程中，也应该增加人力资源管理制度的包容性和多样性。有研究显示，人力资源弹性不直接影响组织绩效，它要通过组织文化、组织关系等因素影响组织绩效。如员工行为、人力资源管理制度如果不能与组织文化、组织关系相呼应，就不可能提高组织绩效。因此，企业还应该使人力资源弹性与组织文化、组织关系保持一致性。这意味着人力资源弹性决策不是孤立的决策，而是系统的决策。

有研究指出，人力资源弹性研究不能解释企业现实。这是因为现实中企业采取人力资源弹性决策的原因和动机多种多样，可能是战略性、前瞻性的，也可能是应对性、临时性的。同时由于受到各种业务因素和组织因素的影响，有关人力资源弹性的做法也是多种多样，其中的关系错综复杂。因此，在一个研究中要分析所有情况非常不现实。我们在解释现象时应该综合利用各种研究结果。但是，人力资源弹性研究中确实存在着滞后于现实、抽象分析多于具体考察的问题，有的重要假设与企业现实严重脱离，如根据人力资本的价值和独特性等因素确定雇用方式，这和企业现实情况相反，员工的业务领域、知识与技能的价值和独特性要在雇用方式确定后才能确定。因此，在今后的研究中，应该增强对企业现实的观察，提高理论分析的说服力。

五　企业社会责任的研究前沿

企业社会责任研究主要包括五大领域，即企业社会责任不断变化的含义和模型、企业社会责任行动、企业社会责任对利益相关方及财务绩效的影响、企业社会责任活动的决定因素和企业社会绩效的衡量（Taneja et al.，2011）。这五大领域及其分支在不同时期受到的关注程度是不同的，由此导致企业社会责任在不同时期的研究热点也有所差异。梳理最近两年国内外企业社会责任的理论文献，可以发现当前的研究热点主要集中在三个方面：企业社会责任行为与绩效的影响因素、企业社会责任的影响效应以及企业社会责任沟通与信息披露。

（一）企业社会责任行为与绩效的影响因素

最近两年，学者们仍然在努力探索为什么一些企业的社会责任行为和绩效要优于另一些企业，也就是哪些因素会影响一个的企业社会责任行为和绩效，并把重点放在两个方面：公司治理与高层管理者的影响、组织特征与外部因素的影响。

1. 公司治理与高层管理者的影响

公司治理与高层管理者的特质、态度、行为和领导风格会如何影响企业的社会责任决策、行为和绩效是当前企业社会责任研究领域高度关注的问题。

从公司治理与企业社会责任行为和绩效的联系来看，Filatotchev 和 Nakajima（2014）将不同类型的领导导向和企业社会责任战略与公司治理的监督和激励两个过程维度联系起来，提出企业社会责任战略与诸如董事会、所有权模式、高层管理者激励等公司治理因素之间的联系会因国家的法律系统和制度特征不同而不同。Boulouta（2013）选择标准普尔500 中的 126 家公司为样本，实证研究结果显示董事会的性别多样性会显著影响企业的社会责任绩效，但这种影响程度依赖于所采用的企业社会责任绩效测量方法。Strand（2014）利用战略型领导理论和新制度主义理论框架，回答了两个问题：为什么高层管理团队中会设立可持续发展管理职位？高层管理团队中的可持续发展管理职位对公司的可持续发展有何影响？对于前者，主要是公司对所面临的合法性挑战危机作出的回应，也可能是对抓住外部机遇的要求；对于后者，它能通过驱动可持续发展的正式程序与关键绩效指标建立来促进公司可持续发展的官僚结构形成。Strand（2013）研究高层管理团队中出现社会责任首席官的现象，发现斯堪的纳维亚的公司出现这一现象的数量明显多于美国公司，且在纳入道琼斯可持续发展指数的企业中，拥有社会责任首席官的企业是不设这一职位企业数量的 3 倍。

从高层管理者的特质、态度、行为和领导风格与企业社会责任行为和绩效的联系来看，Christensen 等（2014）通过聚焦领导如何影响企业社会责任行为和企业不负社会责任行为来分析这两者的微观基础，除了综述出个人特质、个人行为和分享型领导风格是企业社会责任行为和企业不负社会责任行为的前因变量外，还强调了企业社会责任多维度特点与关注新近出现的服务型领导风格的重要性，并提出企业社会责任与领导风格之间的相互作用。沈阳（2013）以高层梯队理论和企业社会责任理论为基础，选取 2009 年和 2010 年披露社会责任报告的上市公司作为研究样本，从董事长和总经理的个人特征出发，分析其对企业社会责任履行状况的影响。结果表明，董事长和总经理的教育背景对企业社会责任履行有显著影响；具有高学历、理工科背景和 MBA 学历的董事长和总经理，其所在企业的社会责任履行得较好；董事长对企业社会责任履行的影响，比总经理更大。Hahn 等（2014）提出了企业可持续发展分析的两个认知框架，即商业情形框架和经济与社会相互矛盾的情况框架，并探索了它们在认知内容和结构方面的差异如何影响意义建构的三个阶段（对可持续发展议题的管理扫描、解释和回应）。在此基础上，他们解释了两个认知框架如何会带来扫描幅度和深度的差异、根据控制意义和效价进行议题解释的差异、管理者对可持续发展议题的不同回应类型。Mazereeuw-van der Duijn Schouten 等（2014）对 473 位荷兰企业高层管理者的基督教信仰、社会责任态度和社会责任行为之间的关系进行了实证研究，发现社会责任态度对于基督教信仰与社会责任行为之间的关系具有中介作用，内在的宗教信仰能够积极地影响伦理型社会责任态度，消极地影响财务型社会责任态度，而外在的宗教信仰则能够激发慈善型社会责任态度，而这三种社会责任态度能够显著地影响高层管理者的社会责任行为。Fabrizi 等（2014）以 2005—2009 年 597 家美国企业为样本，实证研究发现公司首席执行官的个人激励会显著影响其社会责任决策，用于协调首席执行官与股东利益的金钱激励会对企业社会责任产生消极影响，而非金钱激励则会对企业社会责任产生积极影响。

2. 组织特征与外部因素的影响

企业社会责任行为与绩效除了直接受到公司治理与高层管理者的决策影响之外，还与组织的特征和外部环境密切相关。从前者来看，Mamun 等（2013）以孟加拉银行业 30 家私营商业银行 2002—2011 年的面板数据进行实证研究，发现总投资、分支机构数量、员工数量对银行的社会责任支出具有长期的决定性影响。Erhemjamts 等（2013）的研究发现，更好的绩效、更高的研发强度、更健康的财务指标、新经济行业的企业更可能参与社会责任活动，而风险更高的企业则较少参与社会责任活动。同时，企业规模与社会责任之间具有 U 型关系，很小和很大的企业都会较高程度地关注和参与社会责任活动。Dodji 等（2014）通过问卷调查的方式，对德黑兰证券交易所上市的 120 家公司进行了实证研究，结果发现组织文化、财务管理者的任期对企业的社会责任表现具有积极的影响。从后者来看，Kinderman（2013）对 1993—2013 年欧盟的社会责任驱动政策进行了详细研究，发现欧洲的制度多样性妨碍了企业社会责任标准的制定，而经济危机和正在下降的企业合法性促进了企业社会责任标准的制定。Wolf（2014）以资源依赖理论为基础，构建了潜在利益相关方、可持续供应链和企业可持续发展绩效三者间的关系模型，并基于1621家企业的数据进行了实证分析，结果发现利益相关方压力和可持续供应链对于企业可持续发展绩效均有贡献。

（二）企业社会责任的影响效应

从层次上来看，企业社会责任的影响效应研究主要有微观的企业与特定利益相关方层面和宏观的区域或国家层面；从内容上来看，企业社会责任的影响效应研究主要集中在经济效率效应和非经济效率效应，前者的重点是企业社会责任的财务影响，后者的重点是企业社会责任的组织行为和消费者行为影响。

1. 财务效应

企业社会绩效与财务绩效关系领域已经形成了大量实证研究，但研究结论不一，由此导致学者们仍然对这一领域进行着大量创新性研究，试图找出二者之间的影响机制与传导机制。

从二者存在的直接影响关系来看，Sun 和 Stuebs（2013）通过数据包络分析的方法，以美国化学行业为对象，实证研究发现当期的企业社会责任表现对于企业未来的生产效率能够产生积极影响。Erhemjamts 等（2013）的研究发现，企业更好的社会责任表现将对其投资、组织战略和绩效产生积极的影响。Attig 等（2013）的实证研究显示，信用评级机构对于社会责任表现较好的企业倾向于给予较高的信用评级，企业的社会责任投资能降低财务融资成本。Luo 和 Zheng（2013）从利益相关方和渠道关系互惠理论出发，推断出供应链上的买卖双方在社会责任上的互动能够影响渠道联系强度和渠道销售绩效，并且市场竞争会放大这一影响。付强和刘益（2013）以公共事件为切入点，从绿色创新角度出发，研究发现基于技术创新的企业社会责任会积极影响企业社会绩效，社会绩效会积极影响企业财务绩效。张兆国等（2013）以我国2007—2011年沪市A股上市公司为研究样本，运用系统 GMM 方法，实证研究结果表明，滞后一期的社会责任对当期财务绩效有显著正向影响，当期财务绩效对当期社会责任有显著正向影响。曹亚勇等（2013）的实证结果显示，良好地履行企业社会责任有助于提高其融资效率，降低经营风险；当企业对社会责任表现出积极展望时，其融资效率也有显著提升。李远慧和陈洁（2014）的实证研究结果表明，企业社会责任绩效与企业的短期财务绩效之间显著正相关。

从二者不存在影响关系来看，Lech（2013）通过对发达国家和发展中国家的文献计量分析，并以华沙证券交易所中最大的波兰公司为对象进行实证研究，结果发现社会责任表现与财务绩效之间并不存在显著的统计上的关系。董淑兰和陈美茹（2014）选取24家创业板企业连续三年的数据为研究样本，实证研究发现企业总体社会责任履行情况与财务可持续增长指标正相关，但不显著。李远慧和陈洁（2014）的实证研究结果表明，当前的企业社会责任活动还没有驱动公司的长期财务表现。

从二者之间关系受到中介或调节因素影响来看，Dixon-Fowler 等（2013）通过对 CEP - CFP 已有研究文献的 Meta 分析，试图寻找二者之间关系是否受到环境绩效类型（如反应型的表现与主动型的表现）、企业特征（如大企业与小企业）、方法问题（如自我报告的衡量）等要素的调节，结果发现小企业比大企业、美国公司相对国际同行能从环境绩效中得到更多的好处，环境绩效对以市场指标度量的财务绩效有最强的影响。Blanco

等（2013）以 202 家美国企业为样本，通过对其 2005—2008 年的数据采用偏最小二乘法，实证结果表明企业积极参与社会责任活动并不能直接降低利益相关方对企业有争议行为的负面感知，但创新对企业社会责任表现与以市场为基础的财务绩效之间关系具有积极的中介作用。Mishra 和 Modi（2013）构建了积极的社会责任与社会责任缺失对企业非系统性风险作用的分析框架，并对多个行业企业 2000—2009 年的二手数据进行了实证研究，结果发现积极的社会责任能够降低企业非系统性风险，而社会责任缺失则相反。然而，具有积极社会责任的企业并不总是能降低非系统性风险，它受到财务杠杆的调节作用，企业财务杠杆较高时其非系统性风险下降较少。Peng 和 Yang（2014）以 1996—2006 年在台湾上市的公司为样本，通过手工搜集污染控制数据来测量企业社会责任绩效，实证分析结果显示，控制权与控股股东的现金流权并不都会对企业社会责任绩效与企业短期和长期财务绩效之间的关系产生负向调节作用。王琦和吴冲（2013）的实证研究显示，我国上市公司在不同生命周期阶段具有不同的社会责任理解能力和履行能力，从而导致企业履行社会责任对财务绩效所产生效应存在着差异性，进一步说明了企业社会责任财务效应具有动态性。陈胜军和李勇坚（2013）构建了"企业社会责任→员工周边绩效→企业财务绩效"的绩效影响链条，从逻辑和实证两个方面论证了企业履行社会责任可以通过周边绩效的中介作用为企业带来财务绩效的提升。

2. 非财务效应

近两年来，学者们在探索企业社会责任与竞争力的关系过程中，除了考虑企业社会绩效会带给企业什么样的财务影响外，还纷纷寻找企业社会责任会给企业带来哪些非财务效应，会对企业的组织行为产生什么样的影响。

从企业社会责任对组织行为的影响来看，Martínez 等（2014）以西班牙一家在 27 个国家开展业务的酒店为案例，剖析了旅游与酒店餐饮业中企业社会责任对于组织认同的作用，结果发现企业会以正式的方式将社会责任融入战略，以使其在当地社区的实际认同与其所期望的认同相一致。Glavas 和 Kelley（2014）对 18 个组织的 827 名员工进行问卷调查，实证分析结果显示，员工的企业社会责任感知与组织承诺和工作满意度均呈现正相关关系，前者部分地受到工作意义与感知的组织支持的中介作用，后者部分地受到工作意义但没有受到感知的组织支持的中介作用。Korschun 等（2014）通过对世界 500 强金融服务公司的实证研究，发现感知到管理者和客户支持企业社会责任行为的程度会影响一线员工的组织认同和对客户的认同。然而，这种影响在那些已经将社会责任作为自我感组成部分的员工中更强烈。Riivari 和 Lämsä（2014）对三家芬兰公司的 719 位职员和经理进行了调查，实证结果显示组织的伦理文化与组织创新之间具有联系，且伦理文化的不同维度对组织创新的不同维度具有不同程度的作用。伦理文化对组织的流程和行为创新具有特别的作用，而管理的一致性对于组织整体创新的作用效果最明显。Jones 等（2014）分析了求职者被具有较好社会责任绩效的企业所吸引的三种信号机制，即求职者预期能从企业获得自豪感、求职者所感知到的价值观与企业相匹配、求职者期望企业对待员工的方式。在此基础上，他们通过实验和实地测试的方式验证了这三种信号机制会对企业社会责任绩效与企业对求职者的吸引力之间的关系产生中介作用。刘云（2014）通过对 80 家企业的 696 名在职员工进行问卷调查，采用多层线性模型技术对样本数据进行统计分析，实证研究发现，员工关于企业自发责任（针对社会和非社会组织、消费者和员工的责任）的共享知觉对员工角色外行为有显著影响，而且组织信任在两者关系中起部分中介作用，相反，员工关于企业基本责任（对政府的责任）的共享知觉对员工角色外行为的影响不显著，对组织信任的影响也不显著。华艺等（2014）的实证研究结果显示，企业社会责任各维度对内部员工忠诚度有显著影响，但不同的责任维度对员工忠诚度影响的程度不同，企业伦理责任对员工忠诚度的影响最大，其次是法律责任、慈善责任和经济责任。

从企业社会责任对消费者行为的影响来看，Kang（2014）对韩国200位消费者进行了调查，实证研究结果表明，企业社会责任感知对信任、忠诚和口碑意向具有积极作用，而对公司认同和声誉并没有显著的影响。谢毅等（2013）从消费者—企业关系的视角出发，以电子行业为背景，实证研究结果表明，企业积极承担社会责任会提升顾客满意度、增强顾客对公司的信任和情感承诺，进而提高顾客的态度忠诚和行为忠诚。而且，产品介入度能够加强企业社会责任对关系质量的积极影响，是决定企业社会责任影响效力的关键变量。王怀明和崔吉（2014）采用情景模拟实验法，研究发现企业积极的社会责任表现会增加消费者对其产品的购买意愿，消极的社会责任表现会降低消费者对其产品的购买意愿，但在不同社会责任领域下消费者的响应存在显著差异。陈晓峰（2014）基于江苏部分地区牛乳制品消费者的问卷调查，实证研究发现企业社会责任与顾客忠诚度呈显著正相关关系，与品牌信任度呈显著正相关关系，而品牌信任度对企业社会责任与顾客忠诚度之间的关系也起到了部分中介作用。

（三）企业社会责任沟通与信息披露

利益相关方沟通与参与是企业社会责任的基本要求和核心议题，也是企业社会责任领域的重要研究问题，而新媒体对企业社会责任沟通的影响与社会责任信息披露的前因后果是这一领域当前的研究热点。

1. 新媒体对企业社会责任沟通的影响

随着新媒体时代的到来，学者纷纷开始将企业社会责任沟通研究的重点转向新媒体对沟通的影响以及企业应做的变革。Nwagbara和Reid（2013）运用Godemann和Michelsen（2012）的可持续发展沟通模型对已有的企业社会责任沟通文献进行了回顾，提出在新媒体时代，企业应充分利用更多的沟通方式与利益相关方参与战略来开展社会责任沟通，精准及时的沟通能够达成企业的目标。Whelan等（2013）探讨了社会媒体对企业社会责任的重要影响，提出社会媒体对企业与社会关系的放大效应有三种动态机制，其中强调了企业拥有信息通信技术非常重要，因为它能通过沟通内外帮助企业构建"公民竞技场"。Kesavan等（2013）提出，社会媒体具有重要的社会影响力，已经成为构建思想和知识圈必不可少的产业。企业如果能够运用社会媒体进行沟通，就会获得比传统媒体更大的影响力。因此，企业应该在沟通战略中充分运用社会媒体，将其作为社会责任沟通的重要工具，以更加有效地打造社会责任品牌。Castelló等（2013）讨论了在网络社会中沟通媒体理论的发展对企业社会责任的影响，提出新媒体将增加现实社会结构的变化速度、连接性、多元化，这意味着企业要适应新媒体的兴起，创新社会责任沟通的方式和渠道，增强企业社会责任的"沟通合法性"。Lee等（2013）提出社会媒体作为利益相关方关系管理的平台，能够促进利益相关方对企业社会责任表现的认识，并通过对推特圈的财富500强企业进行实证研究，发现企业社会责任评级高的企业是较早和较快建立在线沟通的企业，利益相关方能够对企业身份作出较好的回应，企业也会提供更多的真实信息。

2. 企业社会责任信息披露的前因后果

企业社会责任信息披露研究的领域主要包括企业社会责任信息披露的内容、形式、衡量方法、披露现状、决定因素和经济效果，但当前的研究热点是企业社会责任信息披露的决定因素和经济效果。从影响因素来看，Skard 和 Thorbjørnsen（2014）认为，在与社会支持者进行沟通时的信息来源效应取决于支持者之前的品牌声誉。当信息来源的可信度与品牌相一致时，将能使消费者对社会支持者做出回应。这意味着当社会支持者具有积极的品牌声誉时，非企业的信息来源（公开来源）比企业信息来源（广告）更能提升企业的品牌评价。吉利等（2013）的研究发现，社会责任信息质量特征和会计信息质量特征既有联系又有区别，相较之下，社会责任信息的使用者更强调其相关性、可理解性、平衡性和完整性，对可靠性要求相对较低，不强求可比性。冯照桢和宋林（2013）基于 2009—2011 年我国上市公司企业社会责任报告评级得分数据进行实证研究，结果表明：整体而言，机构持股与企业社会责任信息披露质量之间存在 "U 型" 相关关系；民营企业中的机构持股发挥了更积极的治理作用；异质机构对企业社会责任信息披露质量与企业性质之间的关系有着明显的调节效应。李正等（2013）以我国沪深两市 2010—2012 年披露企业社会责任报告的 1517 家上市公司为研究对象，实证研究结果表明，被媒体曝光负面企业社会责任事故的上市公司不倾向于进行社会责任报告鉴证行为；而法律制度信任度较高地区的上市公司更倾向于进行社会责任报告鉴证行为；公司的规模、负债水平等企业内部因素也对企业进行社会责任报告鉴证活动具有影响。从经济效果来看，管亚梅和王嘉歆（2013）以 2010—2011 年 A 股上市公司为样本，考察了企业社会责任信息披露缓解融资约束的能力，研究结果显示，企业社会责任信息披露质量越高，面临的融资约束程度越低，并且企业社会责任信息披露缓解融资约束程度还受所有权性质和所在区域的影响。

参考文献

［1］Adner, R., *The Wide Lens：A New Strategy for Innovation*, New York：Portfolio/Penguin, 2012.

［2］Adner, R. & Kapoor, R., "Value Creation in Innovation Ecosystems：How the Structure of Technological Interdependence Affects Firm Performance in New Technology Generations", *Strategic Management Journal*, 2010, 31（1）：306–333.

［3］Argyris, C., *Knowledge for Action：A Guide to Overcoming Barriers to Organizational Change*, San Francisco：Jossey-Bass, 1993.

［4］Atkinson, John, "Manpower Strategies for Flexible Organizations", *Personnel Management*, August, 1984.

［5］Attig N., Ghoul S. E. L., Guedhami O. and Suh J., "Corporate Social Responsibility and Credit Ratings", *Journal of Business Ethics*, Vol. 117, No. 4, 2013.

［6］Baldwin C., von Hippel E., "Modeling a Paradigm Shift：From Producer Innovation to User and Open Collaborative Innovation", *Organizational Science*, 2011, 22（6）：1399–1417.

［7］Balogun, J. and Johnson, G., "Organizational Restructuring and Middle Manager Sensemaking", *Academy of Management Journal*, 2004, 47（4）：523–549.

［8］Barney, J. B., "Firm Resources and Sustained Competitive Advantage", *Journal of*

Management, 1991, 17: 99 – 120.

[9] Baron, J. N. & Kreps, D. M. , *Strategic Human Resource: Frameworks for General Managers*, John Wiley & Sons, Inc. , 1999.

[10] Bhattacharya, M. , Gibson, D. E. , & Doty, D. H. , "The Effect of Flexibility in Employee Skills, Employee Behaviors, and Human Resource Practices on Firm Performance", *Journal of Management*, 31, 2005.

[11] Blanco B. , Guillamón-Saorín E. and Guiral A. , "Do Non-socially Responsible Companies Achieve Legitimacy through Socially Responsible Actions? The Mediating Effect of Innovation", *Journal of Business Ethics*, Vol. 117, No. 1, 2013.

[12] Boulouta I. , "Hidden Connections: The Link between Board Gender Diversity and Corporate Social Performance", *Journal of Business Ethics*, Vol. 113, No. 2, 2013.

[13] Cappelli, P. & Neumark D. , "External Churning and Internal Flexibility: Evidence on the Functional Flexibility and Core-periphery Hypotheses", *Industrial Relations*, Vol. 43, No. 1, 2004.

[14] Castelló I. , Morsing M. and Schultz F. , "Communicative Dynamics and the Polyphony of Corporate Social Responsibility in the Network Society", *Journal of Business Ethics*, Vol. 118, No. 4, 2013.

[15] Chesbrough, H. , *Open Business Models: How to Thrive in the New Innovation Landscape*, Boston: Harvard Business School Press, 2006.

[16] Chesbrough, H. , *Open Innovation: The New Imperative for Creating and Profiting from Technology*, Boston: Harvard Business School Press, 2003.

[17] Christensen J. , Mackey A. and Whetten D. , "Taking Responsibility for Corporate Social Responsibility: The Role of Leaders in Caring, Implementing, Sustaining, or Avoiding Socially Responsible Firm Behaviors", *The Academy of Management Perspectives*, Vol. 28, No. 2, 2014.

[18] Christopherson, S. , "Why do National Labor Market Practices Continue to Diverge in the Global Economy? The 'Missing Link' of Investment Rules", *Economic Geography*, 78 (1), 2002.

[19] David P. Lepak & Scott A. Snell, "Examining the Human Resource Architecture: The Relationships among Human Capital, Employment, and Human Resource Configurations", *Journal of Management*, 28 (4), 2002.

[20] David P. Lepak & Scott A. Snell, "The Human Resource Architecture: Toward a Theory of Human Capital Allocation and Development", *The Academy of Management Review*, Vol. 24, No. 1, 1999.

[21] Dixon-Fowler H. R. , Slater D. J. , Johnson J. L. , Ellstrand A. E. and Romi A. M. , "Beyond 'Does it Pay to be Green?' A Meta-Analysis of Moderators of the CEP-CFP Relationship", *Journal of Business Ethics*, Vol. 112, No. 2, 2013.

[22] Dodji M. S. , Mahmoodi M. and Asadi A. A. , "Investigation of the Relation between Organizational Culture, Financial Management Tenure and Financial Performance with Corporate Social Responsibility", *Interdisciplinary Journal of Contemporary Research in Business*, Vol. 5,

No. 12, 2014.

［23］Downes, L. & Nunes, P. F., "Big-Bang Disruption", *Harvard Business Review*, 2013, 3: 12 – 14.

［24］Eisenhardt K. M., Martin J. A., "Dynamic Capabilities: What are They?", *Strategic Management Journal*, 2000: 21: 1105 – 21.

［25］Eisenhardt, K. M., "Building Theory from Case Study Research", *Academy of Management Review*, 1989, 14 (1): 532 – 550.

［26］Erhemjamts O., Li Q. and Venkateswaran A., "Corporate Social Responsibility and Its Impact on Firms' Investment Policy, Organizational Structure, and Performance", *Journal of Business Ethics*, Vol. 118, No. 2, 2013.

［27］Fabrizi M., Mallin C. and Michelon G., "The Role of CEO's Personal Incentives in Driving Corporate Social Responsibility", *Journal of Business Ethics*, Vol. 124, No. 2, 2014.

［28］Filatotchev I. and Nakajima C., "Corporate Goverance, Responsible Managerial Behavior, and Corporate Social Responsibility: Organizational Efficiency versus Organizaitional Legitimacy?", *The Academy of Management Perspectives*, Vol. 28, No. 3, 2014.

［29］Ghemawat, P., *Commitment: The Dynamics of Strategy*, New York: Free Press, 1991.

［30］Gioia, D. A. and Chittipeddi, K., "Sensemaking and Sensegiving in Strategic Change Initiation", *Strategic Management Journal*, 1991, 12 (6): 433 – 448.

［31］Glavas A. and Kelley K., "The Effects of Perceived Corporate Social Responsibility on Employee Attitudes", *Business Ethics Quarterly*, Vol. 24, No. 2, 2014.

［32］Hahn T., Preuss L., Pinkse J. and Figge F., "Cognitive Frames in Corporate Sustainability: Managerial Sensemaking with Paradoxical and Business Case Frames", *Academy of Management Review*, Vol. 39, No. 4, 2014.

［33］Huy, Q. N. "Emotional Balancing of Organizational Continuity and Radical Change: The Contribution of Middle Managers", *Administrative Science Quarterly*, 2002, 47 (1): 31 – 69.

［34］Jones D. A., Willness C. R. and Madey S., "Why are Job Seeker Attracted by Corporate Social Performance? Experimental and Field Tests of Three Single-based Mechanisms", *Academy of Management Journal*, Vol. 57, No. 2, 2014.

［35］Kang B., "Corporate Social Responsibility Perceptions and Corporate Performance", *Journal of Applied Sciences*, Vol. 14, No. 21, 2014.

［36］Kesavan R., Bernacchi M. D. and Mascarenhas O. A. J., "Word of Mouse: CSR Communication and the Social Media", *International Management Review*, Vol. 9, No. 1, 2013.

［37］Ketkar, Sumita and Sett, P. K., "Environmental Dynamism, Human Resource Flexibility and Firm Performance: Analysis of a Multi-level Causal Model", *International Journal of Human Resource Management*, 21 (8), 2010.

［38］Kinderman D., "Corporate Social Responsibility in the EU, 1993 – 2013: Institutional Ambiguity, Economic Crises, Business Legitimacy and Bureaucratic Politics", *Journal of*

Common Market Studies, Vol. 51, No. 4, 2013.

［39］Klerkx L., Aarts N., "The Interaction of Multiple Champions in Orchestrating Innovation Networks: Conflicts and Complementarities", *Technovation*, 2013.

［40］Korschun D., Bhattacharya C. B. and Swain S. D., "Corporate Social Responsibility, Customer Orientation, and the Job Performance of Frontline Employees", *Journal of Marketing*, Vol. 78, No. 5, 2014.

［41］Laursen, K., Salter, A., "Industrial Dynamics, Innovation and Development", *Proceedings of the DRUID Summer Conference*, Elsinore, Denmark, 2004.

［42］Lee K., Oh W. Y. and Kim N., "Social Media for Socially Responsible Firms: Analysis of Fortune 500's Twitter Profiles and their CSR/CSIR Ratings", *Journal of Business Ethics*, Vol. 118, No. 4, 2013.

［43］Luo X. and Zheng Q. Q., "Reciprocity in Corporate Social Responsibility and Channel Performance: Do Birds of a Feather Flock Together?" *Journal of Business Ethics*, Vol. 118, No. 1, 2013.

［44］Lüscher, L. S., and Lewis, M. W., "Organizational Change and Managerial Sensemaking: Working through Paradox", *Academy of Management Journal*, 2008, 51 (2): 221 – 240.

［45］Maitlis, S., "The Social Processes of Organizational Sensemaking", *Academy of Management Journal*, 2005, 48 (1): 21 – 49.

［46］Makadok R. and Ross D. G., "Taking Industry Structuring Seriously: A Strategic Perspective on Product Differientiation", *Strategic Management Journal*, 2013, 34: 509 – 532.

［47］Mamun M. A., Sohog K. and Akhter A., "A Dynamic Panel Analysis of the Financial Determinants of CSR in Banglandeshi Banking Industry", *Asian Economic and Financial Review*, Vol. 3, No. 5, 2013.

［48］Martínez P., Pérez A. and Rodríguez del Bosque I., "Exploring the Role of CSR in the Organizational Identity of Hospitality Companies: A Case from the Spanish Tourism Industry", *Journal of Business Ethics*, Vol. 124, No. 1, 2014.

［49］Mazereeuw-van der Duijn Schouten C., Graafland J. and Kaptein M., "Religiosity, CSR Attitudes, and CSR Behavior: An Empirical Study of Executives' Religiosity and CSR", *Journal of Business Ethics*, Vol. 123, No. 3, 2014.

［50］Milliman, J., Von Glinow, M. A. & Nathan, M., "Organizational Life Cycle and Strategic International Human Resource Management in Multinational Companies", *Academy of Management Review*, 16, 1991.

［51］Mishra S. and Modi S. B., "Positive and Negative Corporate Social Responsibility, Financial Leverage, and Idiosyncratic Risk", *Journal of Business Ethics*, Vol. 117, No. 2, 2013.

［52］Mudambi R. and Swift T., "Knowing When to Leap: Transitioning between Exploitative and Explorative R&D", *Strategic Management Journal*, 2014, 35: 126 – 145.

［53］Ngo, Hang-Yue; Loi, Raymond, "Human Resource Flexibility, Organizational Culture and Firm Performance: an Investigation of Multinational Firms in Hong Kong", *Interna-*

tional Journal of Human Resource Management, Vol. 19, No. 9, Sept. , 2008.

［54］ Nwagbara U. and Reid P. , "Corporate Social Responsibility Communication in the Age of New Media: Towards the Logic of Sustainability Communication", *Review of International Comparative Management*, Vol. 14, No. 3, 2013.

［55］ Peng C. W. and Yang M. L. , "The Effect of Corporate Social Performance on Financial Performance: The Moderating Effect of Ownership Concentration", *Journal of Business Ethics*, Vol. 123, No. 1, 2014.

［56］ Pettigrew, A. M. , Woodman R. W. , and Cameron, K. S. , "Studying Organizational Change and Development: Challenges for Future Research", *Academy of Management Journal*, 2001, 44 (4): 697 – 713.

［57］ Priem, R. L. & Harrison, D. A. , "Exploring Strategic Judgment: Methods for Testing the Assumptions of Prescriptive Contingency Theories", *Strategic Management Journal*, 1994, 15: 311 – 324.

［58］ Priem, R. L. , Butler, J. E. , Li, S. , "Toward Reimaging Strategy Research: Retrospection and Prospection on the 2011 AMR Decade", *Academy of Management Review*, 2013, 38 (4): 471 – 489.

［59］ Priem, R. L. , S. Li and J. Carr. , "Insights and New Directions from Demand-Side Approaches to Technology: Innovation Entrepreneurship and Strategic Management Research", *Journal of Management*, 2012, 38, pp. 346 – 374.

［60］ Rajagopalan, G. and Spreitzer, M. , "Toward a Theory of Strategic Chance: A Multi-lens Perspective and Interrative Framework", *Academy of Management Review*, 1996, 22 (1): 48 – 79.

［61］ Rerup, C. & Feldman, M. S. , "Routines as a Source of Change on Organizational Schemata: The Role of Trial-and error Learning", *Academy of Management Journal*, 2011, 54 (3): 577 – 610.

［62］ Riivari E. and Lämsa A. M. , "Does it Pay to be Ethical? Examining the Relationship between Organisations' Ethical Culture and Innovativeness", *Journal of Business Ethics*, Vol. 124, No. 1, 2014.

［63］ Rindova, V. P. and Kotha, S. , "Continuous "Morphing": Competing through Dynamic Capabilities, Form, and Function", *Academy of Management Journal*, 2001, 44 (6): 1263 – 1280.

［64］ Sean A. Way, J. Bruce Tracey, Charles H. Fay, Patrick M. Wright, Scott A. Snell, Song Chang, and Yaping Gong, "Validation of a Multidimensional HR Flexibility Measure", *Journal of Management*, 2015, 41 (4): 1098 – 1131.

［65］ Skard S. and Thorbjørnsen H. , "Is Publicity always Better than Advertising? The Role of Brand Reputation in Communicating Corporate Social Responsibility", *Journal of Business Ethics*, Vol. 124, No. 1, 2014.

［66］ Strand R. , "Strategic Leadership of Corporate Sustainability", *Journal of Business Ethics*, Vol. 123, No. 4, 2014.

［67］ Strand R. , "The Chief Officer of Corporate Social Responsibility: A Study of Its

Presence in Top Management Teams", *Journal of Business Ethics*, Vol. 112, No. 4, 2013.

［68］Sun L. and Stuebs M., "Corporate Social Responsibility and Firm Productivity: Evidence from the Chemical Industry in the United States", *Journal of Business Ethics*, Vol. 118, No. 2, 2013.

［69］Sung-Choon Kang, Shad S. Morris and Scott A. Snell, "Extending the Human Resource Architecture: Relational Archetypes and Value Creation", *The Academy of Management Review*, Vol. 32, No. 1, 2007.

［70］Taneja S. S., Taneja K. P. and Gupta R. K., "Researches in Corporate Social Responsibility: A Review of Shifting Focus, Paradigms, and Methodologies", *Journal of Business Ethics*, Vol. 101, No. 3, 2011.

［71］Teece, D., Introduction: "On the Nature and Scope of Dynamic Capabilities" (with Valery S. Katkalo and Christos N. Pitelis) ［J］. *Industrial & Corporate Change*, 2010, 19（4）: 1175 - 1186.

［72］Theodore, N. & Peck, J., "The Temporary Staffing Industry: Growth Imperatives and Limits to Contingency", *Economic Geography*, 78（4）, 2002.

［73］Von Hippel, E. and Georg von Krogh, Free Revealing and the Private-Collective Model for Innovation Incentives ［J］. *R&D Management*, 2006, vol. 36, No. 3, 295 - 306.

［74］Von Vippel, E., *Democratizing Innovation*, MIT Press, 2005.

［75］Weick, K. E., *Sensemaking in Organizations*, Thousand Oaks, CA: Sage, 1995.

［76］Wernerfelt, B., "A Resource-based View of the Firm", *Strategic Management Journal*, 1984, 5（2）: 171 - 180.

［77］Whelan G., Moon J. and Grant B., "Corporations and Citizenship Arenas in the Age of Social Media", *Journal of Business Ethics*, Vol. 118, No. 4, 2013.

［78］Wolf J., "The Relationship between Sustainable Supply Chain Management, Stakeholder Pressure and Corporate Sustainability Performance", *Journal of Business Ethics*, Vol. 119, No. 3, 2014.

［79］Wright, P. M. & Snell, S. A., "Toward a Unifying Framework for Exploring Fit and Flexibility Instrategic Human Resource Management", *Academy of Management Review*, 23, 1998.

［80］Zolin, Roxanne, Kuckertz, Andreas & Kautonen, Teemu, "Human Resource Flexibility and Strong Ties in Entrepreneurial Teams", *Journal of Business Research*, 64 (10), 2011.

［81］［日］木村琢磨:《雇用边界的理论与实证研究》，东京大学社会科学研究所人才商务研究捐赠研究部门研究系列第 15 期，东京大学社会科学研究所人才商务研究捐赠研究部门，2009 年。

［82］［日］平野光俊:《内部劳动市场雇用划分的多样化与转变的合理性——基于人才组合体系的考察》，《日本劳动研究杂志》2009 年第 586 期。

［83］［日］前浦穗高、野村霞:《雇用组合确定研究——以企业 IT 事业部、研究部与百货店为例》，《劳动政策研究报告》第 145 期，劳动政策研究·研修机构，2012 年。

［84］［日］前浦穗高、野村霞:《雇用组合体系现状研究——从定员管理与人工成本

总额管理视角》，《劳动政策研究报告》第 138 期，劳动政策研究·研修机构，2011 年。

［85］［瑞士］亚历山大·奥斯特瓦德、［比利时］伊夫·皮尼厄：《商业模式新生代》，王帅等译，机械工业出版社 2011 年版。

［86］曹亚勇、刘计含、王建琼：《企业社会责任与融资效率》，《软科学》2013 年第 9 期。

［87］陈胜军、李勇坚：《企业社会责任对财务绩效的影响研究》，《北京工商大学学报》（社会科学版）2013 年第 7 期。

［88］陈晓峰：《企业社会责任与顾客忠诚度关系的实证分析》，《科研管理》2014 年第 1 期。

［89］董淑兰、陈美茹：《企业社会责任对财务可持续增长的影响研究》，《会计之友》2014 年第 20 期。

［90］冯照桢、宋林：《异质机构、企业性质与企业社会责任信息披露》，《山西财经大学学报》2013 年第 12 期。

［91］付强、刘益：《基于技术创新的企业社会责任对绩效影响研究》，《科学学研究》2013 年第 3 期。

［92］管亚梅、王嘉歆：《企业社会责任信息披露能缓解融资约束吗?》，《经济与管理研究》2013 年第 11 期。

［93］华艺、陶建宏、杨君岐：《企业社会责任对员工忠诚度的影响》，《企业经济》2014 年第 5 期。

［94］吉利、张正勇、毛洪涛：《企业社会责任信息质量特征体系构建》，《会计研究》2013 年第 1 期。

［95］江积海：《国外开放式创新研究的十年回顾及其展望》，《经济管理》2014 年第 1 期。

［96］金帆：《价值生态系统：云经济时代的价值创造机制》，《中国工业经济》2014 年第 4 期。

［97］李文莲、夏健明：《基于"大数据"的商业模式创新》，《中国工业经济》2013 年第 5 期。

［98］李远慧、陈洁：《企业社会责任绩效与财务绩效关系研究》，《统计与决策》2014 年第 11 期。

［99］李正、官峰、李增泉：《企业社会责任报告鉴证活动影响因素研究》，《审计研究》2013 年第 3 期。

［100］刘云：《企业社会责任对员工角色外行为的影响机制》，《商业经济与管理》2014 年第 8 期。

［101］孟晓峰、慈祥：《大数据管理：概念、技术与挑战》，《计算机研究与发展》2013 年第 1 期。

［102］聂会平：《动态环境中的人力资源柔性与企业绩效》，《北京师范大学学报》（社会科学版）2012 年第 2 期。

［103］沈阳：《高层管理者与企业社会责任的探讨》，《管理观察》2013 年第 12 期。

［104］万寿义、刘威、李笑雪：《企业社会责任会计信息披露的影响因素研究》，《会计之友》2014 年第 6 期。

［105］王怀明、崔吉：《消费者对企业社会责任表现的响应及影响因素》，《北京理工大学学报》（社会科学版）2014 年第 6 期。

［106］王埼、吴冲：《企业社会责任财务效应动态性实证分析》，《中国管理科学》2013 年第 11 期。

［107］王钦：《动态组合之道》，《哈佛商业评论》（中文版）2014 年第 8 期。

［108］王树祥、张明玉、郭琦：《价值网络演变与企业网络结构升级》，《中国工业经济》2014 年第 3 期。

［109］谢毅、彭璐珞、彭泗清：《企业社会责任对顾客忠诚度的影响机制研究》，《华东经济管理》2013 年第 2 期。

［110］张兆国、靳小翠、李庚秦：《企业社会责任与财务绩效之间交互跨期影响实证研究》，《会计研究》2013 年第 8 期。

（王钦、肖红军、刘湘丽、张小宁、赵剑波，中国社会科学院工业经济研究所）

国有企业改革前沿综述

余菁　王欣

2013 年 11 月，党的十八届三中全会通过的《中共中央关于全面深化改革若干重大问题的决定》（以下简称为《决定》），代表着我国正式步入了全面深化国资国企改革的新时期。在《决定》出台后将近一年的时间里，学术界主要围绕以下四个方面展开讨论并提出建议：一是国有企业功能定位与分类改革；二是国有企业混合所有制改革；三是国有经济管理体制改革；四是国有企业治理体制改革。我们系统梳理了这些领域的代表性学者、代表作以及重要观点，并加以归纳和评论，形成 2014 年度学科前沿报告。

一　国有企业功能定位与分类改革

党的十八届三中全会提出"准确界定不同企业功能"，在此之后，国有企业功能定位和分类问题，成为了理论界与政策制定者的研究热点。有关研究集中于两个问题：第一，国有经济与国有企业的功能定位问题；第二，如何对国有企业进行分类。

（一）国有经济与国有企业的功能定位

国有经济与国有企业的功能定位问题，对明确未来国资国企改革方向而言至关重要。周冰和郭凌晨（2009）指出，现实中国有企业没有实现增进全民福利的目标，主要原因在于国有企业的功能定位存在偏差。对于国有经济与国有企业功能定位的重要意义，越来越多的人已经取得了共识（刘鹏，2012）。孙光金（2014）指出，国资委的定位不清，会影响国有企业对自身功能的准确定位。他认为，现有国资委和国有企业均被赋予商业目标和社会目标的双重期待，而两种目标和两类职能性质上的差异，根本无法真正实现"兼容并包"。需要对二者的目标和职能定位分别进行准确界定。李中义（2014）指出，国有经济功能定位与国有经济战略性调整是两个关联在一起的问题，国有经济功能定位决定国有经济战略性调整。

国有经济的功能定位和国有企业的功能定位，有联系也有区别。黄群慧和余菁（2013）指出，国有经济的功能定位和国家对国有经济的"国家使命"要求是联系在一起的，而针对国有经济的"国家使命"要求，和针对国有企业的"国家使命"要求，并不总是同一的。对国有经济整体定位的"国家使命"要求，既包括巩固社会主义基本经济制度的经济利益使命，也包括弥补市场缺陷的社会公共使命，但这并不意味着，对于每一个具体的国有企业，它都要担当上述两方面"国家使命"。如果每个国有企业都担当上述两方面"国家使命"，国有企业个体会面临"营利性企业使命"与"公共性政策使命"

诉求的冲突。新时期国有企业改革的重要任务，就是要解决国有企业"国家使命冲突"，准确界定每一个国有企业的功能定位。

（二）如何对国有企业进行分类？

常见的分类观点有三种意见：一是分两类；二是分三类；三是分四类及更多的观点。

分两类的观点，最早的做法是分为竞争性国有企业和垄断性国有企业这两类。还有一种理论层面的提法是将国有企业区分为公营企业或公共企业和一般国有企业（钱津，2009）。后来又出现了分成竞争性国有企业和公益性国有企业这两类的提法（邵宁，2011）。程民选和王罡（2014）专门论述了十八届三中全会《决定》中提到了公益性国有企业的特征问题。还有人主张将与一般竞争性国有企业相区别的另一类国有企业称为公共性或特殊功能性或兼有政策性功能的国有企业。十八届三中全会提出了"以管资本为主"的新思路，陈清泰（2014）认为，经过多年探索，形成了两种经营性国有资产管理形式，一种是所谓的中投或汇金模式，也就是"管资本"的模式；另一种是国资委的"管企业"和"管资产"的模式。他主张，用前一种模式代替后一种模式。另外，十八届三中全会提出"功能定位"的新思路，按照一分为二的思路，也可以将国有企业分为带有特殊政策功能性要求的国有企业和不带有特殊政策功能性要求的一般竞争性的国有企业。

分三类的有代表性的观点认为，简单将国有企业分为两类，并不利于应对和解决企业实践中的复杂现实问题。在现实中，有不少的国有企业既有竞争性业务活动，又有政策性业务活动，这种混合性的国有企业非常普遍，很难简单地将它们直接划入两分法中的某一类企业。因此，增加一种中间类型，可能有助于贴近企业实践来制定改革政策。黄群慧和余菁（2013）运用基于企业使命差异的分类逻辑，来替代多年来人们常用的、基于行业性质差异的分类逻辑，区分出来了一般商业性、特殊功能性和公共政策性国有企业这三类企业，他们建议，用"一般商业性"的提法替代常见的"竞争性"的提法以及用"公共政策性"的提法替代"公益性"的提法。高明华（2013）认为，可以区分为公益性、合理垄断性和竞争性国有企业。高文燕和杜国功（2013）将国有企业区分为国家安全类、公共保障类和市场引领类国有企业。还有观点，建议区分出一般竞争性、功能性和公益保障类国有企业。在十八届三中全会召开后，2014年上半年，先后有二十多个省市出台了国资国企改革方案，这些方案在涉及国有企业分类时，大多数是采用了分三类的思路。例如，最早出台的上海国资国企改革20条，将上海国有企业划分为竞争类、功能性和公共服务类三类企业。

分四类的观点，通常主张在一般竞争性和特殊功能性国有企业之间添加战略性功能这样一个子类型，以区隔这样一类企业，它们主要是在竞争性领域活动，但在其所在的产业领域中拥有一定的战略重要性。这些企业的战略性竞争地位，本身就接近于一种功能特点，但这类国有企业既不同于一般的竞争性国有企业，也不同于一般的特殊功能性国有企业，建议单独划为一类。与这一思路类似的观点，有的还主张更进一步地细分国有企业功能，根据功能定位的不同区分出各种或更多种类的国有企业。比如，主张将中央企业划分为一般竞争类企业集团和公共保障、战略性、国家安全类企业集团（财政部企业司，2014）。再如，刘世锦（2014）在国务院发展研究中心的内部研讨会中，建议将国有企业区分为六种类型：公共服务和普遍服务类，战略性产业类，生态环保类，科技进步类，国家安全类，社会保障类——竞争性的、以财务最大化为目标的公司或基金，都可以划成第六类。

　　另一种四分法是直接按照国有企业的法律制度形式来分类，即分为国有全资企业、国有独资公司、国有控股公司和国有参股公司。这种方法，有时候是和国有企业功能分类的方法结合起来使用的。例如，一般商业性或竞争性国有企业，通常可以采用国有控股公司和国有参股公司形式；公共政策性国有企业，通常采用国有全资企业或国有独资公司形式；功能性国有企业通常采用国有独资公司、国有控股公司或国有参股公司形式。

二　国有企业混合所有制改革

　　混合所有制经济并不是一个新的概念，曾在多份中央文件中被提及。党的十八届三中全会在《决定》中再次强调，"国有资本、集体资本、非公有资本等交叉持股、相互融合的混合所有制经济，是基本经济制度的重要实现形式"。同时明确指出，"允许更多国有经济和其他所有制经济发展成为混合所制经济"。当前，混合所有制改革已经成为全面深化国资国企改革的突破口。围绕混合所有制经济的讨论也十分热烈，主要集中于以下几个问题：第一，混合所有制经济的内涵是什么？第二，我国混合所有制经济已经具有一定规模，为什么现在还要大力发展？第三，在不同类型的国有企业中，哪些企业更适合发展混合所有制？第四，在操作层面，混合所有制改革的实现路径有哪些？第五，顺利实施混合所有制改革需要哪些方面的保障措施？

　　（一）混合所有制经济的内涵是什么？

　　准确界定混合所有制经济的内涵，是相关理论研究和改革实践的基础和前提。比较权威的观点认为，所谓混合所有制经济，是指在社会经济形态中，不同的产权主体多元投资、互相渗透、互相贯通、互相融合而形成的新的产权配置结构和经济形式（常修泽，2014a）。具体来讲，混合所有制经济是一个十分复杂的概念，可以从不同的角度和层面去理解。

　　就概念的范畴而言，对于混合所有制经济存在广义和狭义两种理解（季晓南，2014；刘泉红，2014）。广义的理解是把混合所有制经济界定为不同所有制的资本之间的融合，即混合所有制经济既可以是公有资本与非公有资本的融合，也可以是国有资本与集体资本的融合，还可以是私营资本与外国资本的融合；狭义的理解是把混合所有制经济界定为公有资本与非公有资本的融合，公有资本之间或非公有资本之间的融合不能视为混合所有制经济。大家普遍认为，狭义的理解更符合《决定》的本意。

　　从概念的层面来讲，对于混合所有制经济可以从宏观和微观两个层面来理解（季晓南，2014；郭飞，2014）。宏观层面的混合所有制经济，是指一个国家经济结构中不同所有制的构成和比重；微观层面的混合所有制经济，是指企业内部不同所有制的构成。在宏观层面上推进混合所有制经济的发展，就是要在坚持公有制主体地位的同时，毫不动摇地支持、鼓励和引导非公有制经济的发展；在微观层面上推进混合所有制经济的发展，就是要大力发展混合所有制企业，其实质是调整企业的产权结构。学者比较一致的观点是，《决定》提出的发展混合所有制经济，其内涵更加侧重于微观层面。

　　混合所有制经济与股份制的关系也是热议的话题之一。由于在我国混合所有制经济发展过程中，在微观层面主要体现为企业股份制改造，有人将二者混为一谈。但是季晓南

（2014）认为，股份制是混合所有制的主要实现形式，但混合所有制不等于股份制，两者的主要区别在于：一方面，混合所有制企业只是股份制企业的一种形式，它包括公有资本与非公有资本交叉持股形成的企业，但不包括公有资本与公有资本相互持股形成的企业；另一方面，混合所有制经济是相对于公有制经济和非公有制经济等而言的，属于所有制形态和范畴，而股份制企业是相对于非股份制企业而言的，属于企业组织形式和范畴，是所有制的实现形式。

（二）为什么要大力发展混合所有制经济？

随着我国改革开放的不断深入，兴起于20世纪90年代股份制改革的混合所有制经济，获得了快速发展，并且已经初具规模。摸清混合所有制经济发展的现状，可以重点考察两个指标：一是占国民经济的比重是多少？二是对经济发展的贡献有多大？

从比重来看，混合所有制经济规模大约占我国经济总量的1/3。据统计，中央企业及其子企业引入非公资本形成的混合所有制企业，已占总企业户数的52%（黄淑和，2014）。目前，90%的国有企业已实现了公司制股份制改革，中央企业净资产的70%在上市公司（张卓元，2014）。截至2012年底，中央企业及其子企业控股的上市公司中，非国有股权比例已超过53%；地方国有企业控股的上市公司中，非国有股权比例已超过60%（黄淑和，2014）。有学者将有限责任公司与股份有限公司作为混合所有制经济的主体，综合分析我国混合所有制经济各项指标及其比重，得出的基本判断是：混合所有制经济占我国经济的比重为1/3左右，在我国经济中起骨干与关键作用（陈永杰，2014）。还有学者预测，按1992年以来我国混合所有制经济快速发展的趋势推算，到2020年混合所有制经济总体上占我国经济的比重在40%以上，将成为我国社会主义市场经济重要的微观主体（张卓元，2014）。

从贡献来看，混合所有制经济对国内生产总值、税收、就业的贡献达到一半以上。数据显示，从1999年到2011年，混合所有制经济对全国税收的贡献率是逐年提高的，1999年占11.68%，2005年占36.57%，2011年占48.52%。目前，非公经济对国内生产总值的贡献已超过60%，对税收贡献超过70%，对就业岗位的贡献超过80%（张卓元，2014）。

但是，在混合所有制经济发展过程中也暴露出一些问题。有学者发现，在上市公司中，国有控股企业有42%，而这部分企业掌握的资本量和营业收入占到80%（高明华，2014）。童友好（2014）指出，目前已实行混合所有制的公司普遍存在现代企业制度没有完善到位的问题，企业发展理念、管理、价格没有完全实现市场化。民营企业虽然加入了董事会，且有一定的投票权，但国有一股独大的现象并不鲜见，最后决策往往还要听命于国企上级，难以发挥民营企业反应快、决策灵活等优势。另外，在基础设施、基础产业等垄断性行业中，基本上是国有资本一统天下，对民营资本的进入有较高的门槛，"玻璃门""弹簧门""天花板"等现象依然存在，有效竞争的市场环境尚未形成。由此可见，尽管我国混合所有制经济发展已经具备一定的数量，但是混合的质量仍然有待提升。

当前，再次提出大力发展混合所有制经济，表明其在经济发展和国企改革中的重要意义。第一，对中国混合所有制经济提供制度的合法性。实践表明，混合所有制企业是能够适应社会主义市场经济环境的公有制有效微观组织形式和实现形式，明确混合所有制经济的地位，为改革中大量出现与存在的混合所有制企业提供了制度合法性（黄速建，

2014）。第二，具有国有资本放大功能。通过在微观层面发展混合所有制，比起单一所有制的国有独资企业，可以只用一定量的国有资本吸收、带动其他非国有的资本去扩大原有企业的生产经营、投资、技术创新，去实施建设项目，从而放大了国有资本的功能与力量（黄速建，2014）。第三，可以提升经济运行效率和活力。2010 年、2011 年、2012 年，全国规模以上工业企业资产利润率，国有及国有控股企业分别为 4.9%、5.4%、4.6%，股份制企业分别为 6.6%、8.4%、7.6%，说明混合所有制经济效益较高（张卓元，2013）。同时，发展混合所有制经济，有利于打破国有资本在一些行业中的垄断，可以为非公有制经济的发展提供新的空间，真正实现"国民共进"，使经济运行更有活力。第四，有利于改善国有企业公司治理结构。混合所有制企业是按《公司法》建立的多元投资主体的股份制企业，具有更加规范的公司治理框架，同时，社会资本尤其是机构资本的加入，有利于改善一股独大带来的内部人控制和监管失效等问题（黄速建，2014）。

（三）哪些国有企业适合发展混合所有制？

关于混合所有制改革的对象选择问题，学者基本达成一个共识，即混合所有制改革不能"一刀切"，必须采取"一企一策"的分类推进路径。

黄淑和（2014）指出，涉及国家安全的少数国有企业和国有资本投资公司、国有资本运营公司，可以采用国有独资形式；涉及国民经济命脉的重要行业和关键领域的国有企业，可保持国有绝对控股；涉及支柱产业和高新技术产业等行业的重要国有企业，可保持国有相对控股；国有资本不需要控制并可以由社会资本控股的国有企业，可采取国有参股形式或者全部退出。

高明华（2014）认为，并不是所有的国有企业都适合搞混合所有制。首先，像公交、公共卫生、环卫等领域的国企不以营利为目的，不宜发展混合所有制；其次，自然垄断的国企也不可能发展混合所有制，比如地铁、铁路运输、自来水、天然气等领域涉及老百姓的日常生活，不以追求利润为目的，也不宜发展混合所有制；最后是稀缺资源类国企，为避免盲目开采也不宜发展混合所有制。而对于竞争性国企则非常适宜发展混合所有制。

黄速建（2014）认为，应当在对国有企业进行合理分类的基础上，建立明确的进入机制。可以在金融、石油、电力、铁路、电信、资源开发、公用事业等国有资本相对集中的领域，在这些领域的可以竞争的环节，向非国有资本开放，为非国有资本提供进一步发展的空间。在一些大型、特大型国有企业和国有独资公司难以马上直接进行混合所有制改革的情况下，可以通过业务拆分、环节拆分的方式，在一些具体的业务与环节上放开非国有资本的准入。即使是一些提供准公共产品的公用事业领域，也可以通过特许经营的方式，允许非国有资本的进入。自然垄断的行业也不一定非要国有资本独家经营，这些领域的一些竞争环节可以放开非国有资本的进入。

郭飞（2014）认为，在涉及国家安全的少数国有企业和国有资本投资公司、国有资本运营公司必须采取国有独资形式；在金融、石油、电力、铁路、电信、资源开发、公共事业等领域，应更多地发展国有资本控股的混合所有制经济，充分调动国有资本和非国有资本两方面的积极性。

刘崇献（2014）把国有企业划分为以下几类。一是公用事业及公益类，应该在坚持以国有企业和单位为主导、保持控股权、严格行业准入的前提下，可以把非核心领域和配套环节向非国有资本和企业开放。二是基础资源和服务类，对于油气、稀土等战略性资源的开发利用必须由国家通过国有企业来主导，在保持国有资本控股地位的前提下，非核心业务和某些业务环节可以对民营资本和外资开放，实行混合所有制。对于具有自然垄断性的基础设施属性的电网、铁路网、公路网等实行国有垄断经营和维护，而对于在这些基础设施上运营的发电、运输等企业，可以实行产权开放和行业开放，通过市场竞争，提高行业的整体效率和效益。三是战略性竞争产业，整体上应采取产权开放和行业开放，即使是敏感度很高的军工领域，也应对其他所有制资本开放。

邱海平（2014）对于国有企业的分类更为详细。一是竞争性行业中，家电产品、纺织服装等一般性竞争行业中的国有企业，可以更多地让非国有资本和企业来经营，而钢铁、汽车、电子、造船等战略性竞争行业中的国有企业，必须维持国有资本和企业的支配性地位；二是关系国民经济命脉的战略性资源产业，主要有石油、天然气、有色金属和稀土等，可以引导非公有制经济成分参与非核心业务的股份合作，但必须坚持和加强国有经济的控制力；三是与国家的经济和军事安全具有密切联系的战略性高技术产业，如航天航空工业、核工业等，国有企业必须发挥主体和主导作用，可在一些配套和非核心技术环节引进非国有企业参与；四是以电信行业为代表的管制性垄断产业，在保持国有资本在关键领域控制力的前提下，可在一些非核心业务环节允许非公有资本进入；五是电网、铁路、港口等自然垄断产业，应尽可能减少国有企业独家垄断的环节，可允许非公有制企业进入一些不具有自然垄断性的业务；六是以城市供水、供气为代表的公用事业领域，在政府管制的条件下，非国有资本和企业也可以进入相关配套环节；七是医疗、教育等非营利行业，必须坚持国有为主体和主导的基本原则，新闻和文化出版业等敏感性产业的非敏感性业务环节，可以进一步大力发展混合所有制经济，金融业等高社会风险行业，必须坚持以金融国有为主的原则，同时对这类行业实行严格的监管。

综合各位学者的观点，在采用国有企业分类改革"三分法"的框架下，一般商业性国有企业大多分布于完全竞争市场，因此最适合推进混合所有制改革，可采取国有参股形式或者全部退出；公共政策性国有企业普遍具有公益性、非营利的特点，并不适宜发展混合所有制，应保持国有资本独资形式；特殊功能性国有企业要进一步区分不同的类别，在其中改革条件成熟的企业中有序推进，并根据具体情况采取国有资本绝对控股或相对控股形式。

（四）混合所有制改革的实现路径有哪些？

聚焦到微观的操作层面，如何探索发展混合所有制经济的有效路径，成为社会各界最为关注的话题。

第一种途径是新建项目或公司，实现增量改革。这是最简单、最直接的混合所有制改革路径。李毅中（2014）指出，应提倡和支持国企、民企合作，优势互补，兴建新项目、组建新公司，根据行业状况发展非公资本控股的混合所有制企业。

第二种途径是在产权市场进行公开的产权交易。彭建国（2014）认为，国有企业产权的出售、国有股权的退出通过产权市场公开交易，是一种比较规范、透明、公平的方式。杨瑞龙（2014）建议，对于适宜走向市场的国有企业，逐步开放所有权的转让市场。特别是对于已上市的股份公司，积极探索国有股和法人股上市流通的办法，争取实现全流通目标。

第三种途径是国有企业改制上市，实现股权多元化。一方面，对国有企业进行股份制改造，允许非公有资本参股，进而成为混合所有制企业。另一方面，根据企业的具体情况决定整体上市或业务板块上市。黄淑和（2014）指出，国资委将通过多种方式推进具备条件的国有企业改制上市，暂不具备上市条件的国有企业通过引入各类投资者，实现股权多元化。

第四种途径是引进产业型或财务型战略投资者。主要有两类：一类是产业型战略投资者，其所从事的业务一般与企业生产经营关系密切，投入后一般没有退出的打算；另一类是股权投资基金等财务型战略投资者，主要关注资本运作，通常企业上市后便会逐步退出（彭建国，2014）。黄淑和（2014）指出，国资委将鼓励具有资金、技术、管理优势的战略投资者以及社保基金、保险基金和股权投资基金等机构投资者参与国有企业改制重组。

第五种途径是放开市场准入，允许民营资本进入垄断性行业。首先需明确国有资本控制的几条底线：一是涉及国家安全的产业；二是真正的自然垄断性环节，指具有网络系统性特征的环节，如电网、通信网、民航网、铁路网等；三是公共产品的生产和服务行业；四是承担政府特殊任务的企业。在底线之上，应积极推进垄断性行业开放，逐步使民营资本进入垄断性行业（常修泽，2014b）。未来，民营资本进入垄断性行业，有四条"路径"：一是开放"管理服务外包"，由民营企业组建高质量的经营管理团队，去分包国有企业的管理权，推动垄断行业"经营管理权变革"；二是开放"特许经营权"，由民营企业与政府公共服务部门签订合同，在合同期限内，民营企业经营公共服务部门业务，获得收益，并承担商业风险以及相应维护性投资责任；三是开放"新建项目产权"，可以是部分注资，也可以联合整体进入，在不触动原有产权格局情况下实行"增量变革"；四是开放"垄断企业存量格局"，可以是由民营资本向现有的国有企业注资，使民营资本"参股经营"，也可以把国有企业向非公有企业整体或大部分出售，使民营资本"控股经营"（常修泽，2014c）。

第六种途径是在企业内部推行员工持股。刘崇献（2014）指出，原本单一所有制的国有、私有、外资股份制或有限责任公司，可以通过员工持股改革形成混合所有制企业。杨瑞龙（2014）建议，国有企业通过实行员工持股计划，把股权激励与股权分散化结合起来。同时，在各类投资者平等参与、竞价受让国有产权的条件下，企业管理层通过自有资金或社会融资等规范方式收购某些中小企业。

（五）发展混合所有制需要哪些保障措施？

在肯定混合所有制改革重要性的同时，也有不少人担心，混合所有制会不会带来国有资产流失？会不会出现危及产业安全的问题？相反，发展混合所有制经济是否会导致"民企被吃"，甚至带来严重的腐败问题？针对混合所有制改革面临的潜在风险，以及社会上的各种困扰与质疑，学者从改革路径、制度建设、市场环境等多个方面，提出了相应的保障措施。

首先，必须坚持"上下结合"的改革路径。为了既避免改革过程中的国有资产流失等问题，又能够达到混合所有制改革的目标，推进混合所有制改革必须坚持"上下结合、试点先行、协同推进"的改革路径和方法论原则。这种"上下结合"的改革推进路径，既激发了基层改革创新的积极性、保护了经济的活力，又实现了改革的有序性，避免了改革一哄而上的混乱，是改革取得巨大成就的方法论保证（黄群慧，2014）。

其次，需要完善公司治理制度和法律法规体系。一方面是完善公司治理制度。一是在董事会构成上，要确保民营资本的投票权，尤其需要明确公司董事长和总经理的职责，形成彼此监督的关系；二是在高管选聘上，包括政府在内必须加快推进职业化经理人市场建设；三是在高管薪酬构成上，对于竞争性企业应当放开，更多地让市场衡量报酬的多少，前提是要有一个透明的、专业化的职业经理人市场（高明华，2014）。另一方面是完善法律法规体系。着力营造公平竞争市场环境，努力完善产权流动的市场机制和产权保护的法律体系，重新制定《非国有资本参与国有企业投资项目办法》《国有资本运营公司和国有资本投资公司试点办法》之类的新制度完善和修订不适应混合所有制改革要求的法律法规、规范性文件（中国社会科学院工业经济研究所课题组，2014）。

再次，营造公开、公平、公正竞争的市场环境。中国社会科学院工业经济研究所课题组（2014）指出，为防止混合所有制改革中的国有资产流失，应统一产权管理，建立统一、开放、规范、高效的产权交易市场，严格执行产权交易进入市场制度，加强产权交易的监管以及混合所有制企业的国有资产监管，确保做到混合前公平评估、混合中阳光操作、混合后规范运营。

最后，高度重视混合后的文化冲突与融合问题。国有企业与非国有企业有着不同的文化与管理风格、习惯和特点（黄速建，2014），不同所有制企业的混合在一定程度上是不同文化碰撞、渗透、磨合、优化的过程，而企业文化作为一种潜在的意识形态，是通过影响员工的心理和行为来间接地影响有形资产的利用和整体协作，最终影响企业混合预期目标的实现（童友好，2014）。因此，在发展混合所有制经济过程中，必须高度重视混合之后的文化和管理融合，防止出现"跨文化的冲突"。

三 国有经济管理体制改革

围绕国有经济管理体制改革的讨论，集中在三个问题上：第一，什么是现有的国有资产管理体制存在的问题？第二，什么是十八届三中全会提出的"完善国有资产管理体制，以管资本为主加强国有资产监管"的政策含义？第三，国有资本投资公司和运营公司，在新的管理体制中，将发挥什么作用？后两个问题，都旨在回答如何改革和完善现有的国有资产管理体制。

（一）现有国有资产管理体制存在的问题

很多人也对现行的"管人、管事、管资产"的监管体系作了批评。综合起来看，大家普遍认为这种体制没有解决好三个问题：一是政企分开、政资分开没处理好，国资监管职能和运营职能没有分开；二是国有资产的经营效率水平低；三是国有资产的流动性差，国有经济布局与结构不合理的问题仍然很突出。

另外，人们讨论多的一个问题还有：国资监管体制内部本身没有理顺，多头管理、无人负责的问题没有得到有效解决。另有人指出了，国资委面临运营监管幅度太大和资产管理规模太大，超出其监管能力的问题（荣兆梓，2012）。

（二）什么是"完善国有资产管理体制，以管资本为主加强国有资产监管"的政策含义？

也就是说，如何按照以管资本为主的要求，完善和改革现有的国有资产管理体制？具体又涉及两个主要问题：一是国资委在未来国资管理体制中的功能与定位问题；二是未来的国资管理体制的组织架构设计问题，具体又涉及两个子问题：一是在横向体制方面，是否要形成集中统一的组织管理架构？二是在纵向体制方面，是否要从二层级的管理架构向三层级的管理架构转变？相对有共识的观点是，未来的国资管理体制改革，一方面，需要构建出一种"全覆盖"的高度集中和统一的国资管理体制；另一方面，要改变当前国资委同时行使国资监管职能和运营职能的格局，探索形成三层级的管理架构。

对于第一个问题：有观点认为，以管资本为主，不是要弱化国有资产监管，不是要虚化国资委的作用，更不是要国资委不再管理国有企业、国有资产或者说"去国资委化"，而应该是以管资本为主，以管人管事为辅（王绛，2014）。这种观点强调，完善现有的国有资产管理体制，并不等同于改革国有资产管理体制，出发点是要对现有的国有资产管理体制进行小修小补和改良，而不是要作革命性的变化，以"管资本"为主的管理职能，应该是对现行的"管人管事、管资产"的监管职能的补充，而不是替代。这种观点的代表人物，都是国资委系统内部的人士。更普遍的观点认为，国资委必须按照简政放权、理顺政府与市场关系要求，实现国有资产管理的决策、执行监督相互分离；同时，国资委自身必须加快转变职能，由现行的"管人、管事、管资产"的多重身份转变为专业监管者（财政部企业司，2014）。

对于横向管理体制，已有不少人的观点认为，要强化对企业国有资产的集中和统一管理，努力构建出一种"全覆盖"的高度集中和统一的国资管理体制（黄群慧等，2014；张宇，2014；黄秉华，2014；李保民，2013）。但也有观点认为，在引导国资委将其职能聚焦于国资监管职能的同时，还需要加强其他政府部门在国资监管中的宏观管理功能，例如，财政部要加强在国有资本经营预算管理方面的管理职能，国家发改委和工信部要加强对国有资本投资战略的管理职能（财政部企业司，2014）。

对于纵向管理体制，刘纪鹏和黄习文（2014）认为，十八届三中全会为国资管理体制两层次架构和三层次架构的长久之争画上了句号。邵宁（2014）也认为，《决定》提出的国有资产监管模式实际是一种三层的结构，国有资产出资人的监管职能和股东职能是分离的。季晓南（2014）则强调，有实践表明，三层次架构有管理层级更多和管理成本更高的局限性。李琳和崔学刚（2014）针对六个地区的地方国资管理体制的比较研究表明，像上海、深圳、重庆等相对成熟的地方国资管理体制都采用了三层次的架构。总体看来，从目前情况看，人们已经基本接受的观点是，国资管理体制正在探索从现在的国资委直接管理国家出资企业的、两层级的管理体制，向国资委管理国有资本投资公司和运营公司而由后者直接管理出资企业的、三层级的管理体制转变（黄群慧等，2014）；而国有资本投资运营公司的组建与改组，必将加快推动国资管理体制从两层级向三层级的转变（闵乐、马刚，2014）。

也有个别观点主张，国有资本投资公司或国有资本运营公司将是直接从国务院获得授权的独立机构和法人主体，并不隶属于现在的国资监管部门。这样，可以形成国资监管部门、国资政策制定部门、出资人之间互为补充、互相制衡、互相约束的一种格局（王铮，2014）。还有观点主张，国有资本投资运营公司将接受中组部、财政部和国资委的共同监管，国有资本投资公司的主要负责人均属中管干部，由中组部管理，中央任免；国有资本投资公司属于全资或独资性质的国有资本经营预算的预算单位，其国资预算政策、预算编制和预算信息的公开由财政部负责并报国务院和全国人大审批；国资委根据"一企一策"的要求，对若干家国有投资公司进行监督（财政部企业司，2014）。

（三）国有资本投资公司和国有资本运营公司的定位和作用

关于国有资本投资运营公司的定位和作用，主要讨论两个问题：一个问题是为什么要组建和改组两类公司？为什么将它们视作管理国家出资企业的新平台、新工具和新手段？两类公司管理出资企业同国资委管理出资企业有何不同？另一个问题是两类公司到底有什么差别？

关于第一个问题，人们普遍认为，国有资本投资运营公司与所出资企业更加强调以资本为纽带的投资与被投资的关系，更加突出市场化的改革措施和管理手段（黄淑和，2013）。可以说，国有资本投资运营公司，是落实以管资本为主的新管理体制的主要组织载体。在上述问题上，大家的共识相对较多。有争议的问题，主要在于国资委对国有资本投资运营公司的监管体制上，其中的核心问题是国资委对国有资本投资运营公司的授权程度的问题。有观点认为，国资委应该按照完全市场化的方式，通过董事会来管理国有资本投资运营公司（刘纪鹏、黄习文，2014）。类似于采用"淡马锡"或"汇金"的模式。但有观点认为，国资委仍有必要性沿用现在的管理体制管理国有资本投资运营公司。另外，还有观点强调，国有资本投资运营公司在设立后，重在加强其国有资本投资运营功能（张政军，2014），大力推动国有资本投资运营重点服务于五个领域，推动国有资本布局与结构的合理化配置。

关于第二个问题，人们的认识仍然相对混乱。比较正式的表述是，国有资本投资公司是以产业资本投资为主，着力培育产业竞争力；国有资本运营公司主要开展股权经营，改善国有资本的分布结构和质量效益（黄淑和，2013）。闵乐和马刚（2014）对两种公司的区别作了更进一步的演绎，他们认为，国有资本投资公司侧重于政府调控的有形之手，为实现政策性目标而进行产业类投资；国有资本运营公司侧重于市场配置的无形之手，着力推动国有资产实现形式从实物形态向价值形态的转变。从企业实践层面看，国有资本运营公司与国有资本投资公司之间的区别仍然不够明确，很多公司的业务活动中既有投资职能，又有运营职能，二者的界限仍然不够清晰。也正因为如此，到目前为止，国资委只开展了国有资本投资公司试点工作。从长远看，国有资本投资公司和国有资本运营公司的职能可能会合而为一，成为国有资本（投资运营）公司。

从两类公司的功能定位与差别，我们还可以延伸出更进一步的问题，即除通过两类公司来管理运营国有资本的企业外，还有没有其他的国资管理形式？荣兆梓（2012）提出了应建立社会信托投资基金、国家控股公司和承担基础性公益服务的公法人组织三种出资人体制的总体思路。

四　国有企业治理体制改革

十八届三中全会对国有企业治理体制改革提出了更高的要求，强调"健全协调运转、有效制衡的公司法人治理结构。建立职业经理人制度，更好发挥企业家作用。深化企业内部管理人员能上能下、员工能进能出、收入能增能减的制度改革。建立长效激励约束机制，强化国有企业经营投资责任追究。探索推进国有企业财务预算等重大信息公开。"同时，"国有企业要合理增加市场化选聘比例，合理确定并严格规范国有企业管理人员薪酬水平、职务待遇、职务消费、业务消费。"其中，学术界关注度最高的话题有四个：第一，现有国有企业治理体制还存在哪些突出的问题？第二，如何解决国企领导人的双重身份问题？第三，如何确定合理的高管薪酬水平？第四，如何推进员工持股，形成长效激励机制？

（一）现有国有企业治理体制存在的问题

从股份制改革到建立现代企业制度，国有企业治理结构和治理机制都取得了明显改善。但是，当前国有企业仍然存在一些公司治理体制上的问题，对混合所有制改革形成了一定的阻碍。具体表现为三个方面：第一，所有者行为的行政化。国有企业股份制改造后，大股东仍由政府扮演，政府及其代理人在经营国有资产时未必会把追求利润最大化作为最重要的经营目标，而会考虑多元化的政府目标，从而导致经营者的监督动力不足和企业的治理效率低下。第二，国有独资或一股独大。在国有独资或一股独大的条件下，企业领导人的任免权掌握在政府手中，即使存在董事会、监事会等治理构架，也多流于形式。在这样的治理构架下，当面临经理人偷懒行为时，政府监督机构就面临两难选择：加强监督，则可能会强化行政干预；放任不管，则可能会导致偷懒行为普遍化。第三，激励与约束机制不健全。在目前的国有企业中，经营者的工作业绩与其个人收入以及职务升迁关联度不大，导致大锅饭式的"激励不足"和天价薪酬的"激励过度"现象同时存在。在激励机制缺乏，而某些经营环节问责制强化的情况下，有些经营者热衷于搞好各种关系，对提升盈利能力等关注不够，这种内部关系政治化倾向必定会影响企业治理结构的效率（杨瑞龙，2014）。

（二）如何解决国企领导人的双重身份问题？

长期以来，由于国有企业领导人的行政化任命，导致了国企领导人身份的双重化，既是官员，又是经营者，从而具有既依赖政府又依赖市场的两面性，影响了企业的竞争力（杨瑞龙，2014）。同时，国有企业领导人的双重身份问题，也给企业的治理和发展带来一系列问题。例如，Xiongyuan Wang 和 Shan Wang（2013）的研究表明，中国地方国有企业董事长的政治背景，往往会带来企业的冗员问题。对于这一现象，学者一致认为，行之有效的解决途径是，尽快建立职业经理人制度，由市场来选择经理人，评估经理人的经营业绩。

高明华（2014）指出，在高管选聘上，必须积极发展职业经理人市场。企业高管直接影响企业文化、内部环境和经营思路。长期在体制内选拔管理层，会抑制企业增加"新鲜血液"，难以突破固有思路和模式，难以创新。选聘不同背景的高管，会带来多元化的思维，产生不同思想的碰撞，推进企业改革和创新。

黄群慧（2013）建议，积极推进国有企业领导人管理体制由"集中统一管理"转向"分层分类管理"，扫除国有企业向混合所有制企业改革的"身份障碍"。对于中央国有企业领导人员，划分为两类角色，一类是"党政官员"角色，中央企业集团公司的董事长及董事会主要成员、党组织领导班子成员，整体上市公司的党组织领导班子成员、派出董事和内设监事会主席等，应该界定为这类角色，这些人员由上级党组织和国有资产监管部门管理。在选用方面，采用上级组织部门选拔任命的方式，他们有相应行政级别，选用、晋升和交流都可以按照行政方法和渠道；在激励约束方面，应该和党政官员基本类似，但考核以企业整体经营发展和功能实现程度为标准，激励以行政级别晋升为主，报酬可以略高于同级别的党政官员，但不能够完全采用市场化的激励机制，不能享受过高年薪和股权激励。另一类是"企业家"角色，中央国有企业中大量的经理人员，包括母公司层面的经理团队以及各个子公司层面的董事会成员和经理团队等都属于这类角色。这类人员是职业经理人员，由董事会进行管理，需要按照市场化的办法选用和激励约束。在选用上，这类人员需要在职业经理市场上通过竞争性的办法由董事会进行选聘；在激励约束方面，考核以市场化的经营业绩为标准，董事会按照市场标准给予其薪酬待遇，采用市场化的薪酬结构和水平，可以实施相应的股权激励制度，但是这些经理人员原则上不能够再享有相应级别的行政待遇，也没有机会到相应的党政机关任职，他们是真正的职业经理人。

（三）如何确定合理的高管薪酬水平？

央企高管的薪酬，是一个永不过时的话题。党的十八届三中全会决定中提出，"合理确定并严格规范国有企业管理人员薪酬水平、职务待遇、职务消费、业务消费"。2014年8月29日，中共中央政治局会议审议通过了《中央管理企业主要负责人薪酬制度改革方案》，对国企高管薪酬改革确立了两项基本原则：实现薪酬水平适当、结构合理、管理规范、监督有效，对不合理的偏高、过高收入进行调整。由此，我国的国企薪酬体制改革进入了"深水区"。

许多学者都指出国企高管薪酬水平的不合理问题，并对此进行了充分的论证。Fang Hu等人（2013）通过实证研究发现，中国国企高管的薪酬水平不完全由市场决定，还会受到企业高管政治关联的影响。Donghua Chen等人（2012）分析了高管薪酬与企业绩效之间的关联性，他们发现，两者关联度越高，越有利于解决国有企业的冗员问题，从而改善企业绩效。如何进一步推进国企高管薪酬体制改革，促使高管薪酬回归理性，中国学者普遍提出以下三个改革方向和重点：第一，对于国有企业高管薪酬应采取分类治理体制；第二，央企高管薪酬应与业绩相符，并建立奖优罚劣的考核激励机制；第三，应当提高央企高管薪酬透明度，非上市公司也应向全社会公开。

由于高管个人才能难以观察的特征，高管薪酬水平存在同行业攀比效应，总是倾向于向高收入水平的企业进行对标（Ana et al.，2014；Ron，2013），导致国际化、市场化水平较高的金融等行业出现国有企业高管的薪酬水平过高现象。近期出台的"限薪令"引起一场轩然大波，其中提出，央企、国有金融企业主要负责人的薪酬将削减到现有薪酬的30%左右，削减后年薪不能超过60万元。各方争论的焦点还是在国企高管的薪酬激励机制和职务消费制度设计中，究竟应该是政府主导还是市场主导。有观点认为，"一刀切"的降薪方式并不可取，比较科学的做法是对不同类型的企业实行差异化管理。黄群慧和余菁（2014）提出，不同功能定位的国有企业，分别适用于不同的企业治理体制。具体到高管薪酬制度，一般商业性国有企业，参照市场标准制定高管的薪酬待遇标准，而且，可以实施股权激励制度；公共政策性国有企业的高管薪酬，应大体上向同级别的党政官员看齐，可以稍高于同级别官员，但不能采用市场化的激励机制，不能享受过高的年薪和股权激励，这类企业的激励以行政级别晋升为主；特定功能性国有企业的高管薪酬的制定依据，应该与该企业高管角色性质保持一致——该企业高管的市场化选聘比例越高，高管薪酬与企业业绩的相关度越高；反之，高管薪酬中的市场化激励色彩越弱。高明华在2014年4月召开的"国有企业分类改革与治理研讨会"上指出，公益性和自然垄断性国有企业高层管理者的薪酬待遇应该与同等级别的公务员保持一致。因为所处的行业具有特殊性，这一类企业高管应由政府监管机构委派，应具有相应的行政级别，同时对其激励主要是行政职务的升迁。相比之下，竞争性国有企业高管应该完全取消行政化，薪酬则应该由市场决定，不应该对高层管理薪酬实行上限。金碚（2014）认为，可以将国企老总分为国家雇员和企业雇员两大类。原则上，国家雇员的薪酬体制体现"准公务员"规则逻辑，企业雇员体现市场化的职业经理人规则逻辑。前者应类似公务员的考核要求，以弱刺激、稳定性、透明性和长期保障为特点；同时也要适应市场竞争的要求，即报酬中还应包含承担经营风险的收益，有助于吸引优秀企业经营人才。后者可以与一般企业的薪酬制度相同，更多地体现市场竞争原则，即薪酬与效益直接挂钩。刘戒骄（2014）也提出，国有企业高管薪酬改革，应明确区分具有国家公职人员身份和不具有国家公职人员身份的两类经理人，实行差异化的薪酬制度。前者采用国际上国有企业管理层与公务员工资相当、与本企业职工平均收入保持合理比例的做法；后者在公开招聘的基础上实行市场化薪酬管理制度，按照其能力、贡献和市场水平确定其薪酬。

Yubo Li 等人（2013）指出，目前，我国国有企业高管人员的薪酬结构中，现金支付仍然是最主要的方式，只有很少的企业采用了股权激励方式，同时，国有控股企业高管人员薪酬中的奖励性收入明显高于其他企业。国有企业高管人员的收入是否合理？这涉及薪酬标准的设计问题。黄淑和（2014）提出，建立健全根据企业经营管理的绩效、风险和责任来确定薪酬的制度，不断完善企业薪酬激励约束机制。对市场化聘任的企业管理人员，研究建立市场化薪酬协商机制，以适应建立职业经理人制度的需要。杨瑞龙（2014）指出，经理人是一种更稀缺的人力资本，尤其需要激励。当前可选择的是引入以年薪制、奖金、股票期权计划、退休金计划为主要内容的最优报酬计划，将经理人对个人效用最大化的追求转化为对企业利润最大化的追求。高明华（2014）也指出，以贡献来对经理人进行考核。应该取消国有控股的混合所有制企业高管的行政级别，在政府放弃特殊支持的前提下，高管薪酬完全按市场规则确定。在董事会公开选聘高管的基础上，由被选高管与董事会之间的谈判来决定，具体额度则由董事会视高管绩效来决定，以促进追求利润最大化。邱小平（2014）指出，目前确定央企负责人薪酬主要考虑的因素有三方面：其一，市场经济条件下企业负责人的作用和贡献。其二，要考虑到中央管理的央企负责人是由组织任命的，具有一定的特殊性。其三，要统筹考虑企业职工、公务员的工资水平，并参考一些国家国有企业高管的相对水平。潘璠（2014）认为，合理确定国企高管的薪酬，有一些重要因素可以作为参照标准：一是全社会岗位工资的平均差距；二是机关、事业单位负责人的工资水平；三是企业的经营业绩；四是本企业员工的整体薪酬水平。还有观点认为，在已经实现国际化竞争的领域，应适当考虑同行业的国际平均收入水平，在薪酬考核标准上逐步与国际接轨（刘泉红，2014）。

在我国，除了强制信息披露的上市公司外，大部分央企高管的薪酬水平仍然戴着神秘的面纱。严重的信息不对称，使得高管薪酬未能通过信息公开接受公众的监督。尤其是比薪酬更复杂、更容易产生问题的职务待遇，更多的是隐藏在企业内部、游离于公众视线之外（刘泉红，2014）。因此，在确立分类治理框架、制定合理的薪酬标准的基础上，还应当通过制度约束，加强央企高管薪酬的信息披露，提高央企高管薪酬的透明度，以实现最大范围的社会监督，从而促进薪酬管理体制的进一步完善。

(四）如何推进员工持股，形成长效激励机制？

进一步完善对员工长期、有效的激励机制，是激发国有企业活力的关键环节。党的十八届三中全会以来，我国企业员工持股制度正步入深化提升的一个新阶段。《决定》指出："允许混合所有制经济实行企业员工持股，形成资本所有者和劳动者利益共同体"。尽管我国企业员工持股实践已经有30年的历史，但是，目前仍然存在各种各样的问题。在大力发展混合所有制背景下，围绕国有企业引入员工持股制度，学者重点关注其制度本质、实施原则和适用性等问题。

第一，员工持股制度的本质是什么？比较常见的一种观点是，企业员工持股制度使员工具备股东和劳动者双层身份，实现员工与企业利益共享与风险共担，其本质上属于一种长期激励机制。这种认识与美国等西方国家的员工持股计划保持一致。另一种观点指出，员工持股是构建新型的劳资关系的基础，有利于完善公司治理结构（尹中立，2014）。还有一种观点认为，中国企业员工持股的本质是一种兼具"激励与治理双效应"的制度安排，不仅强调员工持股对改善员工福利的激励性效应，还强调员工持股制度的产权改革作用——从单一的国有体制向混合所有经济体制转型（黄群慧等，2014）。

第二，实施员工持股制度应遵循哪些原则？员工持股制度设计不当，可能引起国有资产流失等一系列问题。因此，企业在制度设计和具体推进过程中，必须遵守一些基本准则。Joseph等人（2014）提出，要想提升企业抵御经济风险的能力，单纯实行员工持股还不够，必须同时提高员工在公司治理中的参与度，才能在企业整个生命周期中创造更加稳定的绩效水平。黄群慧等（2014）提出，成功实行员工持股制度，应坚持激励相容、增量分享和长期导向三项基本原则。一是激励相容原则。对于员工持股这项激励制度而言，只有在股票价格、持有比例、持有期限、退出机制等方面设计得当，才会最终产生"激励相容"的效果，使员工的个人利益与企业长远发展的利益捆绑在一起。二是增量分享原则。成功实行员工持股制度，不仅要坚持不能侵吞国有资产存量，还要坚持对国有资产增量利益进行分享的原则。要着眼于"分享增量利益"，而不是"瓜分存量利益"。三是长期导向原则。员工持股计划本质上是一种长期激励机制。只有坚持长期导向原则，才有可能发挥这种制度，对员工的组织承诺和企业中长期发展起到稳定作用，从而有可能为企业带来未来的、可持续的价值增值收益。

第三，究竟哪些企业适宜引入员工持股制度呢？黄群慧等（2014）认为，新时期推进中国员工持股，应按照国有企业的功能定位、人力资本性质等因素区别对待，分类指导，有序推进。一般而言，一般商业性国有企业比其他类型的国有企业，更适宜推行员工持股制度；员工的人力资本对企业竞争力影响越显著的国有企业比其他国有企业，更适宜推行员工持股制度；已经发展了混合所有制的国有企业比其他国有企业，更适宜推行员工持股。

参考文献

［1］Ana M. Albuquerque, Gus De Franco, Rodrigo S. Verdi, "Peer Choice in CEO Compensation", *Journal of Financial Economics*, 2013（108）：160 – 181.

［2］Donghua Chen, Yongjian Shen, Fu Xin, Tianqin Zhang, "Overemployment, Executive Pay-for-Performance Sensitivity and Economic Consequences：Evidence from China", *Chi-*

na Journal of Accounting Research, 2012 (5): 1 – 26.

[3] Fang Hu, Weiqiang Tan, Qingquan Xin, and Sixian Yang, "How do Market Forces Affect Executive Compensation in Chinese State-owned Enterprises?", *China Economic Review*, 2013 (25): 78 – 87.

[4] Joseph Lampel, Ajay Bhalla, Pushkar P. Jha., "Does Governance Confer Organisational Resilience? Evidence from UK Employee Owned Businesses", *European Management Journal*, 2014 (32): 66 – 72.

[5] Ron, "Keeping up with CEO Jones: Benchmarking and Executive Compensation", *Journal of Economic Behavior & Organization*, 2013 (93): 78 – 100.

[6] Xiongyuan Wang, Shan Wang, "Chairman's Government Background, Excess Employment and Government Subsidies: Evidence from Chinese Local State-owned Enterprises", *China Journal of Accounting Research*, 2013 (6): 51 – 74.

[7] Yubo Li, Fang Lou, Jiwei Wang, Hongqi Yuan, "A Survey of Executive Compensation Contracts in China's Listed Companies", *China Journal of Accounting Research*, 2013 (6): 211 – 231.

[8] 财政部企业司:《淡马锡模式对完善国有资本管理体制的启示》,《国企》2014年第3期。

[9] 常修泽 (2014a):《社会主义市场经济体制的基础:混合所有制经济》,《光明日报》2014年7月2日,第015版。

[10] 常修泽 (2014b):《发展混合所有制经济的路径》,《人民日报》2014年4月30日,第007版。

[11] 常修泽 (2014c):《发展混合所有制需要四种力量联动》,《中国经济导报》2014年5月31日,第A02版。

[12] 陈清泰:《国有企业"再改革"八论》,《北京日报》2014年3月31日,第017版。

[13] 陈永杰:《混合所有制经济占比分析》,《中国金融》2014年第8期。

[14] 程民选、王罡:《关于公益性国有企业的理论探讨》,《当代经济研究》2014年第3期。

[15] 程志强:《积极探索国有企业发展混合经济的路径》,《人民日报》2014年6月4日,第007版。

[16] 高明华:《国有经济战略性调整应坚持的基本思路》,《前线》2013年第5期。

[17] 高文燕、杜国功:《国有企业分类改革研究》,《发展研究》2013年第10期。

[18] 郭飞:《发展混合所有制经济与国有企业改革》,《光明日报》2014年4月2日,第015版。

[19] 黄秉华:《完善国资管理体制是深化改革的突破口》,《上海国资》2014年第5期。

[20] 黄群慧、余菁、王欣、邵婧婷:《新时期中国员工持股制度研究》,《中国工业经济》2014年第7期。

[21] 黄群慧、余菁:《新时期新思路:国有企业分类改革与治理》,《中国工业经济》2013年第11期。

［22］黄群慧：《混合所有制改革要"上下结合"》，《人民日报》2014年4月8日，第005版。

［23］黄群慧：《新时期如何积极发展混合所有制经济》，《行政管理改革》2013年第12期。

［24］黄淑和：《国有企业改革在深化》，《求是》2014年第3期。

［25］黄速建：《中国国有企业混合所有制改革研究》，《经济管理》2014年第7期。

［26］季晓南：《正确理解混合所有制经济》，《经济日报》2014年3月27日，第014版。

［27］金碚：《国企高管究竟该拿多少钱》，《人民日报》2014年8月21日，第005版。

［28］李保民：《新形势新国企新国资》，《经济研究参考》2013年第58期。

［29］李琳、崔学刚：《我国地方国有资产管理体制特征研究——基于北京、上海、重庆、深圳、武汉、吉林六地的对比》，《北京工商大学学报》（社会科学版）2014年第1期。

［30］李毅中：《发展混合所有制经济要落实到企业做好顶层设计》，《宏观经济管理》2014年第4期。

［31］李中义：《国有经济的功能定位与战略调整》，《财经问题研究》2014年第2期。

［32］刘崇献：《混合所有制的内涵及实施路径》，《中国流通经济》2014年第7期。

［33］刘纪鹏、黄习文：《构造新型国资管理体制》，《现代国企研究》2014年第5期。

［34］刘戒骄：《国有企业高管薪酬制度改革分析》，《中共中央党校学报》2014年第1期。

［35］刘鹏：《我国国有企业的类型和功能定位》，《武汉学刊》2012年第1期。

［36］刘泉红：《国企高管薪酬需实行差异化管理》，《中国经济导报》2014年7月24日，第B01版。

［37］刘泉红：《以混合所有制经济为载体深化国企改革》，《前线》2014年第2期。

［38］闵乐、马刚：《国有资本的运营公司与投资公司有何不同?》，《现代国企研究》2014年第5期。

［39］潘璠：《规范央企高管薪酬重在明确标准》，《经济日报》2014年9月5日，第005版。

［40］彭建国：《积极发展混合所有制经济》，《人民日报》2014年9月15日，第007版。

［41］邱海平：《积极发展混合所有制经济》，《前线》2014年第4期。

［42］邱小平：《多数央企负责人将降薪》，《人民日报》2014年9月3日，第002版。

［43］荣兆梓：《国有资产管理体制进一步改革的总体思路》，《中国工业经济》2012年第1期。

［44］邵宁：《国有资产要彻底资本化》，《军工文化》2014年第1期。

［45］宋志平：《国企改革的"金钥匙"》，《经济日报》2014年5月5日，第013版。

［46］孙光金：《论国资委与国有企业的功能分化与目标定位》，《价值工程》2011年第26期。

［47］王绛：《别曲解国资监管改革的手段与方向》，《现代国企研究》2014年第5期。

［48］王平：《高明华：反对资源垄断国企实行混合所有制》，《国企》2014年第5期。

［49］王铮：《必须建立新的国有资本管理体制——访国务院发展研究中心产业经济研究部部长赵昌文》，《上海国资》2014年第4期。

［50］杨瑞龙：《以混合经济为突破口推进国有企业改革》，《改革》2014年第5期。

［51］佚名：《加快发展混合所有制经济》，《光明日报》2014年3月13日，第014版。

［52］尹中立：《员工持股是构建新型劳资关系的基础》，《国企》2014年第5期。

［53］张宇：《国有企业新改革论》，《北京日报》2014年2月24日，第017版。

［54］张政军：《"管资本为主"：国资委如何当好股东?》，《中国经济周刊》2014年1月20日。

［55］张卓元：《混合所有制经济是基本经济制度的重要实现形式》，《经济日报》2013年11月22日，第001版。

［56］张卓元：《混合所有制经济是什么样的经济》，《求是》2014年第8期。

［57］中国社会科学院工业经济研究所课题组：《论新时期全面深化国有经济改革重大任务》，《中国工业经济》2014年第9期。

［58］周冰、郭凌晨：《论国有企业的功能定位》，《财贸科学》2009年第1期。

（余菁、王欣，中国社会科学院工业经济研究所）

创新型企业的产权基础和治理机制:理论分野与融合

贺俊　　王钦

　　摘要: 创新和创新型企业问题对既有的以单边治理、个体治理为主要特征的企业理论形成了重大的挑战,同时也为企业理论发展提供了重要的机遇。权力理论中有关第三方所有权有效性的命题,调节型科层理论中有关公司作为独立法人实体来保证合作各方的专业性投资的阐述,以及组织控制理论强调有利于创新的战略性控制是嵌入在具体的经济社会制度中的观点,是迄今为止有关创新型企业产权基础和治理机制的最重要的理论成果。本文探索性地提出,在融合调节型科层理论和组织控制理论核心思想的基础上,借鉴吸收权力理论的分析工具和方法,是未来推进该领域研究的可能方向。
　　关键词: 创新型企业;所有权;组织控制

　　创新型企业(innovative firm)是产业动态性和可持续增长的微观基础。相对于企业的实物资产投资,企业的创新性投资具有更强的专用性、不确定性、累积性、集体性等特殊的经济属性,这就决定了以技术创新为特征的创新型企业对最优产权和治理安排具有不同的要求。与创新和创新型企业密切相关的企业理论较多,本文主要探讨四类企业理论,分别是委托代理理论、产权理论、调节型科层理论和组织控制理论。这些理论主要从以下两个维度来分析制度结构对企业创新活动和绩效的影响:一是所有权维度,即控制权和收益权的配置如何影响企业对创新活动的投资激励;二是人力资源和劳动维度,即雇主与雇员的关系如何影响个体和组织的创新行为。不同的企业理论对企业的性质和关键制度变量的理解和关注点存在差异。委托代理理论强调报酬激励机制设计对创新的影响,产权理论强调所有权安排对创新的影响,调节型科层理论强调独立法人实体对共同专用性投资的影响,而组织控制理论则强调特定经济社会制度条件下实现的战略性控制对创新的影响。这些理论分别在不同程度上、从不同侧面为理解创新型企业的制度基础提供了重要的洞见。

　　目前国内有关企业理论的引介和综述性研究成果已经很多,因此本研究不拟赘述既有企业理论的主要观点,而是从创新和创新型企业的制度要求出发,提炼主要企业理论有关创新型企业产权安排和治理机制的主要命题和含义。在此基础上,文章进一步通过理论比较挖掘对于分析创新型企业产权基础和治理特征最有力的理论逻辑和分析工具,从而探索性地指出未来进一步推进该领域研究的方向。

一　主流企业理论:所有权与创新

　　虽然主流的企业理论并没有直接指向治理机制与创新的关系问题,但它们的研究对于理解这个问题具有重要的启发，是研究创新型企业制度结构问题的逻辑起点。

（一）交易成本理论：专用性情况下的创新性资产一体化

威廉姆森的交易费用理论主要探讨企业的边界问题，其对资产专用性的刻画对于分析创新性资产的组织和一体化问题具有重要的意义。按照交易费用理论的逻辑，当当事人存在严重的机会主义行为倾向和认知有限理性时，专用性的投资使得交易双方都存在事后尽可能攫取共同投资所创造的租金的倾向，即"敲竹杠"问题。为了减少机会主义导致的交易成本，解决敲竹杠问题的方法是促使合约双方将交易一体化。威廉姆森在这里特别区分了实物资产的专用性和人力资本（创新性投资）的专用性，其中人力资本专用性产生的原因主要是"干中学"和"集体性"（Williamson，1989，1999）。经验研究显示，相比于投资专用性，创新性投资的专用性对一体化决策的影响更大。例如，蒙特沃德和蒂斯（Monteverde & Teece，1982）对汽车零部件厂商的案例研究表明，如果零部件生产的专用性仅仅体现为生产设备（如工具或模具）的专用性，则汽车总装厂和零部件厂的一体化就并不是必需的，因为完全可以通过总装厂将这些生产设备"租赁"给零部件厂的方式，避免零部件厂对生产设备进行专用性投资后遭遇总装厂的"敲竹杠"行为；但如果专用性体现为"不可专利的"知识诀窍和技能，则一体化就是必需的。

蒂斯（Teece，2006）在强调知识资产专用性对企业边界决定作用的基础上，进一步研究了创新型企业的边界选择问题——创新租金在技术商业化过程中如何在创新和商业化所需要的各类资产所有者之间进行分配，或者说，在考虑到互补性资产的情况下，给定技术创新和互补性资产的性质，创新者如何通过选择"一体化"或"非一体化"互补性资产的策略来实现利润最大化[①]。按照资产的经济学属性，蒂斯将互补性资产分为三类，即通用性资产、专用性资产和互为专用性资产，后两类资产的区别在于它们与技术的关系分别是单边依赖和双边依赖。由于蒂斯关注的对象是独立的技术创新，因此他的研究结论是"一体化是一种审慎的选择"，原因是创新者通过一体化互补性资产提高可收益性必须同时满足比较苛刻的条件：（1）专利等政策性收益机制提供的保护作用总是弱的；（2）互补性资产是专用性的；（3）互补性资产是重要的。蒂斯最早正式地提出技术创新的可收益性问题，从而开辟了经济学研究技术创新问题的一个重要领域，同时他所采用的互补性资产和基于交易费用经济学的分析工具也是强有力的。但像威廉姆森一样，由于在研究中没有区分资本家和创新者的不同角色，因此，虽然他们的理论涉及产权安排问题，但并未关注到包括创新者在内的不同利益主体之间的产权关系和治理机制问题。

（二）委托代理理论：股东至上逻辑下的创新性投资激励

在委托代理理论的框架下，股东和创新者分别是给定的委托人和代理人，股东通过设计报酬合约来激励创新者的创新性投资。其基本逻辑是，由于股东作为委托方承担了剩余风险，因而其投资回报也最容易受到伤害；由于股东承担了剩余风险，所以也应当是企业合约中唯一的剩余收益索取者；由于股东享有剩余收益，因此股东有激励做出最优的企业

[①] 其中互补性资产指的是"技术创新成功商业化所必需的能力或资产"，如制造能力、营销、服务等。当市场竞争进入主导设计出现以后的阶段，互补性资产特别是专用性的互补性资产成为重要的竞争因素。

投资决策，即最大化企业价值，从而保证股东价值和企业价值乃至社会价值目标的协调一致。也正是在这样的意义上，委托代理理论推崇以股东价值为核心的公司治理安排。然而，以"风险分担和专业化管理分离"为特征的公司治理方式并不是最优的，由信息不对称和管理者的机会主义导致的代理问题是这种制度安排的主要缺陷。因而主流企业理论的一项重要工作就是研究如何弱化代理问题的影响。激励理论提供的一种机制是股东和管理者/工人之间签订补偿合约。然而这种通常以固定报酬加绩效补偿的激励合约会导致次优的风险配置。因此，股东至上旗帜下的主流企业理论在报酬机制外还为董事会、代理权争夺、股权集中、敌意收购、债务融资等内部和外部治理机制的合理性提供了理论解释（Hart，1995）。

霍姆斯特姆和米尔格罗姆在多任务委托代理理论的框架下进一步推进了委托代理对企业性质和公司治理的理解，他们关于企业激励与市场激励的研究对于理解创新性投资活动至关重要。他们有关创新的两个重要命题分别是：（1）雇佣关系与市场合约关系的区别在于，后者更多的是一种基于特定任务的绩效支付，而在企业内部的雇佣关系中，雇员作为代理人常常承担多维度的任务，在这种情况下，为了避免类似市场交易的强激励对雇员行为的扭曲，次优的制度安排是为代理人施加"弱激励"，这种激励机制虽然牺牲了针对某个特定任务的工作效率，但却能够促进有利于创新的合作和协调；（2）人力资本投资激励合约设计的关键，不在于人力资本的专用性强弱，而在于对人力资本工作绩效关键维度进行测度的难度和成本（Holmstrom & Milgorm，1991，1994），对于创新性的、难以测度的人力资本投资行为，弱激励是相对有效的。

委托代理理论为科学地理解企业特别是现代公司制度提供了重要的分析工具，但由于该理论忽视了企业的创新性活动，基于该理论的股东至上治理模式存在以下缺陷：（1）由于非股东的利益相关者没有进行专用性的投资，因此标准的委托代理理论并没有给创新者任何空间，因而也就不可能完整解释创新的治理特征问题；（2）委托代理理论从风险性来刻画投资过程是重要的，但据此就将风险分担作为投资过程的核心活动进行分析的逻辑却是不严谨的，这样的分析实际上假设了投资机会是给定的，因而简单地将价值分配和创新问题等同起来。由于委托代理理论和股东至上存在这些逻辑缺陷，因此其主要命题并不能得到经验证据的有力支持。例如，美国的商业史研究显示，公众股东是在公司的创新性活动已经兑现，而不是这些投资活动发生的时候才购入流通股票（Lazonick & O'Sullivan，1997），企业的留存收益而不是直接融资才是企业创新性投资的主要来源（Corbert & Jenkinson，1996）；又如，股票的风险回报仅仅能够解释股权投资收益的很小部分（Siegel & Thaler，1997）。因此，股东既不是公司创新性投资所需财务资源的关键提供者，其投资回报也很难用风险承担进行有说服力的解释。

（三）产权理论和权力理论：由单边控制到第三方控制

如果说委托代理理论是将股东至上作为给定前提进行分析的话，产权理论则为股东至上的企业治理安排提供了进一步的剖析。在产权理论研究的不完全合同的情况下，对于资产专用性导致的"敲竹杠"问题，理想的治理安排是将剩余控制权和剩余索取权赋予其投资缺乏有效契约保护的金融资本投资者（Grossman & Hart，1986；Hart & Moore，1990）。然而，这样的产权安排仅仅是一种次优的治理安排，因为没有获得所有权的一方同样也丧失了进行专用性投资的激励，特别是当他的投资行为不可观测和难以度量的时候。当然，产权理论并不必然导致股东至上，相反，按照产权理论推理，互为专用性资产应该共同控制和共同受益。而这也正是布莱尔等学者提出的利益相关者理论中有关共同治理假说的主要理论来源。

针对金融投资者和人力资本所有者都进行专用性投资的问题，拉泽尔和金加莱斯通过区分"所有权"和"权力"两个概念拓展了哈特等人的产权理论，因此他们的企业理论也被称为权力理论。权力理论是迄今为止为创新型企业问题提供了最重要、最直接启发的主流企业理论，其核心观点是，当双方的专用性投资都难以监督、测度和契约化时，如果像 GHM 模型那样将产权赋予物质资本所有者，则不仅无法激励人力资本所有者的最优投资水平，而且物质资本所有者自身也不会做出最优的投资决策，因为物质资本所有权在激励所有者提高专用性投资水平的同时，也存在激励物质资本所有者剥削另一方专用性投资形成的经济租金的效应。当物质资本所有权的负效应成为主导时，无论是金融投资者还是人力资本所有者拥有物质资本，都不能达到最优的投资和生产水平。因此，如果物质资产由不作为的第三方所有，则原来的金融投资者和人力资本所有者将结成联盟并做出最优的专用性投资决策。这里的第三方虽然掌握物质资产的所有权，但他几乎仅承担中间拍卖人的角色，影响租金分配的讨价还价"权力"仍然掌握在专用性投资者手中，相应地，合作形成的租金都分配给了物质资本和人力资本投资者（Rajan & Zingales，1998）。随着知识经济时代企业中人力资本重要性的增强，企业中的"权力"正逐渐从企业科层的顶端（财务投资者）扩散到整个组织特别是知识型员工的手中（Zingales & Rajan，2000）。这时，由人力资本与实物资本接入形成的战略互补性以及由此带来的个体对组织的依赖性，是知识型企业治理的核心特征。

二 对主流企业理论的补充和修正：控制权与创新

主流企业理论虽然在分析方法和思路上存在差异，但其共同点在于都强调所有权和个体的权利对投资的意义，虽然产权理论将所有权的本质理解为剩余控制权，但这种控制权不是对创新活动或长期性投资的控制，而是对无法契约化的剩余活动的控制。对创新型企业制度基础的理解必须从对创新过程的控制切入，而这也正是近年来有关创新型企业治理问题研究的重要发展。

（一）调节型科层理论：法人权利作为长期投资的制度保障

利益相关者理论经过了逻辑上相互联系、主要观点又有显著区别的两个阶段，即"共同治理"理论阶段和"调节型科层"（mediating hierarchy）理论阶段。共同治理理论以布莱尔于 1995 年发表的著作为集大成，而调节型科层理论则主要反映在 1999 年以后布莱尔和斯多特合作的一系列论文中[①]。共同治理理论的基本内容是，股东进行了生产性投资的同时承担了部分投资风险，因此股东应当获得剩余索取权；但是，创新者对企业进行了专用性的人力资本投资，同样承担了专用性人力资本投资带来的风险，因此创新者应当

---

① 国内有关 Blair 的利益相关者理论的介绍主要基于其 1995 年的工作，对近年来 Blair 及其合作者对利益相关者理论的深化没有关注，而这部分理论恰恰是利益相关者理论中有关创新和企业长期绩效的最有价值的部分。

像股东一样享有剩余索取权，即共同治理（Blair，1995）。可以看出，共同治理的观点实际上是哈特的产权理论在互为专用性投资情况下的自然拓展。

伴随着主流企业理论的进步，以法经济学家为核心成员的利益相关者理论近年有了新的发展。布莱尔和斯多特（Blair & Stout，1999a）提出的调节型科层理论某种程度上可以理解为是对拉泽尔和金加莱斯提出的权力理论的重新诠释。主流企业理论中的科层强调从股东到董事会，再到雇员的垂直协调关系，而忽视了科层中对于企业的长期绩效至少同等重要的水平协调，正是在这个意义上，布莱尔和斯多特提出了调节型科层的概念——科层的调节作用体现为处理垂直协调和水平协调中产生的争端。在这种治理机制下，企业中的权威不是某个参与者个体，而是所有的参与者为了自身的利益而构建的组织或科层本身。当存在多边的专用性投资问题时，第三方的公司治理含义不应当是像拉泽尔和金加莱斯所解释的任何非专用性投资者的、仅掌握很少股权的投资者；第三方的经济功能应当保证生产性资产不被企业中任何个体参与者控制，从而任何一方个体参与者不能利用对实物资产的控制权来剥削其他人的专用性投资，能够承担这样的治理功能的应当是作为一个独立法律实体存在的公司。作为法律实体的公司而不是实物资本投资者个体应当是实物资产产权和创新成果产权的"存储室"（repository），是保护所有参与者（既包括股东也包括雇员）的专用性投资的重要机制（Blair & Stout，1999a）。公司法人的这些权利集中体现为公司董事会承担的、受公司法约束的受托责任。董事会的经济功能不是尽可能地降低代理成本，而是激励生产团队中所有参与者的专用性投资；相应地，董事会的法律功能是利用足够大的自决权来保护所有利益相关者的共同利益（Blair & Stout，1999b，2006）。由于调节型科层治理结构使得利益相关者的投资利益都"锁定"在企业中，因此这种治理结构有利于合作，也有利于创新等长期性的投资。

利益相关者理论关注了雇员的专用性人力资本投资，已经涉及创新的核心内容，但遗憾的是该理论仍然没有将创新的动态过程纳入到分析中，因此利益相关者理论实际上也仅仅关注了利益分配问题，而缺乏对企业创新过程抽象刻画的企业理论至少是不完整的。此外，该理论更适用于公开发行的上市公司，对于所有权和管理权高度集中的非上市公司的治理安排，该理论缺乏解释力（Blair & Stout，2006）。利益相关者理论的另一个缺陷是，由于缺乏扎实的经济学理论支撑，因此该理论更像是一种政治或政策主张，而不是严谨的、实证性的经济学理论（O'Sullivan，2000）。

（二）组织控制理论：嵌入在经济社会制度中的创新

拉佐尼克和奥萨丽文是最早明确提出创新型企业公司治理问题的学者，由于提出公司治理问题的视角独特，他们的公司治理理论在企业理论丛林中独树一帜。他们认为，公司治理是影响企业资源和收入配置的制度，治理体系包含三方面的内容，即谁做出投资决策、如何投资和投资收益如何分配，其中以创新性投资为主的投资活动是一个长期的、动态的、演化的过程。可以看出，他们的公司治理观着眼于"组织的活动和过程"，而不是主流企业理论关注的交易过程中发生的"个体之间的经济关系"。

组织控制理论的基本逻辑是从技术的特点和技术创新过程的要求出发研究企业的治理和组织特征。他们认为，"战略化""融资"和"协调"是创新型企业公司治理的三个条件。该理论的核心观点是：第一，由于创新过程具有不确定性，企业相关方不可能在缔约前就获得所有的信息，相关方只有在创新过程中才能发现有关市场和技术的信息①，而不是给定技术和市场信息约束下的最优化决策，因此以创新为导向的"战略化"是重要的；第二，由于创新投资的技术成功和市场成功常常是不可逆的、累积性投资的结果，投资回报具有不确定性，因此持续的、承诺性的投资是重要的；第三，由于创新常常是异质的、具有不同能力主体的集体性互动过程，而不是个体的独立活动，因而组织层次的协调和一体化是重要的。鉴于上述特征，具有持续创新能力的企业必须满足战略化、融资支持和组织协调三个条件（Lazonick，2005）。可以看出，拉佐尼克等学者提出的组织控制理论为创新型企业的治理和组织研究提供了重要的"逻辑起点"。之所以称之为起点而不是"基本模型"，是因为该理论仅仅给出了创新型企业的战略和行为特征——创新型企业的治理和组织特征必须能够支撑战略化、融资和协调的行为要求，而没有刻画企业治理和组织的关键维度，也没有给出对创新型企业的治理和组织特征的理论概括。

　　有趣的是，与委托代理理论和股东至上主义将"内部人控制"视为委托代理的主要成本以及损害股东和公司利益的主要治理问题的观点对立，组织控制理论恰恰认为，"内部人控制"是"战略化"条件对公司治理的制度要求（O'Sullivan，2000），其含义是将战略控制权赋予组织中有激励而且有能力将资源配置到创新型投资的决策者②；进一步地，根据组织一体化和协调条件的要求，战略决策者应当嵌入在组织学习过程的关系网络中。也正是在"嵌入"的意义上，拉佐尼克和奥萨丽文推崇的创新型企业理论也被称为组织控制（organization control）理论。战略决策在组织学习过程的嵌入不仅加强了战略决策者制定和执行创新性投资决策的能力，同时也增强了他们进行创新性投资的激励，因为在投资和组织学习的过程中战略决策者实现了他们的私人目标。拉佐尼克认为，"战略性控制"因产业条件而异并嵌入在具体的社会制度中。其中，产业条件包括技术条件、市场条件和竞争条件，社会制度条件主要包括雇用制度、金融制度和管制。金融制度决定了金融资源如何在国家、企业和个体等主体间配置以及财务收益如何在主体间分配；教育、研究、培训、工会等雇用制度决定了一个社会符合发展其劳动力的能力；管制条件决定了不同主体对于社会生产性资源的权利和义务；金融制度、雇用制度和管制共同构成一个社会的制度系统。创新型企业理论的一个基本假说是，在"某个特定的时期"，社会制度条件和产业条件共同决定了创新过程和企业的创新行为③（Lazonick，2000，2005）。有利于创新的最优社会制度条件是相对的、动态的。

　　组织控制理论的不足在于，它回避了战略决策者利益与其他主体私人利益，以及战略性决策者私人目标与组织目标的冲突的问题。特别地，由于没有关注信息不对称问题和资产专用性问题，组织控制理论回避了交易成本问题。而在主流的企业理论看来，代理问题导致的利益冲突和足够高的交易成本的存在恰恰是治理机制经济合理性的两个必要条件（Hart，1995）。更重要的是，组织控制理论虽然强调了控制权的重要性，但没有分析控制权与产权的关系，因此没有回答实现战略性控制的产权基础是什么这个重要的问题。

---

① 拉佐尼克将这个过程称为"历史性的转化"（historical transformation）。

② 在特定的经济社会条件下，该战略决策者可能是股东，也可能是管理者或一般雇员。

③ 长期看，产业条件、社会制度和组织条件是相互内生、协同演进的。

三　理论的比较、综合与拓展

以委托代理理论、激励理论和产权理论为代表的主流企业理论的核心政策主张是以股东为最终所有和控制的治理结构。在这些理论的分析框架中，创新问题被简化为概率分布。然而在真实的创新决策中，创新者不是在给定的行动空间中计算最优的选择，而是在不确定的环境下搜寻新的生产技术和惯例（Nelson & Winter，1982）。更为致命的，除关系合约理论外，主流企业理论都是探讨一次性的交易或者短期投资的问题，虽然理论上决策者总可以把长期累积投资简化折现为一次性投资，但即便不考虑实物期权问题，在长期、累积投资过程中，决策者也总是根据事后不断变化的信息调整自己的行为，从而可能使得事前最优的治理机制在新的经济环境下变得并不有效。正因此，比较历史分析显示，任何最优的企业治理结构总是"历史有效"的，股东至上主义、管理者资本主义等"单边的"公司治理形式既在某些历史阶段表现出有效性，又随着社会制度和经济技术范式的变化不断暴露其日益严重的弊端（Lazonick，2005），因此不能将创新活动这种长期性的、累积性的投资过程简单通过短期投资分析工具进行分析。此外，主流企业理论的着眼点是个体的投资行为和投资激励，没有分析对于创新过程至关重要的集体行动和合作问题，而持续创新和动态能力的本质恰恰是不可完全分解为个体的、组织层面的集体学习过程（Nelson & Winter，1982）。当然，主流企业理论为推进创新型企业的制度基础提供了最重要的分析工具，其中的权力理论甚至可以视为调节型科层理论和组织控制理论的思想源头。

调节型科层理论和组织控制理论都反对将股东至上治理机制的有效性绝对化。它们都认为股东至上主义导致机会主义和行为短期化，损害了公司的长期绩效，都强调企业长期性投资对治理安排的要求。但是，调节型科层理论和组织控制理论在推理逻辑和理论依据上又存在显著的差异：（1）协调型科层理论强调通过强化公司而不是个体的所有权实现利益相关者的"共同锁定"，因此该理论主张的治理工具仍然主要是主流企业理论关注的产权安排；组织控制理论的出发点是"战略性"控制，拉佐尼克等学者并没有直接给出战略性控制的"制度保障"，但从他们的历史分析案例可以看出，战略性控制主要来自管理者的控制，从这个角度可以说，组织控制理论更强调实际控制权拥有者的"身份"，隐含着实现"战略性控制"与所有权安排并没有必然的联系。（2）两个理论都强调集体合作对企业持续创新或长期绩效的重要性，但布莱尔认为相对于个体，组织层面独立的产权是保障物质和人力资本专用性投资的制度条件，而拉佐尼克则认为基于个体的战略性控制实现了组织协调和一体化。可见，前者强调的是组织层次的"产权"，后者强调的是组织层次的"活动"。（3）从经济政策倾向来看，调节型科层理论是政府干预主义的，即有效公司治理的最终保障是法律和政府；而组织控制理论则是自由市场主义的，即主张有利于创新的最优制度结构是特定宏观社会经济制度条件下各方自愿谈判的结果。从这个意义上讲，组织控制理论与主流企业理论具有一致性，即都主张企业各方的自由谈判和缔约（Hart，1995）。

综观与创新型企业制度基础问题相关的企业理论，对创新型企业制度建设最具启发性的理论主要是权力理论、调节型科层理论和组织控制理论。组织控制理论的最大贡献在于将创新过程纳入到治理分析中，同时强调最有利于创新的公司治理是嵌入在经济社会制度中的，因而不是绝对的、唯一的；权力理论的最大贡献在于强调各种要素及其与组织资源间的战略互补性，同时为创新型企业的治理问题提供了基于主流经济学的规范的分析工具；调节型科层理论理论的贡献在于强调公司作为一个主体的独立权利是保证专用性投资的重要制度条件①。但与此同时，这三个理论又都存在逻辑缺陷。权力理论的根本缺陷在于其主要命题不能得到经验事实的有力支撑；调节型科层理论的根本缺陷在于将董事会和公司法作为创新型企业制度基础建设的唯一保障，而忽略了组织控制理论强调的社会、经济等更加丰富的环境性因素；组织控制理论的问题在于，虽然该理论一再强调组织学习过程，但在制度分析中却没有给予"组织"足够的重视，因而个体层次的内部人控制权成为创新型企业治理的出路②。

由于有关创新的主要企业理论各有优缺点，因此将以上三个理论的"真理成分"在统一框架下进行有效融合，是未来这方面研究努力的可能方向。我们认为，在融合调节型科层理论和组织控制理论核心观点的基础上，吸收权力理论的分析工具和方法，可能是一项有意义的工作。该思路可以具体刻画为"经济社会制度—组织控制—创新型企业战略和活动"的三层次分析框架，基本内容是：劳动、金融和产业政策等丰富的经济社会制度因素是影响组织控制的基本外生参数，而组织控制又塑造了企业的创新战略和活动。可以看出，这里的经济社会环境的内涵要比调节型科层理论的公司法更加广泛，也更具特定性，公司法仅仅是促成组织控制的一种因素，经济社会制度下的劳动关系、行业管制、社会文化等都是影响企业相关方谈判地位和权利分配的经济力量，这是本框架显著区别于调节型科层力量的方面；同时，组织控制决定了企业是否能够进行有效的创新性或长期性投资，这里的组织控制是通过缔约方的利益均衡来约束任何个体的短期化和严重机会主义的权利格局，是真正的组织控制，而不是拉佐尼克意义上的内部人控制，这也正是本框架区别于拉佐尼克等学者的企业理论的地方。一个完整的创新型企业理论既要有逻辑一致的理论框架，也要能够提供推演严谨的分析工具。因此，在构建分析框架的基础上吸收借鉴权力理论等主流企业理论的分析工具和方法是保证该领域严谨性和延展性的进一步努力。

最后需要说明的是，由于篇幅所限，本研究并没有将有关非正式治理机制对创新影响的研究成果纳入进来，而企业的创新能力常常依赖于管理实践，关系合约的可信性和清晰性（Gibbons & Henderson, 2011）、组织身份等非正式的治理机制对于知识分享和合作创新也会起到重要的作用。

参考文献

［1］Blair, Margaret, 1999a, "Firm Specific Human Capital & Theory of the firm", in M. M. Blair & M. J. Roe（eds.），*Employees & Corporate Governance*（pp. 58 - 90），Washington：Brookings Institution Press.

［2］Blair, Margaret & Lynn A., Stout, 1999b, "A Team Production Theory of Corporate Law", *Virginia Law Review*, 85（2）：247 - 328.

［3］Blair, Margaret & Lynn A., Stout, 2006, "Specific Investment & Corporate Law", *European Business Organizational Law Review*, 7（2）：473 - 500.

---

① 从某种意义上讲，强调组织独立权利的利益相关者理论被称为组织控制理论更为恰当。

② 从这个意义上看，布莱尔等学者提出的调节型科层理论才是真正的"组织"控制理论。

［4］ Corbett, J. & Jenkinson, T. , 1996, "The Fnancing of Industry, 1970 – 1989: An International Comparison", *Journal of the Japanese & International Economies*, Vol. 10, 71 – 96.

［5］ Gibbons, R. & Henderson R. , "Relational Contracts & Organizational Capabilities", *Organization Science*, 18 (7): 536 – 557.

［6］ Grossman, S. & O. Hart, 1986, "The Costs & Benefits of Ownership: A Theory of Vertical & Lateral Integration", *Journal of Political Economy*, 94: 691 – 719.

［7］ Hart, Oliver, 1995, "Corporate Governance: Some Theory & Implications", *The E-conomic Journal*, Vol. 105, No. 430, pp. 678 – 689.

［8］ Hart, O. & J. Moore, 1990, "Property Rights & the Nature of the Firm", *Journal of Political Economy*, 98: 1119 – 1158.

［9］ Holmstrom, Bengt & Paul Milgrom, 1991, "Multi-Task Principal-Agent Analyses: Incentive Contracts, Asset Ownership, & Job Design", *Journal of Economics & Organization*, 7: 24 – 52.

［10］ Holmstrom, Bengt & Paul Milgrom, 1994, "The Firm as an Incentive System", *A-merican Economic Review*, 84: 972 – 991.

［11］ Lazonick, William, 2000, "The Theory of Innovative Enterprises", *DRUID Working paper*.

［12］ Lazonick, William, 2005, "The Innovative Firm", in Jan Fagerberg, David Mowery, &. Richard Nelson, eds. , *The Oxford Handbook of Innovation*, Oxford Press.

［13］ Lazonick, W. & O'Sullivan, M. , 1997, "Finance & Industrial Development: The United States & the United Kingdom", *Financial History Review*, Vol. 4, No. 1, 7 – 29.

［14］ Monteverde, Kirk & Teece, David, 1982, "Supplier Switching Costs & Vertical Integration in the Automobile Industry", *Bell Journal of Economics*, 13 (Spring): 206 – 213.

［15］ Nelson, Richard & Winter, Sidney, 1982, *An Evolutionary Theory of Economic Change*, Harvard University Press.

［16］ O'Sullivan, Mary, 2000, "The Innovative Enterprise & Corporate Governance", *Cambridge Journal of Economics*, 24: 393 – 416.

［17］ Rajan, Raghuram, & Luigi Zingales, 1998, "Power in a Theory of the Firm", *Quarterly Journal of Economics*, 113 (2): 387 – 432.

［18］ Siegel, J. & Thaler, R. , 1997, "The Equity Premium Puzzle", *Journal of Economic Perspectives*, Vol. 11, No. 1, 191 – 200.

［19］ Teece, David, 1986, "Profiting from Technological Innovation: Implications for Integration, Collaboration, Licensing & Public Policy", *Research Policy*, 15 (6): 285 – 305.

［20］ Teece, David, 2006, "Reflections on Profiting from Innovation", *Research Policy*, Vol. 35, No. 8, pp. 1131 – 1146.

［21］ Williamson, Oliver, 1989, "Transaction Cost Economics", in R. Schmalensee & R. Willig (eds.), *Handbook of Industrial Organization*, Volume 1, Elsevier.

［22］ Williamson, Oliver, 1999, *The Mechanisms of Governance*, Oxford University Press.

［23］Zingales, Luigi & Rajan, Raghuram, *The Governance of the New Enterprise*, *in X. Vives*：*Corporate Governance*：*Theoretical & Empirical Perspectives*, Cambridge：Cambridge University Press, 2000, pp. 201 – 227.

（贺俊、王钦，中国社会科学院工业经济研究所）

权责发生制为基础的政府会计制度
改革前沿研究报告

李春瑜　　时杰

以权责发生制为会计核算基础的会计确认方式一直是企业会计的基石，收付实现制则是世界各国政府会计的传统做法。以收付实现制为基础的预算会计制度重点反映政府资产资源流量信息的情况，而以权责发生制为基础的政府财务会计能更为全面地反映政府资产资源的流量和存量信息，比如可以反映政府财务资源的来源渠道及用途，即形成什么资产和债务，结转结余情况怎样，产生了怎样的结果和效果，政府成本和绩效情况如何等，从而对财务资源进行较好的管理和监督。随着社会经济结构的不断变化，以收付实现制为核算基础的政府会计逐渐出现对政府财政可持续性和风险性信息披露不充分（例如各级政府债务的可持续问题）的问题。自 20 世纪 90 年代初，发达国家为了规避财政风险，提高政府财务信息的透明度，开始在政府会计中引入权责发生制的概念。

中国共产党十八届三中全会审议通过的《中共中央关于全面深化改革若干重大问题的决定》明确提出要"建立跨年度预算平衡机制，建立权责发生制的政府综合财务报告制度，建立规范合理的中央和地方政府债务管理及风险预警机制"。这预示着我国下一阶段的改革发展对会计理论研究提出了新的要求。

我国现行的政府财务报告体系源于 1997 年预算会计改革以后形成的预算会计报告体系。近几年来，我国又在原有制度的基础上，对行政事业单位的会计制度做出了进一步的完善和改进。目前，我国政府单位财务报告编制的主要依据为 1998 年初开始实行的《财政总预算会计制度》、2013 年初开始实行的新《事业单位会计准则》《事业单位会计制度》以及 2014 初开始实行的新《行政单位会计制度》。2014 年 9 月新《预算法》修订加快政府会计制度向权责发生制过渡。但我国学术界在政府财务报告改革的理论研究方面，尚处于起步阶段，还有许多地方需要完善，留出的研究空间还比较广阔。

一　国外研究前沿综述

国外对于政府会计以权责发生制为基础改革方向研究较早，相关研究主要集中在国际组织直接对政府会计权责发生制的运用制定技术标准，或者规定成员国遵守以权责发生制为核算基础，这样的实践与研究路径对世界各国权责发生制政府会计改革起到了巨大的推动作用。这些研究包括三个问题：为什么在政府会计改革中要推行权责发生制？如何推动以权责发生制为基础的政府会计改革？政府会计改革的评判标准是什么？

1. 为什么在政府会计改革中要推行权责发生制？

权责发生制，又称为应计制，是现代会计确认与计量的基石。国际公共部门会计准则委员会（IPSASB）将权责发生制定义为："在交易和其他事项发生时予以确认的会计基础，而不仅仅是在收到或付出现金及其等价物时予以确认。"与权责发生制直接对应的概念是收付实现制。收付实现制，又称为现金制，是指以收入和费用是否已经实际收付为标准，按照收付期来确定本期收入和支出的方法。

工业革命展开的企业规模扩大以后，企业大规模长期资产出现大规模增加，收付实现制作为计算经营成果与收益分配依据的核算基础，会造成对企业投资人投资信息披露的扭曲，不利于投资人权益的保护。因此权责发生制作为一种更为客观地反映商业企业经营绩效的核算基础，逐渐替代了收付实现制，成为商业领域会计核算中确认与计量的基础。

权责发生制会计在公共管理领域出现也是伴随同样路径。20世纪初有些美国地方政府就采用权责发生制作为会计基础。澳大利亚邮政总署1913年就开始以权责发生制作为会计基础，并沿用至今。但是在国际范围内普遍来看，虽然几十年来，权责发生制会计已经在商业领域得到广泛的应用，而在政府会计实践中，收付实现制会计仍然一直占主导地位。

政府会计制度改革兴起于西方主要发达国家是有深刻原因的，主要是由于受到西方发达国家"新公共管理运动"等因素的推动。二战以后，随着西方主要发达国家社会福利体系的建立与发展，各国政府职能的扩张导致政府规模不断扩大、公共支出节节攀升、财政赤字居高不下，今天欧美爆发的金融危机就是这个进程的结果之一，财政的持续性与风险信息的披露不足，需要对政府会计进行改革，更需要寻找新的财政管理模式，在此背景下，新公共管理于20世纪70年代末80年代初在英国率先兴起，随后便迅速发展成为一场席卷全球的政府再造和公共管理改革运动。新公共管理运动强调优化政府职能，引入竞争机制，讲求政府绩效，并在政府部门中积极引入私营部门的现代化管理技术。新公共管理运动的兴起对政府财务信息的披露提出了更高的要求，政府财务报告编报的会计基础逐渐由收付实现制向权责发生制改革。

对于采用权责发生制进行政府会计改革，1993年，澳大利亚联邦审计总长（Common Wealth Audit General）Pat Barrett的观点较具有代表性。他指出政府财政部门采用权责发生制会计的意义包含七个层次。第一层意义是，权责发生制会计有助于对政府项目的成本进行更为全面的识别；第二层意义是，权责发生制会计有助于政府把更多的重点放在成本控制与效率评估上；第三层意义是，权责发生制会计有助于为确定收费使用项目的定价政策提供信息支持；第四层意义是，在前面三层所讨论的成本自觉性增强的基础上，在存在工作场所协商制度（work place bargaining negotiation）的情况下，需要表明提高的生产率，而权责发生制会计有助于实现这一点；第五层意义是，权责发生制会计有助于强化公共部门资源投资与运用的受托责任；第六层意义是，权责发生制会计可以更清楚地衡量公共部门在代际公平方面的受托责任；第七层意义是，权责发生制会计有助于衡量政府政策的财务影响，并有助于和事前计划进行对比，从而在一些地区已经成为一项赢得广泛支持的重要动议，旨在追求"预算诚实"和对政府负债实行宪法约束。在学术界关于权责发生制政府会计改革的讨论中，Hines在1988年的论文中指出，会计是一个沟通方式，它既可以反映现实，又可以通过表达与创造一种图景而构建现实。Broadbent与Guthrie继而在1992年的论文中指出，会计师通过对核算什么、何时核算、如何核算等问题做出选择，塑造了作为背景因素的图景，而这相应地又会对被选择的核算方式产生影响。虽然会计不能主导这些过程，但是，会计的确会对它们产生影响。所以，政府会计在社会方面、政治方面或者经济方面不是价值中性的。Guthrie 在 1998 年撰写论文进一步强调，权责发生制政府会计改革也不是一个无关乎利益的价值中性的技术变革活动。

R. E. Brown 等（1982）认为，为了全面系统地反映政府受托责任及政府绩效，以及满足利益相关者的信息需要，就应对政府财务报告系统进行改革，使其包括财务效益、财务效果与财务合规等方面的信息。不仅应将财务信息加以整理和合并，也应提供全面的非财务信息，这样才能满足利益相关者在微观和宏观上的信息需求。

Tom Allen（2002）认为，为了评估政府财政绩效责任有必要在政府财务报表中引入权责发生制，但不能因此否定收付实现制，因为以收付实现制或修正的收付实现制为基础编制的预算报告能够有效地反映财务状况的变化和经营成果的取得。

2. 如何推动以权责发生制为基础的政府会计改革？

英美法系的西方发达国家政府会计改革研究的重点主要围绕着政府会计概念框架、政府会计实务规范、会计基础选择、政府会计的绩效评价等技术层面展开，为如何构建权责发生制政府会计以全面反映政府财务状况和运营绩效等问题提供了解决思路。

R. E. Brown 等认为，一套包括财务、合规、效益与效果方面的信息报告系统，可以全面系统地反映公共受托责任和政府绩效，并能满足绝大部分甚至全部政府信息使用者的信息需求。

Graham Scott 等认为，只有通过一致性的框架才能加强机构改组、人力资源管理、预算和报告、权责发生制等政府会计改革各方面的联系。

世界银行专家 William Easterly 和 David Yuravlivker 认为，为了准确及时地披露政府显性负债风险和隐性负债风险，有必要构建政府整体资产负债表，以加强政府财政调控，确保政府的长期偿付能力。

Carpenier 等是最早对政府会计采用企业会计模式的相关制度因素进行研究的。他们认为，权责发生制政府会计不仅是政府会计惯例的技术性变化，更是成果与产出责任的制度变迁。

Bake 等认为，虽然权责发生制政府会计的建立很大程度上是出于技术上的考虑，但也不能完全排除政府为了推动自身运营活动的法制化而遵循企业运营结果计量方式的可能性。

政府财政收付实现实行权责发生制政府会计改革的国家中，最早的是新西兰和澳大利亚，随后被经济合作与发展组织（OECD）成员国采纳，至 2002 年，有一半以上的 OECD 成员国实施了权责发生制政府会计改革，包括新西兰、澳大利亚、英国、加拿大、美国、法国等，从国家范围看以英美法系国家为主。

新西兰政府推动政府会计改革的基本路径是：1983 年提出改革政府会计基础，并进行理论研究。1986 年，通过《国有企业法》（State Owned Enterprises Act），在国有企业中引入权责发生制的概念。1988 年的《国有部门法案》（State Sector Act）和 1959 年的《公共财政法案》（Pubic Finance Act），形成了中央政府部门改革的基础。1988 年《国有部门法案》给予了部门执行长官足够的权力，包括人事权、现金及资本资源运用权，同时要求其承担更大的资源管理与运营责任，从而用法案的形式明确了部门产出责任。1989 年《公共财政法案》开始了新西兰中央政府财政管理的新时代。该法案提出对公共部门的会计系统进行权责发生制改革以衡量公共部门的绩效。法案的主要内容是：①要求各部门向议会提供经审计过的财务报表，包括财务状况表、现金流量表、财务绩效表、承诺及或有负债表。②中央政府应按照一般公认会计原则以权责发生制为基础编制年报及半年报，中央政府的财务报表应包含所有的公共部门。③公共部门的财务系统由原来的重视投入转为重视产出。至1991年，所有政府部门的拨款、会计与预算都以权责发生制为基础。1992年，新西兰成为世界上第一个在完全权责发生制基础上编制中央政府年度财务报告的国家。1993年9月，通过《财务报告法案》（*Financial Reporting Act*），重点强化公共部门对一般公认会计原则（GAAP）的应用，其中主要是权责发生制的应用。1994年，通过《财政责任法案》（*Fiscal Responsibility Act*），编制了第一份以权责发生制为基础的整体政府预算。该法案的目的在于建立准确、有效的财政管理披露系统，并要求政府定期公布短期及长期的财政目标，提供全面整体的财务信息，以求稳定政府支出及逐渐减少政府债务。

1992年英国建立国民健康服务基金（NHS Trusts）时，就第一次尝试了在公共部门会计中采用权责发生制技术。2000年国会通过了《政府资源和会计法案（2000）》，法案要求在政府部门层面实施资源会计与预算制度（RAB）。资源会计是指借鉴私有部门的会计准则，改变以往政府公共部门以现金为基础的收付实现制会计，实行以资源为基础的权责发生制会计，按公共支出与部门目标的关系反映政府的公共支出。资源预算是以资源会计为基础的公共支出的规划与控制。

英国政府部门实施资源会计与预算的改革时间表是：1997—1998财政年度，中央政府中大多数部门试行资源账户；在1998—1998年、1999—2000年、2000—2001年三个财政年度内，实行"双轨制"，同时编制资源账户和现金基础的拨款账户；1998—1999财政年度，在中央政府中所有部门试行资源账户；1999—2000财政年度，首次公布资源账户，并将其报送议会；在2000年制定出第一份关于2001—2002财政年度的资源预算；2001—2002财政年度，资源账户正式取代收付实现制基础的拨款账户。

在中央政府账户层面的改革时间表是：2001—2002财政年度及2002—2003财政年度，编制试行的中央政府账户（Central Government Accounts，CGA）；2003—2004财政年度，公布基于公认会计原则（GAAP）的中央政府账户（CGA）。

在政府整体层面，1998年7月，财政部发布了一份名为《政府整体会计报表》（Wholeof Government Accounts，WGA）的公告，宣告财政部将于2005/2006年度发布经审计的政府整体会计报告。《政府资源和会计法案（2000）》中也包括有关政府整体会计报告的立法工作，要求财政部在编制政府整体会计报表时要遵循一般公认会计原则，真实公允地提供信息。

法国中央政府会计从1999年起逐步引入权责发生制原则，比如开始在年末计提应计应付利息，对以前不核算的固定资产实施盘点后进行会计记录并计提折旧，提取坏账准备，加强附注披露等。这些做法没有改变会计系统的整体核算基础，但在一定程度上弥补了收付实现制会计的不足。2001年8月1日，法国公布了一项《财政法》。该法重新确定了编制、审议和执行年度财政法或中央政府预算的方式，并从2006年年初开始实施。该法旨在实现两大目标：一是引入新的预算方法，以项目和目标为基础，更好地管理公共支出；二是充分实施权责发生制会计，不仅是在中央政府整体层面上，而且在各部委和各司局都要全面实施权责发生制。根据该法案，法国中央政府将建立起三套会计系统：①预算会计系统，继续以收付实现制为核算基础对预算活动的现金收支流动情况进行核算；②财务会计系统，采用企业中完全的权责发生制会计基础，对除中央政府特有的业务活动外的其他活动进行核算；③成本会计系统，对每个项目进行成本核算和分析，以加强对成本控制和绩效评价。

3. 政府会计改革的评判标准是什么？

安德鲁·里齐尔曼认为，"以权责发生制为核算基础的政府会计可以给予部门产出更多的关注，对现行的体制进行强化。对于政府部门而言，可以加强其对财政支出的计划和控制，为财政支出计划的制定提供一定的依据，也为政府在高水平控制现金能力的提高起到了帮助作用。对于整个国家而言可为公共核算体系和公共支出计划提供持有和使用政府资产的高质量的信息"。汤姆·艾伦认为，在政府会计报表中采取权责发生制的核算基础对于评估政府受托责任的政府会计信息使用者来说是很有必要的。但是以收付实现制为核算基础的预算会计及其财务报告反映的会计信息仍然是非常有用的。世界银行的高级顾问汉娜认为，一个国家的财政制度只有包含了所有的风险，即确定的和不确定的风险，政府部门在适用财政政策的时候才会加倍小心，审慎行事；同时，在收付实现制核算基础下无法真实反映的或有负债等隐性成本可以在权责发生制基础下的会计体系得到透明化的反映。大卫·洛思认为，对政府管理者的激励受到预算体系核算和反映成本的方法的影响，因为管理者和政策制定者之间受托责任关系的关键在于预算的制定和执行过程。国际货币基金组织相关人士认为，在改革财政支出管理体系时，新兴工业化国家经历持久的压力，即需要更加详细完整的财务会计信息，而要得到更加详细完整的财务会计信息需要对其政府会计制度进行改革。采用权责发生制的会计核算基础应当被看作广泛的预算体系改革的重要组成部分，执行以权责发生制为核算基础的政府会计制度，可能是保证政府部门全面转轨的唯一正确的道路。OECD认为，以权责发生为核算基础的政府会计制度能够提供和反映政府的受托责任，这些受托责任的产生，是因为给予了政府部门管理者更多的灵活性；同时，更有利于政府管理公共资源效率的提高；以权责发生制为核算基础的政府会计制度已经超越了纯粹的现金管理的理念，同时对于公共受托责任的改进以及政府业绩的拓展都有长远且有利的影响，并能对影响政府管理部门决策的各种因素进行长期的关注。

二 国内前沿研究综述

本文在中国知网检索有关关键词，搜集了2008年以来国内相关研究的文献数量，如表1所示：

表1　　　　　　　　　　2008年以来国内相关研究的文献数量　　　　　　　　　单位：篇

年份	2014	2013	2012	2011	2010	2009	2008
文献数量（1）	460	742	836	855	889	833	809
文献数量（2）	200	284	330	316	314	247	259

注：（1）一次检索关键词"政府会计改革"；
　　（2）二次检索关键词"权责发生制"。

根据表1可以大致看出，国内有关研究数量上并不算多，自2008年一直保持比较稳定的数量。

国内学者相关研究比较有影响的观点如下。

项怀诚等（2003）认为，在收付实现制基础下，政府的部分债务被"隐藏"，从而政府的负债情况得不到全面准确的记录和反映，促使政府财政风险增加。陆建桥（2004）认为，收付实现制以现金实际收付作为确认时点，往往会造成年终结余不实等现象。刘炳江（2009）等认为，在收付实现制基础上编制的财务报表反映的受托责任较窄，不利于绩效管理和考核，易为管理当局操纵。郝东洋（2005）指出，权责发生制可以分为低度、中度、强度和完全四个层次。随着程度的加深，需要解决的计量问题就越多，结果将会更加主观，风险也就越大。我国政府会计权责发生制改革应采取一种循序渐进式和对称的方法。

刘光忠（2010）指出，在学术组织、高等院校和广大学者的共同努力下，我国的政府会计研究目前已经呈现出良好的势头，取得了可喜的成绩，并迎来了政府会计研究的黄金时期。然而，综观近几年的研究成果，不难发现，大多数学者的研究仍停留在对现行预算会计体系存在问题的分析、对国外政府会计体系的介绍，以及中外政府会计比较研究方面，缺乏针对我国政府会计特定环境下的政府会计目标、主体、要素、规范体系、财务报告与信息披露等重大理论问题的深度研究。政府会计理论研究的任务仍然任重而道远。未来的政府会计理论研究需要结合我国财政科学化、精细化管理的要求，充分考虑我国政治、经济环境，着力解决一批亟待攻克的难题，包括：政府会计、预算会计、政府预算之间的关系如何理顺；政府会计主体涵盖的范围如何界定；不同层次的政府会计目标该如何定位；权责发生制在政府会计系统中如何应用，应用的程度与范围如何确定等。

许玉红（2010）回顾了我国财政预算体制以及行政事业单位会计改革的历程，认为近年来随着我国社会主义市场经济体制和公共财政管理框架的建立，以及部门预算、国库集中支付等改革措施的推行和完善，现行的预算会计体系的不适应性也逐渐显现。我国的预算会计体系包括财政总预算会计制度、行政单位会计制度和事业单位会计制度，这套体系对于反映预算的收支情况，加强我国公共财政资金的管理发挥着十分重要的作用，但这套预算会计体系仍不能等同于政府会计体系。严格意义上讲，我国还缺乏一套能够全面反映政府经济资源、财务状况和收支活动全貌的政府会计体系。随着我国财政预算体制改革的不断深化，研究建立具有中国特色政府会计体系的呼声也日益高涨。2009年8月财政部会计司以医院和高等学校会计制度为事业单位会计改革的突破口，推出了医院和高等学校会计制度的征求意见稿，在社会上引起了强烈的反响，也启动了我国公共部门会计领域的新一轮改革，为进一步研究我国政府会计改革的有关重大理论问题，为下一步构建我国政府会计概念框架提供了行业试点并奠定了理论基础。

郭道扬（2010）从中外会计发展史的角度指出，政府会计的发展历程在整个会计发展过程中扮演着举足轻重的角色。政府会计的发展与企业会计的发展具有共性。政府会计改革研究可以借鉴企业会计成熟的经验。他还认为，我国未来的政府会计研究需从政府会计概念框架入手，逐步展开并深化。建立符合我国实际环境的政府会计概念框架，将统驭未来的政府会计规范体系，并指导政府会计改革的实施。

李建发（2010）从全球金融危机导致政府破产入手，探讨了我国政府会计改革的现实需求。他认为，金融危机的爆发导致冰岛、希腊等国政府，以及美国的纽约州政府资不抵债，濒临破产。如何从会计的角度界定"政府破产"概念，防范政府债务风险，值得研究。我国现行的预算会计难以反映政府的偿债能力与财务风险，必须通过权责发生制基础的引入，建立能够全面反映政府财务状况与运营业绩的政府会计体系。

荆新（2010）分析了现行预算会计体系建立的背景，并认为，1998年的预算会计体系是为了适合当时的预算管理要求，欠缺对受托责任概念内涵与外延的准确界定，不满足现代政府财务管理与绩效评价的需要。

陈立齐与陈穗红（2010）还从政府会计与政府预算的关系来探讨权责发生制基础的引入。陈立齐认为，权责发生制的引入必须首先明确会计与预算的关系，如果会计是服务于预算的，那么政府会计应尽可能采用收付实现制基础，以便反映预算收支。但如果预算服务于会计，那么不但会计系统可以采用权责发生制基础，甚至政府预算也应该采用权责发生制基础。而陈穗红则认为，政府会计和政府预算是密不可分的，政府会计是政府预算功能实现的基础与条件，它为预算提供全面的服务，包括：一是全过程的服务，即从预算决策到执行，到评价，再到监督的全过程服务；二是全功能服务，即政府会计不仅要为预算的计划功能服务，还要为预算的控制和管理功能服务，即全过程全功能服务。因此，政府会计核算基础的选择必须适应预算管理改革的要求。

张月玲（2010）主张积极引入权责发生制基础，以适应政府职能的转变和新公共管理的要求，同时发挥收付实现制基础的固有优势。在计量属性方面，则采取历史成本计量属性为主、多种计量属性并存的计量模式。

陈劲松（2009）认为，我国当前的预算会计应该采用收付实现制，等条件成熟之后再逐渐引进权责发生制，用3—5年的时间从现在的收付实现制过渡到修正的收付实现制。对于政府会计要素的确认和计量的范围也是随着权责发生制的运用程度不同而逐渐扩大。

海南省政府会计改革课题组（2008）认为，应该将我国政府会计体系分为预算会计和政府财务会计，分别运用收付实现制基础和权责发生制基础设置预算会计要素（收入、支出和结余）和政府财务会计要素（资产、负债、净资产、收入、费用和结余）。海南省政府会计改革课题组和广东省预算会计研究会（2008）都建议单独设置净资产（基金）和结余要素。

河南省财政厅国库处（2008）分别对资产、负债、收入和支出四个要素如何引入权责发生制做了详细探讨，并提出了引入权责发生制的相关配套措施。

全国预算会计研究会（2008）认为，现阶段我国政府会计的目标还是以决策有用为主，政府会计着重反映的是"合规性"，因此可以采用二元结构的政府会计核算基础，对预算收支表要素采用收付实现制的核算基础，对资产负债表采用以权责发生制为主的核算基础。并对政府总会计和政府单位会计中的一些重要会计事项采用权责发生制核算提出了具体的看法。

北京市预算会计研究会（2008）也认为，要设置预算会计报表和资产负债表同时反映预算执行情况和政府资源状况，提出预算收支表要素为预算收入、预算支出和预算结余，资产负债表要素设计为资产、负债和净资产。两种表分别采用收付实现制基础和权责发生制基础，并通过编制收支调整表将二者衔接。

上海市预算会计研究会（2008）基于收付实现制和权责发生制的双基础对我国政府会计统一设置了资产、负债、净资产、收入、支出、结余六个会计要素，并分别对其进行定义，详细阐述了它们的确认和计量要求。

三　文献研究述评

理论研究应该从现实问题出发。从上述国内外有关研究前沿综述可以看出，相对于国外研究，我国学者对以权责发生制为基础的政府会计制度改革（以下简称"政府会计制度改革"）研究在数量和研究深度上都有很大提升空间。这是因为西方发达国家与尚处于高速增长期向"新常态"转型的我国，政府会计制度改革外部经济环境、法律制度环境都有很大不同，简单、机械地搬用国外现成的研究成果，而且主要是部分发达国家的经验，会不会有研究盲区？具体而言，目前国内有关研究在以下几个方面有待拓展。

第一，政府会计制度改革是经济属性还是法律制度属性？目前国内学者对于政府会计制度改革研究偏重于从经济学基本理论出发进行理论探讨、路径设计和提出方案，即把政府会计制度改革主要看成一个经济问题，这与外国相关机构和学者研究假设和出发点有很大不同。

第二，政府会计改革的主体是谁？如第一点所述，由于研究出发点的不同，在我国相关研究中，对于政府会计改革主要看成一个经济问题或者一个技术性问题，因此政府会计改革的主体是财政部或者其他政府部门就成为理所当然，研究讨论和参与范围也就在这个范围内展开，这与国外相关研究、讨论和参与范围有很大不同。

第三，政府会计改革从会计概念出发还是从会计制度出发？国内大多数学者认为政府会计改革应该从会计概念出发，这应该和国内学者，包括相关主管政府官员的改革视野中主要关注英国、美国（尤其在国际金融危机之后）、新西兰、澳大利亚、加拿大等国家的政府会计改革研究动态和政府举措有关，也就是视野范围以英美法系发达国家为主。对于会计制度，以及会计制度背后的法律支撑体系认识存在盲区。

第四，政府会计改革是出台新准则还是完善会计制度？由于前述第三点的研究视野和取向，我国目前对于政府会计改革进行研究的人员大都建议在制度建设方面，以颁布新的会计准则为主，很少有学者提出要完善相关的会计制度，这样的改革路径是否符合我国政府会计改革制度环境和人员要求？

第五，政府会计改革是编制资产负债表还是以披露负债为主？对于具体政府会计改革路径，受制于当年的国内外经济发展环境，我国学者大多数在讨论编制政府资产负债表或是披露政府负债，很少有学者对两者关系理出头绪，或是设计出政府会计改革的路线图。

四　未来政府会计改革研究方向

党的十八届三中全会决议提出的改革举措是中国未来改革和发展的蓝图，也对广大学者提出了新的理论要求。处理好政府与市场的关系，推进政府会计改革、建立权责发生制的政府综合财务报告制度是实现经济社会可持续发展的必然要求。政府会计改革研究如果想取得更有建设性的成果，从以下几个研究方向出发会更有理论和现实意义。

1. 政府会计制度改革的法律和制度属性

政府会计制度属于国家财政制度一部分，政府会计制度改革显然主要是法律规则的改革。政府会计制度改革研究仅仅从经济学理论出发是不够的，应该从法律体系研究出发，研究政府会计制度改革的相关问题。

2. 政府会计制度改革的主体

如前所述，政府会计制度改革是牵一发动全身的系统性改革，目前我国以财政部门为主体推动政府会计制度改革有一定现实合理性，但从国际经验出发，应该研究政府会计制度改革是否需要更权威、更广泛的参与主体。

3. 政府会计改革应该从制度改革出发

政府会计制度的根基是法律体系，本身的概念体系基本是来源于法律术语，因此在未来研究中，需要对英美法律体系和大陆法律体系进行充分比较研究，求真知于四海，不仅仅局限于美英等少数英美法系国家的改革经验。

4. 政府会计改革推进方式研究

鉴于我国的法律传统、现实条件，我国基本属于大陆法系国家，有鉴于此，政府会计制度改革推进方式应主要是会计制度的完善，借鉴会计准则的经验。对于政府会计制度的研究应该进一步加强。

5. 政府会计改革短期与长期目标协调研究

我国政府会计改革目标应与党的十八届三中全会提出的"国家治理能力与治理体系建设""建立跨年度预算平衡机制，建立权责发生制的政府综合财务报告制度，建立规范合理的中央和地方政府债务管理及风险预警机制"相衔接，理论研究应该排列出政府会计改革的近期、中期和长期目标，并研究这些目标如何形成完整的政府会计改革路线图。

参考文献

［1］北京市预算会计研究会课题组：《政府会计要素确认和计量的研究》，《预算管理与会计》2008 年第 11 期。

［2］北京市预算会计研究会政府会计课题组：《关于建立中国政府会计准则的研究报告》，《会计研究》2006 年第 3 期。

［3］北京市预算会计研究会课题组：《政府会计推行权责发生制的研究》，《预算管理与会计》2010 年第 6 期。

［4］财政部：《关于印发〈2010 年度权责发生制政府综合财务报告试编办法〉的通知》，2010 年 12 月 31 日。

［5］陈劲松：《论我国政府财务会计概念框架体系》，经济科学出版社 2009 年版。

［6］陈劲松：《论我国政府会计确认基础》，《财会通讯》2009 年第 10 期。

［7］陈乐忧：《中国政府会计 60 年变迁》，《财会通讯》2009 年第 12 期。

［8］陈学安、陈桂真：《加拿大政府会计改革给我们的启示》《中国财政》2005 年第 12 期。

［9］揣艳敏：《政府预算会计应向权责发生制转变》，《承德职业学院学报》2007 年第 2 期。

［10］邓小兵：《权责发生制在我国政府会计的应用研究》，硕士学位论文，中国地质大学经济管理学院，2008 年。

［11］冯宏胜：《对收付实现制与权责发生制的思考》，《会计研究》2009 年第 20 期。

［12］广东省预算会计研究会课题组：《政府会计要素的定义与确认》，《预算管理与会计》2008 年第 8 期。

［13］海南省政府会计改革课题组：《政府会计要素的确认与计量问题研究》，《预算

管理与会计》2008 年第 12 期。

[14] 河南省财政厅国库处：《政府会计引入权责制问题的探讨》，《预算管理与会计》2008 年第 4 期。

[15] A. 普雷姆詹德：《有效的政府会计》，应春子等译，中国金融出版社 1996 年版。

[16] 楼继伟、张弘力、李萍：《政府预算与会计的未来》，中国财政经济出版社 2002 年版。

[17] 财政部国库司：《国库单一账户制度与政府会计改革国际研讨会资料》，2006 年。

[18] 李建发：《政府财务报告研究》，厦门大学出版社 2006 年版。

[19] 刘玉廷：《我国政府会计改革的若干问题》，《会计研究》2004 年第 9 期。

[20] 张琦、王森林、李琳娜：《我国政府会计改革重大理论问题研究》，《会计研究》2010 年第 8 期。

[21] 黄英：《政府预算会计向权责发生制转变的必要性探讨》，《重庆大学学报》（社会科学版）2004 年第 6 期。

[22] 姚宝燕：《权责发生制政府会计改革问题研究：基于政府绩效治理视角》，厦门大学出版社 2010 年版。

[23] 财政部预算司、香港理工大学课题组译：《政府财务报告——公立单位委员会第 11 号研究报告》，中国财政经济出版社 2002 年版。

[24] 财政部会计司：《政府会计研究报告》，东北财经大学出版社 2006 年版。

[25] 陈工：《政府预算与管理》，清华大学出版社 2004 年版。

[26] 葛家澍：《财务会计理论研究》，厦门大学出版社 2006 年版。

[27] 卢洪友主编：《政府预算学》，武汉大学出版社 2005 年版。

[28] 《财政部会计准则》委员会编：《政府绩效评价与政府会计》，大连出版社 2005 年版。

[29] 《美国联邦会计准则》顾问委员会编：《美国联邦政府财务会计概念与准则公告》，陈工孟等译，人民出版社 2004 年版。

[30] [美] 厄尔·R. 威尔逊（Earl R. Wilson）、苏珊·C. 卡特鲁斯（Susan C. Kattelus）、里昂·E. 海（Leon E. Hay）：《政府与非营利组织会计》，荆新等译校，中国人民大学出版社 2004 年版。

[31] 贝洪俊：《新公共管理与政府会计改革》，浙江大学出版社 2004 年版。

[32] 刘尚希主持：《财政风险及其防范问题研究》，经济科学出版社 2004 年版。

[33] 王雍君主持：《政府预算会计问题研究》，经济科学出版社 2004 年版。

[34] 陈小悦、陈立齐主编：《政府预算与会计改革》，中信出版社 2002 年版。

[35] 财政部财政科学研究所整理，国际货币基金组织编著：《财政透明度》，人民出版社 2001 年版。

[36] 樊丽明、黄春蕾、李齐云等：《中国地方政府债务管理研究》，经济科学出版社 2006 年版。

[37] 李建发等：《政府财务报告研究》，厦门大学出版社 2006 年版。

[38] 葛家澍：《财务会计理论研究》，厦门大学出版社 2006 年版。

［39］石英华：《政府财务信息披露研究》，中国财政经济出版社2006年版。

［40］卓志主编：《风险管理理论研究》，中国金融出版社2006年版。

［41］王晨明：《政府会计环境与政府会计改革模式论》，经济科学出版社2006年版。

［42］丛树海主编：《财政扩张风险与控制》，商务印书馆2005年版。

［43］毛程连主编：《国有资产管理学》，复旦大学出版社2005年版。

［44］刘钧：《风险管理概论》，中国金融出版社2005年版。

［45］财政部会计准则委员会编：《政府绩效评价与政府会计》，大连出版社2005年版。

［46］SIGMA, 2001, *Managing Public Expenditure—A Reference Book for Transition Countries* ［C］, Edited by Richard Allen and Daniel Tommasi SIGMA.

［47］Department for International Development, 2001, *Understanding and Reforming Public Expenditure Management-guidelines for DFID Governance Advisors and Economists*, London：Department for International Development.

［48］Vicente Montesinos & Jose M. Vela Bargues, "Bases of Accounting and Reporting Foci in Spanish Governmental Accounting" ［C］, *IFAC (PSC)*, *Occasional Paper 3：Perspectives on Accrual Accounting*, 1996, 17 – 24.

［49］*FEE, 2003, The Adoption of Accrual Accounting and Budgeting by Government*, Federation des Experts Compatibles Europeans.

［50］B. J. Reed, John W. Swain, *Public Finance Administration* ［M］. London：Sage Publications, 1996：50 – 92.

［51］Carpenter and Feroz, "Private Sector Problem Posing as Public Sector Solution" ［J］, *Public Finance and Accountancy*, 2003 (10)：11 – 13.

［52］Baker and Rennie. Public Sectorreformand Accounting Changingin a Cultural Environment, *Paper Presented at Comparative International Government Accounting Research Conference*, France, 2006：1 – 23.

（李春瑜、时杰，中国社会科学院工业经济研究所）

西方创业行为研究回顾及前沿热点

蔡莉

众创是实现创业、创富、创智、创新的最有效途径。然而，近年中小微创业企业的生存报告结果却不容乐观。例如，国家工商总局发布的全国中小企业生存时间分析报告[1]表明：近五成创业企业成立后第三年死亡率升至最高，达到95%，当中还包括短暂创业、再创业、多次创业等不同形式；另外在2014年一项针对江苏的调查也显示，中小微创业者平均仅生存3.8年[2]。社会上对众创也有不同声音[3]，例如，长江商学院廖建文等[4]指出全民创业活动已显现出大众化、同质化和空心化等无法回避的问题。无疑，众创引发了社会上热烈的争论。众创归属创业、创新行为，也是识别商业机会、转化为商业价值的过程，其强烈依赖其发现机遇与有效把握的能力——包含复合动因和交互影响，同时也被证明是一种成功率极低、非全民可为的高风险活动。

一 创业行为学研究前沿

创业行为学是近年新兴学科创业学的重要分支。创业学闯入学界视野，是多重机遇和挑战共同作用的结果，解决的不仅是个别区域或国家，也是互联网时代全球面对的共同社会性问题，力求解决两个重要方面的问题：一是针对贫困、环境恶化等问题[5]而急需创新大胆的解决方案；二是针对人类迄今为止取得成就的"能力陷阱"[6]的反思——因过度着眼于短期回报而畏惧变革性创新，对渐进性创新有所超越。针对提出的大多解决思路和方案，创业便自然成为解决聚焦问题的最佳有效途径之一，对创业行为的研究也逐渐成为学术热点，积极为行为策略引导提供支撑依据和解释基础。

（一）理论研究概貌

截至目前，西方学者已从不同学科、不同视角对创业行为进行了深入研究。

1. 概念界定

创业，学者McMullen, J. S.将其界定为"针对一个具有不确定性的潜在盈利机会的行为反应[7]"，包含两层意思：一是，这些行为能够为企业家带来经济利润（或损失）[8]，对自然环境的保护或破坏，对文化群体的保护或破坏[9]，创造或破坏社会价值[10]。这些界定表明意指：创业行为会带来一系列不同的结果。二是，目前可见研究中，主要是将创业活动作为基本分析单位，探索创业过程系列活动或结果来反向解释创业行为。这两方面内容共同构成了观察创业行为的微观基础，也成为近年全世界对创业活动的关注热点之一[11]。

2. 具体的创业行为研究

由具体的创业行为研究可见，目前学者的成果主要因受到兴趣使然和条件的支配，它们随机分布于创业活动的不同层面或环节，当中可特别明显地划分为两类，一是关注创业行为的最终结果；二是聚焦新创企业的创业活动分析，例如设备器材技术创新、商业模式、资金来源、时代机遇、组织团队、创业文化、关注创业活动和行动之间的相关关系等内容。这些通过分解过程的活动促成了截面观察行为选择与决策，并凸显出创业行为的差异细节。例如，Lumpkin 曾提到，"创业行为的本质是新进入行为，这包括将新产品/服务或现有产品/服务提供给新市场或现有市场。建立新创企业就是一种新进入行为，它可以通过从零开始建立一家新企业来实现，也可以通过现有企业来实现，或通过企业内部创业来实现。"而新进入行为在事实上包括初始时对机会存在的猜测甚至臆断，对潜在机会的改进，并进一步发展为一个较为确定的机会（例如创立一个新组织等活动）。相悖观点认为，这样观察创业行为会存在一定的缺陷，因为创业行为的微小调整可能作为重点会被忽略（尤其在一个较为成熟的创业思维下）；或者创业行为背后的有效逻辑或思维模式作为前提没有被发现[12]。由此，逐渐地有学者开始对创业"机会"进行研究。

3. 创业机会的研究

由于对创业机会一开始没有明确的领域限定，创业机会被自由而混沌地运用于研究者兴趣或研究需要中，包括轮廓式、截面性、立体式等观察方式。轮廓式基本会抛弃原型、按需而虚拟出另一个"机会案例"；截面性创业机会分析虽然具有纵向过程和立体部分细节考察，但缺乏动态变化却无法避免，从而形成对机会断面、线性和粗糙的误解；立体式观察则难于达到全面、细致、深入信息的收集。因此，为了尽量弥补差异性，更为了深达创业行为对真实现实的反映，国外学者借此发展出"机会信念"——相对机会的发现、捕捉、研究的变化本身与程度而言，信念具有相对稳定性，作为可观察变量也可以被度量；还可以在一定程度上捕捉到可能尚未完全形成的"机会"，而这在创业活动中常被忽略或否定。当然，这也变相说明了目前很多撰写出的案例并不贴合对应的现实情况、大有差异的一个重要原因。例如，Gruber[13]等就认为，尤其在企业家对他们所认同的机会描述可能适用于新发现的机会，或已经存在的，以及已经被评估过的机会等情况；而且，这可能会形成一些后果——导致对机会的研究陷入狭隘的境地。尤其在创业活动是商业活动的一部分，其面临着频繁变化，捕捉发现机会本身也在变化。他还举了一个显著的陷入狭隘的例子：在一个研究中采访了 8 个发现了关于一项现存技术（3D 打印）的其他潜在机会的人。事实上，人们所谓的机会其实包括已经形成的机会和尚未完全形成的机会。这说明要通过案例完全仿真其原始面貌基本是不可能完成的。

由此，对创业机会的研究被界定为：是通过认知来完成对创业过程与改善发展机遇的建立；以一定对象的实际参与而完成的动态行为模式，也是现实与理想、理性与想象以特定方式融合、受利益与发展驱使的过程[14]。随着对实践创业行为的深入研究，也逐渐分出主题和边界，包括行为模式、行为动机、影响及研究方式等内容，极大促进了创业案例研究的需求与水准——以原汁原味来进行扩散性学习。

（二）显著热点

经过深入梳理，发现西方创业行为研究主要包含以下内容：创业动机判别、创业机遇识别、创业认知、创业行为效应、影响及评价等几方面，其中对创业行为影响及结果的阐释成果较多，而且，这些讨论中尤其聚焦在新创企业的活动上，但相应研究中对非单一机会的利用[15]则不是十分关注。这些围绕理解创业活动驱动元素、活动、机会、认知等之间关联的讨论，极大促进了细分领域的延展，成为实践创业诠释的重要理论来源，对非行为领域研究也有启示作用。这里将目前上述方面的研究热点作图（见图1）如下。

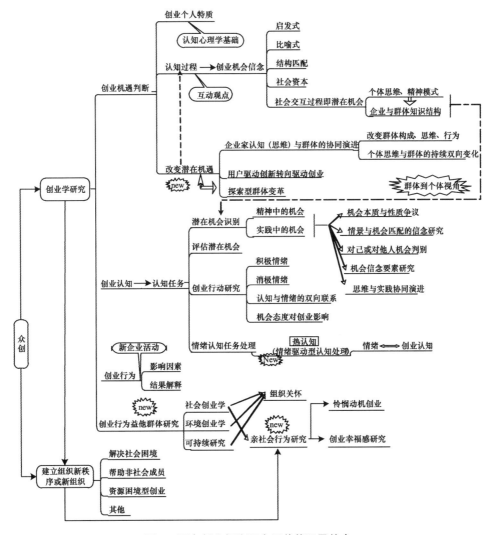

图1　西方创业行为研究目前状况及热点

从图1可见，在创业机会、认知等方面，国内外同步的研究主要是机会态度对创业的影响，可概括为：依据相信或质疑机会的态度进而改变潜在机会从事创业活动的研究等，在这个细分领域关注创业过程活动，如探索未知环境[16]；以组合或重组资源来发掘潜在机会[17]，或为了吸引相关群体的参与[18]，或为了检测关于机会猜想的准确性[19]，或为了建立新组织来利用潜在机会[20]，等等。在讨论这些创业行为的基本模型[21]方面，涉及了先验知识、动机（个人战略）、第三人机会、可行性分析与意愿评估、改进创业活动、建立"机会信念"等内容，这些讨论强调以活动为基础，日渐夯实了创业行为的微观基础理论。这一发展对其他学者开发更稳健的要素、更逼真的研究框架和逻辑非常有利，一定程度上能切实反映创业的现实需要。

目前，类似的稳健要素在我国"众创"或分支研究中有了基本端倪；这有利于发现创业背后非经济利益或物质的动因，可能展示出背后的机会信念、互动、热认知、亲社会行为等，具体阐述如下。

1. 创业机会判别

创业机会识别是创业行为发生的基础，对个创与众创而言并无差别。

首先是识别创业机遇的研究。目前重点主要是研究个体对创业机遇的判断和把握[22]，这方面讨论成果很丰富，它们主要以认知心理学作为理论基础，突出地表现在较多研究集中在对企业家个人特质的讨论上[23]。而群体到个体对于潜在机遇的判别——个体关于潜在机会的思维因群体的反馈而产生变化的过程，或接触到潜在机会何以发生变化[24]等内容的研究，却是相对较少，这既是研究挑战，更是引导"抱团创新"的成就所在。但这些讨论仍积极解释了个体对潜在机遇的关注、解读和评价，有助于提升个人或群体创业的成功几率，或驱动对创新变革行为发生的演进。

其次是创业机会的适合性。由于形成创业认知对创业行为的发生极其关键，且机会信念形成是创业与否的分界线，是创业认知形成和提高、创业行为变化的重要步骤。西方社会学家提到的群体认知、关系资本、成长空间、社会结构转型机遇[25]、环境变化等内容充分说明，形成机会信念的重要环节是：认识到这样的"机会"是自身与社会的交互过程，需要通过将个体知识结构和精神模式进行协同理解并着手规划。由于创业过程非单一主体即可完成，关联到领导行为、参与、支持、意识判断等，聚焦认知心理学内容的理论知识，就涉及动机、认知、情绪、思维模式、知识结构等内容，重要考察点即为考察创业动机与认知等。这一支系的研究证明，人们在形成机会信念时，常常呈现结构一致性的认知过程，这一过程还可能带来思维跳跃，还伴有更高强度的认知活动[26]。这些推动了探索情绪在创业者对重要任务信息认知处理过程中的作用[27]方面的研究，促成了热认知即情绪驱动型认知处理[28]的发展。

最后是改进潜在机遇。关注认知过程与探索改进潜在机遇方面[29]的内容对完善讨论系统性分析有重要作用，例如，将评价创业动机和认知及水平等纳入评估范畴。

创业机会判别对我国众创有几点重要启示。一是创业机遇是构成现实"创业生态系统"与服务系统涉及机遇均等的重要评判准则，存在性或联系观起到积极作用。目前我国学术界尚无这方面的深层讨论。从其基础属性上判断，从最重要的机会信念判别中寻得依据、传递创业的不同信号，在经验驱动和强化下推动并对潜在真实机遇的判断和验证十分容易发生在熟知的人、环境或现象中，从众或模仿性创业行为易发生。在浓厚的创业氛围下，通过潜在机会的存在性心理暗示，会促成发现机会或在情境中创造机会；基于相互联系的缘故进而有些机遇成为潜在机会——这种创业机会的相互作用的观点，这会促成众创形成重要的心理基础，并通过社会媒介或其他力量广泛地植根于群体的思维中，对后续自发行为也有显著的乘数效应。二是推动"互动"创业的形成与发展。群体思维对创业的反馈将显著改变个体的行为选择，尤其当群体被选择和界定后。三是群体对机会所处"世界或环境"的认知改变，简言之，"群体"思维与机会世界有着强大联系的统一性、非分割性：它们可能纵向或横向协同，或波浪式、跳跃式、平行式或其他方式来协同演进。简言之，通过潜在机会这一媒介实现了持续双向的协同变化，例如，创业产生、维持、改进，以及个体如何真正利用这种机会；如果是持续改进的话，双向（个体与群体，群体与群体，企业家与群体，组织与群体等）变化的形式等，就值得引起众创的决策者深思熟虑。故众创会对我国个体与群体带来深远影响和变化。

2. 认知任务的处理

创业认知任务是创业机会识别的处理深化。它不仅促成在关键步骤上的机会信念，还通过热认知进一步改造机会，使之成为可能[30]。

热认知，是应用于创业行为领域、研究情绪影响创业认知的新观点。以往研究中，人们大多所持的观点是个体认知能力是创业行为的一个重要驱动因素[31]，即如果个体拥有足够多的知识，需要迅速做出决策，且具有较高的认知灵活性，则他们更有能力掌握创业过程（如识别、评价以及采取行动）。新近的研究就关注到了积极情绪如何促进创业过程，以及消极情绪如何阻碍创业过程[32]等问题。

由于创业活动的确对情绪存在影响，为了增进对创业学的理解，这方面的研究势必将逐步深化情绪与认知的相互作用等理论内容。尽管目前对于创业认知如何影响情绪知之甚少[33]，但它们之间的双向关系研究有重要意义，主要表现在：在创业氛围下，个体积极情绪的产生对其调整以适应生活具有重要意义；显然地，那些关注积极情绪产生结果的研究部分地在放大影响效果。

这方面，西方学者的思考与笔墨极大关注了积极情绪的复杂来源，比如幸福的婚姻、愉悦的人际氛围、热爱的娱乐活动等，同时也受到突变性的阻碍因素影响，例如环境巨变、不幸遭遇，或突然出现的其他任务以及严重工伤、婚姻及情感问题等导致消极情绪的事件。对其相反的关系，即创业活动在激发情绪方面的作用（包括积极的和消极的情绪），或是探索个体在从事具有挑战性的创业任务时认知和情绪的双向联系等也逐渐被关注到。例如，基于通过研究不同的积极情绪（例如好奇与幸福感）对创业任务实现机制的作用（即如何将新方法与潜在市场需求结构性统一起来的能力）；或者，相比较于对其他机制的影响（如创造力和社会资源建设能力）；积极情绪影响个人注意力的范围及双向影响，对认知过程（创造性、灵活性，以及多样化的问题解决方案）和个人社会资源可得性的影响等。所以，围绕着完成创业任务和积极情绪之间的关系，以及积极情绪对注意力的机制、认知机制和资源机制的影响等就成为崭新的研究问题。正如，一部分企业家们并不总能感觉到自己正在取得进步[34]。其中的一个原因可能是不能产生积极情绪，以致相应的积极情绪能够带来的注意力范围不能扩展，更高的创造力以及社会资源的可得性等影响就不会存在，以及过高水平的积极情绪引发了对绩效的负面效应，使结果变为：注意力范围的缩小，降低认知灵活性与创造性，并带来社会孤立的负面结果[35]。这支系的研究产生另一个话题，即积极情绪能否抵消消极情绪，尤其在面对挑战性创业任务时？

其中，挑战性创业任务与积极情绪的密切关联是认知任务的一个重要内容。随着环境变化，创业行为因素会改变，挑战性任务发生，也标志着潜在机会的产生[36]。创业者在采取创业行为之前，首先需要注意到这些环境变化的信号，并且需要意识到这些变化意味着潜在机会——不是明显的、人人可利用的挑战性任务。"花式皮划艇"就是处理挑战性认知任务的经典案例[37]。一些玩家发现了修改皮划艇运动的潜在机会，于是在这项竞技中加入了多种变式。于是人们开始考虑将这种变体皮划艇运动单独划分出来，成为一项独立的活动。经数次改进后，设计了新型舟体，从而使得这一游戏能够在难度更高的条件下进行，游戏的乐趣成倍增加。随着媒体的关注，又吸引来更多玩家。这个案例表明，人们常常存在用新的方式来满足现有的但是潜在的市场需求，或用现有方法满足新的市场需求，再或者用新的方式满足新的市场需求。可见，挑战性变化与热认知的互动关联常常能促成较大的变革行为——这对当下经济下滑、消费需求结构与供给市场的转型升级有同样的深意。这方面国内支付宝的诞生就是一个经典案例，而且取得了极大成功。

更深入地，成功完成一项认知强度很高的任务更能产生积极情绪[38]。积极心理学观点认为，积极情绪能够促进个体认知任务的绩效，扩展个体所关注事物的范围；提高个体对新信息的接受能力，促进更具有创新性和灵活性[39]的认知过程，从而促进产生更多实体资源、智力资源和社会资源，包括建立新的关系、强化现有关系，等等[40]。可见，情绪的作用扮演着重要的角色，哪怕是瞬间情绪。因此，挑战性的创业任务使创业者建立积极情绪，进而扩展所关注事物的范围以及认知和资源可得性，并能从积极情绪中克服适应性干扰。而且，积极情绪的持有和对后续发展认知及行为将对创业学领域有重要启示，但这方面的研究甚少。目前多数研究关注的是将以企业家的一群人为观察对象所具有的情绪特征（例如高度热情）或特别的认知能力，与以这些特点为基础来阐释创业行为和绩效的差异等。相悖观点认为，认知过程和情绪在整个创业过程中如何随时间变化需要被深入研究，目前研究不足以解释创业者身上不同时点上的差异[41]。

对众创而言，创业者可能还存在经历高水平的积极情绪和高水平的消极情绪的状况，尤其在经济环境不良情况下，其心理变化对创业任务认知能力、后续任务的处理同样很值得探讨。热认知对于创业行为、适应性等的影响和效应将深入改变创业认知这一分支的知识体系。

3. 利他群体创业行为

利己或利他动机分析是西方学者探究创业行为的热点，即回答创业的目的。全面理解这些动机来源，可以明晰支撑人类行为行之更远的内在动机与复杂来源，以及内在变量的关系画面。目前他们从社会创业学、环境创业学以及可持续研究等方面进行过探讨，例如，社会创业学关注创业行为对个人与群体的积极作用[42]；环境创业学的研究者则探讨为什么有些企业家发明创造出了与保护自然环境相关的技术和产品[43]，而另一些企业家则以破坏自然环境为代价来发展自己的企业。对利他群体创业行为动机的分析正日渐深入，因为对引导这些动机的社会管理和服务更显重要性，主要包括组织关怀、亲社会动机等内容的讨论。

首先是组织关怀方面，通常而言，组织关怀的出发点是利他或利社会，是为解决或缓解人们所处困境而存在的建议方案或手段之一。这里的困境指的是："由于疼痛或者失去而产生的一种极度的困境，这种感觉会使个体对自我存在的意义产生质疑"[44]，这些困境产生的原因有：个人的不幸遭遇，与工作相关的事件，或灾害等[45]。这些讨论将跨边界的创业困境行为研究变为热点[46]。在这方面，积极心理学研究讨论如何解决人们所处的困境[47]，突出了社会正能量的积极作用，如通过创业活动建立超越现有日常程序解决社会、组织、个人困境等途径。或建议重构组织[48]，因为组织关怀是"由一系列个人同情所构成的，针对他人所经历的困境的一种集体反应"，那么组织日常工作结构和程序可以通过重新设计来产生解决成员困境的作用。这与世界范围内传统扶困有显著差异，因为传统做法更多关注的是通过现有组织的正常流程实现有效解决组织成员的困境；抑或现存组织的正常流程不足以起到解决困境的作用，或通过新建一个独立组织的方式，甚至一些正常的组织流程[49]无法进行。

对创业行为的政策反应上，西方学者还衍生出"怜悯反应"的议题。尽管传统怜悯的概念大多强调幸运者对不幸者的援助；而创业活动中则包括多样化的"怜悯反应"：创造性拼接[50]、效果推理、即兴行为、身份讨论、创业管理，以及知识走廊[51]、共同负担等内容，关联这些利他动机，学者们发展出有效解决某种困境、获取需要的资源、如何整合这些资源等讨论，例如，探索创业行为如何使得正在经受困境的人们怎样帮助更加不幸的人或提供更好的解决方案[52]。而且，利他群体的创业动机与行为效应、脱困结果也正成为公共问题治理的切入点——组织关怀对于创业行为的重要角色与意义随之凸显，例如，组织同情机制的研究；组织成员间的关系构建；创业成员间如何形成共同意识、共同行为对待成员困境等。建议内容包括，通过重新设计现存的组织结构或者改进流程来解决等，使社会组织和工作流程的改革也纳入讨论范畴。

对众创而言，同样存在困难的，是如何通过组织内或组织外、开放式程序对单个或多个创业者困境做出反应，使其行为及后果与组织彼此间的联系内容及方式面临着组织、结构、流程等方面的变革式创新，对当下众创年代的开启，这需要多个领域的共同关注。

其次是亲社会行为方面，作为近年出现于创业行为学领域的新秀，与组织关怀、亲社会动机一衣带水，是解释和解决创业困境的更高层次内容。Grant 和 Renko 曾指出"亲社会动机是一种暂时性的心理状态，使人们暂时将注意力集中在如何保护和促进他人的福利上"。这一概念一提出便对帮助他人走出困境的创业行为产生积极意义。西方相关成果极力推崇这样的共识：人们希望对他人付出帮助的愿望[53]，或对受助人提供多方面的帮助。

亲社会动机对于众创的价值在于：虽然它是暂时性的，但基于它与企业社会责任的强关联性，则创业者或辅助创业者的内在动机、驱动力、正负作用就值得深入探讨了。同时，怜悯动机型创业，一般会被视为帮助他人解决困境的手段，但是否会在创业活动的各项任务中有不良后果（例如，不择手段、损害社会环境或以牺牲他人为代价）则需要展开动机与创业类型之间的深入研究，这关系创业的初衷、民生福祉、社会资源利用效率，以及内在真实动机的社会后果。总之，什么样的创业关联政策就会引发相应的社会发展效果等。

二　众创行为的关键原则

笔者对众创发展提出以下三方面的关键原则。

首先是要释放创业生态多样性。众创的对象包含不同行业、不同产业、不同组织或个人组成的不同创业组织结构，其目标是要释放个性化、多样性、差异性，以激发持续性，内涵上直指通过创业生态系统的构建，以适应商业竞争规则。

故构建创业生态圈的方向思考，一是确保个性、差异、多样性的生态系统桎梏被逐步解除；二是能为维护合法、正当创业提供及时的"养分"；三是有打击妨碍正当合法创业行为的充分准备。这三方面有利于激发创业者的创客精神，树立积极的热认知和产生亲社会动机及行为，从而释放创业生态多样性需求，并对社会有正向回馈。例如，引导策略中以提高创业认知、凸显社会责任为首要；鼓励自主创建众创生态园；构建多途径提升积极型创业主体的社会认知、能力的渠道；阶段性地升华或过滤创业"有机"生态结构。

其次是有效的互动与沟通。创业是一个集思维、认知、行为、资金、条件、机遇、政策等多元素作用于一体的行动过程。创业者认知任务行动实施的密度、强度和持续性的努力程度，紧密地依赖主导方或所属空间。这里，密度指对于创业认知任务处理的频度；强度指在单位创业任务中，以何种深度的认知水平去解决最优程度的认知任务；持续性是在创业任务的阶段性认知基础上，具备应对不同阶段认知任务的能力，实现累积性效果。通过密度、强度、持续性来引导和实现多途径互动与沟通——了解需要方向、提供或创造更有效的外部条件、改进组织、提升认知、完善途径、优化结构和环境，以帮助创业行为的差异性、多样性、系统性完善。更细致地提供这些方式，例如，专业性的众创扶助组织、创业亲社会群体、深度互动的解决预案、义务的创业载体生态方面的多样性评估提醒、主动性的群体法律辅助等，以此为众创发展留下足够空间。

最后是扩大组织关怀。这不等于简单地慰问或关照。事实上，组织者与创业者之间不是不可替代的主体间关系，而是存在引导、扶助、回馈的内在联系。由于创业"组织感"有利于建立心理归属感（当然，是不是具有"组织感"对于创业更易成功需要展开研究），普遍地扩大组织关怀，有利于在政府、社会、社会组织、社区、非政府组织与创业者之间建立起更和谐的内部联系，也更容易产生回馈效应。但不是要无边界地扩大组织关怀，一是因时因地因事视不同众创空间情况而定，可以是物质关怀，也可以是非物质关怀，这样促使创业者产生积极心理动力和行为，这在我国虽不少见，但还不能仅限于此，例如，组织性免费的就业经营状况评估和指导就很缺乏；二是增加创业者多承担和扮演组织者的可能性，从而使其他创业者有组织者角色的体验，在扩大组织关系的有限边界基础上，最大可能地创造这种关怀及体验。由于不同众创所处组织关怀边界不同，加之目前对此并无相应规定，故在围绕发掘更多不同类型的组织关怀上可以大做文章。

综上，西方创业行为实践与研究虽与我国情境有差异，但其先行的经验和启示值得我国众创取其理论探索的精华，可以避免过多将创业创新行为研究局限于表面、简单绩效评价和过度量化的风险，而是从广角开启更大空间。

参考文献：

［1］国家工商总局：《全国内资企业生存时间分析报告》（2013）（2014）。

［2］蔡莉、梅强：《小微企业智力资本创新力与区域创新氛围的贡献研究——以江苏省小微企业为例》，《科技管理研究》2015 年第 9 期。

［3］中国企业家俱乐部：《阎焱为啥唱反调，坚定反对全民创业？》，http：//www. aiweibang. com/yuedu/41228156. html，2015 年 7 月 31 日。

［4］廖建文、崔之瑜：《警惕！全民创业热潮背后暗藏着三大危险》，http：//newshtml. iheima. com/2015/0612/150006. html。

［5］Dorado，S.，Ventresca，M. J.，"Crescive Entrepreneurship in Complex Social Problems：Institutional Conditions for Entrepreneurial Engagement"，*J. Bus. Ventur*，2013，Vol. 28，（1）：69 – 82.

［6］Levitt，B.，March，J. G.，"Organizational Learning"，*Annu. Rev. Sociol*，1988（14）：319 – 340.

［7］McMullen，J. S.，Shepherd，D. A.，"Entrepreneurial Action and the Role of Uncertainty in the Theory of the Entrepreneur"，*Acad. Manag. Rev*，2006（31）：132 – 152.

［8］Klein，P. G.，"Opportunity Discovery，Entrepreneurial Action，and Economic Organization"，*Strateg. Entrep. J.*，2008（2）：175 – 190.

[9] Khan, F. R., Munir, K. A., Willmott, H., "A Dark Side of institutional Entrepreneurship: Soccer Balls, Child Labour and Postcolonial Impoverishment", *Organ. Stud*, 2007 (28): 1055 – 1077.

[10] Autio, E., Dahlander, L., Frederiksen, L., "Information exposure, opportunity evaluation, and entrepreneurial action: an investigation of an online user community", *Acad. Manag. J.* 2013 (56), 1348 – 1371.

[11] Mitchell, J. R., Shepherd, D. A., "To thine own self be true: images of self, images of opportunity, and entrepreneurial action", *J. Bus. Ventur.* 2010. 25, 138 – 154.

[12] Lumpkin, G. T., Dess, G. G., "Clarifying the entrepreneurial orientation construct and linking it to performance", *Acad. Manag. Rev.* 1996 (21), 135 – 172.

[13] Gruber, M., MacMillan, I. C., Thompson, J. D., "Escaping the prior knowledge corridor: what shapes the number and variety of market opportunities identified before market entry of technology start-ups?", *Organ. Sci.* 2013 (24), 280 – 300.

[14] Delmar, F., Shane, S., "Legitimating first: organizing activities and the survival of new ventures", *J. Bus. Ventur.* 2004. 19, 385 – 410.

[15] Brown, S. L., Eisenhardt, K. M., "The art of continuous change: linking complexity theory and time-paced evolution in relentlessly shifting organizations", *Adm. Sci. Q.* 1997 (42), 1 – 34.

[16] Baker, T., Nelson, R. E., "Creating something from nothing: resource construction through entrepreneurial bricolage", *Adm. Sci. Q.* 2005 (50), 329 – 366.

[17] Haefliger, S., Jäger, P., Von Krogh, G., "Under the radar: industry entry by user entrepreneurs", *Res. Policy*, 2010 (39), 1198 – 1213.

[18] Brettel, M., Mauer, R., Engelen, A., Küpper, D., "Corporate effectuation: entrepreneurial action and its impact on R&D project performance", *J. Bus. Ventur.* 2012 (27), 167 – 184.

[19] Davidsson, P., Honig, B., "The role of social and human capital among nascent entrepreneurs", *J. Bus. Ventur.* 2003 (18), 301 – 331.

[20] Autio, E., Dahlander, L., Frederiksen, L., "Information exposure, opportunity evaluation, and entrepreneurial action: an investigation of an online user community", *Acad. Manag. J.* 2013 (56), 1348 – 1371.

[21] Tang, J., Kacmar, K. M., Busenitz, L., "Entrepreneurial alertness in the pursuit of new opportunities", *J. Bus. Ventur.* 2012 (27), 77 – 94.

[22] Cornelissen, J. P., Clarke, J. S., "Imagining and rationalizing opportunities: inductive reasoning and the creation and justification of new ventures", *Acad. Manag. Rev.* 2010 (35), 539 – 557.

[23] Shalley, C. E., Perry-Smith, J. E., "The emergence of team creative cognition: the role of diverse outside ties, sociocognitive network centrality, and team evolution", *Strateg. Entrep. J.* 2008 (2), 23 – 41.

[24] West, G. P., "Collective cognition: when entrepreneurial teams, not individuals, make decisions", *Enterp. Theory Pract.* 2007 (31), 77 – 102.

［25］ Gregoire, D. A. , Barr, P. S. , Shepherd, D. A. , "Cognitive processes of opportunity recognition: the role of structural alignment", *Organ. Sci.* 2010 (21), 413 – 431.

［26］ Catrambone, R. , Holyoak, K. J. , "Overcoming contextual limitations on problem-solving transfer", *J. Exp. Psychol. Learn. Mem. Cogn.* 1989 (15), 1147.

［27］ Cardon, M. S. , Foo, M. D. , Shepherd, D. , Wiklund, J. , "Exploring the heart: entrepreneurial emotion is a hot topic", *Enterp. Theory Pract.* 2012 (36), 1 – 10.

［28］ Bryant, P. , "Self-regulation and decision heuristics in entrepreneurial opportunity e-valuation and exploitation", *Manag. Decis.* 2007 (45), 732 – 748.

［29］ Cornelissen, J. P. , Clarke, J. S. , "Imagining and rationalizing opportunities: in-ductive reasoning and the creation and justification of new ventures", *Acad. Manag. Rev.* 2010 (35), 539 – 557.

［30］ Gregoire, D. A. , Corbett, A. C. , McMullen, J. S. , "The cognitive perspective in entrepreneurship: an agenda for future research", *J. Manag. Stud.* 2011 (48), 1443 – 1477.

［31］ Davidsson, P. , "The domain of entrepreneurship research: some sugges-tions. Advances in Entrepreneurship", *Firm Emergence and Growth.* 2003 (6), 315 – 372.

［32］ Grichnik, D. , Smeja, A. , Welpe, I. , "The importance of being emotional: how do emotions affect entrepreneurial opportunity evaluation and exploitation?" *J. Econ Behav. Or-gan.* 2010 (76), 15 – 29. Foo, M. – D. , Uy, M. A.

［33］ Kuratko, D. F. , Hornsby, J. S. , Covin, J. G. , "Diagnosing a firm's internal en-vironment for corporate entrepreneurship", *Bus. Horiz.* 2014 (57), 37 – 47.

［34］ Fredrickson, B. L. , "The role of positive emotions in positive psychology: the broaden-and-build theory of positive emotions", *Am. Psychol.* 2001 (56), 218.

［35］ Foo, M. – D. , Uy, M. A. , Baron, R. A. , "How do feelings influence effort? An empirical study of entrepreneurs' affect and venture effort", *J. Appl. Psychol.* 2009 (94), 1086.

［36］ Tripsas, M. , Gavetti, G. , "Capabilities, cognition, and inertia: evidence from digital imaging", *Strateg. Manag. J.* 2000 (21), 1147 – 1161.

［37］ Ucbasaran, D. , Westhead, P. , Wright, M. , "Opportunity identification and pursuit: does an entrepreneur's human capital matter?", *Small Bus. Econ.* 2008 (30), 153 – 173.

［38］ Derryberry, D. , Tucker, D. , "Motivation, self-regulation, and self-organiza-tion", *Dev. Psychopathol.* 2006. Vol. 2, 502 – 532.

［39］ Baumann, N. , Kuhl, J. , "Positive affect and flexibility: overcoming the preced-ence of global over local processing of visual information", *Motiv. Emot.* 2005 (29), 123 – 134.

［40］ Belschak, F. , Verbeke, W. , Bagozzi, R. P. , "Coping with sales call anxiety: the role of sale perseverance and task concentration strategies", *Acad. Mark. Sci.* 2006 (34), 403 – 418.

［41］ Grégoire, D. A. , Shepherd, D. A. , "Technology-market combinations and the i-dentification of entrepreneurial opportunities: an investigation of the opportunity individual nex-us", *Acad. Manag. J.* 2012 (55), 753 – 785.

［42］ McMullen, J. S. , "Delineating the domain of development entrepreneurship: a market-based approach to facilitating inclusive economic growth", *Enterp. Theory Pract.* 2011 (35), 185 – 193.

[43] York, J. G., Venkataraman, S. "The entrepreneur-environment nexus: uncertainty, innovation, and allocation", *J. Bus. Ventur.* 2010 (25), 449 – 463.

[44] Rynes, S., Bartunek, J., Dutton, J., Margolis, J., "Care and compassion through an organizational lens: opening up new possibilities", *Acad. Manag. Rev.* 2012. 37, 503 – 523.

[45] Dutton, J. E., Workman, K. M., Hardin, A. E., "Compassion at work", *Annual Review of Organizational Psychology and Organizational Behavior.* 2014. Vol. 1, pp. 277 – 304.

[46] Powley, E. H., "Reclaiming resilience and safety: resilience activation in the critical period of crisis", *Hum. Relat.* 2009 (62), 1289 – 1326.

[47] Dutton, J. E., Workman, K. M., Hardin, A. E., "Compassion at work", *Annual Review of Organizational Psychology and Organizational Behavior.* 2014 (1), 277 – 304.

[48] Majchrzak, A., Jarvenpaa, S. L., Hollingshead, A. B., "Coordinating expertise among emergent groups responding to disasters", *Organ. Sci.* 2007. 18, 147 – 161.

[49] Miller, T. L., Grimes, M. G., McMullen, J. S., Vogus, T. J., "Venturing for others with heart and head: how compassion encourages social entrepreneurship", *Acad. Manag. Rev.* 2012. 37, 616 – 640.

[50] Baker, T., Miner, A. S., Eesley, D. T., "Improvising firms: bricolage, account giving and improvisational competencies in the founding process", *Res. Policy*, 2003 (32), 255 – 276.

[51] Shepherd, D. A., Williams, T. A., "Local venturing as compassion organizing in the aftermath of a natural disaster: the role of localness and community in reducing suffering", *J. Manag. Stud.* 2014. Vol. 51 (6), 952 – 994.

[52] Rynes, S., Bartunek, J., Dutton, J., Margolis, J., "Care and compassion through an organizational lens: opening up new possibilities", *Acad. Manag. Rev.* 2012 (37), 503 – 523.

[53] Grant, A. M., "Does intrinsicmotivation fuel the prosocial fire? Motivational synergy in predicting persistence, performance, and productivity", *J. Appl. Psychol.* 2008 (93), 48.

[54] Grant, A. M., Berry, J. W., "The necessity of others is themother of invention: intrinsic and prosocial motivations, perspective taking, and creativity", *Acad. Manag. J.* 2011, 54, 73 – 96.

[55] Renko, M., "Early challenges of nascent social entrepreneurs", *Enterp. Theory Pract*, 2013 (37), 1045 – 1069.

[56] Davidsson, P., "The domain of entrepreneurship research: some suggestions. Advances in Entrepreneurship", *Firm Emergence and Growth.* 2003. 6, 315 – 372.

[57] Romani, L., Primecz, H., Topçu, K., "Paradigm interplay for theory development: amethodological example with the Kulturstandardmethod", *Organ. Res. Methods.* 2011, 14 (3), 432 – 455.

[58]［美］彼得·蒂尔、布莱克·马斯特斯：《从 0 到 1：开启商业与未来的秘密》（*Zero to One：Notes on Startups，or How to Build the Future*），高玉芳译，中信出版社 2015 年版。彼得·蒂尔（Peter Thiel），被誉为硅谷的天使，投资界的思想家。1998 年创办 Pay Pal 并担任 CEO，2002 年将 Pay Pal 以 15 亿美元出售给 eBay，把电子商务带向新纪元。他成立了蒂尔奖学金（Thiel Fellowship）鼓励年轻人在校园之外学习和创业。他还成立了蒂尔基金（Thiel Foundation），推动科技进步和对未来的长远思考，被喻为"创投教父"。

（蔡莉，江苏大学管理学院工商系）

第四篇

论文荟萃

工商管理·企业管理

【国有企业并购中"自大效应"的量化研究】

黄群慧（中国社会科学院工业经济研究所），孙亮（中国社会科学院研究生院），张娟（北京联合大学）

《经济与管理研究》2015年第6期

12千字

企业并购的主要动机源于协同效应、自大效应和委托—代理效应，国有企业由于其高度集中的股权结构以及特殊的治理结构，委托—代理效应对其并购的驱动作用非常弱，而协同效应和自大效应则很明显。作者从企业并购过程中的利润增量变化率与自大效应成负向比例关系出发构建数学模型，并得出结论：公司管理者存在明显的自大效应，该效应会给并购方的整体绩效带来负效应。自大效应是国有企业的主要并购动机之一，同时还包括协同效应和委托—代理效应。通过研究国有企业董事长的产生及董事会的决策模式后发现，国有企业并购动机主要来源于自大效应和协同效应。根据并购的自大效应与并购企业利润增量的变化率之间具有负向比例关系构建模型后，并购企业的自大效应与初始自大效应溢价和利润增量，以及并购企业的流动资产有密切关系：当利润增量为正时，自大效应溢价是逐渐减少的，当利润增量为负时，自大效应溢价是逐渐增加的。同时，如果并购企业的流动资产远远大于初始自大效应溢价量，自大效应对并购企业的影响比较小，反之会比较明显。随着利润增量先降后升

后降，并最终趋近于零，自大效应溢价便随之先升后降，最终趋于零。文章还以中海油并购加拿大尼克森石油公司为例，计算出了某特定时刻的自大效应溢价与协同效应收益。

（李鸿磊）

【企业员工持股的制度性质及其中国实践】

黄速建、余菁（中国社会科学院工业经济研究所）

《经济管理》2015年第4期

15千字

员工持股制度既是利润分享制度的一种形式，又是员工参与企业治理、实现民主管理的制度安排。该文立足员工持股的两种制度属性以及企业员工持股在国内外的多种实践形式，结合对宁波案例企业的调研情况，探讨了对中国企业员工持股制度实践方向的几点认识。

第一，中国企业推行员工持股，要紧密结合企业自身的发展实际需要，政府政策不应该给太多的条条框框，以免造成市场扭曲。

第二，中国企业要大力发展员工持股的多种实现形式，有效的员工持股方式不仅没有标准模板，还应结合企业发展不同阶段的动态需要而发生变化。

第三，员工持股制度，在我国情境下，更多被视作为一种经济激励制度，它并不像美国ESOP计划那样表现为一种面向广泛的员工群体的福利制度。

第四，中国企业较多地将员工持股视

为一种经济激励性的制度安排，而不是促进和改良社会治理的民主管理制度，员工持股对促进员工参与公司治理和民主管理的作用不明显。

第五，我国企业实行员工持股，推动员工的劳动者角色与投资者角色合而为一时，应坚持"广泛参与""突出重点"又"相对均衡"的实践方针。

第六，员工持股制度有其有限的适用性问题：有的企业不需要或不应该推行员工持股制度。员工持股有它的门槛，不是任何企业都能成功推行。

最后给出了针对中国企业员工持股制度设计的6点政策建议：

第一，如果没有像美国那样一种员工的经济利益长期化的体制机制作依托，中国不具备为企业员工持股提供系统性的政策激励的制度基础。

第二，在促进员工持股的长期性的体制机制没有建立起来之前，对员工持股的激励政策应主要靠市场主体之间自愿协商。

第三，要遵循规范操作、强化公司信息披露和倡导员工参与民主管理的方针。一方面避免只采用内部协议方式不履行工商变更等法律手续、限制，通过资管计划等金融工具绕开监管的不规范做法；另一方面有关部门应该轻审批、重合规，从体制机制上保障和发展"阳光化"员工持股。

第四，在规范操作和严格信息披露的前提下，放开对公司高管或员工持股数量或持股比例以及公司业绩条件等各方面因素的限制。

第五，国有企业宜于在推行混合所有制改革时实施员工持股计划。

第六，建议研究发布指引性政策，帮助和引导实行员工持股的企业不断完善股权结构和规范公司治理。

（李亚光）

【我国国有企业规模与研发强度相关性研究】

邹国平、刘洪德、王广益（哈尔滨工程大学经济管理学院）
《中国社会科学》2015年第12期
18千字

我国国有企业大多处于关系国家安全和国民经济命脉的重要行业和关键领域，担负着提高自主创新能力、建设创新型国家的重任。该文整理2013年中央企业上市公司及子公司微观数据，运用分位数回归模型，分别使用不同企业规模衡量指标，着重研究国有企业研发强度与企业规模之间的关系，从而为探索国有企业创新规律，提高国有企业创新能力和创新效率提供理论依据。

结果发现，使用不同的企业规模指标，得到了大体一致的结论，即以企业员工总数和企业销售额为规模指标更能反映企业规模对研发强度的作用；使用企业员工总数作为企业规模指标，企业创新投入强度较小时，研发强度与规模之间呈显著正相关关系，即企业研发强度随着企业规模的增大而增大，企业在扩大规模的同时注重依靠新技术的应用、新产品的投放来获取市场份额，从而扩大企业规模，此时的企业规模与研发强度之间相互作用，相互促进。随着企业员工总数不断上升，企业依赖于做大规模、增加产量以抢占市场份额，忽视创新投入，产品更新慢。以企业销售额为规模指标时，企业研发强度与规模之间则始终呈现负相关的关系，企业营业收入总额的增加不但没有提高企业研发强度，反而使研发强度不断下降。这主要是因为企业将大部分资源用于扩大规模，对研发创新资源投入具有挤出效应；同时，市场势力逐步增强，甚至垄断市场，导致其逐步失去创新动力，降低了创新投入。

创新是企业发展的长期动力，根据分析结果，中央企业提高研发强度，首先，要加大研发创新投入，保证企业具有充足的科技供给，加强对中央企业创新资源监管，优化创新资源配置；其次，中央企业应当在保证国有经济控制力的基础上将企业规模控制在合理的范围内，保证适当的市场竞争程度，树立企业的危机意识，促使企业经营者在竞争压力下提高创新投入；最后，要建立健全中央企业经营者的培育、成长和选拔任用机制，聘用富有企业家精神的企业经营管理者，形成企业家群体的创新效应和氛围。

（邱永辉）

【中国企业高管薪酬差距研究】

方芳、李实（北京师范大学经济与工商管理学院）

《中国社会科学》2015年第8期

20千字

中国收入分配差距持续扩大、收入分配不公进一步恶化等现象起了学术界和政府决策部门越来越多的关注。该文利用2005—2012年中国上市公司数据对企业高管薪酬差距及其变化趋势进行了分析，对高管薪酬差距的影响因素进行了估计，主要有以下发现。

第一，中国企业之间高管薪酬差距较大，在多数年份甚至高于企业间一般员工的工资差距。导致高管薪酬差距扩大的主要因素，既有企业规模的不同，也有企业盈利水平的差异，还有区域差异，更有行业之间的差别。所有制并不是解释高管薪酬差距的主要因素，主要原因在于少数企业高管的超额薪酬。

第二，2005—2012年企业之间高管薪酬差距呈先急剧扩大后逐渐缩小的走势。波动的主导因素是少数金融企业高管薪酬水平的大起大落；高管薪酬差距缩小的主要因素是政府对国有企业高管的限薪政策。中央政府对国有企业高管薪酬加以约束，将有助于抑制全社会企业高管薪酬的过快增长。在同

一波动中，国有上市公司高管薪酬的决定机制与非国有公司仍有明显差别，但是两者都经历了高管薪酬差距的大起大落。

第三，国有企业与非国有企业在高管薪酬的决定机制方面存在差异。国有企业更多地将高管薪酬与企业盈利联系在一起，反映了国企管理中"绩效挂钩"的特点；而非国有企业更多地将高管薪酬与企业规模联系起来。"绩效挂钩"的管理方式之所以导致国有企业高管薪酬的过快增长和过大的薪酬差距，是因为存在信息不对称的弊端。

第四，国有企业高管薪酬决定机制及公司治理结构，并没有在缓解高管薪酬过快增长和缩小薪酬差距方面发挥应有的作用。关于公司治理结构的改善，有助于抑制高管薪酬过快增长和高管薪酬差距扩大的一般观点，没有发现充分实证支持。意味着公司治理结构的建设和完善在我国仍是一项长期任务，需着力解决。

第五，金融企业高管的高薪酬是解释整体高管薪酬差距的重要因素。打破金融业的行政性垄断，将能有效地平抑金融企业高管薪酬的过快增长。

第六，上市企业的信息披露，可能会带来拟上市公司与已上市公司高管薪酬的"相互攀比"，新上市公司的高管薪酬往往高于现有上市公司的高管薪酬。这也成为高管薪酬差距不断扩大的推动因素。

（李亚光　邱永辉）

【企业转型升级：中国管理研究的前沿领域——基于SSCI和CSSCI（2002—2013年）的文献研究】

毛蕴诗（中山大学管理学院/中山大学企业与市场研究中心），张伟涛（中山大学管理学院），魏姝羽（中山大学管理学院）

《学术研究》2015年第1期

17千字

以国内外对企业转型和企业升级的研

究文献为对象，从研究文献的类型与研究问题两个维度，对 SSCI 和 CSSCI 近 12 年（2002—2013 年）来发表的研究文献进行分析研究，总结其研究特点与趋势。在此基础上，对企业转型升级的概念、动因、全球价值链、战略与路径、转型升级的风险 6 个方面进行综述，力图展示该领域研究现状的全貌，并就与之有关的若干前沿问题进行探讨。文章着重论述了企业转型升级的相关理论，重新认识全球价值链及其有关的国际分工理论，立足中国优秀企业丰富的转型升级实践与创新进行理论探讨与构建，共得到以下 4 点结论。

第一，从研究内容看，其理论研究还远不够深入，许多前沿问题值得探讨。

从问题导向的角度看，现有研究对企业转型升级的概念、动因、全球价值链、战略与路径、转型升级的风险 6 个方面进行了一定的探讨，但其理论研究还远不够深入，研究质量有待提高，特别是在如何结合我国情况进行研究方面还有许多工作要做。

第二，从研究的方法来看，对新兴经济体企业转型升级的经验研究有待加强。

很少有学者对企业转型升级进行独立的量表开发，提出一套可量化的评价标准，并嵌入企业转型升级的实证研究与匹配分析。在案例研究方面，未来可以增加对失败案例的研究，尤其通过正反案例之间的参照对比，进一步探析企业转型升级的影响因素及作用机理，使企业转型升级的理论更具解释力和实践性。

第三，如果把企业转型界定在业务层面而不涵盖组织层面，那么转型与升级的内涵是一致的。

国外并无转型升级术语（转型与升级是各自使用的），而国内则从未对企业升级、企业转型、企业转型升级三个概念进行界定与梳理，因而存在转型与升级的混淆，如果把企业转型界定在业务层面而不

必涵盖组织层面，那么企业行为中的转型与升级是紧密联系在一起的。既没有必要，也没有可能将二者截然分开，特别是转型升级。

第四，立足新兴经济体的实践重新认识全球价值链理论，进行理论探讨与建设。

全球价值链理论在企业转型升级研究中得到了较广泛的应用。而基于该理论的全球价值链则只是单从一个维度对企业活动进行描述，并未指出价值链各环节的附加值高低情况，因而无法衡量企业转型升级的效果，对企业转型升级的解释能力较为有限。事实上由台湾企业家施振荣（1996）提出的微笑曲线模型是新兴经济体企业转型升级实践的独特产物。微笑曲线在原来单一价值链维度的基础上增加了附加值维度，因此更能解释新兴经济体企业转型升级的现象。

（李蕾）

【后发追赶背景下"引智"学习促进企业升级的机制研究——基于珠江钢琴1987—2013 年嵌套式纵向案例分析】

罗顺均、李田、刘富先（中山大学管理学院）

《管理世界》2015 年第 10 期
28 千字

后发追赶背景下，本土企业获取外部知识来弥补自身的不足已成为促进企业升级的重要路径。伴随着外部知识获取研究的深入，有学者近来开始关注到"引智"学习方式研究。为打开企业通过"引智"学习促进企业升级这一过程黑箱，该文通过以珠江钢琴为背景的嵌套式案例研究发现：首先，"引智"方式经历了一个动态演进过程，从注重简单灵活的问题导向方式演变为注重系统性的项目导向方式，最后演变为注重长期性的内化导向方式。其次，组织惯例作为组织认知和行为的结合体，对于企业通过"引智"学习活动推动

企业升级产生了重要的影响。在企业后发追赶的过程中,外部环境因素和内部吸收能力共同驱动"引智"学习方式的演进。最后,组织惯例生成显著提升了企业技术能力,拓展了市场空间,进而反馈作用于企业面临环境压力和吸收能力,引导企业进入新阶段的"引智"学习和企业升级。

该文的理论贡献有4方面:第一,打破了以往"引智"学习的静态研究视角,从动态的演进视角出发,剖析基于连续或差异情景"引智"方式演变过程,为后续"引智"学习研究提供了基础。第二,以"引智"学习获取知识为突破口,厘清了基于借鉴学习促进惯例生成的过程,从而深化了组织学习、组织惯例研究。第三,研究发现战略任务指导和平台空间支撑角度将外部权变视角和内部权变视角联系起来,从而为后续学习和创新方式演变的驱动机理提供了一个较好的视角。第四,探讨了企业升级绩效提升对于改善企业面临环境和提升吸收能力的重要作用,这就是"引智"学习的反馈机制。同时丰富了企业行为理论中有关反馈机制的研究。更进一步地,正是在反馈机制作用下,企业"引智"方式呈现出动态演进过程。

该文的管理启示包括3方面:首先,企业管理者在关注企业并购、合资合作等知识获取方式的同时,也应注意"引智"学习方式,或者多种学习方式的组合。其次,在选择"引智"学习方式时,管理者应该同时考虑企业自身吸收能力和面临的外部环境压力,且应根据企业不同发展阶段的具体情况,选择与之匹配的"引智"方式,尤其要把组织内部学习和外部学习完美地统一起来。最后,在"引智"学习过程中,管理者应努力营造开放心智环境,鼓励企业员工将专家引入知识与企业实践结合起来,不断提升企业认知结构和水平,并逐步引导形成指导企业行为的各项惯例。

(李蕾)

【互联网时代的商业模式创新——价值创造视角】

罗珉、李亮宇(西南财经大学企业管理研究所)
《中国工业经济》2015年第1期
17千字

在互联网时代,传统的价值链中以供给为导向的商业模式正在逐渐走向消亡,以需求为导向的互联网商业模式和价值创造正在出现。针对这种情况,该文提出了互联网时代商业模式概念并对其关键要素如社群、平台、跨界、资源聚合和产品设计进行了描述。讨论了商业模式的主要隔离机制已经由技术研发转为社群平台,并在此讨论基础上提出了互联网时代的商业逻辑——社群逻辑下的平台模式。然后,基于社群平台模式,从价值创造的视角出发,讨论了互联网经济与传统工业经济价值创造在载体、方式与逻辑方面的差异。最后,从租金的角度分析商业模式的内在驱动力,并对不同时代下企业经济租金几种形式(彭罗斯租金、李嘉图租金和熊彼特租金)的变化做出了解释。在此基础上,阐述了互联网时代连接的重要性,指出连接满足了顾客深层次的需求,进而揭示了互联网时代的商业模式追逐的是连接红利。主要发现如下。

第一,互联网时代的社群平台具有极强的生命力,是商业模式创新的坚实基础。虽然厂商与消费者在共创价值的过程中,消费者会分享一部分价值,但由于突破了能力边界,产品的内涵和外延获得极大提升,其价值创造的能力获得了几何倍数的增强。随着社群平台的进一步发展,在未来价值载体的发展上,传统的供应端与消费端会得到极大的融合,供应端将成为两端沟通的平台提供商,而产品的设计乃至生产将由供应端与消费端共同决定。互联网颠覆了以往的商业模式,跨界协作成为商业新常态。

第二，互联网时代的厂商面对的环境已经发生了重大改变，价值创造的方式、商业模式的创新和租金获取方式也发生了变化，而背后的原因有三：一是过去供方的单向输出流动被供需双方的双向交换流动替代；二是社群平台替代技术研发和渠道作为企业的主要隔绝机制，社群成为了企业的异质性资源，并对产品设计产生决定性影响；三是提升价值的方式发生了改变，从以前增强产品的使用价值变成了强化对产品使用价值的感知，强调顾客体验并且衍生出了新的租金——连接红利。而在这次变革中，经济增长的方式也从斯密增长转变成了熊彼特增长。

（李亚光）

【平台领导权获取的方向盘模型——基于利丰公司的案例研究】

刘林青、谭畅、江诗松、雷昊（武汉大学企业战略管理研究所）

《中国工业经济》2015 年第 1 期
17 千字

通过对利丰公司从面临被淘汰的中介角色逐步发展为平台生态圈领导者这一过程的研究，该文构建起焦点企业赢得平台领导权的"方向盘模型"，包括提出系统性价值主张、去物质化、扩网和聚核四个关联行动。它们共同构筑了一个丰富的备用行动集合，在不断壮大平台生态圈的同时，推动焦点企业螺旋上升，从边缘到核心。这一动态过程具体如下：焦点企业提出的系统性价值主张会带来伙伴对其依赖的非线性增长；对此，焦点企业需主动去扩大网络，促使这一价值主张中的共同依赖和网络效应的作用机制充分发挥起来：网络扩大使得焦点企业将新的信息资源去物质化：去物质化可带来系统中的价值向焦点企业集聚，丰富其价值主张，如此往复循环。方向盘模型中系统性价值主张界定了焦点企业的权力边界，去物质化塑造了焦点企业的业务边界，扩网和聚核则是促使焦点企业系统性价值主张发挥作用的双元行动，平衡着生态圈内部的"向心力"和"离心力"。就理论发展而言，该文推动了资源依赖理论在网络层面的拓展，方向盘模型表明存在增加相互依赖影响权力不平衡甚至出现权力关系逆转的路径。

该文基于资源依赖理论采用二元思路研究平台生态圈中的权力关系，提出增加依赖与减少抵制并举，对企业有重要的管理启示：在利丰公司看似"无意"地走向网络核心的例子里，其实背后都蕴藏着企业的"有心"。这样做的关键是在不断增加系统成员对自身依赖的同时，需要有策略地应对平台生态圈中其他成员的抵制行为。当企业的竞争性行动显著影响其竞争对手时，会引发竞争对手的竞争性反应。因此，企业在市场竞争中，更为理性的策略是发现降低竞争性反应的途径，避免直接冲突加剧竞争双方的紧张关系，做到让对方看似"无心"。利丰公司也是凭借最初边缘的弱势位置和渐进式的聚核行为而减少了争取平台领导权过程中的阻力。如今，社会分工专业化与商业经济全球化的趋势更加明显，单个企业难以在市场中孤立存在，商业生态圈将更加兴盛，企业间的互相依赖关系更显重要，企业应以"双赢"的理念对自身的竞争关系进行管理，制定适用于自身情况的优质竞争行动，这样既能增加自身在网络关系中的不可替代性，又能延迟或限制竞争者竞争性反应的行动。在平台生态圈的形成过程中，增加依赖和减少抵制是一对看似矛盾的存在。管理者需要拥有整合两种策略的精华为一体的能力，将看似对立的两者结合自身所处的环境和自身现状巧妙地实施，这一过程可以借鉴利丰公司等类似企业的成功经验。

（李亚光）

【平台型网络市场"平台—政府"双元管理范式研究——基于阿里巴巴集团的案例分析】

汪旭晖、张其林（东北财经大学工商管理学院）

《中国工业经济》2015 年第 3 期
17 千字

以 eBay、阿里巴巴集团为代表的平台型网络交易引起了学者的兴趣与思考，如何规范平台型网络交易却少有人关注。应该将网络交易平台视为特殊的市场而非纯粹的企业，但是目前平台型网络市场管理并无现成经验可供借鉴，单边市场、传统市场、国外平台型网络市场的管理范式均无法简单地移植到我国平台型网络市场上来。平台型网络交易受到平台规则与法律规定双重约束，形成"平台—政府"双元管理范式。该文以阿里巴巴集团为例，系统阐释了"平台—政府"双元管理范式下的平台资源配置、平台定价、税务征管、外部监管以及内部管理。研究发现：

第一，在平台型网络市场中，平台资源配置方式的演化过程与平台型网络市场生命周期密切相关。涌现型市场经历平台干预到市场主导的演化过程，而单边市场演化型与多平台扩展型市场可能直接采取市场主导方式，不再经历两种方式的交替演化。

第二，平台定价经历了免费定价向歧视性定价的演化过程，同时在平台定价的基础框架内部还可以嵌套其他定价方式。

第三，税务征管，"平台—政府"双元征管模式将成为未来发展趋势，同时还需要考虑其他现实操作性问题：（1）O2O模式的套利问题；（2）中央分税制与地域监管体制；（3）税基的确立问题；（4）境外用户的税务征管问题等。

第四，平台参与外部监管有助于提升监管效率，但必须关在政府法制建构的"笼子"里。不同于政府参与市场交易的边界由市场、政府的互补关系确定，平台型网络市场的外部监管边界由平台、政府的从属关系确定，要求法制框架下的平台、政府通力合作。

第五，平台型网络市场内部管理的"企业化运营""社会化管理"成为必然。企业参与平台开发运营能够大大提高效率，政府参与内部管理有助于保障市场稳定。但是，平台型网络市场的社会化管理切忌搞"一刀切"，应该根据市场占有率、平台用户数量等指标合理划分不同平台企业，仅将取得一定市场地位的平台企业纳入双元管理范畴。不同于单边市场的内部管理边界以横向内容为轴，平台型网络市场的内部管理边界以纵向发展为轴，要求政府加强垄断性规制与公共性管理。

（李亚光）

【互联网时代的流通组织重构——供应链逆向整合视角】

谢莉娟（中国人民大学商学院）
《中国工业经济》2015 年第 4 期
17 千字

随着互联网对拉式生产变革和供应链整合趋势的加速推进，流通组织在大型制造商去中间化的渠道变革中逐步陷入微利运行甚至疲于奔命的发展困境。该文认为，供应链逆向整合是流通组织应对互联网时代的"脱媒"冲击、推动产业组织整体再造的新式路径。基于大型流通组织的全球供应链管理经验，该文提炼了零售制造商的基本模式和关键优势，进而结合其应用局限和供应链逆向整合过程中的再中间化需求，指出了流通内部分工与协同机制对于增强流通业逆向整合整体实力的价值和意义，阐释了由渠道视角到供应链视角的批发组织分化、转化与转型思路，并提出对补充、优化零售制造商模式和拓宽产业组织重构视野具有启示意义的流通制造商模式。

该文研究发现，供应链逆向整合代表着互联网时代去中间化冲击下的流通组织重构方向，其在产业组织分析层面的实质含义是流通商主导制造商的供应链虚拟组织。在规模经济、经营实力和物流能力的前提保障下，大型的专业连锁零售、综合零售卖场和网络零售均有实力和潜力排除中间环节对制造商建立直接的供应链主导权，但需要以自主采购的虚拟制造能力、充分汇聚的连锁经营网络和自主经营的零售品牌优势为前提。鉴于特定零售组织的经营规模限制和其在特定情境下的供应链管理缺陷，可以借助供应链的再中间化策略来增进逆向整合效率。对于存在批发依赖的小型零售，联合大型批发的供应链主导权方能有效参与流通业逆向整合；对于具备供应链主导能力的大型零售组织，除了排除中间环节扮演直接的零售制造商角色以外，还可以结合特定条件实施再中间化策略，对内嵌于综合型大批发组织内部，或由服务供应链运营商专门提供的生产性服务职能实施有限联合，以此优化逆向整合机制。基于如上结论，该文提出以下建议：（1）重视流通商主导供应链模式对于引领产业升级的作用；（2）转型传统批发组织和构建综合型大批发主体；（3）转变零售盈利模式和增强自主经营能力；（4）促进批零商业和生产性服务业的组织化发展。

（李亚光）

【瓶颈突破、行动学习与转型能力——基于三家内向型中小制造企业的转型案例研究】

周文辉（中南大学商学院），王昶（中南大学商学院），周依芳（英国曼彻斯特大学商学院）

《南开管理评论》2015年第2期
16.5千字

关于内向型中小制造企业如何有效转型，现有文献尚无有力的解释。该文通过有机融合瓶颈理论、行动学习与转型能力的主要观点，对这一现象和过程进行了系统分析。选取三个典型案例，运用扎根理论规范的译码程序对案例进行剖析，构建了内向型中小制造企业转型能力提升路径模型，研究得到以下3点结论。

（1）瓶颈突破方案的制订为行动学习提供正确的知识输入。通过瓶颈识别、目标蓝图、实施计划与激励政策四个环环相扣的过程制订瓶颈突破方案，具体方法包括目标确定与分解，从价值链梳理来构建充分条件，用数据说话来识别瓶颈，将瓶颈转化为新目标，对新目标进行结构化的逻辑分解，将新目标转化为工作任务，将工作任务分解为工作要点，将工作要点转变为具体活动，拟定关键绩效指标，制定完成KPI的激励政策。

（2）行动学习过程为瓶颈突破方案的实施提供了有力保障。通过质疑反思、付诸行动、过程检查与总结推广四个紧密相连的行动学习过程实施瓶颈突破方案，具体方法包括对目标、瓶颈、目标蓝图、实施计划与激励政策不断地质疑反思以达成团队共识，将负面效应与执行障碍化解在质疑反思之中；通过资源支持、紧盯不懈、过程督导、原因对策、点评分享和论功行赏等过程检查，有效地保障了执行过程质量；通过对计划进行修正、对转型经验与教训进行总结、对转型方法论进行复制与推广，有效地保障了知识的巩固与优化。

（3）企业转型能力的提升路径是一个"知行合一"的过程。所谓"知"是通过瓶颈识别、目标蓝图、实施计划与激励政策四个过程制订瓶颈突破方案。所谓"行"是通过质疑反思、付诸行动、过程检查与总结推广四个紧密相连的行动学习过程实施方案。所谓"合"是通过瓶颈突破方案的制订过程与行动学习的实施过程，实现由认知能力、转移能力与整合能力构成的转型能力的提升。所谓"一"是转型能力的提升，带来了转型绩效的增长。总之，转型能力在瓶颈突破方案制订与行动学习中得以提升。

该文的启示在于，内向型中小制造企业的转型战略重在瓶颈突破而不是全面变革、团队共识而不是个人英雄、微转型而不是战略转型。

（李蕾）

【产业融合背景下平台包络战略选择与竞争优势构建——基于浙报传媒的案例研究】

蔡宁、王节祥、杨大鹏（浙江大学公共管理学院、浙江大学管理学院）
《中国工业经济》2015 年第 5 期
18.5 千字

互联网时代，产业边界日趋模糊，企业跨界经营现象凸显。大量企业在产业融合背景下选择平台包络战略，通过平台包络战略如何构建竞争优势？该文以"浙报传媒"这一典型平台企业为例，围绕平台包络战略选择、竞争优势构建和平台包络边界决定等问题，开展探索式理论建构分析。

研究发现：（1）经典竞争理论无法解释产业融合背景下广泛发生的平台包络现象，这一悖论需要竞争优势理论分析范式的转变，从通过"差异"资源和能力支撑竞争的"供给端范式"转向通过"共性"用户资源支撑竞争的"需求端范式"。（2）与传统企业竞争优势构建不同，平台包络竞争优势是以用户为基点的"逆向"构建过程，通过"基础用户沉淀—网络效应激发—商业系统共生—主导架构锁定"机理链建立起可持续竞争优势。（3）不同于企业理论在交易层面以资产专用性分析组织边界，平台包络边界是商业生态系统的边界。种群"多样性"与"稳定性"的张力平衡决定了这一边界，边界决定的微

观机制则是以"资源竞争"和"捕食入侵"为基础的平台"双元组织机制"。

最后得出 4 点管理启示：

第一，传媒企业转型应摒弃产业边界掣肘，跳出传媒发展传媒，利用自身积累的用户资源，广泛实施平台包络战略。

第二，企业实施平台包络战略可以分"三步走"，逆向构建起竞争优势。平台企业在产业融合背景下体现优势的一个重要方式是实施平台包络战略，但其并非一蹴而就。"三步走"：首先，构建用户数据库作为整个架构的基础支撑。具体策略包括自有转化、购买和聚合用户数据、用户资源的转变，不能再以常规的资源配置和业绩评价方式来管理企业。其次，激发同边和跨边网络效应，相应策略包括新服务开发、服务捆绑和服务集成。最后，构建起共生依赖的商业生态系统，涵盖平台提供商、供方用户、需方用户以及互补品提供商等多种群落，具体策略包括界面开放和架构控制。

第三，产业融合背景下基于平台包络战略的"互联网＋"模式备受推崇，但须知平台包络有边界，并非所有行业任何企业都能够采取这一战略并让其无限包络。

第四，政府应秉承"双元"政策定位以平台包络战略实践为契机加快制度改革，同时对类似战略创新审慎监管。政策层面应处理好政府与市场在平台商业生态系统管理上的合理边界。

（李亚光）

【虚拟品牌社区重在"维系情感"还是"解决问题"？——基于承诺的差异性影响的实证研究】

马双、王永贵（北京第二外国语学院酒店管理学院、对外经济贸易大学商学院）
《经济管理》2015 年第 1 期
12 千字

虚拟品牌社区的持续发展一直是学术

界和实践界关注的热点问题，到底是取悦顾客维系他们对社区的情感重要，还是努力解决他们的问题更重要？这个问题一直没得到一致性见解。该文以魅族社区和苹果社区为研究背景，基于信息处理理论和社会认同理论来探讨如何更有效地促进社区长期健康发展。基于问卷和社区中搜集到的客观数据，该文发现，同算计承诺相比，情感承诺更强地促进了参与的意向；相反，同情感承诺相比，算计承诺更强地促进了实际参与行为；社区成员的年限正向调节情感承诺与实际参与行为之间的关系，同时，正向调节了算计承诺与参与意向之间的关系。该结论为虚拟品牌社区的发展提供了参考，并得出以下启示。

第一，在顾客参与行为中，顾客的未来参与意向和顾客的实际参与行为并不等同。如果社区实践者过于关注取悦顾客和强化顾客对社区的情感承诺，这对社区来说可能需要有大量的时间、人力和精力的投入，然而，对顾客实际参与行为的影响却可能收效甚微，因为顾客仅仅是有意向去参与，但却并未真正参与进来。比较而言，只有当顾客的直接利益得到满足的时候，顾客才会真正参与其中。因此，对社区管理者来说，更应有效地解决顾客所遇到的问题，而不是简单地取悦顾客。诸如顾客获取信息、顾客地位或声誉的提高等直接利益往往会鼓励社区会员积极地参与进来。社区管理者也可以通过增加内容的丰富度、增强与会员的互动或发表独创的有价值的帖子吸引并保持顾客，进而提升顾客在社区的直接利益。

第二，社区管理者应强化顾客对社区的认同。情感承诺的顾客虽有短期的导向和不稳定的行为倾向，同时对自己行为的估计有一定偏差，但他们在某种情境下还是会持续参与到社区中来。会员年限可以促进情感承诺和实际参与行为之间的关系。长期的会员年限会增加会员在社区的地位，

进而强化他们对社区的认同。由此，社区管理者可以采取一些积极的行动，强化成员在社区的地位。这样，社区管理者不仅仅促进社区成员的认同，也促进社区成员更积极地互动，进而促进情感承诺的顾客更有效地参与到社区中来。

（李亚光）

【企业成长的双元模型：平台增长及其内在机理】

刘江鹏（西南财经大学企业管理研究所、山西财经大学工商管理学院）

《中国工业经济》2015 年第 6 期
17 千字

今天，中国企业借助互联网技术，依托平台突破产业边界运营，以不同方式获得内涵式、跨界型快速增长，其中小米、阿里、奇虎360、腾讯等企业就是这种成长类型的典范。在需求面以及供给面上价值链的设计、制造、营销、运营各个区段，都可以有不同的平台形式，并且随着互联网技术的持续发展，平台的具体表现形式也在不断地细化为具体产品、服务或独特资源。而且在大规模商业化、创新方面，平台与企业、市场之间存在替代效应。该文基于价值链、价值网络理论，围绕商业生态系统、平台增长、供给面、需求面等相关概念，从关联链和价值形成两个维度构建互联网经济时代企业成长理论，即"双元模型"；结合当前互联网背景下一些企业快速成长的实践，探索依托平台实现企业成长的具体形式和内在机理，并从打造商业生态系统、建设大数据分析能力、提升价值专属特性、培育动态能力 4 个层面对企业如何实现平台增长提出对策建议。

企业成长的具体形式：第一，供给面平台增长是指企业以供给面的资源为战略基石，依托平台机制、整合资源，实现从供给面到需求面传递价值的成长方式。从组织间关系视角看，价值创造有"竞争"

和"合作"两种方式。第二，需求面平台增长指企业依托平台聚集市场（消费者/顾客）需求，并以此为杠杆，使供给面的技术能力与聚集的市场需求产生价值协同，获得超额的经济租金，实现从需求面到供给面传递价值的成长方式，即需求聚集可以使市场机会更加容易被识别、捕获。第三，混合式平台增长是指企业通过打造新平台或利用商业生态系统中已经存在的平行进行协调，通过供给面的技术能力与需求面的市场能力有效耦合实现成长的方式。

企业成长的内在机理：第一，平台增长的前提条件——依托互补性资产，打造商业生态系统。第二，平台增长的核心环节——推动显性平台和隐性平台有效组合，建设大数据分析能力。第三，平台增长的竞争手段——提升价值专属特性，增强价值捕获的能力。第四，平台增长的根本力量——培育动态能力，实现平台增长。

（李亚光）

【"互联网＋"跨界经营：创造性破坏视角】

赵振（西南财经大学工商管理学院）
《中国工业经济》2015 年第 10 期
20 千字

相比于互联网 1.0，互联网 2.0 实现了产业结构的去中心化、经济活动的泛数据化、社会生活的物联网化。互联网不仅是企业可利用的资源，而且成为企业能力的衍生。互联网 2.0 至少为企业带来 4 种新能力：（1）基于云计算、社会计算、大数据分析等新一代 IT 而产生的信息取得和整合能力。（2）互联网"脱媒"功能使企业—消费者直接互动而产生的市场感知能力。（3）企业信息透明化、企业间联系数字化而产生的关系整合能力。（4）通过对移动互联网超大体量数据的实时处理与运用而产生的超前预测能力。

因而"互联网＋"并非将互联网视为企业信息系统的扩展，实质是实体经济与互联网虚拟经济相融合的"跨界经营"，并对传统产业和市场基础造成"创造性破坏"。为解释其作用机理，该文提出"互联网＋"模式在商业生态圈、制造生态圈及研发生态圈的三重报酬递增循环。顾客社群、低交易成本的外部经济性和网络效应、由 IT 到 DT 引发的平行互动、制造技术与 IT 技术的迭代演进成为正反馈循环的关键因素；情感、知识及虚拟中间产品所具有的"非消耗性"特征成为支撑报酬递增和创造性破坏的根本机制。最后，有效的隔绝机制能保障创造性破坏的持续发生，该文则强调以场景占领顾客生活时间、以"接口"实现产品使用价值丰富化，"场景＋产品"的有机组合是"互联网＋"模式中建立隔绝机制的关键路径。

"互联网＋"跨界经营使工业经济时代的报酬递减规律转变为报酬递增规律，将使今天的企业实现财富倍增和转移。为了适应报酬递增规律而实现创造性破坏，实体经济须意识到：（1）顾客不再是价值创造的"接受者"，而成为企业可利用的大范围社会资本并推动企业价值提升。（2）产消者、DT 及平行互动、硬件和软件的迭代演进将成为新的经济增长动力。（3）"场景＋产品"的组合模式使企业能够以"顾客情感的区隔"划分市场并建立隔绝机制，取代以往以人口统计特征和地理区位为标准的细分方法。进而，通过与顾客社群、产业内外的供应商和 IT 的各类相关企业相互协同，企业最终实现报酬递增。从更大范畴看，在"互联网＋"所引发的变革中，经济增长的方式也从以往强调精细化分工、低成本大规模、关注劳动效率的斯密增长转变成了关注冗余资源利用、创新主体多元化、通过协同逻辑实现价值创新的熊彼特增长。更长远地看，传统产业价值创造的各个环节将进一步与互联网融合。"互联网＋"跨界经营最终成为构筑 IOT 和工业 4.0 的坚实基础，成为支撑知识社会进步的基石。

（李亚光）

【信息优势对企业并购的影响——基于社会网络的视角】

李善民、黄灿、史欣向（中山大学管理学院、广州大学工商管理学院、中山大学并购重组研究中心）

《中国工业经济》2015 年第 11 期
20 千字

基于社会网络视角研究公司财务行为是公司财务研究发展的新领域。企业嵌入在特定的社会网络中，其所处的网络位置可带来信息优势。这种潜在资源有重要价值。该文使用创业板上市公司经由股东连接所形成的网络数据，利用社会网络分析方法，研究了社会网络带来的信息优势与企业并购行为之间的关系。研究结果表明，社会网络带来的信息优势转化为信息资源后，可降低并购过程中的事前不确定性和事后不确定性，对并购发起行为及并购绩效产生正面影响。但信息优势并不等价于已实现的信息资源。在并购决策中，信息优势的价值能否实现还取决于决策者自身搜索信息的意愿。进一步研究发现，作为企业并购决策的关键人物，过度自信的管理者会因为控制幻觉而主观上降低了搜集信息的意愿，因而在并购过程中忽视信息优势的价值，从而给企业的并购决策带来隐性损失。

该文从社会网络视角研究信息优势对企业并购的影响，对理解社会网络中的信息优势有重要参考价值，主要建议如下：

第一，上市公司尤其是具有并购重组意向的上市公司，要鼓励公司股东以多种形式参与其他公司，或者吸引有"关系"的股东加入，加强与其他公司的非正式互动，构建一张"高密度"的企业网络，形成信息优势，进而提高并购重组决策的正确性。

第二，上市公司在并购决策时，应成立决策委员会，邀请企业网络中关联企业的股东或高管，发挥"旁观者清"的功能，将信息优势转化为实际的信息资源。

第三，上市公司在并购决策中评估目标公司价值时，除了关注目标公司发展潜力、盈利情况等显性指标外，还应关注其完成并购后能从目标公司的原管理团队以及原有股东的社会网络中获得的潜在资源。

第四，抑制上市公司决策层在并购重组过程中可能出现的过度自信问题。控制幻觉是引发上市公司决策层过度自信的重要原因。上市公司股东及债权人除了关注传统的委托代理冲突，还应加强监控和干预，提高委托人的决策参与程度，抑制上市公司决策层的控制幻觉，充分重视社会网络中的信息优势，从源头上减少"过度自信"的认知偏差所带来的隐性损失，提高并购决策的正确性。

（李亚光）

【大型商业银行组织架构变革的目标模式——基于模型和案例的分析】

张颖（中国农业银行博士后工作站、清华大学经济管理学院）

《经济管理》2015 年第 3 期
12 千字

近年来，国有大型商业银行传统的组织架构已经难以适应日益激烈的市场竞争，急需进行变革以重塑竞争力。其组织架构变革应选择怎样的目标模式，是值得深入研究的问题。该文首先构建了目标选择模型，对大型银行组织架构的变革目标进行分析，并得出结论：现阶段，大型银行不适合将标准的事业部制作为组织架构的目标模式，而应建立柔性矩阵式管理模式。然后，该文对汇丰银行的柔性矩阵式管理模式进行了案例分析，为模型的结论提供注解和印证，得出了汇丰银行管理模式对我国大型银行的启示：一是组织架构与发展战略相匹配；二是通过矩阵式组织结构，兼顾业务经营的标准化和本土化；三是对于管理权限在条块间的分布采取柔性管理机制；四是通过 8×8 管理模式有效控制官僚成本。

最后，该文对大型银行如何建立柔性矩阵式管理模式提出了以下政策建议：

第一，不断提升核算、风控、信息管理等方面的基础管理技术，并建立市场化的人力资源管理机制，逐步减少组织架构变革的阻碍因素，改善组织架构变革的约束条件，扩大目标模式的可选范围。

第二，对前台业务进行梳理整合，形成范围合理、边界清晰、职能完整的若干业务条线。例如，可在现有前台部门设置的基础上，以客户为维度进行职能划分，形成对公业务、普通零售业务、高端零售业务、金融市场业务等业务条线，在每一条线内部建立若干产品线，并针对条线内的营销部门与产品部门进行分类管理，构建"客户＋产品"的前台服务模式。

第三，在现行总分行制的基础上，逐步增加业务条线的管理权限，适当减少分支机构的业务管理权限，完成由总分行式向矩阵式管理架构的转型。转型过程中，可在高层和中层分别建立相应的改革委员会，对业务条线和分支机构间的利益冲突进行协调，从而减少转型成本，推动转型顺利进行。

第四，转型过程中可采取试点先行的做法。银监会在 2014 年全国监管工作会议上，明确要求商业银行根据各类业务的实际特点，采取不同的业务治理模式。因此，大型银行可选择部分新兴业务或是改革阻碍较小的业务，率先增加业务条线的垂直化管理强度，减少分支机构的管理权限，积累转型经验后，再逐步推广至全行。

第五，建立持续变革的理念，以及对管理机制进行管理的制度，在矩阵式管理架构的基础上，根据内外部环境的变化情况，不断调整管理权限在业务条线和分支机构之间的分布，寻求最有利于组织发展的矩阵强度。

（李亚光）

【网络嵌入性与知识获取及企业创新能力的关系研究】

刘雪锋、徐芳宁、揭上锋（厦门大学管理学院）
《经济管理》2015 年第 3 期
13 千字

网络为企业提供了有形的、无形的资源利益，进而影响企业的创新能力。对于企业来说，如何在企业网络中，通过网络嵌入性获取更多的知识、能力，提升企业创新能力，显得尤为重要。该研究在现有网络嵌入性、不同属性知识、创新能力等相关理论与文献的研究基础上，从网络嵌入性的 4 个维度：网络关系强度、网络关系稳定性、网络中心性和网络居间性，分析了网络嵌入性对企业创新能力产生影响的假设，全面地研究了它们对企业创新能力的影响过程，为企业提高创新能力提供有价值的参考。

该文以企业网络嵌入性为切入点，提出从网络嵌入性角度对知识获取和创新能力进行研究，构建了网络嵌入性—知识获取—企业创新能力之间的关系模型，发现网络嵌入性与知识获取及企业创新能力有重要关系：

第一，网络嵌入性的不同嵌入性机制对知识获取产生不同作用。

第二，关系嵌入的密切程度和稳定程度与隐性知识获取不相关或者相关性不显著。"市场换技术"等观点并不可取，中国制造业要提高自己的创新能力，不能把希望寄托在对方身上，而应通过双方的互惠、信任等取得创新能力上的突破。

第三，虽然很多研究将知识获取作为

企业创新能力的中介变量，但该文发现，显性知识和隐性知识的中介作用并不显著。

该文对于中国制造业企业在嵌入企业网络中时如何获取知识以提高创新能力有如下建议：

第一，企业的资源既存在于企业内部，也存在于企业之间，因为任何一个企业都不是孤立存在的，而是嵌入由供应商、客户、中间商和同行等各种组织实体构成的一系列关系网络中。制造业企业嵌入这种网络，对企业创新能力的提高有很大的影响。因此，企业应积极嵌入这种网络中，即积极参与到更广泛企业网络中。

第二，在企业网络中，企业所处的位置对于知识获取的多少及质量密切相关。该文证明，结构嵌入性对隐性知识的获取更有利，而且更有助于创新能力的提高。

第三，组织间通过良好的网络关系可以分享许多资源、知识或学习的经验，进而获取组织彼此间的最大效益。该文的假设验证、模型验证都支持了网络嵌入与知识获取及企业创新能力之间的正相关关系，从而肯定了网络成员之间的良性网络关系在组织知识获取过程中的重要作用。因此，企业应该重视与其他成员的联系，采取人员往来、技术分享、策略整合、相互参访和共同研讨等多种方式，提高知识获取尤其是隐性知识获取的能力，最终为企业赢得竞争优势。

（李亚光）

【互联网金融创新效率研究——基于 P2P 网络借贷】

庄雷、周勤（东南大学经济管理学院）
《经济管理》2015 年第 4 期
15 千字

身份歧视在金融市场上是一种常见的现象，而中国互联网金融创新模式的快速发展，将使得金融市场更加有效。信用信息是金融市场中资金配置的基础。投资者一般根据金融市场上传递的信息信号（观察到的资金价格、信用等级、个人信息等）来判断并选择是否对某一项目进行投资。在金融市场信息不对称程度较高、投资者无法判断借款人的具体信用等级时，会采用一些别的标签来确保自身投资的安全性，其中身份等级是一种较为有效的信号工具。

该文通过对 P2P 网络借贷中身份歧视程度的实证研究，检验互联网金融创新的效率。借助"拍拍贷"网站 2008—2014 年初的交易数据，从借款订单的中标概率、投标人气、利率水平三个角度检验资金借贷过程中的身份标签的影响程度。实证结果分析表明，网络借贷中，总体信息披露质量较低，存在着显著的身份歧视，说明互联网金融市场能够具有一定的风险识别能力。对信息质量细分市场深入检验结果显示，随着信息披露质量提高，身份歧视并不显著，说明提高信息披露质量有助于缓解身份歧视。因此从政策层面看，网络借贷可以解决陌生人之间的借贷问题，并随着信息披露质量逐步完善，缓解借贷市场中的身份歧视，提高了金融市场效率。

综上所述，该文提出了相应的政策建议：

第一，鼓励互联网金融创新，规范网络借贷。传统的融资渠道比较单一，而且效率比较低。以互联网支付、互联网理财、众筹融资（包括债权型、股权型、预售型、捐赠型等）等为主要模式的互联网金融扩展了融资渠道，大大提高了融资效率。鉴于传统金融体系的封闭性以及对创新的抑制性，网络借贷的规范化是其健康发展的保障。因此，网络借贷平台需要尽快形成共识性的行业规范。

第二，完善网络借贷的信息披露体系，构建安全有效的信息披露标准。信息披露方法和认证方式的混乱，降低了信息披露质量，造成了网络借贷中的交易成本的提升。因此，应构建有效的信息披露标准，使得网络借贷的参与者能够通过标准化的信息，更准确地了解实际情况。

第三，形成网络借贷良好的征信体系，统一全社会的信用系统。目前网络借贷中缺乏统一的征信体系，因此政府应支持网络借贷行业协会构建网络借贷动态征信体系，并加快与央行征信体系的对接。

（李亚光）

【连锁董事网络、控股股东利益侵占与融资结构关系——基于我国中小板上市公司的实证检验】

刘颖、钟田丽、张天宇（东北大学工商管理学院）

《经济管理》2015年第4期

13.5千字

企业融资结构是指融资负债权益比。融资结构理论研究的核心问题是其影响因素，其中，公司治理因素对企业融资结构的影响是国内外许多研究关注的热点。该文以2011—2013年我国中小板上市公司为研究样本，基于中小板上市公司管理层兼职数据以及相应上市公司信息，通过构建网络矩阵得到董事网络样本，综合使用Stata、Ucinet 6.0和SPSS 19.0等数据处理软件，实证检验了控股股东利益侵占对企业融资结构的影响。采用层次回归法，既分别从连锁董事网络关系的各基本特征，又从总体上构建董事网络基本特征综合指数，实证研究了控股股东利益侵占与融资结构的关系，以及连锁董事网络的基本特征对控股股东利益侵占与融资结构关系的调节治理作用，实证结果发现，中小板上市公司控股股东利益侵占与负债融资正相关，即控股股东利益侵占越多，企业负债融资水平越高；连锁董事网络的地域趋同性特征对控股股东利益侵占与融资结构关系具有负向调节作用，而连锁董事网络中心度对二者关系具有正向调节作用。总体

上，董事网络基本特征综合指数对二者关系具有负向调节作用。

综上所述，得到三方面启示：

第一，我国企业诚信与信誉机制不完善，中小板上市公司缺乏自我约束能力，上市公司控股股东通过加大负债来获取更多利益与资源；负债作为抑制控股股东利益侵占行为的相机治理机制作用尚未有效发挥，反而为控股股东提供了利益侵占机会和资源。因此应完善企业诚信机制，发挥负债的相机治理作用。

第二，企业外部的社会网络关系不仅对其融资结构决策具有"嵌入性"的外在影响，还具有内在抑制控股股东动机和行为的治理与监督作用。因此，如何规范企业外部董事行为，有效发挥外部连锁董事网络的治理与监督作用，成为上市公司监管部门研究的重要课题。

第三，为了有效发挥社会网络关系中连锁董事网络对企业控股股东利益侵占动机和行为的治理监督作用，监管部门应当完善上市公司的董事结构，不仅规定企业外部董事的数额，还要对连锁董事的地域和企业类型进行相应的限制，从而有效发挥连锁董事网络的治理作用。

（李亚光）

【移动社交应用的持续使用意愿影响因素研究——探讨网络外部性和羊群行为的共同作用】

洪红、徐迪（厦门大学管理学院）

《经济管理》2015年第5期

13.5千字

智能手机和3G网络的广泛使用，推动了移动应用和增值服务产业的迅速发展，移动社交应用是移动应用中最为热门的应用之一。持续使用是反映用户决定重复其当前使用行为的一种心理状态，可以与市场营销领域的重复购买概念类比。由于移动社交应用较低的切换成本，使得用户使

用或者弃用一项移动社交应用几乎不需要付出任何代价，因此增强用户黏性对移动社交应用的发展至关重要。该研究以网络外部性、羊群行为理论和沉浸理论为基础，构建了移动社交应用持续使用意愿影响因素的研究模型。通过问卷调查方法收集数据，采用 SPSS 和 AMOS 软件进行实证分析，对该理论模型进行检验。结果表明，感知收益（包括感知有用性和沉浸体验）正向影响用户的持续使用意愿，感知有用性和不全信自己拥有的信息两个变量是影响移动社交应用用户持续使用意愿的主要因素，其中感知有用性的影响最大；羊群行为也正向影响用户的持续使用意愿，具体而言，模仿他人对持续使用意愿无显著影响，不全信自己拥有的信息会正向影响持续使用意愿；直接网络效应（感知使用性）和间接网络效应（感知互补性）均正向影响感知有用性，其中，感知使用性的影响起主导作用。

在理论方面，该研究结论丰富了现有关于持续使用意愿的研究。在实践方面，该研究对于移动社交应用的提供商和使用者都具有重要的指导意义：对提供商而言，该研究证实了网络外部性和羊群行为均会对用户的持续使用意愿造成影响，供应商不可忽略用户因为跟风效应采纳信息产品可能会跟风弃用这种产品的事实，因此，增加网络外部性是留住用户的关键；影响移动社交应用持续使用意愿的最重要因素是用户感知有用性，因此，不断完善核心社交服务功能，并不断强化移动社交应用的边缘功能，可以极大地提高用户的使用黏性；沉浸体验会正向影响用户的持续使用意愿，供应商在提高产品功能的同时，良好的用户体验也不容忽略。对用户而言，选择一项自己能接受的信息技术的最佳策略，就是跟风采纳别人选择的信息产品，因为羊群行为可以有效降低用户选择信息技术的事后遗憾。

（李亚光）

【二元情境下战略联盟形成的嵌入机制分析——社会网络与制度环境融合的视角】

王涛、陈金亮、罗仲伟（中国社会科学院工业经济研究所、中央财经大学商学院）

《经济管理》2015 年第 8 期
12 千字

社会网络和制度环境是影响战略联盟形成的重要情境因素，以往的研究主要是基于单一情境进行分析，很少从二元情境来解释。该文基于理论融合构建跨层次分析框架，阐述二元情境下战略联盟形成的嵌入机制。首先，回顾了战略联盟形成的网络观和制度观，通过对社会网络和制度环境的关联分析，提出两种理论在解释战略联盟形成时具有互补性；随后，基于二元性对二元情境与组织二元进行分析，明确了二元情境与组织二元的关联和差异；进而，通过对社会网络和制度环境进行维度细分，确定了联结性和合法性、中心性和公平性、联结性和公平性、中心性和合法性 4 个亚组织情境；最后，分析了亚组织情境中战略联盟形成的组织嵌入行为。

社会网络和制度环境作为独立的情境因素，各自有不同的侧重点，均会影响企业战略的有效制定和实施。社会网络强调，紧密组织间关联可为企业的社会活动提供基础平台机制；制度环境则要求，企业必须遵守组织间的互动关系规则。在社会网络和制度环境二元情境下，企业选择合适嵌入形式形成战略联盟的方法如下：在社会网络与制度环境融合的情境条件下，合适的嵌入行为能让企业进入到社会网络中与其合作伙伴形成战略联盟，即在中心性与合法性、联结性与合法性、中心性与公平性和公平性与联结性交互的不同亚情境条件下，可以考虑选择以结构嵌入和关系嵌入为代表的组织二元行为来促进战略联盟形成。其中，在中心性和合法性、中心性和公平性的亚组织情境下，结构嵌入更容易形成战略联盟；在联结性和合法性、联结性和公平性的亚组织情境下，关系嵌入更容易形成战略联盟。因此可以看到，社会网络理论和制度环境理论都可以解释战略联盟形成的实践活动。同时，社会网络与制度环境之间又存在互补关系。因而，采取理论融合的思路来展开相应的研究和分析，利用社会网络和制度环境两种理论的融合，来进一步扩展现有研究对战略联盟形成的认知程度。同时，提高了对战略联盟解释的力度，特别是针对在融合亚情境中企业如何选择合适的嵌入行为进行细致的探讨，为后续研究的开展奠定了较好的理论基础。

（李亚光）

【网络口碑的跨平台分布与在线销售——基于 BP 人工神经网络的信息熵与网络意见领袖敏感性分析】

袁海霞（安徽大学商学院）
《经济管理》2015 年第 10 期
12 千字

与以往通过评论数量、效价、离散度与中心性研究网络口碑对在线销售的影响不同，该文在信息搜索理论与前景理论的基础上，充分考虑网络意见领袖影响力，引入了基于网络意见领袖的效价，从信息熵角度研究网络口碑的跨平台分布特征对在线销售的影响，对网络口碑跨平台分布的特性与产品在线销售的关系进行了实证分析，并通过 BP 人工神经网络模型与现有研究成果进行了比较。结果发现，在多个网络平台并存且效价差异不大的情境下，传统效价不再是影响在线销售的重要因素，而基于网络意见领袖的效价、数量信息熵和效价信息熵才是影响在线销售的关键。进一步的 BP 反向传播网络模型分析结果显示，与现有理论相比，该文所构建的理论模型大大提升了预测的精确度。该文推进了网络口碑理论的发展进程，提供了网络口碑跨平台分布特征对在线销售影响的新证据，也为在线营销商产品投放与经营策略的制定提供了新的经验路径与启示：

第一，鉴于网络口碑传播中意见领袖的非等效影响，企业可采取一定的手段对在线口碑中的意见领袖进行识别，并采取一定的营销手段提高意见领袖的满意度，进而提升在线销售量。

第二，在线营销商应该实时监测网络口碑跨平台分布的状况，以便于决定在哪些网络平台上集中进行投资。对于一个刚刚进驻在线市场的新产品，企业应该采取一定的刺激手段促使消费者尤其是意见领袖积极地发表在线评论。对于一个成熟的且在多个网站已经获得相关评论的产品来说，在短期应该分配较多的资源到已获得评论较多的在线平台，改变网络口碑在线分布的均匀性，以便于获得更好的在线销售业绩。

第三，在多个网络平台同时投放同种产品的在线营销商必须明确了解，当其产品在某一个或几个在线平台获得积极的评价，而在其他网站获得消极的评价时，这种不一致的效价对产品销量的消极影响远远比在所有网站都获得中等程度的评价要大得多。因此，在线营销商的网络营销策略必须一致，保证消费者能够从所有平台获得一致的产品信息，尽量减少网络口碑效价跨平台分布的不一致性。

（李亚光）

【工业废弃物循环利用：网络运行绩效及其影响因素】

卢福财、胡平波（江西财经大学产业经济研究院、江西财经大学统计学院应用统计研究中心）
《经济管理》2015 年第 12 期
11 千字

工业废弃物循环利用网络运行的影响因素，对该网络运行绩效具有重要影响，但是，却没有得到调查数据实证分析的支持。工业废弃物循环利用网络运行的影响因素主要包括外部因素、网络因素与企业因素。该文在构建影响因素、运行绩效评价指标体系基础上，运用因子分析模型、典型相关分析法分析了工业废弃物循环利用网络运行的影响因素与其运行绩效之间的相关关系。实证表明，工业废弃物循环利用网络运行的影响因素对该网络运行整体绩效影响非常显著，典型相关系数达到0.75。但是，这些影响因素对网络的开放性绩效没有显著影响，并且企业间信任关系以及核心企业对该网络绩效影响不明显。

为了进一步提高循环网络的整体绩效，促进工业废弃物循环网络不断发展，该文最后提出了几点政策建议。

第一，园区建设需要考虑各个层次的影响因素，基于对网络外部、网络本身及核心企业等因素的综合影响进行整体规划。

第二，园区建设需要培养适合园区发展规划的核心企业，为工业废弃物循环利用网络建设与发展打下坚实的基础。在我国现实情况下，园区建设需要围绕核心企业构建工业废弃物循环利用网络，关注核心企业的作用。我国工业园区建设都处于发展的初级阶段，建立以核心企业为中心的工业废弃物循环利用网络更具有可操作性。有核心结构的网络在成员关系要求上相对简单，有利于网络初期的建设与发展。

第三，园区需要经营好企业之间的关系，建设和谐的信任文化，促进企业间信任关系的发展，从而使得其在工业废弃物循环利用绩效上发挥重要作用。

第四，各地政府需要加强本地工业废弃物循环网络与外部的联系性，促进工业废弃物循环利用网络的开放性，加强外部资源的交流循环，促使工业废弃物循环利用在更大外部网络进行循环。

总之，我国的工业废弃物循环利用网络发展刚刚起步，是非常稚嫩的经济组织体，在借鉴成功经验的基础上，当地政府一方面需要从宏观层面合理设计与规划；另一方面，也要不断加强企业相关能力建设，促进企业间信任关系不断积累，为工业废弃物循环利用网络发展提供良好的政策环境。

（李亚光）

【文化距离、制度效应与跨境股权投资】

刘威、肖光恩（武汉大学经济与管理学院）
《经济管理》2015年第5期
18千字

该文通过纳入四类文化距离和制度因素的股权投资引力模型，以2001—2012年45个经济体两两"地区对"样本为对象，检验和比较了控制制度因素影响前后，地区间文化距离对跨境股权投资的影响差异。结果发现，文化距离和地理距离一样对跨境股权投资产生显著负影响，但这一效应主要来自地区间的个性主义/合作主义文化差异；其他文化距离对投资并不必然产生负效应，且在控制投资双方制度影响后发生改变；而被投资方法律制度的有效性还会直接对投资产生显著正影响。基于此，该文提出三方面政策建议。

（1）重视文化差异对跨境股权投资的影响。资本市场全面开放后，中国应即时做出应对：首先，选择与自身个性主义文化差异较小、地理距离相对较近（尤其是边境相邻）的东亚地区发展中经济体或邻国，或与中国有相同法律根源的地区开展跨境股权投资交往，然后逐步利用自身增强的市场引力，吸引更远的西方国家扩大投资，尤其是要通过保护和培养以个人理性需求最大化为主的个性竞争文化，即强调提升"理性人"假设在国家经济文化中的重要性，缩小与美欧等发达国家在利益文化认识上的差异，使本国鼓励企业间公平竞争的文化环境真正建立，提升国内企业投资价值，真正吸引外资进行跨境股权投资，并用投资双方竞争和风险规避文化相似产生的引力效应稳定外来资本，有效防范市场开放后可能出现的股权资本净流出。

（2）重视中国国民个性竞争意识的培育，提升其承担跨境投资风险的能力，稳定吸引更多的外来股权投资。同时，注重对不确定性风险规避文化的培育，加强风险意识的培养，缩小与美欧等发达国家在风险规避上的技术和意识差距。

（3）积极完善中国自身法律制度和投资者保护环境，找到与修正和美欧等国在法律体系的根源及内容上存在的根本差异与不足。增强国内法律保护跨境商业活动及其正当竞争的有效性和执行力，建立更合理的投资者保护制度和企业间公平竞争的环境。同时，继续稳步提升中国经济实力，扩大自身对跨境股权投资的引力效应，稳定吸引外来投资的持续流入。

（邱永辉）

【慈善捐赠、政治关联与债务融资——民营企业与政府的资源交换行为】

李维安、徐鹏程（南开大学商学院），徐业坤（辽宁大学商学院）
《南开管理评论》2015年第1期
9.1千字

民营企业的慈善捐赠是为寻求金融资源而与政府互惠的一种战略行为。以2007—2010年1489家民营上市公司为样本，验证了民营企业慈善捐赠对债务融资的影响，并进一步考察了政治关联和政府的作用。研究发现，民营企业慈善捐赠有助于债务融资。这种效应主要发生在政治关联民营企业中，而且信贷分配市场化程度越高，慈善捐赠对债务融资的影响越小，政治关联对两者关系的影响也越小。进一步研究发现，慈善捐赠对债务融资的影响主要体现在长期借款上，管制行业政治关联民营企业的慈善捐赠更有助于债务融资。政府通过对信贷分配的干预与民营企业进行资源交换，是政治关联民营企业慈善捐赠影响债务融资的关键。研究立足于经济社会转型期中国的现实情境，从债务融资角度，证实了民营企业通过慈善捐赠"购买"金融资源的行为逻辑，这对于理解我国民营企业慈善捐赠动机和影响有重要的参考价值。根据研究，解决民营企业慈善捐赠"购买"金融资源行为这一问题的关键在于：

首先，完善现代市场体系，推进金融发展进程，充分发挥市场在资源分配中的决定性作用，贯彻《中共中央关于全面深化改革若干重大问题的决定》精神，保证民营经济能够依法平等使用生产要素、公开公平公正参与市场竞争，优化民营企业经营的市场环境。

其次，减少政府对金融资源的掌控和对企业行为的干预，防止政府机制对市场机制的挤出效应，构建服务型政府，逐步改变政府主导的关系型民营企业捐赠模式，消除政府"劝捐"或"公益摊派"现象，减少民营企业在资源困境和政府压力双重作用下的"主动配合"捐赠，从根本上扭转民营企业因资源而捐赠的动机。

最后，提高民营企业作为企业公民的道德意识，强化企业社会责任履行的内在驱动力，最终形成市场主导、政府服务、企业自觉的和谐局面。

（邱永辉）

【企业异质性、高管过度自信与企业创新绩效】

易靖韬、张修平、王化成（中国人民大学商学院）
《南开管理评论》2015年第6期
1.7千字

以科技部数据库中的所有中国上市

公司为例，在中国的情境中实证研究了高管过度自信对于企业创新绩效的影响，并通过导入企业异质性内容拓展现有的线性研究框架。选择企业规模和企业负债两个维度深入探讨高管过度自信对于企业创新绩效促进的作用机制及实现条件，实证检验文献中经典的熊彼特假说和投资扭曲假说。研究表明，创新投入不变的情形下，高管过度自信显著促进了企业创新绩效的提升。然而从企业异质性视角来看，在不同的企业规模及企业负债条件下，这一影响存在显著差异：（1）企业规模：相比规模较小的企业，规模较大的企业中高管过度自信更能促进企业创新绩效的提升。（2）企业负债：相比财务扩张，非财务扩张的企业，高管过度自信更有利于企业创新绩效的提升。该文的研究结论与文献中的熊彼特假说和投资扭曲假说一致。

同时，以是否为高新技术企业将样本进行了分组，考察企业的技术要素密度的影响，发现相比非高新技术企业，高新技术企业中高管过度自信更能促进企业创新绩效的提升。

该研究在理论上拓展了现有的线性分析范式，在实践上也提出了更为具体的指导意见，发现了企业异质性的情境对于创新行为具有重要意义。研究发现，企业异质性是影响高管过度自信促进创新绩效的重要条件，即创新决策具有较强的情境依赖性。同时，应全面客观认识过度自信的高管给企业带来的好处与风险，虽然以往研究认为高管过度自信会导致财务决策的偏差，造成企业"价值毁灭"，但是过度自信高管对于风险的偏好也促进了企业创新活动的增加，在一定条件下会促进企业创新绩效的提升。因此，该研究对企业管理者的聘任决策有重要的理论指导意义和实践参考价值。

（邱永辉）

【所有制性质、制度环境与企业跨区域市场进入战略选择】

任颋、茹璟（北京大学汇丰商学院），尹潇霖（同方股份有限公司财务部）
《南开管理评论》2015年第2期
17.8千字

转轨经济中企业所有制性质与外部制度环境差异对企业战略选择有着至关重要的作用，该文结合资源依赖理论和制度理论，探讨不同所有制性质的房地产并进一步考察区域制度环境对这种差异的影响、作用。研究表明，民营房地产企业发生跨区域经营的概率显著高于国有房地产企业；国有房地产企业倾向于选择对目标市场经营活动有较高控制程度的跨区域市场进入模式，而民营房地产企业则倾向于选择对目标市场经营活动有较低控制程度的跨区域市场进入模式；当房地产企业进入制度相对完善的区域时，尽管民营企业相比国有企业仍然更倾向于选择低控制市场进入模式，但是两类所有制企业的市场进入模式选择差异显著缩小。

该研究结果表明，尽管过去30多年的改革开放使得我国的制度建设取得了显著的成果，但是不同所有制企业仍然在资源和政策方面受到不平等待遇，特别是当民营企业进入制度相对不完善的经营环境中时，其可供依赖的资源和可供选择的发展机会相对有限。因此，必须继续加强和完善制度建设，为不同所有制企业创造更加公平和有序的竞争环境。此外，通过改善制度环境来吸引投资、增加税收是地方政府的一个重要选择。政府应减少对市场的行政性干预，更有效地配置国有资源，通过加强内部和外部监督机制来限制国有企业向竞争性行业集中，并给民营企业的发展留出更多的空间。

该研究对国企改革有三点启示：其一，从所有制结构方面，引入非公投资机构进入国有企业，达到多元制衡的公司股权治理结构，有利于企业将经营目标集中于投资回报和创新发展，减少政府行政目标对企业的干预，从而实现独立理性的战略决策；其二，加强财务约束的规范和监督，国有企业的财务软约束是导致资源配置效率不足的重要原因之一，应建立更加透明和规范的财务约束制度；其三，增加国有产权的流动性，进退有序，合理规划国有资源，将更多的国有资本从竞争性领域转移到公共服务和社会保障领域。

（邱永辉）

【组织任期与员工创新：基于地位属性和文化差异的元分析】

刘智强、葛靓、王凤娟（华中科技大学管理学院）

《南开管理评论》2015年第6期

18.4千字

该研究聚焦工作场所，运用元分析方法，首次基于情境知觉视角检验静态的地位等级、动态的地位稳定性（职位任期）和组织任期三项交互对员工创新行为影响，以及不同文化情境下组织任期对创新行为不同的影响效应，揭示了员工创新行为形成机制。研究发现，组织任期与员工创新行为间关系为微弱正相关关系（r = 0.04）。结果表明，一方面，组织任期是预测创新行为的一个有价值的前置变量；另一方面，组织任期与创新行为间关系受很多因素调节。具体如下：

（1）职位任期与组织任期交互影响员工创新行为。该研究发现，相比职位任期长的员工，职位任期短的员工其组织任期与创新行为间具有更强的关系强度，说明职位任期是影响员工工作投入、工作满意度乃至创新行为的重要影响因素。

（2）地位等级与职位任期的交互作用对员工组织任期与创新行为间关系的影响不同。具体而言，在职位任期短的情况下，地位等级低的员工其组织任期对创新行为呈正向影响，但地位等级高的员工其组织任期对创新行为呈负向影响。在职位任期长的情况下，无论地位等级高低，员工组织任期对创新行为都呈负向影响，说明适当的职位任期能促进员工创新行为。

（3）组织任期与员工创新行为间关系在不同文化背景下存在显著性差异。相比西方文化，东方文化尤其是中国文化背景下，组织任期与员工创新行为具有更强的关系强度。这是已有研究未曾关注的，说明探讨中国文化背景下的员工创新行为具有重要意义。

（邱永辉）

【国企高管政治晋升对企业并购行为的影响——基于企业成长压力理论的实证研究】

陈仕华（天津财经大学中国公司治理研究院、东北财经大学工商管理学院），卢昌崇、姜广省、王雅茹（东北财经大学工商管理学院）

《管理世界》2015年第9期

24千字

虽然企业成长压力是所有高管都要面临的重要课题，但对我国具有"准官员"性质的国企高管而言，却有着更为"与众不同"的意义：由于国企承担着较多的政策性负担，使得"企业成长速度"指标取代了包含很多噪音的"企业绩效"指标（即国企普遍采用的"规模导向型"发展方式），成为国企高管政治晋升中的一个重要评判筹码。当然，这也意味着对于具有不同政治晋升机会的高管而言，他们面临的成长压力会有所差异：与那些政治晋升机会较低的高管相比，政治晋升机会较大的高管面临的成长压力相对较大。并购作为企业实现快速成长的重要方式之一，自然成为那些追求政治晋升的高管的最佳选择。有鉴于此，该文拟基于企业成长压力理论考察国企高管政治晋升对企业并购行为的影响。文章基于2004—2013年国有上市公司的并购数据，研究发现：与政治晋升机会较低的国企高管相比，当国企高管面临的政治晋升机会较高时，企业选择并购成长方式的可能性较高，在并购交易中支付的溢价水平相对较高，并购后取得的短期并购绩效虽无显著差异，但长期并购绩效却显著较差。当企业自身内生成长速度特别是相对自身历史的内生成长速度较慢（即高管面临的内生成长压力较大）时，高管政治晋升对上述并购行为（并购成长方式选择、并购交易价格支付、并购绩效）的影响就会越强。

从理论上讲，上述发现不仅表明国企高管的"准官员"特征对国企并购行为的重大影响，丰富了高管特征与并购行为的相关研究；而且还表明企业成长压力理论对我国国企并购行为具有一定程度的理论解释力，这也为国企并购行为研究开拓了一个新的理论视角。

从实践上讲，高管政治晋升作为激励国企高管的一项重要制度安排，有其积极的一面，比如，作为薪酬安排的替代性机制，可以抑制高管在职消费（王曾等，2014）等；但也存在着负面影响，比如，进行过度投资（许年行、罗炜，2011）、建设形象工程（郑志刚等，2012），那么，政府主管部门如何设置国企高管的评价和考核体系，以纠正国企高管扭曲的激励机制就变得至关重要。

（邱永辉）

【外来者劣势的克服机制：组织身份变革——基于联想和中远的探索性案例研究】

杜晓君、杨勃（东北大学工商管理学院），齐朝顺、肖晨浩（美国电话电报公司DireTV 网络模拟实验室）

《中国工业经济》2015 年第 12 期
26.1 千字

克服外来者劣势是跨国企业国际化取得成功的先决条件。然而，现有研究对新兴经济体跨国企业如何克服外来者劣势缺乏理解。文章选择联想和中远开展探索性的案例研究，采用扎根理论研究方法对档案数据和访谈数据进行编码分析，构建中国企业通过组织身份变革克服外来者劣势的理论模型。研究发现：（1）中国企业面临的外来者劣势由组织身份合法性缺失引起，即中国企业的组织身份被东道国利益相关者误解和曲解，进而不被认可和接受。其中，身份误解由身份模糊引起，身份曲解由负面的来源国形象引起。（2）中国企业通过组织身份变革克服外来者劣势，组织身份变革采用"替换"（用真实的、积极的身份标签和含义替换负面的身份标签和含义）、"进化"（对现有身份进行深化和发展）和"增补"（创造新的身份标签和含义）三种机制。（3）组织身份变革的目的是促使东道国利益相关者对"中国企业是谁"形成真实的、积极的认知，消除身份误解和曲解，获取组织身份合法性。

根据以上研究结论，该文得出如下管理启示：

采用"替换"机制消除身份误解，向外建立清晰一致的组织身份。研究表明，在进入发达国家时，中国企业的组织身份常常被误解，对此企业需要及时采用真实的身份替换误解性的身份。具体而言，企业应替换两类身份标签：一是与政治关联性相关的身份标签（如"政府参与""以政治目的为导向"等），获取利益相关者对中国企业存在的"可理解性"感知。二是与核心能力不足相关的身份标签（如"低端产品""不良的治理结构"等）。中国企业应该通过提高产品科技含量、改善公司治理结构等实质性行为促进身份变革也可以通过获取权威的第三方认证（如产品质量认证、管理体系认证等）进行身份显示。

采取渐进式的"进化"机制，形成吸

引力更高的组织身份。一是围绕企业的母国"血统"进行进化，即从"中国企业"进化为"国际企业"，获取利益相关者对中国企业存在的"理所当然"感知。二是围绕业务多元化或企业转型进行身份进化，提高企业适应东道国环境变化的能力，保持竞争优势。

针对企业发展需要，通过"增补"机制创造有价值的身份维度。一是围绕企业的核心能力进行价值增补。中国企业可以针对企业发展需要增补新的身份，为企业培育潜在的核心能力，提高企业竞争优势。二是围绕企业外部声誉进行身份增补，获取利益相关者对中国企业存在的"合意性"感知。

（邱永辉）

【跨国公司技术转移对我国制造业绿色创新系统绿色创新绩效的影响机理研究】

隋俊（哈尔滨理工大学管理学院），毕克新（哈尔滨工程大学经济管理学院），杨朝均（昆明理工大学管理与经济学院），刘刚（黑龙江外国语学院）
《中国软科学》2015年第1期
15千字

内化跨国公司转移技术为我国制造业技术基础储备，已成为提升我国制造业绿色创新系统绿色创新绩效的重要手段。文章在考虑跨国公司技术溢出、绿色创新系统社会资本和绿色创新系统吸收能力的作用下，构建了跨国公司技术转移对我国制造业绿色创新系统绿色创新绩效影响机理的概念模型并提出了研究假设，进而运用结构方程模型进行了实证检验。研究结果表明：跨国公司技术转移对我国制造业绿色创新系统绿色创新绩效具有积极影响，而跨国公司技术溢出、绿色创新系统社会资本和绿色创新系统吸收能力在跨国公司技术转移对我国制造业绿色创新系统绿色创新绩效影响的过程中均产生了积极的作用。相比而言，跨国公司技术溢出的影响最为显著，其次为绿色创新系统社会资本，最后为绿色创新系统吸收能力。

文章在一定程度上丰富了跨国公司技术转移对我国制造业绿色创新系统绿色创新绩效影响机理的研究成果。基于上述研究结论，该文得到如下政策启示。

在利用跨国公司技术溢出促进跨国公司技术转移对我国制造业绿色创新系统绿色创新绩效提升的政策启示方面：由于内部化技术转移对跨国公司技术转移具有不利影响，进而对我国制造业绿色创新系统绿色创新绩效产生消极作用。因此，应促进跨国公司内部化技术转移对我国制造业绿色创新绩效的正向技术溢出效应。

在利用绿色创新系统社会资本促进跨国公司技术转移对我国制造业绿色创新系统绿色创新绩效提升的政策启示方面：内部化技术转移通过对社会资本的正向作用促进我国制造业绿色创新系统绿色创新绩效提升。因此，应进一步加强跨国公司内部化技术转移的积极影响。

在利用绿色创新系统吸收能力促进跨国公司技术转移对我国制造业绿色创新绩效提升的政策启示方面：跨国公司外部化技术转移通过对绿色创新系统吸收能力的正向作用促进我国制造业绿色营销绩效提升，但并未显著促进绿色研发绩效和绿色制造绩效。因此，应加强吸收能力在跨国公司技术转移对我国制造业绿色研发绩效和绿色制造绩效。

（邱永辉）

【劳动力成本上升对出口企业转型升级的倒逼作用——基于中国工业企业数据的实证研究】

任志成（南京审计学院经济与贸易学院），戴翔（中国社会科学院工业经济研究所）
《中国人口科学》2015年第1期
12千字

该文利用2005—2010年中国工业企业数据库的基础数据，在有效控制企业规模等因素后，对劳动力成本上升是否倒逼了中国出口企业转型升级这一命题进行实证检验。结果显示，劳动力成本上升对出口企业转型升级的"倒逼"作用总体存在，但其效应在不同行业、不同地区和不同企业类型间存在差异。对劳动密集型出口企业的倒逼作用强于对资本和技术密集型出口企业；对东部地区出口企业的倒逼作用较为显著，但对中西部地区出口企业的作用尚未充分显现；对中国本土出口企业的倒逼作用同时体现在全要素生产率水平和新产品销售额比重的提高，而对外资企业的倒逼作用则主要体现在新产品销售额比重的提高。对于劳动力成本上升背景下亟待转型升级的中国出口贸易，应抓住机遇逐渐摆脱依赖低成本优势而逐步转向依托创新发展的路径和模式。与此同时，由于"倒逼"效应在不同行业、不同地区和不同企业类型间存在差异，并且转型升级可能具有不同的内涵和表现，因此，中国出口贸易的转型升级不可能采取"一刀切"的政策思路。具体而言，加快中国出口贸易转型升级应着重把握好以下几个方面的问题：

第一，不能将转型升级简单地理解为"转产"。学术界不少观点认为，所谓转型升级就是要放弃劳动密集型行业，进入所谓资本和技术密集型的"高端"行业、战略性新兴产业。从长期来看，这当然是转型升级的重要发展方向，也是产业结构高级化的方向，但这种发展路径并不意味着对所有出口企业都合适，而且转型升级的内涵远不止如此。目前，劳动密集型行业在中国仍然占据较高比重，在国民经济中发挥着重要作用，提高全要素生产率具有较大的升级空间。

第二，由于地区差异，中西部地区仍存在劳动力成本优势，从这一点上说，出口转型升级实际上还包括区域间协调发展的整体优势。因此，东部地区的出口企业在依托创新驱动发展时，还可以继续利用和发挥中西部地区的劳动力成本优势，通过产业在国内不同地区间进行梯度转移，通过产业发展加强地区间的协同关系，打造出口贸易的整体协调优势。

第三，进一步加大国有企业的改革力度，让企业真正成为市场主体，充分发挥市场机制的调节作用，从而使劳动成本上升的压力真正转变为"倒逼"出口企业转型升级的动力，加快转型升级的步伐。

（李蕾）

【从面向合作伙伴到面向消费者的供应链转型——电商企业供应链双案例研究】

肖静华、谢康、吴瑶、廖雪华（中山大学管理学院）
《管理世界》2015年第4期
27千字

在战略更新理论和动态能力理论基础上，该文通过两家电商企业及其供应商从传统供应链转型为电商供应链的案例研究发现：（1）电商供应链转型存在重构式和渐进式两种战略更新模式，重构式转型主要通过资源获取形成能力重构，再通过能力重构实现供应链战略更新；渐进式转型主要通过资源整合实现能力拓展，再通过能力拓展实现供应链战略更新。（2）面向消费者与面向合作伙伴供应链协同的差异主要体现在核心价值、成本结构、协同主体和IT应用4个方面。

这一研究将战略更新理论从单一企业视角扩展到供应链视角，提出了从面向合作伙伴到面向消费者的供应链战略转型理论框架，拓展了供应链转型的理论内涵，对中国企业在互联网进程中实现供应链转型具有理论指导，同时也具有一定的实践启示意义，体现为：

第一，对于家具、服装、制鞋和家电

等传统行业的企业而言，互联网环境下的转型除自身的转型外，供应链的转型构成其转型的重要一环。在酷漫居供应链案例中，为应对消费者需求的个性化、快速变化、非连续性等特征，酷漫居和供应商共同通过获取新资源、形成能力重构来实现结构性突破，进行重构式的战略转型。其供应链通过研发合适的新产品，改进生产流程和工艺，引进适应电商快节奏的管理人员等，克服组织惯性，实现了成功转型。这对于传统企业在进军互联网、开展电子商务中如何保障供应链的有效转型有重要启示意义。

第二，对于垂直电商企业而言，如何避免"前院开花，后院着火"的被动局面是对其电商运作能力的重要考量。不少电商企业通过在线营销的方式，在线上能快速获得大量订单，但由于后端供应链无法有效支持，往往使其品牌和口碑迅速下降，部分企业甚至因此而倒闭。在梦芭莎供应链案例中，梦芭莎能有效利用其优势资源，适应并逐步推动供应商进行转型，形成共同面对消费者多样性、个性化需求变化的虚拟联盟。在推动供应链转型的初期，一方面帮助传统供应商适应电商小规模、多品种、多变化的生产要求，将大规模生产线改造为适应小单生产的流水线；另一方面，积极培育中小企业成为供应商，在保持其灵活快速的同时，帮助其提升产品质量和管理能力。这对于电商企业如何打造高适应性的供应链具有借鉴价值。

（李蕾）

【代工企业转型升级的困境与对策】
曹媛（华中科技大学经济学院）
《中国人口·资源与环境》2015年第S1期
9千字

代工企业的迅猛发展不仅促进了我国经济的增长，也对于我国工业化进程起了必要的推动作用，因而代工企业的转型升级问题一直为学术界所关注。作为利润最大化的追求者，代工企业是否升级取决于它们对于转型的成本及转型后收益的评估。现有的针对加工贸易转型的研究多是以加工贸易企业的转型路径进行分析，鲜有文章针对转型过程中存在的问题进行建模分析。通过构建理论模型来对比企业选择代工模式与自创品牌模式的利润差异，以及影响企业做出选择的原因。研究发现，一个企业成功转型后可以获得因产品附加值增加而带来的增值收益，摆脱对原有委托企业的依赖。但企业在创牌过程中，不得不考虑一系列的问题，这些问题也正是一些代工企业止步于代工生产模式的根源。如企业在创牌初期，将面临高额的研发费用及创牌费用，在产品投入市场时也将面临营销失败的风险。况且代工企业创牌后，与原有委托企业由合作变为竞争关系，也将面临订单抽离的损失。这一系列的收益损失使本土代工企业具有较弱的转型意愿。

为了降低企业在转型过程的风险，促进企业转型升级，该文提出以下两点建议：

一方面，从企业内部的角度来说，代工企业不能只局限于低端的代工生产，要具有长远眼光，结合自身实力，选择合适的时机进行创牌。且企业在决定创牌的初期，要找准市场定位，生产具有差异性的产品，避免与原品牌厂商的激烈竞争。

另一方面，从企业所处的外部环境来看，政府要鼓励和扶持本土代工企业进行研发，在自创品牌时给予一定的研发补贴及税收减免，并健全和强化研发成功后的知识产权保护制度，为企业创造良好的创新环境；加强对代工企业转型升级的金融支持，缓解代工企业的资金压力。若没有政府长期及强有力的支持，多数代工企业仍不会选择采取自主品牌战略。

（李蕾）

【所有制类型、技术创新与企业绩效】

刘和旺（湖北大学商学院），郑世林（中国社会科学院数量经济与技术经济研究所），王宇锋（江西财经大学经济学院）
《中国软科学》2015年第3期
15千字

实现创新驱动发展战略的关键在于促进不同所有制企业成为自主创新的主体。该文基于中国工业企业数据库，应用循环的CDM（结构）模型，检验了国有企业和民营企业的研发投入、创新产出及其对企业绩效的影响。研究发现，国有企业的研发投入和创新产出都显著高于民营企业，但是其商业化绩效（人均销售额和人均利润）却显著低于民营企业。主要解释是受转型时期的体制、政策、资源禀赋和融资约束，民营企业的研发投入积极性和研发强度不高，而在低成本仿制技术盛行的创新模式下，民营企业更倾向于引进外来技术，这直接地影响了研发投入，并通过研发投入进而影响创新产出，因此，民营企业的创新效率显著低于国有企业。但是，由于国有企业创新成果的商业化和产业化毕竟只占少数，转化过程也存在时间滞后，其技术创新又肩负经济、国家安全和社会等多重目标等原因，因此，国有企业创新优势并没有转化为商业化绩效的优势。而以市场导向和追求商业化绩效的民营企业凭借技术模仿或引进外来技术，可以节约研发成本，减少营销投入和广告投入，从而提高企业绩效，因此，民营企业绩效会显著高于国有企业。研究结果表明，国有企业的创新优势并没有转化为市场优势，民营企业较高的企业绩效并非来自其较高的创新效率。

上述结论的政策含义是：着力解决影响和制约创新发展的体制机制障碍和深层次问题，保障不同市场主体"权利公平、机会公平、规则公平"，通过制度和法律体系建设，形成国有企业、民营企业和外资企业之间公平的竞争环境，特别要解决好产业政策、投资政策、银行信贷和创新管理体制方面的公平政策问题，加强知识产权保护，理顺科技成果向生产力的转化机制，让市场驱动和引导创新，积极发挥市场对技术研发方向、路线选择、要素价格、创新要素配置的导向作用。同时，针对不同所有制类型的企业技术创新行为及其绩效的不同采取差异化的政策和措施。

（邱永辉）

【税收诱导、战略异质性与公司并购】

李彬、潘爱玲（山东大学管理学院）
《南开管理评论》2015年第6期
15千字

税收政策作为制度性外生变量，已成为影响公司并购战略与决策的重要因素。该文基于我国差异性税收优惠的新视角，鉴于2008年新税改的内在影响，选择中国A股市场2009—2012年间完成并购交易的上市公司作为实证样本，剖析税收诱导与公司并购的关联性及其绩效反应，并考察企业战略异质性的内在影响。研究发现，税收政策在公司并购中的诱导现象确实存在，但其在诱导效应及经济后果等方面存在显著差异性。进一步检验后发现，区域性税收优惠政策虽能有效催生企业的跨区域并购，但与此同时也发现其正向外部性较弱，微观层面的企业价值提升效果并不显著；行业性税收优惠政策虽未能直接提高跨行业并购的交易概率，但其更有助于提升并购后的公司价值；与此同时还发现，高匹配度的公司战略能够进一步强化税收在公司并购中的诱导效应。

研究结果从新的角度验证了"税收激励假说"，并进一步证实不同税收政策间激励效应差异性的现实存在，由此既可为国家持续改进税收政策有效性提供经验证据，又可以合理引导企业投资方向并提升其决策质量。

首先，上述研究结论在某种程度上表明行业性税收优惠的政策效果会更加显著，由此证明区域性税收优惠向行业性税收优惠有序过渡与并轨的必要性。因此，我国应在不断强化行业性税收优惠职能效果的前提下，在对区域性税收优惠保持清醒认知的基础上协同利用二者在资源配置方面的双重效能，并在申请条件规范化、操作程序简单化等方面逐步发展并完善。

其次，公司并购所带来的产业结构效应，也将倒逼并购税收优惠政策的持续调整与完善，以达到产业结构调整及宏观经济转型的战略目标，这也是待研究的后续方向之一。最后，虽然我国并购税收政策体系已经初步建立，但在税制设计等方面尚存在诸多不足，致使其无法充分发挥对公司并购良好的税收引导和推动作用，再加上政府干预的存在同样不利于国家的宏观调控目标的预期实现。为此，政府需在进一步深化财税体制改革基础上，持续完善现有的税制格局以及与税收政策相匹配的并购法规制度和预算体系，从而为合理发挥税收诱导效应以改进社会资源配置效率提供制度保障。

（邱永辉）

【一种跨国并购渗透式文化整合路径——双案例研究】

王淑娟、孙华鹏、崔淼、苏敬勤（大连理工大学管理与经济学部）

《南开管理评论》2015年第4期
24千字

中国企业跨国并购后的整合面临巨大的挑战，特别是文化整合困难重重。已有文献剖析了文化整合为什么会获得成功或者遭遇失败，但尚未揭示如何才能成功。针对这一问题，该研究引入文化渗透视角，采用探索性案例研究方法就联想对IBMPC事业部文化整合的案例进行分析，研究文化整合过程中文化环境、员工采纳和文化渗透模式的特征及关系，揭示基于文化渗透的文化整合路径；采用验证性案例研究方法就海尔对三洋家电文化整合的案例进行分析，对研究结论进行检验。研究结论表明，文化环境、员工采纳和文化渗透模式的动态匹配是文化整合成功的关键，三者分别经历了：孤立式→引进式→学习式→定型式环境，探知式→破壁式→交互式→重塑式渗透模式，专门部门→高管团队→全体管理者→全体员工的转变。该研究结论对文化整合和文化渗透理论的发展具有积极意义。

该研究对发展文化整合理论和文化渗透模式理论，以及对我国企业实施跨国并购后的文化整合而言具有理论和实践上的双重价值。第一，基于文化渗透视角，揭示了跨国并购文化整合的成功机理。第二，进一步细化出了整合式文化渗透的4个过程阶段——探知式、破壁式、交互式和重塑式。第三，该研究的实践价值在于为我国企业跨国并购后的文化整合提供理论参考。该研究不仅通过案例描述展现了联想对IBMPC事业部的文化整合，以及海尔对三洋家电文化整合的历程和实践，为我国企业跨国并购后的文化整合提供了实践模板。同时，该研究得出的文化环境、员工采纳和文化渗透模式的动态匹配模型也为我国企业跨国并购后实施基于文化渗透的文化整合提供了理论参考——根据文化环境选择相应的文化渗透模式，并通过员工参与推进文化渗透：

（1）在双方并不了解的孤立式文化环境下，并购企业应选择探知式的渗透模式，以摸清员工对双方文化的认知，在此期间，需要成立专门的部门负责这一工作。（2）在并购方开始尝试进行文化整合时，首先应该通过消除语言差异进行破壁式文化渗透，以核心局管团队为主要对象参与到文化渗透中。（3）随着破壁式文化渗透的进行，当双方能够敞开文化大门时，并购企业就可以实施交互式的文化渗透，这一阶段可有让更多的管理者参与进来，以扩大参与和采纳范围。（4）当有外部刺激出现时，就为并购企业重塑企业文化提供了契机，并购企业可以在前期形成的融合文化基础上，锁定和定型自己心仪的文化，并通过管理模式的变革使得全体员工参与其中，成功实现文化整合。

（邱永辉）

【败也业绩，成也业绩？——国企高管变更的实证研究】

刘青松、肖星（清华大学经济管理学院）
《管理世界》2015年第3期
20千字

国外企业高管是整个公司的最高层，没有进一步晋升的空间和通道，因此国外高管变更主要是被解聘、降职或主动离职，总体而言，国外的研究发现高管变更与业绩具有负相关关系。中国国企高管变更的情况则比较复杂。一方面，中国的国有企业往往呈现集团化的特点，国企高管可能晋升到上一层级的企业任职；另一方面，《公务员法》规定，企事业单位的人员可以调入机关担任领导职务。加之国企高管去往私企或外企等外部就业机会非常有限，使得国企高管处于一个典型的内部劳动力市场（陆铭等，1998）。在内部劳动力市场，提升表现较好的员工既是对员工的奖励，也可以对其他员工起到激励作用，因此，研究国企高管变更有必要研究晋升的激励特性。该文利用2000—2012年A股上市非金融国企的数据，将高管变更后去向细分为晋升、平调和降职，以高管不变为基准，研究了公司业绩及承担社会责任的程度对高管变更的影响。

该文通过实证分析了国企高管不同形式变更的性质，并说明了政府如何利用高管变更来实现国企的多元化目标。研究发现，总体而言高管会因为业绩太差而降职，但不会仅仅因为业绩较好而晋升，社会责任等非经济目标是影响高管晋升的重要因素。高管变更考核中存在一个业绩门槛，ROA（或ROE）的行业中位数可以作为业绩门槛值。在业绩低于门槛值时，业绩越差，高管被降职的可能性越大，承担社会责任并不能降低高管被降职的概率；在业绩高于门槛值时，业绩更好并不增加高管晋升的可能性，此时承担社会责任才成为影响晋升的重要因素。这表明国企业绩太差会影响政府和官员的利益，业绩低于门槛值时，政府更多地关注经济目标；当业绩达到一定水平后，国企多元化目标会使其更关注非经济目标。此外，该文还发现国企高管平调概率与公司业绩显著负相关，但是平调—业绩相关性弱于降职—业绩相关性，这表明高管平调是对业绩较差高管的一种惩罚，但惩罚力度比降职要弱。

由于政府仍然控制着国企高管的人事任免，因此可以利用高管变更来实现多元化的目标，如用降职实现经济目标，用晋升激励高管实现非经济目标。国企这种特殊的激励机制，是由我国当前的经济环境决定的。经济改革的不彻底，使得国企并非简单地以企业价值最大化为目的的，而是承担了很多社会责任，但这些责任的承担是以提升整个社会福利为目的的。所以要提升国企的经营效率，深化国企改革，需要从宏观方面综合考虑，制定整体的改革框架，以最大化社会福利为宗旨，完善社会保障体系，逐步剥离国企的政策性负担，使国企的多元化目标变为单一目标。

（李鸿磊）

【产业集群协同创新风险及其形成机理研究】

万幼清、张妮（武汉理工大学管理学院），鲁平俊（西南财经大学工商管理学院）
《管理世界》2015年第2期
5千字

该文通过分析内外部环境因素，构建了产业集群协同创新风险的诱发因素模型，并根据主体的协同创新路径，分析了投入、运作和产出三部分过程的行为规律，总结出相应的风险因素及风险表现形式，揭示了产业集群协同创新风险的内生机制模型，为产业集群协同创新风险的有效识别和防范提供参考。

第一，理论基础。在产业集群协同创新的风险研究上，不少学者从不同角度发表了自己的看法。产业集群协同创新作为一个动态的复杂网络系统，为风险的滋生和传播提供了非线性甚至是循环性的发展路径。制度、政策等外在环境提供基础动力，创新主体在协同创新过程中的行为规律产生相应的风险因素，并经过一定路径的传导和扩散，强化风险的表现形式，最终导致集群协同创新结果与预期相偏差。因此，探讨产业集群协同创新过程中风险的形成机理，必须把握其风险产生的诱发因素和内生机制。

第二，产业集群协同创新风险的诱发因素。一是外部诱发因素，产业集群协同创新风险的外部诱发因素，主要来自创新网络所面临的外部环境威胁，包括产业政策改变、技术变化以及市场重心转移。二是内部诱发因素，产业集群协同创新风险的内部诱发因素，主要来自创新主体及其相互联系所构建的创新网络本身，包括主体行为和网络属性两个部分。

第三，产业集群协同创新风险的内生机制。一是投入过程的风险分析。产业集群在协同创新投入过程中产生的风险，与投入要素本身和主体间的投入结构相关。二是运作过程的风险分析。产业集群的协同创新系统是一个复杂的网络系统，网络中特定结点及结点之间的连线，构成了集群内创新主体间的协同内容。三是产出过程的风险分析。产业集群的协同创新结果包括技术创新、产品创新、产业创新和环境创新4类。

产业集群协同创新的风险管理是保证产业集群健康、持续发展的重要环节，贯穿于整个协同创新运作过程中。从诱发因素和内生机制两个方面，探讨了产业集群协同创新风险的形成机理，得到产业集群协同创新风险的驱动因素由外部诱发因素和内部诱发因素两部分构成。其中集群外部诱发因素包括产业政策的改变、技术的改变以及市场重心的转移；集群内部诱发因素包括创新主体行为（创新惰性、道德风险）和创新网络属性（网络的不稳定性、网络的封闭性）两类。在内生机制的分析中，从投入过程、运作过程和产出过程3个部分描述了主体的协同创新路径，并根据这3个部分过程的行为规律总结出容易滋生的风险因素，并得到相应的风险表现形式。在投入过程中，投入要素的质量、数量及投入关系会导致集群的结构风险、技术创新风险和创新主体道德风险因素；在运作过程中，创新主体的协同互动及其构成的协同创新网络易导致集群的信息风险、集群关系风险和创新网络风险因素；在产出过程中，技术创新、产品创新、产业创新和环境创新成果易导致技术商业化风险、产品创新风险、市场风险、管理风险和组织风险因素。

（刘建丽）

【创新项目股权众筹融资绩效的影响因素研究】

郑海超、黄宇梦、王涛（西南财经大学经济信息工程学院），陈冬宇（苏州大学东吴商学院）

《中国软科学》2015年第1期
10千字

基于互联网平台的股权众筹为创新项目融资提供了新的渠道，该文研究众筹项目融资绩效的影响因素，这是创业者和平台共同关注的重要话题。作者基于信号理论从不确定性、投资风险、人力资本3个维度构建理论模型，采集我国知名众筹平台大家投的运营数据检验假设。结果显示项目动态更新次数、项目估值、员工人数、股东人数显著地影响众筹项目融资绩效，因此有效地传递项目质量和创业者能力的信号有助于项目融资成功。

该文首次在众筹模式中关注产品状态，发现产品状态对融资绩效没有任何影响。这与天使投资方面的研究结论不一致，而且我们发现不同阶段的项目之间在是否融资成功的列联表卡方检验中不存在显著差异，这进一步说明众筹投资人不是特别看中项目产品是否已经进入市场，这也显示出众筹这一融资模式对种子期创业项目的吸引力。关于不确定性方面，前人重点关注的是融资股份，该文发现融资股份对融资完成比率和是否有领投人都没有限制影响。研究结果一定程度说明领投人是比较理性的。而融资股份对融资完成比率没有任何影响，这说明跟投人没有特别关注这一不确定性因素，不够理性。引入项目动态更新次数来测量不确定性是该文一个创新之处，我们也发现该变量对融资完成比率和是否有领投人都有显著正向影响。该结果与前人在产品众筹领域关于项目发起人与资助人互动的研究结果近似。这表明项目动态更新次数可以反映创业者对项目的关心程度及其执行能力。

该文发现项目估值对融资完成比率有显著负向影响，而对是否有领投人无显著影响。这说明领投人一定程度认可第三方众筹平台对项目的估值，而跟投人则不认同，因此造成项目估值高反而降低了融资完成比率，这说明众筹平台可以进一步改进项目估值过程。我们发现团队实力（特别是股东人数、员工人数）对融资绩效有显著影响，这些结论与前人研究结果类似。人力资本对融资结果的影响被学者广泛证实，符合直觉，该文不在此多加讨论。

对创业者而言，需要注意3点：（1）为了降低投资人感知的不确定性，创业者要

在众筹过程中主动发布企业的项目更新，包括最新的研发成果、市场调查、盈利状况等信息。（2）目前的项目估值高也不能够有效地显示项目本身的质量，为了成功地融资，创业者需要提供更详细的项目介绍、市场分析、竞争战略、核心竞争力等信息，充分与投资人（特别是领投人）沟通，这样有助于提高投资人对项目估值的信心。（3）创业者要在众筹项目介绍中突出团队实力、团队规模，特别是对股东、员工的展示，这是吸引投资人的重要因素。对众筹平台而言，需要注意两点：（1）众筹平台除了在线沟通渠道，还需要提供多样的线下路演，让投资人和创业者面对面沟通，增强投资人对在线信息的认同和信心。（2）该文发现项目估值越高，融资完成比率越低，因此众筹平台可以进一步改进项目估值的方式。

（李鸿磊）

【大数据中的管理问题：基于大数据的资源观】

杨善林、周开乐（合肥工业大学管理学院）

《管理科学学报》2015年第5期
10千字

作为重要的战略资源，大数据中包含诸多关键的管理问题。文章首先评述了基于不同视角对大数据的认识。然后，从管理的视角看大数据，指出大数据是一类重要的战略性信息资源，并从复杂性、决策有用性、高速增长性、价值稀疏性、可重复开采性和功能多样性6个方面探究了大数据资源的管理特征。最后，提炼并探讨了大数据资源的获取问题、加工问题、应用问题、产权问题、产业问题和法规问题6个方面的关键管理问题。

第一，对大数据的不同认识。大数据来源于生产生活的诸多方面，其应用又服务于生产生活各个方面，如生产制造、物

流交通、电子商务、医疗卫生、社会媒体、生物科学、资源环境、教育文化和公共安全等。近年来，基于不同视角，学术界和产业界对大数据做出了不同的定义。该文总结了几个有代表性的定义及其定义所基于的视角。

第二，从管理视角看大数据。大数据的产生和发展正在对实际的管理活动产生深刻的影响。在广度上，诸多领域的大数据对不同产业的发展以及人们的生活方式都产生了深刻影响；而在深度上，大数据正在影响人们生产和消费信息的方式，从而对管理机制和决策模式产生显著影响；在细微之处，大数据存在于人们日常生活的方方面面，并潜移默化地影响着人们的行为方式。一定意义上，大数据资源与煤、石油、天然气等自然资源有一定的相似性，至于其管理特征，则有明显不同。作为一类重要的信息资源，大数据具有以下特征：复杂性、决策有用性、高速增长性、价值稀疏性、可重复开采性和功能多样性。

第三，大数据中的管理问题。基于管理的视角，当大数据被看作是一类"资源"时，为了有效地开发、管理和利用这种资源，就不可忽视其获取问题、加工问题、应用问题、产权问题、产业问题和法规问题等相关的管理问题。

大数据的研究和应用应该遵循顶层设计、实践导向和理论升华的科学路径。顶层设计就是要制定好大数据资源产业的发展规划，科学引导大数据的研究工作；实践导向就是要在大数据发展实践中发现科学问题，并解决实际问题，坚持从实践中来到实践中去。事实上，在大数据的概念被提出以前，大数据已经在很多领域被研究和应用，已经有很多关于大数据获取、存储、处理和应用的研究和应用成果，这表明，大数据的实践应用是先于理论研究的。当然，深入的理论研究一定能够促进大数据应用实践更好更快地发展，理论升

华就是要将解决大数据实践问题的科学方法凝练总结，建立并完善大数据相关的理论体系。

在云计算和物联网等新兴信息技术环境下，诸多领域的数据正在急剧增加。大数据产业的发展除了需要更先进的数据采集、传输、存储、分析和挖掘等相关技术，同样需要更加科学有效的管理技术与方法的支撑。该文尝试从管理视角审视大数据，提炼了大数据资源中存在的诸多关键管理问题，但该文仅做了简要分析，其中每个问题都有待管理学者系统深入地研究，以更好地发现和利用大数据中的潜在价值，并推动大数据产业的健康发展。

（李鸿磊）

【高管团队职能异质性对企业绩效的影响：CEO 权力的调节作用】

姚冰湜、李秉祥（西安理工大学经济与管理学院），马琳（北京航空航天大学经济与管理学院），王雪莉（清华大学经济管理学院）

《中国软科学》2015 年第 2 期
12 千字

CEO 权力如何影响高管团队职能异质性与企业绩效的关系是该研究的关键点。该文以 2004—2013 年上证、深证（主板）A 股上市公司为研究对象，分析了高管团队职能异质性对企业绩效的影响及 CEO 四种权力在这一关系中的调节作用。研究结果表明，我国上市公司高管团队职能异质性对企业绩效有显著的负向影响，而公司 CEO 的结构权力、所有权权力和专家权力可以有效缓解高管团队职能异质性对企业绩效的负向作用；CEO 的声誉权力则加强了这一负向关系。该研究首次验证 CEO 权力对团队异质资源整合的有效作用，丰富了高层梯队理论中高管团队职能异质性对企业绩效发挥作用的边界条件模型。

结构权力代表职位层级的控制力，强

调 CEO 在战略决策制定、战略实施执行、企业经营管理中需要具有管控能力。高管团队成员仅是资源信息的提供者，而 CEO 才是最终战略制定者和执行的组织者，若 CEO 缺乏抉择管控能力，则多样化的资源信息只会降低效率、引发冲突，影响企业发展。

所有权权力衡量 CEO 在委托代理关系中的地位，强调 CEO 对企业的心理归属感，只有 CEO 把企业当成自己的家来对待时，他/她才会全心全意付出，为企业长期持续发展负责。大量实证研究和案例都显示"空降兵"表现不尽如人意，主要是因为他们与企业共同成长的情感浅，所以较难融入群体，且容易跳槽。因此，为提升 CEO 的归属感，除了给予其股份，还需要培养 CEO 与企业共同成长的感情，这也是越来越多的学者强调内部培养重要性的原因。

专家权力是个人能力带来的影响力，强调管理者的经营管理能力和专业知识技能。CEO 的专家权力决定了其决策判断力、管控调节力、创新变革力和行为示范力，是 CEO 抓住机会、解决问题矛盾、保障企业健康发展的重要能力，因而成为每一位 CEO 不断修炼和提升自己的方向。

声誉权力则测量了个人在企业外社会环境中的活动及名声，声誉权力可以帮助 CEO 结识更多企业外的朋友，获得外部有价值的信息和资源，但 CEO 在企业外部的兼职活动等势必会分散其对本企业内部运营管理工作所投入的精力，且由于 CEO 较高的社会名誉地位，容易滋生个人骄傲情绪、团队内部逢迎拍马等现象，不利于企业发展，需要引起 CEO 的关注。

在实践层面，该研究为有效减少高管团队职能异质性的不利影响提供了一些借鉴思路：（1）CEO 需不断提升个人有效的经营管控力；（2）企业在培养或选拔 CEO 时应注意加强 CEO 与企业共同成长的归属感；（3）CEO 需重视自身专业知识技能以及经营管理水平的提高；（4）CEO 应防止过分重视社会名誉而忽略企业管理所产生的问题。

（李鸿磊）

【供应链关系质量与企业创新价值链——知识螺旋和供应链整合的作用】

徐可（天津工业大学）、何桢（天津大学管理与经济学部）、王瑞（天津工业大学纺织学部）

《南开管理评论》2015 年第 1 期
15 千字

该研究针对中国文化背景下的高新技术制造企业，构建供应链关系质量与创新价值链的结构方程模型，并探索知识螺旋中介效应和供应链整合调节效应。

第一，供应链关系质量对创新价值链的影响研究。首先，供应链关系质量的行为过程对创新价值链有积极的显著影响。这一结论与 Chang 等、张首魁等的研究成果一致，即沟通交流、彼此信任、贸易合作和冲突协调，有利于促进创新过程中创意的产生、转化和扩散。其次，供应链关系质量的交互环境对创新价值链没有积极的显著影响。该结论与宋永涛等的研究成果相悖。交互环境中的关系氛围和适应性对创新价值链的实现过程并没有直接影响，因为两者之间存在影响关系的前提需要借助具体行为的发生，或要依赖某种实际资源的支撑保障才能使交互环境与创新价值链发生关联作用。

第二，供应链关系质量对知识螺旋的影响研究。供应链关系质量的行为过程和交互环境对知识螺旋均有积极的显著影响。该结论与已有的大部分研究成果相似。

第三，知识螺旋对创新价值链的影响研究。知识螺旋对创新价值链有积极的显著影响。该结论与王寅等、黄家齐等研究成果相似。知识螺旋是将貌似不相关联的知识相互整合和转化，重构个人和组织层面的知识体系，促进思维碰撞和理念提升，激发新理念、新创意的产生。

第四，知识螺旋的中介效应。首先，知识螺旋在行为过程对创新价值链的关系中存在部分中介效应。由此证明知识螺旋具有部分中介效应，该结论与 Smith 等、曹科岩等的研究结果十分接近。知识螺旋的部分中介效应也进一步证明，行为过程中的沟通交流、理性信任、贸易合作和冲突解决为知识螺旋提供了施展平台，促进隐性知识和显性知识相互转化及融合，最终推动创新价值链的运转与增值。其次，知识螺旋在交互环境对创新价值链的关系中存在完全中介效应。由此证明知识螺旋具有完全中介效应，该结论与简兆权等的研究结果十分接近。知识螺旋的完全中介效应又进一步证实，组织成员间交互环境中的关系氛围和相互适应性对创新活动的创意产生、创意转化和创意扩散环节不会产生直接影响，必须通过知识螺旋机制才能对创新过程产生间接作用。

第五，供应链整合对知识螺旋中介效应的调节效应。供应链整合正向调节知识螺旋中介效应。研究结果表明，增强供应链整合力度，可以提升知识螺旋在关系质量与创新价值链中的中介效应。整合程度越高，组织成员间沟通合作越顺畅，越能增进彼此信任并达成共识，推动隐性知识与显性知识的螺旋交互转换。

（李鸿磊）

【外部治理环境、产权性质与上市公司投资效率】

李延喜、曾伟强、马壮、陈克兢（国务院发展研究中心）

《南开管理评论》2015 年第 1 期
19 千字

资源禀赋、经济发展的不平衡，导致我国各地区的外部治理环境存在较大差异。文章以 2003—2012 年我国沪深两市 A 股上市公司为研究样本，从政府干预、金融发展水平以及法治水平三个维度考察了外部治理环境、产权性质对上市公司投资效率的影响。

该文借鉴 La Porta 等人跨国横向比较的研究思路，分析在中国不同地区外部治理环境、产权性质对上市公司投资效率的作用，主要贡献如下：（1）从外部治理环境视角，检验了政府干预、金融发展水平以及法治水平对上市公司投资效率的作用机理，丰富了宏观视角企业投资的理论研究；（2）发现政府干预程度对国有上市公司的投资效率有负向作用，证实了政府在市场中扮演着"掠夺之手"的假说；（3）发现外部治理环境的改善，有助于改善上市公司的投资效率，但是对于不同产权性质的上市公司，外部治理环境对其作用机理不一致。

研究发现：（1）政府干预程度越弱、金融发展水平越高、法治水平越高的地区上市公司投资效率越高。即改善政府与市场的关系，降低政府干预，提高地区金融发展水平，提高投资者保护程度，完善法律组织以及第三方监管机构的监督管理职能，能够提高上市公司的投资效率。（2）由于产权性质的不同，政府干预、金融发展水平与法治水平对国有、非国有上市公司投资效率的影响不同。（3）当上市公司产权性质为非国有企业时，金融发展水平和法治水平与上市公司投资效率正相关，而政府干预对非国有上市公司投资效率的影响不显著；当上市公司产权性质为国有企业时，政府干预、金融发展水平和法治水平都与上市公司投资效率负相关。经过对样本公司投资效率逐年回归结果的统计分析发现，国有企业的投资非效率行为在 2010 年以前主要表现为过度投资，而自 2010 年开始投资非效率行为表现为投资不足，且随着时间的推移，外部治理环境的改善，投资不足情况越来越严重，验证了国内学者关于国有企业管理层存在"不求有功但求无过"的假说。

该文的研究结论对于我国政府、相关监管部门以及上市公司自身具有一定的指导意义：首先，从整体看，政府应该降低对市场的干预程度，转变自身职能，由"干预型"向"服务型"转变，更多地发挥市场分配资源的作用，推进金融发展水平的提高，缓解企业的融资约束，完善金融中介机构的监督管理职能，同时提高法治水平，增强投资者保护程度，从整体上给上市公司营造良好的竞争环境，促进公司的健康稳定发展。其次，目前我国正处于经济转轨期，针对不同产权性质的企业，外部治理环境的作用机制并不完全相同，因此，政府及相关部门在制定政策时不能采取"一刀切"的方式。

（李鸿磊）

【碳排放约束下的企业最优减排投资行为】

王明喜（对外经济贸易大学国际经济贸易学院），鲍勤、汪寿阳（中国科学院数学与系统科学研究院），汤铃（北京化工大学经济管理学院）

《管理科学学报》2015年第6期
21千字

为兑现"十二五"和2020年的碳减排目标，我国政府于2013年年底在"七省市"试点启动碳交易市场，并在2015年推广至全国。根据欧盟的经验，在碳交易市场运行之初，政府需要设定一个碳排放许可总量，并把其分配给参与减排的企业。为实现在减排企业间合理分配碳排放许可量，目前在政界热议的配置方式包括免费、拍卖、免费拍卖相结合、单边交易模式和双边交易模式5种方案。为探讨这5种方案能否实现"企业以最小的减排投资成本实现既定的减排目标"这一问题，该文从企业微观生产过程出发，剖析企业减排路径及其减排投资渠道，建立企业减排投资成本最小化模型，推导各投资渠道的最优投资水平，进而分别讨论免费、拍卖、免费拍卖相结合、单边和双边交易模式配置碳排放配额对最优减排投资的实施情况，根据所得结论，提出这5种配置方式在实施过程中需要重点考虑的因素，为相关政策的制定和实施提供一定的科学依据和参考。

关于最优减排投资行为的实施，该文有针对性地考察了"强制减排"和"自发减排"措施。在强制减排的免费分配措施中，由于获得较多的排放配额可以降低碳减排投资，节约生产成本，所以企业希望获得刚好能覆盖其实际排放量的碳排放配额，因此，虽然免费配置方式有操作层面上方便快捷的优点，但企业的减排投资水平偏离最优投资水平。甚至企业有时为获得较多排放配额贿赂相关管理人员，造成寻租等腐败现象的发生。尽管拍卖配置方式可以从理论上矫正企业减排投资的偏离程度，实施最优减排投资水平，但我国还没有碳排放配额拍卖的先例。如果采取"一刀切"的政策，在企业没有一定的投标经验和心理准备的前提下，可能会适得其反。因此，较合理的做法是，期初实行免费配置方式分配一部分排放配额，然后再逐渐降低免费配置的份额，逐步加大拍卖配置的比例，通过控制拍卖交易价格矫正企业个体减排投资的偏离程度，最终实施最优减排投资水平。因此，我国计划先建立"七省市"碳交易试点，然后再将其推广到全国是合乎理论逻辑的。

在自发减排中，无论是单边还是双边交易模式，均可以通过碳交易实现"经济发展和保护环境"共进，在缩小地区间经济发展差异的同时，扩大中西部地区的绿化面积，弱化碳减排对东部沿海地区经济发展的冲击。而且，单边交易模式不仅有利于加强企业在碳交易定价中的话语权，还可以降低买家的交割风险，极大增加了企业碳交易的动力。但要想实施最优碳减排效果，1 期和 2 期的环境收益起到关键性的作用，只要二者之间不满足关系式：$\delta_1 = \lambda\delta_2$，那么无论交易价格为何水平，均无法实现最优减排投资水平。所以，为了矫正企业的碳减排投资水平，政府可以把对企业的考核与环境收益相挂钩，通过引入适当的环境收益值，使得企业的个体减排投资回到最优投资水平的轨道上。

在碳交易定价问题上，政府可以根据不同企业的减排效果，有区别地对待，采用不同政策引导企业的减排投资水平，鼓励企业积极参与减排投资，从而实现能者多劳，以较高的效率、较低的投资成本兑现既定的碳减排目标。

（李鸿磊）

【管理层股权激励、风险承担与资本配置效率】

苏坤（西北工业大学管理学院）
《管理科学》2015 年第 5 期
17 千字

在对国内外相关研究进行梳理的基础上，以 1999—2012 年中国沪、深股市非金融上市公司为研究对象，使用公司股票收益率的波动衡量风险承担水平，使用公司投资对边际 Q 的敏感性衡量资本配置效率，深入分析管理层股权激励对公司风险承担的影响及其内在作用机理，探讨公司风险承担对资本配置效率的影响以及股权激励对这种影响的作用，借助 Stata 统计分析工具，利用相关性分析和多元回归分析方法进行实证检验。

研究结果表明：（1）管理层股权激励作为长期激励工具，能够促使管理层利益与公司股东利益趋于一致，有助于克服管理层风险规避倾向，促使管理层更注重公司的长期利益，减少或消除管理层短期行为，降低公司代理问题，进而促进公司风险承担。（2）公司风险承担水平的提高能够增加公司对风险的容忍程度，有利于公司对投资机会的充分利用，进而提高资本配置效率。（3）由于股权激励能够增强管理层通过风险承担提高资本配置效率的动机，与非股权激励公司相比，公司风险承担对资本配置效率的促进作用在股权激励公司更为显著。该研究结论为深入揭示中国转型经济制度背景下管理层股权激励和公司风险承担的积极作用以及管理层股权激励、公司风险承担与资本配置效率三者之间的逻辑关系提供了有益的思考和启示。

该研究从中国上市公司管理层长期激励不足的现实特点出发，从公司风险承担的视角研究管理层股权激励的积极效果，并进一步从资本配置效率的视角揭示公司风险承担的经济后果及其在股权激励公司与非股权激励公司间的差异。该研究结论对于中国上市公司深入认识风险承担的价值、进一步完善相关激励机制、提高资本配置效率具有重要的理论和现实意义。该研究结果表明，中国上市公司实施的股权激励制度是有效的，达到促使公司注重风险承担和长期价值的目的，减轻了管理层的代理问题。而公司风险承担能够提升资本配置效率，促进公司的长期发展和竞争能力的提高，且股权激励能够进一步增强公司风险承担的积极效果。基于该研究结果，中国资本市场相关管理部门应进一步采取措施，切实推进并完善股权激励制度，促使公司勇于担当风险，提升资本配置效率。

研究结果丰富和拓展了管理层激励和公司风险承担的相关研究，对公司完善相关激励机制以及重视对风险性项目的投资具有重要意义。

（李鸿磊）

【企业政治资源的诅咒效应——基于政治关联与企业技术创新的考察】

袁建国、后青松、程晨（华中科技大学管理学院）

《管理世界》2015年第1期

28千字

首先，该文基于政治关联与技术创新的视角考察我国企业是否存在政治资源诅咒效应。结论显示：企业政治关联阻碍了企业创新活动，降低了创新效率，且这一负面效应大约会持续到企业获得政治关联后的第三年，从而证实了我国企业存在政治资源诅咒效应。其次，我们分析了政治资源诅咒的作用机制，发现政治关联会通过降低市场竞争、助长过度投资等影响企业创新，导致企业技术创新乏力、资源分散并产生挤出效应。最后，我们考察了创新与企业未来业绩敏感性以及政治关联在这一关系中的作用，发现政治关联也弱化了技术创新与企业业绩敏感性，从而进一步验证了政治资源诅咒效应的存在性，即政治资源加剧了企业粗放式发展，阻碍了企业自主创新，并最终无益于改善经济增长质量。

该文的贡献体现在以下几个方面：第一，相比于以往的研究，该文最大的贡献在于同时使用上市公司申请的专利数据和企业研发投入作为企业创新的代理变量，进而能够识别出企业创新效率。相比于以往研究，该文结论显示出有政治资源的企业不但创新水平较低，研发投入产出比也更低，整体创新效率低下。因此，该文将此现象总结为"企业政治资源诅咒效应"，从而验证了微观企业层面同样存在着政治资源诅咒现象。第二，我们的研究还丰富了公司政治关联成本的研究，以往关于公司政治关联的研究多集中于政治关联带给企业的收益，较少关注政治关联给企业带来的直接成本。我们的研究表明政治关联阻碍了企业创新活动，并降低了技术创新与企业未来业绩的敏感性，凸显了政治关联对企业实际经营的扭曲效应。第三，我们的结论也填补了政企关系如何影响企业创新的研究。该文基于我国非国有企业的政治关联现象来研究政企关系与企业创新行为，发现政企关系越密切的企业创新效率更低，丰富了技术创新的制度背景研究。第四，鉴于该文的考察对象是非国有企业，而非国有企业中大多是家族企业，因此我们的研究还丰富了家族企业投资行为的研究。我们从企业政商关系视角来研究非国有企业的创新投资问题，丰富了家族企业创新投资的研究，同时也给政府未来制定创新政策提供参考依据。此外，该文的研究考察的时间跨度更长，深入分析了政治资源影响企业技术创新的路径、动态持续性以及创新和企业未来业绩敏感性的关系。

该文结论为我国深化科技体制改革和促进企业技术创新提供了政策启示：第一，必须改革以政府为主导的科技资源配置方式，建立健全技术创新市场导向机制，打破行政主导和部门分割，由市场决定企业技术创新项目和经费分配，充分发挥市场对技术研发方向、路线选择、要素价格、各类创新要素配置的导向作用。第二，进一步完善和规范企业技术创新有关的政府补助、税收优惠和金融扶持政策，提高政策实施的透明度和公平性，压缩企业政治关联的寻租空间。第三，加强对企业技术创新过程监管，改进技术创新的绩效评价标准，建立以产出和成果为导向的科学评价机制，消除我国目前技术创新管理中普遍存在的重事前论证、轻过程监管，重投入、轻产出的弊端。第四，强化企业在技术创新中的主体地位，激发民营企业创新活力。企业也应权衡政治关联的收益与成本，科学进行技术创新决策。

（李鸿磊）

【民营化企业的股权结构与企业创新】

李文贵（浙江财经大学会计学院），余明

桂（武汉大学经济与管理学院）
《管理世界》2015 年第 4 期
22 千字

在广泛探讨混合所有制的背景下，该文分析民营化企业的股权结构对企业创新的影响。利用中国工业企业数据库的数据，分别以创新投入和创新产出衡量企业创新，我们得到如下检验结论：第一，非国有股权比例与民营化企业的创新活动显著正相关。第二，在不同的非国有股权中，个人持股比例和法人持股比例更高的民营化企业更具创新性，但外资持股比例和集体持股比例对民营化企业的创新不具有显著影响。第三，非国有股权对民营化企业创新的促进效应主要源自经理人观，而不是政治观。用工具变量控制内生性后，上述结论依然成立。该文的研究结果有助于澄清有关混合所有制的争议，对进一步深化中国国有企业产权改革具有重要的政策含义。

该文以中国工业企业数据库 2002—2007 年的数据对以上问题进行检验。以企业是否具有研发投资和研发投资强度作为创新投入指标，以新产品产值作为创新产出指标，检验结果发现，在整体上，非国有股权比例与民营化企业的创新显著正相关。就不同的非国有股权而言，个人股权和法人股权都对民营化企业的创新具有显著的促进效应，而外资股权和集体股权却对企业的创新没有显著影响。然后，我们进一步区分了政治观和经理人观的作用，以揭示股权结构影响民营化企业创新的具体途径。检验发现，非国有股权对民营化企业创新的影响主要源自经理人观，而不是政治观。针对模型中可能存在的内生性问题，我们以样本企业所在城市的年均气温作为非国有股权比例的工具变量，采用两阶段回归等方法进行检验，结果仍然支持非国有股权对民营化企业创新的促进效应。

该文的理论贡献主要在于两个方面。

第一，有助于从民营化企业股权结构的视角丰富和拓展企业创新的相关研究。该文从民营化企业的非国有资本持股角度切入，不仅分析了它对创新的作用，还进一步检验了其影响途径。同时，区分不同类型的非国有股权后，发现外国资本未能有效促进民营化企业的创新，表明在中国转轨经济背景下外国资本对推动国内企业转型升级的作用是有限的。因此，该文从民营化企业股权结构的视角为企业创新的影响因素提供了新的解释。第二，有助于从企业创新的视角拓展和深化关于民营化的理论研究。该文从企业创新的视角展开分析。同时，该文则选择股权结构影响民营化企业创新活动这一角度，基于中国新兴市场的制度背景，为民营化的经理人观提供了新的证据。

该文的研究具有重要的现实意义。当前社会各界对国有企业在混合所有制改革中应由国有资本控股还是民营资本控股等问题仍存在争议。我们发现，非国有股权比例更高的民营化企业具有更多的创新活动，且这种促进效应主要源自经理人观。这表明，通过适当提高民营资本在混合所有制中的比例来保证民营资本的话语权，能有效地促进企业完善公司治理，并最终改善资本配置。同时，我们发现，不同的非国有股权对民营化企业创新的影响显著不同。这表明，引入不同类型的民营资本对国有企业发展的推动作用存在重要的差异。

（李鸿磊）

【公司的媒体信息管理行为与 IPO 定价效率】

汪昌云、武佳薇（中国人民大学中国财政金融政策研究中心），孙艳梅（对外经济贸易大学金融学院），甘顺利（湖南师范大学商学院）

《管理世界》2015 年第 1 期

17 千字

如何度量 IPO 的定价效率？以 IPO 抑价程度度量定价效率的前提条件是发行价格定价有效，即发行价格能够反映公司内在价值。一旦价格不能作为公司内在价值无偏估计时，仅用抑价率就不能完全反映 IPO 定价效率。如出现发行价定价过低时，高 IPO 抑价率可能是理性价格发现；而当发行价定价过高时，低或负抑价率可能是基本面回归。因此，有必要综合 IPO 一级市场定价水平和抑价率，联合检验媒体对 IPO 定价效率的影响，才能更为准确地评价媒体在 IPO 定价中的角色。

因此，该文以 2009 年 7 月至 2011 年 12 月沪深 A 股和创业板的上市 IPO 公司为样本，考察我国实行市场化新股发行询价改革后，随着新股市盈率定价限制的解除，媒体报道对 IPO 定价效率的影响及其作用途径。我们的研究结果表明：IPO 公司在上市期间采取了积极的媒体信息管理策略，即通过控制或影响新闻发布的时机和新闻数量，对 IPO 新股定价和抑价率产生显著影响。在控制相关因素后发现，公司上市前的媒体关注度越高，其定价高于行业均值的可能性越大，IPO 抑价率越低。媒体关注度与 IPO 首日换手率没有显著关系。从而肯定了公司在 IPO 过程中的主动媒体信息管理策略，即利用媒体宣传公司信息，主动降低与投资者之间的信息不对称。而媒体报道能增加信息传播的宽度和广度，有效降低金融市场中的信息不对称性，从而显著提高了 IPO 定价效率和金融市场资源配置的效率。

该文的创新之处体现在以下两个方面。第一，该文联合 IPO 发行价格确定和抑价率来考察 IPO 定价效率问题，克服了传统的仅利用抑价率度量 IPO 定价效率的不足，较为系统地研究了媒体报道对 IPO 定价效率的影响及路径，有助于厘清媒体降低信息不对称和影响投资者情绪的双重路径，

加深对我国资本市场上的信息对 IPO 定价效率影响的理解。第二，考虑到我国 IPO 市场制度的变迁提供了"自然实验"，该文以实施市场化询价改革为契机，研究在一个较为市场化的 IPO 定价环境中，媒体报道对于资产定价效率的影响，为深化认识媒体报道影响金融市场提供了新证据。该文的研究结论也为规范国内媒体作用，加强对投资者的保护提供新的政策依据。

（李鸿磊）

【创新范式的转变：从独立创新到共生创新】

赵志耘、杨朝峰（中国科学技术信息研究所）

《中国软科学》2015 年第 11 期
10.6 千字

在全球化、技术交叉渗透、产业界限与企业边界模糊、信息技术快速发展的背景下，独立创新已无法满足让企业获得持续竞争优势。企业需要转变创新范式，以共生的理念整合企业内外创新资源，通过共创、共享与利益相关方实现共同发展。该文提出了共生创新的内涵，分析了共生创新的基本要素（共生创新单元、共生创新环境、共生创新基质、共生创新界面）和主要特点（自组织、整合、共担、反馈）。对政府相关部门而言，可从如下几个方面着手来推进共生创新。

一是在项目的设立过程中，从支持单个技术转到支持解决方案。科技、经济脱节的实质是供需脱节，研发的成果不能满足市场的需求。原因有多种，可能是立项时就没有考虑市场需求，或者是考虑到了但是其他配套技术没有成熟，或者是国外的打压使其得不到应用。如果从一开始就围绕应用，打包支持解决方案（而不仅仅是单项技术），支持资金中既包含研发资金，也包含应用单位为使用新技术新产品所付出成本的补贴，就能从根本上解决科

技与经济脱节的问题。通过示范应用，做大市场规模，反过来促进新产品质量的提高和成本的降低。

二是在扶持策略上，从"抓大放小"转到"抓大带小"。要顺应大众创业、万众创新的新形势，加强创新的政策环境建设，引导区域创新，积极营造中小企业开放合作、良性互动的氛围和土壤。

在国企改革中，重点扶持大型企业的发展，放任中小企业自己去谋求生路，能促进国有企业提高经济效益。但在创新中"抓大放小"就等于是脱离了创新的主战场。要在政府支持创新的打包支持中，强制性地规定要有一定比例的资金用于中小企业。

三是在扶持对象上，从扶持单个企业转到扶持产业联盟。在国外，企业联盟成立的目的是通过规模优势打造有竞争力的产业链，提升企业和产业的竞争力。

（邱永辉）

【跨国并购能促进经济增长吗？——FDI 进入模式、内源投资与东道国经济增长的关系研究】

李昶、李善民（中山大学管理学院），Philip Chang（Haskayne School of Business, University of Calgary, Canada），史欣向（广州大学工商管理学院）
《管理评论》2015 年第 4 期
20 千字

针对现有文献普遍持有的"跨国并购因为不能增加东道国境内的投资总量，所以无法促进东道国经济增长"的观点，该文通过对跨国并购资金进入东道国后的流向进行理论分析，发现跨国并购资金可以通过"再投资过程"转化为东道国的内源投资，从而促进东道国的经济增长；但是"再投资过程"的顺利进行需要东道国金融市场和制度环境的配合。该文利用 1990—2010 年全世界 173 个国家的大样本

面板数据实证研究表明，在健全的金融体系和稳定的制度环境下，跨国并购也能够促进东道国经济增长。进一步的研究表明，在发达国家绿地投资和跨国并购都可以促进经济增长；在发展中国家因为金融体系不健全、制度环境不稳定，只有绿地投资可以促进经济增长。

研究还发现，发达国家的 FDI 在促进经济增长方面比内源投资更有效，发展中国家 FDI 和内源投资对经济增长的促进作用不存在显著差异。这一研究发现，可用于指导各国政府制定利用外资政策。在发达国家，FDI 对经济增长的刺激比内源投资更强，因此发达国家应当积极吸引外资，放松对 FDI 的管制，尤其在经济增长低迷时更应如此。由此我们可以看出，现阶段美国等多个发达国家因为金融危机导致的经济增长低迷而采取贸易保护措施恰恰是南辕北辙的行为。而在发展中国家，FDI 和内源投资对经济增长的贡献基本一致，因此对于缺乏内源投资的发展中国家，可以利用政策吸引 FDI；而对于内源投资充足的发展中国家，则不必为了吸引 FDI 而给予外资过多的优惠政策。具体到我国而言，随着改革开放后经济的快速发展，近年来我国的内源投资已比较充足，部分行业甚至出现投资过剩的问题，因而我国应逐渐取消对外资的超国民待遇，并对可能危胁我国经济安全、产业安全的外资投资和并购行为加强管制。

（邱永辉）

【不完全信息下双主并方合作善意的并购策略实验研究】

穆庆榜（河南工业大学管理学院）
《管理评论》2015 年第 8 期
26 千字

该文通过采取实验研究的方法，根据现有理论研究成果，重点分析了并购协同收益率、控制权溢价率、初始持股、不完

全信息以及并购双方合谋对成交价格、并购时机和资源配置效率的影响。

首先，基于现有理论成果和新兴的实验研究方法，提出了6条实验假设。

其次，以单方善意并购情形为比较基准，分别对单方善意并购和双主并方合作善意并购情形下的角色扮演、实验变量、实验分组、实验流程、实验过程控制和支付函数进行了设置和界定，并通过实验参数的不同设置来刻画和区分不同的实验情形与实验分组。

最后，通过计量统计研究发现，在不完全信息条件下，协同收益率、控制权溢价率与均衡的并购交易价格同向变化。协同收益增加，能导致并购成交价格上升，使达成并购协议所用时间减少；而控制权溢价率增加，能够导致并购成交价格出现一定幅度的上升，使达成并购协议所用时间也增加。因此，在主并方暴露的协同收益率较高时，有利于早日达成并购协议；目标企业控股股东暴露的控制权溢价率较高时，其要价将相应上调，不利于早日达成并购协议。信息越趋于完全，最佳并购时机越早到来。持股比重的升高将在一定程度上降低并购总成本和并购风险，但只有初始持股达到一定规模时才能显著增强其在并购谈判中的议价能力，间接提高主并方能够接受的最高要价，导致并购进程加快。因此，初始持股的"门槛效应"缩短了达成并购协议所用时间。主并方和目标企业控股股东合谋，能降低目标企业股价波动率和并购成交价格，使目标企业控制权的公允价值扭曲，金融资源配置效率降低，但并购双方合谋并不是导致金融资源配置效率降低的主导因素。

（邱永辉）

【何种经验更易吸收：关于并购经验学习效果的实证研究】

王宛秋、刘璐琳（北京工业大学经济与管

理学院）

《管理评论》2015年第10期
21.3千字

并购是否创造价值和并购价值创造的可能来源一直是并购领域不断探索的主题。并购经验学习如何影响并购的价值创造是这一领域的重要研究内容。该研究基于组织学习理论中的吸收理论和失败学习理论，对中国上市公司发生在1998—2012年的并购事件从经验学习时间长短和前期并购经验成败两个方面对并购经验学习规律进行了研究。研究结果发现：

并购经验与并购后经营绩效呈U型关系。虽然实践是经验学习的基础，但并购经验学习中并非经验次数越多，经验学习效果越好，并购经验与并购后经营绩效呈U型关系，当企业并购次数增加时，企业的并购后经营绩效会有一个先下降后上升的过程，市场对并购经验的反应也呈U型关系。

市场对具有长期并购学习积累的企业的并购学习效果持肯定态度。并购后的短期市场反应对短期并购经验呈显著负相关，对长期并购经验呈显著正相关，对中期并购经验不相关。这一结果说明，首先，市场对企业短期内频繁并购的担忧，认为频繁并购可能导致对目标公司缺乏深入考察、较高的整合成本和财务分析等，从而降低对并购带来的未来收益的期望值。其次，市场对企业的长期并购经验反应积极正面，认为更多的长期并购经验有助于企业在未来并购中的审慎判断。最后，企业更容易从前期的并购失败中学习。虽然市场反应对前期并购的失败经验和成功经验没有区分，但前期并购的成败却直接影响了企业未来并购的经营绩效，失败经验对并购的经营绩效的影响显著为正，说明企业更容易从过去的失败中吸取教训，在以后的并购中能够避免一些失误，从而带来绩效的提升，而相反，过去的成功不能代表未来的成功。

该研究对并购实践的启示在于，通过研究企业对不同类型的并购经验的学习行为的规律为企业和外部关系人预测企业并购决策的财富效应提供参考。具体来说，一是，通过研究发现，与一般重复性和同质性高的经验学习行为不同，并购的经验学习需要一个较长的吸收过程，早期并购经验对企业当前并购绩效的正向影响更为显著，这是因为并购效果需要经过一个较长的整合时间后才能显现，而对并购经验的学习需要历经这一过程后才能实现，同时，也说明并购经验的积累需要较长的时间。二是，通过深入研究成功经验和失败经验对并购绩效的影响程度，发现企业更容易在教训中学习和进步，为决策中如何看待前期失败提供了新的视角。

（邱永辉）

【国际研发合作的地域广度、资源禀赋与技术创新绩效的关系研究】

吴剑峰、杨震宁（对外经济贸易大学国际商学院），邱永辉（中国社会科学院研究生院）

《管理学报》2015年第10期

18千字

新兴市场企业如何通过国际研发合作进行技术创新、努力赶超国际领先企业是战略管理领域的一个核心问题。该研究以开放式创新研究为理论基础，以中国电子设备制造企业为研究对象进行实证分析，问卷样本来自国家统计局2009年10月—2011年8月在全国40个城市针对制造业企业进行的跟踪调查数据库。研究指出边界的跨越应该包括3个维度：技术边界、组织边界和国别边界。针对现有研究的不足，该研究提出"国际研发合作的地域广度"这一概念，同时考虑到组织边界和国别地域边界的跨越，研究国际研发合作的地域广度、资源禀赋和技术创新绩效三者

之间的互动关系。

研究的统计结果显示，我国电子设备制造行业的技术创新仍然处于较低水平；我国企业的国际研发合作相对普及。

通过对我国电子设备制造行业的实证分析，得出了以下几点结论：（1）企业国际研发合作的地域广度与技术创新绩效之间存在倒U型关系；企业的资金资源和技术资源会正向调节国际研发合作的地域广度与技术创新绩效之间的关系。（2）企业在国际范围内寻找研发合作伙伴时，必须充分考虑自己的资源禀赋。（3）企业在从事国际研发合作时，政府资源有可能是双刃剑。

（邱永辉）

【虚拟经济与实体经济分离发展研究——来自中国上市公司2006—2013年的证据】

文春晖（湖南农业大学经济学院），任国良（中华联合保险控股股份有限公司研究所）

《中国工业经济》2015年第12期

22.5千字

该文构建基于终极控股股东、中小股东和管理层的两期动态博弈模型，分析了终极控制人由于金字塔持股导致的两权分离度对两类代理成本和企业价值的不同经济效应，从微观层面探究了上市公司终极控制所导致的虚拟经济和实体经济分离发展的机理，并利用中国上市公司2006—2013年面板数据进行实证检验。

研究结果表明：内部人私利水准比实体终极控制人控制上市公司的内部人私利水准要高，而且虚拟终极控制人因金字塔持股导致的两权分离度的管理权私利抑制效应、控制权私利攫取效应和企业价值侵蚀效应比实体终极控制人控股的上市公司要高。可见，不同领域虚拟经济或实体经济的经济主体，其经济行为、偏好都有很

大差异，不同终极控制人获取企业控制权的动机明显不同，这严重影响了上市公司的经济绩效、经济行为与代理成本。由于自身经济属性不同，虚拟终极控制人偏好于利用自己的控制权影响上市公司从事虚拟经济领域的业务，并通过经济手段来获取非经营性控制权私利；相反，实体终极控制人则更偏好于使把控的上市公司从事实体经济业务，并偏好于从企业生产经营活动中攫取经营性控制权私利。虚拟终极控制人通过金字塔持股使上市公司终极所有权和控制权相分离，成功实现虚拟经济主体俘获实体经济，从而使上市公司资本结构扭曲和投资异化，公司投资不足与投资过度并存，歪曲了上市公司虚拟终极控制人控制资本为实体经济服务的投资结构，致使虚拟经济游离于实体经济之外。

该研究发现保护实体终极控制人的利益成为防范虚拟经济脱离实体经济发展的关键。实体终极控制人为企业提供技术支持和战略支撑的意愿更强，更注重企业的持续发展和永续经营。

（邱永辉）

【对外直接投资如何影响出口——基于制造业企业的匹配倍差检验】

乔晶、胡兵（重庆工商大学管理学院、重庆师范大学经济与管理学院）
《国际贸易问题》2015年第4期
15千字

中国制造经由出口在全球范围内展现出强劲竞争力，而近年来随着企业"走出去"步伐不断加快，对外直接投资的中国故事已引起各国政府、学术界和社会公众的广泛关注，基于中国企业参与国际生产分工和贸易网络的特征事实探讨和剖析对外直接投资的贸易效应具有重要学术价值和丰富政策蕴涵。

该文整合"中国工业企业数据库"和"境外投资企业（机构）名录"数据库形成新的企业级微观数据集，运用倾向得分匹配和倍差法实证考察中国制造业企业对外直接投资的出口效应。该文在样本和数据处理、模型估计过程中，清晰界定了处理组、对照组样本以及时间窗口，着重针对商贸服务型和当地生产销售型对外直接投资展开实证分析。该文的研究表明，在样本考察期间，我国商贸服务型对外直接投资的出口促进效应非常稳健，当地生产销售型对外直接投资可能带动资本品等的出口，从而推动出口增长，我国对外直接投资总体上呈现与出口间的互补效应。当前，国际经济环境和国内经济条件已经发生变化，在我国出口外部环境日趋复杂和对外直接投资迅猛发展的背景下，该文的研究为统筹对外贸易和对外投资，推动我国企业更好"走出去"的相关宏观决策提供了微观层面的经验证据。

（乔晶）

【服务主导逻辑视角下顾企交互创新内涵与运行机制探讨】

王琳、魏江、郑长娟（重庆工商大学管理学院）
《科技进步与对策》2015年第14期
10千字

伴随服务主导逻辑逐渐取代产品主导逻辑，供应商或顾客主导的创新范式变得不再适宜，基于"企业—顾客价值共创"理念的"顾企交互创新"越来越为实践者推崇并引起理论界广泛关注。但学界对顾企交互创新认知并不深入，特别缺乏基于服务主导逻辑视角的考察。鉴于此，该文首先基于现有文献辨析顾企交互创新与顾客参与创新间的关联与区别；然后通过对比两者所遵循的主导逻辑假设的本质性差异，论证服务主导逻辑是解读顾企交互创新最有力的理论武器；最后，立足于服务主导逻辑，以理论演绎方式对顾企交互创新内涵与运行机理进行界定与阐释。

第一，通过深入挖掘"顾企交互创新"与"顾客参与创新"这两个概念各自遵循的主导逻辑，从顾客角色、顾客导向及顾客贡献三方面比较了两者的本质不同。顾客参与创新沿袭传统产品主导逻辑，强调以企业为中心的价值创造，将顾客放在从属与被动地位，低估顾客对创新所贡献的价值，导致顾客被排除在价值创造之外；顾企交互创新视顾客为创新主体，认为价值在企业与顾客共同合作中得以创造，顾客无论对创新过程还是创新结果都贡献了关键价值，遵循的是服务主导逻辑。因此，服务主导逻辑是滋养与发展顾企交互创新研究的理论视角。

第二，基于服务主导逻辑将顾企交互创新界定为：以价值共创为导向，企业与顾客形成一个整体为实现特定而复杂的新产品或新服务价值而开展连续、动态及交互性的集体行动。顾企交互创新促使企业与顾客为实现特定创新目标形成了一个集体行动系统，该行动系统通过共享与整合资源带来比单独创造更有效、更经济的价值，即实现更优的创新产出，进而服务于企业与顾客各自利益的达成。

第三，鉴于服务主导逻辑本质上是系统化视角，该文认为只关注企业与顾客交互创新的微观过程是不够的，顾企交互创新运行机制理应包含交互关系、交互内容、交互结构及交互过程等多方面，并且，它们之间存在着紧密的内在联系，体现为：交互关系是前提，它为设计交互结构、开展交互过程进而实现交互内容提供认知与合作的基础；交互结构作为跨组织的合作机制安排，为有效开展交互过程提供了行动规范；交互过程则是顾企交互创新过程中实际发生的活动与事件，它为促进交互内容的实现提供了行动保证。

（王琳）

【谁是更积极的监督者：非控股股东董事还是独立董事】

祝继高（对外经济贸易大学国际财务与会计研究中心/国际商学院），叶康涛（中国人民大学商学院），陆正飞（北京大学光华管理学院）

《经济研究》2015年第9期
约13千字

当公司的所有权和经营权分离时，股东和管理层存在潜在的利益冲突，这就是典型的第一类代理问题。在转型经济国家，股权集中且投资者保护薄弱，除了第一类代理问题，控股股东与小股东之间也存在严重的利益冲突，即为第二类代理问题。两类代理问题的存在降低了公司经营效率，损害了股东价值。作为解决代理问题的机制之一，独立董事制度被世界各国证券监管机构先后采纳，寄望于通过独立董事的监督作用来约束控股股东和管理层的机会主义行为。另外，在股权制衡结构下，持股比例较高的非控股股东往往会向公司派驻董事，并通过董事会对控股股东和管理者进行监督和制衡，维护自身利益。

文章基于中国强制披露的董事会投票数据，从董事会决策的视角，对比分析了非控股股东董事和独立董事对控股股东和管理层的监督行为差异。研究发现如下：（1）相比控股股东董事和内部董事，非控股股东董事比独立董事更有可能投非赞成票，而独立董事更不可能投非赞成票。（2）非控股股东董事在业绩差的企业和国有企业中更有可能投非赞成票，这表明在业绩差和代理问题更为严重的企业中，非控股股东董事更有可能投非赞成票制约控股股东和管理层的行为；独立董事在业绩差的企业中更有可能投非赞成票，但在国有企业中更不可能投非赞成票，体现出独立董事较强的风险规避倾向。该文还对董事投票的经济后果做了进一步研究，结果发现，董事投非赞成票能够改善公司会计业绩，这说明董事投非赞成票能对被投票公司起到积极的监督作用。总之，该文的研究结论表明，在股权集中且投资者保护较弱的情形下，非控股股东董事和独立董事发挥了积极的监督作用，但非控股股东董事比独立董事能够更好地监督控股股东和管理层。为了提高董事会监督职能，单纯提高独立董事比例未必能够有效果，相反，提高非控股股东在董事会的代表性，反而可能是更为有效的董事会制度安排。

（邱永辉）

【组内竞争与组间竞争对企业绩效的影响差异——基于移动壁垒分隔作用的研究】

段霄、金占明（清华大学经济管理学院）
《中国管理科学》2015年第5期
13千字

企业间竞争几乎在所有行业中普遍存在，也是管理学研究的重要主题。基于战略群组理论，该文通过实证研究探索了组内竞争、组间竞争对移动壁垒内外部企业具有的不同影响，以中国制药业上市公司为样本，研究发现，组内竞争对于移动壁垒外部企业绩效的不利影响显著大于其对壁垒内部企业的影响；相反，组间竞争对移动壁垒内部企业绩效的不利影响显著大于其对壁垒外部企业的影响。

行业内竞争及其效果是管理学研究中的基础性问题。竞争对参与其中的企业的绩效以及整个行业的利润都具有不利影响。以往对行业内部异质性的认识不够充分，难以深入揭示不同性质的竞争在效果上的差异。战略群组理论能够客观地把行业分为几个性质差异较大的企业群，同时使群组内部成员在战略上高度相似，清晰而简洁地刻画出了行业的内部结构。当把战略群组和移动壁垒纳入模型后，竞争对企业绩效的影响不再是简单一致的。该研究发现了组内竞争和组间竞争对不同战略群组

中的企业绩效具有不同作用。

对于组内竞争，处于移动壁垒内的企业参与组内竞争时受到的不利影响较小，而位于移动壁垒外的企业参与组内竞争的不利影响则很大，两者具有显著差异。组间竞争则相反，处于移动壁垒内部的企业参与组间竞争会受到较大的不利影响，而位于移动壁垒外的企业参与组间竞争则影响较小，两者也具有显著差异。结论表明竞争的效果随着企业所处战略位置的不同而有明显差异。因此，在分析行业内的竞争格局时至少需要明确两方面因素：第一，是组内竞争还是组间竞争；第二，企业是否位于某种移动壁垒的保护之内。忽略行业内的战略群组和移动壁垒很可能无法得到正确的结果。未来研究仍有进一步深入的空间。例如，行业中移动壁垒的高度越大，壁垒内外企业参与竞争的结果差别可能就越大，这需要进一步研究检验。

对企业管理实践的启示是：对于具有明显特色和优势、处于移动壁垒保护中的企业，应把主要精力用于同群组内部成员企业之间的竞争，强化自身的突出优势，力图在高利润或有发展潜力的细分市场上获得竞争优势。战略决策应以本群组的典型选择为依据，避免过多参与与其他群组成员的竞争。而对于缺少优势的没有移动壁垒保护的企业，则不可仅关注现有群组中的竞争。需一定程度上参与组间竞争，避免完全陷于同质化的价格战之中，而应及时扩充企业技能，把握潜在的发展机会。

（李梦楠　杨德林）

【产业特征、公司治理与企业研发投入——来自中国战略性新兴产业A股上市公司的经验证据】

孙早、肖利平（西安交通大学经济与金融学院）
《经济管理》2015年第8期（总第536期）
13千字

文章利用 2010—2012 年中国战略性新兴产业 A 股上市公司的相关数据，构建了一个战略性新兴企业数据库，进而估计了现行的公司治理对战略性新兴产业中的企业创新的效应。该文的实证结果表明：客观上并不存在一个普遍适用于所有产业的"最佳"公司治理模式。（1）在资本、技术高度密集的产业中，企业保持较高的股权集中度，对企业研发投入有显著的正面效应，有利于企业对快速变化的环境做出反应，形成正确的创新决策。与此同时，有必要在企业大股东之间形成一定的均衡机制，以防范创新决策失误的风险。与经验研究不同，实证研究发现，机构投资者对企业创新没有发挥应有的作用。（2）人力资本在知识和技术密集的企业中扮演着关键角色，知识和技术密集度高的特征，要求企业能够有效地对人力资本进行激励。其中，高管持股与企业研发投入之间存在显著的正向影响，尤其是在国有企业中效果十分显著；高管年薪对企业研发投入没有明显的促进效应；在职消费不利于企业研发投入，而非国有企业在职消费对企业研发投入的负面效应更加强烈。（3）企业董事会规模与企业研发投入负相关，规模较小的董事会可以对环境变化及时做出反应，有利于企业研发投入；独立董事占比、董事长与 CEO 两职兼任与企业研发投入没有表现出显著的相关性。保持一个较小规模的董事会，客观上有利于提高企业研发投入。（4）在战略性新兴产业中，企业规模越大，越不利于企业研发投入；政府补贴促进了非国有企业研发投入，但对国有企业研发投入的效应并不显著。国有经济保持一个较高比例，客观上有助于构建一个有利于企业自主创新的公司治理。

以上发现具有深刻的政策含义：

第一，整体而言，构建与产业特征相匹配的公司治理，对战略性新兴产业创新发展十分关键。企业作为创新的主体，倘若不重视企业内部公司治理因素，即便政府努力实施刻意释放企业创新意愿和能力的政策措施，政策激励效果将被大大削弱，最终结果也难以让人满意。

第二，具体来说，在国有企业混合所有制改革背景下，国有企业改革应该服从于国家的战略目标，充分发挥国有企业自身的优势和主导作用，重点支持基础性、战略性和前瞻性的新兴产业，推动国家科技进步与自主创新。此外，建立合理的分配机制也是促进企业自主创新的重要环节，鼓励企业积极采取股权激励的方式，限制过高的高管年薪和过度的在职消费。当然，健全董事会功能，形成高效的、创新型的董事会也十分必要。

第三，在中央以及地方政府产业政策层面，政府创新补贴应该向具有更高效率的非国有企业倾斜，且不宜以企业规模大小作为补贴依据。

（邱永辉）

【责任式创新：源起、归因解析与理论框架】

梅亮（浙江大学公共管理学院），陈劲（清华大学经济管理学院）
《管理世界》2015 年第 8 期
18 千字

责任式创新是一个快速演化的概念，其动力、理论框架、实践等方面存在模糊性。该文系统讨论了责任式创新的源起、内涵与归因，整合建构要素、制度情境、评估准则三方面，形成责任式创新研究的理论框架，并通过美国、欧盟、中国纳米科学与技术责任式创新的实践，论证了责任式创新理论的研究可行性。该文的研究贡献主要包括：

第一，从责任式创新视角提出对传统创新研究范式及创新驱动发展观的思考。责任式创新对传统创新范式的正向逻辑提出反思与重审，通过对责任式创新的概念源起、内涵以及归因解析的详细论述,该文认为责任式创新是在认可创新行为主体认知不足的前提下,在预测特定创新活动可能负向结果的范围内,通过更多成员参与响应性制度建立,将创新引导至社会满意与道德伦理可接受结果导向,以实现最大限度的公共价值输出。传统的科学与创新是研究者发起的,以知识与学科为基础,当代的科技创新是情境驱动的,以问题为焦点,这一种创新活动的演化及其价值输出,不能脱离创新活动全过程相关的制度情境予以讨论。

第二,通过制度情境因素的引入与系统分析,对欧洲发展情境下提出的责任式创新研究理论框架做出重要补充,认为已有的责任式创新研究理论缺乏对于社会与政治情境的探讨,其在应对国家发展水平、区域文化环境、制度体系等因素的差异时存在概化性不足。该文整合制度四层次模型与交互框架理论视角,认为责任式创新及其公共价值溢出根植于嵌入性、制度环境、治理、资源配置与人员所构成的制度四层次及其层间动态交互演化过程之中。不同制度层次内部的责任式创新核心建构要素互动,以及来自高层制度情境的层压作用与低层制度情境的放大影响,最终引导特定创新活动在国家层次、产业层次、组织层次的研究讨论与公共价值溢出。

第三,责任式创新理论研究框架为科技治理领域的研究做出贡献。责任式创新通过将传统科学治理模式置于一种负责任的自组织管理框架之下,实现科学治理模式创新,其被看作是科技治理对科学与技术议题合法性空白以及对特定权威认知空白的反应,从而为 Hajer 提出的新兴技术与管理模式的"制度空白"提供解决方案,实现旧有科学与创新治理模式向分散、开放治理模式转变,引导科学从"自顶向下"转向更加互动的治理过程。

第四,对中国创新发展与科技政策领域的研究做出贡献。中国自改革开放以来一直在发生大规模的制度变革。作为经济转型的发展中大国,经济建设仍然为现阶段国家战略的主导,科技创新驱动经济发展的假设很少受到质疑,这使得中国缺少对于科技创新与社会需求相结合的政策反思。责任式创新以实现国家可持续发展与公共价值为目标,通过特定创新行为中更广泛利益攸关主体参与及制度响应的持续互动,揭露创新系统的非责任行为并预测创新潜在影响,从而为发展中国家创新战略与现有政策转型的结合提供一个可选择的发展模式与开放的对话平台,提升科学与技术创新、制度、政策的社会响应性。在科技创新同社会伦理相结合、公共利益攸关者紧密关联基础上,责任式创新对国家竞争力与经济公平性做出有效反馈,以保证发展依赖更好的社会效益而非仅是经济增长与技术领先。

(李梦楠　杨德林)

【创业导向企业的成长性:激励型与监督型公司治理的作用——基于中国创业板上市公司的实证研究】

周萍(上海财经大学国际工商管理学院),蔺楠(江西财经大学现代经济管理学院)

《经济管理》2015 年第 3 期(总第 531 期)约 12 千字

现有文献中,学者研究的公司治理主要是指内部监督治理机制即两职分离、独立董事制度和外部监督机制,即大股东监督和分析师跟进等监督力量,以及激励型公司治理,包括管理层持股和股权激励计划。文章提出企业特性是决定公司治理机制治理效果的重要变量,并以 2010—2012 年中国创业板上市公司为样本,根据企业的研发与投资数据构造了创业导向程度的指标,实证检验了创业导向对企业成长性的直接效应,并考察了激励型、监督型公司治理机制对创业导向与企业成长性主效应的不对称调节作用。实证结果表明：
（1）创业导向程度正向影响企业成长性；
（2）针对高管的股权激励计划股票期权、限制性股票和股票增值权对创业导向企业成长性有正向调节作用；（3）以第一大股东持股比例和股权制衡度代表的监督机制对创业导向企业的成长性有抑制作用。

在信息不对称程度高的创业导向企业，激励型与监督型公司治理机制对企业成长性有不同的作用方向，并得出了以下意义与启示。

（1）外部大股东持股比例和股权制衡度负向调节创业导向企业的成长性，而激励型公司治理机制，如股权激励对创业导向与企业成长性的关系起正向调节作用，能够促进创业导向企业的高成长。这一结果可能是由于信息不对称带来的管理者与组织外部利益相关者的摩擦，导致企业决策效率和管理效率降低。激励型与监督型的公司治理机制在创业导向企业的特定情境下，有不同的作用方向。同时，也说明了企业创业导向的定位是决定不同公司治理机制效率的重要变量。

（2）该文补充了公司治理机制有效性研究，提出不同公司治理机制的作用效果受到微观层面企业特性的影响。在创业导向程度高的企业，激励型的公司治理机制，如股权激励对企业成长性起正向调节作用，而大股东持股及股权制衡度的外部监督治理机制起负向调节作用。

（3）文章引入公司治理机制探索创业导向影响组织后果的作用情境，也进一步丰富了创业导向的研究，对研究创业导向的学者有启示意义。激励型与监督型公司治理机制对于创业导向企业的决策效率效果、创业导向战略实施以及利益相关者行为等方面存在影响，进而导致企业创业导向在不同的公司治理机制下对企业成长性、企业绩效等组织后果的作用效果存在差异。

（4）研究对于追求高成长的创业导向

企业根据自身的资源基础和战略方向选择适宜的公司治理机制，提高管理效率，促进企业价值提升具有实践指导意义。

（邱永辉）

【平台服务和物流服务对网络商家信心的影响——商家信誉的调节作用】

贺曦鸣、胡赛全、易成、刘霞（清华大学经济管理学院）
《中国管理科学》2015 年第 6 期
15 千字

如何改善服务、提高网络商家信心是平台商面临的管理决策难题。了解平台服务和物流服务对网络商家信心的作用，以及不同信誉等级的商家对两种服务的需求，能够帮助平台商科学有效地制定管理决策。电子商务情境下，商家日常所需的服务与传统零售行业有所不同，主要包括平台服务和物流服务两种，商家信心决定着平台的生存发展，信誉在该文中被视为商家的一种特质，该文关注信誉在平台服务和物流服务对商家信心的影响中发挥的调节作用。该文使用对 3995 位淘宝店铺经营者调查的数据，建立次序回归模型分析，发现平台服务和物流服务对商家信心有正向影响，商家信誉具有调节作用，随着信誉等级的提高平台服务对商家信心的影响逐渐增强，而信誉等级较低的商家信心更容易受物流服务的影响。研究发现：

（1）平台服务和物流服务作为电子商务平台中最重要的两种服务，都会对网络商家信心产生显著的正向影响。电子商务平台与传统零售业的根本区别是交易在虚拟空间进行，而商品交付需要物流系统配送传递。精美的网店装修、客户服务工具、快速准确的收发配送等平台和物流服务都能够提高网络商家的信心。

（2）信誉在平台服务与商家信心的关系中发挥调节作用，随着信誉的提升，商家信心越来越容易受到平台服务的影响；

而信誉较低的商家信心受物流服务影响更大。商家信誉较低时需要依靠高质量的物流服务兑现交易承诺，从而提高消费者满意度。因此，物流收发配送的及时准确性对商家信心有很大影响；随着商家信誉等级的提高，商家很容易凭借信誉等级的信号赢得消费者信任，他们一方面需要利用优先排序等平台服务突出信誉等级优势，另一方面也需要优化网页设计和客服工具等平台服务来提高在线服务能力以维持高声誉，因此平台服务对信誉等级较高的商家影响更显著。

以上两点发现为电商平台的管理者提供了如下启示：第一，为了更好地吸引和服务于平台中的商家，管理者可以从改善平台服务和管理物流服务两方面入手。第二，如果平台中信誉等级高的商家较多，或平台发展的首要目标是吸引和维护信誉水平较高的优质商家，管理者需要增加对平台服务的投入，改善平台服务质量。

（李梦楠　杨德林）

【代理成本、治理机制与企业捐赠】

谭维佳（武汉大学经济与管理学院），徐莉萍（中山大学管理学院）
《经济管理》2015 年第 9 期（总第 537 期）
9.5 千字

文章从委托代理问题的角度实证检验企业捐赠的动机。代理成本与企业捐赠正相关，而公司治理机制可以缓解企业捐赠的代理问题，但是，这些结果主要体现在非国有控股的上市公司中。具体地讲，在非国有控股的上市公司中，代理成本越高，企业捐赠金额越高；董事会规模越大，企业捐赠越多；股权越集中、高管持股比例越高，企业捐赠越少。而在国有控股上市公司中，高管持股会抑制企业捐赠。对非国有控股上市公司而言，较小的董事会和较为集中的股权结构以及高管持股都会降低企业捐赠水平。而在国有控股上市公司

中，仅有高管持股可以发挥约束企业过度捐赠的作用。研究结果并不排除企业捐赠的其他动机。企业捐赠决策是一个复杂的过程，企业可能出于战略或政治动机进行捐赠，也会因主动承担社会责任进行捐赠，然而，企业捐赠的代理问题却不可避免。

以上研究结论具有一些政策启示：一是企业需要从治理角度来优化捐赠决策，以防止少数企业经营决策者出于自身目的进行捐赠，从而避免对广大股东利益造成损害。二是国有企业改革还需要进一步地深化，依靠外部资本的进入，有效地建立更为合理并更具操作性的公司治理架构，使国有企业的内部运行更加市场化。三是政府特别是地方政府要转变角色，由劝募者、监管者的双重身份向监管者的单一身份转变，同时，调整税法及相关规定，促进个人捐赠行为，引导个人捐赠成为整个社会捐赠的主要力量，降低政府和社会对企业捐赠的严重依赖，鼓励企业家们以个人名义参与社会公益活动。四是政府还应打造更为完善的制度环境，真正做到国有企业和民营企业的待遇平等，消除企业捐赠背后的利益交换。

（邱永辉）

【企业持续成长导向的组织变革中多层次协同行为策略——基于富兴科技的案例研究】

胡海波、黄涛（江西财经大学）
《经济管理》2015 年第 11 期
13 千字

近年来，企业持续成长导向下如何实现企业组织顺利变革成为组织与战略研究领域热议的话题。该研究以企业组织变革过程为线索，采用探索性单案例研究，以深圳市富兴科技有限公司为研究对象，在已有研究回顾的基础上，基于企业持续成长视角，初步建立组织变革任务、协同行为策略以及变革阶段特征三者关系分析框

架，结合 ASD 理论模型，对富兴组织变革中三个协同阶段进行系统分析。

从 ASD - TSH 理论结构模型来看，在企业内外部环境变化的影响下，企业组织变革经历不同的阶段，并采取不同的协同行为策略，由此，具体的阶段特征与协同机制也呈现出一定的差异性与规律性。同时，在组织变革中战略、技术、人才等不同层次动态匹配下，实现企业的持续成长。通过案例内容进一步分析，得出以下结论：

（1）企业持续成长是企业组织变革的最终归属。组织变革能否顺利进行，关键在于各个协同阶段组织的战略、技术与人才三者是否得到合理匹配。

（2）组织变革过程中多层次协同行为策略的演变可以体现在适应、选择和发展三个阶段，具体包括互信机制、整合机制、共存机制三种协同机制。

（3）基于 ASD 模型，组织变革过程中多层次协同行为策略具体包括嵌入型协同行为策略、互动型协同行为策略和联盟型协同行为策略，这三种协同行为策略分别与内生性成长、外生性成长以及内外性共生的企业持续成长方式一一对应。

该案例研究的理论价值主要包括：第一，基于 ASD 理论模型，对企业组织变革过程中适应、选择、发展三个协同阶段进行了全面解读，分析得出不同阶段的战略、技术、人才三个协同层次经过了层次平衡、层次互补与层次协同的演变过程。第二，从组织变革不同阶段出发，对互信机制、整合机制以及共存机制提出了新的解读。第三，通过对案例的进一步归纳与演绎，提出了嵌入型协同行为策略、互动型协同行为策略和联盟型协同行为策略三种协同行为策略。

基于富兴的案例研究，在管理实践方面具有一定的启发，具体如下：

第一，基于企业持续成长导向，从组织变革过程出发，该案例对多层次协同行为演进进行系统分析并提出一个整体性的理论结构模型，在取得理论进展的同时，为企业组织变革不同阶段协同行为策略的实施提供相应指导。

第二，在不同的组织变革阶段，企业如果要实现企业的持续成长，需要把握好不同的阶段组织变革关键任务、阶段特征以及协同机制，时刻关注这些要素的变化情况，采取恰当的协同行为策略，产生协同效应，以便更好地完成企业战略目标。

（胡海波）

【基于君子文化的中国式管理模式：德胜洋楼的案例研究】

胡海波、吴照云（江西财经大学）
《当代财经》2015 年第 4 期
12.7 千字

改革开放以来，随着我国企业的发展壮大以及企业管理实践成功经验的增加，国内外学术界和企业界都在积极探索基于中国传统文化思想的中国管理学原理和文化理念。研究学者试图从中国传统文化的角度研究适合现代企业和社会的中国管理学，力图创建一套新的理论体系。目前学界对中国管理思想的研究有越来越多的关注，而在如何将君子文化等具体的传统文化理念运用到企业管理实践中的研究有待进一步深入，尤其是关于中国传统管理文化运用于企业的案例研究十分匮乏。中国管理学思想和理论更多倾向于感性方面的经验总结，其管理运用要更多基于企业管理实践活动不同的情境，因此，通过案例研究对中国管理学思想和理论进行实证分析显得更加重要。

该研究从君子文化管理切入，对德胜案例进行研究，分析了中国管理学思想如何在具体的企业管理情境下运用并创新企业管理文化，取得良好的管理效益。另外，该研究通过归纳分析德胜的管理范式构建过程，提出了中国管理学实践的一般模式，对于完善中国管理学运用体系，提升中国管理学的实践性和操作性具有重要的理论参考价值。

该研究通过对儒家君子思想的总结以及中国管理学思想实践的一般模式的提出，对于我国现代企业运用传统文化进行管理实践提供了有现实参考价值的观点，有助于企业管理者树立精细化管理与人性化管理的理念。

德胜管理体系很大一部分是再教育体系，是价值观和信仰再造体系，其灵魂是"有效的教育"。德胜运用儒家君子文化对员工进行教育，以改造员工的价值观，源于公司创始人聂圣哲对中国国民性问题的思考，希望通过改造员工的价值观，将传统员工改造成为合格的现代产业工人。因此，公司管理活动及其相关的管理模式的产生，离不开对特定社会文化形态的思考和反思，会受特定历史时期民族文化、道德准则和制度变迁的影响。企业管理者在运用传统文化思想进行企业管理实践时，要充分考虑企业所处的社会文化环境和员工的思想价值观取向。在中国管理思想运用于管理实践过程中，除了构建传统文化管理体系，还需要相应的保障机制，如员工价值观教育、有效执行的制度、平等的企业文化、人本管理的实施等，否则传统文化管理只会停留在口号宣传的层面。

（胡海波）

【辱虐管理对追随者职场偏离的影响——公正世界信念的调节作用】

曹元坤、祝振兵、王震（江西财经大学）
《当代财经》2015年第12期
10.9千字

追随者的个体差异会减少辱虐管理所产生的消极影响。该研究通过配对样本的方法，搜集了来自3家企业的226对追随者的数据，探讨了公正世界信念和敌对情绪在辱虐管理与追随者职场偏离之间的作

用。在该研究中，我们主要基于公正世界理论，探讨了BJW在辱虐管理和职场偏离之间的调节作用。结果发现：当追随者持有的BJW强度更弱时，辱虐管理和追随者的职场偏离之间的关系更强。此外，还检验了调节中介模型，发现：对领导者的敌对情绪中介了辱虐管理和偏离行为之间的关系，BJW不仅缓冲了敌对情绪体验，而且降低了敌对情绪向偏离行为的转化。总体而言，该研究的贡献表现在以下方面。

其一，该研究首次探讨了BJW对于缓冲辱虐感知和减少偏离行为之间关系的作用。如前所述，虽然现有研究已经开始讨论在什么情况下辱虐管理对追随者偏离行为的作为更为突出，但从个体积极资源的角度来进行探讨的研究仍不多见。最近研究发现积极人格特征（如责任心）有助于控制个体在压力下的反生产行为。而BJW是独立于积极人格的一种重要的应对不公正的资源。

其二，拓展了BJW的应用领域，深化了对情绪在辱虐管理和偏离行为之间作用的理解。该研究还探讨了敌对情绪在辱虐管理和偏离行为之间的中介作用，并且构建的两个阶段的调节中介整合模型，进一步深化了情绪这一中介机制的作用条件，增加了模型的深度和预测的精确度。

其三，该研究构建的模型对管理实践亦有一定的指导意义。如前所述，由于BJW是个体的一种重要资源，组织在进行人员选拔时可以根据拥有这种资源的多少择优而聘，在追随者的培训项目中亦可适度增加这方面的内容，以提升个体的BJW资源。

（胡海波）

【亲社会动机与印象管理动机对组织公民行为的影响】

高日光、李胜兰（江西财经大学）
《当代财经》2015年第3期

8.3 千字

中国传统文化对"人际关系"非常重视，人际和谐甚至比工作效率更重要。因此，探讨中国组织情境下的组织公民行为，不得不考虑印象管理动机的作用。在中国组织情境下，组织公民行为被众多员工当作好演员的主要表现方式，从而获得晋升等重要职业发展机会。长此以往，"好演员式"的组织公民行为泛滥于组织的正常运行中，组织中真正的"好士兵"就会产生挫折感，从而降低组织效能，最终阻碍组织的健康发展。

在做出对亲社会动机与组织公民行为、印象管理动机与组织公民行为以及亲社会动机与印象管理动机的交互作用对组织公民行为的影响的假设下，利用发放问卷的方式，对各个变量的描述性统计结果与相关矩阵进行分析并进行假设检验后，得出交互项对指向同事的组织公民行为没有影响，印象管理动机在亲社会动机与指向同事的组织公民行为之间不起调节作用，以及交互项对指向组织的组织公民行为有显著的负向影响。

该研究首次回应了 Bolino（1999）在《管理评论》（*Academy of Management Review*）中的推论。Bolino 在其中指出，持有印象管理动机的员工，其组织公民行为的表现内容是有选择的。另外，该研究首次发现，持有印象管理动机的员工仅表现出指向组织的组织公民行为，而不表现出指向同事的组织公民行为。这一研究结论充实了印象管理与组织公民行为的理论成果。除此以外，该研究还发现，印象管理动机越高，亲社会动机与指向组织的组织公民行为的关系越弱，而对亲社会动机与指向同事的组织公民行为的关系没有影响，这对理解组织公民行为是好士兵还是好演员的表现提供了一个新的视角。

该研究对管理实践有如下启示：

首先，具有亲社会动机与印象管理动机的员工所表现的组织公民行为的内容有差异，管理者可以根据员工在同事面前和在主管面前所呈现的组织公民行为内容，来评判哪些员工是好士兵，哪些员工是好演员。

其次，持有印象管理动机的员工在主管面前是好演员。因此，特别警示管理者，不要被员工的表象所迷惑，在评判员工的组织公民行为时，最好是多方考察，切勿仅以自己的观察断定员工是好士兵还是好演员。

最后，亲社会动机越强的员工，其指向同事的组织公民行为和指向组织的组织公民行为越多。因此，管理者如果希望员工表现出较多的组织公民行为，则应甄选那些具有较强的亲社会动机的员工，因为，亲社会动机属于个体特质，不是组织培训可以提高的。

（胡海波）

工商管理·会计学

【并购支付方式与并购绩效的实证研究——以沪深上市公司为收购目标的经验证据】

葛结根（中南财经政法大学经济学院）

《会计研究》2015年第9期
10千字

在控制权竞争市场上，如果企业通过并购来获得控制权，就必须支付相应的对价，选择并购支付方式是实现企业并购战略目标的手段之一，然而不同的支付方式对于企业并购之后的经营绩效会产生一定的影响。该研究选择2006—2011年沪深A股市场中把上市公司作为收购目标的并购事件为原始样本，根据我国以上市公司为目标的并购行为，把并购支付方式划分为无偿并购和有偿并购两大类，并将有偿并购划分为现金、资产、现金与资产组合、现金与承担债务组合4种支付方式。以并购的经营绩效为切入点，从盈利能力、资产营运能力、偿债能力、现金流量能力和发展能力5个方面选取财务指标，分别以并购前一年到并购后第三年为考察区间，综合评价不同的并购支付方式对上市公司经营绩效的影响。采用主成分分析法和多元回归法进行实证检验的结果显示：

第一，从全部样本的并购绩效看，除并购当年的综合得分均值差为负值外，其余年份均为正值，但其绝对值都非常小，表明并购后我国上市公司的绩效从整体上没有得到显著提升。第二，无偿并购的绩效在整个考察期内明显低于有偿并购的绩效。第三，在有偿并购中，现金支付的绩

效表现稳定，但未得到明显改善；现金与资产支付组合的绩效呈现出缓慢上升的趋势；而现金与承担债务支付组合的绩效在并购后前两年有一个明显上升的过程，但在并购后第三年急剧下降；资产支付方式的绩效在并购当年表现最佳，随后便快速下降。而且，资产支付、现金与承担债务支付组合的并购绩效比现金支付方式具有明显改善，且与并购类型和关联交易紧密相关；并购方的管理能力是所有支付方式下提高并购绩效的基本保证。

并购中作为被收购方的上市公司的绩效总体不佳，从并购支付方式的影响上看与并购融资手段过于单一密切相关，因此，应积极创造多种融资渠道，特别是股权和债券融资手段，为规模较大而又具有战略性的并购（如换股并购等）创造条件。美国20世纪90年代初开始的第五次并购浪潮也印证了这一点。这次并购浪潮以许多大型并购为特征，敌意并购相对减少。并购交易更加注重战略意义，不以迅速获得财务收益为目的，也不像第四次并购浪潮那样主要使用债务融资，而是更多地通过股权进行融资。交易完成之后，收购公司无须通过出售资产来减轻债务负担。与内部扩张相比，此类并购可更好地完成那些因收购方的特定战略计划而发起的交易活动。此外，如果可供选择的融资渠道较多，则并购方可选择适合的支付方式，以便能够根据自身的财务状况进行后续的资源整合，从而提高资源的利用效率和企业竞争力。因此，应采取多种措施，鼓励支付工

具和融资方式创新，以支持企业依托资本市场加强资源整合，提高发展质量；通过内部业务整合，提升企业整体价值。

（张丽丽）

【会计准则变革的非预期效应理论框架构建】

张先治、晏超（东北财经大学会计学院/中国内部控制研究中心）

《会计研究》2015 年第 2 期

25.6 千字

会计准则在维护社会经济秩序中发挥了重要作用。会计准则具有经济后果和外部效应，会计准则变革不仅对财务报告和资本市场产生预期影响，而且对企业契约、经营方式与投资行为、宏观经济与社会等产生重要影响。该研究首先从会计发展史的视角对会计准则变革的效应进行分析，探索不同历史阶段会计准则预期效应与非预期效应的拓展与转化关系，以及会计准则变革对企业经营方式转变和宏观经济发展的主动性影响，为会计准则变革的非预期效应提供初步的历史证据。在回顾会计准则变革效应的历史后，为了正式构建会计准则变革的非预期效应理论框架，阐述了效应、预期效应与非预期效应的内涵，然后根据会计准则变革的目标初步界定了当前会计准则变革的预期效应与非预期效应的内容。随后以新制度经济学中关于制度变迁的影响理论、会计准则的经济后果理论以及经济学中的外部性理论为理论依据，采用文献综述的方法构建会计准则变革的非预期效应系统框架：第一，未实现的预期效应。会计准则变革的预期效应主要指对财务报告和资本市场的影响效果及直接反应，而未实现的预期效应或与预期相反的结果，属于会计准则变革的非预期效应广义范围的一部分。

第二，后续间接效应。会计准则目标实现的后续效果及间接反应为会计准则变革的后续间接效应，这方面的相关经验证据可分为资本市场和企业内部两个层次。在资本市场上，会计准则变革的非预期效应主要指除了上述预期"资本市场效应"之外的影响，包括对资本市场投资者、债权人和分析师的其他影响，以及对审计师、评估机构、监管机构、税务部门等产生的影响。在企业内部，会计准则变革的非预期效应主要指对企业"契约效应"和"投资效应"的进一步影响，即除了直接的会计信息契约有用性、证券投资估值有用性之外的影响，包括对企业经营理念、业绩评价、治理结构、筹资行为、投资行为、分配行为、税收行为等产生的间接影响。

第三，超出效应。超出会计准则目标范围的效果及反应为会计准则变革的超出效应，这方面的研究体现出从微观向宏观延伸的特征，主要包括"宏观经济效应"和"其他社会效应"。

第四，事前效应。会计准则目标实现之前的事前行为反应为会计准则变革的事前效应，主要包括两个方面的内容：一是会计准则制定过程中各利益相关者的反应，二是会计准则发布后还未彻底发挥功效时各相关利益者的反应。

综上所述，会计准则通过会计观念转变和具体准则变革产生预期效应和非预期效应，预期效应主要包括一般预期的财务报告效应和资本市场效应，以及对会计信息契约有用性与证券投资估值有用性的直接影响；非预期效应主要包括后续间接效应、超出效应、事前效应以及广义范围的未实现的预期效应，分为微观非预期效应和宏观非预期效应两个层次，微观非预期效应包括对企业经营理念、经营方式、投资行为等的影响，宏观非预期效应包括对宏观经济、社会环境与文化等的影响。

（张丽丽）

【IPO 资源争夺、政府补助与公司业绩研究】

王克敏、杨国超、刘静、李晓溪（复旦大学管理学院）

《管理世界》2015 年第 9 期
17.5 千字

鉴于我国转轨经济制度背景，IPO 市场长期处于政府管制状态，IPO 资源相对稀缺。公司 IPO 成功与否不仅直接影响其自身融资收益，还会影响其所在地区的整体经济指标。为加速地区经济发展，地方政府有强烈动机运用行政手段掠食资本市场蛋糕，干预本地区公司上市进程。作为地方政府干预公司上市进程的重要手段，政府补助可在短时间内增加拟上市公司现金流，提升其投资水平，甚至改善其短期经营业绩，缩短公司达到上市门槛的时间。基于政府补助干扰公司生产经营的理论逻辑，从会计业绩和市场业绩两个角度展开分析，论证政府补助对 IPO 公司的负面效应。该文选取 2001—2010 年进行 IPO 的民营公司 640 家为样本，采用 OLS 回归、Logit 回归和 Tobit 回归进行实证分析，研究发现：为争夺稀缺 IPO 资源，地区市场化水平越低，地方政府越偏好干预公司上市进程，为 IPO 公司提供的补助也越多，其原因在于，市场化水平越低，地方政府干预公司上市进程的动机越强，干预效果也越明显。进一步地，基于政府补助在公司上市过程中的揠苗助长，IPO 公司获得的政府补助越多，上市后的盈余持续性越差，会计业绩、市场业绩也越差。特别地，政府补助负面效应在低质量公司中更为严重。作为地方政府争夺稀缺 IPO 资源的一种干预手段，政府补助可能会扭曲公司正常生产活动，降低公司持续经营能力。

该研究不仅为地方政府争夺稀缺经济资源及干预经济生活负面效应的研究提供了证据，还为政府干预 IPO 公司动因的相关研究提供了崭新视角。研究结论对于 IPO 注册制的推行具有重要现实意义，同时，对于投资者解读 IPO 公司政府补助信息及盈余持续能力具有重要启示。具体而言，在理论层面上，以争夺稀缺 IPO 资源为目标的政府补助政策会干扰公司实际运营，降低其盈余持续性。为争夺稀缺 IPO 资源，地方政府揠苗助长式的补助政策虽可加速 IPO 公司上市进程，但也可能导致公司后续增长乏力，使公司长期业绩下降。在实践层面上，通过实证分析发现，推进 IPO 注册制改革势在必行，其原因在于，注册制将改善 IPO 资源稀缺现状，降低地方政府向 IPO 公司提供补助的激励，弱化政府补助负面效应。此外，该文研究结论有助于投资者正确判断政府补助对公司价值的影响，合理规划其投资决策。

（张丽丽）

【会计稳健性、信息不对称与并购绩效——来自沪深 A 股上市公司的经验证据】

李维安（天津财经大学），陈钢（东北财经大学工商管理学院）

《经济管理》2015 年第 2 期
15 千字

会计稳健性作为一项有效的公司治理机制，能够减少并购方公司管理者与股东、债权人等利益相关者之间的信息不对称，降低代理成本。在并购决策过程中，会计稳健性通过抑制管理者向上操纵盈余等机会主义行为，披露更多的信息，有助于监管者更为全面有效地监管和控制管理者的并购决策；在并购实施过程中，会计稳健性可以及时地反映"坏消息"和确认损失，这有助于管理者尽可能早地放弃净现值为负的并购决策，或者终止无法获利的并购战略；另外，在并购实施过程中，会计稳健性能够使得包括债权人在内的利益相关者更加清楚公司的经营状况，这有助于提高公司获取利益相关者的关键资源支持的可能性。该文从管理者与股东、债权人等公司利益相关者之间信息不对称的角度出发，探讨了会计稳健性对并购绩效的影响，并创新性地运用实证的方法检验了会计稳健性确实能够降低信息不对称。因此，该文的研究具有以下两个方面的结论与启示：

（1）会计稳健性对短期并购绩效没有显著的正向影响，但与长期并购绩效之间存在显著的正相关关系。这意味着会计稳健性能够发挥有效的治理效用，进而正向作用于并购绩效。究其原因，会计稳健性有助于降低管理者与股东、债权人等公司利益相关者之间的信息不对称，不仅能够抑制管理者在并购过程中可能发生的不利于并购顺利实施的机会主义行为，而且能够获得利益相关者的更多的资源支持。然而，可能囿于我国资本市场依旧不发达，无法在短期内认知和消化公司流露出的会计信息，所以，会计稳健性对并购绩效的影响不会在短期内显现出效果，而需要一段时间之后才能得以体现。这不仅为未来的国内相关研究提供了极具研究潜力的新视角，而且为上市公司做出更为合理的并购决策提供有益的经验指引，即加大对管理者监管的力度，提升公司会计信息质量。

（2）在进一步验证会计稳健性确实能够降低信息不对称时，该文发现，在部分公司治理机制设计越差的公司（董事会规模大、独立董事比例低、股权分散、机构投资者持股比例低），会计稳健性对长期并购绩效的正向影响愈加明显。这意味着当公司的某一种治理机制无法发挥有效的作用时，另一种治理机制能够弥补这种治理机制的效用不足。鉴于此，在未来的相关研究过程中，要用系统、协同的思维看待多种治理机制，将两种甚至两种以上的治理机制结合起来进行考察。同时，公司在设计能够有效制衡各缔约主体，最终实现科学决策的治理机制时，也应该将包括股东会、董事会、信息披露等各种治理机制结合在一起进行考虑，最终实现多种机制协同联动的治理效果。

（刘建丽）

【公司避税影响审计定价吗？】

陈冬、罗祎（武汉大学经济与管理学院）
《经济管理》2015 年第 3 期
13 千字

公司避税是一个备受关注的问题。公司避税降低公司透明度，弱化会计信息质量。审计师需要咨询税务专家，实施额外审计程序，以控制公司避税可能产生的审计风险，因此要求获取更高的审计收费。但是，审计师是否关注公司避税，相关研究却不多见。仅有的研究均以美国为研究对象，并未得出一致结论。基于此，该文首先关注审计师是否关注了公司避税带来的财务报告风险，换言之，避税程度越大的审计客户是否被要求支付更高的审计费用？其次，公司避税程度与审计收费的关系在国企、民企中是否存在差异？再次，由于公司避税具有较强的隐蔽性，识别与之相关的财务报告风险需要审计师具备较高的专业胜任能力，因此，该文从审计师行业专长角度分析，具有更强执业能力的审计师是否对公司避税要求更高的审计溢价？最后，由于法律执行效率提高审计师事后面临诉讼的可能性，该文分析当审计客户处于较好的法律环境时，审计师对公司避税是否要求更高的审计溢价。目前，尚无文献在新兴市场背景下对这些问题进行研究。该文以中国上市公司为研究对象，考虑企业性质差异、审计师执业能力差异、法律环境差异、税收优惠、企业所得税改革等制度因素，对这一命题进行研究。研究发现，民企避税程度越高，越被要求支付更高的审计费用。当审计师具有行业专长时，民企避税程度与审计定价之间的正相关关系更加显著。当处于较好的法律环境时，国企和民企避税程度越高时，均被要求支付更高的审计费用。进一步的研究发现，未享受税收优惠的公司更受审计师关注，这些公司避税程度越高，支付的审计费用越高；机构投资者具有替代的治理作用，能够缓解审计师对公司避税与财务报告质量关系的担忧，公司避税与审计定价的关系存在于机构投资者持股比例较低的企业中。企业所得税改革并未改变避税程度与审计定价之间的正相关关系。

（刘建丽）

【审计师会选择性地抑制盈余管理吗？——基于对非经常性损益盈余管理的实证检验】

路军伟、马威伟、李奇凤（山东大学管理学院）

《经济管理》2015年第11期

15千字

该文以上市公司利用非经常性损益实施的盈余管理为例，采用2009—2013年我国A股上市公司数据，从上市公司"是否具有扭亏动机"和"盈余管理方式是否隐蔽"两个维度，研究了审计师是否会选择性地抑制上市公司的盈余管理。

该文研究发现：（1）有扭亏动机的上市公司采用隐性盈余管理方式更容易得到标准无保留意见，即审计师倾向于对有扭亏动机且采用了隐性盈余管理方式的上市公司降低审计标准，出具标准无保留审计意见。（2）当有扭亏动机的上市公司实施显性盈余管理，或者无扭亏动机的上市公司实施隐性盈余管理，审计师均趋于保守，倾向出具非标准的审计意见。（3）对于有扭亏动机的上市公司，异常审计费用会加剧上市公司盈余管理的隐性化程度，而无扭亏动机的上市公司，异常审计费用与盈余管理的隐性化程度无显著关系。

根据上述发现，该文得出两点结论：（1）作为理性的经济人，审计师会从上市公司"是否具有扭亏动机"和"盈余管理是否隐蔽"两个方面，综合权衡各种潜在风险，有选择地抑制上市公司利用非经常性损益实施盈余管理的行为。（2）有扭亏动机的上市公司与审计师在实施隐性化的盈余管理问题上存在一定程度的合谋，异常审计费用越多，上市公司利用非经常性损益实施盈余管理的隐性化程度就越高。

上市公司因命悬一线而利用非经常性损益实施盈余管理，审计师权衡利弊而对盈余管理进行选择性的抑制，都是市场经济语境下理性经济人趋利避害的正常行为，但这些行为却加剧了两权分离背景下委托人与代理人之间的信息不对称，并有可能伤及资本市场的资源配置功能。必须找出这些行为背后的根源并对症下药。具体来说，我国现有的退市风险警示规则与报表列报安排是导致这一行为现象的关键原因。首先，我国现有的退市风险警示规则中关于"净利润"的判定并没有明确排除"非经常性损益"，这成为有扭亏动机的上市公司实施非经常性损益盈余管理的关键诱因。其次，2007年之后，利润表的列报安排简单地将"投资收益"由线下转移至线上作为"营业利润"的组成部分，则为上市公司利用金融资产处置等非经常性损益实施隐性的盈余管理提供了机会，致使许多不可持续的非经常性损益摇身一变成为"营业利润"，且隐蔽性极强。

该文认为，根治这种行为现象的关键在于：（1）市场监管部门应进一步明确淡化非经常性损益在退市风险警示等规则中的地位和作用，以降低监管规则对上市公司利用非经常性损益进行盈余管理的诱导性。（2）会计准则和披露规则的制定部门应进一步优化非经常性损益在利润表上的列报方式，比如应在"投资收益"项目之下单独列示投资收益中的"非经常性损益"金额等，以降低上市公司采用隐性盈余管理方式的可能性。

（刘建丽）

【公司治理、税收规避和现金持有价值——来自我国上市公司的经验证据】

张兆国、郑宝红（华中科技大学管理学院），李明（武汉工商学院管理学院）

《南开管理评论》2015 年第 1 期

13 千字

该文以我国 2008—2012 年沪深两市 A 股类上市公司为研究样本，采用剔除了盈余管理的会税差异作为衡量税收规避的指标，以及在综合考虑了股票回报率和企业净利润变动率的基础上确定现金持有价值，在委托代理理论的分析框架中，考察了税收规避对现金持有价值的影响以及公司治理机制在税收规避影响现金持有价值中的调节作用。

研究税收规避与现金持有价值的关系非常重要。在现实中，由于税收规避能够降低税负，增加现金，因此税收规避是企业普遍存在的一种行为。但是，这种行为所带来的现金并不一定能够增加企业的现金持有价值。从管理者和控股股东的代理问题看，与其他资产相比，现金是企业最为"脆弱"的资产，最容易被管理者和控股股东用来攫取个人利益。例如，管理者将现金用于在职消费、额外津贴和过度投资，以及控股股东将现金进行转移，以致投资不足等。按照现代企业治理理论，要抑制这两种代理问题，使税收规避能够增加企业的现金持有价值，就必须建立有效的企业治理机制。为此，就需要把税收规避与现金持有价值的关系纳入委托代理理论的分析框架中，以便从企业治理层面上考察现有制度安排在税收规避影响现金持有价值中是否起到了一定的治理作用，从而为完善企业治理机制、规范税收规避行为、提高现金持有价值提供理论指导和经验证据。

该文研究发现，税收规避不会增加现金持有价值。公司治理机制在税收规避影响现金持有价值中具有一定的调节作用。具体而言，股权制衡度、董事会、法律制度、产品（要素）市场和媒体监督在税收规避影响现金持有价值中具有正向调节作用；控股股东控制和控制权市场在税收规避影响现金持有价值中具有负向调节作用；监事会和高管薪酬在税收规避影响现金持有价值中不具有调节作用。

该文的贡献主要表现在：第一，由于现金是企业最为"脆弱"的资产，最容易被管理者和控股股东所操控和攫取，因此该文通过研究税收规避对现金持有价值的影响，将有助于深化现有文献对税收规避如何影响企业价值的研究，从而揭示税收规避影响企业价值的具体路径。第二，在委托代理理论的分析框架下，该文将制度性因素纳入税收规避与现金持有价值关系的研究中，将有助于拓展现有文献对企业治理机制如何影响税收规避或现金持有价值的研究，从而揭示税收规避影响现金持有价值的作用机制。第三，由于目前我国资本市场还不够完善，难以真实反映企业业绩，因此该文从企业的市场价值和账面价值两个方面加以综合考虑，以衡量现金持有价值，将有助于弥补现有文献仅用企业市场价值来衡量现金持有价值的不足，从而提高研究结论的可靠性。

（李鸿磊）

【定增折价率与并购溢价率——定增并购中利益输送的证据显著性研究】

李彬、杨洋、潘爱玲（山东大学管理学院）

《证券市场导报》2015 年 8 月号

12 千字

定向增发并购作为一种特定投资行为，逐渐成为投资蓝海，得到资本市场的广泛关注，为进一步探讨其价值属性提供了现实素材和市场环境。定增并购为探讨定向增发的驱动因素或利益输送提供了新线索，但定增折价与并购溢价的相关性不仅为利益输送提供更加隐秘的通道，同时也会导致市场评价的错位。以我国 A 股市场 2006—2013 年发生定增并购的上市公司为样本，将其分为大股东参与组和大股东未参与组，研究方法为标准事件研究法，衡量市场反应的指标为定增并购公告日 [-30，30] 的累计超额收益率（CAR），采用多元回归模型对定增折价率和并购溢价率的经济后果进行实证检验。研究发现：大股东参与行为是评价定增并购价格偏离度是否涉嫌利益输送的重要前提条件，因此对定增并购中价格异象的关注与评价不应脱离其控股股东的参与背景（如动机挖掘、认购比例等）。在其价格属性方面，双价格偏离度并非利益输送的显著证据。其中，普遍存在的定增折价率已被市场所接受，并能切实通过降低代理成本、缓解信息不对称困境等方式提升公司内部资本配置效率，由此验证了"定增折价治理假说"。但大股东未参与下的并购溢价率与利益输送显著正相关。最后，通过对定增并购双因素的进一步检验发现，定增并购主体关联是其价格产生偏移的关键诱因，因此对定增并购行为的监管与评价不应仅关注其中的价格异象，更应该追溯分析其主体界定及暗箱选择问题，构建并明确"全要素"监管模式的侧重点。

此外，该研究对相关政策的优化及上市公司定增并购实践具有重要的启示意义：一方面，对于宏观规制而言，监管机构应重新厘清定增行为的价值影响规律，在规范定向增发市场化定价机制的基础上，关注更加本源的主体选择问题以及更为重要的定增后投资行为及其内含报酬率，以在政策导向上进一步体现定向增发的价值驱动属性并促使企业提升资金利用效率。此外，还需在信息披露方面进行针对性完善，引导企业尽可能详尽地披露定增并购中的决策细节，以应对市场上的短期非理性反

应并缓冲股价的异常波动。另一方面，在微观层面，定向增发作为重要的融资渠道，企业不仅应从战略高度合理安排其结构设计，包括积极吸引大股东的适度参与、融资成本的理性判断、投资项目的审慎选择等，更要对定增资金的协同配置及投资风险等进行前瞻性预设，构建战略导向下的融投资管控机制。最后特别指出的是，价格因素可能仅是定增并购的显著特征之一，建立在定增并购之后的资产、负债等要素的秩序整合也是评判其是否涉嫌利益输送的证据链条。

（张丽丽）

【政治关联、盈余管理与审计师选择】

蔡吉甫（江西财经大学会计发展研究中心/会计学院）

《当代财经》2015 年第 11 期
12.8 千字

近年来，随着政治关联经济后果研究的逐步深入，有关政治关联对企业审计师选择策略的影响成为学者关注的焦点。该研究将盈余管理按操纵利润的方向不同细分为正向和负向盈余管理，在详细探讨了正、负向盈余管理的性质、适用范围及其给注册会计师带来的法律风险差异的基础上，对政治关联企业审计师选择的策略进行了重新审视和研究。该研究选取沪深证券交易所 2003—2011 年所有非金融类 A 股民营上市公司作为初始样本，使用 Ball 和 Shivakumar（2006）考虑了利得和损失及时确认不对称的截面修正的 Jones 模型估计公司盈余被管理的程度，以上市公司的总经理或董事长曾经或者现在是否是县市级以上的政府官员或共产党组织的领导、人大代表或政协委员作为政治关联的虚拟变量，通过多元回归模型进行实证检验后发现：与非政治关联企业相比，政治关联企业在正向和负向盈余管理上均表现出了较高的利润操纵行为。负向盈余管理的政

治关联企业因其财务报告包含的虚假陈述风险较低而更有动机倾向于选择大所。同时，大所亦有较高的可能对其财务报告签发清洁审计意见。相反，正向盈余管理的政治关联企业更偏好聘请小所，且小所也愿意对其财务报告出具标准审计意见。政治关联企业审计师选择的策略会随着高管操纵盈余的动机和方式及其引发的监管风险不同相机而变，而不是仅局限于某一特定类型的会计师事务所。

政治关联企业通过使用不同的盈余管理方式和选聘不同类型的会计师事务所成功地实现了其隐藏和转移政治寻租收益的目的。然而，政治关联的合谋共生的互惠性决定了企业高管在向政府官员寻租的过程中必然会耗费企业大量的稀缺资源，将对企业持续经营能力造成负面效应。此外，政治关联所导致的政府官员对会计师事务所的过度干预会破坏审计市场化运作的制度基础，扭曲整个社会稀缺资源的有效配置，造成了企业之间新的不公平，并对注册会计师行业的未来发展产生不利影响。企业建立政治关联是由其所处的制度环境决定的，制度越落后，企业为克服制度障碍借助政治关联进行寻租的动机越强。而审计作为防范财务报告舞弊发生与蔓延的最后一道"防线"，其质量取决于注册会计师承担的法律风险。因此，要解决政治关联企业审计师选择和注册会计师出具审计意见时表现出的机会主义问题，除了对公司治理结构进行一些有针对性的设计，改进企业现有不合理的注册会计师选聘机制，提升其审计服务需求的质量外，还要更多地从外部寻找原因，加大对政治关联企业财务报告的检查力度，增强注册会计师的法律风险，限制和弱化政府不当干预经济的权力，并对我国经济转型时期不合理的市场监管制度进行根本性的变革。

（张丽丽）

【监督还是掏空：大股东持股比例与股价崩盘风险】

王化成、曹丰、叶康涛（中国人民大学商学院）
《管理世界》2015 年第 2 期
17.9 千字

股价崩盘严重损害了股东的利益，动摇投资者对资本市场的信心，不利于金融市场稳定健康发展，甚至造成资源错配，危及实体经济的发展。股价崩盘的案例在我国资本市场上并非罕见，一般认为，股价崩盘源于公司内部人长期隐瞒坏消息，当这些坏消息无法继续隐瞒而被释放时，会对股价造成巨大冲击，导致股价剧烈下跌。大股东的动机和行为对公司财务决策有着重大影响，随着大股东持股比例的上升，究竟会导致大股东更有动力监督管理层，并降低其掏空动机，还是更有能力掏空上市公司、损害中小投资者的利益呢？为此，该研究以 2003—2012 年中国 A 股上市公司为样本，采用负收益偏态系数（negative conditional return skewness）和公司股票收益率上下波动的比率来衡量股价崩盘的风险，通过单变量分析、多元回归模型、差分模型和固定效应模型等方法来考察大股东持股比例对股价崩盘风险的影响。研究发现：第一大股东持股比例与未来股价崩盘风险之间存在显著的负相关关系；在进行了包括内生性检验在内的一系列稳健性测试后，该结论依然成立。当股东和管理层之间的代理冲突较严重时，以及小股东监督能力较为薄弱时，大股东持股与股价崩盘风险之间的负相关关系更加显著。这表明大股东持股或许同时通过"监督效应"和"更少掏空效应"影响股价崩盘风险，即当大股东持股比例上升时，大股东更有动力监督管理层，同时大股东掏空的动机下降，从而降低了股价崩盘风险。

该研究不但深化了股价崩盘风险影响因素研究，而且有助于我们全面认识大股东在公司治理中的角色，对于深入理解大股东在资本市场中的作用，以及如何防范股价崩盘、促进资本市场健康有序发展都具有重要意义。在理论上，从股价崩盘风险这一独特视角探讨了大股东在公司治理中的重要作用，丰富了对大股东行为的认识和股权集中所带来的经济后果方面的文献；同时，也为股价崩盘风险影响因素研究开拓了一个新的研究角度。在现实意义上，适度集中的股权结构有利于公司治理的改善以及资本市场的平稳健康发展，这对上市公司完善公司治理，以及相关部门引导资本市场健康发展，都具有重要的参考价值。

（张丽丽）

【股东—经理代理冲突与非执行董事的治理作用——来自中国 A 股市场的经验证据】

陆正飞、胡诗阳（北京大学光华管理学院）
《管理世界》2015 年第 1 期
13.9 千字

董事会作为连接公司股东和公司管理层的桥梁，一直以来都是研究公司治理机制的核心内容。有效的董事会能对管理层起到良好的监督和咨询作用，从而减少信息不对称和降低委托代理成本。董事会的构成是决定董事会治理效果的重要因素，董事分为独立董事、非执行董事和执行董事。相比于英美国家，我国的股权集中度相对较高，因此在上市公司当中普遍存在控股大股东和其他具有重要影响的股东。这些具有重要影响的股东都有机会向股东大会推举非执行董事，并容易获得通过。以往的研究多关注独立董事，然而直接由大股东和其他有重要影响的股东推举委派的非执行董事可能更独立于管理层。因此，相比于独立董事，非执行董事对管理层的治理效果或许更好。该研究选取 2006—2012 年 A 股上市的 9172 个公司年度样本作为研究对象。采用操纵性盈余的改变量和操纵前盈余的改变量的相关系数作为衡量盈余平滑的指标。首先采用修正的琼斯模型（Dechow and Sloan，1995）对操纵性盈余进行衡量，然后采用多元回归方法对考察了董事会中 3 种不同类别董事之间的相互关系、董事会规模和非执行董事的相关关系以及不同类别的董事对管理层进行盈余平滑的作用进行了实证检验。研究发现：非执行董事和独立董事之间存在着一定程度的替代关系，当非执行董事比例较高时，董事会中股东占据更大的话语权；非执行董事和独立董事对于盈余平滑具有综合治理作用，非执行董事能够显著降低公司盈余平滑的水平；非执行董事对于盈余平滑的抑制作用受到股权制衡度的影响，在高股权制衡度下，非执行董事更能发挥其治理作用。在股权制衡度低时，非执行董事对盈余平滑的抑制作用不显著是因为大股东对管理层的直接监管作用代替了一部分非执行董事的监督作用；非执行董事确实对盈余平滑行为具有抑制作用，且在非国有公司中更为明显。

该研究丰富了对于董事会独立性以及董事会治理机制的认识，相关启示如下：第一，在不同的问题上，各类董事会成员的治理作用可能不尽相同。在考虑董事会的治理机制时，我们需要充分考虑董事会成员各自代表的利益以及各自的立场。第二，在我国上市公司股权相对集中情况下，除了通过规范独立董事制度提高公司治理水平之外，还可以考虑通过加强对非执行董事队伍建设来提高公司治理水平。

（张丽丽）

【我国国家资产负债表与自然资源资产负债表的编制与运用初探——以 SNA2008 和 SEEA2012 为线索的分析】

耿建新、胡天雨、刘祝君（中国人民大学商学院）

《会计研究》2015 年第 1 期

16 千字

党的十八届三中全会通过的《中共中央关于全面深化改革若干重大问题的决定》明确提出了"加快建立国家统一的经济核算制度，编制全国和地方资产负债表"及"探索编制自然资源资产负债表，对领导干部实行自然资源资产离任审计"的要求。这意味着在全面深化改革的宏伟蓝图中，编制国家资产负债表和自然资源资产负债表已经被纳入其中，成为国家级的战略任务。然而，我国在与此相关领域的理论准备和实践尝试均十分缺乏，大量基本问题亟待探讨和回答。编制国家资产负债表和自然资源资产负债表是前所未有的任务，充满挑战和探索。着眼于此，该研究在对国家资产负债表和自然资源资产负债表的概念、内容及其相互关系进行了较为详尽的梳理之后，总结了这两种报表与会计、审计的联系。在此基础上，阐述了编制和运用国家资产负债表、自然资源资产负债表的初步设想。

1. 编制两种报表的组织安排

由于我国长期以来缺乏对自然资源管理的规划，导致对于同一种资源常有多个部门混同管理、各行其是，各部门编制的自然资源核算表格零碎、片面，不仅不具备平衡表的特征，而且鲜有价值量核算表格。有鉴于此，可以考虑由国民经济核算司借鉴 SEEA 2012 和澳大利亚的经验，统一设计一套适合我国国情的自然资源核算表格，分配给各辅助部门以开展数据收集工作。总结起来，我们需要建立一个以国民经济核算司为核心的新核算系统，这个系统内的各个部门权责清晰，核算工具科学统一，工作目标明确。如此方可能保障国家资产负债表和自然资源资产负债表的成功编制。

2. 两种报表的运用设想

由于国家资产负债表中包含了自然资源资产，其净资产也考虑了自然资源的耗减因素，相较于完全不考虑"资源效益"的 GDP，国家资产负债表中的净资产在政绩考核方面更具有科学性。因此在我国的国家资产负债表（或地方资产负债表）编制完成后，可以考虑以净资产取代或部分取代 GDP 的地位对领导干部进行政绩考核。

3. 我们面临的任务

首先，会计、审计学界必须对国家资产负债表和自然资源资产负债表的编制与运用给予足够的重视。其次，必须建立起一个高效、规范、有力的核算系统，以承担编制国家资产负债表和自然资源资产负债表的复杂工作。最后，对审计工作而言，在自然资源资产负债表尚未编制完成前，可以对领导干部自然资源资产离任审计进行一些实践尝试，为未来的工作积累经验。

（张丽丽）

【媒体类型、媒体关注与上市公司内部控制质量】

逯东、付鹏、杨丹（西南财经大学会计学院）

《会计研究》2015 年第 4 期

9.4 千字

媒体在市场经济时代扮演着极其重要的角色。内部控制本身源于企业财务舞弊、财务失败事件的不断发生，目的在于控制企业的全面风险。媒体报道很可能在政府监管部门和上市公司之间起着信息沟通桥梁的作用，可能是影响上市公司内部控制执行效率的重要因素。不同类型的媒体的作用可能存在差异，该研究将媒体区分为网络媒体、政策导向媒体和市场导向媒体三类，系统考察了不同类型的媒体关注对不同产权性质的上市公司内部控制质量的影响。考虑到《企业内部控制基本规范》于 2008 年才发布，且 2008 年又是全球金融危机爆发年，为更有效考察媒体关注度和上市公司内部控制质量的关系，该研究以 2009—2012 年的非金融类上市公司为样本，设计了联立方程组以控制内生性问题，并使用 3SLS 方法估计联立方程组中的各个参数。主要研究结论如下：（1）网络媒体关注和政策导向媒体关注可以提高上市公司内部控制质量，但市场导向媒体关注不能提高上市公司内部控制质量。表明，由于市场竞争机制的不成熟导致了声誉机制的扭曲，只有当媒体信息更可能引起政府监管机构的重视时，媒体的高度关注才能给予上市公司足够的压力，迫使其改善内部控制；而单纯的市场媒体舆论监督无效。（2）网络媒体关注和政策导向媒体关注主要能够提高中央国有上市公司和民营上市公司的内部控制质量，但不能提高地方国有上市公司的内部控制质量。表明，基于地方政府的政绩诉求和司法地方保护主义，地方国有上市公司损害中小投资者利益的行为会得到地方政府的行政和司法保护，引入行政监督的媒体治理机制也基本失效。

以上研究结论的启示是：在我国这样的市场竞争机制尚不成熟的转型经济国家，无论是何种类型的媒体，其监督治理功能的发挥主要取决于政府行政机构的介入方式。例如，当政府以监管者的身份介入时，媒体的监督治理功能发挥作用；而当政府尤其是地方政府以股东身份介入时，媒体的监督治理功能将失效。因此，要完善媒体的监督治理功能，一方面在于市场竞争机制的完善，让市场的声誉机制能弥补单纯的行政监管所带来的低效率；另一方面则是改变司法地方保护主义的现状，保护媒体的言论自由权，减少地方政府出于政绩诉求而大量介入上市公司经营的行为。

（张丽丽）

【雾霾影响了重污染企业的盈余管理吗？——基于政治成本假说的考察】

刘运国、刘梦宁（中山大学管理学院/成本与管理会计研究中心）

《会计研究》2015 年第 3 期

21.9 千字

近两年来，雾霾成为中国大众普遍关注的重要话题。权威机构的研究表明，我国重污染企业的污染物大气排放是形成雾霾的重要原因之一。PM2.5 爆表事件后，"雾霾"逐渐从一个环境名词演变成一种生态灾害。加上目前中国正处于经济社会转型期，尤其当公众面对生存质量恶化的问题时，"民怨"尤甚。负面的公众关注不仅直接带给重污染企业不堪的舆论压力、投资风险，甚至公益诉讼风险等，而且直接倒逼当局实施严苛的管制，致使重污染企业在 PM2.5 爆表事件后的政治成本陡然增加。该研究利用 2011 年年底"PM2.5 爆表"这一具有"自然实验性质"的外生事件，选择 2009—2013 年的 702 家上市公司为样本，并将样本总体划分为实验组和对照组，其中，实验组（重污染企业）包括 238 家，对照组（非重污染企业）包括 464 家，比例大致为 1:2，总的观测值为 3510 个。为了确保实证结果并非由于时间序列上其他事件带来的混淆效应所引起，运用双重差分模型（DID）实证检验了政治成本对于重污染企业盈余管理的影响。研究发现：在"PM2.5 爆表"事件前重污染企业与非重污染企业在盈余管理行为上的差别确实不明显，而在这一事件之后，相比于非重污染企业，重污染企此进行了显著向下的盈余管理。在政治环境变得敏感、政治成本上升时，相比于大规模以及国有重污染企业，小规模与非国有重污染企业进行向下盈余管理的动机更强烈，显著做低其报表利润。面对铺天盖地的雾霾和各项管制政策，国有重污染企业至少在报告盈利方面依然是"面不改色"。

该研究的贡献主要在于：首先，验证了在中国制度背景下，政治成本也会影响到企业盈余管理的行为。其次，证明了雾霾等环境污染事件是企业政治成本的重要来源，拓展了传统研究讨论的外延，深化了对政治成本理论内涵的认识。最后，该文分析了不同规模、不同产权性质的企业政治成本敏感性的差异。在当前全面深化改革的战略部署下，考察政治成本对于盈余管理的影响有着重大意义，因为盈余管理直接影响着会计信息的质量，而会计信息质量的高低又会影响资本市场的效率以及资源配置的效果。

（张丽丽）

【放松卖空管制、公司投资决策与期权价值】

靳庆鲁、侯青川（上海财经大学会计与财务研究院），李刚（新疆财经大学会计学院），谢亚茜（上海财经大学会计学院）
《经济研究》2015年第10期
24.4千字

放松卖空管制标志着我国A股市场的一个突破性发展，意味着我国股票市场"单边市"正式结束，投资者可以对列入可卖空名单的个股进行卖空交易。在这一背景之下，相对于不可卖空的公司，放松卖空管制的公司投资行为是否会因此而变化，公司价值是否会因此而不同？选取的初始样本为2007—2014年沪深两市所有A股上市公司，并根据不同的模型进行了样本的筛选，在借鉴相关研究模型的基础上，加入了衡量投资机会好坏的哑变量，对公司进行分类，通过建立双重差分模型（DID）来分析卖空机制与公司投资决策之间的关系。另外，建立了相应的模型来估算公司的清算期权价值、公司的增长期权价值，进一步地研究卖空机制与公司期权价值之间的关系。研究发现：市值越大的公司越可能进入可卖空名单。从上市时间来看，可卖空公司上市年龄的均值显著高于不可卖空公司的均值。此外，可卖空与不可卖空公司的资产负债率、Beta系数、

波动率、股权集中度也显著不同。在控制了相关变量之后，公司投资与投资机会之间显著正相关，说明整体而言，公司会遵循"资本逐利"的经济规律，换言之，当公司面临较好（差）的投资机会时，会扩大（缩减）投资规模。在控制公司、年度固定效应，并考虑了公司规模、换手率、现金水平、资产负债率、Beta、波动率、上市年龄等因素后，回归结果显示，对于投资机会较差的公司，放松卖空管制的确提高了公司投资与投资机会之间的敏感性，同时，对于投资机会较好的公司，卖空机制的引入并没有改变公司投资与投资机会之间的敏感性。融资约束越高、越成熟、系统风险越高的公司，其投资水平越低。现金水平和股票的波动率与公司投资显著正相关，说明公司现金储备越充分、公司特有风险越高，其投资水平越高。在盈利能力较低的时候，公司净资产与公司权益价值的关系更强，即清算期权价值更高。在给定净利润的情况下，放松卖空管制会增加低盈利能力公司权益价值与净资产价值之间的凸增关系，即提高了公司的清算期权价值。在给定净资产的情况下，高盈利能力公司的权益价值与净利润之间的关系更强，放松卖空管制并不会增加高盈利能力公司权益价值与净利润之间的凸增关系。

该研究探讨了放松卖空管制与公司投资决策和价值创造之间的关系。对于可卖空公司，当投资机会较差以及管理层做出错误决策时，潜在投资者会通过卖空公司股票的方式，在股价中融入这些利空消息。因此，大股东出于自身财富的考虑，会更有效地对公司管理层进行监督，从而促使管理层更及时地执行清算期权，更好地提升公司清算期权的价值。但当公司经营业绩较好时，无论是否可以卖空，由于股价对利好消息的传导机制从根本上没有发生改变，在这种情况下，放松卖空管制不会

明显改变经营业绩较好公司的投资决策和增长期权的价值。基于 Zhang（2000）的实物期权价值理论，借鉴 Chen 等（2015）与陈信元等（2013）的分析框架，将放松卖空管制与公司投资决策、期权价值有机结合起来，有助于补充和完善与实物期权的公司估值理论以及卖空限制相关的研究文献。另外，也有助于从公司实体经济活动的角度，评估放松卖空管制的经济后果，这对于上市公司及其投资者、证券市场监管部门和政策制定部门具有一定的参考意义。

（张丽丽）

【信息披露质量与资本市场估值偏误】

徐寿福、徐龙炳（上海对外经贸大学/上海财经大学）

《会计研究》2015 年第 1 期

10.6 千字

资本市场估值偏误阻碍了证券市场的健康发展。信息不对称是导致上市公司市场价值长期偏离内在价值的根本原因，因此信息披露行为对资本市场估值偏误的影响值得研究。信息不对称最终必然影响上市公司股票价格的形成以及市场价值对内在价值的反映程度，从而影响资本市场定价效率。解决信息不对称最直接的方式就是提高上市公司信息披露质量。首先，信息不对称会导致控股股东、管理层等内部人道德风险和机会主义行为的产生。其次，信息不对称所产生的逆向选择导致优质公司价值被低估，而劣质公司价值可能被高估。当难以通过准确和足够的信息识别上市公司内在价值时，投资者将依据市场平均估值水平来实施投资决策，从而不能正确区分优质公司与劣质公司。最后，信息披露质量的提升也有助于减少信息不对称产生的羊群效应、跟风炒作等行为，减轻由市场交易行为导致的估值偏误。综上所述，信息不对称产生的道德风险、逆向选择、羊群效应以及意见分歧等，都会阻碍信息需求者形成对公司内在价值的准确判断，导致对公司市场价值的判断存在严重偏差。由此我们推断，信息披露质量的提高，减轻了上市公司信息供给者和信息需求者之间的信息不对称，必然有助于促进上市公司市场价值回归其内在价值，降低资本市场估值偏误程度。为考察信息披露质量如何影响公司市场价值对其内在价值的偏离程度，首先，以中国 A 股上市公司 2003—2005 年的样本进行每股盈余预测。其次，以中国 A 股上市公司 2006—2013 年的样本考察信息披露质量对估值偏误的影响，采用剩余收益模型（RIM）估计了上市公司内在价值，在此基础上构建了度量资本市场估值偏误的代理变量，同时采用 KV 度量法从总体上考察上市公司信息披露质量，构建多元回归模型实证检验了上市公司信息披露行为对资本市场估值偏误的影响。研究发现：信息披露质量越差的上市公司，市场价值对内在价值的偏离程度越严重。将样本划分为市值高估样本和市值低估样本，进一步考察了信息披露的作用机制，发现信息披露对资本市场估值偏误的降低主要体现为抑制了市值高估公司股价泡沫。该研究结论在控制了信息披露质量的内生性后仍然是较为稳健的。

上市公司市场价值与内在价值的长期统一，不仅是我国资本市场完善价格发现功能、提高市场效率的重要体现，而且也是股改后上市公司市值管理的必然要求。该研究提供了提高信息披露质量可以修正资本市场估值偏误的证据，为监管者创造透明的市场信息环境，促进上市公司通过提高信息披露质量实现市场价值的长期稳定、持续和健康增长提供了政策依据，也为上市公司构建市值管理模式、实现市值管理目标提供了路径选择。

（张丽丽）

【集团管理控制与财务公司风险管理——基于10家企业集团的案例分析】

袁琳、张伟华（北京工商大学商学院）

《会计研究》2015年第5期

9.5千字

企业集团作为市场经济中的一种重要组织形式，目前已被大多数企业所接受，而作为企业集团内部资金配置的中枢，财务公司的发展顺应了企业集团快速发展的内在要求，为企业集团的成长提供了重要的财务资源保障。财务公司作为集团内金融业务平台，对其风险进行合理管理和控制对于集团降低整体财务风险至关重要。基于此，采用问卷调查与结构化访谈相结合的方法，集中调研了国内10家已设立财务公司的大型企业集团。希望从集团管理控制方式入手，考察集团对财务公司风险的控制效果，以深入检视集团管理控制对财务公司风险管理的作用，为企业集团构建合适的管理控制框架，合理控制财务公司风险奠定基础。研究发现的主要问题如下：

（1）集团与财务公司董事会层面组织架构安排已基本确立，集团牵引下的总风险管理原则指引及各类风险管理制度建设已基本完成，但没有建立与风险管理相关的管理与考评的单独的体系（附属于预算考评、外聘独立第三方审计、银监会考评）上，并未完全实现与薪酬挂钩。各类风险管理制度分类差异较大，尚有重叠和遗漏，无法按重要性排列。风险管理制度与业务之间的渗透还十分有限。从岗位及授权、评价及激励等实际制度执行上访谈反映与问卷有偏差。

（2）集团间接实现对财务公司管控、依靠财务公司自律的模式在案例企业中占比很大，对境外资金监控缺失和随业务增长所派生的风险在集团内部有日益放大的趋势，尤其是信用风险、流动性风险和市场风险等。这些问题一方面反映集团的控制力度有限，管理方式并未完全落地，缺乏风险管理的精细化和专业化；另一方面反映集团对财务公司风险以及当出现重大意外的情况重视不足。

（3）集团对风险信息的控制尚处于初级阶段，尚未建立覆盖全集团的风险管理信息平台，信息在各业务部门、各流程之间不能实现共享和实时生成，原有的IT系统已经不能适用多元化企业类型，应用模块的增加与日益增加的业务缺乏匹配，财务公司风险监测指标体系尚未能达到数据实时地自动化生成并传输的阶段。

（4）集团直接或间接影响财务公司信贷决策，使得部分财务公司单一客户授信集中度超过监管标准。这体现在部分集团对财务公司的过度指导和干涉，使财务公司独立性受到制约，从而增大信用风险。

针对上述问题提出的框架性对策为：

（1）集团必须明确财务公司作为集团金融中枢的角色转换，逐步实现间接管控到直接管控。财务公司风险管理的优劣直接影响集团投资者利益。当财务公司出现重大风险甚至破产时，作为控股股东的集团董事会应与财务公司董事会成为最终风险的共同承担者，因此，集团是否有能力控制由资金集约化所带来的一系列风险将至关重要，集团直接管控财务公司风险将十分必要。

（2）确保集团对金融中枢——财务公司风险监控到位，而非游离于风险管理边缘。集团作为出资人不仅要知晓财务公司重大风险，还必须参与财务公司的重大决策，通过建立独立的风险评价和考核机制，引导财务公司专注于服务集团战略目标，保护投资者利益安全及价值增长。集团对财务公司的考核指标应该包括服务能力评价与考核、风险管理能力评价与考核、经济效益评价与考核等方面，而且应与薪酬激励挂钩。三方面能力评价与考核缺一不可，集团可以根据财务公司职能定位确定权重，不能只重视经济效益评价而忽视风险管理评价。

（3）财务公司风险管理要满足独立性与垂直型要求。风险管理部门应在业务体系各个层次设立独立的风险管理组织，并保持集团风险管理委员会对各业务层级垂直风险管理。这需要跨条线的沟通渠道和机制来保障风险控制的有效性和效率，跨组织和业务的 IT 系统建设在设计中至关重要。

（4）集团应弱化指令性的行政手段，支持财务公司进行独立的业务经营。财务公司在风险管理方面要与集团保持一致，对风险管理要体现重大、精细和专业特点，适时建立风险管理工具体系。

（5）作为独立经营主体，财务公司应该有自身的经营目标和风险管理目标，在日常经营中，遵循市场规则和监管要求，独立审慎地开展经营活动，为集团资金、金融风险管理提供决策依据。

（张丽丽）

【来自于国外的投资是否影响了国内企业的资本结构？】

Sajid Anwar，Sizhong Sun（School of Business，University of the Sunshine Coast，Shanghai Lixin University of Commerce，School of Business，James Cook University）

Journal of Corporate Finance，2015（30）：32 – 43
62 千字

国外直接投资（FDI）通过其一系列的溢出效应对于企业的产出产生直接或间接的影响。除此之外，国外企业的进入加剧了竞争，从而限制了进入国企业的增长空间，然而获利能力和增长空间对于企业的资本结构产生重要的影响。再就是，企业的业绩表现与财务决策之间存在着一定的关系。然而并没有学者对国外投资影响企业资本结构展开研究。因此，该研究首先采用一个将相关的财务理论和国际贸易相联系的理论模型来对国外投资是否影响了企业资本结构进行推理。其次，以前面的理论推理为基础来构建实证检验模型，采用了 OLS 回归、Tobit 回归和 IV – Tobit 回归方法，选择中国 2000 年至 2007 年制造业的面板数据为样本，对国外投资和企业资本结构之间的关系进行实证检验。通过理论推理发现：外资的进入不仅会对国内企业的资本结构产生影响，还会影响企业的投资水平。当企业的投资等于负债和权益的乘积时，外资的引入会增加企业的负债水平和投资水平；当企业负债的增加大于投资时，外资的引入与企业的负债水平存在负相关关系；当企业负债的增加小于投资时，外资的引入会与企业的负债水平存在正相关关系；而当企业负债的增加等于投资时，外资的引入会与企业的负债水平不存在相关关系。通过实证检验可以发现：随着国外投资的增加，我国制造业企业的杠杆率在降低，大量国外投资的涌入导致私人部门的膨胀，从而加剧了对债务筹资的争夺，因此使得国外投资和企业杠杆之间存在着负相关关系。通过采用上面的理论模型进行推理后可以将其解释为，外资的引入引起中国企业资本结构中债务占比的些微提高。企业的规模对于企业杠杆率产生显著的正面的影响，即规模越大的企业越倾向于进行多元化经营，从而降低企业的违约风险，也会拥有更高的杠杆率。存续时间越久的企业相对于存续时间短的企业而言，其信息不对称程度越低，那么债务融资成本越低，因此杠杆率也就越高。所有制形式也是影响企业资本结构的重要因素，国有企业和集体所有制企业的杠杆率高于其他所有制形式的企业。税盾效应和成长机会也是企业资本结构选择的重要影响因素。外资的涌入对于国有企业、集体所有制企业和私营企业的杠杆率均产生负面影响，其中对于私营企业的影响最大。针对不同的行业，外资的涌入存在着不同的影响，对于纺织业而言，外资的涌入对其杠杆率存在着负面影响，而且相较于整个制造业，外资的涌入对于纺织业杠杆率的影响是最大的。对于铁路、船舶、航空航天和其他运输设备制造业而言，外资的涌入对于其杠杆率存在正面的影响，使得该行业的负债比率有较大的提高，这与政府在这一行业中采用外资的相关政策存在一定的关系；对于电气机械和器材制造业的资本结构则存在着较小的影响，且小于对整个制造业的影响；在计算机、通信和其他电子设备制造业中的影响也不显著，而利润水平则是主要的影响因素。外资的涌入对于企业债务和投资水平均具有影响。

（张丽丽）

【风险投资"逐名"动机与上市公司盈余管理】

蔡宁（厦门大学管理学院）
《会计研究》2015年第5期
8.9千字

会计信息在证券监管、引导市场定价等方面发挥了重要作用，IPO环节的盈余管理一直以来都是理论研究关注的重点。对IPO信息披露的规范，也是各国证券市场监管的重中之重。2009年创业板的建立，为我国风险投资通过IPO退出创造了重要条件。作为专业投资者，我国风投是会发挥西方成熟资本市场上的监督、鉴证作用，还是可能在逐名动机驱使下采取短期行为，这将对IPO时的会计信息质量产生新的影响。从信息监管角度看，是可以借助这一新兴投资机构的积极作用，还是必须对其行为加以规制、引导，正是该研究希望回答的问题。该文考察了风险投资的"逐名"动机对上市公司会计信息质量、IPO后长期业绩的影响。以2004—2010年我国证券市场IPO的809家公司为研究对象，认定229家具有风投背景，占样本总额的28%。采用分行业截面Jones模型来计算可操纵应计，运用两阶段的OLS回归进行实证检验，研究发现：我国风险投资在IPO时并没有发挥西方研究中普遍认同的监督作用。为了顺利上市，风投可能促进所投资公司进行正向盈余管理。为了创造有利的退出时机，风投有激励通过影响会计盈余引导市场定价，因此风投支持公司在IPO的后续期间将保持较高的可操纵应计。公司的风投股东持股比例越高、风投股东在上市公司董事会占有的席位越多、风投的行业声誉越高以及风投股东的政治联系越强，公司IPO当年的可操纵应计就越大。可见在我国当前的市场环境下，行业成熟度不高的外部大环境使得风投声誉没能发挥西方成熟资本市场上的作用。进一步将样本分为有风投背景组与无风投背景组，分组回归结果表明，当公司具有风投背景时，IPO时的盈余管理程度越高，其后的市场业绩将越差。因此结合前面的研究结论，有风险投资支持的公司其上市时的盈余管理程度会更高，但这一类公司在上市后的长期业绩也会低于没有风险投资支持的公司，而IPO时的盈余管理一定程度上能够解释公司长期业绩走低的现象。即在"逐名"动机驱使下，风险投资有激励推动旗下企业进行正向盈余管理从而顺利上市，但上市后应计转回的程度也更大，由此造成长期业绩低于没有风投支持的公司。

该研究的发现表明，在我国当前市场环境下，风险投资在特定场景中可能具有追求短期利益的逐名动机。2010年的"十二五"规划明确将扶持风投产业发展提上经济体制改革的议事日程。近年来我国风险投资行业无论是在整体资金规模，还是在推动企业上市方面都取得了长足发展。但目前为止规范行业发展的文件仅限于2005年10部委联合发布的《创业投资企业管理暂行办法》。风险投资在对高科技产业发展起到积极作用的同时，在证券市场运作中也表现出了消极一面。这是该研究的主要发现，同时也为证券市场完善和发展对风险投资的交易监管与信息披露监管、更好规范风投行业的未来发展提出了思考。

（张丽丽）

【公司如何获得银行授信——基于公司财务和公司治理的视角】

林炳华（福州大学经济与管理学院），陈琳（兴业银行福建宁德分行）
《经济管理》2015 年第 10 期
10 千字

文章从银行授信需求方公司的视角，以银行授信为切入点并基于公司财务和公司治理的视角，选取 2006—2012 年 615 家上市公司的样本数据，实证分析了公司获得银行授信的相关因素。

文章的基本结论是：（1）财务特征上，公司规模和净营运资本占比与公司能否获得银行授信存在正相关关系，说明规模越大、流动性越好的公司相对更易获得银行的青睐；由于我国公司的特殊性，盈利能力对公司能否获得授信存在负向相关但不显著；行业现金流波动性的系数都为负值且非常显著，说明流动性风险越低的公司更易获得银行授信。（2）治理特征上，公司治理的好坏对公司能否获得银行授信有一定的影响。股权特征中，股权集中度并非越低越好，管理层持股比例也并非越高越好，这两个变量与公司能否获得银行授信之间可能存在非线性关系；董事会特征中，独立董事比例系数都为正且都非常显著，独立董事比例系数越高，意味着公司治理相对更好，更易获得银行授信；公司的投资评级作为公司治理的外部评判标准，投资评级与公司是否获得银行授信之间是正向关系。

该文针对公司财务管理、公司治理和授信银行内部决策方面提出如下建议：（1）改善公司流动性管理。公司需综合考虑自身的财务特征和治理特征来确定公司的流动性额度，有效地利用流动性持有动机所带来的好处，避免流动性持有的不足和过量引发的投资不足、资金闲置等低效率问题。（2）加强授信银行业务拓展和风险把控的协调。通过现场检查、外部资信收集、公司财务能力分析和公司治理状况分析，结合客户的运作模型和资金的使用方式，测算出客户能够偿还的授信额度，提高授信额度的使用效率。（3）强化内外部公司治理监管。公司应设定有效的监管机制来约束管理者的行为，对管理者在流动性资源上的自利行为进行严厉把关，争取公司流动性资源为公司价值的最大化服务。

（邱永辉）

【公司治理与现金持有竞争效应——基于资本投资中介效应的实证研究】

杨兴全、吴昊（石河子大学经济与管理学院），曾义（湖北经济学院会计学院），
《中国工业经济》2015 年第 1 期
11 千字

该文以中国上市公司 2003—2012 年数据为样本，基于资本投资的中介效应视角检验了公司治理对现金持有竞争效应的影响。研究结果表明，公司现金持有具有竞争效应，资本投资在公司现金持有发挥其产品市场竞争优势中具有中介效应；更好的公司治理水平强化了现金持有通过资本投资实现的竞争效应，而且这种强化作用在潜在代理问题严重的公司中更为显著。进一步检验发现，公司治理水平与治理环境对现金持有竞争效应的影响是一种互补关系，而非替代关系。检验发现，公司现金持有具有显著的竞争效应，资本投资在公司持有现金以获取产品市场竞争优势中

发挥了中介效应；较高的公司治理水平强化了现金持有通过资本投资实现的竞争效应，且这种强化作用在潜在代理问题严重的公司中更为显著。进一步检验表明，宏观治理环境与公司治理水平对现金持有竞争效应的影响是一种互补关系，而非替代关系。

根据上述结论，文章提出以下建议：（1）公司应坚持"现金为王"理念，结合公司的投资机会与产品市场竞争动态有效配置公司财务资源，为公司进行技术革新等方面的战略性资本投资提供稳定资金支持的同时，还可为提升公司防御掠夺性风险、及时捕捉市场先机，以及有效阻止竞争者进入或迫使其让步进而占据和保持其产品市场竞争优势等奠定资金基础。（2）现金持有竞争效应的有效实现需要完善的公司治理机制作为保障，公司还应在以下主要方面持续完善公司治理机制以确保公司现金持有竞争效应的充分发挥：建立真正的职业经理人市场以发挥声誉机制作用，完善公司管理层激励补偿契约的设计与评价机制；从董事会规模、独立性、领导权结构、专业委员会职能、会议频率以及董事会激励等视角强化董事会的治理功能；形成既能有效制约管理层，又能抑制单一大股东追求控制权私利动机的科学股权制衡结构。

（邱永辉）

【独立董事与审计师出自同门是"祸"还是"福"？——独立性与竞争—合作关系之公司治理效应研究】

吴溪、王春飞（中央财经大学会计学院），陆正飞（北京大学光华管理学院）

《管理世界》2015 年第 9 期
12 千字

按照我国公司治理规则，上市公司聘请的独立董事中至少应有一名会计专业人士。具有会计师事务所从业经历的人员是会计专业人士中的一个类别。在实践中，我们观察到上市公司聘请具有事务所从业经历的人士担任独董存在 3 种模式。第一种模式是，公司聘请来自主审会计师事务所的雇员担任独董（"同门"模式）。在该模式下，独董与审计师之间具有更高的合作程度，但其独立性下降。第二种模式是，公司聘请曾在事务所从业的人士担任独董（"前同行"模式）。在该模式下，独董与审计师的独立性明显增强，且合作程度同样较高。第三种模式是，公司聘请的独董正在事务所从业，但并非来自主审事务所（"同行"模式）。在该模式下，独董虽然独立于审计师，但对审计师构成业务竞争威胁，从而可能削弱审计师对客户的监督动机与效果。研究表明，"前同行"模式伴随着最严格的审计，"同行"模式伴随着最宽松的审计，而"同门"模式伴随的审计严格程度居中。这意味着保持不同治理机制之间的独立性固然重要，但避免不同机制之间的潜在利益冲突、促进相互合作同等重要。公司治理机制（如董事会或审计委员会）的独立性越强，公司治理效果越好，但具有财务或会计专长的独董在审计委员会或董事会中能够发挥较好的治理效果。

文章较为系统地考察了中国上市公司聘任具有会计师事务所工作经历的人士担任独董的各种模式及其公司治理效应。研究发现：（1）在不同治理机制的合作程度相近时，独立性对提高公司治理的效果具有显著增量；（2）在不同治理机制之间的独立性相近时，其合作而非竞争对提高公司治理的效果也具有显著增量。

文章的讨论和分析揭示了以下政策含义："同门"模式既有不足，也有优势，可谓"祸""福"相倚。这种模式并不是现实中治理效果最差的制度安排（"同行"模式可能更差）。事实上，独董与审计师单独而言，其监督力量可能是相对薄弱和割裂的；但我们的证据显示，在保障独立性的前提下，如果独董与审计师联合起来，就可能发挥出更强的监督效力。当然，管理层如果意识到这一点，就可能采取措施避免"前同行"模式而采取"同行"模式。相应地，监管机构有必要考虑采取措施，鼓励前者而限制后者，促进不同的公司治理机制相互合作，形成合力。

（邱永辉）

【内部人交易与持续经营审计意见——来自财务困境类上市公司的经验证据】

周冬华、康华、赵玉洁（江西财经大学）
《审计研究》2015 年第 2 期
10 千字

伴随着 2006 年股权分置改革的完成，我国股市进入了全流通时代，内部人交易受到监管层和市场各方的关注。为了降低事后被查处的可能性，发生内部人交易的财务困境类上市公司可能会要求审计师签发更好的审计意见。

外部公司治理机制是否会抑制内部人交易胁迫审计师的行为，从而有效遏制内部人交易和持续经营审计之间的负相关关系呢？针对上述问题，现有文献尚未涉及，这正是该文的研究机会所在。基于 2007—2013 年上市公司内部人交易数据，研究发现：财务困境类上市公司内部人交易与持续经营审计意见显著负相关；审计师对上市公司经济依赖的程度越高，内部人卖出交易与持续经营审计意见负相关关系越显著。更进一步地，内部人交易与持续经营审计意见负相关的关系主要体现在股权制衡度较低、分析师跟进数量较少以及机构投资者持股比例较低的上市公司，表明上述公司治理机制有效地遏制了财务困境类上市公司发生内部人交易后胁迫审计师签发虚假审计报告的行为。

该文还考察了外部公司治理机制对内部人交易和持续经营审计意见之间负相关关系的影响。股权制衡、分析师跟进以及机构投资者都发挥了积极的公司治理作用，股权制衡比例越高、分析师跟进人数越多、机构投资者持股比例越高，发生内部人交易的上市公司与审计师合谋的可能性越低，上述公司治理机制有利于缓解内部人交易与持续经营审计意见之间负相关关系。

该研究对监管机构、上市公司和相关投资者具有重要启示。首先，研究发现了发生内部人交易的上市公司为了规避证监会等监管部门的"盯梢"，会向审计人员施加压力以获得非持续经营审计意见的审计报告。因此，监管机构应该规范上市公司的内部人交易的信息披露，缩短上市公司内部人交易的信息披露时间，遏制内部人交易后购买审计意见的行为。其次，发现外部公司治理机制有利于遏制内部人交易购买审计意见的行为，在目前我国内部公司机制尚不完善的时期，应该大力提倡完善外部公司治理机制，使得分析师、机构投资者等中介机构有动力参与公司治理事务，保护中小投资者的利益。

（胡海波）

【略论中国古代有关审计的立法】

黄文德、方宝璋（江西财经大学）
《审计研究》2015 年第 4 期
9 千字

中国古代审计立法通常归附于其上级机构或职能的立法中，其主要有秦汉归属于对官吏稽查、考核的《效律》《上计律》，唐宋归附于特定机构或特别事项立法中的《比部格》《比部式》《勾账式》《磨勘法》《勘同法》《三司账法》等，元明清归属于御史监察机构的《台纲》《宪纲》和《会典》中六科、道监察御史下的立法。古代各朝代审计立法中，秦《效律》是目前已知中国古代最早、最系统完整的有关审计的立法，汉唐宋有关审计立法均散佚，只剩下一些只言片语，元明清的审计立法只能成为监察立法的附属部分。古代审计立法主要规定了审计主体的职责、权限和行为准则，审计客体的责任、义务，审计内容和实施程序等，一定程度上保证了这项工作的规范性、客观性和公允性，使审计在肃清吏治、维护封建国家经济的正常有序运行中发挥了应有的作用。

中国古代的审计立法有以下 3 点值得注意：其一，由于中国古代对于审计没有十分明确系统的概念，审计机构没有完全独立，因此，古代没有出现严格意义上有关审计的专门立法，审计立法通常归附于其上级机构或职能的立法之中。其二，纵观古代各朝代审计立法，其中秦代《效律》居于特别重要的地位。元代之前，有关审计立法的汉《上计律》、唐《比部格》《比部式》《勾账式》、宋《磨勘法》《勘同法》《三司账法》等均已散佚，只剩下一些只言片语。《效律》的出土，使其成为目前已发现的中国古代最早、最系统完整的有关审计的立法，在中国古代审计立法史上具有特别珍贵的价值，充分说明了中国早在两千多年前就有关于审计的详细、系统的立法。其三，从古代审计立法中，我们大致可以了解到，古代审计立法主要规定了审计主体职责、权限和行为准则，审计客体的责任和义务，审计内容和实行

程序等，以及在审计中衡量各种经济上违法乱纪行为的标准。为了督促负责审计的官吏忠于职守，认真勾考、磨对、稽查，一些立法还规定了对失职、知而故纵或弄虚作假者予以处罚，而对尽职尽责、认真公正、审计有功者予以奖赏。

在中国古代，国家审计是高层次的经济监督，是一项政策性很强的工作，关系到对各级官吏廉贪、勤惰、才干高低、政绩优劣的评判。审计立法一定程度上保证了这项工作的规范性、客观性和公允性，使审计在肃清吏治、维护封建国家经济的正常有序运行、加强中央对地方的控制中发挥了应有的作用。

但是，我们也必须看到，在中国古代封建社会中，国家管理较为缺乏法治，是以人治为主。所谓的审计立法与其他立法一样，并无严格的立法程序，一切以最高统治者皇帝的意志为转移，而无关民意。皇帝的敕令高于律令格式，可以随时任意改变法律。在专制主义政治的支配下，各种类型机构所拥有的审计权不是自下而上地由民主赋予，而是自上而下地由封建帝王授予，审计者直接或间接向封建帝王负责。审计立法作为封建帝王治吏的工具，只是朝廷用于施政的纲纪或制度。

（胡海波）

工商管理·技术经济及管理

【我国企业技术创新选择影响因素的实证分析】

余子鹏（武汉科技大学），王今朝（武汉大学经济发展研究中心）

《科研管理》2015年第7期
10.1千字

根据熊彼特技术创新理论和现有研究成果，企业技术创新选择的影响因素有财政、金融等外部因素和物质、制度和精神等企业因素。借助问卷数据、分析和检验假设，发现财政、金融和劳动力市场等因素对我国企业技术创新作用不明显，企业物质、制度和精神等因素对技术创新选择影响较大，但对不同技术创新的效应差异显著。技术设备水平促进了上游环节、产品和管理创新，却对生产方法和工艺创新的影响甚微，忽视市场创新。现有企业制度因素促进了上游环节、生产方法和工艺、产品和管理创新，但制约了市场创新。企业精神文化对技术创新选择影响存在差异。企业技术物质条件、制度和精神文化的潜在倾向，影响技术创新选择方向。

基于企业内外因素对技术创新的影响，企业应制定和执行合理的措施，促进企业进行全面的技术创新，夯实我国经济持续、健康发展的基础。

第一，在注重经济稳定增长过程中，政府应制定和实施促进企业技术创新的政策。经济保持适度增长速度，满足消费、就业的迫切需要，可持续增长必须依靠企业全面的技术创新。在制定经济政策时，政府综合考虑资源价格上涨、劳动力素质提升和成本上升，减少资源、能源消耗和实现劳动力有效就业，兼顾技术创新政策实施可行性，加强对技术创新过程和结果的监督，使优惠政策与技术创新结果相联系，减少和避免政策租金。

第二，完善市场机制，消除垄断和阻碍竞争的因素，增强行业、企业之间的竞争，刺激企业选择全方位的技术创新。我国属开办企业所需手续数和天数最多国家之一，企业开办成本较高，我国每1000人劳动力注册企业数远远低于发达国家。行业、企业竞争相对固化、静态，没有适度的竞争压力，致使企业缺乏创新动力。削减企业开办壁垒和增加单位人口的企业数量，是扩大经济规模和增强竞争的有效手段，也会促进企业技术创新。

第三，技术创新是一项复杂的系统工程，企业应兼顾部门和员工积极性，在目标规划、资源配置、制度制定和文化建设等方面综合谋划。从长期看，技术创新有利于企业生存和发展：在短期内，任何技术创新战略实施都会冲击部门和员工的现有利益。应处理好技术创新与获利的关系，削弱内部的反对力量，设立合理评估指标和激励机制，保障创新人员的利益。另外，技术创新战略受到主要管理者的经营理念倾向性影响。因此，企业管理团队必须加强创新学习，深入分析经济和行业发展趋势，充分考虑外部环境变化，结合企业自身条件，制定有序、全面的技术创新规划，调配资源、完善制度和构建创新型企业文化。

（邱永辉）

【VC 治理行为中介作用下的关系专用性投资与技术创新绩效】

王兰（重庆工商大学管理学院）
《管理学报》2015 年第 6 期
15 千字

风险投资作为"关系型融资"的特例，说明 VC－E 合作关系的价值创造功能实现对创业企业技术创新成败起着决定性作用。VC－E 之间关系专用性投资的不同属性产生不同关系质量，引发不同 VC 治理行为，进而导致技术创新绩效的差异。该文通过调研 264 家科技型创业企业所得数据进行实证分析，研究结果显示：实物型关系专用性投资与 VC 监控行为正相关，与 VC 增值服务呈负相关，VC 监控行为与技术创新绩效负相关；知识型关系专用性投资与 VC 监控行为呈负相关，与 VC 增值服务呈正相关，VC 增值服务与技术创新绩效呈正相关。VC 治理行为在关系专用性投资与技术创新绩效的关系中具有部分中介效应。该研究结论能够为风险投资机构和创业企业提供一定的指导和建议。

（1）关系专用性投资通过推动 VC－E "内聚力"产生"关系租"。关系专用性投资作为合作意愿和承诺的表现增强 VC－E 相互依赖强度。组织间相互依赖代表着关系主体的"内聚力"。而"内聚力"恰是"关系租"产生的重要催化因素。关系专用性投资以自愿"锁定"合作关系的意愿全面提高知识共享、互补资源融合、高效治理机制这三种有利于创造"关系租"的"内聚力"形成路径，进而对 VC－E 之间"关系租"起着重要催化作用。

（2）重视 VC 治理行为尤其是增值服务的价值创造功能。风险投资家向创业企业提供增值服务的目的在于帮助企业克服技术创新过程中的资源与能力约束，尽快提升技术创新效率。这在该文研究中得到证实。但是在现实领域，VC 增值服务未能有效实现其价值创造功能，主要原因在于科技型创业企业家对风险投资家介入企业管理持有本能的意识反抗。根据该文研究结果，创业企业家在选择风险投资家时，不仅需要考虑其资金的雄厚，还应考察其增值服务的能力。只有正确认知 VC 增值服务的作用，才能建立 VC－E 良好的合作关系，促使增值服务的价值创造功能得以持续实现。

（3）相比实物型关系专用性投资，知识型关系专用性投资更能有效化解机会主义行为风险。该研究认为不同属性关系专用性资产的价值创造功能实现路径具有显著差异。实物型关系专用性资产由于投入成本高，可开发潜在价值小，又易引发"套牢"风险，即使短期内对科技型创业企业起到合作创新的物质保障作用，但是因投资者出于自我保护的需要，会在契约中提高风险投资家参与企业管理的约束条件与"控制权"，以致产生对技术创新产生"管理压制"的负面效应。而知识型关系专用性投资可在合作存续期不断进行，企业通过知识型关系专用性投资增强学习能力，既获取技术信息，又了解市场营销动态以及竞争对手的活动态势，同时还从风险投资家处学习先进管理经验、经营决策等隐性知识，从长期看增强了企业的竞争优势和技术能力，这些均有利于技术创新效率的提升。简而言之，与实物型关系专用性投资相比，知识型关系专用性投资更利于 VC－E 之间合作创新，实现其价值创造功能。

（王兰）

【企业创新网络中关系强度、吸收能力与创新绩效的关系研究】

刘学元、丁雯婧（武汉大学经济与管理学院），赵先德（中欧国际工商学院）
《南开管理评论》2015 年第 1 期
15.7 千字

在创新网络中，企业创新绩效受到外

部网络关系和自身吸收能力两方面的影响，但网络关系的强弱对企业创新绩效的影响在学术界尚未达成共识。在中国关系社会的背景之下，构建了网络关系强度、企业吸收能力和创新绩效三者之间的关系理论模型，并以中国 278 家制造业企业为样本进行了实证研究。研究结果表明，创新网络关系强度和企业吸收能力均对企业创新绩效存在显著正向影响，且企业吸收能力在网络关系强度和企业创新绩效之间起不完全中介作用。同时，文章检验了企业性质、产业类型和地域分布的影响，发现在私营企业、传统制造业企业和位于华东、华北地区的企业中，创新网络关系强度对创新绩效没有直接影响，但可以通过吸收能力对创新绩效产生间接影响。文章不仅丰富了企业创新网络的研究文献，并给实际管理如下启示：

首先，企业要致力于创新，更应该重视其创新绩效，而要提高创新绩效，企业就应该尽力与其供应链上下游企业（供应商、客户）乃至竞争对手、相关科研院所、技术中介、投融资金融机构及相关政府部门构建有多方参与的创新网络，制度化地组织或参与正式和非正式的紧密、频繁及主题突出的各类活动，形成良好的互动与合作关系，以促进网络内的知识、技术及资源的有效流动，更好地达成有较高绩效的协同创新。而政府相关部门也应该通过制定相应的制度、政策及法规，创造良好的创新合作平台与环境，组织和鼓励企业参与各类正式或非正式的知识、信息与资源分享活动（如创新论坛、技术交易会、创新咖啡等），并通过加强基础设施建设（如科技园、孵化器等）来促进企业间的联系，鼓励企业建立广泛的合作联盟，打造开放式的合作创新网络。

其次，该研究的结论还表明，为了提高其创新绩效，企业还应将其自身吸收能力的建设提高到战略高度，建立企业内部知识管理系统，组织各种跨部门的正式或非正式的知识与信息分享活动（如信息共享、主题知识竞赛、头脑风暴等），在整个企业内部形成良好的学习与合作氛围，以培养和提高员工的知识获取、消化、吸收和应用能力以及开发新产品和服务的创新能力。这一点，正如前文对该研究结果的分析与讨论所述，对于我国传统制造型企业和私营企业来说显得尤为突出和紧迫。

（邱永辉）

【开放式创新生态系统的成长基因——基于 iOS、Android 和 Symbian 的多案例研究】

吕一博、蓝清、韩少杰（大连理工大学管理与经济学部）

《中国工业经济》2015 年第 5 期
17 千字

开放式创新范式与创新生态系统的融合发展，推动了开放式创新生态系统的发展。该文采用多案例比较研究方法，选取移动通信产业的 iOS、Android 和 Symbian 三大智能操作系统的创新生态圈为案例研究对象，基于创新的阶段性对开放式创新生态系统运行的驱动因素进行探索研究。首先基于开放式创新生态系统的相关研究，提出理论框架；其次应用内容分析和典型事件分析对不同创新阶段开放式创新生态系统运行的驱动因素进行识别；最后基于创新阶段性分析开放式创新生态系统运行驱动因素的演化特征，从而解密其成长基因。

主要研究结论如下：

第一，研发生态圈和商业生态圈不同的融合表现是开放式创新生态系统运行的外在表征。商业生态圈的"创新消费"和研发生态圈的"创新生产"交替主导着不同创新阶段开放式创新生态系统的运行，呈现出不同趋向的生态圈融合表现；研发生态圈和商业生态圈不同的融合表现是开放式创新生态系统运行的外在表征。

第二，生态系统消费者、生产者和分解者角色定位的核心企业是不同创新阶段开放式创新生态系统运行的驱动主体，而分解者功能在系统主体间的泛化是开放式创新生态系统运行所表现出的独有特征。

第三，充足性的金融资源、稀缺性的市场资源、互惠性的平台资源是不同创新阶段开放式创新生态系统运行的基础性驱动因素，其分别为并购机制、联盟机制和利益共享机制的运行提供了资源基础。

第四，核心企业定向性的扫描吸收能力、整合性的协同创新能力、规范性的治理分配能力是不同创新阶段开放式创新生态系统运行的关键驱动因素，其分别是并购战略实施、研发联合体和共享平台运行的关键核心能力。

第五，核心企业独有的变革型的能人文化、合作型的氏族文化、协奏型的共赢文化是不同创新阶段开放式创新生态系统运行的保障性驱动因素，其为并购活动、研发联盟活动和商业化平台的运行提供了文化保障。

第六，活跃的科技创业环境、统一的技术标准环境、广泛的用户参与环境是不同创新阶段开放式创新生态系统运行的支持性驱动因素，其为并购、合作研发以及价值共创行为提供了环境支持。

（李亚光）

【协同创新模式对协同效应与创新绩效的影响机理】

解学梅（上海大学管理学院），刘丝雨（浙江大学管理学院）

《管理科学》2015 年第 3 期
18 千字

在开放式创新背景下，协同创新已成为中小企业可持续发展的必然选择。基于国内外已有研究，区分中小企业协同创新的 4 种模式，即战略联盟模式、专利合作模式、研发外包模式、要素转移模式，探究中小企业协同创新模式与协同效应和创新绩效之间的关系。基于长三角都市圈 16 个城市的 427 家中小型制造业企业的实证数据，运用结构方程模型，对企业协同创新的多维模式与协同效应和创新绩效的交互关系进行识别。

研究结果表明：（1）战略联盟模式、专利合作模式、研发外包模式和要素转移模式均与中小企业创新绩效正相关；（2）战略联盟模式、专利合作模式、研发外包模式、要素转移模式均与中小企业协同效应正相关；（3）协同效应对企业创新绩效具有显著正向影响。研究结果表明，要素转移模式对企业协同效应和创新绩效的作用均相对较小，即单纯进行知识、技术、人才、设备等要素的共享和转移难以实现协同剩余，由此难以对企业创新绩效形成显著的促进作用。其可能的解释是，相比其他协同创新模式，要素转移模式对伙伴间关系的门槛要求较低，并且短期的要素转移难以提高企业协同经验的积累，从而容易导致协同效应较低，影响企业创新绩效的提升。

基于该文实证分析结果，中小企业协同创新能力的提高应从协同模式着手，在提升企业协同创新能力的同时推动中小企业协同结构良性发展。

（1）就中小企业而言，在具体协同创新模式的选择上应当有所侧重。一是中小企业应选择适宜的、有效的协同创新模式。中小企业应结合自身发展特点，制定合适的创新战略，合理调整创新模式，同时将其视为企业长期发展目标和绩效考核依据。二是企业采取的协同创新模式能够影响其协同创新效应，并且协同创新模式除直接对企业的创新绩效产生影响外，还通过协同效应对创新绩效产生间接影响。因此，企业应注重培养企业的协同创新文化，并激励员工贯彻和执行，全面深入的创新文化能够促使企业员工具有良好的协同创新意识，以便在具体操作中实现效应最优。三是在不同发展阶段的中小企业应采取不同的策略，如高技术中小企业在发展初期因自身创新能力较弱，技术专利模式更适合企业积累原始创新能力；而对于成长期的中小企业应注重社会网络的建立，采取战略联盟模式更为有利。

（2）就政府机构而言，在制定政策过程中应结合中小企业的具体特点有的放矢。一是着重培养并发展对企业协同创新影响显著的协同模式，并为该类模式的形成和完善提供资金和政策支持。例如，积极鼓励研发外包，为中小企业建立研发外包信息网，地方政府建立健全与研发外包相关的规章制度；此外，鼓励专利合作机制，建立第三方中小企业合作研发中心，以推进中小企业间的协同。二是政府在对地方中小企业评估量化的指标选取上，应综合考虑协同效应指标，这样才能实现系统协同的良性发展。三是政府应考虑将针对单独企业的创新基金发放模式向协同化模式转变，进一步刺激中小企业协同创新模式的建立。

（李鸿磊）

【知识服务、价值共创与创新绩效——基于扎根理论的多案例研究】

周文辉（中南大学商学院）
《科学学研究》2015年第4期
11千字

知识服务是创新的关键驱动力，知识服务如何转化为创新绩效是一个重要而尚未有效解决的难题。该文运用扎根理论编码的案例研究方法，选取1家研发服务机构与4家中小制造企业之间的互动案例为研究对象，研究发现：（1）知识服务的内容包括创新规划、需求管理、团队建设与流程规范4个要素；（2）价值共创的过程包括价值共识、价值共生、价值共享与价值共赢4个要素；（3）在创新领导者的推动下，知识服务的内容与价值共创的过程相互作用，共同促进知识服务转化为创新绩效。

如何将知识服务转化为创新绩效？现有文献对这一重要问题尚缺乏有力解释。该文从价值共创视角，整合知识密集型服务业与研发创新的主要观点，采用多案例研究方法，对知识服务的内容、价值共创的过程与创新绩效的结果进行了系统分析与归纳。该文选择1家研发服务机构与4家中小制造企业之间的互动案例作为研究对象，运用扎根理论进行数据编码分析，发掘了"创新规划""需求管理""团队建设"与"流程规范"4个范畴构成知识服务的内容，归纳了"价值共识""价值共生""价值共享"与"价值共赢"4个范畴构成价值共创的过程（也可称为"知识服务的过程"），多案例分析补充了"创新领导者"范畴以及范畴之间的逻辑关系，由此构建了知识服务、价值共创与创新绩效的理论模型。我们发现，当中小制造企业面临技术升级与产品创新的挑战时，借助知识服务机构提供的结构化创新知识，通过双方价值共创的过程，有利于将外部知识转化为创新绩效。

该文的理论贡献在于：一是传统的产品创新理论强调技术本身的创新，该文发现创新规划、需求管理、团队建设与流程规范等创新管理对创新绩效的影响非常大；二是现有的价值共创过程模型重视了体验、互动与资源整合的价值创造过程，却忽视了正确的价值观共识与价值共享机制的设计，导致双方价值共创的观念不一致与共创动力不足。

该文的实践贡献在于：一是知识服务机构不仅要拥有经由最佳实践总结出来的创新方法论，而且要掌握将创新方法论转化为中小企业的创新能力与创新绩效的教练技术；二是中小制造企业要善于将外部知识学习与内部产品创新融为一体，实现将知识转化为绩效的目标。

（李鸿磊）

【开放式创新、吸收能力与创新绩效关系研究】

张振刚、陈志明、李云健（华南理工大学工商管理学院）

《科研管理》2015 年第 3 期

10 千字

组织创新领域的一个中心议题是组织间知识交互在企业创新中发挥的作用，其核心问题是企业如何通过资源的重新配置形成创新绩效及核心竞争力。针对这一问题，已有文献分别从创新环境、创新系统、创新网络、产业集群与知识溢出等不同视角进行研究，共同强调了不同组织间的知识连接以及知识开放性对于企业创新的重要性。开放式创新基于知识交互观的基本观点，将创新视为企业系统地对跨过组织边界的知识流动进行管理的一种分布式创新过程，推动企业构建内外部知识交互及商业化网络，并采取金钱的以及非金钱的机制创造与获取创新价值。当前，作为国际技术创新管理领域的研究前沿，开放式创新仍处于理论积累与研究扩散阶段，相关理论与实证研究仍需要进一步推进。

该文运用问卷调查方法对开放式创新、吸收能力与创新绩效关系进行了实证研究。主要研究结论包括：（1）企业无论是引进外部知识，还是将有价值的内部知识转移至外部，均有利于在行业内率先应用新技术、推出新产品/服务以及实现商业价值。（2）实际吸收能力在内向型开放式创新、外向型开放式创新与创新绩效间均起完全中介作用。无论是作为知识源，还是作为知识的吸收方，企业开展内向型和外向型开放式创新活动及形成创新绩效依赖于其知识转化与利用能力。（3）潜在吸收能力在内向型开放式创新与创新绩效间起显著的负向调节作用，而在外向型开放式创新与创新绩效间起着显著的正向调节作用。这为开放式创新理论与企业能力基础观的联接提供了来自中国企业的经验证据。进一步的建议如下：

（1）创新商业模式，构建双向开放式创新平台。当企业发展到一定阶段的时候，不仅应该充分吸收与利用供应商、用户、科研院校、同行企业、第三方公司等各类外部创新组织的专业知识与资源，构筑包括"基础研究—技术开发—工程化—产业化—商业化"在内的创新链，同时也应该积极开放内部创意、知识与资源库，推动知识溢出，形成包括"创意价值—技术价值—产品价值—品牌价值—商业价值"在内的价值链，以创新链带动价值链，以价值链提升创新链。

（2）增强实际吸收能力，推动内外部知识转化为创新绩效。提升内部技术水平、增强技术与管理人员的能力以及建立健全创新机制，是确保开放式创新顺利进行并从中获取创新绩效的基础。因此，企业应该注重在实际吸收能力上的投入，增强知识转化与应用能力。

（3）优化配置资源，注重吸收能力与开放式创新的协同。该文研究表明，在进行内向型与外向型开放式创新活动的过程中，企业应根据其发展阶段以及吸收能力的水平而有所侧重。对于中小企业与传统产业企业，其潜在吸收能力一般较低，此时，企业适合采取高程度的内向型开放式创新，有利于企业快速获取与消化外部知识。而对于高科技企业以及大企业，其潜在吸收能力一般已具有较高水平，在适度内向型创新的基础上，应多考虑外向型开放式创新，将内部留存的知识与技术转移至外部进行商业化，更有利于内部知识存量与外部市场需求的联接。

（李鸿磊）

【电子商务产业发展路径选择研究】

李红霞（重庆工商大学管理学院、电子商务及供应链系统重庆市重点实验室）

《山东社会科学》2015年第9期
7.1千字

电子商务产业具有市场全球化、交易连续化、成本低廉化、资源集约化等优势。电子商务产业的发展路径需要遵循产业生态系统的内在规律，在动态中不断向平衡态趋近，以达到该产业生态系统整体的和谐发展。如何选择电子商务在产业生态系统中的发展路径是该文研究的核心问题。该文通过构建约束路径选择模型、扩展路径选择模型建立电子商务产业发展路径选择模型，提炼出与电子商务相关的7个产业，计算相关系数，运用投入产出法分析产业关联效应，揭示出电子商务产业与其他产业的关联特性，判断电子商务产业良好发展前景的约束产业和扩张产业。

该文通过约束路径和扩展路径两个方面分析电子商务产业。电子商务产业约束路径选择模型的依据是电子商务产业对其他某一产业的完全消耗系数越接近直接消耗系数，那么该产业间接消耗系数越小，说明电子商务产业对该产业间接消耗过程中所经历的产业链网较简单或产业链网间产业关联较弱。电子商务产业对某一产业的完全分配系数远离直接分配系数，间接分配系数较大，说明电子商务产业对该产业间接分配过程中所经历的产业链—网较复杂或产业链—网产业关联较强。为了找到促进电子商务在产业生态系统中又好又快发展的路径，该文参考相关文献，建立电子商务发展的约束路径选择模型和扩张路径选择模型，计算完全消耗系数与直接消耗系数的比值和完全分配系数与直接分配系数的比值，并且剔除无效数据，比较约束路径选择指标和扩展路径选择指标，判断出电子商务产业良好发展前景的约束产业和扩张产业。

该文研究选择将电信和其他传输服务业、计算机服务业、邮政业、软件业、通信设备制造业、计算机制造业和电子元器件制造业这7个产业的集合作为电子商务的产业集群来进行研究。这7个产业的约束路径和扩张路径综合起来便可以作为电子商务产业的发展路径，这7个产业综合起来，约束路径涉及30个产业，扩张路径涉及22个产业。从直接影响效应来看，电子元器件制造业、通信设备制造业、塑料制品业、电线、电缆、光缆及电工器材制造业、批发零售业、电子计算机制造业、金融业、邮政和交通运输业、通信设备制造业、电子计算机制造业、通信设备制造业以及提供软件基础的电信和其他信息传输服务业等的投入，商务服务业等产业生产发展状况会直接影响电子商务产业发展。

（李红霞）

工商管理·管理科学与工程

【基于多主体博弈的社会化媒体信息质量控制研究】

孙晓阳、冯缨、周婷惠（江苏大学财经学院、管理学院）

《情报杂志》2015年第10期
12千字

社会化媒体作为信息传递和知识共享的资源整合平台，受到人们的广泛关注和推崇，随之也产生了很多信息质量问题。围绕社会化媒体平台、政府管理部门和用户三个社会化媒体信息质量的主要影响主体，分别分析其对信息质量的作用机理，在此基础上，从信息经济学角度，利用演化博弈理论构建两两群体演化博弈模型，探寻博弈双方行为的演化过程及演化稳定策略，并进行数值仿真模拟，演示不同数值对演化结果的影响。结果表明：社会化媒体信息质量与社会化媒体平台主动参与控制水平、政府管理部门调控力度、用户对劣质信息误认的概率、社会化媒体平台对用户的奖励、各主体控制信息质量的成本和收益等因素相关。社会化媒体信息质量的提高依赖于社会化媒体平台和政府管理部门及用户群体之间的良性互动。因此，可根据演化过程中参数的变动提出以下建议以利于控制社会化媒体信息质量：

第一，合理控制信息质量成本。尽管控制成本不能在真正意义上提高社会化媒体信息质量，但该研究分析结果显示，成本增加不利于系统的良性演化，需将成本控制在合理的范围内。对于社会化媒体平台来说，应该不断创新信息过滤技术，积极进行信息质量审核，履行社会责任，在确保信息质量的前提下，实现成本最小化；同时应该创新优质信息推荐技术，缩短用户浏览、搜索的时间成本，从而降低用户发布和分享优质信息的额外成本。对于用户来说，应尽量减少个人发布优质信息所需的人力、物力和精力，提高个人信息素养，尽力避免信息误判，学习鉴别真假信息，减少发布、转发信息的成本。对于政府管理部门来说，应创新管理方式，协调与社会化媒体平台的关系，合理分工；完善组织体系建设，制定科学合理的成本预算，加强成本控制，以实现投入产出效用最大化。

第二，完善奖惩、举报监督机制。分析表明，在一定范围内，用户获得的奖励、遭受的损失和社会化媒体平台受到的处罚都使系统往良性方向演化，有助于社会化媒体信息质量的提高。因此，社会化媒体平台应该在合理控制成本的前提下，制定有效的奖惩机制，激发鼓励用户创造、发布优质信息，实现社会化媒体平台和用户的良性演化；同时应该建立劣质信息举报监督机制，配套建立用户举报保护机制和及时处理机制。用户应妥善运用自身影响力，避免发布劣质信息，给其他关联用户造成损失；优质用户应积极发挥自身影响力，引导大家文明上网，构建和谐的网络生态环境。政府监管部门应合理制定监管问责制，对处罚力度、制裁手段等内容做出具体规定，实现政府监管部门对社会化媒体自律机制的引导和监管，给用户营造一个良好的社会化媒体平台环境。

第三，确定适中的调控力度。该文得出，加大政府管理部门的调控力度和社会化媒体平台的调控水平都不利于系统的良性演化。加大单受行业自律机制影响的社会化媒体平台的调控水平会使系统处于不良状态，只有在政府管理部门选择调控比例较高时才能使系统趋于理想状态。因此，社会化媒体信息质量控制需要政府发挥主导作用，确定合理的调控水平，实现对社会化媒体平台行业自律机制的引导，从而促进社会化媒体平台与政府管理部门的良性发展。

第四，健全社会化媒体信息质量的协同治理机制。该文发现，社会化媒体信息质量受政府管理部门、社会化媒体平台和用户行为共同影响，三者的良性互动才能确保信息质量。因此，应从社会化媒体平台、用户和政府监管部门三个方面构建社会化媒体信息质量的协同治理机制，并完善相关法律法规，实现三者的良性互动，共同维护互联网环境，最终达到共赢的局面。

（冯缨）

【网络媒体信息质量控制的博弈研究】

冯缨、周婷惠（江苏大学管理学院）
《情报理论与实践》2015 年第 8 期
8 千字

网络媒体作为知识共享和信息传递的资源整合平台，逐渐受到人们的关注和推崇，它在给公众带来发布、传递和获取信息便利的同时引发了越来越多的信息质量问题，已成为社会人士和学者关注的焦点。为了研究网络媒体和政府管理部门信息质量控制行为的交互影响，借助演化博弈理论，从信息经济学角度，构建网络媒体与政府管理部门的群体演化模型，通过交互过程的演化模型分析，揭示网络媒体和政府群体的策略选择对系统的影响，研究发现：网络媒体信息质量控制的实现有赖于以政府为主导的，与网络媒体相互协调、合作的调控机制。基于参数变动对模型演化结果的影响提出了以下改善网络媒体信息质量的建议。

第一，在坚持宏观调控的基础上，倡导网络媒体行业自律机制的发展。媒体行业自律机制对规范平台行为起着不可低估的作用，也对减少管理成本、提供管理灵活性带来一定优势。然而结果显示，当受行业自律机制影响的平台主动参与控制水平过高时，系统朝不良模式演化，如若要跳出不良模式，政府需加大投入。因此，政府应发挥其主导作用，积极实现对行业自律机制的引导，提高网络媒体对劣质信息的辨认鉴别能力，补充细化信息法律法规，促使行业自律有法可依，有方向可循。同时加强政府行政机关的执法力度，完善政府部门的监管问责制，对处罚制度、制裁手段等内容做出具体规定，实现政府对网络媒体自律机制的引导和监督。

第二，应鼓励网络技术的发展，推动网络媒体信息过滤审查技术的革新。受技术限制，目前网络媒体对于图片、视频内容还只能通过人工审查这一方法进行信息管理，不仅效率低，成本也高。在信息质量监管约束力较弱的情况下，面对居高不下的成本，网络媒体极易滋生侥幸心理，放弃质量控制行为。因此，政府应投入专项经费，在现有的文字内容审查技术的基础上大力推进新型审查过滤技术的开发，缓解网络媒体信息技术创新成本，提高网络媒体行为动力。

（冯缨）

【区域环境保护行动的演化博弈分析】

金帅、杜建国、盛昭瀚（江苏大学管理学院，南京大学社会科学计算实验中心）
《系统工程理论与实践》2015 年，第 35 卷，第 12 期
14 千字

近年来，演化博弈已经成为生物种群

和人类社会中主体间复杂交互行为分析的有效工具，在环境问题相关研究中也涌现出一些创新成果，研究表明：区域环境保护格局的演化路径具有初始敏感性，并与博弈各方的支付矩阵密切相关。值得一提的是，出于模型简练等原因，这类研究侧重于探讨政府监管、公众参与等特定场景下环境主体行为策略及其稳定性：通常假定博弈各方的支付为常量，在演化过程中保持不变，很少涉及群体内部及群体间深层次交互机制的作用。这种假设与现实情景相比显然还相对苛刻。本质而言，区域环境保护是政府、企业、公众等具有社会认知的多元主体在社会规范背景下互动交往、互惠互利的过程，无论种群之间还是种群内部都存在互惠、利他惩罚等形式以促成合作秩序的形成，仅仅依靠单方面努力较难促成环境质量的改善；同时，社会规范并非一蹴而就、一成不变的，而很大程度上是在社会主体交互中逐渐形成的"自发演生的秩序"，并且会反过来影响系统中主体的收益结构。进而，在区域环境保护行动中，不仅博弈各方的行为选择表现为一种演变过程，各方支付也处于动态调整之中。尤为重要的，双种群演化博弈动态的相关研究也鲜有文献考虑主体的动态支付。

鉴于此，该文在继承现有成果的基础上，根据演化博弈的基本原理，以有限理性的政府和社会主体（如特定环保行动中的企业、公众等环境主体）作为决策主体，建立考虑主体动态支付的演化博弈模型，据此深入揭示区域环境保护行动的演化特征。研究结果表明，系统具有异常复杂的演进动态，在很大程度上取决于双种群初始状态及其相互激励关系。进而，识别了区域环境保护行动有效实施的边界条件与充要条件；所得结论较好地揭示与解释了为什么我国一些区域环境质量一直无法明显改善甚至加剧。总体而言，系统演化的多重均衡性质，为现实中环保行动的多样性提供了有利的理论证据，也从客观上要求政府须以更加审慎的态度，结合区域实际情况，来促成相关制度与激励机制的有效实施与变迁。在此基础上，结合我国环境保护的具体国情，从社会主体环境保护行为转变成本高、部性理论的非对称与非有效应用、地方政府主动推动区域环境保护的动力缺乏等三方面进行深入剖析，并提出相应的改进措施与政策建议。

（金帅）

【面向灾害应急物资需求的灰色异构数据预测建模方法】

曾波、孟伟、刘思峰（重庆工商大学商务策划学院、南京航空航天大学经济与管理学院）

《中国管理科学》2015 年第 8 期
10 千字

当自然灾害发生之后，如何将有限的人力和物力资源实时有效地进行配置和调度是提高救援效率的关键，而紧急条件下对应急物资需求种类和数量的快速预测则是提高自然灾害应急救援质量的前提。由于自然灾害的非常规性、突发性和不确定性，在较短时间内难以采集到精确的大样本统计数据，而常常通过多源信息集结方法获得一些具有灰色不确定性特征的小样本数据序列。因此，应用该文理论研究成果，构建基于灰色异构数据序列的自然灾害应急物资需求预测模型，实现应急物资需求的实时预测。

该文应用灰色系统建模技术对灰色异构数据预测建模方法展开研究。首先，基于"核"和"灰度"对灰色异构数据进行规范化处理；其次，建立灰色异构数据"核"序列的 DGM（1，1）模型，并以"核"为基础，根据灰度不减公理，以灰色异构数据序列中最大灰度值所对应的信息域作为预测结果之信息域，推导并构建了灰色异构数据预测模型；最后，将该模型应用于某地震帐篷需求量的预测。

传统灰色预测模型是区间灰数或离散灰数预测模型的特殊情况，当建模序列中的元素从区间灰数白化为实数时，区间灰数预测模型就演变为传统的灰色预测模型；进一步地，当灰色异构数据预测模型中元素全部由区间灰数组成时，则灰色异构数据预测模型就变成相应的区间灰数预测模型，可见灰色异构数据序列预测模型是既有灰色预测模型的推广和拓展，但由于目前人们还无法处理灰色异构数据序列的预测问题，因此只能将"灰色异构"信息进行"同质化"处理，将灰色异构数据简化为灰色同构数据后建立预测模型。该过程将丢失部分已知信息，这有悖于灰色系统"信息充分利用"的思想。因此，该文试图对灰色异构数据序列预测模型的建模理论和方法展开研究，以期建立更具普适性和通用性的统一灰色系统预测模型，并实现对重大自然灾害应急物资需求的快速预测，从而为救援部门制定相关措施提供决策参考。灰数的"核"，是在充分考虑已知信息的条件下，最有可能代表区间灰数"白化值"的实数，因此，该文通过灰色异构数据的"核"序列来建立预测模型，通过灰度来拓展"核"的可能性边界，是合理有效的。当新信息不断补充完善时，灰色异构数据预测模型即转变为传统的 DMG (1，1) 模型。该文通过研究灰色异构数据预测建模方法，对解决自然灾害应急资源的需求预测问题具有积极作用。

（曾波）

【Renewable Energy Investment Project Evaluation Model Based on Improved Real Option】

代春艳、王益贤、李栋、周艳玲（重庆工商大学）

Environmental Science，2015 年 3 月
12 千字

企业作为社会经济的主体，对可再生能源的推广应用和行业发展起着至关重要的作用。由于目前我国可再生能源发电行业处于初期阶段，存在着诸多的不确定因素，政策、经济、技术、企业拥有的资源、能源本身等都会影响企业对可再生能源发电项目的价值的评估，科学谨慎的项目价值评估将会关系到企业与整个社会的利益得失与发展。可再生能源发电项目的投资决策由于能源自身及其行业发展的独特性，传统的投资决策方法难以准确评估项目的价值。

该文在分析可再生能源项目投资特性基础上，借鉴资本资产定价模型思想，把不可分散的系统性风险纳入项目价值评估，构建了风险可调的改进实物期权价值评估模型，对配额制下考虑出售绿色电力证书收入的可再生能源投资项目进行价值评估，并将该模型运用到 A 公司拟投资的 W 风力发电项目，为该企业在进行可再生能源项目投资决策时，提供理论依据与数据参考。

该研究的创新点是：实物期权理论作为量化投资项目中期权价值的工具，对管理的柔性价值与投资所具有的战略价值进行有效挖掘。该文建立的基于风险调整的期权价值评估模型，在价值评估体系中加入企业外部系统性风险可能带给项目损失，为该类型的投资项目价值评估提供了一种全新的思路，有效降低投资风险。

该模型仍然存在不足，首先在模型系数的确定中，由于无法在实际的投资环境中构建像金融市场一样的可以度量各种资产回报率的有效市场，因而也就无法准确测量市场风险，而只是借助于金融市场与实物投资的联系，利用金融市场中数据对项目风险进行调整，这样的处理方法对于计算结果的准确性有一定的影响。其次由于可再生能源发电项目的运营周期较长，使用期权价值评估模型对项目价值进行计算时，采用历史波动率法对项目资产波动率的处理可能无法准确反映项目未来较长一段时间的资产波动率变

化情况，历史波动率法在处理长周期项目资产波动率上存在时限。并且如何对企业中其他投资项目对该项目资产波动的影响进行分析仍值得深入研究，这方面的工作还需要进一步加强。

（代春艳）

【基于改进模糊综合评价法的信用评估体系研究——以我国中小上市公司为样本的实证研究】

陈晓红、杨志慧（中南大学商学院）
《中国管理科学》2015 年第 1 期
15 千字

中小企业在刺激经济增长、促进行业竞争、推动产业创新、增加国家税收、创造就业机会和吸收剩余劳动力等方面都起到了大企业不可替代的作用，是区域经济发展的重要增长点，越来越受到各国政府和学界的高度重视。然而，由于中小企业经营规模较小，抵御风险的能力较弱，融资渠道较窄，市场信誉较低，导致其融资状况较差。而随着经济的发展，信贷市场类型的转变都将会对中小企业融资行为产生较大影响。

融资难、寻保难是制约中小企业发展的一个重要因素。在我们目前信用体系建设还比较落后的时期，如何做好中小企业信用管理、信用评级都是刻不容缓、亟待解决的现实问题。而建立有效的中小企业信用评估体系是解决中小企业融资难的重要途径。

该文分析了我国中小企业目前的融资困境及其根源，提出改进模糊综合评价模型——AFF 模型（Analytic hierarchy process-Factor Analysis-Fuzzy Comprehensive Evaluation）对中小企业进行信用评估。研究主要有以下结论：（1）鉴于中小企业目前的信用现状和融资困境，建立了中小企业信用评估指标体系，涵盖规模实力、偿债能力、资产管理能力、获利能力以及发展能力 5 个准则层。（2）模型综合考虑信用评估过程中指标不确定性及模糊性等多方面影响，选择模糊综合评价法对中小企业信用现状进行评估，克服以往评估模型的不足。（3）为了在信用评估过程中融合群体的智慧，该研究通过群决策 AHP 方法，提出了改进模糊综合评价模型——AFF 模型，该模型能够有效避免个人决策的失误。（4）通过引入指标客观赋权法——因子分析法（FA），AFF 模型克服了传统模糊综合评价法单纯依靠主观赋权的局限性，拓展了传统模糊综合评价法的用途，使其更为合理。（5）通过对信息技术服务业 53 家上市公司 2011 年的财务数据进行计算，最终确定了该行业的信用等级。实证分析结果与公司实际情况吻合，帮助公司发现其潜在的问题，改善其自身信用状况，且能帮助投资者更好地决策，进一步验证了该文提出模型的可行性和有效性，所得的评价结果更为合理、公正。模型同样适用于其他行业和公司的信用评估。AFF 模型在各类理论与实践的综合评价中均具有应用和推广价值。

（李鸿磊）

农林经济管理

【产权、市场及其绩效：我国农村土地制度变革探讨】

王振坡、梅林、詹卉（天津城建大学经济与管理学院/中国农业科学院农业经济与发展研究所）

《农业经济问题》2015 年第 4 期
10.3 千字

农村土地制度改革的顶层设计框架基本确立，农村集体产权制度改革将是重点推进方向。无论是农用地流转，还是集体建设用地入市，均迫切需要与时俱进，改革完善相关权能安排。通过分析产权理论的演进，构建了产权、市场及其绩效的理论分析框架并对之进行了实证辩析，指出产权与市场均为经济绩效的决定性因素，且二者往往根据具体环境不同表现出时间差异性或相互协调性。经过研究发现：我国土地城乡二元所有制的产权结构为原有计划经济体制的稳固发展提供了保障，然而随着新型城镇化进程的推进和新一轮全面深化改革的展开，这种制度安排逐渐显示出其不适应性，主要表现在：（1）农用地流转市场的发展滞后于土地产权制度变革。相对于产权制度的变革、相关法律政策的配套、农业劳动力的转移来讲，农地流转一直处于滞后状态。这使农民个体很难获得农地流转所应释放出的效益，同时也牵制了后续的专业化分工、规模化经营等农业现代化的发展步伐。（2）集体建设用地入市中效率与公平的矛盾。主要体现在以下两种不公平现象：第一种不公平是城乡土地产权制度设计本身的不公平。第二种不公平是指规划和用途管制所造成的不公平。

对于当前我国不同用途、不同结构、不同地域的农村土地市场面临的具体问题所应汲取的政策启示如下：第一，农用地流转——落实"土地确权"，"活化"产权权能，增加农地收益。对于未来农地制度改革，要实现持续健康有效的流转就要求政府充当好"守夜人"角色，在保证"农地农用"原则的基础上，对农地产权安排进行适当的弹性设计，在保证集体所有制不变的前提下加快承包权与经营权的分离，明晰集体所有权，稳定农户承包权，流转土地经营权，形成三权分置、经营权流转的格局，进一步丰富和拓展承包经营权中劈分出的诸如处置权、继承权、入股权、抵押权等权利内涵，在充分尊重承包农户意愿的前提下，探索发展土地股份合作等多种形式，即要放开对承包经营权处分权能的限制，"活化"农地产权权能，进一步恢复其财产权属性。同时，不断完善农产品市场价格形成机制，减少信息不对称、降低市场交易成本，以农产品市场的升级带动土地等要素市场的竞争，在土地流转的竞争中促进产权的明晰，如此循环往复，最终实现农地资源的有效利用，促进专业化分工、规模化经营等农业现代化的发展。

第二，集体建设用地入市——重构收益分配机制，健全法律配套体系，培育市场交易主体。从长远来看，要建立开放有序的集体建设用地交易市场，就必须修改《宪法》《土地管理法》等上层制度设计，建立健全集体建设用地独立的使用权制度，赋予集体建设用地在土地一级市场交易中与城市国有土地平等的产权主体地位，保障农民集体成员权，将资产折股量化到集体经济组织成员，探索发展农民股份合作，形成以集体组织整体为单位的市场供给主体，并建立登记备案、纠纷处理、合同管理等法规配套体系，成立土地交易所、土地银行等新型第三方土地交易平台，创新集体建设用地入市电商模式，促进独立自主、合理竞争、跨省市跨区域的"城乡一体化"土地市场发展。

（张丽丽）

【发展林下经济对产业、民生和生态的影响研究】

赵荣、陈绍志、张英、宁攸凉、谢和生、蒋宏飞、赵晓迪（中国林业科学研究院林业科技信息研究所）

《林业经济》2015 年第 6 期
6.6 千字

据统计，2013 年全国林下经济产值达 6000 亿元，占林业产业总产值的 13%。尽管林下经济发展如火如荼，但对林下经济的研究才刚刚起步。发展林下经济对于林业的影响主要有：一是发展林下经济，在一定程度上促进林分生产，增加非木材产品生产，提高了林业产业综合效益；二是发展林下经济，增加了林业产业总值；三是发展林下经济，促进了林业产业结构的优化。发展林下经济对于相关产业的影响主要有：首先，发展林下经济使得现有的林下土地和林间空间得到充分的利用，增加了种植业的土地面积。同时，发展林下经济改良了土壤、湿度以及温度，延长了作物种植时间，为其他林下作物创造更优的生长条件，增加了粮食作物产量。其次，对林下畜牧业的影响。由于树冠遮阴，林地夏季温度比外界低，更适合禽类生长，加上大量的昆虫（金龟子、金针虫和地老虎等），林地食物资源十分丰富。禽类在林地生长，活动范围大、肉质好、无污染，品质比圈养和棚养的养殖禽类高。再次，林下经济的发展增加了加工业原料，拓展了产品种类，促进了当地的加工企业的建设和相关产业链的延续，并在林下经济发展较好的地区形成了企业聚集效应。最后，林下经济也对旅游业产生了影响。发展林下经济对于改善民生的影响有以下几个方面：家庭层面，增加家庭林产品供给；增加农民家庭收入；提高农村妇女家庭地位。区域层面，节约农村区域土地资源；促进劳动力就业；促进农村区域经济发展。国家层面，巩固与扩大林权制度改革成果；促进低碳、绿色经济增长。实践表明，林下种养一定程度上有利于森林生态系统良性循环，产生一定生态效益。具体表现在：促进了森林高效生长；增强了森林生态系统的稳定性；有利于实现森林生态系统的良性循环。

发展林下经济既有利于林业产业产值提升和产业结构优化，又有利于增加粮食作物产量和畜禽出栏量，还有利于促进相关加工业和旅游业的发展。除促进产业发展外，发展林下经济对改善民生的作用还包括：增加农民收入，提高农村妇女地位，吸纳剩余劳动力，节约土地资源，巩固与扩大林权制度改革成果和促进低碳、绿色经济增长等。发展林下经济有利于增强森林生态系统的稳定性，促进森林高效生长，实现森林生态系统良性循环。

（张丽丽）

【林业碳汇自愿交易的中国样本——创建碳汇交易体系　实现生态产品货币化】

李怒云、袁金鸿（中国绿色碳汇基金会）

《林业资源管理》2015 年第 5 期
6.9 千字

在应对气候变化背景下，森林生态产品中的碳汇，在满足一定的条件下，可以通过市场实现货币化。推动以林业碳汇为主的生态产品交易，是实现"绿水青山就是金山银山"的有效途径。近年来，全球林业碳汇交易呈现如下特点：交易量持续上升，温室气体排放（REDD）项目逐渐占主导，国际核证碳减排标准（VCS）被广泛采用。我国国内的碳市场纳入了林业碳汇项目，目前，我国的试点市场交易活动频繁，呈现快速发展态势，成为继欧盟之后的全球第二大碳配额交易体系。国内外林业碳汇交易，都有严格的政策和技术要求，主要体现在所依据的方法学和规则各不相同。国内集体林权制度改革后，由一家一户农民自己经营的森林，若要开发可交易的碳汇项目，上述那些方法学显然不适用。为此中国绿色碳汇基金会创建了全球首个"农户森林经营碳汇交易体系"以及该体系科学规范、严格管控、环环相扣的逻辑关系和交易模式。然后展示了在浙江临安开展的交易试点。

通过碳汇交易帮助林改后林农巩固林改成果以及多渠道实现中国生态服务货币化的重要意义：通过碳汇交易，林改后的农民首次获得了森林生态服务的货币收益，增强了农民可持续经营森林的信心。这套体系的运行，也为企业搭建了一个自愿减排、扶贫惠农的公益平台。企业购买碳汇实现碳中和的同时，帮助林农实现了生态服务的价值。这种交易模式，为林业生产周期长、短期内林农难有收益的问题提供了一种解决思路，同时，林业碳汇项目的严格管理也为科学考察和评估生态效益补偿成效提供了示范。通过自愿碳汇交易试点，为中国以林业碳汇为主的生态产品市场化探索了一条全新的路径。此外，通过植树造林开展会议碳中和、婚礼碳中和、企业产品碳中和以及个人购买碳汇履行义务植树等，都可以列入自愿碳汇交易范畴。虽然这些碳汇交易量并不大，但是作为生态产品货币化的样本，为中国乃至全球森

林生态产品交易探索了路子，提供了示范。林业碳汇将发挥更重要的作用。因此，加强普及林业碳汇交易知识，开发多种类型的林业碳汇交易项目，促进更多林业碳汇减排量进入碳市场交易，以实现生态产品货币化，以期为保护全球自然生态系统、充分发挥森林的多重效益、应对全球气候变化、保护地球家园等做出贡献。

（张丽丽）

【我国集体林权制度改革现状、问题及对策——中国集体林产权制度改革相关政策问题研究报告】

刘璨、张永亮、刘浩（国家林业局经济发展研究中心）
《林业经济》2015年第4期
15.2千字

2008年，在全国范围开展的集体林权制度改革，已经走过了整整6个年头。因此，需要对其短期绩效和现存问题进行分析和评估。该文采用9个省区18个县区54个乡镇162个行政村的2430个样本农户的跟踪数据，通过比较样本农户生产行为变化以及他们对集体林产权制度改革及其配套改革措施的反应，发现：集体林产权制度主体改革及配套改革均取得了一定成效，但依然存在迫切需要解决的问题，如林地规模化经营、生态公益林管理和激励农户造林等方面。在此基础上，该文提出增强林业经营扶持力度等政策建议：在立足当前、兼顾长远、着眼全局、协调统筹、分区施策、区别对待、民生为本、生态优先的基本思路下，具体的政策建议如下：

第一，抓紧进行主体改革的扫尾工作。目前尚未完成主体改革的地区，必须按照中央的既定方针，充分发动群众，通过民主讨论、协商调处和法律仲裁等方式，妥善处理历史遗留和林改过程中出现的各种问题，对改革不到位的环节，抓紧进行补

课。确保主体改革不留任何死角。

第二，全面开展林权制度改革"回头看"。在全国范围内，采取自上而下组织督查和自我检查相结合的方式，开展一次以"查漏补缺"为主要内容的集体林权制度改革"回头看"。

第三，切实加强对林业经营的扶持力度，提高林业产业的经济效益。这是从根本上提高农民造林营林积极性，巩固集体林权制度改革成果，化解在林业发展过程中各种矛盾的关键所在。在操作层面上，要突出抓好6个方面的工作。一是着力优化林业发展的社会环境。重点是各级政府对林业发展的全力扶持。二是着力优化林业发展的产业结构。三是全力创造生态公益林林下经营条件。四是培育经营主体，逐步实现林业规模化经营。引导林农在家庭经营的基础上，逐步发展为林业合作社、股份制合作林场、家庭林场和专业大户，加大对林业企业的扶持力度，促进林业规模化、专业化经营。五是扶持林业合作社健康稳定发展。提供必要的项目资金，为合作社发展创造条件；进一步降低税费，特别是林业规费，提高林业的收益水平；多渠道提供市场信息，加强人员培训；改进林业政策，放松对商品林采伐限制；坚持积极稳妥、成熟一个发展一个的原则。及时总结推广各种有利于实现森林规模化经营的合作方式，不断提高林业合作社的工作效率和工作水平。六是着力完善扶持林业的各项政策措施。加强林区基础设施建设。进一步扩大现有各项林业补贴的实施范围，不断完善生态公益林补偿政策，积极探索公益林管理的新的模式和体制，切实加强林业科技支撑，强化对林业的金融支持力度，推进森林保险的深入发展，规范林地流转，妥善解决地方财政因减免林业税费出现的收入缺口。

（张丽丽）

【新常态下的农民收入问题】

张红宇（农业部农村经济体制与经营管理司）

《农业经济问题》2015年第5期

11.3千字

我国经济步入新常态，农业发展的外部环境、内在条件发生了深刻变化，农民增收越来越受到国民经济和全球一体化发展的深刻影响，持续增收有机遇，但也有压力和挑战。对农民收入而言，机遇表现在两个大的方面：一是外部机遇，即不断深化改革开放带来的政策机遇和开放机遇；二是内部机遇，即农业农村发展带来的产业机遇。总的来看，实现农民增收新突破可从10个方面着手：在制度创新层面，主要是在深化农村土地制度、农业经营制度、人力资本创新和农村产权制度4个方面进行改革；在政策创设层面，主要涉及农业投入、农产品价格、农业补贴、农村金融、农业保险以及城镇化6个方面的政策内容。

（1）农村土地制度改革。农村土地制度改革是制度创新和政策创设中的核心问题。（2）农业经营制度创新。在坚持农户家庭承包的基础上，发展家庭农场、合作社和各种各样的产业化经营组织，这有利于提高农业生产专业化水平，增加务农的主业收入。（3）人力资本创新。职业化农民的培养，核心是要培养一批有文化、懂科技、会管理的高素质农民，让职业化的农民获得人力资本溢出的收入效应。加强职业农民教育培训。（4）农村集体产权制度改革。农村集体产权制度改革对增加农民的财产性收入意义重大。改革的目标是边界清晰、权责明确、保护严格、运转流畅，改革的范围是资产、资源、资金，包括经营性资产、公益性资产和资源性资产。（5）投入政策。长期来看，政府基础设施投资支出的增加会对居民收入增长起到显著的促进作用。（6）价格政策。农产品价格直接关系到农民收入增长。在各类政策工具中，价格政策对激励生产、保障农民收入的效果最直接也最有效。（7）补贴政策。要下决心研究出台针对农民收入的专项政策。可借鉴发达国家的有效做法，探索完善农产品价格支持、直接补贴等保障农民收入的政策工具。（8）金融政策。有效的农村金融体系能促进农村生产要素的合理高效配置，推动农业产业发展，从而达到增加农民收入的目的。（9）保险政策。保险政策着力于解决农业面临的自然风险、疫病风险、市场风险等问题，从发达国家的实践来看，农业保险越来越成为构筑农户"收入安全网"的重要举措。（10）城镇化政策。随着工业化、城镇化和农业现代化快速推进，农民分工分业呈现加快发展的趋势。

（张丽丽）

【我国农村又将面临一次重大变革——"互联网＋三农"调研与思考】

万宝瑞（农业部）
《农业经济问题》2015年第8期
5.3千字

互联网已成为引领"三农"发展的重要手。目前，从互联网在农村的发展趋势来看，将会展现出继实行家庭联产承包责任制之后我国农村又一次重大变革。互联网能够渗透到"三农"工作各个领域，形成了诸如"互联网＋"现代农业、"互联网＋"人才培养、"互联网＋"科技推广、"互联网＋"乡村治理和"互联网＋"农村医保等多种形式，对"三农"工作都起到了助推作用。互联网和"三农"的"互吸"效应。我国农村人口众多，从户籍来看，全国13亿人口中63%是农民，相比城市而言，农村的互联网市场未来需求更加广阔，农村对互联网的吸引力以及农民融入互联网的愿望都十分强烈。

"互联网＋"是一种信息手段，在利用"互联网＋"的时候，还需审时度势、因地制宜，应当遵循以下四项原则：第一，以农民关心的利益为导向。第二，具备条件先搞，避免一哄而上。第三，发挥年轻人和能人带动作用。第四，先试点后推广。

"互联网＋"概念诞生不过半年，却显示出了强大生命力，目前"互联网＋"行动已进入发展的黄金期。对于"三农"工作，"互联网＋"显示出以下重要作用：一是通过互联网，推进现代农业建设，互联网可以渗透到农业产业链的各个环节。通过互联网，将农业产前、产中和产后联系起来，成为促进现代农业发展的重要手段。二是通过互联网，促进产业化经营，实现三次产业融合发展。三是借助互联网，培养农村致富带头人。当前农民阶层出现的分化，表明农村劳动力正在重新布局。农村的发展和振兴、传统农业向现代农业转变，人才是关键，互联网在培养农村人才和吸引城市人才回流等方面将发挥重要作用。借助农业科技推广服务平台提供相关人才支持。借助网络的丰富资源，提供信息咨询和职业农民培训。借助互联网信息充分披露的特点，吸引人才和资金。四是借助互联网，改善乡村治理。乡村治理直接关系到农村经济发展和社会稳定。目前，乡村基层矛盾较多，乡村的法制建设、精神文明建设、党风廉政建设等方面比较薄弱。为了改善乡村治理，建议可做如下探索：借助信息化平台探索村民自治；借助信息化平台，创新乡村基层管理服务；借助互联网平台，加强对农村留守儿童、留守妇女、留守老人的关爱和服务。

（张丽丽）

【家庭农场发展实践及其对策探讨】

薛亮、杨永坤（中国农业科学院）
《农业经济问题》2015年第2期
6.2千字

目前，全国各地家庭农场发展方兴未艾。家庭农场作为引领适度规模经营、发展现代农业的有生力量，在许多地方已经实现增产、增效、增收的效果。家庭农场是农村改革的一项新生事物，是生产关系不断适应生产力发展要求的具体体现。但作为刚刚起步的新型农业经营主体，家庭农场目前还面临多方的困难和问题。进一步发展家庭农场需要关注以下4个问题：一是关于家庭农场与其他新型农业经营主体的构成。二是关于新型农业经营主体的功能特点。在发展现代农业的过程中，新型农业经营主体具有不同的功能特点：家庭农场是规模化粮食生产的适宜模式；农民专业合作社是经济作物等多种经营的适宜模式；从企业的功能特点看，农业企业具有比较完整的生产和销售经营模式，它可以进行规模化的粮食生产，也可以从事经济作物的多种经营，由其自主选择经营。三是关于家庭农场的适度规模家庭农场具有不断扩大经营规模的内在动力，同时也要受到各种外部因素的影响。影响决定家庭农场经营规模的因素主要有：农业资源条件；总经济收益，家庭农场的年度经济收益应与从事其他产业或外出打工的收益大体相当；本区域（准确地说应为本村）劳动力充分就业情况。四是关于防止非粮化、非农化问题在进行土地流转，发展农业规模化生产和新型农业经营主体的过程中，非粮化、非农化是面临的突出问题。

针对上述问题，该文提出的相关政策建议如下：

（1）对家庭农场实行动态管理，推进粮食生产规模经营家庭农场是解决我国农户土地少、经营规模小的突出矛盾，发展适度规模经营的重要途径。应以其总收益不低于从事其他产业和外出打工为基本原则，与家庭农场经营者的投资能力和经营管理水平以及本村的就业情况相适应，今后随着农业生产力的进一步提高、农业劳动力的进一步转移，可逐步扩大土地规模，实现动态管理。

（2）加大政策扶持引导力度，统筹做好与促进其他经营主体发展的政策协调，根据农业发展的新形势新特点，完善补贴激励机制，财政应进一步增加扶持以粮食种植业和粮牧结合为主的家庭农场的专项资金，今后农业补贴增量应向以种粮为主的家庭农场等新型经营主体倾斜。

（3）加快社会化服务体系建设，提高家庭农场现代经营管理水平。家庭农场以及适度规模经营的效率和效益与农业劳动力资源禀赋、社会化服务体系的健全程度、农民的技术和管理水平高低密切相关。要加快构建新型农业社会化服务体系，培育多元化、多形式、多层次的农业生产服务组织，做好产前的农资供应、市场信息服务，产中的农业技术指导、农机协作服务，产后的储藏、加工销售服务等，为家庭农场发展提供服务保障。

（4）健全法律法规，进一步促进保护家庭农场发展研究制定或修订相关法律法规，对家庭农场的认定标准、经营性质、注册登记等方面作出规定，依法促进家庭农场健康发展。

（张丽丽）

【农村金融发展的减贫效应——空间溢出与门槛特征】

张兵、翁辰（南京农业大学金融学院）
《农业技术经济》2015年第9期
8.6千字

改革开放以来，我国农村减贫工作取得了举世瞩目的成就。根据农村金融发展对于贫困减缓可能存在的空间溢出和门槛效应，基于空间面板回归模型和门槛面板回归模型，利用1997—2012年中国30个省份的相关数据，检验了农村金融发展与农村贫困之间的空间关系和非线性联系。研究发现：第一，农村金融发展对于贫困减缓具有空间溢出效应，并呈现出非线性特征。短期来看，相邻地区农村金融发展水平的提高有利于本地区农村贫困减缓，但长期则对本地区农村贫困减缓具有抑制作用，这也从侧面反映出相邻地区和本地区在争取农村金融资源方面可能存在着竞争关系。第二，农村金融发展对于贫困减缓具有明显的门槛效应。当农村金融发展水平跨越第一个门槛值0.588而低于第二个门槛值0.869时，农村金融发展对于减贫影响的边际收益增加；当农村金融发展水平跨越第二个门槛值0.869而低于第三个门槛0.916时，农村金融发展对于减贫的边际收益递减，但并不显著；当农村金融发展水平跨越第三个门槛值0.916时，农村金融发展对于减贫影响的边际收益将进一步增加。此外，农村经济发展抑制了农村贫困减缓，农村居民受教育水平的提高则有利于减缓贫困。

基于上述研究结论，该文得出以下启示：第一，针对中国农村金融发展存在的区域不平衡特征，应进一步加强农村金融发展对贫困地区的支持，合理引导农村信贷资金服务于农村地区经济发展，降低信贷门槛，提升农村金融服务水平，使更多低收入者获得金融服务。在经济发达地区，要加快建立多层次、多样化、适度竞争的农村金融服务体系，进一步放宽市场准入条件，鼓励社会资本和民间资本参与设立新型农村金融机构，合理引导本地区农村金融的发展，避免地区间金融资源的过度竞争。第二，关注农村金融发展与贫困减缓之间的"门槛效应"，综合权衡农村金融发展与贫困减缓等目标，根据本地区农村金融的发展阶段合理配置金融资源。第三，在发展农村经济的同时更要关注收入分配，要使广大贫困群体真正受惠于经济增长的"涓滴效应"。第四，进一步发挥财政支农的作用。不断完善涉农领域财政支持政策，对重点涉农业务进行适当的财政补贴和扶持，引导各金融机构开展涉农信贷业务，增加农村信贷投放。第五，在提高农村居民受教育水平的同时，加强对消费信贷等领域的信贷支持力度，挖掘农村居民的消费需求。第六，稳定物价，使广大贫困人群真正从农村经济和金融发展中获益。

（张丽丽）

【培养新型林业经营主体的路径探析——基于新制度经济学视角】

徐嘉琪、叶文虎（南京农业大学金融学院）

《林业经济》2015年第2期
6.2千字

在我国城镇化进程不断加快的背景下，培育新型林业经营主体将成为今后一个时期应对"三农"问题的有效途径。该文借助新制度经济学的产权理论和交易费用理论，对新型林业经营主体的生成路径、概念及特征、主体分类、培育意义、培育路径等进行分析。新型林业经营主体的生成发育路径可以描述为一种诱致性的制度变迁过程。新型林业经营主体是在集体林权制度改革之后出现并逐渐发展起来的市场主体。林农作为理性的经济人，为了追求林业生产利益最大化，探索性地将林地经营权进行流转，自发地建立起各类合作组织。这些合作组织经过不断发展壮大，逐渐形成了以专业大户、林业专业合作社等为主体的新型林业经营体系。将新型林业经营主体定义为：在社会主义市场经济条件下，以明晰产权、承包到户为基础，以市场为导向，以保护生态环境、提高林业经济效益为目标，通过基层参与和政府引导，形成的各类具有较大规模、具备较好物质装备和经营管理能力的林业经营主体。新型林业经营主体的特征主要体现为"四化"，既集约化、专业化、组织化和社会化。我国新型林业经营主体可分为四类，即林业专业大户、家庭林场、农民林业专业合作社和林业龙头企业。培育新型林业经营主体的意义在于：培育新型林业经营主体是发展生态林业、民生林业的需要；是深化集体林权制度改革的必然要求；是适应城镇化发展、应对农村"空心化"问题的现实需求。

研究指出，培育新型林业经营主体的路径在于：

（1）继续推进产权制度改革，引导林地经营权规范有序流转。作为集体林权制度改革以来快速成长起来的市场主体，新型林业经营主体的生成和发展离不开明晰产权、保护产权的制度土壤。培育新型林业经营主体，首先要赋予农户林地经营权，确立农民作为林地承包经营人的主体地位。在获得林地的经营权之后，林农才有可能开展各种方式的合作经营、股份经营，新型林业经营主体才能得以生成。在深化集体林权制度改革中，仍然要做好集体林权确权登记发证工作，加大林地承包经营纠纷调处力度，切实保障林农合法权益。在林地产权明晰的基础上，引导林农规范有序地进行林地经营权流转。

（2）推进林业社会化服务体系建设减少交易成本。目前我国林业社会化服务体系尚不健全，总体服务水平较低，服务内容比较单一，服务管理不够规范，特别是林业技术、林农培训、信息、金融和保险服务缺乏，不能适应新型林业经营主体的发展需要。推进林业社会化服务体系建设，第一要加强林业技术推广体系建设，通过技术培训、技术辅导、技术咨询等形式帮助林农解决生产技术难题；第二要建立林农培训机制，培养职业林农，培养林业合作社和林业龙头企业经营管理人才；第三要加强信息服务，要建立起及时准确的信息发布与反馈机制，为新型林业经营主体提供林业产业项目、产品销售、生产资料价格等信息；第四要加强金融和保险服务，新型林业经营主体发展的起步阶段尤其需要金融的支持。要不断创新发展金融服务

组织，丰富金融服务产品，优化贷款手续，降低融资成本，为新型林业经营主体提供融资、农业担保和农业保险等系列服务。

（张丽丽）

【我国林业经济增长模式的实证分析】

吴亚奇、谢彦明、黄辰（西南林业大学经济管理学院）
《中国林业经济》2015年第12期
5.4千字

林业是国民经济的一个重要组成部分，它既创造经济效益，又产生了巨大的社会和生态效益。先用文献查找法搜集影响林业经济增长的相关理论研究，将资料进行归纳整理，从而得出比较普遍的影响因素，并将人力资本作为我国林业经济增长的重要影响因素。以1994—2011年我国林业经济的相关数据作为研究样本，设定林业经济增长模型采用柯布—道格拉斯生产函数，采用最小普通二乘法进行多元线性回归，研究发现：长期以来，我国重视资本投入要素对林业经济增长的作用，把它作为促进林业发展的一个重要指标。虽然在一定程度上促进了林业总产值增加，但是依赖资金投入的粗放型发展模式会导致投入产出效益低，难以实现林业持续发展。在旧时期经济增长中行之有效的古典经济增长模式已经根深蒂固，是我国林业产业当前面临的根本问题。我国沿用的劳动力投入方式具有明显的粗放型特征，忽视人力资本的重要性。总体上来看，我国林业系统劳动力质量低，表现为文化教育程度低、工作技能水平低、协调合作能力低等方面。在新经济时代里，人力资本的本质是强调知识累积，与资本累积之间相互促进，共同作用于经济增长。然而，我国未能形成知识累积和资本累积的良性循环。林权制度改革的政策打破了固有的旧体制，调动了林业人员积极性，也为林业发展提供了保证。但一些林业政策在执行过

程中，存在滞后性、强度不足、忽视长期效果等问题。我国林业增长模式符合古典经济增长模式，是通过扩大再生产的方式，依靠资本投资的驱动，是一种粗放型的经济增长模式。继续沿用这种古典经济增长模式，不仅资源消耗大、经济效益低，最终我国林业经济增长也难以为继。为解决这个本质问题，只有将知识累积作为我国林业经济增长持续的动力源，把我国林业的古典经济发展模式转变成技术进步、知识、人力资本驱动的新古典或新经济增长模式。

针对现存的问题，该文提出的相关政策建议为：用知识代替传统要素所增加的贡献率大于传统贡献率，从而使总生产规模报酬递增。树立鼓励知识和人力资本累积的新观念，是我国林业提高经济增长率、实现可持续发展的首要目标。劳动力资本方面，加快建立新型的就业体制，取缔旧制度旧规定，让这些传统行业中也充满竞争，防止只能进不能出现象。不仅能调动劳动者的积极性，也有利于促进林业企业科学发展，同时还起到缓解就业压力的作用。人力资本方面，在改进我国教育制度的大趋势中，继续加大教育经费和科技经费的比例，更好地完善林业高等教育制度。进一步发展林业正规教育和非正规教育，形成完整的教育培训体系。从而培养出具有一定科学文化素质和各种专门技能的劳动者，以满足不同层次的需求。政策方面，我国林业产业是政府主导型，政府在制定政策上要深刻理解新经济理论关于可持续问题的政策含义，通过宏观调控处理好生产率低于社会最优生产率的问题。从政策上支持研究开发活动、提供发展方向和加快形成良好的制度环境，进而促进传统的经济增长方式转变为知识主导的集约型经济增长方式，以实现我国林业快速且可持续的发展。

（张丽丽）

【基于 DEA 模型的农户林地经营规模效率测算——以辽宁省 4 个县 200 农户为例】

柯水发、王亚、刘爱玉（中国人民大学农业与农村发展学院）
《林业经济》2015 年第 12 期
7.9 千字

林权改革的最大意义在于使林权中的林地所有权和使用权分离，实现了林地的自由流转，促使森林资源向高效率的经营者集中。但林改后也暴露出一些问题。随着集体林权制度改革的深化，农户成为林地经营主体，林地细碎化、生产规模变小等问题使得对林地经营效率的研究势在必行。该文选取辽宁省铁岭县、建昌县、开原县、北票县 4 个县，每个县选取 5 个村共 200 户农户作为样本户进行入户调查，共发放问卷 200 份，回收问卷 200 份，问卷有效率 100%，数据是基于 2013 年当年的林业投入产出数据。在投入一定的情况下，追求林地产出最大的优化方案，采用可变规模收益模式 VRS 来构建模型。研究发现：样本户林地经营综合效率较低。综合效率均值为 0.095，表明样本户林农经营林地的综合效率过低，对各类资源的配置和使用能力较差，没有达到投入产出的最优状态，其中纯技术效率均值为 0.152，规模效率均值为 0.810，显而易见，纯技术效率低是导致综合效率低的主要因素。样本户林地经营纯技术效率不高。样本户林地经营规模效率较高。样本户林地经营大多处于规模报酬不变的状态，林地资源停滞、缺乏流动。

相关的政策建议为：样本户中实现综合效率、纯技术效率和规模效率均等于 1 的农户只有 4 个，达到了林地生产经营的最优状态为经营有效，但该类农户仅占 200 个样本总量的 2%，份额过少，这也与样本地 53% 的农户林业收入占家庭总收入比重只有 1% 以下有很大关系，所以，林地经营综合效率普遍低下状况亟待全面提高。从表象看，林农未接受过或很少接受过林业方面的技术培训，在种植、抚育等林业生产过程中没有使用科学高效的先进技术，或许是导致林地经营纯技术效率不高的主要原因。究其客观因素，有家庭劳动力规模、受教育年限，尤其是劳动力平均年龄（样本地60岁以上农户占42.78%），因此劳动力结构不尽合理也是制约林地经营纯技术效率不高的瓶颈。对于未实现有效经营的农户来说，需要根据自身情况，通过流转土地增加财产性收入渠道；依托政策退耕还林、转换公益林，获取林业方面的补贴，增加收入途径；联合经营或加入合作社等方式来实现经营规模最优，从而提高林地经营效率，实现效益增收。随着林权改革的深入，林地经营大户或合作社等组织的不断涌现，样本地正在引导适度规模经营，稳妥推进林地流转，实现林地的规模经营，降低了生产成本，从而提高了林地规模效率。

（张丽丽）

【碳汇补贴和碳税政策对林业经济的影响研究——基于CGE的分析】

沈月琴、曾程、王成军、朱臻、冯娜娜
（浙江农林大学、浙江省农民发展研究中心、南京秦淮地方税务局）

《自然资源学报》2015年第4期
9.3千字

近年来，极端天气的频繁出现使越来越多的国家和地区感到全球气候变化带来的危害，意识到缓解全球气候变化迫在眉睫。林业是减缓和适应气候变化的有效途径和重要手段，但林业活动既能固碳增汇，也会排放二氧化碳。因此，基于价格的碳汇补贴或碳税政策至关重要。通过构建以林业为核算对象的可计算一般均衡（CGE）模型，利用2010年的中国投入产出等数据，自行编制包含林业在内的社会核算矩阵表（SAM），然后进行不同碳价格（设定为40、300和400元/t C）下的情景模拟，考察了碳汇补贴和碳税对林业经济（林业产出、林产品消费）的影响。结果表明：当碳价格较低时，补贴的产出效应和税收的作用同样明显，其结果是使林产品价格上升，林业产出增加；而当碳价格水平很高时，税收的作用完全覆盖了补贴的作用，政策的实施对林业经济产生的影响效应为负，且随着碳价格提高幅度的增加，负效应也在同时增加。碳汇补贴和碳税实施中存在一个合理的碳价格区间，在区间内，碳汇补贴和碳税的实施会有利于林业的发展，而在区间之外，碳汇补贴和碳税的实施会阻碍林业的发展。这区别于传统的认识，即并不是碳价格越高越有利于林业。具体而言，当碳价格为40元/t时，碳汇补贴和碳税政策的实施将使当期林业产出增加0.0067%（0.174×10^8元），林产品价格提高2.7%，林业部门增加值投入增加0.37%（6.57×10^8元），居民消费减少（0.11×10^8元）。当碳价格为300元/t时，碳汇补贴和碳税的实施使当期林业产出减少0.019%（0.49×10^8元），林产品价格下降20.87%，林业部门增加值投入减少0.45%（7.99×10^8元），居民消费增加（0.10×10^8元）；当碳价格为400元/t时，呈现出相近的态势。

根据研究结果与结论，该文提出如下政策建议：在当前国际碳价格持续走低和国内碳汇市场刚起步的情况下，政府应出台碳汇补贴相关政策，鼓励固碳造林和增汇项目的开展，以促进林业的发展；在实施碳汇补贴的同时，要配套相关的碳税政策，才能使补贴的资金用于提高森林固碳能力，并在一定程度上防止乱砍滥伐，减少毁林等；制定政策引导企业通过认购森林碳汇抵消碳减排指标，减少财政支出的压力；森林碳税的税款应该用于森林的碳汇补贴中，可建立合适的监督检查机制，促使碳税税款的专项专用，确保碳税的征收达到政策设计的目的。

（张丽丽）

【农村人力资本开发对农业经济发展的影响——基于中部省份的实证分析】

官爱兰、蔡燕琦（华东交通大学人文社会科学学院）

《中国农业资源与区划》2015 年 2 月
6.3 千字

　　中国中部地区经济发展较东部沿海地区还存在差距。如何打造中部区域的特色经济，发展中部地区的农村经济也就显得十分重要。而当今制约中部农业经济发展的关键因素之一就是人力资本的充分开发利用不够。因此，针对中国中部省区的农村人力资本开发影响农业发展及其省际差异进行研究。基于中部地区 6 个省份1990—2011 年的面板数据，将农村人力资本开发指标与 C－D 生产函数相结合，就中部省份农村人力资本开发诸因素对农业经济发展的影响及其省际差异进行实证分析。结果表明：1990 年以来中国中部地区总体的人力资本开发与农业经济之间存在正相关关系。总体上，农村劳动力对农业经济发展作用最为显著，农村劳动力每增加 1%，中部地区农业经济有 0.97% 的增长。20 世纪 90 年代以来，中部地区农村劳动力尤其是高人力资本含量的劳动力大量输出，农村劳动力投入严重不足，农业发展很不充分。因而增加农村劳动力特别是高素质劳动力的投入，有益于农业经济大力发展。中部地区平均受教育年限对农业经济发展的效果较为显著，平均受教育年限每增加 1%，中部地区农业经济有 0.58% 的增长；医疗卫生投入每增加 1%，农业经济增长 0.33%。说明了中国中部地区在 20 世纪 90 年代以后，农村人力资本开发影响农业经济增长的显著性排列为：农村劳动力投入＞教育人力资本开发＞健康人力资本开发。中部地区省际的农业经济增长水平存在着差异。并且从时间的变化趋势看，在 2004 年以前，中部地区省际农业经济发展水平差异较小，随后有所

变化，尤其是 2009—2010 年出现激烈变化。农业经济增长的变差系数、农村物质资本存量的变差系数、农村劳动力的变差系数、农村教育人力资本的变差系数、农村健康人力资本的变差系数之间存在长期的均衡关系，并且在长期中，农村物质资本存量变差系数、农村劳动力变差系数、农村教育人力资本变差系数、农村健康人力资本变差系数对农业经济增长变差系数的弹性分别为 7.416、7.245、4.684、2.795。这表示，农村物质资本存量的变差系数变化率每增加 1%，农业经济增长的变差系数就增加 7.416%；农村教育人力资本的变差系数变化率每增加 1%，农业经济增长的变差系数增加 4.684%；农村健康人力资本的变差系数给予 1% 变化，就能引起农业经济增长变差系数 2.795% 的变化；农村劳动力的变差系数给予 1% 变化，就能引起农业经济增长变差系数 2.245% 的变化。可见，中部地区省际的农村物质资本存量差异变化对经济增长变动的影响弹性最大。

（张丽丽）

【基础设施对农业经济增长的影响——基于 1995—2010 年中国省际面板数据的研究】

吴清华、周晓时、冯中朝（华中农业大学经济管理学院）

《中国经济问题》2015 年第 3 期
9.2 千字

　　1978 年后，中国政府高度重视基础设施建设，特别是 2011 年"中央一号文件"凸显农业基础设施的重要战略作用。该研究分别从全国层面和地区层面研究了灌溉设施、等级公路和等外公路对 1995—2010 年农业经济增长的影响，运用双向面板模型得出的研究结果表明：有效灌溉面积对中国农业生产总值的弹性系数为 0.0313，其反映灌溉设施建设存在显著的农业生产效应。等级公路和等外公路对实际农业

GDP 的弹性系数分别为 0.0003、0.0001，即等级公路的作用较等外公路更显著。实际农业生产总值对劳动力投入数量的弹性系数为 -0.3191，这表明在中国农业领域存在潜在的劳动力剩余，中国农业生产没有实现劳动力的有效配置。实际农业生产总值对固定资本投入量的弹性系数为 -0.1091，表明对增加农业固定资本投资并不一定能增加农业产出。这主要是由农业生产的特殊性所决定的，农业生产的季节性和周期性要求生产决策者在市场价格波动较大的农产品市场决策中必须具备一定的农业生产经验，灵活应对自然风险和市场风险。有效灌溉面积对中部地区农业生产总值的弹性系数为 0.0979，而对东部地区和西部地区农业经济增长的作用不显著。等级公路对西部农业经济增长的弹性系数为 0.0003，而对东、中部地区农业生产总值增长作用不显著。等外公路对东部农业 GDP 的弹性系数为 0.0008，而对中、西部地区农业 GDP 作用不显著。灌溉设施、等级公路、等外公路对中国农业经济增长有显著促进作用，而在地区层面这三种基础设施分别对东西部地区、东中部地区、中西部地区的作用不显著，这说明三种基础设施的外部性和网络效应受到中国经济发展状况、地域条件等因素的影响，在国家层面这些基础设施有利于实现外部性的内部化和规模经济。基础设施改善区域经济环境的辅助作用表现在降低农产品运输成本，促进农产品市场发展，间接推动农业经济增长。灌溉设施和等外公路对西部地区农业的产出效应不显著，并不意味着可以减少对该地区这两种设施的建设，而是恰恰表明了其建设的不足。

政策建议如下：在公共物品提供中，中央和上级政府有必要对欠发达地区给予适当的转移支付和补助，弥补财政分权造成的地方政府基础设施投入不足问题（张林秀等，2005）。考虑到财政制度、经济和社会发展状况，为实现公共资源的配置效率，建议政府采取如下措施：中央政府重点投资中部地区灌溉设施建设，特别是加大小型农田水利设施建设力度；在等级公路建设方面，将投资重点适度向西部地区倾斜；在等外公路方面，采取激励措施带动东部地区各级政府和社会资本投资东部地区等外公路，同时，完善西部地区公路网络建设，后期逐步实现该地区等外公路向等级公路的升级。

（张丽丽）

【中国林业上市公司经营绩效评价】

林楹荷（福建农林大学管理学院、福建省商务厅研究基地海峡商业管理研究中心）

《林业经济问题》2015 年第 6 期
6 千字

林业作为经济和生态的耦合存在，对于生态文明建设具有特别重大的意义，中国林业产业体系初步形成，林产品产量、消费量、进出口贸易额均居世界前列，但中国还不是一个林业产业强国，发展水平与发达国家相比仍存在较大差距，存在的主要问题是林地产出率低、产业结构和生产力布局不合理、政策支撑体系不完善、高技术产业发展薄弱等方面。该文选取了 14 家林业上市公司 2010—2014 年的年报数据为样本，选取因子分析法对林业上市公司经营绩效进行综合评价。研究结果表明：中国林业上市公司的经营绩效在营运能力、盈利能力、发展能力和偿债能力 4 个方面发展参差不齐、不协调，是整个林业行业特色经济、比较优势和协作效益不明显，资源增值率低，核心竞争力弱的体现。为了改善林业上市公司的经营绩效，可以从实施电子商务，加大政策扶持力度，改善林业弱质性，促进科企、科农对接，推进林业科技成果的转化和应用，充分开发林业资源，延长林业生态文化产业链等方面入手。具体的政策建议如下：

（1）通过电子商务提升林业企业经营绩效。林业企业一般主要经营木材加工产品，适合网络营销，可以通过电子商务平台直接在网上进行交易，深入到林业产品的订购、销售和广告宣传等中间环节中，从而降低了传统贸易过程中的成本，提高了经营效率。第三方电子商务平台已经成为林业企业实施电子商务应用的最主要途径，林业企业通过建立线上顾客服务系统，及时跟踪订单情况，了解顾客需求和供应状况，并即时处理新订单，了解顾客的售后评价并及时处理，以增强企业的销售能力。同时，林业企业开展电子商务需在对企业自身经营现状充分了解，明确发展战略目标，结合自身特点、林业行业特点以及区域经济特点的情况下稳步进行。

（2）促进科企、科农对接，推进林业科技成果的转化和应用。完善林业与科研院所的合作机制，积极搭建合作平台，推行科技研究项目招投标制度，基础公益性项目，由政府资助或购买科技成果。国家林业技术推广机构与科研单位、院校、农民技术员等社会力量构成林业技术推广体系。鼓励和引导科研单位、大专院校、科技人员到林业生产第一线开展有偿技术开发、服务、承包和组建利益共同体，同时把自主创新作为提升林业上市公司绩效、转变林业上市公司发展方式的中心环节，努力掌握核心技术和关键技术，鼓励应用技术研发机构进入林业加工企业，发挥各类企业特别是中小林业企业的创新活力。

（3）充分开发林业资源，延长林业生态文化产业链。以文化壮大产业，以产业支撑文化，已成为一种趋势，生态旅游、森林休闲已成为朝阳产业，表现出方兴未艾的强劲发展势头。这就需要鼓励社会投资者开发经营生态文化产业，因地制宜合理开发现有的森林生态资源与人文景观资源，丰富林业生态文化产业链，比如发展以生态旅游为主的森林生态文化产业。森林生态文化产业包括森林旅游、茶文化产业、竹文化产业、花卉文化产业等，即在原有基础上融合其他树、竹、茶、花、药等物质文化产业，通过"森林人家"，把森林文化与当地的民俗风情相结合，与不同区域的森林人文资源相结合，打造一种生态型旅游产品，提高生态文化产品规模化、专业化和市场化水平。

（4）加大政策扶持力度，改善林业弱质性。中国林产品大多分布在山区，林业与其他行业相比，还相对滞后，林业的弱质性导致林业公司的弱质性，发展中国家林业企业的弱质性问题更为突出，影响林业公司包括林业上市公司的绩效表现。针对林业的弱质性，需要对内充分挖掘国内市场，对外积极拓展国际市场。做强林业第二产业重点培育和扶持一批技术含量高、带动能力强、生产规模大的龙头林业企业，从调整林业信贷政策、稳定农产品价格等方面进行改善。

（张丽丽）

公共管理

【新时期国有经济管理新体制初探】

黄群慧、余菁、贺俊（中国社会科学院工业经济研究所）

《天津社会科学》2015 年第 1 期

12 千字

改革开放三十多年来，我国的国有经济管理体制经历了从以"管企业"为主向以"管资产"为主的转变，如今正在经历一个进一步向以"管资本"为主的新管理体制转变的过程。在我国经济进入全面深化改革的新时期，为了实现十八届三中全会提出的"完善国有资产管理体制，以管资本为主加强国有资产监管"的要求，应该构建一个"三层三类全覆盖"的国有经济管理新体制，第一层次为国有经济管理委员会，第二层次为国有资本投资运营公司，第三层次为公共政策性、特定功能性和一般商业性三类国有企业。该体制有利于国有企业从一系列的政府监管活动中独立出来，成为更加适应市场经济的经济主体。构建"三层三类全覆盖"的国有经济管理体制，是一项综合性的体制机制改革，不仅涉及国有经济、国有资产和国有企业的功能定位问题，还涉及干部管理体制、劳动人事制度以及政府与企业之间、中央政府与地方政府之间的关系调整等更深层次的社会经济运行的体制机制问题。在具体构建国有经济管理新体制时要注意 4 个方面的问题：一是深化政府管理体制改革，积极稳妥地推进国资委向国经委转变；二是以组建国有资本投资运营公司为抓手推进管理体制改革；三是把握"管资本"的核心内涵，让国有企业的运行回归到企业本质；四是正确处理中央和地方的关系，允许各地政府积极探索自己的新体制。

（刘建丽）

【新生代农民工就业能力影响因素研究】

高春雷（北京师范大学经济与工商管理学院），李长安（对外经济贸易大学公共管理学院），石丹淅（三峡大学法学与公共管理学院）

《经济管理》2015 年第 12 期

12 千字

该文使用 2013 年全国城市务工青年工作与生活状况调查数据，采用主成分分析法（PCA）和 OLS 回归分析法，对影响新生代农民工就业能力的因素进行实证研究。利用 PCA 模型综合评价新生代农民工就业能力，得出主成分综合得分；使用 OLS 回归模型进行回归，分析新生代农民工就业能力综合评价得分与各维度下的解释变量之间的关系。结果发现，新生代农民就业能力与其正直诚实、积极态度和举止、社会关系、自我分析和相关工作经验 5 个变量呈显著正相关关系，表明新生代农民工正直诚实、态度和举止积极、社会关系良好、善于自我分析、相关工作经验较多，则其就业能力就强。与其直接照顾责任、职位部门、工作时间 3 个变量呈现显著的负相关关系，表明直接照顾责任越大，工作时间越长，新生代农民工的就业能力越弱。相对于私营企业而言，在其他所有制类型的企业中就业的新生代农民工就业能力要更强一些。为此，该文提出了如下政策建议：增加人力资本的投资力度，具体而言，一是致力于提高受教育水平，改善受教育质量，促进新生代农民工知识能力结构有效衔接劳动力市场。二是政府应该对现有新生代农民工职业技能培训体系进行完善，积极建立健全已就业新生代农民工培训机制。政府应该督促企业切实落实最低工资制度，推广实施最低小时工资制，增加新生代农民工收入和加班成本，有效督促企业主动减少加班时间。重视用人单位对就业能力提升的重要作用，在实施就业能力提升政策的过程中，企业能够建立相对更有效可靠的政策评价机制，以保证提升就业能力相关操作效果的及时反馈和调整。

（刘建丽）

【组织管理结构、政府公共服务与民营企业转型升级】

才国伟（中山大学岭南学院），邵志浩（中山大学岭南学院），刘剑雄（中国社会科学院经济研究所）
《财贸经济》2015年第4期
17千字

随着"人口红利"的逐渐消失、自然资源的过量消耗和环境生态的严重破坏，转型升级成为中国民营企业持续发展的唯一出路。基于中国民营企业转型升级与竞争力调查数据，该文考察了民营企业转型升级的影响因素。结果发现，企业组织管理结构和政府公共服务对企业转型升级具有显著的影响；政府公共服务质量的提高，能够从多个层面上促进当地民营企业转型升级。此外，企业市场范围的扩大，特别是海外市场的开拓，有利于民营企业转型升级；财政补贴、企业规模和企业主教育水平与企业转型升级显著正相关。具体来看，结论及政策含义如下：

（1）企业组织管理结构的优化能够促进企业转型升级。企业组织管理结构，包括企业组织形式、企业资本模式、企业管理模式、企业决策模式和企业管理层的股权激励方式等，其转变和优化有助于提高企业在重大决策、技术创新等方面的科学性和及时性，从而能够使企业更加客观、高效地制定和实施转型升级的发展战略。

（2）政府公共服务对企业转型升级有显著的正向促进作用。政府公共服务主要体现在政府办事效率、市场准入限制、行政审批、市场信息服务、政府管理行为和政府财政支持等方面。市场准入限制的放松使企业转型升级成为可能；政府办事效率的提高、行政审批程序的简化和政府管理行为的规范，可以使企业及时抓住市场机遇，顺利地制定和实施转型升级的发展战略。

（3）政府财政补贴可以为民营企业发展提供更多的资金支持，对企业转型升级有显著的正向作用。财政补贴政策的支持为企业转型升级提供了一定的资金保障，特别是资金压力较大的民营企业。另外，能够获得政府的财政补贴也体现了政府对于民营企业的一种认可，也会激发企业的积极性和创造力。

（4）企业产品市场的扩大特别是海外市场的开拓，有利于企业进行转型升级。企业产品范围从当地市场拓展到国内其他市场甚至国际市场，可以使企业及时、多层次地了解和适应当前及未来社会需求的变化。出口和海外投资业务，使得企业面临更强的竞争压力，同时还可以在出口和海外投资过程中学习发达国家先进的生产技术和科学的管理经验。

（李蕾）

【资源依赖、混合所有制和资源型产业转型】

薛继亮（内蒙古大学经济管理学院）

《产业经济研究》2015 年第 3 期

14 千字

该文通过构建资源依赖、混合所有制和资源型产业转型的研究框架，运用2003—2012 年中国 22 个产业的面板数据对模型进行估计。结果发现：无论是国有企业，还是私营企业和外资企业，均表现出一致的规模效应。资源依赖并没有带来想象中的资产利润率、净资产利润率或权益收益率和销售利润率的提高，而产权因素的作用表现出私营、外资、国有这样依次递减的趋势。这就说明资源依赖作用不支持资源型国有企业转型，同时产权因素支持资源型私营和外资企业转型，而发展混合所有制是资源型国有企业转型的现实路径。政策启示如下：

（1）多种形式发展混合所有制。资源型企业中的国有资本、集体资本、非公有资本等交叉持股、相互融合的混合所有制经济，有利于国有资本放大功能、保值增值、提高竞争力。允许混合所有制经济实行企业员工持股，形成资本所有者和劳动者利益共同体，最大限度地发挥产权效应。同时，通过发展混合所有制，实现资源型产业要素优化，促进科技型、环保型、资源型产业发展。

（2）优化产业布局，加速产业集聚。调整资源富集地区产业布局，延长能源产业链条，提高优势资源加工增值比重，在煤炭富集地区形成煤炭生产及煤电一体化基地，发展以煤为原料的新型化工和精细化工业产品，使得资源型产业垂直纵向分布更加合理，垄断和竞争都能在市场作用下发挥作用。与此同时，要加快产业转型升级速度，因地制宜推进产业转型升级过程中的产业升级方向。通过改组、联合、兼并、控股或参股等方式，重点支持培育和发展跨地区、跨行业和综合经营的大型煤电企业，着力优化企业资产结构，建立现代企业制度，提高资源型行业市场竞争力。

（3）打破垄断，鼓励技术创新的兼并重组。垄断影响企业技术创新水平的提升，制约企业技术的创新。因此，打破垄断，引入竞争机制，有助于资源型垄断行业降低资源依赖，提高资源效率。同时，鼓励兼并重组，尤其是跨行业、跨区域、跨所有制的兼并重组有助于技术选择创新和产业结构转型升级。这就要求在规模效益显著的行业采取措施努力营造有利于企业兼并重组的政策环境，支持企业通过兼并重组完善治理结构，增强技术优势。在坚持通过引入外商直接投资以及通过国际贸易的方式吸收外国先进技术的同时，重点发展特定的技术转移渠道，建立符合地区发展特征的技术转移模式，建立与完善有效的技术转移体系，从而使得技术转移对地区技术进步以及经济发展的推动作用达到最大化，努力化解资源型产业发展过程中的过度开发和环境污染的难题。

（李蕾）

【创新跨区域行政体制促进区域协同发展】

冯俏彬（国家行政学院）

《北方经济》2015 年第 5 期

4 千字

由于区域公共问题跨越了传统的自然地理界限和原有的行政区划范围，涉及多地、多个行政主体，属于典型的"复杂社会中的复杂问题"。该文适应我国城市群和区域协同发展的需要，总结、借鉴国外处理区域公共问题的成功经验，积极探索各类跨区域的行政管理体制，大力促进区域协作。主要启示如下：

第一，谨慎使用行政区划调整的"利器"。通过调整行政区划使行政区域与问题区域相一致的做法引起的社会振荡太大，成本过高。一些重大区域公共问题，如行政区经济、基本公共服务不均等、区域规划、产业调整、基础设施统筹等，应当以强化区域协作为着力点，徐图以进。

第二，设立区域委员会。相对于调整行政区划，设立区域委员会是一个较为温和且更为可行的办法，适用于推进某一区域的一体化发展。区域委员会可有几种设立方式：由中央牵头设立，由地区合作产生，或在现在相关部委中设立专司区域协调的机构，负责协调区域内各地方政府的行动。区域委员会的职责主要是进行长期规划、实施区域政策，可根据需要影响地方政府的实际运作。

第三，设立专门处理区域公共问题的联合机构。对于那些重点集中在一个或几个方面的区域协作，则可考虑设立专司特定问题的某种区域联合机构，比如美国的大都市规划组织（MPO）、温哥华大都市区的区域理事会，都是针对特定区域内特定问题（如交通规划、空气质量控制、水处理、垃圾管理等）成立的特定机构。

第四，制定有约束力的区域协作规则。从国外的经验看，无论是国家合作，还是地方政府之间的合作，通常都有相应的法律约束，比如欧盟各国的合作有欧盟条约、美国有各类州际协议等。在我国还不具备出台区域协作相关法律的条件，可在国务院层面、在各部委的具体管理层面，形成要求各地参与区域协作的相关行政规则，如特定的区域规划、流域管理办法、空气质量控制条例等。

第五，设计推动区域协作的政策工具。一是按所要解决的区域公共问题的特点，设立由各协作方共同参与的工作团队，如专家小组、公众小组、政府工作团队等。二是要有相应的技术分析工具，由于区域公共问题通常具有高度的专业性，如流域水质问题、大气污染问题、基础设施统筹问题，需要专家提供具体的可选方案、成本测算与工作推进程序等，为此需要有专门的技术模型、成本分析、信息分享等技术工具。

第六，设计区域公共财政体制。由于区域问题属于"区域"而非全国性问题，相关资金需求的解决不可能全部寄希望于中央政府，更现实的解决方法是各方面资金的集合。在此基础上，既要有解决区域公共问题所需资金的成本分摊机制，也要有区域协作所产生利益的分享机制。

第七，推进政府、市场与社会组织的多元协作。从国外的经验看，来自公众的意见与公众参与是推进区域公共问题得以提上议事日程、推动相关地方政府密切合作的重要外部动力源。因此，推动区域公共问题的解决要积极听取公众意见，主动形成政府、市场、公众的多元参与机制，方能获得行动最大公约数效应。

【区域协同创新效率的多维溢出效应】

赵增耀、章小波、沈能（苏州大学）
《中国工业经济》2015年第1期
14千字

基于价值链视角，该文将创新过程分解为上游的知识创新与下游的产品创新两个相互关联的子阶段，针对创新过程两阶段存在主从博弈的问题，构建了两阶段非合作博弈的创新效率评价方法，对中国（区域）整体创新效率、知识创新效率和产品创新效率进行测算。在此基础上，将创新空间溢出和价值链溢出纳入统一的分析框架中，综合采用多种空间计量模型检验中国创新效率的空间外溢效应和价值链外溢效应，并测算创新溢出的距离强度。研究结果表明：

第一，由全国测算结果来看，中国整体创新效率、知识创新效率和产品创新效率均处于较低水平，知识创新效率和产品创新效率之间存在显著主从关联，两阶段效率相互牵制成为制约中国创新的共同因素。两阶段效率失衡问题明显，产品创新效率明显低于知识创新效率。

第二，从分区域结果来看，中国东、

中、西、东北地区创新效率差异明显，各阶段创新效率均表现为东部地区要明显高于其他地区，尤其是产品创新效率，说明东部地区凭借雄厚的经济实力、独特的地理位置、较高的市场开放度、良好的融资和创业环境以及成熟的产学研合作机制，为研发与成果转化创造了良好的条件，成为中国创新的领跑者。而中西部欠发达地区和东北老工业基地，无论是技术研发，还是成果转化过程，创新资源均存在严重的浪费，科技与经济"两张皮"的现象突出。

第三，中国创新价值链具有单向溢出效应，即存在知识创新效率提升能改善产品创新效率的前向溢出效应，产品创新效率对于知识创新效率的后向溢出效应不明显。

第四，中国知识（产品）创新效率具有明显的空间依赖特征，创新效率具有族群特征，高（低）创新效率的地区相互比邻。由于区域内部均质化程度较高，中国区域内部创新效率的趋同特征明显，呈现"俱乐部收敛"的趋势。经济越发达、经济联系越紧密的地区，无论是创新的空间外溢效应还是创新的价值链外溢效应都显得更加突出。

第五，创新活动的地理空间效应不可忽视。纵向来看，随着时间的推移，中国各地区间创新效率的空间相关性在逐渐加强。静态来看，技术的传播和扩散往往局限在有限的地理空间范围内，随着地理距离的扩大，创新效率溢出效应迅速衰减。知识（产品）创新效率势差的扩大有利于产品创新效率的空间溢出和扩散，使得分阶段创新效率溢出的密集距离范围明显大于整体创新效率溢出的密集距离范围。

【"十三五"时期国家区域发展战略调整与应对】

王业强、魏后凯（中国社会科学院城市发展与环境研究所）

《中国软科学》2015年第5期
13千字

"十二五"时期，国家区域发展总体战略是以四大区域为地域框架，并针对特殊问题区域给予国家援助。随着国际国内经济政治发展形势的变化，中央先后提出一系列的"经济发展带"战略，包括："一带一路""长江经济带""京津冀协同发展"等，基本上勾画出了"十三五"时期区域发展战略的总体框架，即：四大区域经济支撑带+陆海统筹，从扩大内需和对外开放两个维度丰富了区域发展总体战略，拓展了区域发展总体战略的空间感和层次性，形成东西联动、全面开放、区域协同、陆海统筹的新型区域发展总体战略格局。未来应以深入推进主体功能区建设为重点，坚持创新驱动区域发展和大力促进区域信息化，实施东西并重、内外联动的全方位开放战略，进一步完善区域补偿政策，逐步缩小地区差距，实现区域协调发展。

因此，"十三五"时期，应进一步完善区域发展总体战略，继续推进实施西部大开发、东北地区等老工业基地振兴、促进中部地区崛起和支持东部地区率先发展战略，积极培育壮大连贯东西的全国性经济支撑带，全面推进实施陆海统筹发展，构建覆盖全部国土的"四大区域""经济支撑带""陆海统筹"的区域发展总体战略框架，推动形成东西联动、全面开放、区域协同、陆海统筹的新型发展格局。具体来看，应包括三个层面的内容：

第一，继续推进四大板块协调发展。"十三五"时期，要继续坚持实施西部大开发、东北地区等老工业基地振兴、促进中部地区崛起、支持沿海地区率先发展战略，继续推进四大板块协调发展。

第二，积极培育全国性的经济支撑带。实施"一带一路""京津冀协同发展"和"长江经济带"三大战略，依托主要交通干道和经济核心区，以城市群和中心城市为节点，积极培育壮大横贯东西、带动全国的若干经济支撑带。

第三，全面推进实施陆海统筹发展。在"十三五"时期，必须坚持陆海统筹发展的理念，全面实施海洋发展战略，树立包括陆域和海域的大国土观，把海域纳入国土空间开发体系，并将国土空间开发的战略布局重点逐步向海洋延伸和扩展，对海洋资源进行科学的价值评估和工程核算，做出海洋资源有偿使用的政策安排，整合沿海各省市区的海域发展规划，保证海洋资源的全面保护、合理利用与有序开发。

【新常态下我国区域政策的调整】

宣晓伟（国务院发展研究中心）
《区域经济评论》2016年第2期
9千字

我国经济运行进入新常态，从空间经济学理论的视角来看，意味着"要素在空间重新优化配置带来的生产率提高"应在经济增长中发挥更为重要的作用。如何把重点放到推动"专业化分工、市场一体化和集聚"，进一步发挥要素在空间重新优化配置对经济增长的带动作用，则应成为新常态下我国区域政策的新内涵。我国中央和地方关系的已有一系列制度安排是导致传统"地区竞争"型区域发展模式的根本原因。新常态下区域政策的核心问题应转向"如何促进区域的协同发展，尤其是跨省域、大范围的区域协同发展问题"，如何推进"市场一体化"将是其中的重中之重。进一步厘清中央和地方事权，推进中央与地方关系的法治化应成为新常态下我国区域政策进行调整的关键内容。主要启示如下：

第一，从空间经济学的理论来看，经济长期增长根本上源自两个方面：一是在空间配置资源格局不变的情况下，各个区域依靠自身加大要素投入和提高要素生产率；二是在要素总投入不变的条件下，要素在区域间重新优化配置所带来的要素生产率的提高。过去30多年间，我国传统发展模式下更多依靠要素投入增加来拉动经济增长；在空间上与此相类似的，是更多依赖每个地区的"单打独斗"来带动区域发展。在新常态下，经济增长更多需要依靠要素生产率的提高来带动，在空间上则表现为更多需要依靠"要素在空间优化配置带来的生产率提高"。

第二，针对原有区域发展的政策缺陷，在体制机制和区域政策上做出相应调整。我国原有区域发展的体制机制安排和政策更易于促成各个地区"单打独斗"的心态和发展模式。我国原有增长模式下的区域发展，主要体现为一种各地单打独斗式的发展方式。在行为模式上，每个地区成为单独的利益主体，各地的所作所为很大程度上由本地利益所决定，地区之间开展着激烈的竞争；在产业发展上，经常呈现产业结构雷同、重复建设、产能过剩的现象，不同地区之间的专业化分工程度明显不足；在市场环境上，地方保护主义现象较为严重，恶性竞争时有发生，市场一体化推进相对迟缓。这种"单打独斗、地区竞争"式的区域发展模式，是已有一系列制度安排和政策举措下的产物。

第三，新常态下区域政策的核心问题是"如何促进区域的协同发展，尤其是跨省域、大范围的区域协同发展问题"，推进"市场一体化"是其中的重中之重。我国的区域政策应更多转向促进"要素在空间优化配置所带来的生产率提高"。但是要注意两个问题：一是区域政策转向更注重区域协同发展和市场一体化，并不意味着就不再需要发挥各个地方的积极主动性，也不意味着地方竞争的模式就应该受到完全摒弃；二是区域政策更注重区域之间的协同发展，并不意味着不能再出台针对特殊区域范围内的政策，不过这些政策的出台，要更多遵循"先找问题、再定区域"的"问题指向性"或"功能指向性"模式。

【中国区域发展的空间网络结构及其影响因素——基于 2000—2013 年省际地区发展与民生指数】

刘华军、张耀、孙亚男（山东财经大学）
《经济评论》2015 年第 5 期
10 千字

该文基于国家统计局发布的 2000—2013 年省际地区发展与民生指数（DLI）数据，通过格兰杰因果检验识别区域发展之间的传导关系，继而构建区域发展的空间网络，在此基础上运用社会网络分析方法实证考察了中国区域发展的空间网络特征及其影响因素，得出以下研究结论：

第一，中国区域发展的关联关系呈现出较为复杂的网络结构，网络密度为 0.347。网络整体通达性强，不存在孤立发展的地区；然而网络具有一定的等级属性，区域发展的溢出效应往往是非对称的，经济发展较快的区域在网络结构中处于主导地位。

第二，不同区域在空间网络中具有的地位和作用不同。按三区域划分后结合网络图发现，东部地区的省份在网络中大都处于主导地位，对中西部地区的省份产生了明显的溢出，而本身接收的溢出关系较少；中部地区的省份在接收东部地区溢出的同时对西部地区省份溢出明显，起到了一定的中介作用；西部地区的省份对外溢出很少，对外关联关系主要是接收溢出，在网络中处于弱势地位。

第三，中国区域发展总体可划为 4 个板块。第一板块主要由东部省份构成，这一板块对外产生了明显的溢出效应，属于典型的净溢出板块；第二板块由东中部省份构成，此板块对外产生了较多的溢出，而板块内部省份间的溢出较少，属于主溢出板块；第三板块由中西部省份构成，此板块在接收来自第一、二板块溢出关系的同时向第四板块溢出发展动能，属于起"枢纽"作用的经纪人板块；第四板块主要由西部省份构成，这一板块接收来自其他板块的溢出关系很多，而对外对内的溢出都相对很少，属于典型的净受益板块。

第四，我国区域发展的空间溢出效应具有典型的梯度溢出特点。第一板块对第二、三、四板块都输出了发展动能，却没有明显地受益于其他板块的发展，故第一板块在区域发展中扮演了第一发动机的角色；第二板块在向第三、四板块输出发展动能的同时，仅明显地受益于第一板块的发展，因此扮演了第二发动机的角色；第三板块的发展带动了第四板块发展，并受益于第一、二板块的发展；第四板块大量接收了来自其他三个板块的发展动能，却没有显著促进其他板块的发展。板块间典型的梯度溢出特点，反映了我国区域发展空间网络的等级性较强、稳健性不高。

第五，区域经济发展、民生改善、社会发展、生态建设、科技创新 5 个方面对区域发展的空间网络结构均具有正向影响。其中，民生改善与科技创新对区域发展的空间网络影响的显著性较高，而民生改善对区域发展空间网络结构的影响最大。

【大区域协调：新时期我国区域经济政策的趋向分析——兼论区域经济政策"碎片化"现象】

丁任重、陈姝兴（西南财经大学、四川师范大学）
《经济学动态》2015 年第 5 期
12 千字

我国区域规划制定在 21 世纪进入了新的历史阶段，规划区域数量剧增，种类繁多，规划目标功能强化和更加多样化，区域经济政策也更加注重地区特色优势。同时，区域规划制定和实施中存在着区域规划政策碎片化、普惠化、非动力化等问题。未来的规划要联系国家总体规划，不仅要有区域的个性化，更要注重大区域协调发展，把握好战略性、大局性的基本取向；注重区域协调机制化，强化各规划间的有效衔接；未来规划还需要区域经济政策与经济体制改革相配套，依靠区域自身发展修炼，提升区域竞争力和发展的质量。该文认为，为了进一步完善我国区域经济政策的制定机制和实施方式，形成科学化、制度化的完整配套体系，充分发挥区域经济政策在构建区域经济增长极、减小区域发展差距、促进区域协调可持续发展等方面的重要作用，应该从以下几个方面进行改进。

第一，区域经济政策不仅要注重地区特征，更要注重大区域协调发展。区域的规划不应该成为国家总体规划的单纯叠加或者行业规划的重复要求，而是应该站在自身的优势特点立场上，在新的阶段区域政策不但更加精细化，而且更加强调区域经济战略定位和发展方向。

第二，改变区域单元各自为政的局面。区域政策的中心思想是协调发展，即以先进地区的经济辐射带动和引领欠发达地区的进步，进一步缩小不同地区发展的差距。

第三，健全体制机制，实现大区域协调发展。在组织机构的完善方面，建议建立由中央和地方政府代表组成设置一个独立的协同发展组织，负责该地区发展规划的编制、执行、评价和完善。

第四，大区域规划要与国民经济发展规划相协调。行政层级要趋向扁平化，在社会全面协调可持续发展过程中实现 GDP 的增长。

【区域创新能力与经济收敛实证研究】

杨朝峰、赵志耘、许治（中国科学技术信息研究所、华南理工大学）
《中国软科学》2015 年第 1 期

9 千字

由于我国区域经济活动在地理空间上呈现出越来越强的相关性，该文采用不同区域质心间的直线距离的倒数作为权重矩阵，对我国 31 个省市区 2001—2012 年实际人均 GDP 的收敛情况进行了实证分析，并探讨了区域创新能力对经济收敛的影响。结果表明：一是在考虑空间效应后，我国区域经济发展既存在条件收敛，也存在绝对收敛；二是近年来我国区域经济发展的收敛趋势比以前明显；三是在考虑区域创新能力的影响后，我国区域间经济的收敛速度将提高。主要启示如下：

第一，中国区域经济增长存在绝对收敛，这一结论无法从 OLS 框架中得出。虽然从经济发展实践来看，短期内绝对收敛不明显，但从长期来看，中国存在绝对收敛趋势，而且这种趋势越来越明显。因此，中国区域经济收敛符合新古典增长模型所预言的原意，而不是控制了相关变量的影响之后表现出的经济收敛。这也表明我国采用增长极理论来发展经济不仅是可行的，也是有效的。尽管地理条件、资源禀赋等因素可能对收敛趋势造成了不利影响，但随着市场经济体系的逐步建立和完善，我国区域经济增长仍表现出明显的收敛。

第二，中国正处于经济转型期，如何通过有效的干预控制和缩小区域发展差距，是中国目前宏观经济调控的一个重点目标所在，也是当前中国亟待解决的重要问题。Romer（1990）等很多研究者认为人力资本水平是影响经济收敛速度的重要因素。

第三，该文的研究表明，创新能力也对经济收敛的速度有显著的影响，不同区域创新能力的差异和由此带来的溢出效应，都为相对落后地区的学习提高提供了后发优势的机会，从而导致收敛的发生。因此政府部门在制定创新政策时，应注重空间相关性的相互作用机理，要使各区域充分利用创新资源禀赋以及创新能力方面的差异进行合作来缩小区域经济发展差距。

【中国区域经济发展：基于空间溢出效应的分析】

潘文卿（清华大学）

《世界经济》2015 年第 7 期
19 千字

该文以 1997 年与 2007 年两张中国区域间投入产出表为基础，在一个多区域的投入产出模型框架中，从静态与比较静态的视角考察了中国八大区域经济发展的区域内乘数效应、区域间溢出效应与反馈效应。分析得到以下基本结论：

第一，1997—2007 年，区域内乘数效应在下降，而区域间的反馈效应与溢出效应在上升，表明随着改革开放的进一步深化，中国区域间的联系更加密切，区域间的产品及要素流动更加顺畅。但八大区域 3 类效应系数的变化幅度并不完全相同，体现了不同的变化特征。通过扩散度系数与感应度系数来考察我们更加关注的区域间溢出效应，发现东北、西北、西南这些中国内陆相对欠发达的地区越来越受到其他地区经济发展的带动性影响；同时，以北京、天津及河北、山东为主体的环渤海地区，在进入 21 世纪以来对中国经济的带动作用变得越来越显著，表明了中国第三增长极的崛起。与此相反，东部沿海与南部沿海地区对中国其他地区经济增长的带动能力在减弱。我们发现，在引入规模效应之后，区域间反馈与溢出效应的贡献在增强这一总体特征没有改变，该两类效应对中国总产出的贡献已分别由 1997 年的 0.7% 与 18.1% 上升到 2007 年的 0.9% 与 21.4%。这进一步说明随着改革开放的渐次深入以及不同区域市场融合度的不断加深，中国区域经济的发展也逐渐从依靠本区域最终产品生产的拉动转向越来越多地依靠外部区域最终产品生产的拉动，区域间的溢出效应已经成为中国区域经济发展不可忽视的重要动力源。

第二，从产出增长的动态变化看，虽然区域内乘数效应变动带来的总产出的增加大于区域间溢出效应与反馈效应的贡献，但 10 年间后两者所带来的总产出的年均增长率都超过了前者。对溢出效应的变动进一步按来源地区分解发现如下两大特征：一是经济发达的沿海地区对各个地区都有着相对较大的溢出性影响，尤其以东部沿海与南部沿海地区的贡献最大；二是中国八大区域间溢出效应具有较为强烈的地缘性特征，即较为邻近的区域间有着相对较大的溢出性影响。

第三，我们对溢出效应的变动进一步按三大需求要素分解后发现：一方面，总体上看，中国地区间溢出效应的增加仍然是最终需求总量增加带来的，其中又以投资的贡献最大，其次是出口与消费增加的贡献，但过度依赖投资与出口的拉动作用也会对经济的健康成长产生负面影响，促进消费需求对中国经济增长的拉动作用仍是当前与今后一段时期中国需要解决的重要问题；另一方面，分区域看，投入产出结构变化对不同区域溢出效应增加的影响差异较大：在东北、京津、南部沿海、西北地区，投入产出结构变化对它们各自区域间溢出效应的贡献均超过了投资、消费与出口因素变动的贡献。这给我们的一个重要启示就在于，投入产出结构变化并不必然比总量扩张对溢出效应的贡献小，各地区应重视产业结构调整的作用，这也是中国转变经济增长方式的一条必由之路。

【中国区域经济增长绩效、源泉与演化：基于要素分解视角】

李兰冰、刘秉镰（南开大学）

《经济研究》2015 年第 8 期
18 千字

该文将序列方向性距离函数与 Luenberger 指标的相加特性结合，提出劳动、资本和能源要素的动态绩效评价指标，构建以实现要素生产率评价为基础的生态全要素生产率测度新方法，对 1985—2012 年中国区域经济增长绩效的时空规律、要素源泉及动态演化进行研究，结果表明：生态全要素生产率增长呈现依赖技术进步的单轮驱动模式，且出现增速下滑的阶段特征和地区差距扩大的空间特征；全要素劳动生产率累积增长率依次高于资本和能源，劳动成为绩效改善最明显的生产要素；随着区域发展战略导向演进，全要素劳动生产率、全要素资本生产率与全要素能源生产率增长全面放缓，劳动、资本和能源成为生态全要素生产率增速下滑的共同要素源泉；生态全要素生产率的要素贡献度沿着"劳动—资本—能源"的次序逐渐递减，东部地区生态全要素生产率增长主要根植于劳动要素贡献，中西部生产率增长的首要要素源泉则由资本分别向能源和劳动转变；生产率增长的分布形态由单极化向双峰演进，动态演化呈现低流动性和强持久性，落后地区赶超先进地区难度加大。研究结论可引申如下政策意涵：

第一，区域协调发展战略是实现地区间协调发展的必要条件，而不是缩小地区间发展差距的充分条件。中西部应将区域协调发展战略与区域特定因素相结合，打破落后地区生产率增长的路径依赖、低流动性与高持久性，开启落后地区追赶先进地区的机会窗口。

第二，生态全要素生产率增长亟待由依赖技术进步的单轮驱动模式转向技术进步与效率追赶共同驱动的双轮模式。在要素成本增加和资源环境约束强化的环境下，应注重通过资源管理能力改善、地区间技术溢出、产业结构升级等路径，实现生态效率由低水平向高水平的转型，为生产率增长注入新动力。

第三，激发全要素劳动生产率增长潜力，创造新的人口红利。通过加强教育和培训实现人力资本深化，通过消除劳动市场分割因素、实现产业间和地区间劳动力资源优化配置，加速全要素劳动生产率增长，在年龄结构因素之外寻求人口红利新源泉。

第四，释放全要素资本生产率和全要素能源生产率增长潜力，促进经济可持续发展。激活沉淀资本和破除资本配置的结构性障碍将利于全要素资本生产率增长，产业结构优化和能源消费结构调整则利于全要素能源生产率增长。

【中国地方财政环保支出、企业环保投资与工业技术升级】

原毅军、孔繁彬（大连理工大学经济学院）

《中国软科学》2015 年第 5 期
13 千字

针对中国地方财政环保支出、企业环保投资对工业技术升级的影响问题，该文利用 Battese 和 Coelli（1992）的随机生产前沿函数测算了我国 30 个省份工业技术效率与技术进步，从环保资金来源角度分析了不同循环经济能力状态下的地方财政环保支出和企业环保投资对工业技术升级的不同影响。研究发现：地方财政环保支出是中国工业技术升级的重要突破口；企业环保投资对中国工业技术升级的作用效果"因源而异"。研究结论的政策启示体现为以下三方面：

（1）完善地方财政环保支持制度，发挥政府财政的导向作用，实现经济与环境的共赢。逐渐完善环境税收政策，消除不利于环境保护的补贴和税收优惠政策，综合考虑环境收费与环境税收政策，引进污染产品税、煤炭消费税，综合制定补贴和税式支出政策以及相关配套政策，对其实施先易后难、先旧后新、先融后立的战略。通过预算、税收、补贴、转移支付及财政投资等多种形式，发挥财政环保支出的强制、引导和平衡作用，加强循环经济系统建设，为其他主体奠定良好的环境保护配套基础，同时激励工业企业将环保因子内生化，使得环保成为新一轮工业革命的"助推器"。

（2）完善绿色信贷制度，创建资本市场"绿色化"通道，使企业环保融资渠道多元化。借助于商业银行和资本市场的力量，引导社会资本进入环保板块，同时建立监督审查机制，不仅能解决企业环保资金紧俏荆棘，实现工业与环保的双赢，而且可以引导金融资本回流实体产业，减小现阶段金融市场的扭曲程度，"去杠杆调结构"，引发多米诺骨牌效应，实现经济系统的再平衡。同时，应完善绿色融资的监督管理制度，综合利用政府环保管制手段与市场机制手段，针对工业企业自身境况及所处循环经济环境，甄别地制定环境规制政策，推动中国特色工业化进程。

（3）完善环保投资统计制度，建立环保支出账户，加强环保信息化平台建设。确定环保投资的内涵，调整环保投资的统计范围，建立科学的环保投资统计方法，合理反映环保投资的真实状况。明晰环境事权与环境财权，建立环保支出核算账户。完善环保投资基层统计上报制度，加强数据质量管理体系和环保信息化平台建设，增加环保信息的透明度和标准化程度，有益于对不同种类的环保投资或财政环保支出的经济效应展开更全面的研究，便于对环境政策的反馈效应进行检测，有助于环境政策制定者的决策行为与政策调整。

（李蕾）

【增值税转型对企业智力资本价值创造效率的影响——基于我国上市公司 2007—2012 年的面板双重差分估计】

傅传锐（福州大学经济与管理学院）
《经济管理》2015 年第 1 期

16 千字

该文在 2009 年我国生产型增值税全面转型为消费型增值税这一"自然实验"背景下，以 2007—2012 年我国 A 股上市公司为样本，运用面板双重差分方法，考察了增值税转型政策对企业智力资本价值创造效率的影响。研究发现，增值税转型显著地增进了智力资本价值创造效率，进而拉动企业总体资源价值创造效率的提高。然而，转型效应在具有不同的产权性质、融资约束状况以及智力资本价值创造能力的企业中存在异质性。增值税转型只能显著提升非国有企业的智力资本、总体资源增值效率，却难以对国有企业产生有效作用；转型政策对智力资本、总体资源增值效率的提升力度，高融资约束的企业强于低融资约束企业，拥有较强的人力资本、结构资本价值创造能力的企业大于人力资本、结构资本价值创造能力较弱的企业。另外，除了面临高融资约束或拥有较高人力资本价值创造能力的企业外，其他企业都不同程度地存在全局优化配置资源的能力不足，导致这些企业在专注提升智力资本价值创造效率的同时，往往以物质资本效率的一定损失为代价。

同时，多维度的研究结论也为当前我国进一步深化税制改革、转变经济增长方式提供了较为丰富的政策启示。

首先，应当将面临较高融资约束或人力资本价值创造能力较强的企业作为当前结构性减税中的重点扶持对象，可以考虑扩大这些企业的消费型增值税抵扣范围、实行营业税改增值税等措施，给予它们更多的税收优惠，促进其包括智力资本、物质资本在内的各类资源的价值创造效率的进一步提升。

其次，应着重厘清国有企业的多重代理关系，强化股东与董事会对管理者的监督力度。同时，建立以智力资本价值创造为标杆的管理者长期业绩评价与薪酬奖惩体系，激励国有企业管理者注重企业的智力资本培育与管理。

最后，倡导"以人为本"的经济增长模式，引导各类企业对自身人力资源的持续投入与维护，并同时注重企业对资源全局优化配置能力的培养与方案预制订，以便在公共政策出台后，能够以最优化策略及时应对，减少响应时间，提高资源配置效率。

（李蕾）

【日本首都圈协同发展及对京津冀都市圈发展的启示】

王凯、周密（南开大学）
《现代日本经济》2015年第1期
12千字

日本首都圈协同发展经验显示：互惠性偏好是在权威、外部性与利益合理整合基础上，由内生的城市发展压力推动而成；空间通达性体现在交通基础设施的连通性与便利性上；双重互补性包括产业互补与城市功能互补；外部介入体现为以法律—规划—报告—评估为主体的正式制度约束以及协商、社会组织等多元机制。在上述四元概念模型框架下，区域的协同发展推动了经济社会的全面发展。日本首都圈的经验对京津冀协同发展的主要启示如下。

第一，以成长推动型战略为指导加快互惠动力的内生化。日本首都圈能够形成互惠偏好，最关键的原因是东京的权威引领、正外部性以及利益的合理调整。京津冀区域有两个特大城市，单纯依靠硬性疏解等成长管理型方式很难解决深层次矛盾，应该强调"成长推动型"战略，以北京为核心权威，按照"首都圈—京津同城化—京津冀—环渤海"的发展路径推动整个区域的协同发展，做大区域总量的蛋糕，形成正的外部性。在发挥核心权威与正外部性效应的基础上，建立以激励性方案与约束性方案相结合的利益调整机制。构建以

利益分配（如跨区域高速公路收费）、利益补偿（如环境污染补偿资金）与利益共享（如地方政府按比例共享税收）等为基础的多元利益调整内容，以利益调整内容为核心建立激励性协商方案，引导各地共创共享"协同红利"。

第二，以交通为重要突破口推动基础设施的现代化。在协同发展中应遵循交通基础设施、环境、产业、民生与社会渐次协调与合作的路径。以交通基础设施的现代化为突破口，推进区域基础设施一体化发展，按照统筹规划、合理布局、适度超前、安全可靠的原则，在协同发展中完善开放的现代综合交通运输，清洁、安全、可靠的能源保障，人水和谐的水利工程，便捷高效的信息网络等基础设施体系，推进城市群交通、能源、水利和信息基础设施现代化。

第三，破除行政体制障碍，加快城市经济与社会要素的互补化。京津冀协同的基础是产业与功能的互补。三地应该在现有产业基础上摒弃行政干预，充分发挥市场机制的作用，立足于企业或产业的市场选择与区位选择进行产业布局。全面深入地分析京津冀三地的资源基础、产业分工、城市要素等禀赋状况，客观认识京津冀三地的产业分工；在这种基本定位下，进行基础设施、公共服务、经济资源等整体布局，强调细化产业形态的互补与产业形态雷同下的产业具体环节与品类互补。

第四，以精细管理为基础促进协同保障的制度化。建立国家层面的专门领导机构。建立国家（法律＋国土规划）—区域（首都圈规划）—地方（县—城市）等不同层面的协调组织，丰富以区域协同领导小组、城市合作框架协议、市长联席会议等为主要形式的管理机构，结合分权、部分授权、联合等多种方式完善管理机构的设置，形成磋商沟通常态化。

旅游管理

【城市居民雾霾天气认知及其对城市旅游目的地选择倾向的影响】

程励（四川大学旅游学院、四川大学旅游及遗产跨学科国际联合实验室），张同颢（四川大学旅游学院），付阳（美国加利福尼亚大学洛杉矶分校文理学院）

《旅游学刊》2015年第10期
11千字

气候/天气是旅游者选择旅游目的地的重要因素，近年来随着社会公众对雾霾影响的关注，旅游目的地的空气质量必将对旅游者的出行决策产生深远影响。该文首先从公民对雾霾对健康的影响、对交通的影响和对目的地形象的影响的认知3个维度进行了讨论，发现城市居民已经普遍对雾霾天气的危害有较高的认知度；然后基于旅游目的地选择理论，使用偏最小二乘法结构方程模型（PLS-SEM）方法，实证研究城市居民在雾霾天气影响下的城市旅游地选择倾向，得到的结论及政策启示如下：

第一，受调研者对雾霾天气影响的认知度普遍较高。人们对雾霾天气消极影响的认知度较高，说明当前城市居民对雾霾天气很关注，对其导致的健康危害和潜在交通风险都有很深的认识，并且城市雾霾状况已经显著影响了该城市的形象。因此，城市在进行旅游目的地建设及营销过程中，必须对雾霾状况及其治理予以高度关注并应对。雾霾已经成为潜在旅游者目的地选择过程中一个不可忽略的重要影响因素。在加强雾霾治理的同时，决策部门要特别注意雾霾形象改善的对外传播，尽力营造积极健康的城市天气形象。

第二，雾霾天气已经显著影响城市居民对城市旅游目的地的选择倾向。路径分析表明，雾霾天气对人健康的危害、对交通风险的影响和对城市形象的损害都会显著影响城市居民对出游城市的选择倾向。恶劣的雾霾天气将不可避免地导致潜在旅游者流失，对旅游经济的带动作用产生负面效应，将有可能使我国旅游市场产生一定变化。这对城市旅游发展的相关趋向以及决策目标具有一定的参考价值。

虽然，该研究在理论上验证了社会热点话题，为以后的进一步研究提供了理论基础及实证基础，同时也在一定程度上发展了旅游目的地选择理论，扩大了气候旅游的研究方法，可为我国气候旅游研究以及城市旅游发展的环境建设提供一定参考。但是，城市旅游目的地建设是一个需要全社会参与的系统工程，相关决策部门应该积极开展雾霾天气治理，加快相关立法，加强雾霾天气危害、形成原因以及危害预防等方面的教育，提高企业和个人的社会责任，倡导更健康的生产、生活方式来减少大气污染物排放，减少城市雾霾天气的发生。

（李蕾）

【低碳经济下地方政府和旅游企业的演化博弈】

赵黎明、陈喆芝、刘嘉玥（天津大学管理与经济学部）

《旅游学刊》2015年第1期
12千字

全球气候变化及其对旅游业的潜在重大影响已成为世界范围的迫切问题。政府部门和旅游企业被公认为是低碳旅游发展的重要责任主体，基于这两个利益相关者，研究双方在低碳发展决策中的演化博弈，通过较为精确的数学模型验证政企互动下低碳旅游激励政策的有效性，并从动态的角度探讨这两个群体的演化稳定策略，剖析其发展路径与影响因素。博弈均衡分析主要得到以下三点结论：

（1）如果地方政府的监督成本过高，而传统发展道路下旅游企业超标碳排放的惩罚额度较低，则地方政府最终将选择"不监督"策略。当政府监督成本低于高碳企业惩罚额度，但选择"低碳发展道路"的旅游企业较少时，为了推动低碳旅游发展，地方政府将开展监督工作，可通过强化碳排放奖惩力度、调节单位产品排放标准、提供技术指导与信息咨询服务，帮助未达标的旅游企业有效转型。随着实施转型的旅游企业增加到一定比例，主管部门将逐步放宽政策，让完善的市场机制进行自发调节。因此，当低碳经营在旅游企业贯彻到一定程度时，伴随发展的是低碳旅游市场的逐步成熟，地方政府在此情况下不需要开展碳排放监管，而是转向提供相关服务支持。

（2）如果旅游企业低碳发展转型的收益超过成本投入，则具有经济人特性的旅游企业将选择开展低碳经营。但在发展初期，低碳改造的投入将大于利益产出，旅游企业的决策会考虑政府的监督比例，若政府部门进行低碳监督的比例较低，旅游企业将冒着高碳惩罚的风险继续开展传统经营，一旦越来越多的政府部门重视低碳监督工作，低碳旅游成为必然发展趋势，旅游企业会转向低碳经营。因此，在低碳旅游发展初期，政府部门一方面应着眼长远利益，加强低碳监督，另一方面可以通过加大碳排放奖励力度，提供相关的低碳技术、信息及管理培训，甚至给予税收优惠、财政补贴，引导和帮助旅游企业更好地开展低碳转型。

（3）低碳背景下地方政府与旅游企业的动态演化需在较长的时间内逐步进行，两个博弈主体的策略选择依赖初始状态下两个群体对各自策略的选择比例，而这一比例是由不同策略给博弈参与者带来的收益大小决定。只有基于远期利益的决策行为才能获得更高的收益。政府部门作为低碳进程的主导推动力，首先必然积极地为旅游企业营造良好的低碳转型环境，开展相关监督工作，通过加大对低碳旅游企业的奖励力度，加强对传统发展企业的引导服务，提供低碳配套支持以降低转型成本，动态调整碳排放标准等措施为企业打造经营成本降低与收益增长的前景，促使旅游企业共同走向低碳发展道路。

（李蕾）

【新常态下旅游休闲经济的特征分析与政策建议】

戴学锋（中国社会科学院财经战略研究院），张金山（北京联合大学旅游学院）
《经济管理》2015年第8期
12.5千字

在经济增长减速的新常态中，作为近些年来已经成为消费领域热点并且已经保持较长时间高速增长的旅游休闲经济，出现了明显的逆势增长的态势，主要原因在于，旅游休闲已经成为人民群众日常生活的重要组成部分，其逆势增长和将来的更加繁荣发展本身就是经济新常态的应有表现或特征。同时，曾经支撑经济增长的产业开始衰退以及高压式反腐诱发了富裕阶层的"闲暇效应"，特别是出境旅游的进一步高增长，还将导致内需的漏出，使得旅游休闲经济在拉动内需方面的作用大打折扣。因此，要从以下 5 个方面推动出现合意的旅游休闲经济新常态：

第一，把握旅游休闲已经成为人民群众日常生活方式重要组成部分的新常态化特征，进一步提高旅游休闲经济战略性地位的认识，旅游休闲应该成为全面建设小康社会的重要标志，应该成为惠及全民的一项重要福利，还应该将其提高到幸福产业的角度来认识。

第二，旅游休闲经济具有"内需外向性"特征，即就地提供产品并面向外来旅游者就地销售，大力发展旅游休闲经济能够发挥中西部地区自身优势，进而弥补中西部等落后地区的内需不足。因此，需要充分把握国内旅游休闲经济逆势增长、旅游者游览空间范围不断扩展的趋势，进一步出台政策，大力扶持中西部、沿边地区、特色乡村、革命老区旅游休闲经济的发展，引导外来旅游者前来游览消费，充分发挥旅游休闲活动的财富再分配效应以及旅游休闲经济的扶贫作用及富民效应。

第三，完善旅游道路、旅游基础设施、旅游公共信息、旅游安全等旅游公共服务体系，旅游公共服务投资需要向中西部等落后地区倾斜，优化旅游发展的基础环境，进而带动更大规模的旅游项目投资，以弥补中西部等落后地区旅游投资需求的不足。

第四，当前我国对外贸易格局开始出现以货物贸易为主向货物贸易和服务贸易并重的方向转变，而旅游服务贸易是服务贸易的重要组成部分。为此，一方面，通过放宽签证政策、简化通关手续等方式解决制约入境旅游发展的制度性瓶颈；另一方面，研究出境旅游高消费的深层次原因，大力降低国外奢侈品或商品的进口关税，打击国外商品的国内歧视性定价，实施境外游客离境退税，在各类口岸增设进境免税店等措施，从而努力缩减旅游服务贸易逆差，引导出境旅游消费回流，减少内需的对外漏出。

第五，深化旅游领域的各项改革，以改革促发展，营造促进旅游产业大发展的良好政策环境，消除不利于旅游休闲经济发展的体制机制障碍，进一步释放改革红利。

（李蕾）

【旅游发展与经济增长——来自中国的经验证据】

赵磊（浙江工业大学经贸管理学院旅游管理系、浙江工业大学城镇化与城乡休闲研究中心）

《旅游学刊》2015 年第 4 期
19 千字

旅游发展与经济增长之间的关系研究一直是旅游经济学研究的核心内容。研究旨在考察 TLGH 在中国的成立性以及旅游发展对经济增长的影响效应。该文首先对国外相关研究文献与国内旅游发展特征事实进行了简单引述，并在此基础上，基于 1999—2009 年中国省际面板平衡数据，采用多种精细前沿性计量经济方法实证检验中国旅游发展对经济增长的影响过程。实证研究结果表明，中国旅游发展对经济增长具有显著促进作用，当未克服内生性时，初步判断，中国旅游发展对经济增长的最低影响效应大致处在 0.0186—0.0354，与此同时，国内旅游对经济增长的影响效应要大于入境旅游。当考虑到模型可能存在的内生性问题时，文章从 4 个不同角度证明了实证结果的稳健性，具体来看，主要是通过所构建的两个工具变量集，分别对基准模型进行面板工具变量两阶段最小二乘（IV−2SLS）估计与工具变量固定效应两阶段最小二乘（IV−FE−2SLS）估计，发现由于内生性的存在，旅游发展对经济增长的影响系数被严重低估，克服内生性后，中国旅游发展对经济增长的影响效应可以达到 0.1519，接近国外学者对于中国的研究论断。

作为旅游经济学的基础性研究，该文首次较为系统地给出了中国旅游发展影响经济增长理论研究的实证分析框架，充实了中国旅游经济学的核心研究内容，蕴含的政策启示具有鲜明的指向性：

第一，同时也是最为直观的判断是，虽然中国旅游产业规模量性增长强势，但质性释放疲软。中国旅游总收入年均增长约15%，然而无论是旅游专业化水平抑或旅游增加值占比始终维持不到5%。

第二，旅游发展对经济增长的影响效应也相对较小，中国旅游业建设成为战略性支柱产业还需进一步努力。

基本的政策取向仍是继续推行国内旅游与入境旅游并举的方针，重点挖掘国内旅游市场潜力。最为根本的产业发展旨趣在于，强化中国旅游业的罗斯托准则，通过旅游产业融合拓宽旅游经济辐射范围，借助旅游产业链延伸提高要素收益率，从而增强中国旅游发展对经济增长的外溢能力。

（李蕾）

【中国品牌旅游景区驱动因素及形成系数方程研究】

冯庆、孙根年（陕西师范大学旅游与环境学院）

《经济管理》2015年第4期

11千字

高级别旅游景区逐渐成为代表区域旅游发展水平的符号，其产生的品牌效应，不仅提高了游客到访率和重游率，还带动区域旅游经济的发展。该文从省际分布特征出发，以全国旅游百强景区和5A级景区为样本，构建了品牌景区形成系数方程，分析了内、外因素对形成品牌景区的影响。结果发现：

（1）品牌景区形成率具有地域差异。形成率的差异主要源于景区外部潜在的客源市场、旅游需求、区域可达性的优越程度不同，通过对人口密度、人均GDP、交通可达性单因素分析，发现三个外部因素与品牌景区形成率关联性较大。在此基础上，利用阶乘回归方程综合分析三个因素共同作用的影响，建立形成率系数方程，发现人口密度—人均GDP—交通可达性综合模拟比单因素模拟具有更高相关性，交通可达性对旅游景区形成影响最大，占主导地位，变量系数为0.35。

（2）实践上寻求中国旅游地理枢纽。根据品牌景区形成率模拟值和统计值散点图，发现北京等6省市形成率位居全国之首。该文对以江苏、浙江、上海为中心城市的长江三角洲，北京、天津为中心城市的京津冀，以及以广州为中心城市的珠江三角洲地区品牌景区形成率、市场占有率、区域外部环境特征值进行分析发现，三大区域旅游百强景区数量大于5A级旅游景区数量，即在市场经济作用下品牌化的现象在三大区域中较为明显；国内市场占有率大于入境旅游市场占有率，珠江三角洲由于其特殊的区位与港澳客流量较大，入境旅游市场占有率较大；旅游经济与区域经济水平基本耦合，区域外部环境较优越。

（3）通过对中国旅游地理枢纽的研究，发现我国西部与东部地区景区数量差距较大，西部地区存在大量高品质的旅游资源，但是，由于交通可进入性差，远离城市，开发尚不到位。西部地区旅游发展应该重视：第一，与东部的枢纽区域相对应，选择西部旅游资源禀赋程度高的区域，形成区域次中心。如以西安为中心的关中城市群、以成都和重庆为中心的成渝城市群，以及昆明等休闲城市，形成旅游流由东部枢纽向西部次中心扩散，以品牌景区为节点带动城市发展，以城市为枢纽带动区域发展的局面。第二，西北五省区和西南四省市应把握"丝绸之路经济带"建设带来的机遇，加强高级别旅游景区投资与建设，尤其是城市周边景区的建设，形成具有西部特色的品牌，以品牌景区为增长极带动区域经济发展、交通建设、旅游贸易互动、文化产业整合等，促进当地尤其是少数民族地区的就业。

（李蕾）

【新制度环境下旅行社与游客关系再研究——基于相互依赖对 B2C 关系质量影响的实证分析】

陈永昶（河北大学管理学院），郭净（河北金融学院金融系），徐虹（南开大学旅游与服务学院）

《经济管理》2015 年第 5 期
11 千字

旅行社与游客之间的关系问题一直是我国旅游市场中的焦点问题，在我国旅游市场制度环境发生重大变化的背景下，这一关系受到更多关注。该研究主要探讨相互依赖对旅行社与游客之间 B2C 关系质量的影响，考察这一影响路径随着制度环境的作用会发生什么样的变化。通过向 498 名参加过包价旅游活动的游客获取的调研数据，运用 PLS 路径建模方法进行实证分析，发现相互依赖不对称会显著增强游客对旅行社机会主义行为的感知，游客对旅行社机会主义行为的感知会导致关系绩效的下降，而相互依赖总体水平对游客机会主义行为感知的显著负向影响并未得到支持。调节效应的检验结果表明，规制性制度环境在显著弱化相互依赖不对称对游客机会主义行为感知的正向影响的同时，还可以显著增强相互依赖总体水平对游客机会主义行为感知的负向影响，从而使游客对旅行社机会主义行为的感知显著降低，但是，却无法显著弱化游客机会主义行为感知对关系绩效的负向影响。该分析结果有助于深入理解制度环境在改善 B2C 关系质量方面的作用发挥情况，具有以下管理启示：

第一，建设规制性制度环境。在 B2C 关系中，通常存在明显的相互依赖不对称特征，企业处于明显的强势地位，消费者处于明显的弱势地位，如果想要降低弱势方的机会主义行为感知，提升 B2C 关系绩效、规制性制度环境的建设十分必要。规制性制度环境可以在关系双方之间建立一种具有约束力的控制机制，约束强势方的行为，维护弱势方的利益，有效降低弱势方对强势方机会主义行为的感知，为高质量 B2C 关系的建立提供保障。因此，要想实现旅行社与游客之间关系质量的改善与提升，规制性制度环境的完善至关重要，要持续推进制度建设，坚决抓好制度落实。

第二，旅行社树立关系质量意识，重塑自身声誉。长期以来，我国旅行社市场中机会主义经营行为泛滥，经营模式扭曲，游客对于旅行社的经营行为已经形成了极强的机会主义感知，导致双方之间存在严重的信任缺失，在这样的背景下，要想从根本上改善 B2C 关系质量，仅仅依靠制度环境的作用是不够的，需要旅行社一方真正树立关系质量意识，重视顾客关系管理，展现出足够的诚意，重塑自身的声誉，与游客发展长期的、高水平的相互依赖关系，从根本上改变游客对旅行社的认知。

（李蕾）

【论黑色旅游的愉悦性：一种体验视角下的死亡对照】

谢彦君、孙佼佼、卫银栋（东北财经大学旅游与酒店管理学院）

《旅游学刊》2015 年第 3 期
9.8 千字

黑色旅游是一种独特的旅游形式，其开发实践和理论发展一直存在着诸多争议。尽管相关学术研究已开展 20 多年，但这一领域所存在的一些根本性理论问题至今仍未解决，许多理论观点尚未形成共识。文章针对黑色旅游研究中的若干理论问题，以动机和内驱力为出发点，试图系统地探讨黑色旅游的本质规定性，厘定黑色旅游与死亡主题之间所具有的特殊而复杂的关系，并借助审美和审丑、悲剧和喜剧、优美和壮美等范畴，在美学框架下拓展了Stone的黑色旅游谱模型，从更广泛和深入的意义上论证了"黑色旅游是一种既符合一般意义上的旅游愉悦体验又属于具有独特的死亡观照特性的旅游类型"这一核心命题，从而将死亡观照这一美学范畴纳入黑色旅游愉悦体验的理论分析视野。在此基础上，重新界定了黑色旅游这一概念，探讨了其类型，梳理了黑色旅游的完整谱系，试图在体验视角下对黑色旅游的概念框架及核心命题作出系统阐释，对国内外黑色旅游研究中的诸多争议给出全面的回应，以期为黑色旅游的开发实践奠定相应的理论基础。

在重新界定黑色旅游这一概念时，从整体理解的角度出发，给出一个体现逻辑学上的"属加种差"思想而不是简单枚举式的定义，即个人在自由时间里通过死亡观照的途径在异地所获得的独特愉悦体验，其核心观点主要体现在以下几方面：

首先，黑色旅游作为旅游的一种，也是一种愉悦性体验，但它又不完全等同于其他的旅游类型——它自有其独特之处。

其次，黑色旅游的实现途径是借助于死亡观照，即脱离了利害关系而对与死亡主题相关的景观进行近距离的触碰与欣赏。需要注意的是，这种距离是心理上的，决定该心理距离的因素来自社会、文化、经济背景等多个方面，其中，时空距离是其最直观的表现。

再次，黑色旅游是旅游者个体自觉的、自决的行为，利用的是余暇，行走于异地，这一点与一般旅游相同。

最后，通过黑色旅游所体验到的愉悦，可以体现在认知、情感、意志等各个方面。因此，它不仅能带来情感方面的愉悦，也发挥着突出的个人建构和社会建构功能。

这也正是黑色旅游最为突出的教育功能所依赖的基础。

（李蕾）

【新型城镇化背景下的乡村旅游发展——理论反思与困境突破】

黄震方（南京师范大学地理科学学院、江苏省地理信息资源开发与利用协同创新中心），陆林（安徽师范大学国土资源与旅游学院），苏勤（安徽师范大学国土资源与旅游学院），章锦河（南京大学国土资源与旅游学系），孙九霞（中山大学旅游学院），万绪才（南京财经大学工商管理学院），靳诚（南京师范大学地理科学学院、江苏省地理信息资源开发与利用协同创新中心）

《地理研究》2015年第8期
19千字

新型城镇化在为乡村旅游发展带来重大机遇的同时也带来了新的要求和挑战。大力发展乡村旅游，科学引导乡村地域城镇化，是中国新型城镇化和乡村经济社会发展的重大现实需求和重要科学命题。该文通过对新型城镇化背景下乡村旅游的审视和反思，形成以下4点共识：

（1）新型城镇化是乡村现代化的必由之路，也是乡村旅游发展的重要机遇和有力支撑，大力发展乡村旅游，科学引导乡村地域城镇化，是中国新型城镇化和乡村经济社会发展的重大现实需求和重要科学命题。

（2）城镇化进程的加快在带动乡村及其旅游产业发展的同时，也带来了环境质量下降、乡村文化受损、旅游同质竞争、土地利用错位等一系列问题，必须进行深刻的理论反思并寻求困境突破。

（3）在新型城镇化背景下，乡村旅游发展应更加注重战略性、时代性、科技性、文化性和参与性等旅游特性；更加注重以旅游为载体，促进乡村文化的保护、恢复与重构及乡村旅游地的复兴与繁荣；更加注重乡村生态建设与乡村旅游的有机融合，因地制宜地选择适合美丽乡村及生态文明建设的发展道路；更加注重乡村旅游地空间结构优化和突破传统城乡二元空间割裂的束缚，实现城乡旅游空间的有效对接和一体化发展；更加注重塑造乡村本土个性，开发独具特色的乡村旅游产品，推动乡村旅游产业的融合发展；更加注重乡村地域类型差异性与复杂性，遵循乡村转型和旅游发展规律，因地制宜地探索多样化的乡村城镇化与旅游发展模式；更加注重为农民、农业、农村服务，通过推进乡村旅游社区参与，积极探索有效解决"三农"问题的新出路；更加注重乡村旅游运营管理的创新，完善相关政策制度，为乡村旅游地的产业运营、质量管理和可持续发展提供有力的保障。

（4）应积极响应新时期国家重大战略和乡村旅游的发展需求，进一步深化新型城镇化背景下乡村旅游发展的理论研究，推动旅游地理和乡村地理学的学术创新，促进乡村旅游提质增效升级，引导具备条件的乡村走以旅游为导向的中国特色新型城镇化道路，实现城乡旅游互补和协调发展。

（李蕾）

【政府旅游公共营销的实现机制和路径选择——基于扎根理论的一个探索性研究】

宋慧林、蒋依依（中国旅游研究院），王元地（四川大学商学院）

《旅游学刊》2015年第1期
12.5千字

作为一种公共产品生产行为，政府旅游公共营销对国家旅游形象和旅游目的地宣传推广具有重要作用。加强政府对旅游目的地营销的科学引导，促进旅游公共营销绩效的提升已成为一个亟待解决的重大课题。应用扎根理论，通过对中国国家旅游局驻外旅游办事处年度工作报告的编码分析，探究政府旅游公共营销实现机制和路径选择的客观规律。研究发现，动因、市场调研能力、外部网络协同能力、环境政策干预这4个主范畴对政府旅游公共营销模式存在显著影响。动因是前置变量，市场调研能力和外部网络协同能力对政府旅游公共营销起部分中介作用，环境政策干预作为外部情境因素起调节作用，从而提炼得出"动因—情境—能力—路径选择"模型。文章为政府旅游公共营销研究提供了一个整合分析框架，对政府制定有效的管理政策、提高旅游公共营销绩效有现实意义，同时也给目的地旅游营销的理论研究提供了一个新的视角。其研究贡献主要体现在以下两个方面：

（1）研究内容创新：基于中国政府旅游公共营销的实际经验，利用扎根理论技术创新性地构建基于"动因—情境—能力—路径选择模型"逻辑的政府旅游公共营销实现机制和路径选择的理论模型。该模型不仅延续了学者们对政府旅游公共营销必要性的关注和研究，并通过范畴化出"市场调研能力"和"外部网络协同能力"两个要素，弥补了现阶段关于影响政府旅游公共营销绩效的核心能力的研究空白，且首次将环境政策干预纳入政府旅游公共营销分析框架，弥补了以往研究的缺失。

（2）研究视角创新：由于政府旅游公共营销路径选择涉及的要素很多，已有的研究成果鲜有对重要要素的归纳，该研究区别以往单一的研究视角，区分并提炼出动因、市场调研能力、外部网络协同能力和环境政策干预4方面的主要要素，且所使用的扎根理论技术有利于更全面地梳理相关变量范畴。

研究结论是否具有更为普遍的意义，可在后续研究中加以检验：一方面，可以将该研究中提出的一些范畴进行概念化和操作化改进，实施问卷调查，采用量化数据分析来检验变量维度，从而进行有效的调整和补充；另一方面，还可以选取各地旅游主管部门、国外旅游主管部门等的更多案例进行关于政府旅游公共营销路径选择的跨案例研究，对现有研究结果的可靠性进行检验；此外，还可以针对动因、市场调研能力、外部网络协同能力和环境政策干预四大因素对政府旅游公共营销的影响机制构建出概念模型和研究假设，收集数据并通过统计分析进行路径检验。

（李蕾）

【旅游产业与生态文明城市耦合关系及协调发展研究】

舒小林（中央财经大学经济学院/贵州财经大学旅游管理学院/贵州旅游经济与管理研究院），高应蓓（贵州财经大学旅游管理学院），张元霞（贵州旅游经济与管理研究院），杨春宇（贵州财经大学旅游管理学院/贵州旅游经济与管理研究院）
《中国人口·资源与环境》2015年第3期
12千字

生态文明城市是引领城市发展的全新理念，旅游业属于资源节约型、环境友好型产业，对旅游产业与生态文明城市耦合关系及协调发展的研究具有重要现实意义。文章从经济、文化、社会和生态4个方面分析了旅游产业系统与生态文明城市系统之间耦合协调关系的作用机理，建构了两大系统的指标体系，并运用耦合协调度模型和2006—2011年数据，以贵阳市为例进行了实证分析。结果发现：2006—2011年贵阳市旅游产业（除2010年外）和生态文明城市两大系统综合发展指数稳步提高，耦合协调度由2006年的中度失调逐步向轻度失调、濒临失调、勉强协调和初级协调的优化趋势发展，贵阳市旅游产业和生态文明城市系统耦合协调度表现为生态文明城市发展滞后型和旅游产业发展滞后型相互交替出现，旅游产业发展对生态文明城市建设的引领作用存在较大波动，且存在作用不够显著等问题。根据研究结果，文章提出相应的政策建议：

（1）统筹好城镇规划、旅游规划、土地利用规划、文化遗产保护规划等之间的关系，全面提高生态文明城市管理水平，建设"宜居、宜业、宜游"生态文明城市。

（2）加强对旅游产业与生态文明城市建设的协调发展状态的研究和监测，运用规划、经济、行政、技术等手段促使两者向着最优协调状态方向发展。

（3）加强旅游产业与大数据、文化、科技和生态服务业等蛙跳型产业的融合，解决旅游产业发展波动较大的问题，夯实生态文明城市的经济基础。如在与文化产业融合方面，可以推出与夏季"爽爽的贵阳——避暑篇"相对应的冬季"爽爽的贵阳——体验欢乐篇"民俗产品。从冬至节到元宵节节日密度大，其间有冬至节、圣诞节、元旦节、春节、元宵节等，可开展民俗体验、节日节庆、温泉、饮食（火锅）、品（评）酒（逐步从评贵州十大名酒扩大到评全国十大名酒）、品（评）茶（逐步从评贵州十大名茶扩大到评全国十大名茶）等冬季活动（可以考虑将酒博会和农博会调整到这一时段举办），打造民俗文化、节日节庆体验、温泉度假、特色餐饮、品酒（茶）健身等文化主题产品，弥补贵阳旅游波动性大问题。

（李蕾）

【旅行社为何更需要联盟？——基于SEM模型和皖南案例的研究】

姚国荣（安徽师范大学经济管理学院），陆林（安徽师范大学国土资源与旅游学院）
《经济管理》2015年第3期

12 千字

在研究大量文献基础上，该文以新近上升为国家战略的皖南国际文化旅游示范区内旅行社联盟进行问卷调查和统计分析，初步构建皖南旅行社联盟动机的结构方程模型，并进行关系分析。研究结果表明，皖南国际文化旅游示范区旅行社联盟动机包括降低成本、增强能力、共享资源 3 个测量维度，对联盟伙伴选择行为有重要影响。

当前，在旅游业已成为国家战略性支柱产业背景下，皖南国际文化旅游示范区建设进入国家战略层面，并得到中央政府和安徽省政府的高度重视。因此，研究该区域内旅行社联盟的动机具有重要的理论意义和现实意义，既为我国旅游企业的发展提供了一定的理论指导，也为我国旅游企业的生存和发展提供了现实依据，对我国旅行社行业转型升级、区域旅游可持续发展提供了政策依据：

第一，我国旅行社行业一直存在"小、散、弱"的现实困境，实施联盟战略有助于我国旅行社集团化和网络化发展，并最终实现降低运营成本、提高运营效率、获得规模经济和范围经济的目标。

第二，我国旅游市场中，中小型规模的旅行社占多数，它们面临着巨大的生存压力和挑战，而旅行社联盟无疑成为其发展壮大的重要途径。信息是旅行社最重要的资源，通过旅行社联盟建立，旅行社间不仅可以共享客源，还可共同设计旅游产品和旅游线路，联合进行营销宣传，尤其是信息技术资源共享，可推动中小旅行社走上旅游信息化和电子商务道路。

第三，旅行社加入联盟主要动机之一就是通过发挥主动学习能力，获取联盟伙伴的知识和技能，以提高自身的综合素质，因而未来旅行社应积极营造学习氛围，加强学习型组织建设。旅行社联盟只有始终将"学习"作为关键目标，才能获得创新动力，维持竞争优势，不断增强自身能力。

第四，旅行社联盟动机研究主要目的之一，就是促进旅行社联盟伙伴选择行为发生及其内部治理机制的完善，最终形成满意的联盟绩效。目前，我国旅游产业结构正处于转型升级时期，为加快推动旅行社、景区等旅游行业联盟发展，政府应发挥能动作用，积极营造有利于旅游联盟发展壮大的良好政策环境。

（李蕾）

其他学科

【公司治理监管环境下合规有效性的影响——基于中国保险业数据的实证研究】

李慧聪（中国科学院大学公共政策与管理学院），李维安（南开大学中国公司治理研究院、天津财经大学工商管理学院），郝臣（南开大学中国公司治理研究院、南开大学商学院）

《中国工业经济》2015 年第 8 期
13.5 千字

在从"合规"向"有效"转型的监管背景下，政府监管部门推行了一系列治理监管规定，企业结合自身情况对这些监管规定作出行动反应。文章以股份制保险公司为样本，沿着治理合规可以降低代理成本进而提升治理有效性的研究逻辑，窥探遵守政府公司治理监管规定能否切实提升治理有效性，主要研究结论如下：（1）在当前监管环境下，治理合规对治理有效性的提升作用尚未充分体现，总体上治理合规和有效性还没有实现"最优匹配"。上市和非上市保险公司的自主性治理合规所形成的"低效运行"是导致公司治理"形似而神非"的主要原因。特别是非上市公司的治理合规水平总体上还在"低位徘徊"，对有效性的贡献尚未实现"质变"。（2）两类治理合规行为对治理有效性存在差异化影响，但其本质都促进了代理成本的下降，提升了成本效率，进而提升了治理有效性。（3）公司自主性治理合规的动机过于崇尚经营、忽略风险防范。公司自主性治理合规的动机主要表现为对经营效益的追求，对风险控制等运行机制的完善动机还需要进一步加强。（4）验证了存在治理"合规—有效"平衡点，侧面反映出如果监管部门过度监管或者被监管公司过度合规都会给公司带来较大负担，不利于治理有效性的提升。（5）研究侧面证明监管部门初步实现了监管目标，但当前多元目标尚难以同时实现。公司治理监管的目标是形成一套清晰的、权威的、达到公司治理合理状态的标准，以防范或化解公司治理风险。

基于上述结论，为进一步减少运行机制中的代理成本，监管部门在监管内容上应推动以治理结构为中心的"合规监管"向以治理机制为核心的"有效监管"转变：（1）监管机构内部进一步理顺监管条线，降低合规偏差。（2）监管政策应强化对治理机制的监管，实施"负面清单"管理。（3）企业应不断提升对非强制性治理指引的分析、识别、评估和监测，逐步提升自主性治理合规的有效性。

（邱永辉）

【基金参与公司治理：行为逻辑与路径选择——基于上海家化和格力电器的案例研究】

王珏（对外经济贸易大学金融学院），祝继高（对外经济贸易大学国际商学院）

《中国工业经济》2015 年第 5 期
13 千字

基金的股权资本控制链与上市公司其他股东并无显著差异。从社会资本控制链的角度，一方面，由于基金本身并不参与企业的日常经营管理，因此无法与持股企业内部的成员和利益相关者之间建立信任和连带关系，进而形成社会资本控制链；另一方面，由于基金持股存在一定的期限，基金不愿意花费大量的人力、物力和时间来获取被投资上市公司的社会资本。因此，基金对企业的社会资本控制链是缺失的。即使基金可以通过自身社会资本与其他基金联合，但这也是组织外的社会资本，并不能替代企业组织内社会资本的决定性地位。基于上述分析，预期基金很难从社会资本的角度来获得控制权。随着基金的不断发展，其主动参与上市公司治理的动力越来越大，主要来源于两方面：一是流动性问题；二是很多基金开始实行指数化投资策略，对一些重要指数的成分股公司，通常不会仅仅因为公司治理短期出现问题就出售投资组合中的股票，因此对于其资产组合中的公司，基金会比以前更关注其业绩与经营的变化，以积极的态度介入公司的治理。基金参与公司治理是解决公司股东与经理人委托—代理关系的有效途径之一。

文章以基金参与上海家化和格力电器治理的案例为研究对象，以基金控制权缺失、控制权构建和控制权被冲击后的重构为研究线索，阐述基金参与公司治理的行为逻辑和路径选择。研究结果表明，在大股东相对控股的情形下，当大股东和管理层发生委托—代理冲突时，社会资本控制权的稳定性受到冲击，基金会权衡大股东权力和管理层权力的强弱，选择支持最有利于其实现控制权的一方。

该研究为资本市场监管者完善基金相关法律规定提供理论依据：监管部门可以考虑适当放宽基金投资比例限制；完善基金公司内部的组织形式，例如借鉴公司型基金的组织形式，让基金份额持有人成为基金的股东，基金份额持有人可以直接作为董事派驻到被投资公司的董事会；积极促进其他类型机构投资者的发展，如私募基金、社保基金等，各类机构投资者具有不同的利益诉求和行为特点，在上市公司治理中的作用各异，有助于进一步提升上市公司的治理水平。

（邱永辉）

【自主创新政策与机制——来自中国四个产业的实证】

王刚（天津大学管理与经济部），李显君、章博文、孟东晖、高歌（清华大学机车工程系）
《科研管理》2015年第4期
12千字

鉴于主流理论不能很好地解释中国产业规模大但创新能力低的现象，以及国内学术界对创新政策与机制缺乏整合研究的缺陷，该文基于产业创新系统视角，以建立理论为目标的案例研究方法，辅助以数理统计分析方法，建立自主创新政策与机制理论框架。该文基于产业创新系统视角，以我国汽车、家电、计算机和航天4个产业为案例，研究我国的创新政策和机制，力图实现两个目标：一是如何理解上述主流理论与中国实践的偏差，试图理解创新激励政策对我国自主创新产生怎样的影响，寻找主流理论哪些与我国创新实践不相符合；二是建立适合我国的创新政策与机制理论，指导我国政府健全自主创新政策、完善自主创新机制，同时为丰富和发展后发国家创新理论奠定初步研究基础。得出如下三个结论。

第一，创新政策对自主创新有正向作用，创新政策对创新机制有正向作用；创新机制对自主创新有正向作用，但不同机制具有不同程度的影响：激励机制的作用大于运行机制，而物质激励大于非物质激励。

第二，六个细分创新政策对自主创新均具有正向作用，但影响程度不是均等的。

政府采购政策对自主创新的正向作用最大，其他政策对自主创新的正向作用从大到小依次为政府重点投入政策、财税政策、管理政策、金融政策和环境政策。

第三，创新政策对创新机制具有正向作用，但其对运行机制和激励机制的影响是不均等的，对创新的激励具有更显著的效果。同建立激励机制相比，由于建立产业共性技术涉及环节和组织多，达到效果时间长，因此导致了创新政策→创新运行机制的路径系数较低。

该文证实了产业创新系统的很多政策和机制在我国的适用性，但该文的理论贡献是得出了不同创新政策的重要程度有所不同，并给出了作用次序，这对于指导我国产业的自主创新政策的优化也具有重要现实意义。有别于源自西方发达国家的创新系统理论和技术创新理论，检验排除了组织间合作与协同创新机制及组织内部创新机制。但排除并不代表这些在发达国家理论和实践中较为重要的要素在我国就永远不需要或不重要，只能说明我国创新过程中，这些方面欠缺或效果不理想，从而没有获得大多数人的认同。作为对第二大世界经济体中国的创新实践的总结，该研究对丰富和发展后发国家创新政策与机制理论具有重要意义。

（李梦楠　杨德林）

【政府资金在 R&D 链条各阶段的投入比例研究】

王博雅（清华大学公共管理学院），熊柴（中国社会科学院人口与劳动经济研究所），卢晓榆（中国传媒大学思想政治理论课教研部）

《科研管理》2015 年第 6 期
12 千字

政府在 R&D 链条各阶段的资金投入分配比例，应立足于政府资金在各阶段的投入产出效率以及与企业资金的效率比较。

该文基于 2009—2013 年省级面板数据的计量分析结果表明：政府资金的投入产出效率从高到低依次为基础研究、应用研究、试验发展，企业资金的投入产出效率与政府完全相反；在基础研究和应用研究阶段，政府资金的投入产出效率显著高于企业资金，而在试验发展阶段，政府资金的投入产出效率显著低于企业资金。因此，按照效率优先原则，我国政府应大幅增加对基础研究和应用研究的资金投入，降低对试验发展的资金投入比例，并选择能够产生对企业资金投入产生刺激效应的试验发展领域进行集中式投入。该研究为我国政策投入提供以下启示：

其一，我国政府应大幅增加对基础研究和应用研究的资金投入。基础研究是我国建设创新型国家的根本，科学作为技术的前端基础，与技术有本质不同，基于技术的创新已经远远不能满足需求，基于科学的创新正在成为世界创新的新趋势。我国政府应当大幅提高对基础研究和应用研究的投入比例，使我国基础研究经费占全社会 R&D 经费支出的比重从不足 5% 尽快提升到 10% 以上，并充分发挥研发机构和高等学校在基础研究阶段的主力军作用，强化理工农医的纯科学研究，依照科研前移特征鼓励前沿性的基础研究，围绕基础科学问题实行理论研究、模拟研究和实验研究，力争产生更多的理论创新。

其二，我国政府应选择能够对企业资金投入产生刺激效应的试验发展领域进行集中式资金投入。政府资金不应广泛地投入到各个领域的试验发展环节，而应对存在正外部性、市场失灵以及不确定性风险的领域，进行集中式的资金投入。我国政府应合理选择技术重点，尤其是要选择前期投入较大、企业投入意愿不强的科技创新领域，比如航空发动机、大型飞机、核心电子器件、重大新药创制等国家重大科技专项，以及下一代互联网、深空互联网、

3D 打印技术、三维成像技术、无人系统、基因测序、生物信息检测、大数据分析处理技术等新兴技术领域，通过集中式政府资金投入进行技术攻关，抢占国际技术前沿。

（李梦楠 杨德林）

【南昌市住房限购政策效果的时空特征及土地溢出效应】

王雪峰（江西财经大学）
《中国土地科学》2015 年第 6 期
8.6 千字

该文的研究目的为考察住房限购政策对南昌市住房价格变化的时空影响及对土地市场的溢出效应。研究方法：以双重差分模型为基础的计量分析。研究结果为限购政策对限购区和非限购区房价的影响无差异，但能显著降低南昌市整体实际房价增长速度；限购政策时间效应呈现出先扬后抑及消失的过程；空间效应表现为生活便利、交通迅捷以及教育资源越好的住房对抗限购政策的能力越强；溢出效应表现为住房限购导致土地成交率和土地溢价率明显回落。研究结论为基于双重差分法的估计能够更可靠地反映限购政策效果。

该文以中部省会城市南昌市为代表，选择 2010 年第 2 季度—2013 年第 2 季度住房限购区域和非限购区域楼盘的微观数据和土地交易数据，运用双重差分等模型考察了住房限购政策对南昌市住房价格和土地市场的影响，发现：（1）南昌市住房限购政策既降低了限购区域也降低了非限购区域住房价格的增长率，实现了"遏制城市房价过快上涨"的政策目标，但是不能使房价增长过快区域（限购区域）房价下降速度快于非限购区域。（2）住房限购政策对南昌市整体房价增长率存在短期抑制作用，其时间效应经历了滞后、先扬后抑到最后消失的过程。（3）空间效应对政策效果的抑制明显。生活便利、交通迅捷以

及接近优质教育资源的住房对限购政策效应具有较大的对冲能力，其房价抗跌能力较强。（4）土地需求的"引致"特性使得住房限购政策的效应传导至土地市场，导致土地成交率下降和溢价成交现象减少，不过这种溢出效应也会逐步衰减。

相对于已有的研究，该文有以下拓展：一是以微观的楼盘数据为对象，考察限购政策对同一城市限购和非限购区域住房实际价格变动的影响，这一方面回避了城市平均住房价格度量及其跨期可比性的难题，另一方面也尊重了限购政策不是在同一城市全面实施的现实，有助于提高模型的精度及结论的可靠性；二是既考察了限购政策的时间效应和空间效应，还考察了其土地溢出效应；三是考虑了利率及首付比等其他政策因素的影响。

尽管如此，以下问题值得进一步研究：限购政策对限购城市周边非限购城市住房价格有无影响，限购政策对土地市场的影响机理，以及限购政策在不同类型限购城市的效果差异等。

（胡海波）

【中国财政预算支出对经济增长、资源消耗、环境保护的绩效分析】

万建香（江西财经大学）
《财政研究》2015 年第 3 期
12 千字

通过 Hamilton 模型分析与数字模拟，该研究根据 PSR 概念模型，从土地自然生态环境与经济发展相协调的角度，科学甄选能够准确反映鄱阳湖生态经济区土地资源利用压力、状态和响应的典型指标，构建土地利用可持续性评价指标体系和综合评价模型。研究发现：社会最优均衡下，财政预算支出通过"外部效应""环境效应"，具有促进经济增长、降低资源消耗、改善环境质量的绩效，而"规模效应"的影响整体不大，这不同于直觉意义上规模

越大绩效越好的传统观点。但 2007—2011 年间 31 个地区的面板计量表明：整体而言，中国财政预算支出并未表现出"规模效应""外部效应""环境效应"，仅仅表现为"转移支付效应"。理论与现实的差距在于财政预算强调规模总量，忽视外部、环境效应的绩效考核与评价。因此，稳定规模、提升外部绩效、重视环境因素尤其是加大教育科技预算支出，是提升财政预算绩效的突破口。

该文基于内生增长理论构建 Hamilton 动态优化模型，数理分析财政预算支出对经济发展的影响，并辅以计量实证，针对区内面临的主要土地利用问题进行土地利用可持续性的定量评价，以期为区域土地可持续利用管理提供决策依据。（1）同时考虑规模效应、外部效应及环境效应。（2）为突出规模效应、外部效应、环境效应的研究，结构效应仅通过财政预算支出的外部效应与环境效应弹性比间接反映。（3）经济发展主要包括经济增长、资源消耗、环境保护三方面。

（胡海波）

【基于 PSR 模型的区域土地利用可持续性水平测度——以鄱阳湖生态经济区为例】

谢花林、刘曲、姚冠荣、谈明洪（江西财经大学）

《资源科学》2015 年第 3 期
10.4 千字

该研究根据 PSR 概念模型，从土地自然生态环境与经济发展相协调的角度，科学甄选能够准确反映鄱阳湖生态经济区土地资源利用压力、状态和响应的典型指标，构建土地利用可持续性评价指标体系和综合评价模型，针对区内面临的主要土地利用问题进行土地利用可持续性的定量评价，以期为区域土地可持续利用管理提供决策依据。

该研究根据土地利用可持续性原理和研究区域土地的现状特点，从压力、状态、响应三方面选取耕地压力指数、单位耕地化肥负荷、生物多样性指数、有效灌溉率等 14 个指标，构建鄱阳湖生态经济区土地利用可持续性评价指标体系和综合评价模型，开展 2006—2010 年鄱阳湖生态经济区土地利用可持续性评价，从整体上反映鄱阳湖生态经济区的土地可持续利用水平，并进一步分析区内土地可持续利用水平的空间差异。综合评价结果表明：

（1）鄱阳湖生态经济区土地利用可持续性评价等级由 2006 年的可持续起步阶段（Ⅱ）提升至 2010 年的基本可持续利用阶段（Ⅲ）。评价结果基本反映当地土地利用可持续性的变化状况，说明构建评价指标体系和建立综合评价模型是可行的。但限于数据的可获取性，该文评价指标的选取还不够完善，例如土地污染负荷仅考虑耕地化肥负荷、农药等其他农业污染，工业污染及生活污染负荷等并未包含在内。此外，该文评价指标体系专门针对鄱阳湖生态经济区资源环境禀赋和社会经济发展状况，应用于其他地区时应注意因地制宜地进行适当增减。

（2）从空间差异方面看，2010 年与 2006 年相比，除新建县从土地可持续利用阶段（Ⅳ）下降至基本可持续利用阶段（Ⅲ）外，其他县（市）土地利用可持续水平均得到较大提升。其中九江县、都昌县等土地利用可持续性等级从基本可持续利用阶段（Ⅲ）上升至可持续利用阶段（Ⅳ），处于可持续利用阶段的县（市）由 1 个增加至 5 个；南昌市区、南昌县、武宁县土地利用可持续等级从可持续利用起步阶段（Ⅱ）上升至基本可持续利用阶段（Ⅲ）。

（3）鄱阳湖生态经济区土地可持续利用水平受耕地压力、单位耕地化肥负荷、水土协调状况等多种因素的共同影响。在未来不可盲目追求经济快速发展，而应继续实行最严格的耕地保护政策，限制建设用地扩张挤占耕地和生态用地，加大环保力度，避免土地可持续利用等级反弹下降。

(胡海波)

【推动传统出版与新兴出版融合发展的财税政策研究】

王关义、胥力伟（北京印刷学院经济管理学院）
《中国出版》2015 年第 17 期
5.4 千字

随着数字技术的兴起，传统出版出现新的发展契机和发展方向，出版业的数字化转型逐步推动，国家也多次出台激励政策鼓励传统出版和新兴出版融合发展。该文通过着重分析传统出版数字化转型政策，发现当前政策的支持着力点在于传统出版的数字化产品和数字化转型升级。这虽然在一定程度上减轻了传统出版数字化产品的税收负担，激励了传统出版数字化转型的动力，但还存在一些问题。基于此，该文从政策层面提出了相关财税支持建议和对策，以期加快推动传统出版与新兴出版的融合发展。具体包括：

第一，加大财政资金扶持传统出版的数字化平台建设。通过文化产业专项资金重点扶持历史文化瑰宝的数字化平台建设、内容开发项目，以及继续重点扶持传统出版社数字化平台建设。由于财政资金有限，扶持方式建议采取财政贴息的方式，发挥财政资金的杠杆作用，撬动社会资金进入传统出版转型建设中。

第二，制定出版优秀数字化产品的税收政策。根据新兴出版物特点，出台专门的税收减免措施。一是对电子出版物中的电子图书、电子期刊和报纸给予 5 年免征批发、零售环节增值税的优惠政策，进一步降低电子出版物的价格，从消费终端带动新闻出版产业的数字化转型进程。二是考虑网络出版物进项税抵扣偏少、增值税税负较重的问题，建议电子出版物成本中，向作者支付的稿酬（或版税）采取计算抵扣的方法，由出版社对个人支付的稿费（或版税）按 6% 抵扣率计算抵扣增值税，增加增值税的抵扣项。明确电子图书、互联网期刊、数字报纸等出版物增值税超3% 即征即退政策。

第三，出台激励传统出版数字化转型设备及软件更新的税收政策。一是继续实行增值税退税款专款专用政策。针对部分出版企业并未将退税资金谋发展、求转型的现象，建议出台相关监督举措保障退还税款专项专用于数字化转型设备或软件投资。二是出台数字出版专用设备（软件）投资额抵免企业所得税政策。建议将数字出版专用设备（软件）列入企业所得税优惠目录，购置此类专用设备可以按专用设备投资额的10% 直接从企业所得税当年应纳税额中抵免，当年不足抵免的，可以在今后 5 个纳税年度结转抵免。此举可刺激其他未获得财政专项资金支持的出版企业自发进行数字化设备购置进而带动数字化转型。

第四，出台传统出版和新兴出版共同经营减免企业所得税政策。为了支持传统出版和新兴出版的融合发展和共同经营，建议传统出版企业将税后利润用于数字出版平台建设、基地建设方面的投资，或利用股权投资方式投资于未上市的中小数字出版企业两年以上的，可以按照投资额的70% 在投资当年或股权持有满两年当年抵扣该新闻出版企业的应纳税所得额；当年不足抵扣的，可以在以后年度结转抵扣。

(胥力伟)

【我国出版业国际化转型的几种模式】

王关义、鲜跃琴（北京印刷学院经济管理学院）
《现代出版》2015 年第 1 期

5 千字

　　出版业国际化转型是建设社会主义文化强国的迫切要求，是我国出版业融入全球经济的重要途径。近年来，我国不少出版企业结合自身实际选择了多种国际化转型模式，不断提升自身在国际出版市场的竞争力。具体包括：

　　第一，图书商品贸易模式。图书商品贸易模式是指图书出版企业把在本国编辑出版的图书进口或出口到另一个国家的模式，主要有间接贸易模式和直接贸易模式，是国内出版企业初涉海外图书市场时的首选模式，具有国际参与程度低、风险小的优势。由于中西方巨大的文化背景、接受习惯、思维方式等差异，国内出版图书的内容、价格、装帧、图书结构等都很难满足国外读者的口味，国内出版企业采用图书商品贸易模式进入国际市场将面临重重困难。

　　第二，版权贸易模式。版权贸易是指版权许可、版权转让与版权代理过程中产生的贸易行为。在国际交往日益密切的今天，版权贸易对每个国家产生的影响越来越大，成为各国间贸易的重点内容。版权贸易的优势在于：风险小、可行性大，图书版权输出能够使出版单位以较少的资源迅速实现一定的经济利益，避免了参与国际化经营所带来的经营风险。但是版权贸易也存在一定缺陷：国内出版单位无法及时了解到海外市场对出版物的反应，图书版权贸易输出带来的经济利益和图书创造的利润相比相差太远。因此一部分国内出版单位对版权输出缺乏热情。

　　第三，国际合作出版模式。国际合作出版是指不同国家的出版机构共同在世界范围内开展出版物的编辑、排版、印刷、发行等活动，在全过程中合作完成其中某一个环节或某几个环节。国际合作出版能使中国的出版物进入世界市场，实现合作双方的优势互补，达到双赢。但是，通过国际合作出版，国内版权资源也不断流失，一些国际合作出版中，国外出版单位成为了中文版权的共同拥有者，甚至有可能控制了国内出版社的中文版权。随着国际合作的不断加深，部分国外出版机构凭借其雄厚的资金和成熟的运作模式，抢占我国出版市场的图书资源，对我国出版单位进入国际市场造成了威胁。

　　第四，海外投资模式。海外投资模式是指出版企业在海外设立的出版机构开展出版业务的方式。海外投资模式能够实现与国际接轨，为更多的外国读者所认知。但该种模式聘请过多的外国人进行经营管理活动，海外分社将面临被外国人控制的危险。在海外从事生产经营活动，海外投资的出版企业将面临比国内更大的货币风险、市场风险、政治风险及经营风险，撤出海外市场的障碍和成本都较高。同时，海外出版机构日常的管理费用和运营费用都比较高，而国内资产规模小的出版企业难以承受。

　　基于此，由于不同出版企业在规模、资金等方面存在巨大差异，国内出版企业在选择国际化转型模式时要结合自身实际，选择适合自己的国际化转型模式。

（胥力伟）

【中美出版产业发展与结构比较分析】

李治堂（北京印刷学院经济管理学院）
《科技与出版》2015 年第 7 期
6 千字

　　随着建设社会主义文化强国战略的确立，《文化产业振兴规划》《关于进一步推动新闻出版产业发展的指导意见》《关于加快数字出版发展的若干意见》等政策管理条例、规章相继颁布，我国出版产业发展受到前所未有的重视，将迎来快速发展的战略机遇期，这必然导致中国出版产业面临巨大的变革。美国是当今世界第一经济大国，也是世界出版强国，中国要实现文化强国和出版强国建设战略目标，必须以美国为学习与追赶的对象，只有对中美出版产业进行全面的比较，才能发现两国出版产业在发展规模、结构与效益方面的差距，为中国更好地发展出版产业提供借鉴。

通过比较中美出版产业发展与结构，可以看到：第一，美国出版产业规模远大于中国出版产业规模，中国出版产业规模和世界第二经济体的地位不相称；第二，中国数字出版和美国数字出版之间的差距要小于两国传统出版产业之间的差距；第三，美国出版产业在美国经济中的地位远远高于中国出版产业在中国经济中的地位；第四，美国出版产业结构和中国出版产业结构具有较大的差异，美国出版产业中软件出版为主体，而中国出版产业中图书、报纸、期刊等纸媒体出版占绝对地位；第五，美国出版产业劳动生产率远远高于中国出版产业的劳动生产率。

中国出版产业在规模、结构、效益方面与美国出版产业存在较大差距，出版强国建设任重道远。需要进一步深化出版领域的改革，释放出版产业发展的活力和潜力，壮大出版产业规模。应加大传统出版产业与新型数字出版、互联网出版产业的融合发展，利用互联网技术和互联网思维加强出版产业渠道、平台和传播体系建设，加强内容生产和创新商业模式，推动跨媒体出版和多元化经营，建设一批具有较强竞争实力的出版传媒集团，提高出版产业的规模化和集约化水平，提升产业经营效益和综合实力。

（李治堂）

【政府如何伸出对实体书店扶持之手】

刘益、谢巍（北京印刷学院经济管理学院）
《中国出版》2015 年第 8 期
5.8 千字

自 2010 年左右出现实体书店大规模倒闭的潮流以来，实体书店备受关注。近年来，国家相关部门陆续出台了一些税收及财政扶持措施，也带来了一定的积极效果。尽管仍然有不少实体书店的经营者和管理者期待税收及财政补贴方面的扶持政策，但这些扶持政策只能解决实体书店在短期发展过程中的困难，而难以推动实体书店获得长期发展；税收及财政补贴不是实体书店扶持政策的全部内涵。从扶持政策的本质来看，为实体书店的发展塑造良好的社会氛围，推动行业健康发展，激发实体书店发展的内在动力，这些才是扶持政策内容制定的基础。因此，政府要扶持实体书店的发展，可以分别从宏观社会层面、中观产业层面以及微观企业层面制定相应的政策。

从宏观社会层面来看，制定实体书店扶持政策的目的是给实体书店发展创造良好的社会氛围，促进实体书店行业繁荣与发展。从扶持政策整体情况来看，宏观政策也是其他扶持政策制定和实施的基础。建议政府扶持政策聚焦于：引导社会阅读氛围的形成，如通过各级政府部门宣传、推动当地"读书月""读书周"等活动的开展，引导消费者走进实体书店、感受阅读氛围，促进消费者形成良好的阅读习惯。

从中观产业层面来看，政府扶持政策的根本目的在于推动包括实体书店在内的出版产业发展。因此，建议扶持政策从以下三个方面展开：一是从出版行业供应链的角度推动资源整合优化；二是在发行行业内，以扶持国有发行集团和大型民营发行集团为重点，扶强扶优扶特，遵循市场规律，促进发行行业格局优化；三是建立健全发行行业的市场体系，维护公平竞争的市场秩序。

从微观企业层面来看，政府扶持政策的根本目的在于促进实体书店产生内在发展创新的动力，积极参与市场竞争。因此，建议扶持政策从以下两个方面展开：一是重视实体书店功能的塑造，积极推进不同类型的产业融合实践；二是积极促进实体书店提高经营管理水平，探索创新经营模式。

总之，扶持政策的终极目标是推动实体书店转型，促使适应新环境的实体书店向着创新经营、具有特色、定位准确、满足需求的新型实体书店发展，而不是单一地提供资金、让生存困难的实体书店维持经营；不是干涉经济发展规律，而是激励实体书店，使之形成发展的动力和优势。因此，政府在对实体书店制定扶持政策时，在宏观社会层面和中观产业层面塑造良好的宏观环境和中观产业环境基础，在微观企业层面激发实体书店发展的内在动力，提高经营管理水平，提高竞争力，实现实体书店的持续健康发展。

（谢巍）

【出版企业商务智能水平评价体系构建与应用】

刘硕（北京印刷学院经济管理学院）
《科技与出版》2015年第8期
9千字

出版企业的商务智能水平直接体现了企业的综合竞争力和经营智慧，决定了出版企业在大数据时代转型发展的深度和广度，评价和探寻商务智能水平及其关键影响因素已成为大数据时代出版企业的重要工作。该文利用网络层次分析法（ANP）构建出版企业商务智能评价体系，并基于该评价体系利用专家调查法在 Super Decision 环境中分析得出了目前影响我国出版企业商务智能化转型发展的关键因素。该研究利用科学的评价方法结合业内专家的判断，为出版企业大数据时代转型升级提供了工作方向，并得出以下启示：

第一，大数据时代，很多国家或国际组织都将大数据视作战略资源，国内外知名企业也纷纷涉足大数据，将大数据视为核心资产，并制定了大数据的发展战略。传统出版是以业务和技术为驱动的生产模式，这种生产模式的缺点是很难挖掘和发挥数据的商业价值，很难解决出版企业与客户及消费者之间的连接问题。传统出版的生产运营模式已经无法适应当前环境，出版行业及业内企业的商务智能化转型升级势在必行。

第二，根据目前中国出版行业及业内企业现状，推进企业乃至整个行业的商务智能化进程至少需要考虑政府、行业、企业、管理者4个层面的因素，其中宏观和中观的战略层面因素很大程度上影响着我国传统出版业和业内企业的商务智能应用与发展。

第三，目前影响我国传统出版商务智能转型升级最为关键的因素，即政府层面的设计与规划、行业层面的行业协会和标准化体系以及企业层面的资金和人才储备。因此，科学的设计与规划、行业协会作用的发挥、标准化体系的建立以及企业自身实力的提升将会更好地推进我国传统出版业的商务智能化转型与发展。

第四，由于商务智能转型所带来的成本不可忽视，且项目效益短期内并不明显，因此，出版企业对于数据资源的整合与利用程度应循序渐进，有计划、有重点地逐步推行企业运营的商务智能化，渐进实现大数据时代数据资源的商业价值，改善企业整体运营流程与模式，最终实现传统出版以业务和技术为驱动的生产模式向以数据为驱动的生产模式的转型升级。

（刘硕）

【版权质押融资法律制度的完善】

张书勤（北京印刷学院经济管理学院）
《科技与出版》2015年第10期
9千字

以版权为核心竞争资源的文化产业的

发展离不开金融业的支持，版权金融是文化产业发展中的一个重要交叉领域。实践中版权质押融资模式主要有三种：一是单版权质押融资模式；二是多版权组合打包担保融资方式；三是版权质押附加其他担保方式的融资借款，其他担保方式包括：保证、抵押等。多种担保方式并用的融资方式在我国版权担保融资领域最为普遍。该文认为，充分开发版权资源，借力版权金融推动产业的转型升级，急需填补版权担保的法律制度空白，细化文化产品的监管标准，营造健康的产业发展法律环境，以制度创新有效降低版权质押融资的经营风险，并得出以下启示：

第一，版权使用的应收账款的可质性制度完善。一是版权出质前授权使用产生的应收账款的可质性。因为版权使用所产生的应收账款的获益权在版权出质前已经存在，根据现在《物权法》的规定，可以做权利质押以融资。二是版权出质后使用产生的应收账款的可质性，现行《物权法》《担保法》及《著作权法》均无规定。为了充分发挥版权的经济价值，借鉴有着丰富金融创新经验的美国版权使用制度，笔者个人赞同出质后可以继续使用，但不得重复担保，同时要求继续使用形成的若干合同要及时登记，以便让债权人及时掌握版权使用的情况，从而充分保障债权人的债权实现。

第二，建立版权期待权的可质性制度。版权期待权是对未来作品享有的期待利益的一种权利，作品一旦创作完成，创作人对作品的期待利益权变为现实的版权。现行法律制度对未来作品的版权能否质押没有明文规定，世界上其他国家和地区立法也各有不同。在目前的法律框架下，当事人即使约定质押物包括未来作品，也只能在当事人之间发生债的效力，无法产生担保物权的效力。建议借鉴物权担保中的浮动抵押制度，有必要在权利质权中设立"浮动质押"制度，使包括著作权在内的知识产权等无形财产权也可以设立浮动担保，从而保障质押担保功能的实现。配套浮动质押制度，需要改进版权质押登记，设立予登记制度。同时债权人必须密切监督出质人的创作状况，同时及时办理新作品质押登记。另外，建议债务人投保"完工保险"，以分散银行的金融风险。

第三，降低版权质押融资的内容管制风险。相较于其他行业知识产权质押融资的风险类别，文化产业中的版权质押融资成功运作的最大风险来自文化产品的内容管制风险。现在关于文化产品与服务的内容管制标准政出多门，宽严不一。总的来讲，出版物（新闻类报刊除外）的管制标准比演艺类作品标准宽松，最严格的是影视类作品，包括动漫游戏。内容的管制决定着在我国的文化市场上文化产品能否顺利面对公众，并获得相应收益。推动版权质押融资的实践，急需文化产品内容监管制度的改进，如明确各类文化产品内容监管的具体明确的标准，统一管理部门和程序，给文化产品的投资人对创作产品以清晰可控的预期，从而降低版权质押融资风险。

（张书勤）

【构建移动互联网环境下的版权生态链】

王亮（北京印刷学院），刘阳（中航出版传媒有限责任公司），张丽（北京印刷学院）

《科技与出版》2015年第9期
5千字

"移动版权生态链"是指在移动互联网环境下，版权生长过程中各种因素之间相互制约与促进的一种关系，苹果应用商店的管理机制就属于一种典型的"生态链"机制。但是，在移动互联网这个大环境中，版权生态链又可以从"版权制度生态链"和"版权产业生态链"两个层面去理解和分析。从制度发生学的角度来说，版权生态链是指在版权制度的产生和发展过程中各种因素之间的关系。在产业层面上，版权生态链是指在移动互联网产业的发展过程中版权产生并进而利用发生的各种关系。其中，产业关系中任何因素和关系的变化都会导致制度层面的变化，而制度关系的变化同样会影响版权产业的发展。因此，二者之间这种相互影响和制约的关系则成为移动互联网版权保护机制构建的根本动力。

移动版权生态链的构建需要综合考虑外部环境和内部环境，外部环境需要从宏观层面，即移动互联网产业发展的历史和社会背景的角度考察。移动版权生态链的构建需要一种由诸多因素之间、环境整体以及诸因素与环境之间建立的交互性的外部关系。而在这些因素中，制度层面的法律、法规政策、政府监管政策，产业层面的运营模式，以及版权的技术应用是对移动版权生态链环境的构建最为突出和最具决定意义的。内部环境则包括数字内容及其版权、内容运营商、内容所有者、监管部门和用户等关键要素。每一个要素在版权生态链中都充当着截然不同又至关重要的角色。在这种生态环境中，所有内部环境参与者决定着版权的获得、使用与发展，同时，版权也在影响和促进着整个生态链的良性循环，为内部环境参与者创造多赢的局面。

移动版权生态链的实施是移动互联网环境下数字内容版权产业良性循环发展的"中心轴"。移动版权生态链的运营模式不仅可以解决数字内容提供商创作收益低、权利得不到保障这一长期存在的问题，而且可以扭转运营商高成本购买版权却因盗版而导致亏本的局面。政府部门可以监督和控制企业在移动互联网环境下的产业发展动态，公众也可以通过支付合理的费用享受高质量的数字内容和服务。如此循环往复，相信一定可以实现移动互联网版权产业的有机、绿色发展。

（王亮）

【我国出版传媒类上市公司成长性评价实证研究】

何志勇（北京印刷学院经济管理学院）
《现代出版》2015年第5期
4.5千字

出版传媒类上市公司作为我国文化传媒板块的新生力量和重要组成部分，其上市伊始便受到资本市场的热捧，并借助文化产业大发展大繁荣的东风取得了可喜的成绩，在规范治理结构、提升管理水平、增强经营能力和盈利能力等方面起到了较好的示范作用。然而出版传媒类上市公司在业绩增长、资金投放和市场表现等方面存在着一定的问题和不足。如何辩证地看待出版传媒类上市公司的成长表现，需要从理论和实践中进行整体客观的评价。该文以盈利能力、运营能力、偿债能力和发展能力4方面的财务指标为数据依据，运用因子分析法对我国出版传媒类上市公司的成长性进行了综合评价和分析比较。最后，得出主要结论及建议如下：

（1）传统出版发行业务盈利能力不强，亟待业态转型升级。新媒体技术尤其是数字出版技术的快速发展、用户阅读习惯的逐渐转变对传统出版行业的经营模式和产业形态产生较大冲击。出版传媒类上市公司除应继续加强对内容品牌等核心价值建设外，还应充分利用数字技术进行业务流程再造，重构出版产业价值链，实现媒介和产业的相互融合，朝跨媒介、综合性文化产业等方向转变。

（2）主营业务收入增长质量不高，规模效益不够显著。随着出版业的行业性、地域性垄断被逐渐打破，出版传媒类上市公司应借助资本力量加快对业务相近、资源相同的出版传媒类企业的兼并重组，实现跨地区发展；通过资本运作，加深与电信、广播、影视、教育等行业之间的融合，灵活运用各种合作方式实现跨行业发展。

（3）负债融资比例不高，资金使用效率较低。出版传媒类上市公司应充分利用政策利好和市场机遇，通过信贷支持、融资租赁、商业信用等方式适度举债，发挥负债的财务杠杆效应。同时逐步有序引入非公有制资本和国外资本，形成多元股权结构和混合所有制形式，优化上市公司资本结构，扩大上市公司资本规模，完善公司治理结构，建立科学合理的投融资决策程序，提高资金使用效率。

（4）学习能力和应变能力下降，企业成长活力不足。出版传媒类上市公司要想实现快速、持续和健康成长，就必须不断适应内外部环境的变化，及时主动地在公司战略、产品结构、管理方法和组织机构等方面进行调整和变革，以体制创新、管理创新、技术创新和组织创新来为企业成长注入源源不断的动力源泉。

（何志勇）

第五篇

著作选介

【战略成本动因的管控机制与企业竞争力研究】

俞雪莲（福建工程学院）

社会科学文献出版社 2015 年版

210 千字

随着全球经济一体化趋势的加快及中国市场经济的日益发展和完善，企业能否生存和发展关键在于对成本的管理。该书从理论分析和实证研究两个角度研究战略成本动因的管控机制与企业竞争力之间的关系。

在理论分析中，该书综合运用战略成本管理、经济学、管理会计学、管理控制理论、企业竞争力理论等多门学科知识，并基于对福建东南汽车城实地调研的资料，识别一般行业和中国汽车行业的结构性成本动因和执行性成本动因，构建企业竞争力评价体系，研究战略成本动因与企业竞争力的关系，并探讨管理控制机制在其中发挥的作用。

在实证研究中，该书将中国汽车行业作为问卷调查对象，运用描述性统计、回归分析和结构方程模型分析等方法，对战略成本动因、管理控制机制和企业竞争力的关系模型进行检验。该书的主要特点如下：

（1）作者结合现代企业及中国汽车行业的发展特点，针对中国汽车行业提出了六大结构性成本动因和八大执行性成本动因，并以协同管理理论为指导，探讨了战略成本动因与外部环境、价值链、管控系统之间以及各战略成本动因之间的协同关系，为企业管理控制提供了可借鉴的战略成本控制方法。

（2）该书突破了传统的"对战略成本动因进行管控可形成成本竞争优势"观点，认为战略成本动因能够通过直接和间接的方式从财务、市场与客户、内部管理、学习与成长 4 个层面提升企业竞争力。

（3）作者将管理控制机制作为中介变量引入战略成本动因与企业竞争力的关系模型中，探讨了结果控制、行为控制、人员控制、文化控制 4 种常见的控制机制在其中扮演的角色，并构建了战略成本动因的管控框架。

（4）该书以中国汽车行业为调查对象，设计调查问卷对上述几种观点进行实证检验，实证结果支持以下论点：第一，在企业战略成本动因中，与执行性成本动因相比，结构性成本动因发挥的作用更大。第二，战略成本动因和企业竞争力的提升存在正相关关系，对战略成本动因管控越好，企业竞争力提升得越快。第三，管理控制机制作为中介变量，影响着战略成本动因与企业竞争力的关系。

（申桂萍）

【国外国有企业高管薪酬】

肖婷婷（人力资源和社会保障部劳动工资研究所）

社会科学文献出版社 2015 年版

210 千字

收入分配关系人民群众切身利益，体现社会公平正义，影响经济健康持续发展。党中央、国务院高度重视收入分配改革，采取一系列政策措施，不断调整收入分配格局，加大收入分配调节力度，加快推进收入分配改革，在增加城乡居民收入、改善人民生活和促进社会和谐等方面取得显著成效。但是，由于收入分配改革的艰巨性和复杂性，收入分配领域仍存在一些亟待解决的突出问题，如城乡区域发展差距和居民收入分配差距依然较大，收入分配秩序不规范，宏观调控体系不健全等。解决收入分配问题，仍是摆在党和政府面前一项重大而又紧迫的任务。基于上述背景，该书研究了工资收入分配领域的主要内容，概括起来有以下几个特点：

（1）聚焦热点，内容广泛。丛书围绕十八大精神和十八届三中全会提出的"形成合理有序的收入分配格局"这一主线，从宏观和微观、理论和实践、国际和国内等层面，选择工资收入分配领域的热点问题进行研究。内容涉及工资支付保障立法、最低工资政策评估、提高劳动报酬占比、人工成本宏观监测、国企高管薪酬管理等。这些都是各方特别关注的收入分配领域的热点问题，急需深入研究，尽快破题。

（2）结构统一，布局合理。该书力求全面反映我国工资收入分配状况，特别是在经济发展方式转变过程中，工资收入分配改革取得的进展以及深化改革的难点。因此，在结构和布局编排上，既有对现状的详细介绍，也有对存在问题的深入剖析，更有对解决这些问题的相关政策建议。

（3）开阔思路，力求创新。长期以来，国内对于如何深化收入分配改革众说纷纭，尚未形成统一认识。该书力求展现国内外专家学者对深化收入分配改革的不同观点，以引发读者更加广泛而深入的思考。同时，在综合各方观点的基础上，作者提出了研究思路和见解，力争在工资收入分配改革研究方面有所突破和创新。

（4）重视调查，实证性强。书中每个专题均通过多种研究方法和调查手段开展实证研究，用事实论证，用数据分析。除了使用官方统计部门发布的权威数据外，还通过广泛调查，获取了大量的第一手资料，对我国工资收入分配改革状况，以及与工资收入分配改革相关的重点问题进行研究分析，数据丰富、内容翔实，提高了研究成果的权威性和针对性。

当前，我国收入分配改革正处于攻坚克难阶段。该书的出版能够更好地推动社会有关方面进一步研究收入分配问题并不断形成共识，能够为制定收入分配政策提供决策支持，为深化收入分配制度改革提供参考借鉴，为从事收入分配的实际工作者提供指导帮助。

（申桂萍）

【食用农产品战略供应关系治理研究——基于质量安全的视角】

陈梅（东北财经大学）
经济管理出版社2015年版
350千字

食用农产品原料的质量安全直接关系到食品加工企业所生产的最终食品的质量安全，如三聚氰胺事件、福喜肉事件等，食用农产品质量安全现已成为社会各界关注焦点。这些食品安全问题与企业的食用农产品战略性原料的质量安全紧密相关。该书主要研究了影响食用农产品质量安全的内在机理，即食品加工者与食用农产品生产者之间战略供应关系的有效治理问题。作者认为，组织治理模式的选择从根本上讲是企业行为，因此，该书基于企业微观层面更具有现实意义。

该书从食品加工企业出发，重点研究食品加工企业对其战略性农食原料投资的治理，即与农食供应商的关系建立与维持。战略供应关系的建立是该书的基础，因此作者提出了食用农产品质量安全产生于两类不确定性即行为不确定性和客观环境不确定性，基于这两类不确定性将交易成本治理理论和期权交易治理理论有机结合，构建了食用农产品战略性原料投资治理的分析框架，通过序数回归实证分析得出了与三聚氰胺事件后理论界和实务界的共识所不同的观点，即影响农食战略性原料投资治理模式选择的主要因素不是供应商的机会主义行为，而是客观环境不确定性，如自然灾害、疾病疫情等。战略供应关系的维持主要是通过食品加工企业与农食战略供应商的关系控制机理、战略联盟的关系控制机制以及以质量安全为核心的战略供应关系绩效的一系列的实证研究展开的。最后从该关系维持的宏观层面构建了我国农食产品政府监管真空的解决机制。

（申桂萍）

【云制造模式下的企业敏捷性及其绩效提升】

霍春辉（辽宁大学）

经济管理出版社 2015 年版

349 千字

随着第三次工业革命的不断推进，世界各国掀起了"再工业化"的浪潮。"云制造"的出现为我国制造业的转型升级提供了发展思路。云制造模式是先进新兴信息化技术的集合，是云计算技术在制造业领域的深度延伸和拓展。目前对于云制造模式的研究和实践虽然取得了一些成果，但仍有很多技术和应用问题急需深入研究。特别是如何应用云制造模式提升企业组织敏捷性以快速适应动态复杂的外部环境是当前亟待解决的问题。

该书基于动态能力观将云制造纳入组织敏捷性的框架体系，深入探究云制造模式、组织敏捷性、企业绩效三者之间的逻辑关系，构建了"云制造—组织敏捷性—绩效"CAP 模型。这是该书的主体思想，也是该书的精华所在。该书脉络清晰，紧紧围绕"云制造模式对组织敏捷性与绩效的作用机理"这一主题展开研究和讨论，采用实证研究和案例研究相结合的方法，对研究主题层层深入。该书紧紧把握制造业，特别是先进制造业发展的脉搏，洞悉国际制造业的发展现状和未来发展趋势；梳理组织敏捷性理论的研究思路，包括组织敏捷性的历史渊源、内涵特征、分析框架、衡量指标与实证研究等；阐述当前企业基于云的管理模式创新，包括云计算在企业中的应用、云管理模式在企业中的实践以及基于云技术的电子商务发展模式等；深入探究组织敏捷性对企业绩效的影响以及云制造模式对组织敏捷性和绩效的影响机理。

该书的出版能够为中国制造业的快速发展和转型升级提供思路，具有重要的理论价值和借鉴意义。

（1）借鉴国际制造业的发展经验。制造业是衡量国家综合实力和国际竞争力的重要标志。美国、欧洲、日本等发达地区重视制造业，特别是先进制造业的发展，实现国家的快速发展。国际制造业的发展经验值得中国借鉴和学习，如何将发达国家发展先进制造业的经验与中国制造业具体实际相结合是当前中国制造业发展的关键。中国制造业的发展应注重把握当前国际制造业的发展趋势，明确先进制造业的战略地位，提升自主创新能力，实现中国制造业的智能化、绿色化、服务化、敏捷化发展。

（2）创新企业管理模式或商业模式。云计算在企业管理中的应用不断普及，促使新的管理模式的产生，即云管理模式。云管理是借助云计算技术和其他相关技术，通过集中式管理系统而建立的完善的数据体系和信息共享机制。它是基于社交网络、移动互联网、云计算等新兴技术而构建的新型管理模式。云管理改变了中国企业传统的管理模式，突破了传统的组织、时空和资源的局限，提高了管理的灵活性。该书基于对连云港和越秀集团云管理模式的探讨，认为云管理模式能够促进集团生产运作的智能化、信息化、高效化；基于对亚马逊、阿里巴巴、苏宁云商案例的研究，认为电商企业应用云技术能够实现商业模式的创新。因此，企业应该将云技术与企业具体实际相结合，实现管理模式或商业模式的创新以推动企业实现快速发展或转型升级。

（3）该书提出了我国制造企业云制造应用对策。云制造模式要真正落实到制造业的实践与应用，就需要与企业的具体信息化需求、组织架构、产品制造模式、组织文化等企业特点相适应。云制造模式不仅仅是一种技术手段，也是一种与企业息息相关的管理手段，必须与企业管理模式相匹配。云制造的探索和落实，需要充分结合制造企业的自身特点，不能盲目地使用和推广。因此，大型制造集团企业应用云制造模式需要结合自身信息化需求，注重统筹规划，加强顶层设计，打造个性化云制造模式。此外，制造业企业应该基于德国"工业4.0"先进理念，应用先进云技术，推进制造业的智能化发展，构建开放式云制造平台等，实现制造业企业由单纯的制造型企业向制造服务型企业转变，不断推进商业模式的创新，实现企业快速发展。

（4）应用云制造模式实现组织敏捷性优化。基于CAP模型，该书从技术敏捷性、顾客敏捷性、合作伙伴敏捷性、运营敏捷性4个方面提出了基于云制造模式的组织敏捷性优化策略。云制造模式是一种先进制造模式。该书通过对沈鼓集团应用云制造模式的案例研究，深度挖掘云制造模式对企业组织敏捷性的作用机理，探寻组织敏捷性优化路径。外部环境日益动态复杂，制造企业需要尝试应用云制造模式或其理念以提升组织敏捷性（包括技术敏捷性、顾客敏捷性、运营敏捷性、合作伙伴敏捷性）以增强其竞争优势。

综上所述，该书的价值在于，除了论证CAP模型以外，还基于应用云管理模式和云制造模式的案例企业的实践经验，提出了我国制造企业的云制造模式应用对策和基于云制造模式的组织敏捷性优化策略，以期为我国制造业应用云制造模式以实现个性化发展、商业模式创新、企业转型升级等提供借鉴，为我国制造业企业提升自身组织敏捷性以快速应对外部环境变化提供思路。

（申桂萍）

【家族公司治理中的终极股东控制问题研究】

郭斌（北京第二外国语学院）
经济管理出版社2015年版

220千字

在家族公司治理中，终极股东是否动用非经济性的社会因素影响力实施对上市公司控制？实际上，这种现象时有发生，确实存在，但迄今为止，很多学者在解释终极股东控制问题时总会无意识地割裂非经济性的社会因素与家族企业治理实践间的内在联系，简单认为终极股东只会运用股权控制链手段控制上市家族企业。终极股东同时利用股权控制链与社会资本控制链实现对上市公司的最终控制，是研究家族公司治理终极股东控制问题的关键。在股权分散、家族股东相对控股的情况下，股权控制链尚待完善，社会资本控制链对其具有重要的互补作用。但是，目前现有文献都只是停留在对终极股东股权控制链的静态描述上，而对社会资本如何成为其控制手段并构建及演化为终极股东双重控制链的过程没有给出具有说服力的回答。

该书围绕"家族公司治理终极股东控制问题"展开，重点阐述其中的4个关键问题：（1）家族公司治理终极股东控制问题的实质及其现状特征；（2）提出上市家族企业终极股东双重控制链理论及其分析此类问题的必要性；（3）基于组织惯例演化理论探讨上市家族企业终极股东双重控制链的构建与演化过程；（4）对组织惯例、社会资本与家族终极股东控制间的内在联系进行实证分析。

从理论的角度来看，该书基于组织惯例及其演化规律视角，着重论述了家族公司治理中终极股东双重控制链的构建与演化机制，对进一步解释家族公司治理终极股东控制问题具有重要的理论意义。（1）作者将终极股东双重控制链都纳入组织惯例演化的理论框架内，具有理论统一性。（2）该书更强调社会资本控制本身具有的组织惯例规约组织行为的属性，更进一步将文化传统视为情境要素及其对组织惯例的干扰效应，以此解释家族公司治理终极股东控制问题的根源，研究更专业化和具体化。（3）该书运用目前既有的、较为前沿的组织惯例演化理论，阐释家族公司治理中终极股东双重控制链的生成过程。

从实践的角度来看，该书对家族公司治理中终极股东如何利用双重控制链实现对上市公司控制与中小股东利益剥夺的研究，对我国公司治理法制创新有着重要作用，具有深远的现实意义。

（申桂萍）

【农民社会养老保险制度的公共投入优化研究】

徐强（华南农业大学）

经济管理出版社 2015 年版

252 千字

在工业化、城市化快速推进的背景下，农民传统的养老保障（家庭养老、土地养老等）功能逐渐弱化，农民养老问题面临严峻的挑战。目前新农保的公共投入尚存在较大的优化空间：一是公共投入的责任分担机制不健全；二是公共投入的总体水平偏低；三是缺乏政府公共投入的财政预算制度。因此，研究农民社会养老保险制度的公共投入优化问题，探讨城乡统筹背景下该公共投入优化机制的适用性，不仅对于我国应对人口老龄化，推进"新农保""城居保"及两者合并后的城乡居民基本养老保险制度发展具有重要意义，而且对于完善国家公共投入体系、缩小城乡差距、促进城乡协调发展具有重要意义。

该书以农民社会养老保险制度为例，研究其公共投入优化机制，探讨在城乡统筹背景下该公共投入优化机制对城乡居民基本养老保险制度的适用性具有重大的理论和现实意义。作者主要探讨并回答以下6方面的问题：第一，政府财政为什么要介入农民社会养老保险制度？即农民社会养老保险制度公共投入的理论依据和现实依据。第二，世界上其他国家对农民社会养老保险制度的公共投入情况如何，有哪些值得我们学习的地方？即农民社会养老保险制度公共投入的国际经验和借鉴。第三，现行农民社会养老保险制度中各级政府财政责任的分担现状及存在的问题，并提出公共投入责任分担的优化方案。第四，现行农民社会养老保险制度中政府公共投入水平的现状及存在的问题，并提出优化公共投入水平的政策建议。第五，现行农民社会养老保险制度中财政预算的现状及存在的问题，并提出具体的优化方案。第六，城乡统筹背景下，农民社会养老保险制度公共投入优化机制对"新农保"和"城居保"合并后的城乡居民基本养老保险制度的适用性。

该书的主要创新之处在于：（1）作者尝试运用风险社会理论解释了政府介入农民养老的理论依据，丰富了人们对社会风险及风险应对方式的认识。（2）该书依据财政联邦主义理论，对各级政府公共投入的责任分担边界进行合理界定。（3）借助社会保障水平测定模型及柯布—道格拉斯生产函数，运用统计数据分析农民养老供需不均衡的现状，并以加强公共投入为切入点，对财政补贴水平进行合理界定，以期逐步提高保障水平，并使政府财政负担在可承受范围之内。（4）该书尝试性地提出农民社会养老保险制度"三账户"合意模式。通过对现行新农保"基础养老金＋个人账户"模式进行部分调整，增加单独的地方补助养老金，由"两账户"给付模式转变为"三账户"给付模式，实现制度优化。（5）该书提出了"依托社会保障预算改革，完善新农保预算支持"的思路，并构建了"新农保"预算管理的基本框架。（6）通过"新农保""城居保"、城乡居民基本养老保险制度的比较研究，探讨了农民社会养老保险制度公共投入优化机制在城乡统筹背景下的适用性。

（申桂萍）

【企业中层管理者组织认同结构维度及作用机理研究】

杜恒波（山东工商学院）

经济管理出版社2015年版

180千字

随着经济全球化、知识多元化和技术创新迅捷化的不断推进，企业的经营环境呈现高度的不确定性，日趋激烈的企业竞争演变成企业人才的竞争。作为企业核心人才的中层管理者的低满意度、高工作压力、高离职率成为制约企业健康发展的主要瓶颈。组织认同因可以使组织成员认知并内化组织价值观，把自己和组织视为一体，形成其他企业难以模仿的独特性，从而成为构成企业核心竞争力的主要因素之一。

该书通过对11家企业的40位企业中层管理者的深度访谈，运用扎根理论构建中国文化情境下企业中层管理者的组织认同结构维度模型，分析了企业中层管理者组织认同在人口学变量和组织学变量方面存在的差异，并考察了变革型领导、组织声望和组织公平对企业中层管理者组织认同各维度的影响，探索了组织认同对企业中层管理者工作态度变量的作用机理。

该书的创新点主要体现在：一方面，在大样本调查的基础上，运用扎根理论探索中国文化背景下企业中层管理者组织认同的内涵及结构维度，弥补了组织认同理论层次性研究的不足，建立具有实证基础的中国版的企业中层管理者组织认同测量量表，为相关学者的后续研究提供了测量工具。另一方面，揭示企业中层管理者组织认同影响变量及作用机理，将针对中层管理者的关注点由客观外在表现的能力、素质转变为主观内在的心理认同，丰富人力资源管理理论，从组织认同的角度探索企业中层管理者激励的"黑箱"，为企业人力资源管理以及企业中层管理者的自我职业生涯管理，提供理论

指导和实践指导。

（申桂萍）

【中国食品危机与地理标志体系——社会经济学实证研究】

赵星（江西财经大学）

经济管理出版社2015年版

204千字

进入21世纪以来，中国农产品的产量产值不断提高。但值得注意的是，伴随急速增长的产量和产值，农产品质量丑闻也呈不断增长趋势。在此情形下，如何向市场提供高质量的农产品就逐渐成为一些学者的研究焦点。在这种情况下，地理标志体系就被政府所设立并被许多生产者所使用以显示其产品与普通产品的质量差异，并据此获得较高收益。然而，大量的研究却证明中国农产品质量"难以被政府完全控制"。面对较弱的政府监管力度，政府推广下的地理标志体系能否保证相应的高品质就变成了一个现实问题。该书重点探讨了上述问题，并试图通过理论体系的构建在农产品质量领域做出具有一定先导性的研究。

该书的具体研究呈现出以下主要特点：（1）通过从管理学角度对"质量"理论的深入挖掘并回顾国内外研究者对于农产品质量问题的不同看法，该书在社会经济学的基础上建立了一个农产品质量理论模型。此模型的提出根植于网络理论（a network approach），并将研究重点放在不同"行动者"（actors）之间的"权力关系"（power relationships）上。认为由于生产者和消费者的角度不同，农产品质量在市场上很难被简单定义。只有通过深入了解一定情境中的不同行动者在农产品质量形成过程中的权力关系以及其带来的生产行为的抉择，农产品质量才能被完美地剖析。（2）在关注权力关系的基础上，该书重点分析了工业化农产品生产网络、替代性农产品生产

网络和地理标志农产品生产网络三个农产品生产网络，以及 Cassis 葡萄酒生产网络、帕尔玛火腿生产网络和佛罗里达柑橘生产网络三个地理标志农产品生产网络。研究表明，在不同的网络中，权力关系都是在农产品质量形成过程中起决定作用的关键性因素。（3）作者通过赣南脐橙、南丰蜜桔和婺源绿茶三个实例分析了地理标志体系在这三个产品质量形成过程中所起的作用。最终结果显示，中国的地理标志体系的建立和发展被政府行为所主导而非消费者的质量需求。因而，此体系关注农民的经济收入甚于农产品质量。较低的地理标志质量标准，不严格的地理标志颁发程序以及较松散的政府管制行为就成为中国地理标志体系的特色。这三方面共同制约了中国地理标志体系提升农产品质量的能力。

（申桂萍）

【价值网竞争优势】

袁青燕（江西科技师范大学）
经济管理出版社 2015 年版
235 千字

进入 21 世纪，随着世界经济一体化步伐加快，企业经营的日益国际化、顾客需求的不断增加、国际互联网的冲击及产品生命周期的缩短，使得企业发展面临新的经济形态的考验，必然带来价值创造方式的变化。企业价值的创造不仅取决于企业自身的努力，也取决于其与上下游企业和客户的关系。在这种背景下，价值网理论以其独特的价值创造方式成为战略管理领域研究的热点。虽然近年来有关价值网研究的创新点不断涌现，但研究的系统性、深入性及实践应用性都还不够，无论是作为一种新的管理理论还是战略管理工具，价值网的理论研究体系仍有待完善。目前，价值网的竞争已经是一个不争的事实，如何顺应时代的潮流及价值网竞争的要求，如何形成、采取何种模式形成价值网竞争

优势却是一个不断更新变化、与时俱进的议题，这一问题不但直接关系到企业的生存与发展，也关系到一国的经济与社会发展。

该书围绕什么是"价值网""价值网竞争优势的形成""价值网竞争优势来源"三个基本问题展开论述，基于此，该书主要从以下几个方面进行研究：

（1）作者对价值网及价值网竞争优势理论研究成果进行了回顾，其中关于价值网与其他组织形式的比较研究，让我们清晰理解了不同阶段人们所关注的重点与难点，及时地总结历史研究的经验与教训。纵向的历时研究是从价值网的形成进程而言的，该研究是立足于战略行为理论的视野来展开的。该研究引入了合作博弈理论、社会网络理论、关系营销学理论、心理契约理论等综合审视了价值网络及其竞争优势的形成，同时跨学科的比较还从方法论的角度给我们的研究开辟了更广阔空间。

（2）该书分析了价值网竞争优势的来源。作者所探讨的价值网的竞争优势属于一种持久的竞争优势，来源于组织的内部，是组织通过变革而产生的。该书将价值网竞争优势构成的要素分成资源类与能力类两大类，并初步遴选出 13 种价值网竞争优势构成要素，采用层次分析法对价值网竞争优势构成要素进行复选，进而通过聚类分析对复选得到的价值网竞争优势来源进行了归类，这是该书的核心和关键。

（3）该书探讨了价值网竞争优势机理。首先对价值网主要竞争优势来源——分工与柔性生产、竞争与合作、资源有效配置及资源共享、知识流动与技术创新、利益相关者战略与顾客忠诚进行了系统分析，进而分析价值网中不同竞争优势影响因素形成竞争优势的内生机理及协同机制。

（申桂萍）

【绿色农业组织与管理论】

严立冬（中南财经政法大学）

人民出版社 2015 年版

440 千字

该书在国内首次系统地研究探讨了绿色农业组织与管理的基本问题，从根本上确立了绿色农业的组织与管理理念，从而进行现代化的绿色农业组织管理，揭示了绿色农业组织与管理在绿色农业科学研究与示范中的重要作用，以倡导绿色农产品标准化为手段，对绿色农业产业的方方面面进行计划、控制、组织、协调、领导，以此达到绿色农业及现代农业的可持续发展目标，推动人类社会和经济全面、协调与可持续发展。

该书主要反映绿色农业管理层面对绿色农业发展的引导与管理的有关问题，其内容主要包括：绿色农业的组织形式、绿色农业的管理目标、绿色农业的系统分析、绿色农业的发展规划、绿色农业的模式设计、绿色农业的综合评价与绩效管理、绿色农业产品的质量监测与管理、区域绿色农业产品质量安全与风险评估、绿色农业的信息服务系统管理、绿色农业发展的财政支持政策、政府对绿色农业发展的政策导向与管理思路等问题。

（申桂萍）

【中国制造业开放式自主创新与国际竞争力提升】

何郁冰（福州大学）

社会科学文献出版社 2015 年版

415 千字

中国制造业如何在全球化环境下提升国际竞争力，是我国实施创新驱动发展战略中的一个关键性问题。对于中国企业而言，全球化提供了难得的向全球领先企业进行网络学习的机遇，任何一个企业都不能也不必完全具备自主地开发一个新产品所需的所有技术和知识。在强调提高自主创新能力的前提下，开放式创新应该得到中国企业更多的重视。在技术创新过程中，中国企业应在保证控制权的前提下积极利用外部技术和资源，以实现更高的投资效率。实践和经验表明，过于对外封闭的产业结构，并不利于中国企业在国际竞争中的锻炼与成长。因此，中国企业要善于综合运用各种开放式创新工具（并购、与国际企业合作、用户和供应商参与创新、产学研协同创新、战略联盟、海外研发、众包、技术许可等）从外部获取知识，尽快嵌入全球研发与创新网络，获得进入更广泛知识库的机会和权利，加速提高在全球市场上的竞争力。

该书提出了"开放式自主创新"的概念，构建了开放式自主创新促进企业国际竞争力提升的理论体系，对我国制造业提高创新能力的现状、问题和原因进行归纳，提出了"开放式自主创新是中国产业提升国际竞争力的重要源泉"的核心观点，并提出了"企业应加强面向开放式创新的战略及管理""选择恰当的开放式自主创新战略""加强政府引导，完善促进企业开放式创新的外部环境""着力加强产学研协同创新"和"完善政策，鼓励企业通过各种方式'走出去'，整合全球创新资源"等对策与建议。

该书的主要特点体现为两个方面：一是中国企业如何推进开放创新与自主创新的协同发展，尤其是如何利用和整合外部创新资源来推进自主创新；二是开放式自主创新如何服务于中国产业提升国际竞争力。作者在这两个方向上都做了规范、严谨和创新性的研究，得出的结论较准确地反映了我国产业当前创新与发展的成绩和存在的问题，所提出的对策与建议具有科学性、针对性和可操作性，为进一步研究中国制造业提升国际竞争力提供了可资借鉴的方向和思路，对我国未来制定科技创新政策、企业实施开放式创新战略等都具有很高的参考价值。

（申桂萍）

【中国服务外包发展战略及政策选择——基于内生比较优势视角的分析】

霍景东（北京市经济与社会发展研究所）

经济管理出版社 2015 年版

300 千字

改革开放以来，中国确立了以制造业代工为主的国际贸易模式，并由此带来了中国经济 30 年的高速增长，中国变成全球的制造基地，初步完成了工业化，实现了由一个人口大国向经济大国的转变。中国是经济大国，却不是经济强国，特别是在高端价值链和话语权方面的控制力较弱；而且资源、能源过度消耗，环境破坏、污染严重，显然这种模式是不可持续的。中国需要的是一个比较健全的、具有国际竞争力的现代产业体系，现代制造业、现代农业、现代服务业必须协调发展。然而，在中国的现代产业体系中，现代服务业是比较薄弱的一环，而且已经阻碍了现代制造业竞争力的提升，中国必须大力发展现代服务业，实现制造业和服务业的融合发展、双轮驱动。中国经济在经历了长期的"服务经济悖论"后，迎来了产业结构拐点，服务业超过工业，成为国民经济的第一大产业；同时，中国经济在经过几十年的高速增长后，正在向中高速增长的新常态迈进，产业结构升级、发展动力转换，需要进一步扩大服务业规模、提升服务业质量、完善服务业制度、引领新常态、迈向新常态，提升国际影响力、控制力。

该书从当前的热点离岸服务外包切入，深入分析服务外包与中国经济结构战略性调整、转向服务经济之间的深刻联系，探究中国服务经济悖论的表象及深层次原因，通过对比借鉴发达国家转向服务经济经验，分析发现离岸服务外包对经济结构转型具有重要作用，同时在岸服务外包同样重要，而且鉴于离岸服务外包规模远远小于在岸服务外包规模的现实，提出我国服务外包发展的模式——以在岸外包为基础，离岸外包为突破口，通过承接离岸服务外包，培育、提升国内企业的承接能力，带动在岸外包的发展。

在岸服务外包和离岸服务外包驱动机理不同，而且在中国发展的特点也不同，其政策着力点也不同，在深入分析服务外包的动因和服务外包发展趋势及面临问题的基础上，利用波特的钻石体系分析了获得服务外包竞争优势的因素，利用 20 个国家的面板数据分析了影响离岸服务外包因素，同时基于投入产出数据分析在岸服务外包的影响因素，并提出推动在岸服务外包的政策关键点是释放需求，鼓励企业将服务环节外置，重点是加快公有部门改革，解决服务外包发包动力问题，消除政策歧视，降低服务外包的交易成本，创新激励机制，解决服务外包的起步问题，将"补供方"改为"补需方"，即可以给予那些将服务外包出去的发包方适当的补贴，加速服务外包的发展；推动离岸服务外包发展的关键是提升供给，如加大人才培养力度，营造高端人才"宜居宜业"环境；提升服务外包园区功能，为服务外包提供良好的载体；加强服务业法制建设，降低司法成本等。但是，考虑到中国是经济大国，公共政策体系是一个系统，不能为一个阶段性的发展目标而变得"千疮百孔"，而是应该在建立普适性的公共政策体系框架，即在服务经济、知识经济的背景下，构建在岸外包和离岸外包协调发展的政策体系。

（申桂萍）

【产业创新生态中的角色与定位】

赵剑波（中国社会科学院工经所）

经济管理出版社 2015 年版

210 千字

随着各个创新角色的加入，我国产业

创新系统的发展呈现出多样化的生态系统特征。该书通过引入生态学视角来研究产业技术创新体系，从生态系统的角度研究企业技术创新系统，将会给技术创新管理提供一种新的视角。按照产业创新生态系统中的角色分类，该书分别从集群、企业、管理者、中介机构等角度做出了详细的阐述。

该书就上述问题进行了以下方面探讨：

（1）在理论部分，主要围绕产业技术创新生态系统的内涵、特征以及研究框架的构建而展开。在深刻理解产业技术创新现状的基础上，采用新的视角审视产业技术创新体系的构建过程，明确产业技术创新生态体系的概念和内涵，最终构建产业技术创新生态系统理论体系。该书还结合具体的产业创新基础，提出了创新生态理论体系的研究框架和内容，以及可能的未来研究方向。

（2）在政策研究部分，该书认为经过多年的自主创新实践，我国企业逐步形成了自己的创新体系和创新方法，并有效提升了企业的竞争力。需要注意的是，一些企业对于创新研发支撑体系的理解还存在一定的误区。企业研发支撑体系不应是"资料室"，更不是"修理厂"，而是企业围绕研发活动建立的一整套组织机构和系统，是创新型企业区别于一般企业的基础。通过企业访谈和调研，该书整理了现阶段我国创新型企业采用的几种典型研发体系支撑模式，包括中央研究院支撑体系、创新合作网络支撑体系、外部引入研发支撑体系、平台创新支撑体系等。推进创新型企业研发支撑体系建设，一方面需要政府更好地扮演政策制定者的角色，另一方面也要求企业充分发挥研发创新主体的作用。在相关案例研究的基础上，该书针对当前我国创新型企业研发支撑体系现状存在的不足与问题，提出进一步完善体系建设的整体思路，以及分别针对政府和企业的具体建议。该书还对于民营企业的创新激励进行了相关的研究。

（3）在实证研究部分，该书主要分析了影响我国产业集群创新的主要因素，尤其高新技术园区企业综合绩效影响因素。该书从政府政策和企业需求两方面分析了它们对于高新科技园区内企业运营绩效的影响，验证了包括政府政策、园区管理机构服务、企业主观评估、企业需求对于企业绩效的作用。该书还从资源基础的角度分析了集群企业的创新，认为是资源的特性或者异质性决定了企业绩效和竞争优势。该书从企业资源管理和内部学习的角度分析了两者对于企业综合绩效和员工成长的影响，并分析了企业经营历史对于上述关系的作用。该书选择10个典型的产业集群，结合国内集群发展的实际情况，重点考虑集群网络之中企业的"学习机制"，即企业对于集群知识的"获取—吸收—扩散—创造"过程，学习机制加强了集群的创新能力，并对各个产业集群的创新情况作了比较分析。

（4）在案例研究部分，该书重点选择中关村海淀园，分析了海淀园的软件集群创新能力，以及以 iBridge 网站为例，说明了中介机构在产业集群创新过程中所发挥的重要作用。

（申桂萍）

【中国政府规模、结构与行为优化研究】

杨冠琼（北京师范大学）
经济管理出版社 2015 年版
641 千字

国家治理体系与能力现代化问题，成为包括公共管理学界、政治学界以及社会学界在内的整个社会科学领域和政府管理实践部门面临的最引人瞩目的热点问题之一，也是当代公共管理科学界和管理实践面临的最引人瞩目的难点问题之一。中国政府规模、结构与行为的社会需求与政府供给之间的偏好差别与力量差别，客观上要求寻求实现政府规模、结构与行为供需平衡的公共政策。基于此背景，经济管理出版社出版了《国家治理体系现代化研究》系列丛书。该书是《国家治理体系现代化研究》系列丛书之一，该书通过描述性研究，分析了中国政府规模、结构与行为在历史纵向和国际比较横向两个维度下的发展变化、现实状态与存在的问题；通过实证性研究，探索政府规模、结构与行为的社会经济效应，进而了解政府职能配置的实际状态；通过解释性研究，探索政府规模、结构与行为的内生决定要素与变化的动力机制，进而探寻市场经济条件下政府规模、结构与行为演进的一般规律与个性差异；通过规范性研究，从理论和经验两个维度上探索中国政府职能配置、规模、结构与行为的优状态与判断准则；通过对策性研究，提出优化中国政府规模、结构与行为以及降低行政成本可供选择的相关政策。

该书的理论价值在于：（1）有助于正确理解政府规模、结构与行为和政府职能等相关概念及之间关系，加深对政府规模、结构与行为的理论认识。（2）有助于梳理不同学科关于政府规模、结构与行为的相关理论，促进较为全面的政府规模、结构与行为理论的形成与发展。（3）有助于识别中国政府规模、结构与行为的影响因素，形成中国政府规模、结构与行为内生决定机制及优化的理论与模型。（4）有助于梳理政府规模、结构与行为研究的相关方法，促进中国公共管理学领域政府规模、结构与行为研究科学化水平的提升。

该书出版的实践价值主要有：（1）通过不同的概念分类和相应的经验研究，在与国外可比较的概念框架下，较全面地呈现中国政府规模、结构与行为的现状，有助于认清中国政府规模、结构与行为在国际比较中的状态。

（2）通过不同的指标设计和实证性研究，经验地检验政府职能、空间组织结构与支出结构的社会经济效应，有助于从实然的角度判断中国政府规模、结构与行为的社会经济效应。作者遵循"让数据说话"的原则，利用不同方面的指标与各种不同数据，通过经验研究来反映中国政府规模、结构与行为的社会经济效应，从而对中国政府规模、结构与行为的社会经济效应做出客观判断。

（3）通过理论研究和经验研究，获得判断中国政府规模、结构与行为优化的理论标准、经验标准和确定方法，有助于为中国政府规模、结构与行为的优化提供可参照的基准。该书从理论和经验方面，确定政府规模、结构与行为优化的标准，为中国政府规模、结构与行为优化提供可度量的方法和可参照的基准。

（4）通过梳理和总结西方国家优化政府规模、结构与行为的制度安排及其经验，有助于结合中国面临的实际政治、经济和社会现实，提出优化中国政府规模、结构与行为可供选择的改革措施与政策建议。

（申桂萍）

【中国地方政府规模与结构优化：理论、模型与实证研究】

罗植（北京市社会科学院）
经济管理出版社 2015 年版
213 千字

随着改革开放的不断深入，中国创造财富的能力不断提升，经济取得了举世瞩目的成就。伴随着中国经济的高速增长，中国政府财政收入与支出占国内生产总值的比重也在不断攀升。然而，财政收入与支出规模的不断提高并未有效改善公共服务的供给，反而使得供给不足与不均等问题愈加严重。其中的矛盾反映了中国地方政府规模与结构的不尽合理。同时，党的十八大报告也明确指出了严格控制机构编制，减少领导职数，降低行政成本，优化行政层级，建设职能科学、结构优化、廉洁高效、人民满意的服务型政府这一改革目标。因此，研究中国地方政府规模与结构优化的问题很有必要。那么，中国地方政府的最优规模是什么？以及如何优化中国地方政府规模与结构呢？

该书围绕中国地方政府规模与结构优化这一主题，对中国地方政府规模与结构的历史演进、政府规模估计、行政层级结构优化、财政支出结构优化和政府规模内生影响因素等方面进行了实证分析。

该书最重要的创新主要体现在三个方面：一是利用双差分模型分析"省直管县"体制的有效性，并以福建省为对照组，浙江省为实验组，估计得到了"省直管县"体制对于浙江省经济绩效的净效应；二是从居民实际满足程度出发，以公共服务的拥挤系数为依据，分析地方政府财政支出结构的问题，并提出相应的优化对策；三是在政府规模内生性的前提下，构建了政府规模的影响因素模型，并利用系统广义矩估计法对动态面板模型进行估计，从而得到了各个影响因素的无偏估计量，考察了中国地方政府规模的动态调整过程，分析了中国地方政府规模之间的相互关系及其收敛性特征。

此外，该书在相同样本空间下比较并筛选适合中国地方政府的最优规模估计模型，以及从缺少完善监督机制的视角梳理中国地方政府规模的历史变迁与现状，同样具有重要意义。

整体而言，从理论角度看，该书的出版可以丰富并明确地方政府规模与结构优化的相关基础理论，为进一步探索影响政府规模因素及其相关理论提供新的实证检验证据。

从实践角度看，该书的出版有利于提高政府的行政效率，促进政府行政的有效性，对我国建设资源节约型社会与和谐社会有着积极的推动作用，而且为经济社会各个方面的可持续发展提供了重要的理论基础与经验支持。同时，也可以为我国的政府机构改革提供一定的理论支持与依据。明确最优的地方政府规模及其优化路径，帮助我国政府机构改革跳出"精简—膨胀—再精简—再膨胀"的怪圈。因此，该研究期望在理论与实践两个方面优化我国地方政府的规模与结构。

（申桂萍）

【城市贫困的社会空间研究】

林顺利（河北大学）
人民出版社2015年版
200千字

该书以社会空间的视角考察了城市贫困人口空间分布和空间行为的结构性特征，认为中国城市贫困人口在新中国成立以来剧烈的空间变动和社会分层的作用下被逐渐边缘化，面临着在空间和社会两个层面被"剥夺"的风险，而城市发展也因此面临着贫困人口聚集、朝向内城区贫民窟化的风险。土地国有、传统住房实物配给制和老城区拆迁改造在一定程度上对这种不利的发展趋势有着延缓和化解的作用，但并不能从根本上遏制贫困人口边缘化的趋势。

作者指出，政府和房地产开发商的城市规划和空间商业开发对城市贫困人口的影响是双重的，但更有可能进一步恶化其生存处境；同时城市贫困人口在贫富差距拉大的情况下，强化了对自身贫困和所处空间贫困的认同感，为社区贫困文化的滋生设置了温床，必须引起我们的警惕。

该书认为，城市规划和房地产开发要强调一种空间正义的政策导向，切实将城市贫困人口的不利处境纳入考虑范围内，并且尽可能兼顾这些弱势群体的空间权利，尽可能实现空间资源的正义配置，这将有利于我们在城市化进程中规避西方发达国家可能出现的贫困人口聚集与隔离的问题、规避城市内城区"贫民窟"的风险，从而有助于城市社会的和谐与稳定。

（申桂萍）

【城市群公共危机管理应急决策理论与应对机制研究】

蒋宗彩（河南财经政法大学）
经济管理出版社 2015 年版
248 千字

随着信息技术的发展、交通条件的改善，相邻城市之间的经济联系越来越密切、相互影响越来越大，从而形成了城市群。城市群不仅是我国推进城镇化的主体形态，经济社会发展的主要载体，而且是财富集聚和科技文化的创新区域。城市群区域的公共安全问题直接关系到区域竞争力的提升和国家重要战略的实现。当前学术界对城市群公共危机的研究还比较薄弱，且大多数研究停留在定性描述上或针对某一特定城市群分析，还没有形成一套完整的、具有可操作性的城市群公共危机应急决策理论体系和有效的应对机制。

该书针对上述问题进行了详细探讨。该书综合运用城市群理论、复杂性科学理论、博弈论、模糊多属性群决策等有关理论和方法，深入剖析城市群公共危机的诱因和形成机理，探究城市群公共危机应急决策理论，并设计了城市群公共危机的应对机制。

该书的主要创新性成果为：（1）研究了城市群公共危机诱因和形成机理。作者剖析了城市群公共危机的内涵，从运行层面、战略层面和突发层面探究了城市群公共危机的诱因，基于社会燃烧理论、自组织理论和脆性理论揭示了城市群公共危机的形成机理，为解决城市群公共危机应急决策问题提供依据。

（2）构建了城市群公共危机应急决策模型。从静态的视角来看，在专家权重和属性权重未知的情形下，基于区间直觉模糊多属性群决策理论，作者构建了城市群公共危机应急方案选择模型；从动态的视角，作者建立了基于不完全信息动态博弈的应急决策模型，分析了危机管理中管理者与危机事件之间的动态博弈过程，为危机管理者应急方案的形成提供决策支持。

（3）对城市群公共危机管理进行了评价。作者分别从危机前的风险管理绩效评估和危机后的管理能力评估两方面研究了城市群公共危机管理评价问题。构建了城市群公共危机风险管理绩效评估模型，通过对"非典"事件、南方雪灾、汶川地震和三鹿事件及其管理过程的评价，说明该方法的可行性和有效性。

（4）提出了城市群公共危机应对机制。该书从信息保障、技术保障、资源保障、立法保障和教育保障 5 个方面构建了城市群公共危机管理的保障机制。

该书的研究成果拓展和丰富了公共危机管理的理论体系，促进了城市群公共危机应急决策理论的发展，提高了城市群公共危机管理系统的运作效率，对城市群公共危机事件的防治具有重要的参考价值和现实意义。

（申桂萍）

【企业公民与信用治理评价研究】

叶陈毅（石家庄经济学院）
人民出版社 2015 年版
275 千字

该书主要探讨企业公民与信用治理评价体系建设问题，作者试图全面而深入地对企业公民与信用治理体系进行探讨。作者通过借鉴国内外先进经验与最新学术研究成果，从企业社会责任视角出发，以"理论分析—实际研究—对策建议"为主线，主要研究了以下问题：

首先，阐述企业社会责任与企业公民范畴的界定及协调；从多元社会环境、企业批评与企业回应等层面审视企业品行，提出企业公民报告的内容、格式、流程及定期考核等方式，构想改善企业社会表现的战略控制型最优方案，设计企业社会责任会计报告的体系框架，确立企业信用评价机制模型。

其次，结合我国的国情重点构建企业信用治理体系及系统结构，着力探讨企业信用治理的制度安排、文化构建与运行机制问题，拟定中国企业信用风险治理的框架设计及其微观机制，提出建立企业信用治理体系的基本原则和总体思路。

最后，结合企业信用治理理论与数理方法，从股东权益与控股股东行为、董事会、监事会、经理层、信息披露信用评价指标以及利益相关者信用评价指标等维度，构建企业信用评价指标体系与标准，探讨信用治理综合评价模型及治理指数等级划分问题。

（申桂萍）

【中国近代民营工业企业集团研究】

张耕（海南）

人民出版社2015年版

200千字

中国的经济史学界对中国资本主义史的研究由来已久，而且对资本主义的研究有一个逐步细化的过程，由原来的对于总发展轨迹的描述，越来越详细到对某些行业、某些地区的资本主义发展状况的研究。该书选取民营工业的企业集团为研究对象，对中国资本主义史的研究有一定意义。在中国资本主义发展过程中，工业是各行业的先导产业，企业集团则是这个先导产业中发展最快、规模最大、技术最好的部分，它们代表着中国资本主义发展的最高水平。因此对工业企业集团的研究可以明确地说明中国近代经济发展与不发展的具体原因及其影响。

该书的研究对象是近代民营企业集团，涉及的问题比较多，面比较广，既有企业集团的生存环境，又有集团内部的经营管理，因此在对企业集团内部经营管理的分析中，作者采用了管理学的分析方法，而对其生存环境的分析采用的多是经济学、社会学的一些方法，如在经济学中采用了一些新制度学派的观点，在社会学中采用了一些对人文环境的分析方法。管理学的分析方法和人文环境的分析方法都是科学的研究方法。作者选定了张謇、周学熙、荣氏兄弟、南洋兄弟、裕大华和刘鸿生几个集团作为研究对象，又从宏观和微观的结合上说明了中国近代民营工业企业集团的产生发展及其对社会经济变迁的影响。

（申桂萍）

【中小企业创业研究——基于产业集群视角】

梅强、赵观兵（江苏大学）

中国社会科学出版社2013年版

640千字

该书采取座谈、走访、问卷调查（以江苏省不锈钢产业集群、江苏省汽摩配件产业集群、安徽童车产业集群、安徽羽绒服装产业集群等多个集群内中小企业为对象回收有效问卷1000多份）、数据分析等形式，全面系统总结产业集群内中小企业创业的探索实践，提出促进产业集群内中小企业创业的对策建议。

研究结果表明，产业集群发展不同阶段的创业发生率存在差异性。在产业集群形成阶段，创业活动的发生与市场型、技术型、政策型创业机会的相关性分别为0.63、0.62、0.75（完全相关为1），与政策型创业者的相关性为0.6，其特征和环境决定着创业机会和创业者已经出现，政策是促进创业的主要推手，新企业开始出现。在产业集群成长阶段，创业活动的发生与市场型、技术型、政策型创业机会的相关性分别为0.31、0.27、0.33，与基础性、高级创业资源的相关性分别为 0.19、0.22，与市场型、技术型、政策型创业者的相关性分别为 0.12、0.1、0.16，随着产业集群规模的明显增长，产业集群内的创业机会、创业资源和创业者大量产生，所以创业活动大量出现。在产业集群成熟阶段，创业活动的发生与市场型、技术型、政策型创业机会的相关性分别为 0.06、0.08、0.04，与基础性、一般性、高级创业资源的相关性分别为 0.17、0.21、0.17，与市场型、技术型、政策型创业者的相关性分别为 0.17、0.22、0.09，形成创业资源和创业者条件仍然存在，只要市场集中程度不是太高，创业就比较活跃，中小企业迅速成长。

产业集群内创业环境会对中小企业创业过程中的创业机会利用、创业资源整合和创业者产生影响，进而影响创业绩效。产业集群内创业环境的宽松性、复杂性与中小企业创业机会的路径系数分别为 0.33、0.28，产业集群内创业环境的动态性、复杂性、宽松性与中小企业创业者特质能力的路径系数分别为 0.21、0.16、0.12，产业集群内创业环境的动态性、宽松性与中小企业创业资源的路径系数分别为 0.24、0.25，表明产业集群内创业环境有利于中小企业创业资源的有效整合，创业机会的合理利用，创业者的能力提升。中小企业创业资源、创业者特质能力、创业机会与新创中小企业在产业集群内生存的路径系数分别为 0.24、0.16、0.32，与成长的路径系数分别为 0.28、0.29、0.1，表明中小企业创业资源的有效整合、创业者的特质能力、创业机会的合理利用都有助于新创企业在产业集群内生存和成长。

产业集群内中小企业创业网络对中小企业创业资源的识别获取利用、机会的盈利性和可行性、创业团队的特质能力有显著影响。产业集群内创业核心网络的沟通、

协调与中小企业创业资源、创业机会、创业团队相关性分别为 0.98、0.61、0.78、0.39、0.72、0.37，核心网络的信任与创业资源、创业团队相关性分别为 0.31、0.46，表明产业集群内创业核心网络对中小企业创业资源有效整合、创业机会合理利用、创业团队构建具有显著正影响。产业集群内创业支持网络的信任、协调与中小企业创业资源相关性分别为 0.38、0.39，支持网络的沟通、信任、协调与创业机会相关性分别为 0.36、0.33、0.67，支持网络的沟通、信任与创业团队相关性分别为 0.5、0.31，表明产业集群内创业支持网络有利于中小企业创业资源的整合，创业机会的利用和创业团队的构建。产业集群内创业隐性网络的价值文化、行业规范与中小企业创业机会、创业团队相关性分别为 0.63、0.53、0.75、0.45，表明产业集群内创业隐性网络对中小企业创业机会合理利用、创业团队构建具有显著正影响。

产业集群内中小企业创业活动的涌现和创业成功率的提升需要相应的扶持政策，具体而言，有 3 条经验可以采用。一是构建产业集群内中小企业创业辅导体系。打造由核心机构、主要成员机构和一般参加机构 3 个层次组成的创业辅导体系基本框架，着力建设创业辅导师队伍、开展创业培训、提供创业咨询、建立创业辅导基地和构建创业辅导信息平台。二是加强产业集群内创业基地建设。打造生产经营场所、公共配套设施和相关公共服务组成的多元化功能机制，构建培育、筛选、收益、激励、竞争以及毕业等方面的运营机制。三是促进产业集群内科技服务业发展。着力提高集群内科技服务业供应能力，提高集群内科技服务业需求水平，加强科技中介机构信用建设，加强集群内科技服务业差别化培育。

总的来说，产业集群在各个地区能形

成并快速发展的背后原因是其能带来很好的经济和社会效应，因此促进产业集群内中小企业创业，将成为我国经济增长、社会发展的重要动力来源，成为新增就业岗位的主要渠道，是加快转变发展方式、调整优化经济结构的客观需要。

（赵观兵）

【新型工业化道路与推进工业结构优化升级研究】

吕政、李晓华（中国社会科学院工业经济研究所）

经济管理出版社2015年版

715千字

该书紧紧围绕我国工业发展实践，从理论与实际结合的视角探讨了走新型工业化道路的重大现实问题，包括新型工业化的要求是什么？工业结构特别是工业的各个具体领域（传统产业、高技术产业、装备制造业等）如何实现产业结构升级？技术创新、信息化与服务业发展如何服务于新型工业化和产业升级？如何调整工业化过程中的投资与消费的关系？如何解决产能过剩问题？如何在全球化的背景下提高对外开放水平？

该书的研究成果能够为中央和各级地方政府制定工业发展与结构调整政策提供理论支持，对全面建设小康社会和到2020年基本实现工业化的实践提供有益的参考。

该书是一部具有鲜明风格的较高水平的学术著作。一是选题具有重要的现实意义。二是研究方法比较科学、规范。规范与实证分析相结合、定性与定量分析相结合、理论与案例分析相结合是该书研究一大特色。这种多样化的研究方法增强了该书的科学性和可信度，也增强了政策措施的针对性和可操作性。三是研究内容和政策建议的前瞻性。

（申桂萍）

【新常态下的消费增长与工业转型发展】

刘勇（中国社会科学院工业经济研究所）

经济管理出版社2015年版

160千字

进入21世纪以来，中国工业发展和结构调整取得积极进展，但也应看到，中国工业发展还存在若干深层次的矛盾和问题。其中之一就是工业增长过于依赖投资和出口拉动。随着对外开放扩大和经济快速发展，针对中国工业产品的各种贸易壁垒和反倾销措施日益增多，工业发展面临来自资源、环境和需求等多方面的制约。与此同时，中国又拥有世界最大的潜在内需市场，构成了支撑工业持续增长和结构升级的潜在市场基础。显然，只有将工业增长的动力从依靠投资和出口转向消费、投资、出口三者协同拉动，提升消费需求特别是居民消费对工业增长的拉动作用，才能强化内生增长机制，保证工业经济长期平稳、健康地发展。

解析工业转型和消费增长的关系，还可以发现城镇化和服务业的影子。城镇化反映了人们生存方式的转型，它一方面需要工业释放有价值的就业岗位，另一方面也为工业发展打开了市场空间。而服务业作为衔接工业化和城镇化的联系纽带，既决定于城镇集聚经济发展要素的规模和水平，又在一定程度上决定着工业转型升级的进程和空间。因此，研究新常态下的消费增长与工业转型发展，就不仅仅要识别工业和消费的直接关系，还要深入分析消费—城镇化—服务业—工业这四位一体之间的相互作用和影响。

该书从不同角度研究和分析了新常态下消费增长与工业转型发展之间的相关关系。作者在分析新常态下消费增长态势、升级动力与升级路径的基础上，梳理了制约消费增长的主要因素。之后，对扩大消费需求与工业转型发展的内在关系进行了较深入的理论分析和实证分析。同时，对新常态下工业化和城市化协同发展、工业和服务业互动发展分别展开研究，识别、挖掘了消费增长—城镇化—服务业发展—工业转型发展这四位一体之间的彼此作用和相互影响。

该书以家电和钟表业的转型发展进行了探讨，提出了新常态下这两个行业转型发展的对策。作者认为，中国家电工业转型升级存在"高端智能化转型"效果不佳、私人订制尚处起始阶段等十个方面的问题，基于此，该书提出了创新补偿引导机制、创新风险分担、创新人才队伍建设、市场准入、企业推出机制以及政府对企业创新扶持方式等对策。中国钟表业转型发展存在同行业之间不规范竞争现象严重、消费者对品牌消费的认知程度还处于较低水平、钟表业产业组织结构落后、产业工人稳定性和充足性面临冲击、产业政策指向尚不清晰5个方面的问题，并提出了加强对知识产权的保护；提升消费认知水平；鼓励企业做强做大，保障充足、高质量的人力资源；利用社会资源，协同推广国产品牌等对策。

（申桂萍）

【可雇佣型心理契约及其管理策略研究——以新创企业为例】

陈忠卫（安徽财经大学）
人民出版社 2015 年版
260 千字

经济全球化引发经济社会变革，科技进步加速又助推着新型工业化进程，无边界组织的涌现，传统雇佣模式的打破，不得不让我们重新思考组织和员工之间的雇佣关系本质。现阶段，员工与组织间心理契约正在悄然发生着改变：从原本重视就业安全性转向重视可雇佣性（Employability）的提高，从重视构建关系型契约转向重视交易型契约。

正是基于这种背景，该书提出了"可雇佣型心理契约"的概念，它突破了心理契约二维论、三维论和多维论的传统分类标准，从一个崭新的视角，把知识补充、能力提升、职业发展三个层次的内容，注入心理契约内容之中。

从新创建企业成长的角度看，组建一支充满凝聚力的创业团队，往往是令创业者十分头疼的事件。该书认为，如果能够很好地利用心理契约的修复机制，即便是在心理契约发生违背甚至破裂后，也未必一定会引发负面行为或者发生大面积的雇员流失现象。基于中国转型经济的特殊背景，作者在案例研究与实证研究的基础上，从创建可雇佣型心理契约、防止可雇佣型心理契约破坏，以及修复心理契约破裂等多重角度，就构建创业团队作出对策性研究，其结论对指导新创建企业的成长也有很多有益的启示。

（陈忠卫）

【中国城乡发展一体化：历史考察、理论演进与战略推进】

白永秀、吴丰华（西北大学）
人民出版社 2015 年版
320 千字

该书聚焦中国城乡发展一体化问题，从我国城乡关系的特殊性出发，提出城乡发展一体化是我国未来城乡关系的发展走向。该书分为城乡关系及城乡一体化的历史考察、理论演进和战略推进3篇。

在历史考察篇，该书首先研究人类城乡关系演进的一般规律，进一步从总体描述、典型国家演进历程、对我国经验借鉴3方面分析国外城乡关系的演进历史，最后分五大阶段全面研究了中国自奴隶社会起至今的城乡关系演进历史。

在理论演进篇，该书首先分5个方面系统梳理了城乡关系研究的学术史和理论观点，在此基础上，对20世纪80年代以来国内外城乡一体化研究的新进展进行了阶段划分、理论观点梳理和述评。

在战略推进篇，该书分析了城乡发展一体化在我国整体发展中的地位和作用，给出了我国城乡发展一体化的战略设计，分析了如何破解其中的难点和重点。

（白永秀）

【中国畜禽养殖污染治理政策选择研究】

潘丹（江西财经大学）

中国环境出版社 2015 年版

230 千字

随着工业化、城镇化、农业现代化进程的不断推进以及人们食品消费结构的转型，中国的畜禽养殖业正快速发展。与此同时，日趋严峻的畜禽养殖污染形势也为学界所广泛热议。养殖户是畜禽养殖污染处理的实施主体和最基本的微观决策单位，采取相应的激励政策措施推动养殖户选择环境友好型畜禽养殖污染处理方式，促进畜禽养殖污染资源化利用，是畜禽养殖污染治理的关键途径。为此，中国政府采取了诸如沼气池建设补贴、有机肥补贴等激励措施来引导养殖户进行环境友好型畜禽养殖污染处理，但是这些政策的实施效果并不理想，目前中国畜禽养殖污染环境友好处理率仍然处于较低水平。那么，为什么养殖户不愿意进行畜禽养殖污染治理？影响养殖户畜禽养殖污染处理行为的深层次因素及其影响路径是什么？如何制定有效的激励政策促进和引导养殖户进行畜禽养殖污染处理？这些激励政策的接受性和有效性如何？

该书对上述问题进行回答，从微观养殖户这一关键节点对中国畜禽养殖污染治理问题进行分析。首先，从微观养殖户行为视角出发，系统分析养殖户畜禽养殖污染处理行为的影响因素及其作用机制，识别影响养殖户畜禽养殖污染处理行为的关键因素；其次，引入实验经济学的思想，通过政策情景模拟，采用选择实验方法模拟不同激励政策对养殖户畜禽养殖污染处理行为的影响效应，提出引导养殖户畜禽养殖污染处理行为的激励政策；最后，从微观养殖户主体行为激励层面上探求畜禽养殖污染治理的政策突破点，提出畜禽养殖污染治理模式并探讨相关的保障措施。

该书可供农业经济管理、资源环境经济学和生态经济学等专业的本科生和研究生阅读，也可作为科研、教学人员及政府工作人员的参考用书。

（黄涛）

【后金融危机时代的跨国公司社会责任与 政府规制研究】

张孝锋（江西财经大学）

经济管理出版社 2015 年版

300 千字

该书在现有的企业社会责任理论研究的基础上，对跨国公司的企业社会责任从制度约束的角度来进行阐述。首先，对跨国公司社会责任现状进行了分析，发现跨国公司社会责任是从被动履行到主动履行继而要求供应商承担其相应的社会责任，社会责任的内涵不断扩展，实施范围不断扩大。但是社会责任伦理冲突使得跨国公司陷入困境，由此导致跨国公司社会责任的双重标准。这就使得跨国公司在东道国的经营行为和责任实践与母国和发达市场上的规范要求还存在或多或少的差异。其次，对跨国公司履行社会责任的动力系统进行了分析，发现从理性人的角度看，跨国公司有这个动力去履行社会责任；从社会人的角度看，依旧是有这个动力去履行，但是有一个条件就是消费者的观念，如果消费者更看好主动履行社会责任的跨国公司，那么这种动力就会更充分。而如果从外部监督来看的话，跨国公司和东道国监督地沟其实是一个博弈的过程，而且还存在一个"双赢"的均衡解。最后，该书通过一些国际上的规制例子，以及对我国规制现状的分析，提出了在我国更好地促进跨国公司履行社会责任的建议。

该研究得出以下主要结论：第一，跨国公司相关的社会责任标准具有国别差异性。第二，跨国公司推行社会责任的成本在跨国公司和东道国供应商之间如何划分缺乏国际协调和标准。第三，跨国公司在东道国的公司社会责任实践还无法达到其在母国的水平，制度约束的不同是导致这种差异存在的重要原因之一。第四，现有的理论虽然为分析公司社会责任问题提供了有力的工具，但是只有对其进行扩展研究，才能对跨国公司社会责任问题进行更深入的分析。

总的来说，该书的主要创新之处如下：（1）在规制经济学的基础上引入了推动跨国公司承担社会责任的动力系统。该书采用了规制经济学理论来研究跨国公司承担社会责任的动力，对于跨国公司承担社会责任的动力总结为内在动力和外在动力，回答了跨国公司为什么要承担社会责任，在外在动力方面，该书提出通过建立激励性规制机制，提高企业承担社会责任的积极性。（2）运用制度经济学理论，引入制度约束理论来研究跨国公司社会责任的制度约束问题。该书系统阐述了制度经济学的理论以及相关概念，引入了制度约束理论，并在此基础上建立了企业社会责任制度规范的综合分析框架。在这一综合分析框架的基础上进行了博弈分析，并得出了核心观点：国与国之间的制度约束的不同，导致跨国公司在不同国家之间所承担的社会责任产生差异。（3）理论联系实际，在深入分析与阐述了制度规制对企业的社会责任履行情况所产生的影响之后，结合国内外实际案例进行了相关说明，为跨国公司社会责任的履行提供了很好的理论和实践指导。

（黄涛）

【顾客—员工情绪感染机制及其对员工的作用机理研究】

占小军（江西财经大学）
经济管理出版社 2015 年版
190 千字

受"顾客是上帝""顾客永远是对的"等信条的桎梏，学术界着重研究了如何管理服务行业员工的态度和行为，以便提高顾客的满意程度，而忽视了对顾客对员工情绪、态度及行为影响的研究，同时服务性企业也过分强调"顾客总是对的"。由于员工与顾客的交往占据其绝大多数工作时间，因此顾客的反应对员工产生的影响更大，于是也有少数学者开始关注顾客行为如何影响员工。学者们的研究表明，在服务交互过程中，员工的态度和行为在影响顾客的同时，顾客的态度和行为对员工也具有显著的影响。该书将探讨消极服务交互过程中顾客—员工情绪感染机制及其对员工的影响机理。

该书在对相关文献进行评述的基础上，依据情绪认知评价理论、情感事件理论及资源保存理论等相关理论，考察了消极服务交互过程中顾客—员工情绪感染机制及其对员工的作用机理及干预效果。研究考察了顾客消极情绪对员工情绪、劳动的感染机制，并检验了员工感知顾客公平在其中的中介作用以及集体主义倾向、服务氛围在顾客消极情绪与员工感知顾客公平之间的交互作用。该书不仅有助于帮助读者全面认识和了解消极服务交互过程中顾客的情绪和行为如何影响员工，而且有助于服务性企业认识到顾客并不永远是对的以及如何预防和控制顾客的消极情绪和行为。

（黄涛）

【现代企业管理（第 4 版）】

王关义、刘益、刘彤、李治堂（北京印刷学院）
清华大学出版社 2015 年版

572 千字

该书是一部综合性的管理学教材,自2004年出版以来,受到国内许多高校从事管理学教育的同行和企业家的广泛关注与好评,多所高校把它选为本科生教材,也有许多高校把它作为企业管理类研究生入学考试的指定参考书。2007年出第2版,2012年修订后出第3版,在短短几年时间内,该书已连续印刷30多次,先后获得"第八届全国高校出版社优秀畅销书一等奖""北京高等教育精品教材奖""清华大学出版社经管分社2011年度十佳教材"。2014年,该书(第3版)又获得"十二五"普通高等教育本科国家级规划教材,这使编者备受激励和鼓舞。应出版社和广大读者的要求,结合管理学理论发展的实际,编者对全书体系结构和内容进行了进一步修改和完善,形成第4版。

该书第4版的修改遵循如下原则:

第一,根据企业管理的特点,将企业管理思想和技法紧密结合起来,以突出不同技法的适用性,并帮助学生认识企业运行的规律。

第二,坚持管理思想与管理技法相结合、理论教学与案例教学相结合,在重点介绍企业管理科学理论的同时,选取并更新了一些经典案例,供课后讨论和思考。

第三,坚持系统思想,先介绍企业管理基本理论和制度、文化与战略,再介绍企业内部各专项管理。

第四,对教材内容和结构进行了适当的调整。根据讲授过程的实际情况与学生的建议,与第3版相比,删减了激励、我国国有企业改革历程、清洁生产等内容,增加了一些新的参考书目,对教材部分结构进行了调整,把原来第2章的内容调整为中外管理思想溯源、管理理论的产生与发展和现代管理学派3节,把原书第8章的内容调整为生产计划,第9章调整为生产组织与控制,第12章人力资源管理一章把原书中绩效和薪酬两节合并为一节。通过以上修改,使该书的体系结构更加严密,内容安排更为科学合理。

第五,保持了体例的相对固定。各章章首安排了本章提要、重点难点、引导案例等内容,有助于读者简明扼要地把握该章的内容和基本概念等。由案例来导入每一章内容,可以极大地激发学生学习的兴趣,增强他们理论联系实际的能力。章尾增加了本章小结、思考与练习、案例讨论,有助于学生回顾和复习所学内容,尤其是增加了不少国内成功企业的案例,既使案例更具有理论价值和启发性,也方便了高校老师引导学生进行案例分析和讨论。

第六,该书配有各章教学PPT作为参考,极大地满足了教师备课和讲授的需要。

该书第4版共分为3篇12章,比较系统地阐述了企业管理的基本理论和方法。该书主要是应高等院校本科生学习企业管理基础知识的需要而编写的,也可作为研究生学习管理学专业知识以及企业内部管理层短期培训的参考书。

(王关义)

【中国印刷业发展报告(2013—2014)】
李治堂、刘寿先、付海燕(北京印刷学院)
文化发展出版社2015年版
356 千字

改革开放30多年来,我国印刷业伴随经济的腾飞而迅速发展壮大。印刷业总产值达到1万多亿元,从业人员300多万人,全国共有各类印刷企业10万多家,我国印刷业总规模居世界第二位,已经成为印刷大国。但是,我国印刷业在技术水平、管理水平和企业效益等方面和印刷强国还存在很大的差距,国内学术界对印刷行业发展以及印刷企业管理的研究还比较薄弱。

北京印刷学院印刷业发展研究团队近年来致力于印刷业产业发展问题研究,形成了一支由教授、副教授、博士、研究生等为主体的研究团队，先后主持和参与完成了国家社科基金重大项目子课题"我国印刷业发展状况及预测"，北京社科基金重点项目"我国印刷业结构及演变趋势研究"等省部级项目5项，出版了《中国印刷业发展研究报告》《中国印刷业发展观察及深度分析报告》《中国印刷业结构演变分析报告》等著作，发表相关论文30多篇。研究成果被国家新闻出版广电总局印刷发行司、中国印刷技术协会、中国印刷及设备器材工业协会等部门采纳。《中国印刷发展研究报告》版权输出到英国，并获得教育部高等学校科学研究优秀成果三等奖。

该报告坚持问题导向和应用导向，关注中国印刷业发展中的重要理论和实践问题，密切结合印刷业转型升级的实际，利用学校与国家新闻出版广电总局印刷发行司、中国印刷技术协会、中国印刷及设备器材工业协会、中国新闻出版研究院等行业主管部门、行业协会、科研院所的联系，发挥学校在人才和研究方面的优势，积极主动为行业和企业服务。

该报告的年度主题是：经济新常态下的印刷业的转型升级与发展。在我国经济整体上从高速增长转向中高速增长，消费取代投资成为经济的主要推动力，服务业整体已经超过制造业，经济增长从要素驱动转向创新驱动的大背景下，分析总结中国印刷业的发展规模、结构、效益，探索印刷业在发展过程中体现的阶段性特征和趋势性变化，深入分析印刷业转型升级存在的问题，寻求实现转型升级与发展的可行对策。

该报告共分6部分20章，第一部分是中国印刷业发展综合报告，分析了印刷业发展的整体状况，印刷业的企业及业务类型，印刷业的区域分布，各省、市、自治区印刷业发展比较分析等；第二部分是专题报告——印刷企业发展状况分析，主要分析了规模以上印刷企业、国有及国有控股印刷企业、私营印刷企业、外商投资印刷企业以及大中型印刷企业的发展状况；第三部分是专题报告——规模以上印刷业运行状况分析，分析了规模以上印刷业整体运行状况和生产经营状况；第四部分是绿色印刷发展专题报告，分析了我国开展绿色印刷的背景及进展和效果；第五部分是按需印刷发展专题报告，分析了按需印刷发展现状、存在的问题，提出了对策建议；第六部分是印刷业发展热点问题，研究了印刷业的转型升级和新技术、新业态的发展。

（李治堂）

【我国出版企业组织结构变革的影响因素及其经营绩效研究】

刘益（北京印刷学院经济管理学院）
中国政法大学出版社2014年版
165千字

作为企业资源和权力分配的载体，组织结构是企业为实现目标，对工作进行分工和协作，在职务范围和权责关系等方面所形成的结构体系。组织结构变革是组织创新的重要内容，是企业适应环境变化及实施战略调整和变革的重要手段，对于正处于向市场化转型的出版企业而言，适时开展组织结构变革是必然选择。组织结构在企业经营管理活动中有着非常重要的基础地位，并发挥着关键的作用。这是由于所有战略意义上的组织变革，都必须从组织结构的调整或变革开始。那么，究竟是哪些因素推动着组织结构变革？这些因素又是如何影响企业组织结构变革的？组织结构变革又将如何影响企业的经营绩效？这些问题都是企业组织结构理论研究所必须回答的根本问题。该书基于对出版企业的分析来认识企业实施组织结构变革的内在机理，包括变革的驱动因素、主要内容以及对经营绩效的影响，从而为我国出版企业未来的实践活动提供理论支撑，更好地指导出版企业推动实施组织结构变革工作。

该书主要采用了基于文献研究的逻辑推演、案例研究和实证研究相结合的研究方法。由于在以往的文献研究中，很少有学者针对出版企业探讨组织变革活动，为了准确把握我国国有出版企业在管理实践中的具体做法，该书主要通过对出版企业的案例研究来厘清出版企业在推进组织结构变革时的实施步骤、关键要素以及主要着力点，进而从这些角度通过定性分析和理论推演来寻找出版企业组织结构变革的内在机理，同时结合已有的文献，提出研究假设和概念模型。通过对国有出版企业进行问卷发放后获得的 74 份有效样本数据，采用信度和效度分析、方差分析、因子分析、Pearson 相关分析、多元回归等统计分析方法进行实证分析后，该书得到了以下重要结论：

（1）市场导向、战略导向和高管团队社会整合是推动组织结构变革的关键因素。在出版企业的组织结构变革活动中，环境的动态性、资源的稀缺性以及客户对于图书价值认识的差异变动，都导致企业必须不断地寻找新的机会。在新的发展阶段中，企业必须树立正确的市场导向和战略导向，并基于高管团队社会整合的推动，有效地实行创新变革。这样在组织调整过程中，可以充分做好资源配置和整合，进而确定不同业务单元的职能划分和协调合作等相关工作。

（2）结构差异化和跨职能协调具有显著的中介作用。组织结构是企业进行自我经营活动调整的一种有效方式，其主要目的在于帮助企业追求速度经济，实行专业化、共享资源、创造价值和强化竞争力，并最终提高产品市场占有率、增加营业收入并实现企业高利润率。在市场导向、战略导向和高管团队社会整合的推动下，企业会不断地推动纵向和横向上的组织结构变革活动，并基于分工合作的思想来实现流程再造、业务整合等工作，进而获得相应的经营业绩。

（3）环境竞争会影响企业组织变革活动的有效开展。市场竞争是企业在创新变革活动中所必须考虑的一个重要因素。然而环境竞争对很多企业来说，又是双刃剑，既可能刺激企业积极参与到创新活动中，也可能促使企业不敢创新。为此，需要针对具体行业所开展的具体创新活动来展开研究工作。该研究主要选择了出版行业中的国有企业来展开研究。结论也显示，在高市场竞争环境中，企业如果拥有更明确的市场导向，高管团队社会整合能更有效达成一致性，则可以更有效地利用不同的措施来推动组织结构变革中的结构差异化和跨职能协调。

（刘益）

【河北省社会组织公共服务功能研究】

李妙然（河北经贸大学）
河北人民出版社 2015 年版
242 千字

建立健全公共服务体系，促进公共服务均等化，是深入贯彻落实科学发展观的重大举措，对于切实保障人民群众最关心、最直接、最现实的利益具有十分重要的意义。在治理时代，政府在公共文化服务提供方面仍然占据主导，但是以社会组织为主要形式的社会力量业已成为公共服务的重要参与者和提供者。社会组织以其志愿性、非营利性、公益性等特点，极大地丰富了政府公共服务的内容、载体和形式，在环境保护、公益慈善、教育卫生、文化服务、社会管理、福利事业等领域发挥着越来越大的作用。

该书围绕河北省社会组织发展、功能及功能提升进行研究。对河北省社会组织经济服务功能、公共文化服务功能、教育医疗服务功能、社会功能等进行了详细剖析，在此基础上提出了河北省高社会组织公共服务功能提升的路径。值得一提的是，该书是第一本对河北省社会组织公共服务功能进行系统研究的专著，不仅填补了该领域研究的地域空白，同时可以起到抛砖引玉的作用，推进河北省学术界对该研究领域的关注。纵观全书内容，呈现出如下特色：

特色一，立足河北省社会组织展开研究。河北省社会组织的发展非常迅速，截至 2016 年第一季度，河北省社会团体数量为 9901 个，民办非企业单位数量为 9501 个，基金会数量为 61 个。随着河北省行政管理体制改革的深入、政府职能转变以及社会公众对公共服务需求的提升，社会组织在公共服务提供方面的功能凸显，然而围绕着河北省社会组织的相关研究成果还非常零散薄弱。作者通过对河北省社会组织在公共服务领域的功能作用进行深入剖析，并敏锐地结合京津冀协同发展的国家战略，提出了河北省社会组织公共服务功能提升的路径选择。虽然研究尚不深入，但为后续研究提供了坚实的基础。

特色二，强有力的理论研究支撑。理论是开展学术研究的重要基础和支撑，作者在该书中主要以新公共服务理论、现代化理论、治理理论为基础。每一理论既有国内外发展陈述，又明确了该理论在研究中的具体应用。一方面对理论的具体内容加以明确，同时又可横向进行比对，准确把握国内外对该理论的研究和应用。此外，对该理论在研究中的应用加以说明，更是将理论与实际进行了精准对接，既体现了理论对该研究的指导意义，同样又阐释了理论的时代性。

特色三，对河北省社会组织公共服务功能进行了翔实的概括。作者在对河北省社会组织发展现状进行学理分析的基础之上，对其公共服务功能进行了全面系统的研究。作者将其公共服务功能概括为经济服务功能、公共文化服务功能、教育和医疗服务功能、社会服务功能四大领域，每一领域分别单列一章内容，进行了翔实的分析。作者以清晰的逻辑思维、简洁明了的文字叙述和丰富鲜活的资料，多维度地展现了河北省社会组织的公共服务功能。

特色四，立论饱满的个案研究。个案研究为书中相关研究提供了鲜活的佐证，使得立论更为饱满，因此成为该书的一大亮点。作者在最后一章展示了地球科学博物馆、钱圆金融博物馆、中国发票博物馆、河北省书画院、河北省家政行业协会、河北 402 爱心社团、东光县暖伞志愿者协会、博陵儒商爱心协会等社会组织的风采，从而使该书变得有血有肉、有声有色。作者不仅展示了这些社会组织的基本情况、社会影响以及公共服务功能，而且有针对性地提出促进社会组织发展的对策建议。社会组织的精彩个案不仅使读者对河北省社会组织的认识由宏观转向具体，由感性转向理性，而且使严肃的学术著作变得活泼生动起来。管中窥豹的展示，为后续相关研究提供了翔实的基础资料，同时使得书中内容更饱满，资料更为鲜活。

（赵建强）

第六篇
研究课题

表1　　　　　　　2015 年度国家社科基金重大项目立项一览表（应用经济学与管理学）

序号	课题名称	首席专家	责任单位
1	城镇化对我国农业农村发展的影响与对策研究	刘彦随	北京师范大学
2	新型城镇化下农产品物流体系创新与发展战略研究	张明玉	北京交通大学
3	三权分置、农地流转与农民承包权益保护研究	张应良	西南大学
4	城乡统一建设用地市场构建及利益分配机制研究	汪　晖	浙江大学
5	加快我国传统产业向中高端升级发展的微观机制和政策创新研究	原毅军	大连理工大学
6	国有企业改革和制度创新研究	黄速建	中国社会科学院
7	创造有利于制造业发展的竞争环境研究	杨汝岱	湘潭大学
8	合作治理：国家治理体系现代化与国家责任研究	敬乂嘉	复旦大学
9	新型城镇化下我国行政区划优化设置及其评估研究	林　拓	华东师范大学
10	我国诚信文化与社会信用体系建设研究	王淑芹	首都师范大学
11	意识形态视域下的网络文化安全治理研究	孟庆国	清华大学
12	大数据时代中国形象数据挖掘理论、方法和应用研究	葛　岩	上海交通大学
13	提升中国政治话语体系的国际影响力研究	林如鹏	暨南大学
14	新型城镇化背景下的城乡关系研究	李　斌	中南大学
15	网络社会的结构变迁与演化趋势研究	刘少杰	中国人民大学
16	我国城市社区建设的方向与重点研究：基于治理的视角	蔡　禾	中山大学
17	网络社会治理创新研究	马民虎	西安交通大学
18	新型城镇化进程中农业转移人口的生计与可持续发展研究：市民化的核心问题及对策研究	杜海峰	西安交通大学
19	中国特色现代社会福利制度框架设计研究	岳经纶	中山大学
20	我国重点生态功能区市场化生态补偿机制研究	张　捷	暨南大学
21	我国低碳城市建设评价指标体系研究	庄贵阳	中国社会科学院
22	全球治理机制与统筹国际国内规则战略研究	赵龙跃	南开大学
23	发展中大国经济发展道路研究	欧阳峣	湖南师范大学
24	中国经济自发展能力研究	方福前	中国人民大学
25	社会经济制度如何影响个体行为偏好——基于中国集体主义村庄的田野调查与田野实验研究	叶　航	浙江大学
26	资本存量核算的理论、方法研究与相关数据库建设	曾五一	厦门大学
27	人口普查质量评估理论创新研究	姜全保	西安交通大学
28	大数据背景下债券风险统计监测理论与方法研究	周　宏	中央财经大学

序号	课题名称	首席专家	责任单位
29	基于大数据的宏观经济现时预测理论与方法研究	王润泽	中国人民大学
30	"中国制造2025"的技术路径、产业选择与战略规划研究	黄群慧	中国社会科学院
31	工业化与信息化融合战略的体系、路径与方法研究	苏 秦 齐二石	西安交通大学 天津大学
32	创新驱动发展战略实施保障机制研究——以构建"立体式"企业知识产权战略布局为重点	马一德	中南财经政法大学
33	国家信用体系建设与信用大数据应用研究	寇 纲	西南财经大学
34	中国基础电信服务业开放战略问题研究	吕廷杰	北京邮电大学
35	全球生产网络、知识产权保护与中国外贸竞争力提升研究	刘林青 黄先海	武汉大学 浙江大学
36	科技型中小企业融资征信平台和数据库建设研究	张玉明	山东大学
37	建构基于生态文明建设的公共财政体制研究	卢洪友 蒋金法	武汉大学 江西财经大学
38	基于自然资源资产负债表系统的环境责任审计研究	杨世忠	首都经济贸易大学
39	基于绿色全产业链的产业与企业转型升级研究	谢家平	上海财经大学
40	我国自然资源资本化及对应市场建设研究	刘纪鹏 张 伟	中国政法大学 济南大学
41	清洁能源价格竞争力及财税价格政策研究	张兴平	华北电力大学
42	远程医疗服务体系建设研究	顾 海	南京大学
43	我国创新药物政策环境研究	桑国卫	中国药科大学
44	基于情报流知识库的我国食品安全技术支撑体系优化策略研究	宋英华	武汉理工大学
45	推进"互联网＋"生鲜农产品供应链渠道发展研究	但 斌	重庆大学
46	突发性海洋灾害恢复力评估及市场化提升路径研究	赵 昕	中国海洋大学
47	基于大型调查数据基础上中国城镇社区结构异质性及其基层治理研究	梁玉成 孙 涛	中山大学 南开大学

资料来源：国家社科基金项目数据库（http：//fz. people. com. cn/skygb/sk/index. php/Index/seach）。

表2 2015年度国家社科基金重点项目、一般项目、青年项目、西部项目立项一览表（管理学）

序号	类别	项目名称	项目负责人	工作单位
1	重点项目	移动社交网络舆情线上线下相互作用机理及引导机制研究	姚翠友	首都经济贸易大学
2	重点项目	多元产业集团投资控股型战略的产业选择量化方法研究	裴晓东	北京交通大学
3	重点项目	转型升级制度压力下优势制造企业战略反应与政策建议研究	宋铁波	华南理工大学
4	重点项目	新常态下加速我国现代服务业升级的战略研究	胡晓鹏	上海社会科学院
5	重点项目	制造强国导向的战略性新兴产业发展路径与对策研究	兰建平	浙江省工业经济研究所
6	重点项目	组织身份变革及意义给赋：克服外来者劣势的动态机制研究	杜晓君	东北大学
7	重点项目	国土资源资产负债表编制及其运行机制研究	杨世忠	首都经济贸易大学
8	重点项目	基于行业风险动态监测的信息技术业上市公司财务预警定位研究	张友棠	武汉理工大学
9	重点项目	中小企业网络化成长中的关系冲突与进化问题研究	蔡双立	天津财经大学
10	重点项目	植入要素组合的受众记忆及其激活路径研究	宋思根	安徽财经大学
11	重点项目	长江经济带创新空间分异及创新驱动模式研究	史安娜	河海大学
12	重点项目	全面深化改革视域下景区门票价格管理与改革研究	吴 普	中国旅游研究院
13	重点项目	我国农业巨灾风险分散国际合作机制研究	邓国取	河南科技大学
14	重点项目	多主体协同的农产品质量安全保障机制研究	苏 昕	山东财经大学
15	重点项目	我国生态文明建设中的环境审计问题研究	王爱国	济南大学
16	重点项目	地方政府防范征地冲突群体性事件的路径与绩效实证研究	谭术魁	华中科技大学
17	重点项目	国家治理现代化视域下的中国政府治理模式改革研究	魏淑艳	东北大学
18	重点项目	我国住房公积金制度困境与改革制度创新研究	陈 峰	华中师范大学
19	重点项目	政府生态治理体系和治理能力现代化研究	张劲松	苏州大学
20	重点项目	志愿服务参与应急管理研究	张 勤	南京工业大学
21	重点项目	大规模人群踩踏事件的预警预控及应急疏散研究	谢科范	武汉理工大学
22	重点项目	维稳反恐视角下藏区突发事件的应急管理及长效机制研究	张明善	西南民族大学

序号	类别	项目名称	项目负责人	工作单位
23	重点项目	"稳定—发展"双重目标下新疆人口空间格局优化的路径与政策研究	李豫新	石河子大学
24	重点项目	全球价值链视角下京津冀产业集群转型升级研究	傅利平	天津大学
25	重点项目	军事装备采办项目管理制度创新研究	郝万禄	解放军后勤学院
26	一般项目	基于信息及其作用机制的二十一世纪管理理论创新研究	李德昌	西安交通大学
27	一般项目	基于中国实践的供应链管理基础理论体系建构研究	刘晓红	中央财经大学
28	一般项目	生态文明与产业转移双重约束下西部综合运输系统演变及优化研究	左大杰	西南交通大学
29	一般项目	收益共享契约下低碳供应链激励的参数分析及演化博弈研究	齐 源	上海立信会计学院
30	一般项目	网络著作权价值测度研究	余炳文	江西财经大学
31	一般项目	新常态下缩小城乡差距的管理机制设计及其实现路径研究	董全瑞	河北省委党校
32	一般项目	基于模块化视角的产学研用协同创新模式研究及运行机制设计	王海军	沈阳工业大学
33	一般项目	中国情境下制度环境对创新绩效的作用机制研究	邹国庆	吉林大学
34	一般项目	基于产业价值链视角的我国藏药产业发展战略研究	陈雪梅	青海大学
35	一般项目	基于生态位理论的战略性新兴产业集群协同发展研究	龙 跃	重庆工商大学
36	一般项目	新常态下加速我国现代服务业升级的战略研究	祁顺生	湖南大学
37	一般项目	新常态下物流园区建设视角的我国西部地区物流业升级研究	张立国	桂林航天工业学院
38	一般项目	新经济下节能产业创新生态系统耦合战略研究	吕荣胜	天津理工大学
39	一般项目	中国快递产业竞争关系网络及竞争行为对企业成长的影响研究	谢逢洁	西安邮电大学
40	一般项目	"一带一路"背景下我国家族企业国际化战略及治理行为研究	周立新	重庆工商大学
41	一般项目	企业跨界成长战略及其治理研究	杨 林	南京财经大学
42	一般项目	制度距离对中国跨国公司海外子公司生存及创新能力跃迁的影响研究	衣长军	华侨大学

序号	类别	项目名称	项目负责人	工作单位
43	一般项目	创新型成本领先战略及其在中国制造企业的演化路径研究	郑兵云	安徽财经大学
44	一般项目	我国企业逆式跨国并购的势差阻滞效应与产业环境驱动机制研究	翟育明	上海应用技术学院
45	一般项目	中国跨境投资企业的外汇风险敞口测度、对冲动因与效果评价研究	赵 峰	北京工商大学
46	一般项目	创业企业家个人特质、社会资本与创业企业绩效研究	陈敏灵	西安石油大学
47	一般项目	创业者个性特质、社会网络属性与小微企业成长研究	王飞绒	浙江工业大学
48	一般项目	高技术企业衍生创业中创业伦理对利益相关者管理能力的影响研究	马 力	大连理工大学
49	一般项目	面向产学研协同创新联盟稳定性的知识产权冲突管理机制研究	吴 颖	重庆大学
50	一般项目	创新驱动发展的需求侧动力研究	李冬琴	浙江理工大学
51	一般项目	基于孵化网络大数据的定制孵化研究	张 力	湖北大学
52	一般项目	小世界性视角下区域创新网络演化及其创新扩散效应研究	王崇锋	青岛大学
53	一般项目	协同创新中的知识产权风险与创新绩效研究	祁红梅	河北经贸大学
54	一般项目	智能生产与服务网络体系中军民融合产业创新平台及其供给战略研究	谭清美	南京航空航天大学
55	一般项目	核心企业创新驱动产业集群升级的机理与模式研究	张聪群	宁波大学
56	一般项目	内外协同提升高新技术企业突破性创新能力的机制研究	刘和东	南京工业大学
57	一般项目	企业开放式创新生态系统形成及治理机制研究	李文元	江苏大学
58	一般项目	全球制造中我国企业创新网络嵌入路径研究	胡海波	江西财经大学
59	一般项目	软件企业开源创新模式中的群体决策制定行为研究	魏康宁	山东大学
60	一般项目	大数据时代科技创新模式的新变革与对策研究	柳 洲	天津大学
61	一般项目	互补资产视角下的企业技术创新动态能力提升研究	熊胜绪	中南财经政法大学
62	一般项目	基于专利分析的新兴产业与技术族群关联机制及其实现模式研究	武兰芬	南京理工大学
63	一般项目	技术创新动态能力评价体系与支撑体系研究	张 林	哈尔滨商业大学
64	一般项目	"众创空间"科技创业创新模式研究	石明虹	上海工程技术大学

序号	类别	项目名称	项目负责人	工作单位
65	一般项目	绿色供应链、绿色信息系统协同与企业绿色创新能力研究	杨朝君	西安电子科技大学
66	一般项目	混合所有制企业国有与非国有大股东之间的利益冲突及其治理研究	尹筑嘉	长沙理工大学
67	一般项目	现代财政视阈下学前教育政府供给机制创新研究	崔惠玉	东北财经大学
68	一般项目	自然资源资产负债表编制研究	胡文龙	中国社科院工业经济研究所
69	一般项目	基于 MTF 模型的村镇银行风险管理研究	吴玉宇	湖南农业大学
70	一般项目	影子银行业务的风险传染与审计治理机制研究	王家华	南京审计学院
71	一般项目	中国公司治理中银行监督的有效性及其机制创新研究	王满四	广州大学
72	一般项目	雾霾协同治理的政府事权划分与财力匹配机制研究	魏涛	湖北经济学院
73	一般项目	融合互联网数据的小微企业信用打分模型研究	李琳	武汉理工大学
74	一般项目	投资者情绪溢出对股市波动的影响机制研究	陆剑清	华东师范大学
75	一般项目	有限关注的机构投资者行为与板块股价同步性研究	胡才泓	江西师范大学
76	一般项目	持续经营审计意见对资本市场资源配置效率的影响机理研究	张立民	北京交通大学
77	一般项目	腐败治理视角下的政府审计与国有企业绩效改善研究	李江涛	西南财经大学
78	一般项目	国有企业管理层政治晋升激励及其经济后果研究	罗富碧	重庆师范大学
79	一般项目	基于流域生态系统管理的自然资源资产负债表编制与应用研究	唐勇军	河海大学
80	一般项目	认知偏差视角下的国有企业 CEO 职务舞弊行为研究	陈艳	东北财经大学
81	一般项目	我国战略性新兴产业融资生态、融资效率及其协同进化机制研究	耿成轩	南京航空航天大学
82	一般项目	国家治理视角下会计信息共享机制研究	曲吉林	山东财经大学
83	一般项目	基于价值链的管理会计工具整合与企业价值创造研究	王满	东北财经大学
84	一般项目	基于碳会计体系下的碳排放指数构建研究	闫华红	首都经济贸易大学
85	一般项目	基于雾霾治理视角的碳减排优化模式与碳审计研究	管亚梅	南京财经大学
86	一般项目	基于中国特殊环境的金融工具确认和计量会计准则国际持续趋同研究	邓永勤	湖南大学
87	一般项目	IPO 注册制与投资者权益保护研究	贺国生	西南财经大学

序号	类别	项目名称	项目负责人	工作单位
88	一般项目	上市公司 CFO 财务操纵行为与绩效影响的作用机制及制度优化研究	周方召	江南大学
89	一般项目	掏空动机下大股东与高管合谋的形成机理及预警机制研究	赵国宇	广东财经大学
90	一般项目	制度环境下终级控股股东对文化企业并购绩效影响研究	邵春燕	山东财经大学
91	一般项目	资本成本约束下混合所有制公司股权结构优化研究	邹　颖	首都经济贸易大学
92	一般项目	政治关联与市场竞争对企业选择性环境信息披露行为的影响研究	陈　璇	上海海洋大学
93	一般项目	宏观经济政策与会计信息可比性及其经济后果研究	杨忠海	哈尔滨商业大学
94	一般项目	合谋视角下的股权制衡机制研究	刘　伟	汕头大学
95	一般项目	大数据背景下基于企业生态系统的社会责任互动与多元价值共创研究	辛　杰	山东大学
96	一般项目	基于高管—董事私人连带关系的董事会监督失效研究	肖华芳	华中农业大学
97	一般项目	基于企业家隐性人力资本视角的科技型创业企业成长机理研究	刘玉斌	天津财经大学
98	一般项目	新常态下组织忘记对企业战略转型的影响研究	张小娣	西北工业大学
99	一般项目	政府规制下制药企业创新激励与定价机制研究	侯文华	南开大学
100	一般项目	供应链协同视角下平台型电商企业物流生态圈构建研究	吴　群	江西财经大学
101	一般项目	网络平台战略驱动的企业跨界成长研究	侯赟慧	东南大学
102	一般项目	东北老工业基地国有企业混合所有制改革中的公司治理问题研究	韩亮亮	辽宁大学
103	一般项目	嵌入差序格局的本土家族企业治理结构与绩效研究	王明琳	杭州师范大学
104	一般项目	中国上市银行公司治理有效性研究	黄洪斌	江苏科技大学
105	一般项目	O2O 模式下网购供应链的低碳激励机制研究	吴义生	南京工程学院
106	一般项目	基于 P2P 平台的供应链金融模式创新与风险管理研究	刘浩华	江西财经大学
107	一般项目	我国大型复杂工程项目群风险管理研究	徐青川	西安交通大学
108	一般项目	制造业绿色供应链生态补偿激励相容性与机制研究	王忠伟	中南林业科技大学
109	一般项目	与交通网络相协调的电动汽车充电基础设施布局规划及建设运营机制和推进政策研究	刘娟娟	上海海事大学

序号	类别	项目名称	项目负责人	工作单位
110	一般项目	顾客视角下节事营销战略对城市品牌塑造的影响研究	李　慧	天津理工大学
111	一般项目	基于质量安全的农产品伤害危机修复策略研究	田　虹	吉林大学
112	一般项目	农资销售中的信任传递模式及营销策略研究	李　纲	华北水利水电大学
113	一般项目	社会资本视角下农业集群品牌价值共创机制及中美比较研究	张月莉	浙江农林大学
114	一般项目	移动互联环境下企业跨界营销实现价值创造的机制研究	黄嘉涛	广东工业大学
115	一般项目	云营销中信任链复杂网络发展研究	沐光雨	吉林财经大学
116	一般项目	大数据背景下消费者金融行为模式研究	赵　青	西安邮电大学
117	一般项目	消费者习惯性怀疑的形成机理、影响机制及应对策略研究	银成钺	东北师范大学
118	一般项目	产学研合作虚拟企业的公司治理机制研究	张成华	江苏大学
119	一般项目	传统文化在新生代员工主动性管理中的应用研究	张　龙	河海大学
120	一般项目	企业家灵性资本视角下企业创业导向及其作用机制研究	顾建平	南京师范大学
121	一般项目	中小企业CEO诚信行为对企业成长的影响研究	魏　峰	同济大学
122	一般项目	基于资源保存理论的公共部门员工敬业研究	吕晓俊	上海交通大学
123	一般项目	我国过度劳动的动态特征、驱动机制及应对策略的跨层次研究	张杉杉	首都经济贸易大学
124	一般项目	包容型人力资源管理实践驱动企业创新机制和对策研究	方阳春	浙江工业大学
125	一般项目	城市生产环境对劳动密集型工厂柔性用工效益的影响因素研究	丁祥海	杭州电子科技大学
126	一般项目	大数据时代高智价值识别及工作嵌入反哺跟踪模型研究	殷凤春	盐城师范学院
127	一般项目	伙伴关系视角下的企业和谐劳动关系构建和作用机制研究	王德才	西南政法大学
128	一般项目	跨文化交流视角下跨国公司内部冲突管理及跨文化适应研究	邓一恒	西南财经大学
129	一般项目	企业价值创造视角下员工健康管理机理与实现路径研究	戴国斌	中南大学

序号	类别	项目名称	项目负责人	工作单位
130	一般项目	我国内部审计人员职业资格认证管理体系构建研究	毕秀玲	山东财经大学
131	一般项目	新常态下我国劳动关系质量的结构及演进路径研究	郭志刚	西南财经大学
132	一般项目	合规管理视角下"陌生人社会"新生代员工沟通冲突问题研究	马吟秋	南京师范大学
133	一般项目	基于知识基础观的家族企业接班人成长模式与企业核心能力研究	余向前	温州大学
134	一般项目	经理自主权理论视角下国有企业内部薪酬鸿沟的形成机理及对策研究	张长征	西安理工大学
135	一般项目	大型体育赛事影响区域旅游经济空间结构研究	罗秋菊	中山大学
136	一般项目	旅游产业融合中的就业模式变迁研究	郭　为	青岛大学
137	一般项目	我国入境旅游内生增长机制及对策研究	孙梦阳	北京联合大学
138	一般项目	创意旅游驱动下原住民文化古镇转型升级及其发展战略研究	张胜男	首都师范大学
139	一般项目	旅游需求结构与旅游产品创新的动态关系研究	宋　瑞	中国社科院财经战略研究院
140	一般项目	丝绸之路经济带背景下西北民族地区文化产业与旅游产业融合发展机制、路径、模式研究	南　宇	西北师范大学
141	一般项目	文化旅游需求与产品创新系统建设研究	宋鹏飞	山西财经大学
142	一般项目	美丽乡村建设中乡村记忆旅游产品创新开发研究	李玉新	山东工商学院
143	一般项目	乡村旅游转型升级与多功能景观网络构建研究	郑辽吉	辽东学院
144	一般项目	游客高聚集场所的风险防范与安全防控研究	郑向敏	华侨大学
145	一般项目	中国大陆出境游客不文明行为的发生机制、干预路径及管理模式研究	郑冉冉	浙江师范大学
146	一般项目	中国旅游救援发展的深层次思考	翟向坤	中国劳动关系学院
147	一般项目	旅游地社会—生态系统弹性及其适应性管理研究	李志龙	湖南商学院
148	一般项目	21世纪海上丝绸之路建设背景下南沙旅游发展动力机制与对策研究	陈扬乐	海南大学
149	一般项目	滇藏茶马古道客栈文化变迁研究	龙肖毅	大理学院
150	一般项目	基于互联网众筹模式的传统村落保护与旅游开发协同研究	惠　红	重庆理工大学
151	一般项目	民族旅游村寨治理模式的实践逻辑与制度创新研究	陈志永	贵州师范学院

序号	类别	项目名称	项目负责人	工作单位
152	一般项目	中国现存西洋近代建筑保护性旅游开发研究	肖 星	广州大学
153	一般项目	基于降雨量指数保险的农业干旱风险控制及对策研究	马剑锋	常州大学
154	一般项目	基于交易成本视角的橘农垂直协作形成机理与模式选择研究	方 凯	仲恺农业工程学院
155	一般项目	西部地区生态减贫与林木生物质能源产业协同发展研究	米 锋	北京林业大学
156	一般项目	西部农户农业环境效率、要素配置效率及其提升机制研究	姚增福	桂林航天工业学院
157	一般项目	基于可持续发展的农村社区IT治理机制研究	周 萍	江西财经大学
158	一般项目	征地补偿的政府选择与农民意愿耦合机理及优化路径研究	王心良	浙江水利水电学院
159	一般项目	"农超对接"供应链效果评价与政策优化研究	郑 军	山东农业大学
160	一般项目	公益诉讼与农产品质量安全保障机制研究	唐步龙	淮阴师范学院
161	一般项目	基于供应链的畜产品质量控制策略研究	孙世民	山东农业大学
162	一般项目	我国生鲜农产品流通渠道模式比较及优化研究	耿献辉	南京农业大学
163	一般项目	国际粮价波动对我国粮价传导中的风险预警机制研究	王 健	浙江工业大学
164	一般项目	技术创新背景下城市化进程的资源环境效应实证研究	郝汉舟	湖北科技学院
165	一般项目	考虑环境成本与收益的再生水项目投资经济分析研究	高旭阔	西安建筑科技大学
166	一般项目	买方垄断市场结构下形成中国稀土出口定价权研究	纪红丽	内蒙古财经大学
167	一般项目	自然资源资产负债表编制及新常态下资源利用与保护的绩效评价研究	李春友	广西财经学院
168	一般项目	基于大数据的城市区域机动车运行排放引发的PM2.5实时治理研究	蒋朝哲	西南交通大学
169	一般项目	碳减排约束下的碳税经济效应研究	赵爱文	徐州工程学院
170	一般项目	新常态下中国碳排放峰值预测及减排对策研究	李 伟	华北电力大学
171	一般项目	中国环境治理中的政府责任和公众参与机制研究	赵细康	广东省社会科学院
172	一般项目	园区工业废弃物资源化协同处理中的价值流转与补偿研究	金友良	中南大学
173	一般项目	产业转型升级背景下大学毕业生就业质量评价及预警研究	李光红	济南大学

序号	类别	项目名称	项目负责人	工作单位
174	一般项目	城镇职工养老金统筹账户的筹资效率与缴费率调整研究	龙朝阳	湘潭大学
175	一般项目	大数据背景下我国老年长期照护分级机制及其动态系统均衡研究	曹艳春	华东师范大学
176	一般项目	阶层壁垒视角下新生代大学生就业公平与公共政策促进研究	谢宝国	武汉理工大学
177	一般项目	移动互联网技术在穆斯林社区治理中的应用研究	苏　云	兰州大学
178	一般项目	中国矿产资源出口管制管理体制改革研究	彭　爽	武汉大学
179	一般项目	国家治理体系现代化目标理念的博弈论研究	蔡　芸	北京交通大学
180	一般项目	县级政府治理能力的双重困境及其破解机制研究	曾　莉	华东理工大学
181	一般项目	被征地农民安置模式比较及优化策略研究	徐济益	安徽工业大学
182	一般项目	基于用户行为分析的网络舆论引导机制研究	刘岩芳	哈尔滨师范大学
183	一般项目	基于知识代际转移问题的国家"名医工作室"政策效应评估与研究	申俊龙	南京中医药大学
184	一般项目	经济发达地区建设用地管理模式从增量化向减量化转轨机理及政策研究	王克强	上海财经大学
185	一般项目	新常态下我国制造业集群转型升级政策研究	赵　波	江西师范大学
186	一般项目	教育综合改革的部委协同性研究	杨道宇	渤海大学
187	一般项目	我国高等院校内部控制转型与创新研究	沈　烈	中南财经政法大学
188	一般项目	西部贫困地区县级政府提升县域义务教育均衡发展治理能力的路径优化研究	王正青	西南大学
189	一般项目	养老金并轨适应期的公立高校教师绩效工资转型研究	付景涛	海南大学
190	一般项目	治理体系现代化视野下高校内部社群权力的作用机理与引导机制研究	陈　超	南开大学
191	一般项目	公益创投的契约机制及生态构建研究	刘志阳	上海财经大学
192	一般项目	公益组织社会价值创造评价研究	鞠芳辉	浙江大学宁波理工学院
193	一般项目	国家治理现代化视野下社会组织能力建设研究	张　良	华东理工大学
194	一般项目	环境保护治理监管的社会组织介入形式、路径和方法研究	鲍健强	浙江工业大学
195	一般项目	基于社会网络分析法的分级诊疗试点政策效果研究	吕兰婷	中国人民大学

续表

序号	类别	项目名称	项目负责人	工作单位
196	一般项目	农村社区养老服务体系构建问题研究	李海舰	河南牧业经济学院
197	一般项目	我国高新区"创新型特色园区"管理模式研究	罗良忠	华东政法大学
198	一般项目	政府主导实施BIM情境下公建项目多利益方协同与反腐治理研究	钟　炜	天津理工大学
199	一般项目	当前社会治理背景下我国防艾政策网络演变的实证研究	李　玫	云南大学
200	一般项目	矿产资源跨期优化配置的政策工具研究	曹　明	中国矿业大学
201	一般项目	雾霾治理中政策执行影响因素及偏差行为防治研究	孟凡蓉	西安交通大学
202	一般项目	推进管办评分离的高校治理改革路径研究	柯文进	首都经济贸易大学
203	一般项目	国家—村庄关系与村庄公共物品供给集体行动困境破解研究	李秀义	福建工程学院
204	一般项目	大数据信息公共安全威胁识别与风险防范机制研究	蔡　钰	武汉市委党校
205	一般项目	基于互联网信息的食品安全风险评估研究	贺彩虹	湖南商学院
206	一般项目	基于社区的灾害风险网络治理模式、机制与政策体系完善研究	周永根	湖南省社会科学院
207	一般项目	农产品质量安全的跨域跨组织应急联动系统研究	唐伟勤	中南财经政法大学
208	一般项目	健全新疆多民族地区社会矛盾预防化解机制研究	杜孝珍	新疆大学
209	一般项目	新常态下劳动标准对群体性劳资冲突响应问题研究	刘大卫	华东师范大学
210	一般项目	流通环节食品冷链安全可追溯体系的构建研究	于晓胜	河南牧业经济学院
211	一般项目	西南地区农业旱灾成灾机制与风险管理研究	汪　霞	贵州大学
212	一般项目	基于国家危机管理的国防动员转型研究	胡　亮	解放军事经济学院
213	一般项目	城乡基本医疗保障一体化制度构架下不同人群的健康公平性研究	汤　榕	宁夏医科大学
214	一般项目	村级卫生人力的系统诊断与整体性治理模式研究	高红霞	华中科技大学
215	一般项目	公立医院公益性评价的分层动态研究	肖锦铖	安徽医科大学
216	一般项目	面向健康数据的认知图谱研究	罗亚玲	重庆医科大学
217	一般项目	我国公立医院改革对医保基金的影响研究	吴　明	北京大学
218	一般项目	医生诱导需求的识别及其治理研究	刘桂林	温州医科大学
219	一般项目	中国医疗纠纷数据库建设与基于数据库应用的医疗纠纷防控机制研究	刘兰秋	首都医科大学

序号	类别	项目名称	项目负责人	工作单位
220	一般项目	欠发达地区市政公用事业市场化转型中的激励性规制研究	高　丹	广西财经学院
221	一般项目	信息化在农村社区治理中的运用效果评价及对策研究	熊春林	湖南农业大学
222	一般项目	政府职能转变背景下社区共同体建设的路径选择研究	景朝亮	天津科技大学
223	一般项目	网络环境下的收益管理鲁棒无约束估计方法研究	郭　鹏	贵阳学院
224	一般项目	新常态下地方政府支持小微企业发展的公共服务质量优化模式构建研究	贺　翔	宁波大学
225	一般项目	基于线上线下融合的生鲜农产品电子商务渠道模式优化研究	田　刚	江苏大学
226	一般项目	我国城乡 E 一体化农村电子商务创新发展模式、路径及策略研究	黄丽娟	广州大学
227	一般项目	我国生鲜农产品电子商务与传统流通体系的融合发展研究	张　浩	北京工商大学
228	一般项目	政务微博受众影响力评价模型及可视化研究	贾可亮	山东财经大学
229	一般项目	电子商务欺诈行为的扩散与干预研究	蹇　洁	重庆邮电大学
230	一般项目	移动互联时代线上到线下（O2O）模式的顾客惊喜与移动营销创新研究	彭红霞	湖北大学
231	一般项目	长江经济带制造业服务转型梯度推进和发展路径研究	张予川	湖北大学
232	一般项目	基于 CAS 范式的装备制造产业集群创新网络形成与演化机理研究	赵志泉	中原工学院
233	一般项目	全球化视角下我国区域创新系统的演化机制研究	张永凯	兰州商学院
234	一般项目	四省藏区社会经济生态三方协同治理机制与对策研究	刘晓红	西南民族大学
235	一般项目	"两带一路"节点城市网络资源拓展与功能性机构集聚发展战略研究	庄德林	合肥工业大学
236	一般项目	基于城市群联动视角的京津冀协同减排路径与机制研究	苑清敏	天津理工大学
237	一般项目	基于风险感知的城市"邻避危机"治理研究	王　锋	湖州师范学院
238	一般项目	我国港澳台地区城市更新中的公共治理机制及其借鉴研究	郭湘闽	哈尔滨工业大学
239	一般项目	货币外部性与中国产业地区转移机制研究	陈　春	武汉科技大学

续表

序号	类别	项目名称	项目负责人	工作单位
240	一般项目	人口流动与产业聚集互动的过程机制、区域效应与调控对策研究	敖荣军	华中师范大学
241	一般项目	基于遗产廊道理论的中国近代铁路遗产保护与利用研究	黄华	三峡大学
242	一般项目	我国文化产业安全实现机制研究	曾荣平	南昌大学
243	一般项目	江西古代书院文化遗产抢救与保护传承体系研究	徐永文	江西师范大学
244	一般项目	文化和科技融合示范基地效能评价与提升路径对策研究	于泽	中国矿业大学
245	一般项目	国家由大向强的海上安全困境及军事能力发展研究	杨祖快	海军军事学术研究所
246	一般项目	基于战略统筹的国防经费中期滚动规划管理研究	汪周松	解放军事经济学院
247	一般项目	军队审计制度改革创新研究	姜鲁鸣	国防大学
248	一般项目	南海危机管控中的不确定性研究	葛武滇	解放军理工大学
249	一般项目	推动军费绩效管理改革的审计嵌入机制研究	刘金文	解放军事经济学院
250	青年项目	大规模突发事件的情景分析与推演技术研究	王铁君	西北民族大学
251	青年项目	价值链高端攀升视角下我国战略性新兴产业出口竞争新优势的培育路径研究	任保全	常州大学
252	青年项目	跨国公司在华创新生态系统构建研究	单蒙蒙	上海大学
253	青年项目	基于生命周期的产学研用协同创新激励机制研究	张省	郑州轻工业学院
254	青年项目	高校—企业协同创新机理及政策激励体系构建研究	马家喜	温州大学
255	青年项目	新常态下孵化器知识产权服务升级的战略路径与政策选择研究	潘冬	江苏理工学院
256	青年项目	战略性新兴产业联盟创新网络中的派系问题研究	郑向杰	商丘师范学院
257	青年项目	战略性新兴产业技术创新的空间形态演化研究	陈瑜	上海立信会计学院
258	青年项目	创投引入后的创业企业控制权配置及其影响机制研究	鲁银梭	浙江农林大学
259	青年项目	异质性生产技术、多维溢出效应与我国企业绿色创新效率提升研究	钱丽	安徽财经大学
260	青年项目	资源结构、策略选择与中小企业创新绩效关系研究	李晓翔	安徽大学
261	青年项目	国家资产负债表与提高国家治理能力研究	杨志宏	中国社会科学院财经战略研究院
262	青年项目	混合所有制改革中周期性公司估值模型的理论修正与实践调整研究	陈蕾	首都经济贸易大学

序号	类别	项目名称	项目负责人	工作单位
263	青年项目	新常态下促进区域经济发展的省以下财政分权政策研究	黄思明	江西财经大学
264	青年项目	"嵌入"视角下农村信贷契约的共同治理机制研究	杨　帅	中国人民大学
265	青年项目	行为金融视角下我国商业银行信贷效应及信贷决策行为研究	周　超	中国劳动关系学院
266	青年项目	基于公司财务视角的商业贿赂治理研究	高利芳	安徽财经大学
267	青年项目	中国政府会计信息呈报格式的决策价值研究	柳宇燕	长沙理工大学
268	青年项目	我国上市公司智力资本自愿信息披露及其影响因素、经济后果研究	傅传锐	福州大学
269	青年项目	以嵌入新兴产业集群为指向的西部制造型中小企业战略转型研究	胡新华	西南政法大学
270	青年项目	规范偏离视角下企业社会责任群体行为演化及其管理研究	李祖兰	中南财经政法大学
271	青年项目	基于群体智能的小微企业集聚式发展研究	刘　钒	武汉大学
272	青年项目	大数据背景下网络虚拟人物对消费者行为的影响研究	周　飞	华侨大学
273	青年项目	来源国刻板印象反转视角下消费者国货意识形成的心理机制研究	刘进平	西南政法大学
274	青年项目	边疆民族地区企业民族多样性的多层次影响效应研究	张传庆	西藏民族学院
275	青年项目	基于互联网的平台型企业商业模式创新研究	王　娜	湖北大学
276	青年项目	中国企业海外拓展进程中的组织惯例复制机理研究	陈彦亮	山东工商学院
277	青年项目	专用性资源演化视角下国有企业混合所有制改革中的控制权合理配置研究	郭　斌	北京第二外国语学院
278	青年项目	大数据语境下员工绩效与行为倾向预测研究	袁　佳	成都市委党校
279	青年项目	管理者腐败形成机制及治理策略研究	文　鹏	华中师范大学
280	青年项目	大数据背景下网购消费者行为模式与网购评语引导机理研究	李桃迎	大连海事大学
281	青年项目	利益相关者视角下京津冀区域旅游合作机制研究	胡叶星寒	河北金融学院
282	青年项目	中国旅游贸易逆差测度、形成机制与对策研究	田纪鹏	上海对外经贸大学
283	青年项目	文化演出产业与旅游产业融合战略研究	周春波	宁波大学
284	青年项目	美丽乡村建设背景下乡村旅游转型升级的影响因素及实现路径研究	周　杨	广东工业大学

序号	类别	项目名称	项目负责人	工作单位
285	青年项目	"丝绸之路经济带"背景下中国与中亚国家的农业合作模式创新研究	高贵现	洛阳师范学院
286	青年项目	定向降准对农业企业的产出与风险传导效应研究	林朝颖	福建农林大学
287	青年项目	农户视角下的农村供水与环境卫生服务公平性改善策略研究	王学渊	浙江工商大学
288	青年项目	中国农村环境管理中的政府责任和公众参与机制研究	陈秋红	中国社科院农村发展研究所
289	青年项目	中国水之"资源诅咒"效应、传导机制及规避路径研究	李昌彦	南昌工程学院
290	青年项目	资源环境约束下农业用水效率评价及提升路径研究	杨骞	山东财经大学
291	青年项目	反腐败与地方政府环境治理提升研究	李子豪	河南财经政法大学
292	青年项目	我国城市居民 PM2.5 减排行为影响因素及支持政策研究	史海霞	西南科技大学
293	青年项目	残疾人职业能力评估发展对策研究	周姊毓	绥化学院
294	青年项目	我国大病医疗保险统筹优化机制及其风险监控研究	张颖	东南大学
295	青年项目	医疗保险制度对农民工消费的影响研究	韩俊强	中南民族大学
296	青年项目	中国灾难性卫生支出风险管理机制研究	王超群	华中师范大学
297	青年项目	新常态下我国就业导向型失业保险制度功能优化研究	周江涛	滨州学院
298	青年项目	边疆民族地区基层社会治理创新实践与规范化建设研究	朱懿	广西财经学院
299	青年项目	生态位视角下新型城镇化适宜度评价指标体系构建及实证研究	姚远	沈阳工程学院
300	青年项目	污染型邻避设施规划建设中的公众参与机制研究	晏永刚	重庆交通大学
301	青年项目	运用法治思维和法治方式化解社会矛盾纠纷的长效机制研究	庄文嘉	中山大学
302	青年项目	治理视域下地方公共服务供给的系统优化研究	罗植	北京市社会科学院
303	青年项目	地方政府土地财政偏好的影响评价与管控机制研究	唐鹏	四川大学
304	青年项目	基于社会建构主义视角的政府绩效管理悖论及治理研究	董静	兰州大学
305	青年项目	环境政策工具的选择模式、执行逻辑及优化策略研究	王惠娜	华侨大学

序号	类别	项目名称	项目负责人	工作单位
306	青年项目	"项目制"下财政专项资金影响高等职业教育发展的效果分析研究	刘云波	北京师范大学
307	青年项目	高等学校入学机会公平实现机制及预测研究	夏 雪	东北师范大学
308	青年项目	新常态下完善政府财政和社会资本投资高等教育的机制研究	方 芳	北京师范大学
309	青年项目	环保组织在环境冲突中的策略选择研究	郑 琦	中共中央党校
310	青年项目	新型城镇化背景下城乡融合型社区协同治理机制研究	林 莉	南通大学
311	青年项目	新型农业经营主体影响农产品质量安全的作用机理与治理优化研究	刘红岩	农业部
312	青年项目	大数据时代自媒体风险感知与矛盾化解研究	刘新传	清华大学
313	青年项目	西部地区刑事涉毒案件的分布特点及毒物风险评估研究	王 炜	甘肃政法学院
314	青年项目	大数据时代突发事件中基于利益相关者抗逆力的治理模式研究	杨 旎	北京市委党校
315	青年项目	基于府际合作的跨域突发事件应急联动机制研究	王 薇	湖南农业大学
316	青年项目	辟谣信息构成要素实证研究	熊 炎	北京市社会科学院
317	青年项目	跨界水冲突诱发的理论建构与实证研究	雷丽萍	华东政法大学
318	青年项目	基于健康差异的农村老年人医疗服务利用研究	林晨蕾	福建农林大学
319	青年项目	新媒体下医患矛盾热点事件公众情绪演化机理与疏导策略研究	段桂敏	成都中医药大学
320	青年项目	分级诊疗新政下社区平台慢性病管理模式创新研究	李 颖	首都医科大学
321	青年项目	基于回族文化关怀的慢性病"社区—临床—宗教组织"管理模式研究	宁艳花	宁夏医科大学
322	青年项目	新型城镇化进程中地方公共服务供给机制创新研究	王正攀	重庆市委党校
323	青年项目	地方政务微博受众影响力评估研究	王 井	浙江省委党校
324	青年项目	基于消费者退货行为的电商企业策略优化研究	李明芳	河北科技大学
325	青年项目	社会网络视角下的地方政务微博受众影响力评估研究	万 方	广东财经大学
326	青年项目	五螺旋视角下区域战略性新兴产业创新发展研究	李 燕	山东师范大学
327	青年项目	基于成本比较的中国城市蔓延治理研究	张景奇	东北大学
328	青年项目	我军士官长制度建设研究	姚 克	解放军西安通信学院

续表

序号	类别	项目名称	项目负责人	工作单位
329	西部项目	网络环境下综合集成研讨体系中集体智慧涌现机制研究	杨晶玉	西安交通大学
330	西部项目	经济新常态下我国高端装备制造业国际化商业模式创新路径研究	田庆锋	西北工业大学
331	西部项目	基于创新网络演化的企业技术创新动态能力形成与提升路径研究	王昌林	重庆科技学院
332	西部项目	西部地区设施建设类惠农政策实施效果跟踪研究	陈丽华	贵州省社会科学院
333	西部项目	新型城镇化进程中财政教育支出绩效评估研究	王凤羽	长江师范学院
334	西部项目	嵌入环境因素的柴达木循环经济区资源型企业财务预警研究	赵娟	青海大学
335	西部项目	失败学习对制造企业服务化的驱动机理及协同路径研究	杜维	重庆邮电大学
336	西部项目	混合所有制企业协同治理研究	马胜	成都学院
337	西部项目	政府行为与企业社会责任嵌套机制研究	郭岚	四川理工学院
338	西部项目	"一带一路"战略与宁夏穆斯林旅游文化产业的国际化发展研究	许丽君	宁夏大学
339	西部项目	21世纪海上丝绸之路背景下三沙海洋旅游发展战略研究	邓颖颖	海南省社会科学院
340	西部项目	构建中国—东盟南北丝绸之路旅游带研究	陈红升	广西社会科学院
341	西部项目	革命老区红色旅游创新发展研究	徐仁立	武夷学院
342	西部项目	基于双边市场理论的南方集体林区林权流转交易中心运行机制研究	魏远竹	宁德师范学院
343	西部项目	粮食主产区目标价格政策的粮农行为响应及政策优化研究	郑鹏	东华理工大学
344	西部项目	我国铜资源二次利用的生态产业链延伸路径研究	王国友	重庆工商大学
345	西部项目	雾霾治理中的公众参与机制研究	王凤	西北大学
346	西部项目	西部地区城镇化进程中的水资源短缺风险评估及空间分析	刘航	四川省委党校
347	西部项目	民族地区城乡医疗保险一体化适宜模式及其推进路径研究	范艳存	内蒙古医科大学
348	西部项目	法治视角下我国大学生就业政策协同联动研究	吴成国	重庆交通大学

序号	类别	项目名称	项目负责人	工作单位
349	西部项目	社会网络视阈下政务微博受众影响力评估及舆情引导能力提升研究	白 黎	宝鸡文理学院
350	西部项目	灾害性突发公共危机事件网络舆情政府治理机制研究	王 华	成都信息工程学院
351	西部项目	基于公平的高校自主招生考试评价体系建构研究	李雄鹰	兰州大学
352	西部项目	新兴信息消费的环境评估及治理研究	万晓榆	重庆邮电大学
353	西部项目	生态安全视域下巨灾风险动态识别与防控机制研究	陈 利	重庆工商大学
354	西部项目	新型城镇化进程中民族地区智慧城市建设研究	杨娟丽	青海大学
355	西部项目	闽东古村落风貌保护规划与文化传承研究	邱汉周	宁德师范学院

资料来源：国家社科基金项目数据库（http：//fz. people. com. cn/skygb/sk/index. php/Index/seach）。

表3 2015 年度国家自然科学基金重点项目立项一览表（管理学）

序号	项目名称	项目负责人	工作单位
1	产品质量保证策略与质保服务运作研究	何 桢	天津大学
2	生态社区建设与城市生态综合管理机制研究	邓祥征	中国科学院地理科学与资源研究所
3	网络大数据环境下的金融创新及其风险分析理论研究	叶 强	哈尔滨工业大学
4	大数据环境下的智慧制造组织模式与运营管理	任明仑	合肥工业大学
5	移动互联网环境下的用户行为与商业创新	陈煜波	清华大学
6	基于移动群智感知的物联网大数据挖掘与应用	吴俊杰	北京航空航天大学
7	大数据驱动的管理决策模型与算法	陈松蹊	北京大学
8	协同学视角下基于案例推理的巨灾型突发事件医学应急救援风险分析及机制研究	侯世科	中国人民武装警察部队后勤学院
9	电子商务环境中定向广告的精准投放与管理策略研究	徐云杰	复旦大学
10	基于健康大数据的新兴公共卫生管理研究	刘远立	中国医学科学院
11	地区差距测度与均等化转移支付制度研究	郭庆旺	中国人民大学
12	基于社会网络计算的企业舆情管理新理论新方法	梁 循	中国人民大学
13	大数据驱动的智慧医疗健康管理创新	张润彤	北京交通大学
14	基于物联网的产品状态智能监控与质量管理	蒋 炜	上海交通大学
15	金融政策对企业投融资行为的影响研究	屈文洲	厦门大学
16	智能健康信息服务管理	王海燕	东南大学
17	城市复合生态系统人与自然耦合机制与调控方法	欧阳志云	中国科学院生态环境研究中心
18	在线社会网络中企业舆情管理的理论与方法	闫相斌	哈尔滨工业大学
19	全球化和网络化环境下的中国企业品牌国际化营销战略研究	汪 涛	武汉大学
20	大数据环境下金融风险传导与防范研究	杨晓光	中国科学院数学与系统科学研究院
21	新型城镇化发展的关键因素及改革研究	陶 然	中国人民大学
22	现代社会治理的组织与模式研究	李维安	天津财经大学
23	物联网环境下的组织体系架构建模、行为分析与优化设计：以电商物流为例	胡 斌	华中科技大学
24	城市生态风险管理方法研究	赵景柱	中国科学院城市环境研究所

续表

序号	项目名称	项目负责人	工作单位
25	基于大数据的金融创新及其风险分析理论	熊　熊	天津大学
26	物联网环境下基于情景的在线智能调度优化方法	胡祥培	大连理工大学
27	面向新型城镇化的城市群综合交通管理理论	张小宁	同济大学
28	智能健康信息服务管理	郭熙铜	哈尔滨工业大学
29	面向产业平台创新生态系统的协同创新机理与战略选择	唐方成	北京交通大学
30	基于物联网应用的价值共创模式与价值网络治理机制研究	马永开	电子科技大学
31	面向社会网络的企业产品促销、定价和库存管理研究	徐以汎	复旦大学
32	大数据驱动的环境与智慧医疗健康全社会资源管理研究	罗　利	四川大学
33	网络及不确定环境下创业者的行为认知与决策机制研究	张玉利	南开大学
34	大数据环境下知识融合与服务的方法及其在电子政务中的应用研究	王延章	大连理工大学

资料来源：国家自然科学基金委员会管理科学部（http：//www. nsfcms. org/index. php？r = search/index）。

第七篇

学界动态

"互联网与管理创新"学术研讨会暨
中国企业管理研究会 2015 年年会

  2015 年 9 月 24 日，正值反法西斯胜利 70 周年，"互联网与管理创新"学术研讨会暨中国企业管理研究会 2015 年年会在大连成功举行。这次会议由我国企业管理研究会、蒋一苇企业改革与发展学术基金会、中国社会科学院管理科学与创新发展研究中心和东北财经大学工商管理学院联合举办。这次大会为学术界的精英提供了一个交流的平台，尤其是关于在"互联网＋"背景下企业的发展问题。来自中国人民大学、北京大学、东北财经大学等高等院校以及中国社会科学院的专家学者，共 300 余名代表参加了此次会议。会议共收到学术论文 51 篇，其中 5 篇获得年会优秀论文奖。

  大会开幕式上，中国企业管理研究会会长、中国社会科学院工业经济研究所副所长黄速建研究员发表重要讲话。他总结了在"互联网＋"的背景下，企业面临的新要求、新任务、新课题：一是超竞争成为常态化管理的情景，高度发达和普遍应用的互联网技术不仅重塑了生产者和消费者之间的复杂关系，改变了生产者的价值选择空间和在相互博弈中的话语权，而且推动更多的行业和市场呈现出多边效应和网络效应；二是价值共享成为主流的管理目标，通信互联网与逐渐成熟的能源互联网、物流互联网相互融合，正在催生物联网革命，并且形成改变人类生活方式的新经济模式，也就是所谓的协同共有的共享经济模式；三是生态圈化成为新型的管理战略，互联网广泛渗透和深入应用推动企业推广，企业与众多实体以一种复杂的方式，构成互惠、互益、共生的生态系统，形成不同层面和形式多样的商业生态圈；四是社会资源成为重要的管理对象，"互联网＋"使得企业的战略性资源边界发生了动态性的变化，战略性资源的构成要素出现重新组合，不同类型战略性资源在企业发展中的地位也随之调整，企业管理对象的重点由内部的人、财、物拓展到外部的社会资源；五是双元能力成为关键管理能力，成功的企业必须具有双元能力，形成结构式的双元组织、情境式的双元性组织和领导式的双元性组织，以有效实现彼此相异甚至相互矛盾的目标；六是价值观管理成为新型的管理范式，"互联网＋"的发展推动企业管理范式中传统的指令性的管理和目标管理转向新型的价值观管理，这种管理本质上是一种人本管理、弹性管理、软性管理，它要求企业管理的核心由对物的管理转变到对人的管理，由对人的身体的管理转变到对人的心灵的管理，最大限度地发挥人的主观能动性和自我创造性。在这一背景下，他提出"互联网＋"对企业转型发展管理变革提出了许多新的要求，带来了许多新的机遇，出现了新的规律，要求我们立足于互联网思维和数字化商业情景，对传统的管理理论、管理范式、管理框架、管理假设、管理规章、管理目标、管理对象、管理机制、管理工具等都做出重新的审视。

  这次大会采取主题演讲、大会发言和分组研讨 3 种形式，与会代表围绕会议主题展开交流讨论，其观点主要集中于以下四个方面：

一　"互联网＋"与传统企业战略转型

随着"互联网＋"行动计划的制订与实施，越来越多的企业和行业，特别是传统企业开始转变过去保守的态度，将大数据、移动互联网等新兴技术应用到产业升级和商业化过程中。与会代表从不同的角度分析了传统企业如何迎接"互联网＋"时代的挑战。

中国人民大学教授徐二明认为从传统金融到互联网金融的制度变迁，是制度创业的直接结果。在这一变迁过程中，新制度经济学派代表人物 North 的经典制度变迁理论为分析我国从传统金融到互联网金融的转型提供了理论依据。相对价格与路径依赖是影响制度变迁过程的两大因素，他结合制度创业视角对传统金融向互联网金融变迁的机理进行分析，并从传统金融机构、互联网金融制度创业者、政府部门、公众用户四个方面对未来制度变迁过程进行了预测。

新工业革命的兴起，在世界范围内掀起了制造业智能化升级的浪潮。继德国"工业4.0"战略和美国的"工业互联网"战略之后，中国推出了"中国制造2025"。与美、德等发达国家相比，中国制造业企业技术基础和创新能力较弱，但在用户知识获取和吸引用户参与方面具备独特优势。因此，如何有效发挥独特优势就成为"中国制造2025"落地破题的关键。中国社会科学院工业经济研究所研究员王钦在对海尔案例进行深入分析的基础上，对中国企业实施"中国制造2025"的切入点和架构进行了探讨。他认为，中国制造业企业落地"中国制造2025"，实现制造能力的智能化升级，不仅要在技术层面进行追赶，还需要对背后的管理方式和资源配置机制进行变革。首先，要以用户为切入点，真正以用户需求来驱动智能制造体系的建设。其次，企业在体系架构上需要打破企业边界，以生态圈的视角，去思考内部业务流程和外部资源关系的调整，通过"内圈"的全流程并联和"外圈"的资源无障碍进入，构建起内外融合的智能制造生态圈。

河南社会科学院《中州学刊》杂志社张富禄和高璇认为，随着互联网、物联网等新一代信息技术的广泛应用，人类社会进入了"互联网＋"时代。互联网思维正在改变各行各业生产组织方式、要素配置方式、产品形态和商业服务模式，尤其"互联网＋"对装备制造、交通物流、传统农业、生活服务等传统产业产生了重要影响，成为传统产业抢占新一轮竞争制高点的重要动力源泉。面对"互联网＋"给传统产业带来的新变化，要用互联网思维重构传统产业的产业架构，实现互联网与传统产业的跨界融合发展，推动传统产业改造与重组，推动传统产业大变革。

上海外国语大学范徽等人作了题为"移动互联网背景下的企业经营理念新思维"的主题演讲。他们分析了移动互联网时代的商业特征，基于人类的本性剖析了移动互联网的"三为思维"本质：用户为先、体验为王、平台为本。在此基础上，联系"罗辑思维"、小米、BAT（百度、阿里、腾讯）等案例，剖析了移动互联网背景下的企业经营新理念。

武钢经济管理研究院张和平认为，生产率增速下降及中国钢铁行业面临的困局，亟待互联网钢铁的管理创新。这种管理创新主要体现在互联网钢铁的五个特性上和管理生产率的提高上。大公司成功的关键不在数量而在质量，即产品的性能、制造方式以及推销技术。

二　互联网与创新、创业管理

当今时代高速发展的互联网正在深刻地改变着人们的生产生活方式，互联网已经日益成为创新驱动发展的一种先导性的力量和基础性的力量。"互联网＋"使得企业管理面临着前所未有的变革需求和创新的压力。为此，与会学者特别将其设立为专题进行研讨。

安徽财经大学教授陈忠卫指出认为目前中国正面临的是第四次工业革命，其标志为3D打印技术和智慧工厂。他通过列举浙江、广州的"机器换人"战略以及德国工业发展情况引出"中国制造2025""三步走"实现制造强国梦的规划蓝图。他认为互联网不是万能的，但互联网连接一切，预测未来社会将是飞速互联的社会；"互联网＋"是在原有产业基础上做"加法"，"互联网＋"对政务、制造、教育、医疗、物流、商贸六大产业都会有积极作用；收集和占有数据固然重要，但大数据时代的最大意义在于开发其背后潜在的商业价值。最后陈教授通过对滴滴快车创业案例的分析，总结了商业模式的九大元素，并指出商业模式的关键在于创新。他同时指出"创新""冒险""积极进取"三者乃是创业的本质特征。高水准的创新加上高水准的创业等于创造新的产业与企业，这也是21世纪成功经济（地区、国家）的特征，并得出"创新与创业是经济发展的引擎"的结论。

江苏大学教授梅强分析了互联网嵌入下中小企业创新创业辅导服务体系网络化建设。他指出，中小企业是我国国民经济重要的组成部分，是市场经济中最活跃的细胞，广泛分布于各行各业和各地区，在增加就业、促进经济增长、科技创新与社会和谐稳定等方面具有不可替代的作用，对国民经济和社会发展具有重要的战略意义。随着要素成本的提高，中小企业低端劳动密集型产业过度竞争与高端、专业技术密集型产业进入不足的矛盾更加突出，亟须通过"专精特新"实现产业升级。在影响创业成功的因素中，最关键的因素是创业项目本身是否具有创新性，创新与创业紧密相关。开放式创新成为中小企业寻求破解这一难题的有效基本途径。开放式创新的要点是：企业要提高技术能力，必须同时利用企业内外知识，有效地加以整合，产生的新思想和开发的新产品或新服务，可以通过企业内部或外部的渠道进入市场，使之商业化。企业在产品开发过程中，除内部开发者外，外部伙伴也参与到研发过程中并赋予相应的研发任务和职责。这些外部伙伴包括客户、供应商、高校、研究机构、行业协会以及能通过互联网平台与研究者进行交流的普通大众。最后，他指出建设创新创业辅导服务体系是政府支持中小企业的基本策略，并总结了创新创业辅导服务体系网络化建设与运行的基本思路。

湖南工程学院常耀中比较分析了在不同阶段产生、具有典型性的各类创新型小微企业培育模式的异同优劣，并以案例分析来说明创客空间如何发展了培育模式及其优点。他首先分析了不同阶段政策背景及创新水平下，创新型小微企业创新的主体、方式、投入和转化的特点，分析相应培育模式下创新型小微企业取得外部资源支持的方式，总结创客空间得到快速发展并成为重要创新培育模式的理由。其次，以北京创客空间和深圳柴火创客空间为例，分析经营性创客空间通过社区、孵化和产业链管理三大功能促进创新型企业萌芽、出现、成长的培育模式，探究三大功能有利于降低创新型小微企业创业成本、提升项目成功概率、促进自身可持续发展的原理，指出政策支持在其中所发挥的重要作用。最后，对于三种不同创新型企业培育模式的特点进行了总结，指出了培育模式发展的趋势，提出了政府和创客空间运营者对降低创新门槛、完善创新服务、促进创业发展的管理和政策建议。

东北财经大学工商管理学院白景坤和丁军霞指出，双元性创新的可获得性一直是理论和实践领域共同关注的焦点。他们基于环境动态性视角，构建网络能力与双元性创新关系的理论模型，并以中国东部沿海地区高技术行业的企业为样本进行实证检验。他们的研究结果显示，网络能力与探索式创新和利用式创新均显著正相关；网络能力各维度与探索式创新显著正向相关，网络规划能力、网络运作能力和网络占位能力与利用式创新显著正向相关；环境动态性在网络能力与探索式创新关系中具有正向调节作用，在网络能力与利用式创新关系中具有负向调节作用。

北京第二外国语学院国际商学院李凡和李娜基于俄罗斯1990—2013年颁布的93条技术创新政策，采用二元Logistic分析方法从政策目标、政策工具和政策执行三个维度，科学比较俄罗斯技术创新政策在各阶段的差异。她们的研究表明：俄罗斯的技术创新政策目标前两阶段以强调知识的增加为主，从第三阶段开始，俄罗斯开始强调知识的水平扩散，尤其强调消化吸收；技术创新政策工具第二阶段比第一阶段更强调从企业角度出发，为企业创新提供创新供给要素，或改善企业创新环境要素，第三阶段开始注重引导市场创新的需求工具；俄罗斯的技术创新政策颁布机构级别较高，且多以法律形式为主。

三　互联网与组织、营销管理创新

在信息时代的背景下，伴随着网络化企业的蓬勃发展，企业相应地调整组织结构，以适应环境的变化。与此同时，随着互联网的快速发展，在激烈的市场竞争中，企业如何在营销模式和营销手段上创新，成为了关系到企业发展的重要问题。

天津财经大学于立作了题为"商业模式创新中的'跳单问题'——实体平台与网络平台的竞争关系"的主题演讲。他指出，随着互联网和电子商务的兴起，在实体店选择体验而在网上购买的"店选网购"跳单现象相当普遍，引发诸多经济学与法学问题。典型的行业有图书业、百货业和药品零售业。在互联网的背景下，商业模式的创新是真正意义上的创新。而我们说的创业最好是商业模式上的创新。在这个商业模式的创新过程中出现了网络平台对实体平台的冲击。对于这种冲击不要随意地进行限制和制裁，要慎重考虑，要分成两种冲击，有一部分是合理冲击，而另一部分是不合理的。即使不合理的冲击，在没有找到好的解决办法之前，不需要政府强加干涉，而是要企业自行解决。实体企业在面临网络冲击无法解决的时候，应适当做出调整，开办相应的网络业务，为顾客增加体验式服务。对于显性冲击不存在跳单问题，这是技术发展的大势所趋，应该顺势而为。面对跳单问题，政府行政部门和反垄断执法机构应该正确对待任何方面的片面诉求和主张，不宜简单从事，轻易干预。

新疆财经大学工商管理学院张璟龙和王海芳指出，学者对网络化企业及创新的组织结构进行了相关的研究，可是现有的理论并不能完整地解释一些企业的组织结构是如何出现的，没有进行规律性的提炼和总结。他们以阿里巴巴为例研究企业的组织结构规律，首先从企业发展过程中面临的内外部环境进行分析，明确阿里巴巴的发展现状；然后，通过对阿里巴巴的两次组织结构调整进行分析，从中找出企业组织结构设计中存在的规律，分析阿里巴巴现有的组织结构是否能够适应信息化时代的要求，对阿里巴巴组织结构匹配性进行评价。最后，总结网络化企业的组织结构匹配性的一般规律。

辽宁大学商学院王季和李倩指出，随着科技的发展，越来越多的企业采用电话服务接触的方式为顾客提供服务，电话服务接触质量也就成为了影响顾客忠诚度的一个关键要素。她们通过回顾以往学者关于电话服务接触的命名、含义以及对电话服务接触的分类，确定了电话服务接触的内涵，然后总结出不同类别的电话服务接触质量的测量维度。以期为企业改进电话服务接触质量提供理论支持。

四 互联网与人力资源管理

互联网带来了新一轮管理变革与创新，对人及人力资源管理都带来了深重的影响。行为科学关于人与人权及组织行为的研究获得了新的手段、空间和路径。同时，互联网时代的一个显著特点就是人力资本成为企业创造价值的主导因素，作为确保人力资本发挥作用的关键部门，HR 如何实现自己的商业价值？对此，与会学者从不同方面对该专题进行研讨。

首都经济贸易大学工商管理学院吴冬梅首先从理论的视角回顾了戴维·沃尔里奇的"人力资源角色与商业价值"思想，回顾了劳勒·爱德华的"人力资源产品线"思想，继而提出了互联网时代的人力资源 3D 价值链：发现 HR 服务需求（Discover）、设计 HR 产品服务（Design）、提供 HR 产品服务（Deliver），并论述了适应这一价值链的 HR 三支柱管理模型即 HRBP—HRCOE—HRSSC 架构。她最后分析了美国 IBM 公司和中国华为公司及腾讯公司的案例，并从理论研究和案例分析中总结出互联网时代人力资源管理转型面临的新挑战：HR 观念挑战、HR 人员素质挑战、HR 流程与技术的挑战。

东北财经大学教授杨光作了题为"互联网与人及人力资源管理"的主题演讲。他从三个方面分析了互联网与人及人力资源管理：首先，分析了互联网发展对人的影响，网络与信息移动性终端的大面积拓展，人的生命与智能；人的生存与发展；人的安全、自由、尊严都与互联网的发展带来的冲击和影响息息相关。现代人越来越出现"行为"对信息和网络功能的依赖。其次，分析了在互联网发展过程中，人权受到的冲击与威胁，互联网正在挑战着经济、政治、文化、外交等诸多领域的传统，网络与信息优势、话语权，挑战着"公平"等人权精神。最后，分析了互联网对人力资源管理的影响，互联网环境下组织柔性和开放的核心表现，就是人力资源配置已不限于组织内部，开放性整合外部人力资源，"轻雇佣"的趋势越来越明显，对人才"不求所有、但求所用"。"轻雇佣"使许多人成为组织"没有边界的员工"。互联网时代，员工是企业的客户，客户也可能是企业的员工，人才价值创造的边界和范围不断扩展。许多成功企业都在探索开放式的人力资源体系，用各种形式连接外部人才为我所用，将企业资源整体平台化。另外，互联网对企业的人力资源决策、绩效考核再造及员工培训方法都产生了深刻的影响。

天津财经大学商学院张建宇和邓然指出，随着环境的迅速变化以及知识经济时代的到来，依赖科层控制的传统集中领导方式已难以应对外界挑战。传统领导失去了掌控全部信息与决策的优势，日趋专业化的员工也拥有了领导能力和意愿，分布式领导便在这种环境下得到了迅速的发展。分布式领导是一种新型合作领导模式，区别于传统领导方式，分布式领导能够充分利用员工的异质性知识、提升组织绩效、有利于企业适应复杂多变的环境。他们对国内外分布式领导研究的文献进行了梳理，对分布式领导的内涵与维度进行了整合，并提出了分布式领导研究的主要议题。最后分析了现有研究存在的不足，并对未来研究进行了展望。

江西财经大学肖唐辉指出，当前处于互联网引领的快速发展时代，自我管理被认为是管理理论发展的新趋势。一直以来，自我管理被定义为在缺乏外部约束的条件下，个体在很多种可能的行为中选择了发生概率较低的一种，此时个体表现出一种自我控制的能力。同时，创新是企业生存发展的动力，越来越多的企业开始强调员工参与决策和控制决策的实施，这也为自我管理在企业中的应用提供了条件。他从自我管理的发展和概念界定、结构测量、实证研究及未来展望四个方面，对自我管理的研究现状进行了介绍和述评，并概述了当前时代下自我管理与创新的关系。

（谭玥宁，中国社会科学院工业经济研究所）

新常态下的管理新挑战——"管理学在中国"2015 年会(第 8 届)

　　2015 年 10 月 17—18 日, 由教育部科技委员会管理学部、中国管理现代化研究会组织与战略管理专业委员会、西安交通大学中国管理问题研究中心、浙江工业大学经贸管理学院主办, 浙江工业大学经贸管理学院承办,《管理学报》杂志社、《管理学家》杂志社协办的"管理学在中国"2015 年第 8 届会议围绕"新常态下的管理新挑战"这一主题召开。来自高校与研究机构的学者、研究生以及企业的管理实践者共 100 余人参与了研讨。

　　会议包括"管理学在中国"实践探索与"管理学在中国"理论研究两个板块。第一部分是"管理学在中国"实践探索。在这届会议实践探索环节, 通过管理实践者分享了管理故事以及管理实践者与管理学者深入对话和讨论, 激发对管理实践的深入思考。第二部分是"管理学在中国"理论研究。这届会议共包含 11 个大会报告, 分别从新常态下的管理研究、中国本土案例研究、研究趋势、方法与反思几个模块展开探讨。一是新常态下的管理研究。众多学者就自己的研究成果做了分享和深入的讨论; 二是本土案例研究; 三是研究趋势、方法与反思。第三部分为"管理学在中国"分论坛研究。随着"管理学在中国"研究的推进, 越来越多的学者开始直面中国情境, 关注中国本土问题, 进行相关的探索和反思。主要从以下几个方面展开: 一是管理理论与政策分析; 二是公司治理与创新; 三是组织行为与领导研究; 四是战略分析与企业决策。多数文章为涉及中国情境的质性研究。

　　"管理学在中国"年会的宗旨是从中国管理现实问题出发, 有选择地对政府、企业和非营利机构关心的管理热点与难点问题进行研讨, 探索适用的管理模式和管理工具, 促进中国自己的管理理论的创立、发展与传播, 推动中国管理研究与实践的进步。自 2008 年起已经成功举办了 8 届, 会议主题历经"管理学在中国"的概念与研究意义、管理学在中国发展的基本脉络、中国文化情境的管理问题、中国管理学派的创建方法、"管理学在中国"理论体系的构建、对"理论与实践、问题与方法"等基本问题的探讨、管理百年回眸与世纪展望、经济转型与管理创新、本土化管理理论研究与实践、网络环境下的管理新挑战、新常态下的管理新挑战。与之前各届年会一致, 这届会议均秉承"管理学在中国"的会议宗旨, 直面中国实践, 推动中国管理研究与实践的进步。特别地, 这届会议关注中国情境的质性研究大量增加, 昭示着越来越多的学者加入了关注和解释中国管理现象、探索和发展中国管理理论和实践的道路。

　　(李鹏飞, 王磊, 西安交通大学管理学院, 摘自《管理学报》2016 年第 1 期)

第八届战略管理学者论坛

　　2015 年 11 月 7—9 日，第八届中国战略管理学者论坛在华南理工大学举行。华南理工大学党委副书记张振刚出席开幕式。来自清华大学、北京大学、中国人民大学、西安交通大学、对外经济贸易大学、丹麦哥本哈根商学院等 45 所国内外高校及研究机构的 130 多位专家学者，以及学校科学技术处、工商管理学院负责人参加论坛。

　　开幕仪式上，张振刚代表学校向参加论坛的各位专家学者表示欢迎，并表示希望通过此次论坛，能够进一步促进工商管理学科的建设和发展。"今天制造业的困境不是互联网带来的，而是因为企业自身没有自己独特的东西！"论坛上，美的集团董事长方洪波的发言掷地有声。方洪波认为在制造业发展最好的黄金时代，国内很多企业缺乏前瞻性的发展视野和战略，大部分企业都是采取粗放式的扩张方式，并没有把资源放在构建企业未来发展能力的培育上。同时，论坛还邀请了广东新宝电器股份有限公司营运副总裁王伟、北京新世纪跨国公司研究所丁继华博士就全球价值链整合下的企业战略管理实践进行经验分享。围绕"全球价值链整合与中国企业战略管理"的主题，中国人民大学徐二明教授、华南理工大学蓝海林教授、北京大学武常岐教授和周长辉教授等 11 位中国企业战略管理研究领域的专家学者，分别从"全球价值链整合的战略背景""全球价值链整合的战略""全球价值链整合战略的实现方式"以及"全球价值链整合的战略实施"四个方面进行主题演讲。

　　近 40 位学者带着自己的论文分别在"经济全球化条件下的国家特定优势""全球价值链整合与企业核心竞争力""全球价值链整合与企业战略定位""全球价值链整合的战略实现方式""全球价值链整合企业管理模式"以及"全球价值链整合的制度创新"6 个分论坛上做了精彩的报告，与会人员围绕各篇论文研究主题各抒己见，展开了热烈讨论。

　　据悉，论坛由中国战略管理学者论坛执行委员会主办，华南理工大学工商管理学院、中国企业战略研究中心承办，北京新世纪跨国公司研究所协办。论坛旨在关注全球化进程、中国开放型经济建设、中国企业战略演进、扩张与竞争优势、组织变迁与制度创新等领域的热点、难点和重点问题，通过建设一个学者共享的学术研究平台，推动学术共同体发展，提高学术专门化研究水平，为中国的经济发展、政策制定和企业发展贡献才智。

　　（程婷婷，华南理工大学工商管理学院，摘自 http：//news. scut. edu. cn/s/22/t/3/6b/23/info27427. htm）

第十一届中国科技政策与管理学术年会

2015 年 10 月 17—18 日，中国科学学与科技政策研究会第七次会员代表大会暨第十一届中国科技政策与管理学术年会在中国科学院学术会堂召开。此次年会由中国科学学与科技政策研究会主办，中国科学院科技政策与管理科学研究所承办，《科学学研究》《科研管理》《科学学与科学技术管理》编辑部协办，来自政府机构、高校院校、科研院所和产业界的 300 多位专家学者参加了此次会议。

10 月 17 日上午，中国科学学与科技政策研究会第七次会员代表大会审议通过了方新理事长《第六届理事会工作报告》，杨湘平副秘书长的财务报告，选举产生了第七届理事会理事及负责人。中国科学院科技政策与管理科学研究所穆荣平研究员当选第七届理事会理事长，吉林大学蔡莉教授、中国科学技术发展战略研究院胡志坚研究员、武汉大学李光教授、南京信息工程大学李廉水教授、上海交通大学李垣教授、中国科学院大学柳卸林教授、浙江大学魏江教授、清华大学薛澜教授当选为副理事长，安宁等 183 人当选第七届理事会理事，方新等 61 人当选常务理事。研究会名誉理事长冯之浚教授为第七次会员代表大会作精彩报告。10 月 17 日下午及 18 日，第十一届中国科技政策与管理学术年会邀请相关领域的多位知名专家学者就自主创新、科技研发、大数据、创业生态系统、科技政策、创新治理、技术转移、创新驱动发展、有责任的创新、全球科技创新中心建设等主题作了大会报告。年会共收到学术论文投稿 114 篇，设立了"科学学与科学计量学""科技体制改革""合作创新""科技与区域发展""创新与创业政策""企业技术战略与创新管理""创新绩效评价""知识产权保护""互联网+科技创新""科学社会学与教育"10个分会场，300 余位与会学者展开了热烈而深入的讨论。大会闭幕式上，第六届理事会方新理事长和第七届理事会穆荣平理事长代表研究会向这次年会的 9 篇优秀论文作者颁发了优秀论文证书。

（中国科学学与科技政策研究会，摘自《科学学研究》2015 年第 11 期）

"互联网 + "时代会计改革与发展—— 中国会计学会 2015 年学术年会

2015 年 7 月 11—12 日，由中国会计学会主办、哈尔滨商业大学会计学院承办的 2015 年中国会计学会学术年会于在哈尔滨召开。与会专家围绕"互联网 + "时代下会计信息化、管理会计、会计准则与财务报告和公司治理等研究领域的创新展开研讨。

此次会议就以下几个方面进行了集中讨论和交流。

一、会计信息化研究创新。主要包括 XBRL 研究突破。XBRL 已有的研究主要集中于四个领域：XBRL 对业务的影响、XBRL 采纳、XBRL 技术开发和 XBRL 教育。XBRL 技术的优越性毋庸置疑，但现有 XBRL 本身的不足及其改进问题也引起各方面的关注。XBRL 分类标准不足以支撑 XBRL 的语义表达需求，如存在概念语义理解和表达的歧义等问题。导入精确语义机制，建立概念一致的语义及其验证方法成为学术界研究 XBRL 的新动力；财务共享服务中心云平台构建研究；云会计下 IT 审计实施框架研究。

二、管理会计研究成果与展望。云计算、大数据、移动互联网等新技术赋予管理会计新的内涵。在"互联网 + "时代背景下，数据信息爆炸式涌现，管理会计面临着新的挑战。根据《关于全面推进管理会计体系建设的指导意见》（2014），与会专家讨论管理会计领域以下研究问题。管理会计理论体系构建研究：会计理论界应注重能够切实指导中国实践的管理会计理论研究，可针对管理会计概念框架和指引体系等展开学术交流，研究问题注重本土化、研究方法国际化，形成具有可操作性的管理会计理论体系。管理会计案例示范研究：为指导和发展管理会计实践，应重视管理会计案例示范研究。可通过经验交流和调研座谈等有效方式，构建内容丰富、示范性强的管理会计案例库。在案例库的建设中，注意典型性和广泛性，既要提炼总结管理会计整体应用案例，也要针对某些专门领域提炼专项应用案例。管理会计信息系统建设研究：大数据时代促进了管理会计对信息化的应用，信息化水平越高，管理会计越重要。建设管理会计信息系统是管理会计发展的必然趋势；有必要对培养管理会计型专业人才进行研究。

三、会计准则变革与财务报告功能拓展研究新进展。主要包括以下几个方面：会计准则变革的经济后果研究新成果；所得税会计准则与计量属性应用问题研究；财务报告可比性与功能拓展。

四、公司治理研究的拓展。主要有以下几个方面：首先是内部控制质量研究拓展，其又包括内部控制质量影响因素研究领域的拓展和内部控制实施效果研究回归与新进展。上市公司内部控制质量受到哪些因素影响以及如何提高内部控制质量，不仅是上市公司和监管机构关注的问题，也是理论界研究的重点。随着《企业内部控制配套指引》的发布，公司治理结构作为影响内部控制质量的内部环境因素，成为新的研究趋势。其次是盈余管理影响因素与后果研究新进展，又分别就盈余管理影响因素研究的新视角和盈余管理实施后果研究的新取向进行了探讨。再次是审计质量领域研究扩展。审计质量是审计研究的核心问题。审计质量的影响因素研究从宏观的会计师事务所层面扩展到微观的审计成员和审计小组等层面。

（张林、丁鑫、谷丰，哈尔滨商业大学会计学院，摘自《会计研究》2015 年第 8 期）

新型城镇化与低碳发展国际学术论坛

为探索不同层次的低碳发展实践形式，并从整体上带动和促进我国的绿色低碳发展，2015年9月19—20日，重庆工商大学主办了"新型城镇化与低碳发展国际学术论坛"。此次学术论坛由重庆工商大学企业管理研究中心、成渝经济区城市群产业发展协同创新中心、环境与生物工程学院、能源管理与低碳发展研究中心等联合承办。来自美国加州州立大学、美国伯克利—劳伦斯国家实验室等海外专家以及国内清华大学、武汉大学、暨南大学、重庆大学、西南大学、海南大学、天津科技大学、四川外语学院、重庆理工大学、重庆工商大学等多所高校及来自国家发改委能研所、国家应对气候变化中心、中科院、重庆社科院等科研院所的90多位专家学者莅临了此次学术盛会。

重庆工商大学校长孙芳城教授等校领导出席了开幕式并发表致辞。孙校长在致辞中指出："绿色低碳是我国新型城镇化规划中'新型'这一概念的重要承载和深刻体现，然而我国城市在减缓和适应气候变化方面的能力仍然较为薄弱。为此，我们应该群策群力，团结学界、政界、实业界的各种力量，加大力度，进一步探索有利于低碳发展的体制机制，探索不同层次的低碳发展实践形式和具体路径，并从整体上指导、带动和促进全国范围的绿色低碳发展。"

此次大会采取主题演讲、高峰对话、分组研讨三种形式。美国加州州立大学James Dulgeroff教授，国家发改委能研所能源系统研究室主任姜克隽研究员，重庆市社科院副院长王胜博士等海内外专家分别发表了"全国排放峰值与区域发展""如何效率地实现在公共建筑中的零能耗""大数据时代低碳城镇规划的思考"的主题演讲。高峰对话环节，专家围绕"新型城镇化与国家低碳发展战略""新型城镇化与区域低碳发展建设中的政策与措施"等专题展开对话交流。大会的主要观点集中在新型城镇化建设中的城市整体规划、清洁能源和可再生能源利用、低碳产业、低碳交通、低碳建筑、低碳消费、低碳技术创新七个方面。这次会议为该领域的专家提供了一个交流的平台，为政府的新型城镇化决策提供了智力支持，也彰显了重庆工商大学专家团队在该领域的影响力，将进一步推动重庆工商大学在低碳发展研究领域的持续提升。

（代春艳，重庆工商大学管理学院；聂树平，重庆工商大学能源管理与低碳发展研究中心）

第十届(2015)中国管理学年会——互联时代的产业变革和管理创新

继北京大学、南京大学、中南大学、中国科学院研究生院、大连理工大学、西南财经大学、天津大学、上海交通大学、中山大学成功举办中国管理学年会后，第十届（2015）中国管理学年会于 2015 年 11 月 6—8 日在合肥举行。中国管理学年会是中国管理学领域规模较大的综合性学术会议，旨在加强中国管理学界的合作与交流，推动中国管理科学研究的发展，提升中国管理实践的水平。从第七届年会开始，中国管理学年会与复旦管理学奖励基金会联合举办年会。

此次年会以"互联时代的产业变革和管理创新"为主题。随着云计算、互联网、大数据等新兴信息技术与各行各业的深度融合，对国家的产业政策、行业的管理规范、企业的运营管理产生了深刻的影响，加快产业变革和管理创新正面临着前所未有的机遇和挑战。年会诚邀学术界、产业界及社会各界的专家学者参加，围绕互联时代的产业变革和管理创新等相关管理问题开展跨学科、跨行业、跨地区的学术研讨，为加快我国产业变革和管理创新做出新的贡献。

年会举办了"校长论坛""院长论坛""女管理学家论坛""期刊论坛""企业家论坛"以及"高层次人才招聘会"等，旨在加强管理理论及实务界的沟通和了解，加强国内各大高校商学院（管理学院）之间的合作与了解，建设高水平学术交流和高层次人才交流的平台，共同探讨互联时代的产业变革和管理创新问题。

（合肥工业大学管理学院）

环境嬗变下的管理会计变革与创新——中国会计学会管理会计专业委员会 2015 学术年会暨首届中国管理会计高层论坛

2015 年 11 月 27 日上午，"中国会计学会管理会计专业委员会 2015 学术年会暨首届中国管理会计高层论坛"在南京理工大学召开，会议历时一天半，参会人员包括政、企、研各界权威专家和管理会计研究领域的博士、硕士研究生。此届论坛为高校、政府与企业各界的相互交流和思想碰撞，为更深入、全面地理解管理会计精髓、政策背景以及商业需求，提供了高层次、高规格的最佳平台，可谓政企研学，群英荟萃。

大会由南京理工大学经济管理学院院长恢光平教授主持开幕式，首先由南京理工大学校长付梦印致欢迎词，感谢各位领导、专家、学者和嘉宾的莅临指导。中国会计学会副会长、管理会计专业委员会主任委员、中航工业集团副总经理兼总会计师顾惠忠先生高度评价了此次年会的重要性和及时性；工业和信息化部财务司王新哲司长代表工业和信息化部致辞，阐述了管理会计在我国经济发展和"中国制造 2025"中的重要性。财政部会计司副司长欧阳宗书介绍了财政部在过去一段时期推进中国管理会计发展所做的各项主要工作以及未来中国管理会计发展的设想。

在大会开幕式与报告环节，多位政府领导、专家学者以及企业高管都围绕管理会计的政策背景与指引、管理会计战略与理论创新、管理会计实践与应用以及政府管理会计改革与会计教育等多个方面展开了精彩的演讲，分享了各自新颖观点。一是政策环境的厘改：以新常态为指引，全面推进管理会计体系建设。国家宏观政策不仅影响产业格局以及资源配置等宏观命题，也牵引着企业具体经济行为；另外，也只有企业能够提供可靠、完整、及时的会计数据，才能验证、保障国家宏观政策的有效落地。此次大会中，来自各个政府部门的领导关于国家政策背景以及宏观方向与管理会计的演讲全面、深入地诠释了宏观政策对管理会计的指引作用。二是理论与实践环境的嬗变：以战略为基石，实现创新与突破。主要从企业管理会计战略实践和理论创新两个角度来进行讨论。三是信息环境的剧变：以信息化驱动业务，优化管理会计实践。来自政府的领导从宏观角度诠释了管理会计发展的政策背景与时代机遇，而来自企业的高管则更多地从企业内部管理的视角探讨了管理会计的应用与实践，来自企业的声音不但丰富了此次论坛的讨论内容，同时也为政府制定宏观政策提供了重要的参考意见；为学术界理解管理会计理论展示了具体的应用背景，是此次大会的一大亮点。虽然，参加此次大会演讲的企业界嘉宾中，既有来自传统行业的代表，如中国铁路物资集团，也有来自新兴高科技行业的专家，如中芯国际、中兴通讯，但都趋向于将业务、管理和会计三者有机地联系在一起，并以此为基础，探讨管理会计在实践中的应用。四是政府管理会计与管理会计教育：以数据增强行政透明，助力管理会计教育快速发展。管理会计不仅能够提升一个组织的盈利能力，更广义地来看，能够通过增强组织透明度，减少组织内耗，实现机构的效率提升。因此，除了企业和盈利组织以外，管理会计对于政府、高校等非营利组织的运营也有重要的促进作用。在这届论坛上，学者、专家围绕政府管理会计体系建设以及管理会计教学等方面展开了深入的讨论。

（徐光华、沈弋、邓德强，南京理工大学经济管理学院，摘自《会计研究》2015 年第 12 期）

权责发生制、政府会计改革与国家治理——
第六届政府会计改革理论与实务研讨会

　　2015年5月16—17日，由中国会计学会政府及非营利组织会计专业委员会主办、中国人民大学和北京师范大学联合承办的第四届"公共管理、公共财政与政府会计跨学科研究国际论坛"暨第六届"政府会计改革理论与实务研讨会"在北京隆重召开。来自高等院校、科研院所、政府机构和学术期刊的150余名代表出席了会议。此次大会共收到论文42篇，其中有14篇入选会议报告与交流。

　　财政部会计司巡视员应唯做了题为"政府会计改革"的主题报告，向与会代表介绍了我国政府会计改革目前取得的成果、遇到的问题和原则性建议。首先，我国政府会计改革已经完成了顶层设计、改革蓝图绘制与改革方案设计，从而确立了政府会计改革的基本目标、路线图与基本原则。基本目标是建立政府会计准则体系和财务报告体系，适度分离政府财务会计和预算会计，有效区分政府财务报告和决算报告功能，清晰反映政府财务信息和预算执行信息，为开展政府信用评级、加强资产负债管理、改进政府绩效监督考核、防范财政风险等提供支持，促进政府财务管理水平的提高和财政经济可持续发展，在2020年前建立具有中国特色的政府会计准则体系和权责发生制政府综合财务报告制度。政府会计改革的基本原则是立足中国国情，适当参照国际准则。此外，有关工作还包括：成立了政府会计准则委员会；初步完成了基本准则的制定，统一会计核算；进行了一系列课题研究等。其次，政府会计改革中遇到的问题主要有：是否应该建立独立的政府会计核算体系和财务报告体系；如何建立政府会计准则体系以及如何处理准则和制度的关系；如何实现政府财务会计与预算会计的适度分离；适度分离后政府财务制度如何定位；如何进行政府成本核算；如何进行会计信息化建设；其他问题，如会计主体确认、合并报表的合并范围、公共基础设施的确认与计量等，应唯就这些问题做出了详细权威解答。最后，应唯从政府会计人才培养和政府会计智库建设等方面提出了若干建议，包括加强政府会计学科建设、完善会计人员继续教育体系、政府会计纳入注册会计师和会计师职称考试、建立政府会计人才库等，以保障我国政府会计改革的顺利进行。

　　大会分为主题学术报告和论文研讨两部分。与会代表就政府会计改革的目标、功能、制度环境、改革路径、政府会计准则（制度）制定、政府综合财务报告、政府审计与政府信息公开、政府会计教育与学科发展以及事业单位会计与财务管理等问题进行了深入讨论与交流，并达成诸多共识。政府会计改革的目标取向：报告取向；政府会计的本质功能：提高财政透明度与国家治理能力；政府会计信息质量：依赖其制度环境；政府会计教育与人才培养：迫在眉睫。参会代表还提出了一系列需要进一步研究的问题：如政府会计、企业会计与国际标准的协同与发展趋势；政府会计信息使用者的信息需求及其满足的平等性；政府会计制度、会计准则、财务制度、预算会计制度的关系如何协调；特殊资产

（如文物资产、公共基础设施等）的确认、计量；政府综合财务报告的综合程度，如何合并；政府成本核算与政府会计的关系，尤其是资产折旧的范围和方法等；政府会计审计与会计信息公开方式；政府会计信息分析框架与信息应用等。

（崔学刚、叶康涛、荆新、刘子琰，北京师范大学经济与工商管理学院/中国人民大学商学院，摘自《会计研究》2015 年第 7 期）

金融创新与会计法规的互动——中国会计学会
金融会计专业委员会 2015 年学术年会

为深入探讨金融创新给金融会计和金融监管带来的机遇和挑战，2015 年 9 月 19—20 日，由中国会计学会金融会计专业委员会主办、北方民族大学承办、《金融会计》杂志社和北京金融衍生品研究院协办的"中国会计学会金融会计专业委员会 2015 年学术年会"在银川市成功举办。此次年会的开幕式由北方民族大学商学院院长杨保军主持，北方民族大学党委副书记、纪委书记雷崇民，中国金融会计学会常务副秘书长、《金融会计》杂志社执行主编李民，中国金融期货交易所北京金融衍生品研究院院长徐艺泰和中国会计学会副会长、中国会计学会金融会计专业委员会主任委员、中国人民大学商学院戴德明教授分别致辞。会议共征集论文 35 篇（其中约稿文章 8 篇，投稿论文 27 篇），在大会上报告论文 12 篇。有来自全国各地的 77 名代表参加了这次会议，其中，来自北京大学、中国人民大学、南京大学、上海交通大学等高等院校的代表 51 名，来自会计师事务所、银行业金融机构、保险公司、证券公司的代表 12 名，北京金融衍生品研究院和杂志社代表 10 名，财政部、证监会、银监会和保监会的代表 4 名。

此次学术年会以"金融创新与会计法规的互动"为主题，侧重于探讨银行、保险、证券、信托、基金、期货等行业领域的金融创新及其对现行金融会计规则的挑战和冲击，以及工商企业的风险管理策略及其相关会计问题。总体来看，与会者的主题报告和学术论文围绕金融会计的六个重要研究领域（即金融工具对财务会计概念框架的冲击、套期会计、金融资产分类、保险公司偿付能力监管与会计准则协调、衍生工具会计、金融创新与风险管理工具）进行了深入细致的讨论，提出了一系列创新观点。

一是关于金融工具会计对财务会计概念框架的冲击。与会专家对金融工具会计准则的理论基础进行了深入探讨。会议一致认为，财务会计概念框架的变革很大程度上是由金融工具会计准则所推动，很多基础理论的改变是对金融工具会计实践所做出的反应。二是关于套期会计规则。与会学者们分别对一般套期会计规则和宏观套期会计准则进行了探讨和交流。三是关于金融资产的分类及其会计规则 IFRS9 基于商业模式（business model）和合同现金流量特征（contractual cash flow characteristics）把金融资产区分为以摊余成本计量的金融资产、以公允价值计量且其变动计入其他综合收益的金融资产和以公允价值计量且其变动计入当期损益的金融资产。有专家认为，这种分类仅仅是外观上的变化，问题的实质（即混合计量模式的逻辑困境）仍然没有得到解决。还有专家指出，现行融资融券业务的监管规则与金融资产的分类标准存在冲突。四是保险公司偿付能力监管与会计准则协调与会专家就保险监管规则与会计规则的协调问题展开了热烈探讨。五是关于衍生工具会计。六是金融创新与风险管理工具。

综上所述，人们可以直观地体会到，金融会计的理论和实践日新月异，难度较大、涉及面较广。这就需要监管机构、理论界和实务界紧密团结起来，开发出最合理的理论、最佳的实践和最领先的监管规则，努力引领金融实践服务于实体经济的发展。

（周华、李志坚、李帆、何玉润，中国人民大学商学院/北方民族大学商学院/北京金融衍生品研究院/北京工商大学商学院，摘自《会计研究》2015 年第12 期）

移动互联网时代下的会计创新与转型研究——2015 第七届海峡两岸会计学术研讨会

2015 年 9 月 12—13 日，"2015 第七届海峡两岸会计学术研讨会"在西安交通大学隆重召开。此次研讨会由中国会计学会、台湾政治大学会计学系以及对台会计合作与交流基地联合主办，西安交通大学管理学院、西安欧亚学院会计学院以及厦门市两岸会计合作与交流促进会共同承办，陕西会计学会、陕西财务成本研究会共同协办。研讨会共收到参会论文 106 篇，其中，来自台湾地区的论文共 18 篇，来自大陆的论文共 88 篇。经专家评审，确定其中 42 篇论文作为报告论文参加分组讨论。来自海峡两岸 80 多所高等院校、10 多家研究机构与学术团体的 160 多位会计专家学者，10 家出版机构和杂志社，以及陕西高校财会专业师生和企业代表等共计 500 多人共同参加了此次学术研讨会。

在开幕式上，中国会计学会副会长杨敏首先总结了前六届海峡两岸会计学术研讨会的交流成果。她指出，通过开展海峡两岸会计学术研讨会，两岸会计学术的活力增强，影响力日益扩大，学术成果转化持续加快，学术交流合作的发展势头良好，学术基础愈显坚实。针对进一步做好两岸会计学术交流与合作等问题，杨副会长提出了三点意见：一是明确指导思想，推动会计更好地为经济社会发展服务。近几年来，大陆提出"四个全面"战略布局，强调构建开放型经济新体制，推动大众创业、万众创新。这些经济实践活动，为广大会计学者开展理论创新创造了良好条件。二是回应重大争议，坚持会计理论创新的科学方法。中国会计学会一贯主张将研究主题本土化与研究范式国际化结合起来，建立健全具有重大理论突破、彰显中国会计理论研究国际影响的会计理论和方法体系。这是推动会计工作为经济社会发展服务，实现会计理论创新发展的必然选择。三是做好重点选题，突出理论研究针对性。中国会计学会根据现实情况，确定了近几年比较紧迫的科研任务，两岸的会计专家学者可以积极参与并推动相关研究的进展。杨副会长最后表示，海峡两岸经济与会计的进一步交流和融合，为两岸会计界的合作和创新创造了机会，也提出了要求。希望两岸学者抓住机遇，应对挑战，为经济发展和理论繁荣做出更大的贡献。

按照报告论文的主题，此次大会共划分六个分组讨论会场，各议题报告论文的主要观点分别如下：（一）公司财务与资本市场。有关公司财务的论文主要检验了银企关系对融资成本的影响，以及企业轻重资产比例、管理层能力、产权性质对企业价值的影响。关于资本市场方面，学者们主要研究了股票特质性波动与股票流动性等问题。（二）内部控制与管理会计。研讨会的内部控制论文主要探讨了内部审计对内控缺陷的影响，以及内部控制的经济后果等方面。此次研讨会还集中讨论了企业社会责任评价报告的影响因素和经济后果等问题。（三）公司治理与盈余管理。此次研讨会有关公司治理问题的论文内容丰富，主题多样，关注的焦点主要集中于 EVA 考核、连锁股东，以及媒体关注等方面。（四）会计准则与公允价值会计。在研讨会上，学者们还热烈探讨了有关会计准则、会计计量与公允价值会计等相关问题。（五）薪酬与绩效管理。此议题的论文主要探讨高管薪酬的影响因素以及股权激励的经济后果等问题。（六）审计。此次研讨会审计方面的研究主要集中在审计收费、审计人员职业道德控制、审计师选择和审计质量等问题。

（袁媛、田高良，西安交通大学，摘自《会计研究》2015 年第 10 期）

"互联网+"与现代农业:理论、实践与政策——
2015年中国技术经济学会农业技术经济分会年会

2015年10月30日至11月1日,由中国技术经济学会农业技术经济分会主办、河南省农业科学院农业经济与信息研究所承办的"中国技术经济学会农业技术经济分会2015年年会暨换届会议"在河南郑州隆重召开。会议的主题为"互联网+"与现代农业:理论、实践与政策。来自科技部、中国农业科学院、各省市自治区农科院、高校及腾讯网等30多个单位的90余名专家学者齐聚郑州,围绕主题开展了充分的交流与讨论。会议开幕式由分会常务副理事长兼秘书长赵芝俊研究员主持,分会理事长朱希刚研究员、河南省农业科学院院长张新友研究员先后在开幕式上致辞。科技部战略研究院相关专家就我国科技体制改革的方向与进程作了深入解读。在大会的学术交流部分,有12位专家学者分别从不同的角度阐述了各自的研究成果,副理事长戴健研究员、北京市农科学院文化研究员、河南省农业科学院田建民研究员先后主持了学术研讨会,副理事长干经天作了大会总结。副理事长阎永康主持了换届会议。

学会会议就以下几个方面进行了集中讨论和交流。一是"互联网+农业"的内涵。自2015年3月5日李克强总理在政府工作报告中首次提出"互联网+"行动计划以来,"互联网+农业"热度持续高涨,如何界定和厘清"互联网+农业"的内涵成为国内外专家讨论的热点,也成为此次会议上与会专家争论的热点之一。二是"互联网+农业"的探索与实践。事实上,全国各地结合自身实际,针对"互联网+农业"已经开展了多途径、多形式、大量而卓有成效的探索和实践。与会专家结合各区域、部门的特点介绍了各自的研究成果。三是"互联网+农业"发展路径及政策建议。在新常态背景下如何加速推进"互联网+农业"这一现代信息技术与农业发展全面融合的过程,特别是"互联网+农业"的发展路径与促进政策,各位专家也提出了许多颇有见地的看法。

此外,大会还组织了学会换届会议,会议由副理事长阎永康研究员主持。会议选举产生了以赵芝俊同志为理事长,戴健、吕火明、李学林、李瑾、干劲天及阎永康6名同志为副理事长,矫江等25名同志为常务理事,罗建军等43名同志为理事的中国技术经济学会农业技术经济分会第四届理事会。会议圆满完成了各项议程,实现了预期目标。

(赵芝俊、陈耀,中国农业科学院农业经济与发展研究所,摘自《农业技术经济》2015年第11期)

第九届中国林业技术经济理论与实践论坛

　　2015 年 8 月 9—10 日，第九届中国林业技术经济理论与实践论坛于内蒙古呼和浩特顺利召开。此次会议由中国林业经济学会技术经济专业委员会、中国技术经济学会林业技术经济专业委员会和中国林牧渔业经济学会林业经济专业委员会联合主办，内蒙古农业大学经济管理学院承办。论坛的主题是"绿色化与林业改革发展"。来自国内各高校和单位的 73 名代表齐聚一堂，探索在生态文明建设背景下林业改革发展。

　　开幕式由内蒙古农业大学马克思主义学院院长、经济管理学院教授、博士生导师、林业经济管理学科主任包庆丰教授主持。国家林业局发展计划资金管理司司长王前进、内蒙古自治区林业厅副厅长杨俊平、内蒙古农业大学副校长芒来教授等出席会议并讲话。中国林业经济学会技术经济专业委员会暨中国技术经济学会林业技术经济专业委员会主任、中国林牧渔业经济学会林业经济专业委员会理事长、国务院农林经济管理学科评议组成员、北京林业大学经济管理学院院长、博士生导师陈建成教授对历届论坛的举办情况进行了介绍。内蒙古农业大学人文学院院长、经济管理学院教授、博士生导师盖志毅和北京林业大学经济管理学院院长助理、国贸系主任、博士生导师程宝栋教授分别做了题为"用复杂思维制定生态文明建设政策""经济新常态下中国林产品贸易发展与转型"的主题报告。还有来自北京林业大学、东北林业大学、西北农林科技大学、中南林业科技大学、内蒙古农业大学 5 所高校的 6 名学者作了会议论文发言。会议交流中，代表们紧紧围绕绿色技术经济、生态文明建设、林业改革发展等会议专题发言，各阶段会议主持专家给予了精彩的点评。

　　此次会议成果丰富，与会代表在会议上进行了积极热烈的讨论和交流，编辑了论坛论文集，这些论文研究深入，选题切合会议主题，紧扣当前林业热点问题。经专家评审，3 篇论文获一等奖，5 篇论文获二等奖，13 篇论文获三等奖。论坛决定，第十届中国林业技术经济理论与实践论坛将于 2016 年在福建农林大学举办，届时还将举行中国林业经济学会技术经济专业委员会暨中国技术经济学会林业技术经济专业委员会的换届和中国林牧渔业经济学会林业经济委员会委员增补工作。

（田明华，摘自《林业经济》2015 年第 12 期）

可持续发展与公共管理创新——2015年 第十一届公共管理国际会议

2015年12月9—12日，由电子科技大学、美国行政管理学会和印度尼西亚巴查查兰大学共同主办，电子科技大学区域公共管理信息化研究中心、《中国行政管理》杂志社、南非开普半岛科技大学共同协办，电子科技大学政治与公共管理学院和印度尼西亚巴查查兰大学社会与政治科学学院共同承办的2015公共管理国际会议（第十一届）在印度尼西亚万隆成功召开。围绕"可持续发展与公共管理创新"这一主题，此次会议设置了特邀报告、主题报告、中印公共治理专题论坛和6个分会场，举行了15场分组讨论。来自中国、美国、印度尼西亚、南非、索马里、日本、英国、波兰、印度等近20个国家和地区的100余名公共管理学者参加了会议。

受印度尼西亚总统佐科·维多多（JokoWidodo）的委托，印度尼西亚行政改革部长尤迪·赫里斯南迪（Yuddy Chrisnandy）博士就印尼官僚体制存在的问题及改革做了大会特邀报告。Yuddy Chrisnandy博士分析了印度尼西亚官僚体制改革的原因，回顾了官僚体制改革的进程。他指出印度尼西亚的官僚体制改革涉及政府组织、法律法规、人力资源的配置、国家权力、公共服务和文化定势等方面并面临着许多挑战，但是印度尼西亚必须借鉴其他国家的改革经验，推动官僚体制改革，才能促进国家的繁荣与可持续发展。会议设置了主题报告，特邀印度尼西亚地方政府研究院和国家审计署专属委员Bahrullah Akbar教授、北京大学政府管理学院党委书记周志忍教授、约翰霍普金斯大学Thomas H. Stanton研究员，分别就"印度尼西亚国家审计署在推进地方政府问责制中的作用""风险社会背景下的政府管理：发展中国家的挑战与前景""美国企业风险管理与政府联动"做了大会主题报告。

会议还特设了中印公共治理专题论坛，邀请中国教育部哲学社会科学委员会委员、东北大学原副校长娄成武教授，印度尼西亚大学Riant Nugroho博士分别就中国国家治理的现状与趋势、印度尼西亚国家安全政策进行专题发言。来自中国、印尼及其他国家和地区的专家、学者在"一带一路"战略视域下，共同探讨中印两国及其他国家在公共治理中所面临的问题与挑战，借鉴与比较各国公共治理的经验及改革成效。

围绕公共管理可持续发展、善治与反腐、绩效管理和智慧政府、网络治理和电子政务、公共管理改革与创新、公共管理未来模式6个议题，此次会议举行了15场分组讨论，专家学者提出了自己的学术见解和对策建议。

（祝小宁、赵蜀蓉、徐维烨，电子科技大学政治与公共管理学院，摘自ht-tp://conf. cnki. net/WebSite/ViewConferenceNotice. aspx？ noticeID ＝ 92ac8529 － e8b8 －46db －a768 －615d2 41f7089&conferenceID ＝9d094a12 －72be －4053 －ae26 －25f34fc75345）

首届(2015)中国公共管理学术年会暨青年学者论坛

2015 年 10 月 25 日，首届（2015）中国公共管理学术年会暨青年学者论坛在清华大学公共管理学院举办。年会的主题是"公共管理质量与国家治理能力建设"。此次会议是清华大学公共管理学院 15 周年院庆的主要活动之一，由中国管理现代化研究会公共管理专业委员会和青年工作委员会共同主办，清华大学公共管理学院和创新治理协同创新中心联合承办。邀请到了《中国行政管理》《管理世界》《公共管理学报》《公共行政评论》《公共管理评论》《（美国）中国公共行政评论》等著名公共管理专业期刊的负责人共同参加。会议从 220 篇论文投稿中匿名评审出来自全国 40 多所高校和科研院所的 110 篇论文参加此次论坛。

清华大学副校长吉俊民教授，中国管理现代化研究会常务理事、公共管理专业委员会主任委员、清华大学公共管理学院院长薛澜教授，中国管理现代化研究会常务理事、青年工作委员会共同主任委员、西南财经大学工商管理学院执行院长寇纲教授等出席了年会。吉俊民在致辞中谈到，清华大学在建设综合性研究大学的过程中，始终高度关注社会科学的发展。在过去十五年间，公共管理学院在教学、科研、师资建设等方面取得了重要成绩，为党和国家的重大战略决策和公共政策的制定发挥了思想库和智囊团的作用。薛澜在致辞中指出，现在全国有 200 多所院校提供 MPA 教育，每年培养 600 多名毕业博士生。这些公共管理领域的青年学者在国家治理现代化重大命题提出后面临着重要的机会与使命。在新的历史节点上，青年公共管理学者需要深入把握社会发展的主要问题，将前沿的研究方法与重要现实问题相结合，不断推动公共管理学科研究的发展。寇纲教授做开幕式致辞。中国人民大学公共管理学院院长、美国国家行政科学院院士、中组部"千人计划"特聘教授杨开峰教授等嘉宾发表了主旨演讲。

在开幕式和主旨演讲结束后，参会嘉宾分组举办了 22 场分论坛。分论坛的主题包括：中国行政体制改革与政府转型、廉政治理的制度建设、大数据时代的政府治理、中国基层公共部门的绩效评估等。200 余位参会嘉宾及观众围绕上述主题进行了热烈研讨。分论坛结束后，青年学者还参加了公共管理领域期刊主编沙龙活动，就公共管理研究与论文发表等问题进行了积极、深入的互动交流。闭幕式上宣布了"优秀论文奖"获奖名单，并为这次会议的优秀论文作者颁奖。最后，清华大学公共管理学院朱旭峰教授与来自下一届承办单位的中山大学政治与公共事务管理学院教授何艳玲进行了会旗交接仪式。

（常松，清华大学公共管理学院，摘自 http://www.tsinghua.edu.cn/publish/
news/4209/2015/20151027225907993142083/20151027225907993142083_.html）

适应经济发展新常态，加快现代农业发展——2015 年中国农业技术经济学会学术研讨会

2015 年 10 月 10—11 日，由中国农业技术经济学会主办、华中农业大学经济管理学院承办的 2015 年中国农业技术经济学会学术研讨会在美丽的江城武汉召开。作为中国农业技术经济研究领域的高峰论坛，这届研讨会的主题是"适应经济发展新常态，加快现代农业发展"。此次学术研讨会得到了全国各地代表的大力支持，共收到学术论文 135 篇，来自全国各地高等院校、科研、政府和企事业单位的 326 位专家、学者出席了会议。

大会开幕式由中国农业科学院农业经济与发展研究所副所长王济民研究员主持，中国工程院副院长、中国农业技术经济学会会长刘旭院士致开幕词，就此次研讨会的主题谈了自己的想法，对学会发展提出了殷切期望。主办单位华中农业大学校长、中国工程院院士邓秀新致欢迎词。

开幕式以后，研讨会全天进行了大会专题报告，与会学者享受到了一场精彩的学术盛宴。上午大会的专题报告由华中农业大学经济管理学院青平教授主持，中国科学院农业政策研究中心黄季焜研究员、南京农业大学经济管理学院钟甫宁教授、中南财经政法大学工商管理学院陈池波教授、西北农林科技大学经济管理学院霍学喜教授分别就"制度创新和政策支持促进中国小规模农户的转型""新形势下农业科技进步的方向选择""现代农业支持体系的构建"和"创新发展与农业现代化"做了专题报告，分享了自己的学术观点和思想。下午的大会专题报告由中国农业科学院农业经济与发展研究所吴敬学研究员主持，华中农业大学经济管理学院青平教授、西南大学经济管理学院温涛教授、中南财经政法大学公共管理学院丁士军教授、中国农业科学院农业经济与发展研究所辛翔飞副研究员分别围绕"农产品伤害危机背景下网络意见领袖动员方式对网络集群行为的影响""中国农村金融发展的新形势与新思考""农村贫困瞄准问题""规模化养殖与中国肉鸡生产的技术效率"分享了自己的研究成果。整个大会会场秩序井然，提问有序，回答深刻，全面反映了农业技术经济学人的优秀治学精神。

大会专题报告之后，来自全国各地的专家、学者紧紧围绕大会主题，进行了广泛的学术探讨和交流。大会分"土地流转、规模经营与新型农业经营主体培育""农业基础设施建设与农业可持续发展""经营机制创新与现代农业发展""资源环境经济与低碳农业发展"4 个小组进行分组讨论，分别由张利国教授、曾福生教授、蒋和平研究员和王雅鹏教授主持，由周应恒教授、蒋远胜教授、王济民研究员和曹建民教授进行分会场评议，来自全国各地的 26 位代表在分组讨论会上做了交流。参会代表踊跃发言，讨论热烈，百家争鸣，学术氛围浓厚。

在学术研讨会期间，主办方还组织专场就农业技术经济学科建设与发展问题进行专题讨论，与会专家就农业技术经济的学科建设、教材建设、教学内容等线上课程建设、案例

库建设、人才队伍建设等方面进行了广泛交流，尤其是就课程建设的原理、理论、方法及其应用等方面进行了深入讨论，并在各方面取得了一些重要共识，期待各位同仁能够共同去落实，积极投身到农业技术经济学科建设中去，为更好地促进农业技术经济学科的发展壮大贡献力量。

（李谷成、青平，华中农业大学经济管理学院，摘自《农业技术经济》2015年第 12 期）

互联世界中的农业——国际农业 经济学家学会(IAAE)第29届大会

2015年8月9—14日,以"互联世界中的农业"(*Agriculture in an Interconnected World*)为主题的国际农业经济学家学会(IAAE)第29届大会在意大利米兰召开。来自80多个国家和地区的逾1250名学者、政府官员和国际机构的代表参加了这次三年一届的国际农经学界的学术盛会。中国大陆与会学者约70人,为历次国际农经学会参会人数最多的一次,分别来自中国科学院、中国农业科学院、浙江大学、中国人民大学、南京农业大学、西北农林科技大学等单位。会议全体大会、特邀专题、投稿论文、研讨会等多种类型同时交叉进行。大会共有420篇论文口头展示、200篇论文海报展示,举办了98场研讨会、15场特邀专题和7场全体大会。

大会可分为五大主题,即信息通信技术与农业,用行为经济学来应对农业和资源经济学在21世纪面临的挑战,食品安全与营养,气候变化与农业,全球农业结构和农地利用变化。第一,信息通信技术与农业。与会专家认为,对企业而言,互联网提高了现有工艺的生产力,并使新的生产工艺成为可能,从而促进增长。它促进了新的、更密集的交易,提高了资本的质量。对个人而言,更重要的是对弱势群体而言,互联网开放了就业机会和投入(如金融产品)的获取途径,尤其是在发展中国家。它对劳动力市场有显著的影响,影响到人力资本的回报。通过利用规模经济,互联网企业创造了能提升消费者福利的、新的、更便宜的服务。而对于政府而言,互联网影响了治理的核心方面,它既能帮助提高政府的能力,从而更方便和低成本地提供服务,又能增强政府的责任感。除互联网外,很多学者将关注的目光聚焦在手机的发展上。在农业领域,ICT既能提供更好的接触价格信息和改良技术的途径,又能促进学习。但能否对这些机会善加利用,既取决于连通性,又取决于提供的内容以及这些内容是否以易理解和有用的形式提供。第二,用行为经济学来应对农业和资源经济学在21世纪面临的挑战。作为经济学的重要分支,行为经济学试图将心理学的研究成果融入标准经济学理论,它认为人的行为还关注和追求公平、互惠和社会地位等许多其他方面。对于农业、资源和环境在21世纪面临的挑战,许多学者认为可以尝试利用行为经济学来应对。他们认为经济学研究中对实验室实验的使用,以及它随后在该领域被作为探索真实决策者如何应对信息、诱因和制度之工具的部署,给我们如何模拟互动以及如何设计政策带来了一场革命——经济学的"行为革命"(Behavioral Revolution)。第三,食品安全和营养问题。第四,气候变化和农业。与会学者分析了温室气体排放的经济学原因及气候变化对农业部门的影响,并综合考虑适时性、技术可得性、国际合作以及最重要的剩余碳排放及其对经济和政策决策之影响的严密性,聚焦政策选择和优化设计。第五,变化的全球农业结构和农业土地利用:成因及后果。各国学者的探讨主要着眼于从全球视角探索土地政策、变化的农地所有制和价值链开发之间的动态关系,并选取了中国、巴西和非洲三个地区进行重点研究。

除了以上几个主题外，这届 IAAE 大会也将目光投向了其他重要的相关议题，与会代表在这个国际性的舞台上进行了充分的思维对话，内容涉及价值链、贸易、家庭福利、生物燃料、性别、教育等多个方面。综合起来，笔者认为，土地市场和农地制度改革、小农户与技术创新、食品营养和健康、农业信息化、实验室实验在经济研究中的应用等将可能成为未来几年农经学者关注和研究的前沿问题。

（卞伟、叶春辉、黄祖辉，浙江大学中国农村发展研究院，摘自《农业经济问题研究》2015 年第 12 期）

革命根据地会计史与新中国会计发展研究——
中国会计学会第九届会计史学术研讨会

2015年12月17日，为总结会计发展的历史规律，促进会计史学术研究与交流的广泛开展，由中国会计学会会计史专业委员会主办，广东财经大学承办的第九届会计史学术研讨会在广州隆重举行。此次会议的主题是"革命根据地会计史与新中国会计发展研究"。来自海内外50多所高等院校、10多家科研机构和企事业单位的130余名代表参加了此次会议。

围绕会议主题，与会代表分别就革命根据地会计史、近代会计史、会计史料收集与整理、会计未来发展与管理会计、审计历史与未来五个分议题展开了充分而热烈的研讨。现将会议的主要内容及基本观点总结如下：一、革命根据地会计的历史贡献。中国革命根据地从无到有，从小到大，为观察会计及相关财政经济制度的产生与发展，并总结其历史演进规律提供了一个绝佳的观测对象。正如郭道扬教授在会议主题报告中所指出的，自革命根据地建立80多年来，中国共产党领导下的革命根据地及新中国在统一财政与会计制度方面所建立的伟大历史成就，是中国会计发展史上的一座里程碑，也是世界近、现代会计发展史上一个具有创新价值的光辉典范。因此，认真总结这段时期会计产生与发展的基本规律，对我国当前正在进行的会计改革具有重要的历史意义。二、古代会计史料的收集与整理。会计史料的收集、考证与整理是此次会议的重要创新与特色。三、近代会计规程的历史演变。自复式记账法产生以来，会计规程与会计方法随着经济环境的改变而发生了一系列重大变化，考察不同经济环境下会计规程与会计方法变化的原因及其影响对总结会计发展规律具有重要历史意义。四、新中国的会计改革与未来发展。新中国会计的产生与发展，既是革命根据地会计的历史延续，也是现行会计制度建立与改进的重要基础。这一时期的会计变革深刻反映了经济环境对会计发展的影响。五、审计发展的历史、现在与未来。审计的产生和发展与会计密切相关，考察并总结审计制度形成的背景与发展状态，对构建我国现代审计制度，改进企业乃至国家治理结构有着重要的现实意义。

在闭幕式上，付磊教授对会议进行了总结。他认为，此次会议的特点主要表现在：（1）研究主题突出，内容广泛；（2）参会论文注重收集第一手资料，对史料的分析深入细致，特别是设置了"史料收集与整理"分会场；（3）参会论文的选题趋向具体化，从宽泛认识转到具体深入。中国会计学会副秘书长田志心介绍了"十三五"期间中国会计工作的主要任务，并特别强调，"十三五"时期是我国全面建成小康社会的决胜阶段。在这一新的历史时期，回顾和思考革命根据地与新中国会计发展的历史，对于我们继往开来、推动会计事业持续发展，无疑具有重要的启示和借鉴意义。

（陈美华、雷宇、陈建林，广东财经大学，摘自《会计研究》2016年第4期）

中国农业经济学会 2015 年年会暨学术研讨会

2015 年 9 月 21—22 日，中国农业经济学会 2015 年年会暨学术研讨会在辽宁省辽阳市召开。年会认真学习贯彻党的十八届三中、四中全会精神和 2015 年中央"一号文件"精神，以"经济新常态下的农村改革与发展"为研讨主题，紧扣当前农业农村发展的重点、热点、难点问题，主要研讨了农村改革、现代农业建设、粮食安全三方面的内容。来自全国 28 个省份的 160 多名代表参加会议。24 位有关部门领导和知名专家学者作了大会发言，进行了分组讨论，部分优秀论文作者作了书面交流。与会代表在研讨过程中紧扣主题，宽视野、多角度、多层面地进行了广泛而深入的交流，提出了一些新理念、新观点、新思路，进一步深化了对全面深化农村改革的认识，提出了不少切实可行的思路建议，对于我国农业农村发展有重要参考价值和现实意义。

会议研讨主要观点介绍如下：（一）强化政策引导，加快推进农业转方式、调结构。（二）发挥资源禀赋优势和科技支撑，提高农业竞争力。学者们认为，我国农业竞争力面临新形势，农产品出口竞争力体现出"两强一弱"：劳动密集型产品竞争力强、特色农产品竞争力强，土地密集型农产品竞争力比较弱。产品质量标准、产后流通、加工营销等环节竞争力比较薄弱，出口型农产品的加工增值在减弱，农产品品牌影响力比较薄弱。（三）加快推进农地三权分置，实现制度性顶层创设。（四）推进农地承包权物权化，健全经营权流转制度。（五）强化农地经营权流转调控，保障农民物权收益。（六）统筹协调，构建集体经营性建设用地入市政策。学者们建议，推进集体经营性建设用地入市，应从制度环境、内部机制和配套改革三方面构建完整的政策体系。（七）推动农村宅基地确权入市，释放农居建设潜力。有学者建议制定法律、审慎探索宅基地使用权市场合法化的路径。（八）以经营权抵押贷款为抓手，推进农民信用合作。（九）加快修订《农民专业合作社法》，规范合作经营。（十）优化要素资源配置，加快构建新型农业经营体系。学者们认为，加快构建新型农业经营体系，需要做大做强龙头企业，特别是引导农业龙头企业与生产基地、农户建立紧密的利益联结机制、结成利益共同体，支持农户、合作社以土地、资金、技术等要素入股龙头企业，引导龙头企业发展精深加工、物流配送、连锁经营等新型业态，延长产业链条，提高产品附加值。（十一）建立健全工商资本投资农业的制度和政策。建议认真研究和探索工商资本进入农业的模式和机制，建立健全工商资本投资农业的制度与政策，建立企业经营能力审查制度，构建监督检查机制、信誉档案制度、社会责任制度、信用担保制度、奖惩机制等组成的制度安排。提高工商资本进入的门槛，对确有资质且经营较好的工商资本优先考虑。工商资本进入农业应以不改变农业资源使用方向与用途为前提，以不破坏生态环境为基础。规范工商资本进入农业的领域，倡导工商资本投资基础设施、农业工程、环境综合整治、农业社会化服务等。（十二）进一步提高对家庭农场等新型经营主体的补贴效率。（十三）在确保粮食安全问题上要正确处理几个关系。（十四）农业补贴支持政策应突出重点、调整补贴方式。（十五）不断提升粮食产业的科技含量。学者们建议，以转型创新为目标，坚持科技兴粮，不断提升粮食产业的科技含量才可望实现内涵发展和持续增长。

（中国农业经济学会秘书处，摘自《农业经济问题》2016年第3期）

中国会计教育:理念、改革与实践
——中国会计学会会计教育专业委员会
2015年年会暨第八届会计学院院长论坛

随着经济全球化的不断深入和中国经济发展进入新常态,企业经济活动日益多元化和复杂化,特别是互联网、物联网、云计算的高速发展所带来的大数据时代,使中国会计教育面临着新的机遇和挑战。在此背景下,由中国会计学会会计教育专业委员会主办、黑龙江八一农垦大学承办的"中国会计学会会计教育专业委员会2015年年会暨第八届会计学院院长论坛"于2015年8月23—24日在黑龙江省大庆市召开。此次会议充分体现"会计教育教学改革与实践"的主题,采取主题报告和分主题讨论相结合方式,对"会计教育理念与互联网、大数据时代的会计教育改革""会计人才培养模式与教学改革"和"研究生培养、学科建设与国际化教学"三个议题展开深入研讨。

研讨会主要探讨热点问题如下:

1. 改革创新是时代变迁对中国高等会计教育的迫切要求。创新会计教育理念,是时代发展的要求,是经济社会发展形势所迫。中国历次重大会计改革都离不开会计教育的支持。教育必须整合研究与实践,中国会计教育无法孤立地前进。会计信息化对传统会计教育提出新挑战。

2. 加强会计专业技能培养是本科会计教育的核心。对本科会计人才培养的专业技能要求一直是会计教育改革的目标,创新培养方案、培养技能型师资队伍、创新教学方法与强化实践教学等是提升会计专业学生专业技能的重要途径。一是要不断创新人才培养方案。二是要培养技能型会计教师队伍。三是推进"以学生为主体"的课堂教学方法改革。四是科学设计实践教学模式。五是会计教育国际化应与中国会计教育的本土实践相结合。中国会计准则与国际会计准则的持续趋同,对中国本科会计人才的培养提出了更高要求。会计教育的国际化更多地将体现在语言能力、专业文化水平和专业素养等多个方面,而中国高校学生自身的知识结构和能力水平还不足以应对会计的国际化发展需求。

3. 教学科研协调发展是提高会计专业教师执教能力的重要保证。人才培养和科学研究是高校的重要职能,如果处理不好二者之间的关系,将会影响人才培养质量和学校的发展。当前,会计学科各专业是热门专业,一般也是各学校招生人数最多的专业,教师教学任务繁重,科研精力受限,如何处理好教学与科研关系,提高科研水平,更好为教学服务,成为会计教师面临的难题。

4. 实务导向是当前MPAcc培养应用型高级会计人才的最佳选择。会计硕士专业学位研究生教育承担着应用型高级会计人才培养重担,在招生、师资队伍建设、培养方案、教材建设、实践基地建设等方面取得了巨大成绩,为国家经济发展培养了大量高层次会计人才。但是，在研究生教育中，在教学模式、基地建设、平台建设及保障体系等方面还存在需要解决的问题。

（王永德、董淑兰、张国富，黑龙江八一农垦大学，摘自《会计研究》2015年第 11 期）

中国企业管理研究会企业文化
专业委员会成立

2015 年 11 月 28 日，由江西财经大学工商管理学院与复旦大学东方管理研究院等单位共同发起的我国第一个关于企业文化研究的全国性学术机构——中国企业管理研究会企业文化专业委员会在第四届"跨文化管理"国际学术研讨会暨首届中国企业文化年会上正式成立，中国企业管理研究会会长黄速建研究员与江西财经大学副校长吴照云教授共同为专委会揭牌。

吴照云教授在致辞中对专委会功能定位、研究重点等提出了指导性意见，并希望通过专委会搭建中国企业文化研究者的交流平台，推动中国企业文化的研究，通过探索基于企业文化的中国式管理模式为世界服务、与国际交流，向各级政府、机构和企业提供政策建议和咨询服务，为促进经济、社会和企业的可持续性发展贡献力量。

2014 年以来，由我国提出的"一带一路"构想世界瞩目。"一带一路"建设具有空间范围、地域和国别范围上的多元性、开放性和包容性，需要区域内各国共同推进合作进程，在推动经济贸易、生态文化等领域交流的同时，更是为各类组织、企业进行区域国别管理与跨文化管理提供了新的思路和契机。面临着来自沿线不同国界与民族的语言、宗教信仰和风俗习惯等方面的差异，各类组织、企业如何通过多样性的视角来提高公司的创造力以及提高组织在面临多种需求和环境变化时的灵活应变能力，将危机转为优势逐渐成为学术界与实践界普遍关注的重要课题。面对未来"一带一路"战略新局势，企业应该致力于结合区域国别建立自己独特的跨文化管理模式，提升企业核心竞争力。根据不同的文化类型、不同种族以及不同的发展阶段，找寻超越区域国别的经营模式，维系跨文化员工的共同行为准则，从而最大限度地提升和利用企业的潜力与价值。

企业文化虽不能直接创造经济效益，但能通过对人的管理，影响生产、销售、市场等诸多环节，从而影响企业的效益，乃至决定企业的命运和发展。在企业解决了程序管理、制度秩序遵守等基础性的"硬"问题后，必然会面临很多人与人合作共事等"软"问题，而中国传统文化中的"人本主义""中庸之道""伦理道德""重义轻利"等思想则是解决这些问题的不二良方。中国传统文化与西方先进管理方法有效结合，成为了现当代企业进行企业文化建设时着重把握的关键点。

会议由上海外国语大学国际工商管理学院承办，来自复旦大学、江西财经大学、华盛顿大学、香港理工大学、荷兰瓦赫宁根大学、上海纺织控股集团等 20 余所高校、科研机构与企业的近百位代表参加了此次会议。会议围绕"区域国别管理与跨文化管理"核心议题进行了 12 场主旨演讲和 3 个分论坛讨论。

（江西财经大学工商管理学院）

乡村旅游发展
"篁岭样本"国际研讨会

2015年7月25—26日，由江西省旅游发展委员会直属研究机构江西省旅游规划研究院主办、江西财经大学旅游与城市管理学院协办、婺源篁岭景区承办的乡村旅游发展升级"篁岭样本"国际研讨会在江西婺源县篁岭召开。

世界旅游组织和亚太旅游协会 Noel Scott 教授（澳）、Karine Dupre 教授（法），中南林业科技大学钟永德教授、南昌大学黄细嘉教授、途家网联合创始人兼 CEO 罗军、《中国旅游报》首席评论员刘思敏、品橙旅游创始人王琢、旅游投融资专家宋雪鸣、浙江世贸君亭酒店管理公司 CEO 甘圣宏、浙江东未设计有限公司 CEO 朱东波、途家闽赣大区总经理石绍东等专家莅会。江西财经大学旅游专业部分师生和市县旅游委（局）、4A 级以上景区领导190余人参会。

此次会议的创新之处在于，紧扣政府、企业和院校的共同关注，有效整合各方优势资源，围绕实践案例做落地性的深度研讨。成果在于，最大限度地发挥了学院的智力优势，全面展现了教师的研究成果，有效搭建了服务社会的交流平台。

（江西财经大学旅游与城市管理学院）

江西省首届管理案例
开发与教学研讨暨培训会

在我国经济转型升级的背景下，企业创新发展模式各有差异，对中国本土一些成功或失败的企业案例进行深入研究具有重要的学术价值与实践指导意义，尤其是 21 世纪以来，案例研究日益受到国内学者的关注，国内学者的案例研究水平也得到整理性提升。

2015 年 12 月 20 日，由江西省管理学会和江西财经大学联合主办的"江西省首届管理案例开发与教学研讨暨培训会"在江西财经大学工商管理学院案例中心顺利举行，吸引了来自江西财经大学、南昌大学、江西农业大学、江西师范大学、华东交通大学等省内 17 所高校经管学院以及校内各专业学位研究生培养单位的师生代表共计 200 余人参会并与演讲嘉宾互动交流。

这届案例研讨会主要围绕"管理案例开发与教学"展开，邀请国内数名知名案例研究学者做主题报告，包括大连理工大学管理与经济学部党委书记、中国管理案例共享中心常务副主任、中国管理现代化研究会管理案例研究专业委员会秘书长朱方伟教授，上海外国语大学国际工商管理学院案例中心主任、加拿大毅伟商学院访问学者朱吉庆博士。此外，江西财经大学教学十佳之一、金牌主讲教师、工商管理学院物流管理系副主任王友丽博士进行了一场生动有趣的"毅伟案例教学法示范"。

会上，江西财经大学工商学院案例中心从完善运营新机制、构建案例生态圈，搭建多元化平台、转型升级核动力，凝心聚力出成果、勇立潮头创示范三个方面介绍了成立三年来的经验与成果，获得与会代表高度认可。

在当前国内案例开发与教学方兴未艾的时期，江西财经大学工商管理学院案例中心将持续举好这个江西省规模最大的案例研讨会，努力构建江西省管理案例开发与教学交流平台，融合东西方管理案例开发与教学思想精髓，增强江西省管理案例开发与教学的整体水平，提升江西省管理案例研究在全国的影响力。

（江西财经大学工商管理学院）

"耕地质量监测与土地资源
可持续利用管理"国际学术研讨会

2015 年 5 月 16 日，由江西财经大学科研处和旅游与城市管理学院共同举办的"耕地质量监测与土地资源可持续利用管理"国际学术研讨会在江西财经大学召开。英国洛桑研究所（Rothamsted Research）应用统计学研究团队高级顾问、世界著名资源环境地统计学研究专家 Richard Webster 教授，英国克兰菲尔德大学（Cranfield University）农业工程系近地传感器技术国际知名专家 Abdul Mouazen 教授，加拿大麦吉尔大学（McGill University）自然资源科学系 Asim Biswas 助理教授、纪文君博士等参加此次研讨会。

与会专家就空间数据采样设计、地统计学方法、近地传感器技术、遥感和地理信息技术在土地耕地质量监测、土地资源评价中的应用等土地资源可持续利用管理方面内容进行了交流。江西财经大学旅游与城市管理学院和鄱阳湖生态经济研究院涂小松、李洪义、陈拉 3 位青年博士分别就鄱阳湖生态经济区土地生态功能价值时空变化、三维非稳态地统计学方法及其在浙江省海涂围垦区新增耕地土地适宜性评价中的应用，以卫星遥感和近地高精度无人遥感技术提取水稻种植面积服务农业补贴的应用等和与会专家进行了探讨。

（江西财经大学旅游与城市管理学院）